G. 헤 겔

논리학

전 원 배 옮김

서문당

옮긴이 서문

이 책은 1929년에 헬만 그록크넬에 의해 발간된 신판 헤겔 전집 중의 《System der Philosophie, erstel Teil, Wissenschaft der Logik》을 우리말로 옮긴 것이다. 주지하는 바와 같이 헤겔의 논리학 책은 두 가지가 있는데, 하나는 1812년에 출판된 《Wissenschaft der Logik》로서 속칭 대논리학이고, 또 하나는 1817년에 출판된 《Encyclopedie der Philosophichen Wissenschaften im Grundrisse》 중의 《Die Wissenschaft der Logik》인데 이것이 소위 소논리학이다. 그런데 내가 우리말로 옮긴 것은 소논리학이다.

그러면 동일한 저서에 속하는 위의 두 가지 논리학은 어떠한 관계를 가지고 있는 것일까? 나는 우선 이 의문을 해명하여 두고자 하거니와, 소위 대논리학이라는 것은 저자가 체계와의 관련을 고려함이 없이 독립적으로 쓴 것이고, 소논리학이라는 것은 논리학을 자기의 철학 체계에 편입하여 그 기본적인 구성부분으로 쓴 것이다.

그렇기 때문에 전자는 서술이 상세하여 그의 논리학 자체를 이해하기가 쉽고, 후자는 사실의 성질상 전자를 축소 정리한 것이어서 이해에 곤란한 점이 없지 않으나, 헤겔의 논리학을 체계적 관련에서 이해하기에 편리하다고 볼 수 있겠다.

　　그러나 헤겔의 논리학은 난해한 철학서 중에서도 난해하기로 이름난 책이어서, 이 책의 번역에 착수할 때에 내가 가장 많이 고려한 것이 그 점이었다. 그래서 나는 그록크넬의 신판 헤겔 전집 중의 《Wissenschaft der Logik》을 대본으로 택하였다. 그 이유는 다름 아니라 여기에는 다른 판에 없는 보유(補遺)가 있어서, 이 속에서 난해한 대목에 상세한 설명을 가하고 있기 때문에 헤겔 이해에 큰 도움을 받을 수 있는 데에 있다.

　　위에서도 언급한 바와 같이 논리학은 헤겔 철학 체계의 기본적인 구성부분이 되어 있다. 그 까닭은 다름 아니라 헤겔의 논리학은 단지 논리학으로서의 논리학이 아니라, 논리학이자 존재론이며 인식론이요 방법론이기 때문이다. 다시 말하면 헤겔의 논리학은 첫째 무내용(無內容)한 추상적 사유(思惟) 형식을 다룬 것이 아니라, 내용과 불가분적으로 통일된 사유형식, 즉 구체적 사유를 다루는 학문이기 때문에, 사유에 관한 학(學), 즉 논리학이자 동시에 존재에 관한 학(學) 곧 존재론(存在論)이고, 둘째 헤겔의 논리학은 사유와 존재와의 관계 문제를 포함하고 있기 때문에 인식론이며, 셋째 헤겔의 논리학에 있어서는 사유방법이 곧 존재 인식의 방법을 의미하고 있기 때문에 방법론이다.

　　그리고 보면, 헤겔이 말하는 논리학은 자연적인 것과 정신적인 것을 포괄한 모든 것, 즉 세계에 관한 학문인 동시에 이 세계 인식의 총괄이며 귀결이라고 볼 수 있다. 이 점에서 헤겔의 논리학은 사유를 존재와 분리하고 형식을 내용과 분리하여 고정불변적인 것으로 보는 형식논리학과 달라서, 사유나 존재의 형식이 내용에서 산출되며, 산출된 형식은 다시 새로운 내용을 가짐으로써 한층 더 높은 계단으로 발전한다고 보는 변증법적 논리학이다.

헤겔이 말한 바와 같이 철학이라는 것이 세계에 관한 사유적 통찰이라면, 철학의 역사야말로 바로 세계에 관한 사유적 통찰의 역사라고 말할 수 있으리라. 그러한 의미에서 헤겔의 《논리학》은 아리스토텔레스의 《올가눔》, 베이컨의 《노붐 올가눔》과 더불어 인간적 사유의 역사상에서 솟아난 불멸의 금자탑으로서, 종래의 전인간적(全人間的) 사유발전의 총결산인 동시에 또 새로운 출발점이라고 말할 수 있을 것이다.

따라서 우리들이 철학사를 배우는 의의가, 과거의 모든 선철(先哲)들이 세계를 두고 사유한 방법을 배운 데에 있다면, 바로 헤겔의 이 논리학에서 총괄적으로, 그리고 효과적으로 그것을 배울 수 있다고 단정하여도 애오라지 과언이 아닐 줄 안다.

8.15 해방 후 학문 연구의 새 출발점에 서 있는 오늘날, 우리는 무엇보다도 방법적 성찰의 필요를 느끼지 않을 수 없다. 왜냐하면 학문이 발전하고 못하고는 오로지 그 방법 여하에 매여 있기 때문이다. 이 점은 학문의 획기적인 발전이야말로 언제든지 새로운 방법의 발명에서 기인한 과거의 역사적 사실이 증명하고 있다.

이러한 의미에서 나는 이제 헤겔 논리학을 우리나라 말로 옮겨서 방법적 성찰의 전기를 마련하여 보고자 하였다. 그리하여 1947년 초에 번역에 착수하여 만 3년여의 작업 끝에 원고가 완성되어 조판과 교정을 마쳐서 막 상재(上梓)되려고 하던 무렵에 몸서리치는 저 6.25사변이 돌발하였다. 피란 중 전주의 한 여관에서 우연히 만난 백철(白鐵) 형을 통하여, 그 지형(紙型)이 문조사(文潮社) 사장 김진구(金鎭求)씨의 수원 소재 본택(本宅)의 처마 밑에 보관 중이라는 소식을 들었다. 그리하여 즉시 김씨와의 연락이 취하여진 결과, 낙수(落水)에 손상된 지형(紙型) 몇 장을 보수한 뒤 간신히 이 책이 햇빛을 보게 되었다. 독자에게는 참으로 다행한 일이 아닐 수 없었다.

왜냐하면 해방 직후의 다난한 세태 속에서 여러 가지 악조건을 무릅쓰고 만 3년여에 걸쳐 내 나름대로 경주한 고심과 노력이 허무하게 수포로 돌아갈지도 모를 일이었기 때문이다.

이리하여 포화 속에서 무사히 살아나 이 방면의 독자들에게 아쉬운 대로 다소나마 도움을 주다가, 그 뒤 20여 년의 세월이 경과하여 이 책의 그림자를 찾아볼 수 없게 된 오늘날, 서문당 최석로(崔錫老) 사장의 후의로 다시 새로운 빛을 보게 되었다.

이 역본(譯本)의 재판이 나오기까지 음으로 양으로 진력하여 주신 여러분들에게 심심한 감사의 뜻을 표하는 바이다. 그리고 이 책의 재판이 나오게 된 이번 기회에 원문과 역문을 대조하여 검토와 교정의 노력을 취하여 준 홍선희(洪善熹)군에게도 사의를 표한다.

끝으로 이 책이 우리나라 철학도들의 헤겔 연구와 철학의 성장에 다소라도 기여하는 바가 있다면 역자에게 그 이상 더 큰 기쁨이 없겠다.

1978년 7월 7일

옮긴이 **전 원 배**(田元培)

차 례

헤겔의 생애와 철학

전 원 배

I. 생애와 저술

1. 튀빙겐 시대 2. 베른 시대 3. 뉘른베르크 시대
4. 하이델베르크 시대 5. 베를린 시대

II. 철학 체계

1. 논리학 2. 자연철학 3. 정신철학

Ⅰ. 생애와 저술

헤겔(Georg Wilhelm Friedlich Hegel)은 1770년 8월 27일 스튜트가르트(Stutgart)에서 출생하였다. 그의 아버지 게오르그 루드비히(Georg Ludwig)는 16세기에 쾰른(Köln)에서 종교적인 박해를 피하여 이주하여 온 프로테스탄트 가정의 자손으로 뷜템베르크 공국의 재정관이었고, 그의 어머니 막달라는 헤겔이 13세 때에 작고하였으나 이 어머니의 애정은 그에게 일평생을 두고 잊을 수 없는 깊은 감명을 안겨 주었다. 이러한 가정에서 헤겔은 아무런 풍파도 없이 조용히 순조롭게 성장하였다. 헤겔은 셸링과 같이 조숙한 천재도 아니었고, 또 피히테와 같이 열정적인 애국자도 아니었다. 그는 또 젊은 낭만파 시인들처럼 큰 포부를 품은 것도 아니고, 울분을 참지 못하는 축도 아니었다.

헤겔은 그의 출생지 스튜트가르트의 김나지움(인문고등학교)을 거쳐 1788년에 튀빙겐 대학에 입학하였다.

그는 스튜트가르트의 김나지움 시대에 항상 모범생이었고, 특히 그리스의 비극에 흥미를 가지고 소크라테스의 안티고네(Antigone)를 번역한 일도 있었다. 그리스 정신에 대한 그의 관심은 일생을 두고 지속하였으며, 그의 사상 형성에 본질적인 영향을 주었던 것이다.

1. 튀빙겐 시대

헤겔은 1788년~1793년까지 5년 동안을 튀빙겐 대학에서 보냈다. 여기서 그는 기독교의 역사 연구에 전념하였다. 이 때 그에게 이렇다 할 깊은 영향을 준 교수는 없었지만, 그 대신에 헬덜린(1770~1848)과 셸링(1775~1854)과의 교제는 그의 일생을 통하여 중요한 영향을 주었다. 위에서도 언급한 바와 같이 헬덜린과 셸링은, 말하자면 재기 활발한 천재적 인물이었으나 헤겔은 동료들이 '할아버지'라는 별명을 붙일 정도로 침착하고 말없이 자기 할 일을 하는 꼼꼼한 이었던 모양이다. 그런가 하면 친구들과 사귀기를 좋아하고 사람들의 귀여움을 받기도 하며 어여쁜 소녀와 연애도 경험한 일이 있었다. 그뿐 아니라 셸링, 헬덜린과 더불어 혁명가를 부르고 춤을 추면서 거리를 돌아다니기를 좋아하였고, 또 그 당시 금지되었던 혁명 관계 서적을 읽는 비밀 독서회를 조직한 일도 있었던 것을 보면, 그는 현실참여의식도 대단히 높았던 모양이다.

헤겔은 그처럼 프랑스 혁명을 열광적으로 환호하였다. 그러나 그것은 비단 헤겔만이 아니라 당시 독일 지식층의 공통적인 태도였다.

주지하는 바와 같이, 프랑스 혁명 당시 독일에서도 국민의 권리와 자유를 주장하고 전제군주정치에 반대하는 기풍이 높았던 것이다. 이러한 상황 속에서 독일의 지식층은 일반적으로 프랑스 혁명을 환영하였던 것이며 헤겔도 예외일 수가 없었다. 이런 점으로 미루어 볼 때 헤겔 철학을 당시의 프러시아 정부의 어용철학이라고 악평한 일부의 비난이 터무니없는 일임을 알 수 있다.

이 때에 헤겔은 신학과에 적을 두고 있었으며 그의 연구 주제는 종교였다.

그 결과 헤겔은 '민족 종교와 기독교'라는 논문을 쓴 일이 있다. 이 논문 속에서 헤겔은 참다운 민족종교는 소수의 지배욕에 이용되어서는 안 되고,

널리 민중의 정신 속으로 파고들어야 한다는 것, 그리고 이런 점에서 그리스의 종교가 이상적인 종교요 기독교는 결코 민중의 종교가 못 된다고 말하였다.

이로 보아도 헤겔의 종교 연구가 매우 비판적이었던 것을 알 수 있다. 그리고 그는 종교를 정치와 분리하지 않고 연관시켜 보고 있다는 것도 알 수 있다. 이 점은 그가 종교를 전공하면서 그처럼 프랑스 혁명을 환호한 사실이 입증하고 있는 것이다.

2. 베른 시대

튀빙겐 대학에서 학업을 마친 헤겔은 1793년 스위스의 귀족인 스타이거가의 가정교사가 되어 베른으로 떠났다.

1796년에 이르기까지 그는 약 3년 동안 가정교사로 있으면서 학문 연구에 정진하였다. 이 때에도 그의 연구의 중심 문제는 종교였으나, 1793년에 칸트의 '단지 이성의 한계 내의 종교(Religion innerhalb der grenzen der blossen Vernunft)'가 발표되자 이것이 기연(機緣)이 되어서 헤겔은 칸트철학의 연구에 힘을 기울이게 되었다. 종교에 대한 칸트의 견해는 종교에서 비합리적인 요소를 제거하고 어디까지나 이성적 종교가 되어야 한다는 것이었는데, 이 점에 있어서 헤겔은 칸트와 동감이었다.

이 시대에 헤겔은 〈예수의 생애(Das Leben Jesus)〉와 〈기독교의 실증성(Positivität der Christentum)〉이라는 2편의 논문을 썼는데, 전자(前者)에서는 유태 민족의 풍속 습관을 바탕으로 하고 역사적으로 성립한 여러 가지 율법을 존중하는 유태교를 반대하고 이성적인 도덕법을 존중하며, 외적 권위보다도 내적 이성에 따라서 살아야 한다고 가르치는 것이 예수교라고 해석하였으며, 후자(後者)에서는 그와 같은 이성 종교인 예수의 종교에서 어떻게 해서 기독교라는 실증종교가 발생하였는가 하는 문제를 제기하였다. 여기서 헤겔이 말하는 실증종교라는 것은 내면적 정신에서 출발하는 종교가 아니라 외면적 권위에 의해서 규정된 종교를 의미한다.

이 문제에 대하여 헤겔은 자신의 견해를 다음과 같이 피력하였다. 즉 기독교가 실증종교로 변한 이유로서 두 가지를 들었는데, 하나는 예수 자신의 신앙은 어디까지나 이성적 신앙이었지만, 그도 유태인인지라 유태교의 전통에 따라서 자기를 '하느님의 아들'로 자처하였다는 점이고, 또 하나는 예수의 제자들이 예수가 가르치는 종교보다도 '하느님의 아들로서의 예수'의 인격을 존중하였다는 점이다. 그리하여 본래 이성의 종교로서 출발한 기독교에서 기적에 관한 사상이 나오게 되고, 교단 조직이 발생하여 차차 세속적인 권력과 손을 잡은 실증종교가 성립하게 되었다는 것이다.

이상으로 보아 베른 시대의 헤겔은 어디까지나 칸트적인 이성 종교의 한계 내에 머물러 있었음을 알 수 있다.

대학을 나오자 정든 학우들을 떠나 먼 타향에서 신산한 가정교사 생활을 하던 헤겔은, 1796년에 헬덜린의 주선으로 프랑크푸르트로 옮겼으나 이곳에서도 가정교사 생활을 면치 못하였다.

이 때 셸링은 헤겔보다 연하지만 철학에 관한 논문을 발표하면서 활약하기 시작하였다. 처음에 피히테(1762~1814) 철학에 동조하던 셸링이, 바야흐로 칸트나 피히테의 입장을 넘어서 그의 독자적인 철학을 발전시키기 시작하였던 것이다.

이 때 셸링의 사상은, 절대자나 신을 인간이 도달하여야 할 피안(彼岸)의 목표로 생각하는 칸트나 피히테의 이성적 실천의 입장에서, 신(神)을 자연이나 정신, 바꾸어 말해서 주관이나 객관의 근저에 상주한다고 생각하는 일종의 범신론적 입장으로 옮아가고 있었다.

이러한 셸링의 영향을 받았음인지 아닌지는 몰라도 헤겔의 종교에 대한 사상에도 변화가 일어나기 시작하였다. 따라서 헤겔은 유태교를 반대하고 새로 일어난 예수의 종교가 칸트적인 이성의 종교가 아니라 사랑의 종교라고 생각하게 되었다. 신(神)은 사랑이요, 사랑이 곧 신이었다. 그리고 사랑은 모든 것과 융화하는 정신이지 결코 대립하는 정신이 아니다.

여기서 종교와 국가와의 관계가 중대한 문제가 되지 않을 수 없다. 왜냐하면, 아무리 사랑의 종교라 하더라도 현실적인 국가와의 대립을 피할 수 없기 때문이다.

종교가 국가 이상으로 중요한 것이라 하더라도 진정한 종교가 성립하기 위해서는 그 바탕이 되는 국가가 불가피한 것이다.

이리하여 국가의 의의를 중시하게 된 헤겔은 나아가 역사에 있어서의 국가의 역할에 주목하게 되었다. 왜냐하면, 사랑의 종교가 실현되려면 그 바탕이 되는 국가의 역할을 무시할 수 없고, 또 국가의 흥망성쇠에 의하여 전개되는 현실의 역사에 눈을 감을 수 없기 때문이다.

여기서 헤겔은, 현실을 무시하고 오직 합리성만을 추구하는 비역사적인 계몽정신의 입장에서 현실의 역사적 동향을 중시하는 역사주의의 입장으로 옮아갔다. 그러면 역사란 대체 무엇인가?

헤겔은 절대자 즉, 신(神)이 자기 자신을 실현시켜 나아가는 과정이 역사라고 생각하였다. 그런고로 인류의 역사는 사람의 힘으로 어찌할 수 없는 법칙에 의하여 지배된다고 보지 않을 수 없었다.

이와 같이 역사를 절대자의 자기전개 과정으로 보는 것이 헤겔 철학의 근본사상인데, 이러한 사상이 확립된 것이 바로 그의 프랑크푸르트 시대인 것이다.

헤겔은 1799년 1월에 부친과 사별하고 그 이듬해에 당시 독일 철학의 중심지였던 예나로 옮아가 이곳 대학의 사강사(私講師)가 되었는데, 이 때부터 헤겔의 철학자로서의 생활이 개시되었다.

당시 예나 대학에서는 튀빙겐 대학 이래의 헤겔의 친우였던 셸링이 교수로서 철학계에 두각을 나타내고 있었다.

이 때 헤겔은 1801년에 '피히테 철학과 셸링 철학의 차이'라는 논문을 발표하여, 그 속에서 피히테와 셸링과의 사상적 차이점을 밝히고 셸링의 사상에 동조하였다.

피히테와 셸링과의 차이점을 간단히 말하면, 피히테는 절대자를 어디까지나 이성적인 이념으로 보고 이 이념을 실현되어야 할 것이라고 생각하나, 셸링은 절대자를 실현되어야 할 이념이 아니라 모든 유한적인 현상의 밑바닥에 깔려 있는 '자기 동일적인 것'이라고 생각하는 점이다.

그리고 헤겔은 셸링의 이러한 범신론적인 견해에 찬동한다는 것을 표명하였던 것이다.

그러나 셸링과 헤겔과의 사이에도 견해 차이가 없는 것이 아니었다.

당시의 헤겔은 아직 그 차이를 명백하게 자각하지 못하였지만, 그가 1807년에 《정신현상학(Phänomenologie des Geistes)》의 서론 속에서, 셸링의 절대자에 대하여 '어둔 밤에는 모든 소가 검게 보인다'라고 통렬하게 비판하리만큼 그 차이가 컸던 것이다.

셸링의 절대가 무차별 동일자라면 헤겔의 절대자는 변화하는 현상을 통하여 자기를 실현시켜 나아가는 것이며, 역사 과정에서 자기를 전개하여 가는 것이었다.

헤겔이 예나 대학의 사강사로서 택한 첫 강의 제목은 '논리학과 형이상학(Logik und Metaphysik)'이었다.

이 강의는 1807년 여름학기에 이르기까지 여러 번 되풀이 되었고, 그 밖에 또 자연법 · 국가법 · 국제법(Naturrecht, Staats und Völkerrecht), 전 철학강요(Grundlinien der gesamten Philosophie), 철학의 체계(System der Philosophie), 사변철학(思辨哲學)의 체계(System der spekulativen Philosophie),

자연과 정신의 사변철학(Spekulative Philosophie der Natur und der Geistes) 등 강의 내용이 다채로웠다.

그중에서도 '논리학과 형이상학'이 그의 강의 중심제목이었는데, 이것이 1925년에 랏손(G. Lasson)에 의하여 발행된 《예나 시대의 논리학(Jeneser Logik)》이다.

그러나 이 시대의 헤겔의 주저(主著)는 1807년에 간행된 《정신현상학(Phenomenologie des Geistes)》이다. 《정신현상학》이라는 것은 헤겔 자신이 말한 바와 같이, '의식의 경험의 학(學)(Wissenschaft der Erfahrung des Bewusstsein)'이며, 이 '의식의 경험의 학'이라는 것은 우리의 의식이 여러 가지 경험을 통하여 진리를 파악하여 가는 과정을 서술한 것이다.

그러면 경험이란 무엇을 의미하는 것일까?

경험이란 우선 일종의 지식이라고 말할 수 있다.

그러한 의미에서 보면 헤겔의 정신현상학은 일종의 지식학이라고 말할 수 있으리라. 따라서 헤겔의 정신현상학은 피히테의 '지식학(Wissenschaftslehre)'과 상통하는 것이다.

그러나 피히테의 지식학이 혹종의 근본원리에서 연역(演繹)되고 있는 데에 반하여 헤겔의 정신현상학은 의식의 주어진 현상을 계단적으로, 즉 직접적이고 자명한 최저의 계단에 이르기까지 기술하는 것이다.

그러므로 헤겔의 정신현상학은 직접지(直接知)에서 출발하거니와, 이 직접지라는 것은 그것이 직접적이고 자명한 것이기는 하지만, 그러나 그러니만큼 진정한 지식이 아니다.

가령 예를 들면 감각적 지식이 그것이다.

이와 같이 직접지는 제 자신의 부정적 계기에 매개되어 보다 진정한 지식으로, 다시 말해서 학적(學的) 지식으로 발전한다.

이리하여 의식은 우선 대상의식의 여러 계단을 거쳐서 결국 자기 자신에게로 돌아오게 되는 바 이것이 다름 아니라 자기의식이다.

이와 같이 의식이 제 자신의 내용과의 대립을 극복하고 자기에게로 돌아와서, 자기와 완전히 일치하게 되기까지의 의식의 변증법적 운동이 곧 헤겔이 말하는 경험이다.

헤겔의 정신현상학의 원고가 완성된 것이 1807년 10월 13일인데, 이날이 바로 프랑스의 나폴레옹이 예나를 점령한 날이다.

이날 저녁에 헤겔은 창 너머로 프랑스군의 모닥불을 바라보면서 정신현상학의 최후의 원고를 완성하였다고 전하여지고 있다.

이 날짜로 그가 한 친우에게 쓴 편지 속에 있되 '나는 황제, 아! 세계정신이 진지 정찰을 위하여 말을 타고 거리를 통과하는 것을 보았다. 이 한 지점에서 말 위에 앉아 전 세계를 호령하는 그 사람을 보았을 때, 나는 무어라고 말할 수 없는 느낌이 들었다'는 한 구절은 후일에 유명한 이야깃거리가 되었다.

이 시대의 헤겔의 생활은 매우 곤궁하였다. 그것이 그렇지 않을 수 없었던 까닭은, 그가 부친으로부터 물려받은 얼마 안 되는 유산이 벌써 바닥이 난데다 대학에서 받는 봉급도 형편없었기 때문이다.

거기다가 프러시아 군의 패배로 인하여 예나 대학이 문을 닫게 되자 그나마 헤겔의 살길이 아주 완벽히 막혀 버렸다.

여기서 그는 한 친우의 알선으로 〈벤베룩 신문〉의 편집을 맡아 1808년 8월 말까지 약 1년 반 동안 일하다가, 뉘른베르크의 김나지움 교장으로 부임하여 약 8년 동안 근무하였다.

3. 뉘른베르크 시대

뉘른베르크의 김나지움 교장으로 근무한 8년 동안 헤겔의 생활은 비교적 안정되었다. 이 때 비로소 뉘른베르크 시의원의 딸 '마리'와의 혼사가 성립되어 1811년에 결혼하였다.

마리는 헤겔보다 21세나 젊은 1791년생이었는데 아들 형제를 낳아 행복한 가정생활을 이루었다. 그와 동시에 헤겔의 철학 발전상에서도 이 뉘른베르크 시대가 중요한 시기였다.

뉘른베르크의 김나지움 교장으로 부임한 헤겔은 전에 없던 철학 과목을 설치하고 자기 스스로 강의를 맡았다. 이 때 그의 강의 제목이 '철학의 예비학(Philosophische Propädeutik)'인데, 이것이 여러 해를 두고 다듬어지고 커져서 나중에 그의 철학 체계를 논술한 '여러 철학적 학문의 집성(Enzykropädie der Philosophischen Wissenschaften im Grundriss)'으로 완성되었다.

그와 동시에 헤겔 철학의 핵심이라고 볼 수 있는 《논리학(Wissenschaft der Logik)》 제1권이 1812년에, 제2권이 1816년에 출판되었다.

이리하여 철학자로서의 헤겔의 명성이 널리 퍼지게 된 것은 말할 나위도 없는 일이었다. 그 결과 엘랑겐, 베를린, 하이델베르크 등 여러 곳에서 헤겔을 교수로 초빙하려는 운동이 암암리에 진행되고 있었다.

베를린 대학에서는 피히테가 맡고 있던 철학 강좌가 1814년 이래 비어 있었다. 이 공석을 메울 만한 사람은 오직 헤겔뿐이었다.

그는 마침내 1816년에 예비 교섭을 받았다. 그러나 무슨 사정인지는 몰라도 초빙이 연기되었다. 그러자 즉시 하이델베르크에서 초청이 와서 헤겔이 이를 수락하였다.

이리하여 1816년에 8년 동안 정들고 행복했던 뉘른베르크를 떠나 하이델베르크 대학교수로 부임하였다.

4. 하이델베르크 시대

헤겔의 하이델베르크 시대는 약 2년밖에 안 되는 짧은 기간이지만, 여기서 그의 철학 체계라고 볼 수 있는 '엔치크로페디' 초판이 1817년에 출판되었다.

이로써 헤겔은 당대 철학계의 제1인자가 되었고, 그에게 동조하는 헤겔학파가 형성되기 시작하였다.

하이델베르크 대학에 부임한 헤겔의 첫 강의 제목은 '철학적 제 학문(諸學問)의 집성'이었고, 이 강의는 또 그 후 '전 체계적 범위에 있어서의 철학(Philosophie im Gesamt Systematischen Umfang)'이라는 변경된 제목으로 계속되었다.

그와 동시에 '논리학과 형이상학', '철학의 역사(Geschichte der philosophie)', '자연법과 국가학(Naturrecht und staatswissenschaft)', '미학(美學: Ästhetik)', '인간학과 심리학(Anthropologie und Psychologie)' 등의 강의도 병행되었으며, 그의 강의의 주제목이 '엔치크로페디'였던 것은 말할 나위도 없다.

그러는 동안에 프러시아의 정치 정세는 차차 변화하여 갔다.

예나의 전투에서 패배한 프러시아는 소위 슈타인의 개혁에 의해 농노제를 폐지하여 농민을 해방하고, 도시의 자치제를 실시하여 국민의 자유를 보장하는 등 근대국가로 발전하여 갔다.

이러한 정세 변동에 따라 헤겔의 국가 관념도 변하여 갔다.

한때 자유의 사자라고 하여 나폴레옹을 환호했던 헤겔은, 이제는 프러시아야말로 자기의 이상이 실현될 수 있는 자유의 국가라고 생각하게 되었다.

다시 말하면 그는 국민의 자유의 실현이라는 세계사적 사명을 수행할 수 있는 진정한 국가가 프러시아에서 형성돼 가고 있다고 확신했다.

이 때 독일에서는 '독일학생연맹(Deutschen Burschenschaft)'이라는 단체를 중심으로 한 애국적인 운동이 벌어지고 있었다.

그중에서는 지나치게 감정적 경향으로 흘러서 세인의 눈살을 찌푸리게 하는 일이 빈번하였다.

때문에 정부는 이 학생들의 애국적인 정열을 냉철한 학문 연구의 방향으로 돌리려는 생각으로 갑자기 헤겔의 초빙을 서두르게 되었다. 그래서 헤겔은 이를 수락하고 1818년 10월에 베를린 대학교수로 부임하였다.

5. 베를린 시대

이 때에는 벌써 피히테 시대 이래의 철학적 전통이 거의 끊어져 있었다. 그렇기 때문에 헤겔에 대한 사람들의 기대가 이만저만 큰 것이 아니었다.

그러나 막상 헤겔을 맞이한 학생들은 그에게 대한 기대가 자못 컸으므로 실망하지 않을 수 없었다.

이 해 겨울학기 초에 그의 강의를 들은 바 있는 졸거(Solger)라는 학생은 '나는 헤겔이 좋은 인상을 풍겨 주기를 바랐다. 그러나 아무도 헤겔에 대하여 말하는 사람이 없었다. 왜냐하면 그는 말없이 부지런하기만 하였기 때문이다'고 술회하였다.

헤겔의 사상 발전이 그러하였듯이 그의 영향도 서서히, 그러나 끊임없이 진행했다. 그리하여 헤겔의 영향은 대학에서 광범한 식자층으로, 다시 정부 기관에까지 퍼져 나갔다.

13년에 걸친 그의 베를린 시대에 헤겔의 강의 제목을 보면, 예나 시대 이래의 '논리학과 형이상학'이 가장 많이 나왔고, 그 밖에 '인간학', '미학', '법철학', '세계사의 철학', '자연철학', '종교철학' 등 다방면에 걸쳐 있다. 그러나 그중에서 가장 많은 인기를 모은 것은 역사철학이었다고 전하여지고 있다.

베를린 시대는 헤겔의 학문적 활동의 마지막 시대이자 또 가장 화려한 시대였다.

　왜냐하면 그의 명성이 독일은 물론, 멀리 덴마크, 프랑스 등 외국에까지 퍼져서 많은 학자들이 헤겔을 찾아 베를린으로 모여들었고, 그 자신이 1829년에는 베를린 대학의 총장으로 선출되었기 때문이다.

　그런데 1831년 여름, 독일에 무서운 콜레라가 침입하여 많은 사람이 쓰러져 갔다.

　이 때 여름학기의 강의를 끝낸 헤겔은 콜레라의 화를 피하여 베를린을 떠났다가, 가을이 되어서 다시 베를린에 돌아와 겨울학기의 강의를 시작한 지 4일 만인 10월 14일에 필경 콜레라 감염으로 세상을 떠났다. 유해는 그의 희망대로 피히테의 무덤 곁에 묻혔다.

Ⅱ. 철학 체계

헤겔의 철학 체계는 하이델베르크 대학교수로 재직 시 1817년에 발표된 '엔치크로페디' 속에서 논술된 바와 같이, 제1부 '논리학', 제2부 '자연철학', 제3부 '정신철학'으로 구성되어 있다.

그리고 이 각 부분이 다시 세 부분으로 구성되고, 또 그 각 부분이 다시 세 부분으로 구성되어서, 그의 철학 체계 전체는 어디까지나 3분법으로 조직되어 있다.

헤겔에 있어서 철학이란 절대자의 학문인데, 제1부의 논리학은 그 본연의 형태에 있어서의 절대자의 학문이며, 제2부의 자연철학은 그 본연의 형태에 있어서가 아니라 타재(他在)의 형태에 있어서의 절대자의 학문이며, 제3부의 정신철학은 이 타재의 형태에서 다시 제 본연의 형태로 돌아온 절대자의 학문이다.

1. 논리학

논리학이라는 것은 우리가 사고할 때, 다시 말해서 개념을 사용하고 판단을 내리며 추리할 때에 반드시 지켜야 되는 형식적인 규칙을 연구하는 학문이다. 이것이 일반적인 논리학이다.

그러나 헤겔의 논리학은 결코 그런 것이 아니다.

헤겔의 철학 체계의 첫 부분이 되어 있는 논리학은, 그가 이 논리학의 서론에서 말한 바와 같이 '자연과 유한적 정신의 창조 이전에 그 영원한 본질에 있어서의 신의 서술(Darstellung Gottes ist, wie er in seinem eurigen Wesen vor der Erschaffung der Natur und eines endlichen Geistes ist.)'이다.

그런데 헤겔에 있어서는 신(神)이 절대자이기 때문에 그의 논리학은 절대학이며, 이 절대학이 곧 헤겔의 철학이다. 그러므로 철학은 자연이나 정신 등, 이 모든 유한자(有限者)를 계기로서 포함한 절대자라고 말할 수 있다.

따라서 헤겔의 논리학은 단순한 사고형식에 관한 학문이 아니라 절대자의 존재에 관한 학문이다.

절대자의 '존재'는 헤겔이 정신현상학에서 의의(意義)의 경험과정을 단계적으로 추적한 끝에 가서 도달한 성과였다. 그러나 이 절대자의 '존재'가 어떠한 존재인가는 아직 규정되지 않았다. 그것은 논리학의 과제였다.

그런데 절대자가 무엇인가는 절대자에 관한 판단의 술어에서 드러나는 것이다. 바꾸어 말하면 절대자의 주어는 그 술어를 통하여 자기 전개된다.

이리하여 절대자가 자연이나 유한적 정신이란 현상 형태를 취하기 전에, 절대자 그 자체의 본질의 전개과정을 서술한 것이 헤겔의 논리학이다.

그렇기 때문에 헤겔의 철학 체계에는 논리학이 자연철학이나 정신철학보다 앞선다. 논리학은 다음의 3부분으로 구성되었다.

$$(1)\ 존재론 \begin{cases} 질 \\ 양 \\ 질량 \end{cases} \quad (2)\ 본질론 \begin{cases} 본질 \\ 현상 \\ 현실 \end{cases} \quad (3)\ 개념론 \begin{cases} 주관 \\ 객관 \\ 이념 \end{cases}$$

(1) **존재론** − 위에서 말한 바와 같이 정신현상학의 종착점이 절대자(존재)인데 이것이 논리학의 시발점이 된다.

이리하여 논리학의 제1편이 존재론으로 되어 있거니와, 이 존재론의 내용은 질(質) · 양(量) · 질량(質量)으로 구분되어 있다.

그러면 논리학의 단초(端初)로서의 존재는 어떠한 것일까?

그것은 아직 하등의 규정도 없는 존재라고 헤겔은 말한다.

그렇다면 이 존재는 가장 추상적이고 보편적인 개념이라고 말하지 않을 수 없다.

이리하여 존재론에서는 존재가 추상적 보편에서 구체적 보편으로 전개되거니와, 그 과정에서 질과 양과 질량의 3계단이 구분된다.

【質】 첫째 질(質)에서 보면 존재에는 하등의 규정도 없기 때문에 따라서 질(質)이 없다. 왜냐하면 질(質)도 일종의 규정이기 때문이다.

그러나 현실에 존재하는 모든 존재자는 반드시 일정한 질(質)을 가지고 있으며, 또 이 질(質)에 의해서 서로 구별되는 것이다.

따라서 질(質)이 없는 존재자는 현실에 없다. 그리고 보면 질(質)이 없는 존재는 결국 무(無)와 마찬가지라고 말하지 않을 수 없다.

이러한 의미에서 헤겔은 「순수유(純粹有)와 순수무(純粹無)는 동일한 것이다(Das reine Sein und das reine Nichts ist dasselbe)'고 말한다.

그러나 있는 것은 없어지고 없던 것이 생겨난다.

이리하여 유(有)와 무(無)는 통일되는 바 이 통일이 성(成)이다.

성(成)에서는 유(有)와 무(無)가 지양(止揚)되어 두 개의 계기가 되거니와 생(生)과 멸(滅)이 그것이다.

성(成)의 결과 즉 성과가 특정한 존재다. 이것을 헤겔은 정유(定有)라고 불렀다.

정유는 최초의 유(有)와 달라서 특정한 규정을 가진 존재다.

그렇기 때문에 모든 정유는 그 특정한 질(質)에 의하여 서로 구별되는 유한자가 된다.

따라서 모든 유한적인 '그 무엇(Etwas)'은 다른 것(das Andere)이 된다. 다시 말하면 변화한다. 그러므로 모든 정유는 유한적(有限的)이며 가변적이다.

이리하여 그 무엇은 다른 것이 되나 이 다른 것 역시 그 무엇이다.

이와 같이 모든 유한적인 것의 변화는 한없이 계속하는 바, 헤겔은 이러한 무한을 악무한(惡無恨)이라 했다.

그렇다면 진무한(眞無限)이란 어떤 것일까?

악무한이 유한과 대립하는 무한이라면 진무한은 유한을 지양하여 내포하는 무한이다. 바꾸어 말해서 악무한이 '직선적'인 무한이라면 진무한은 '원환적(圓環的)'인 무한이다. 그러므로 진무한에 있어서는 출발점이 종착점이 되고 종착점이 출발점이 된다.

여기서는 자기가 다른 것으로 변화하는 게 아니라 자기가 자기에게로 돌아오는 것이다.

따라서 아무리 질(質)이 변화하여도 영원히 자기동일성을 유지한다. 이것이 헤겔이 말하는 '대자유(對自有; Für sich Sein)'다.

그러나 이 대자유(對自有)도 '하나'의 정유(定有)며 따라서 다른 하나의 정유와 구별된다.

이리하여 모든 정유는 다 같은 '하나'로서 대자적인 동시에 배타적이다. 그러므로 이 모든 대자적 유(類)의 사이에는 '하나'가 다른 '하나'로 변하는 일이 없고 다만 증감의 관계가 있을 뿐이다. 이리하여 대자적 유(類)에 이르러서는 질(質)이 지양되고 그 대신에 양적(量的) 규정이 나타난다. 그러므로 헤겔은 '양(量)이라는 것은 지양된 질(質) 이외의 아무것도 아니다'고 말한다.

【量】질(質)이 사물의 직접적인 규정이라면 양(量)은 외면적 규정이다. 그러므로 질(質)이 달라지면 사물 그 자체가 달라지지만, 그러나 양(量)이 달라진다고 곧 사물 그 자체가 달라지는 것이 아니다.

가령 예를 들면 물의 질(質)이 달라지면 물이 물로서 있을 수 없고 얼음이 되거나 증기로 변한다. 그만큼 질(質)은 사물과 직접적 관계가 있으나 물의 양은 증감하여도 물은 변함없이 물대로 있다.

그러므로 바닷물이든 민물이든 물임에 틀림없다. 그리고 보면 질(質)과 양과의 사이에는 중요한 관계가 없는 것같이 생각된다.

그러나 양적 변화가 일정한 한계에 도달하면 갑자기 그 사물의 질적 변화가 일어나서 사물 그 자체가 다른 사물이 된다.

또 그와 반대로 질(質)이 달라지면 사물의 양적 관계에 중대한 변화가 일어난다. 이로 보면 사물의 질(質)과 양과의 사이에 관계가 더욱 중대함을 알 수 있다.

질(質)에 있어서 순유(純有)에서 출발하여 정유(定有)를 매개해서 대자유(對自有)에 도달하였듯이, 양에 있어서도 순량(純量)에서 출발하여 정량(定量)을 거쳐 질량으로 이행한다.

순량이라는 것은 무한정한 양을 말하며 질(質)에 있어서 무규정한 순유에 대응한다.

만일 절대자가 셸링이 말하였듯이 질적 차별이 없고 다만 양적 차이만 있는 것이라면, 그러한 의미에서 양을 절대자의 근본규정으로 볼 수 있다.

순량이라는 것은 한편에서 보면 연속량(連續量)이고 다른 한편에서 보면 불연속량(不連續量)이다. 그리하여 양을 연속적인 것으로 보는 사람도 있고 또 그 반대로 불연속적인 것으로 보는 사람도 있으나 그것은 모두 일면적인 견해다.

왜냐하면 양은 연속적이자 동시에 또 불연속적이기 때문이다.

가령 예를 들면, 이 교실이 차지하고 있는 공간은 연속량이고, 이 교실 안에 모인 1백 명의 학생이 각기 차지하고 있는 공간은 불연속량이라고 하거니와, 바로 그렇기 때문에 공간은 연속량도 되고 불연속량도 되는 것이다.

이와 같이 순량은 자체가 내포한 모순 때문에 정량으로 진행하는 바 이 정량은 한정된 양이다.

정량의 완전한 규정성은 수(數)다. 수는 그 요소로서 '하나'를 내포하거니와, 이 '하나'는 분리의 계기에서는 총수(總數)를, 그리고 연속의 계기에서는 단위를 양(量) 계기로 내포한다.

이리하여 '양일반(量一般)'은 내포된 모순적 계기에 의하여 변증법적으로 진행하며, 이러한 양의 변증법의 성과가 질적인 양 - 질과 양의 통일이며 이것이 곧 '질량(Das Mass)'이다.

【質量】 질량은 질(質)과 양의 통일이기 때문에 이 질량 속에는 질과 양이 지양되어서 포함된다.

그러므로 질량에서는 질과 양이라는 두 계기 사이의 관계가 문제된다.

그러면 이 두 계기 간에는 어떤 관계가 성립하는가?

첫째 질은 양으로 이행하고 양도 질로 이행한다.

둘째 질과 양은 그 통일에도 불구하고 서로 구별된다.

그러나 이 양 자는 서로 매개하면서만 존재한다. 이리하여 질량에 있어서 질(質)이 양으로 이행하고 양이 질(質)로 이행하는 그 무한 진행에 있어서 질량이 지양되어 무질량(無質量)으로 변하는 바, 이와 같이 지양된 존재일반이 곧 본질이다.

(2) 본질론 - 본질이라는 것은 지양된 존재일반, 즉 지나간 존재이며, 말하자면 있었던 것이다.

그러나 본질은 시간적으로 지나간 존재가 아니라 논리적으로 선행(先行)하는 존재이며, 존재자의 근저(根底)로서 항상 존재하는 것이다.

존재가 생멸 변화하는 유한적 사물이라면 본질은 그와 같이 변화하는 유한자의 존재 속에서 변화하지 않는 무한자이다. 변화 속에는 그와 같이 변화하지 않는 그 무엇이 반드시 있는 바 그것이 본질이다.

이리하여 존재는 본질 속으로 지양돼 들어간다. 그러나 그렇다고 존재가 아주 없어지는 것이 아니라, 일종의 가상으로 전락(顚落)하고 본질이 참다운 것이 된다.

그렇기 때문에 헤겔은 본질을 '존재의 진리'라고 말한다. 그리고 보면 가상도 본질의 한 계기가 된다.

본질론은 본질·현상·현실의 세 계단에 걸쳐서 전개된다.

【본질】 존재가 절대자의 직접인 규정이라면 본질은 절대자의 반성적 규정이다. 그러므로 헤겔은 본질과 존재와의 차이는 본질이 제 자신을 비추는 그 '반성'에 있다고 말한다. 그러므로 본질의 입장은 본래 반성의 입장이다.

반성에는 두 가지 것, 즉 직접적으로 있는 것과 매개에 의하여 드러난 것이 있다. 그리하여 반성의 입장에서는 직접적 존재가 그 속에 본질이 숨어 있는 외각(外殻)으로 생각되는 것이다.

이리하여 반성을 통해서 본질의 여러 측면이 드러나는 바, 이것이 반성규정(反省規定)이며 학문일반의 '범주(範疇)'다.

이 반성규정에 3가지가 있으니 동일성과 구별성과 이유가 그것이다.

형식논리학상에서 A=A로 표시되는 동일성은 추상적이고 공허한 동일성에 불과하지만, 주체적인 동일성은 구별성을 내포한 동일성이다. 그러므로 동일성과 구별성은 진리의 양면에 지나지 않는다.

동일성과 구별성의 통일이 이유이다. 왜냐하면 이유는 본질의 총체성으로 드러난 것, 바꾸어 말하면 이유는 자기 내 반성인 동시에 타자내(他者內) 반성이요, 또 타자내 반성인 동시에 자기 내 반성이기 때문이다. 그러므로 동일과 구별은 이유에서 나오는 것이다.

그러나 이유는 그 무엇의 이유, 즉 타자(他者)의 이유인 한(限)에서만 이유가 된다. 그리하여 이유에서 그 무엇이 결과 되는 바 이것이 실존하는 사물이다.

이유 속에 숨어 있던 것이 그 결과, 즉 실존하는 사물 속에서 밝게 드러난다. 이 실존이 다름 아닌 현상이다.

실존이라는 말은 본래 밖으로 나와 있다는 의미의 말이다.

본질은 나타나고야 만다. 본질이 나타난다는 것은 본질이 단순한 존재가 아니라 본질을 본질이 되게 하는 규정이다.

그러므로 본질은 철학자들이 흔히 생각하여 왔듯이 현상의 배후나 피안(彼岸)에 숨어 있는 것이 아니라 실존하는 것이며 본질의 이 실존이 곧 현상이다.

【현상】 현상은 그 무엇의 현상이며, 현상하는 그 무엇은 서로 의존하며 하나의 세계를 형성한다. 이것이 현상의 세계다.

이 세계에서는 이유와 이유에서 나온 귀결과의 무수한 관계가 지배한다.

가령 예를 들면 전체와 부분, 힘[力]과 그 외화(外化), 내(內)와 외(外)의 관계가 그것이다. 여기서는 본질이 관계로 파악되는 바 그것이 본질적 관계이다.

이 관계 속에서 본질과 현상, 내적인 것과 외적인 것의 통일이 이루어지는 바 이 통일이 현실이다.

【현실】 현실은 현상과 달라서 그 속에 본질, 바꾸어 말하면 이념이 실현되면서 있는 것이기 때문에, 결코 비합리적인 것이 아니라 어디까지나 이성적인 것이다.

이 점에서 법철학의 서론 속에 나오는 '현실적인 것은 이성적인 것이고 이성적인 것은 현실적인 것이다'는 그의 유명한 명제가 상기된다. 그러고 보면 현실을 절대자의 표현이라고 말하여도 결코 과언이 아닐 것이다.

여기서는 본질 관계가 실체적 관계에서 인과적 관계로, 인과적 관계에서 다시 상호관계로 발전하는 바 이 상호관계가 개념의 입구이다.

존재의 진리가 본질에서 드러나듯이 본질의 진상이 개념에서 드러난다.

(3) 개념론 — 존재의 본질을 개념과 동일시한 아리스토텔레스를 헤겔은 본질의 진의를 간파한 최초의 철학자라고 찬양한 일이 있다. 그러나 아리스토텔레스가 개념을 존재화 시켰다면 헤겔은 본질을 개념화시켰다고 할 수 있다.

존재의 진리가 본질이고 본질의 진리가 개념이라면, 개념은 그 궁극적 근저(根底)인 존재에서 발전하는 것이라고 보아야 한다.

그러므로 존재하는 사물을 개념적으로 인식한다는 것은 존재가 제 자신 속으로 파고 들어가서 제 자신의 본질을 폭로함을 의미하는 것이다.

일반논리학에서는 개념을 무내용한 사고형식이나 일반표상으로, 즉 추상적 보편으로 보지만 헤겔 논리학에서는 그와 반대로, 개념이 종전의 모든 사고 규정을 지양하여 내포한 내용이 가장 풍부한 구체적 보편이다.

개념을 순전히 형식적인 것으로 보면 형식과 내용과의 대립이 벌어지거니와, 헤겔에 있어서는 이 형식과 내용과의 대립뿐 아니라 반성적 사고가 고집하는 기타 모든 대립이 변증법적으로 극복되어서 개념으로 지양되는 것이다.

개념은 주관·객관, 그리고 이념의 세 계단으로 구분된다.

【주관】 개념이라는 것은 오성(悟性)의 추상 작용에 의하여서 구성되는 것이 아니라 절대자의 자기 파악이다. 그러므로 이 절대자의 자기 파악, 즉 개념(Begriff)에서 절대자의 진상이 드러난다.

그런데 개념론에서는 절대자가 우선 '주관성(Subjektivität)'으로 나타난다. 그러므로 개념론에서는 주관성이 첫 단계가 된다.

개념은 위에서도 언급한 바 있거니와, 존재에서 출발한 모든 규정을 계기로 내포한 구체적 보편이기 때문에, 이 모든 계기에 따라서 보편개념 · 특수개념 · 개별개념으로 구분된다.

이리하여 개념은 보편성 · 특수성 · 개별성이라는 세 가지 계기를 포함한 하나의 통일체이며, 이 통일의 근원적 분할이 판단(Urteil)이다.

간단히 말하자면 개념의 분할이 판단이다. 그러므로 판단은 개념과 개념과의 종합이 아니다.

판단은 주어에 없는 술어를 주어와 결합시키는 게 아니라 술어에서 주어가 드러나게 하는 것이다.

이리하여 개념의 내용이 판단에 의하여 해명되는 것이다.

그 다음에 판단에서 분할된 개념의 회복이 추리이다. 그러므로 추리는 개념과 판단의 통일이요 진리이다.

왜냐하면 개념 속에 지양된 계기로 통일된 모든 개념 규정이 판단에서 독립적인 양 극으로 정립되었다가 다시 추리에서 이 양 극의 통일이 회복되기 때문이다. 그러므로 추리는 완전히 드러난 개념이라고 헤겔은 말한다.

모든 현실적인 것은 특수성을 통하여 보편성으로 올라가서 제 자신과의 동일성을 유지하는 개별적인 것이다.

그러므로 현실적인 모든 것은 하나인 동시에 개념의 모든 계기가 분열된 것이라면, 추리는 개념의 모든 계기를 매개하는 원환(圓環)이요, 현실적인 것은 이 원환을 통하여서 하나로 드러나는 것이다.

그러고 보면 모든 것은 추리다(Alles ist Schluss).

【객관】 오성논리학(悟性論理學)에서는 사고(思考)를 단지 주관적인 형식적 활동으로만 보고 사고와 대립하는 객관은 고정된 독립적 존재로 본다. 그러나 헤겔에 의하면 개념이니 판단이니 추리니 하는 여러 규정을 가진 주관은

독립적으로 존재하는 외적(外的) 객관에 의해 충족되는 빈 그릇과 같은 것이 아니라, 제 자신이 변증법적으로 제 자신의 한계를 돌파하고 객관성으로 제 자신을 개방하는 것이다.

간단히 말하면 '개념의 실재화(Realisierung des Begriff)'가 객관적이라는 것이다.

존재와 본질은 아직 객관이 아니다.

객관이라는 것은 주관이 있을 때에 비로소 객관이 될 수 있는 것이다. 그러므로 아직 주관이 나타나지 않는 존재나 본질의 계단에서는 객관이 있을 수 없다.

주관은 개념이 계단에 이르러서 비로소 나타난다. 그러므로 객관성의 세계도 여기서 비로소 나타나는 것이다.

그러나 여기서는 객관이 주관의 피안(彼岸)에 있는 것이 아니라 주관이 제 자신을 실현한 것이다. 그러므로 주관을 떠나서 객관이 있을 수 없다.

객관적 세계에서는 기계성·화학성·목적성의 3계단이 구별되는 바, 기계적인 객관성은 외면적인 객관성이다. 여기에도 여러 가지 구별이 내포되나 이 구별은 상호 간에 하등의 관계가 없이 결합한다.

그 다음의 화학성의 계단에서는 객관이 본질을 달리하고 나타나며, 그 상호관계에 의하여서만 객관이 되며 그 상호관계의 차이가 질(質)이 된다.

기계성은 본래 밀고 밀리고 하는 기계적 관계를 의미하는 것이지만, 그러나 정신계에 있어서도 가령 예를 들면 무의미한 여러 말을 늘어놓는 것도 기계적이며, 정신이 없고 행동이 없는 신앙이나 행동도 기계적이다.

화학성도 본래 물질적 객관에 있어서의 관계를 말하는 것이지만, 정신적 생활에 있어서의 친화력이니 사랑이니 우정이니 하는 것도 역시 화학성의 범주에 속한다.

목적성은 대자적(對自的)으로 실재하는 개념이며 주관적으로 규정된 개념이다.

그렇기 때문에 목적성은 객관성과 대립한다. 그러나 목적성은 이 객관성과의 대립을 부정하고 그것을 목적 자체와 일치시키는 활동이다.

이것이 목적 실현인데 이 목적 실현에 있어서는 목적이 제 자신의 주관성과는 다른 것이 되고, 객관화함으로써 목적의 주관성과 객관성의 구별이 지양된다.

이리하여 제 자신을 실현시킨 개념, 바꾸어 말하면 자기 자신을 객관화한 주관이 곧 이념(die Idee)이다.

【이념】 그러므로 이념은 주관도 아니고 객관도 아니라 주관과 객관의 통일이며 완성이다. 그러나 이 완성은 과정을 내포한 완성이며 그렇기 때문에 정지(靜止)가 없다.

이념은 즉자적(卽自的)으로나 대자적으로나 참다운 것이며 개념과 객관과의 절대적 통일이다.

이념에서는 세 가지의 계기가 구별되는 바, 생명과 인식과 절대이념이 그것이다.

생명은 직접적인 이념이며 그렇기 때문에 개별적으로 생존하는 것이다.

생존자에게서는 몸과 마음이 분리된다. 그리고 이 분리가 바로 죽음을 의미하는 것이다.

생자(生者)는 죽음을 피하지 못한다. 그러나 개체의 생명은 죽어도 종족의 생명은 영원히 존속한다. 그러나 개체의 죽음은 정신의 탄생을 의미한다.

따라서 정신은 생명에서 출발한다.

여기서 이념의 주관성이 회복된다. 따라서 이 정신은 주관적 정신에 불과한 것이다.

그러나 주관적 정신은 이념이 주관적으로 나타난 것이며, 이 주관적 이념은 존재하는 객관적 세계를 자체 속에 흡수해 가지고, 그 주관적인 일면성을 지양하고 동시에 우연의 집합체, 또는 무의미한 여러 형태로 보이는 객관적 세계의 일면성을 지양하고, 주관적 내면을 통하여 규정하고 제 구실을 하려고 하는 충동을 갖는다.

전자(前者)는 진(眞)에 대한 지식의 충동 즉 이론적 활동이며, 후자는 진(眞)을 실현시키려고 하는 선(善)의 충동 즉 실천적 활동이다.

이론적 태도는 세계를 있는 그대로 보며, 실천적 태도는 세계를 마땅히 있어야 할대로 만들려고 하는 것이다.

의지는 목적을 제 것으로 알고 지성은 세계를 현실적인 이념으로 파악한다. 이것이 진정한 지식의 입장이다.

우리가 만일 세계의 궁극 목적이 영원히 실현되는 동시에, 실현되어 가고 있다는 것을 알기만 한다면 이 세상의 모든 헛된 노력이 없어질 것이다.

이것이 대인(大人)의 태도다. 그러나 청년은 그와 반대로 이 세계는 나쁘니까 이것을 아주 달리 만들지 않으면 안 된다고 생각한다. 그러므로 인식의 계단에서는 이론적 이념과 실천적 이념, 진(眞)과 선(善)이 아직 일치하지 않는다.

그러나 세계는 마땅히 있어야 할대로 있다. 그렇다면 의지(意志)는 지양하고 따라서 이론적 이념과 실천적 이념이 통일되는 바 이 통일이 곧 절대이념이다.

절대이념은 이론적 이념과 실천적 이념의 통일인 동시에 생명의 이념과 인식의 이념의 통일이다. 그런데 생명의 이념이 즉자적으로 존재하는 이념이라면, 인식의 이념은 대자적으로 존재하는 이념으로서 다 같이 일면적임을 면치 못한다.

그렇기 때문에 이 양 자(兩者)는 통일로 지양돼 드러나는 바 이 통일이 '즉자적 대자적'인 절대적 이념이다.

여기서 지금까지 여러 발전 계단을 통하여 우리의 대상이 되어 온 이념이 이제는 제 자신의 대상이 되었다. 그러므로 절대이념은 자기의 내용을 자기 자신으로 직관하는 개념의 순수형식이며, 이 절대이념의 내용은 지금까지 우리가 서술하여 온 전 발전 체계 이외의 아무 것도 아니다.

그러므로 절대이념을 보편자라고 부를 수 있다면, 이 보편자는 모든 특수 내용과 대립하는 추상적 보편자가 아니라 모든 규정, 모든 내용을 내포한 구체적 보편자인 것이다.

이리하여 절대자는 절대 무규정적이고 절대 무내용한 존재에서 본질을 거쳐서 결국 제 자신에게로 돌아온 것이다.

그것은 공수래공수거가 아니라 무궁무진한 여러 계기의 재산 목록을 안고 돌아온 것이다. 그러므로 귀환은 동시에 전진이다.

왜냐하면 추상적 존재에서 구체적 존재로 돌아왔기 때문이다. 그러나 절대이념은 결국 무궁무진한 내용을 담을 수 있는 절대적 형식이며 무한적 형식이다. 이 형식은 내용적으로 구체화하여야 한다.

2. 자연철학

헤겔의 철학 체계는 위에서도 언급한 바와 같이 세 부분으로 구분되어 있고, 자연철학이 논리학의 다음에 제2부로 나온다. 그러면 그 이유가 무엇이며, 그리고 자연철학은 헤겔의 철학 체계 속에서 어떠한 위치를 차지하고 있는 것인가?

종래의 일반적 견해에 의하면 헤겔의 철학 체계 중에서 가장 약한 부분이 자연철학이라고 한다. 아닌 게 아니라 그의 법철학이나 역사철학은 헤겔의 생존 당시에 대단한 인기를 끌었을 뿐 아니라 후세에까지 적지 않은 영향을 주고 있는 반면에, 자연철학은 당시에도 별로 사람들의 주의를 끌지 못하였을 뿐더러 도리어 무시당하고 말았던 것이다.

그러나 그처럼 버림받았던 이 자연철학도 오늘날에 와서는 자연변증법과의 관련해서 새로운 주목을 받고 있다. 그것이 그러하지 않을 수 없는 까닭은 그의 자연철학이 어디까지나 자연 전체를 변증법적 발전과정에 놓고 보기 때문이다.

헤겔에게 있어서는 논리적 이념뿐만 아니라 자연이나 정신에 이르기까지 모든 것이 변증법적으로 발전한다. 그뿐 아니라 논리와 자연과 정신이 절대자의 변증법적 발전과정의 계기가 되는 것이다. 따라서 자연은 논리와 정신의 중간 계단에서 매개의 역할을 하고 있다.

헤겔에 의하면 논리학은 '자연과 유한적 정신의 창조 이전의 영원한 본질에 있어서의 신(神)의 서술'이라고 한다. 그러나 신이 자기의 영광을 나타내기 위하여서는 자연을 창조하고 섭리하지 않을 수 없었다.

그렇다면 자연은 자연적인 자연이 아니라 신적(神的)인 자연일 수 밖에 없다.

이렇게 생각할 때 헤겔이 '자연은 타재(他在)의 형태에 있어서의 이념'이라고 한 말을 우리는 이해할 수 있는 것이 아닐까?

헤겔에 의하면 자연은 '타재(他在)의 형태에 있어서의 이념'이라고 한다. 다시 말하면 절대자의 순수 본질인 이념이 외면적인 형태로 나타난 것이 자연이다.

이와 같이 자연은 이념이 제 자신을 소외하고 제 자신이 아닌 외면성으로 나타난 것이기 때문에, 자연의 이 외면성은 이념의 한 규정성이라고 보아야 한다.

아니 그보다도 자연 그 자체가 이미 이념이다. 다른 점이 있다면 다만 자연이 타재의 형태로 나타난 이념인 점이라 하겠다.

자연은 이념이기 때문에 그 속에 개념이 내포되어 있다. 왜냐하면 개념은 본래 내재적인 것이며 따라서 자연에도 내재하기 때문이다. 그러고 보면 자연은 내면적인 것과 외면적인 것과의 통일이다.

대립의 통일은 모순이기 때문에 자연은 그 자체가 하나의 모순이다. 자연을 다만 그 외면성에서 보면 그 개념을 파악할 수 없고, 또 반대로 자연을 내면성에서 보면 그것은 자연이 아니다.

그러므로 진정한 자연관찰의 과제는 외면적인 자연의 무한한 형태 속에 파고들어 가서 그 속에 숨은 개념을 발견하는 데에 있다. 이것이 헤겔의 자연철학이 서 있는 입장이다.

여기서는 자연이 '다양의 통일', 여러 계단(階段)의 체계로 파악되며 변증법적 법칙에 지배되고 있다. 다시 말하면 변증법이 자연의 법칙이 되는 것이다.

자연의 외면성은 자연계의 개체[個物]에서 상호외재성(相互外在性)으로 나타나며, 따라서 모든 것이 개별화한다. 그러나 이 개별화는 개체의 자유를 의미하는 게 아니다. 자유는 개념에만 있는 것이다.

왜냐하면 여기서는 오직 개념만이 내면적인 것이기 때문이다. 그러므로 자연에는 자유가 없고 다만 필연과 우연이 있을 뿐이다.

자연에도 물론 법칙이 있다. 그러나 자연의 법칙은 개념의 법칙이며, 따라서 자연의 필연성은 곧 이 개념의 필연성이다. 그리고 개념은 내면적인 것이며 자연은 이 내면적인 것의 순수한 표현과 거리가 먼 것이다. 그러므로 자연계의 모든 개체들은 우연적이 아닐 수 없다.

이리하여 자연은 즉자적(即自的)으로 이념이면서 이 이념과 일치하지 않는다.

헤겔은 이를 '풀리지 않는 모순'이라고 불렀거니와, 이 모순은 개념의 필연성과 개체의 우연성, 내면적인 개념의 법칙성과 외면적인 현상의 무규칙성과의 부적합성을 의미한다.

이 점에서 보면 헤겔의 자연은 갈릴레이, 뉴턴, 칸트의 자연과 다르다.

왜냐하면 이들의 자연은 필연의 법칙이 지배하고 있어서 우연이 존립할 여지가 없지만, 헤겔의 자연은 오직 대체적으로만 그 내면의 법칙성에 따를 뿐, 이에서 벗어나는 특수한 사례가 있기 때문이다.

이 점에서 헤겔은 자연법칙을 일종의 통계법칙으로 보는 현대의 자연과학적 견해에 접근하고 있다. 헤겔의 자연철학은 역학 · 물리학 · 생물학으로 구분되어 있다.

(1) **역학(力學)** − 역학은 공간 시간론에서 출발한다.

자연은 외자적(外自的)이며 그렇기 때문에 공간적이다.

외자적 존재라는 것은 이념이 자기 밖에 나가 있다는 말이며, 그렇기 때문에 자연의 존재 방식은 우선 공간적이라고 봐야 한다. 그러면 공간이란 무엇인가?

헤겔은 공간이라는 것은 자연이라는 이 외자적 존재의 추상적 보편성 외의 다른 아무것도 아니라고 한다.

공간에서는 모든 것이 무매개적으로 공존하는 바 이 무매개적인 공존의 형식이 공간이다. 그리고 이 무매개적 공존은 반드시 결합을 말하는 것이 아니지만, 그러나 무제한한 결합 가능성을 의미하는 것이다.

공간 그 자체가 외자적인 존재이기 때문에 공존은 전혀 관념적인 공존이며, 또 이 상호 외자성이 전혀 추상적이고 따라서 전혀 무차별한 것이기 때문에 공간은 연속적이다.

칸트에 있어서는 공간이 직관형식이기 전에 순수한 형식 그 자체다.

공간은 어떤 요소로써 성립하는 것이 아니다. 따라서 점(點)은 공간의 요소가 아니라 공간의 부정(否定)이다.

왜냐하면 점은 비공간적인 것이기 때문이다. 그러나 점은 공간 내에서 비공간적이기 때문에 '공간 내의 비공간적인 것'이며 공간 내에서 드러난 공간의 부정이다. 그러나 공간의 무한성은 공간의 성질이 아니라 공간 내의 양일반(量一般)이다. 왜냐하면 양(量)의 누진적 규정이 무한성이기 때문이다.

간단히 말하면 공간은 양일반이다.

점(點)과 선(線)과 면(面)과 체(體)의 사이에는 질적(質的) 차이가 있다. 왜냐하면, 점은 선의 요소가 아니라 선과 질적으로 다른 것이고, 선(線)도 면(面)의 요소가 아니라 면(面)과 질적으로 다른 것이며, 면(面)도 체(體)의 요소가 아니라 체(體)와 질적으로 다른 것이기 때문이다.

그런데 점은 공간의 부정이기 때문에 점에서 선으로, 그리고 선에서 면으로, 면에서 체로의 진행은 '부정의 부정' 즉 공간의 회복이다.

시간도 외재적 상호성의 형식이다.

시간에서는 외자적(外自的) 존재의 또 다른 다양성이 전개된다. 여기서는 공간 내의 정적(靜的)인 공존이 지양된다.

다시 말하면 시간은 공간의 부정이다. 그러나 그 대신에 생성(生成)이 나타난다. 시간은 흐른다.

즉 시간은 있으면서 있지 않고 있지 않으면서 있는 것이다.

바꾸어 말하면 시간은 직관된 생성이며 생성은 생(生)과 멸(滅)의 계기에 있어서 동일한 것의 존재와 비존재의 동일성을 의미하는 것이다.

이리하여 시간은 외재성과 타재성의 계단에 있어서의 생과 멸의 일반적인 양식(樣式 ; Modus)이다.

시간 속에서 모든 것이 생하고 멸한다는 것은 누구나 잘 아는 일이지만 그러나 그것은 시간의 진리가 아니다. 왜냐하면, 시간은 시간 속에서 생멸하는 내용을 제거하였을 때에, 남는 생멸이 없는 것과 다른 그 무엇이 아니기 때문이다.

시간의 진리를 말한다면 모든 것들이 시간 속에서 생멸하는 것이 아니라 생멸 그 자체가 시간인 것이다. 시간도 공간과 마찬가지로 연속적이며 직관 형식이지만 그보다도 순수한 형식 그 자체이다.

실재적인 모든 것은 시간에 굴복한다. 다시 말하면 모든 실재적인 것은 시간성을 지닌다. 왜냐하면, 그것은 유한성과 자연성의 모순을 내포하기 때문이다.

이리하여 모순의 외면성과 불안전성의 추상이 바로 시간 그 자체이다. 그러나 개념은 그와 달라서 여기서는 모순이 해소되고 유한성이 지양된다.

따라서 개념은 무시간적이다. 그러므로 개념은 시간에 대하여 무력한 것이다.

왜냐하면, 시간은 외면성의 형식 이외의 아무것도 아니기 때문이다. 그러므로 오직 자연적인 것만이 시간적이고 그와 반대로 개념이나 이념은 영원한 것이다.

이상에서 공간과 시간에 관한 헤겔의 견해를 밝혔거니와, 이 공간과 시간의 종합이 곧 운동이며 운동의 기체(基體)가 물질이다. 칸트는 물질을 견인과 반발이라는 두 힘의 체계로 보지만, 헤겔은 견인과 반발을 물질의 근본적인 성격으로 보며 물질을 이 힘들의 기체(基體)로 본다.

그는 또 중심으로 향한 물질의 집중적 배치에서 대자적(對自的) 존재와 주관성의 단초(端初)를 발견하고, 갈릴레이의 자유낙하이론에 관해서는 무거운 물체와 타성(惰性) 물질과의 구별이 틀렸다고 질책하였다.

그는 또 케플러의 3가지 운동법칙이 표현하는 항성연도(恒星軟道)의 법칙을 절대역학(絶對力學)으로 보고 뉴턴의 만유인력이론을, 세계조화의 이념을 흐리게 하고 또 우주에 있어서의 본질적인 것, 즉 개념의 간파를 모호하게 하는 이론이라고 비판하였다.

(2) **물리학** – 헤겔은 광(光)을 어둡고 둔(鈍)한 물질에 대한 반대의 시초로 보고, 정신의 세계에 있어서의 지식과 같은 것으로 보았다.

그는 또 진동하는 물질의 소리에서 물질적인 공간성이 물질적인 시간성으로 이행하는 것을 발견하고 열의 전파를 비물질적인 성질로 인정하였다.

물리적 존재 중에서 최고의 형태는 자기(磁氣)와 전기(電氣)인데 여기서는 양 극성의 법칙이 실현된다.

이 법칙은 서로 모순되는 대립성 그 자체에서 성립하는 게 아니라, 대립하는 양 자의 결합, 바꾸어 말하면 그 통일 형식에서 성립하는 것이다. 이 대립은 주체적 통일성에 있어서의 이원성이다.

그다음에 색채 이론에 있어서 헤겔은 뉴턴을 반대하고 피히테에게 동조하였으며, 광(光)의 다양성을 명암(明暗)의 '차도(差度 : Unterschiedsskala)'로 보았다.

(3) 생물학 − 이념이 그 외재성이라는 추상적 보편의 상황에 있는 물질적 자연이고, 이 이념이 특수성의 상황에 있는 물질적 자연이라면, 이 개체가 주관성의 규정을 띠고 나온 것이 유기적(有機的) 자연이다.

우주적인 자연 속에 숨어있던 생명은 지구라는 한 개체 속에서 나타나기 시작한다. 그러므로 생물학은 지구적 자연에서 출발하여 식물적 자연을 거쳐 동물적 유기체의 계단에 도달한다.

지구적 유기체는 하나의 유기체지만 모든 부분에 생명이 있는 것은 아니다. 그럼에도 불구하고 지구상에는 생명을 지닌 개체가 존재한다. 그러나 이 생명은 지구 부분의 생명이 아니라 보다 높은 계단의 생명이다.

이것이 식물적 생명이다. 식물적 생명은 주관적 생명이지만 그러나 아직 객관적 유기체와 다름이 없다. 그러므로 식물적 주체의 조성과 자기보존의 과정은 자기 밖으로 나가서 다수한 개체로 분열하는 과정이며, 그와 동시에 한 전체로서의 개체는 여러 부분의 주체적 통일의 바탕에 불과한 것이다.

그러므로 이 유기체의 각 부분의 차이는 외면적인 형태의 변화에 불과한 것이며, 또 그렇기 때문에 각 부분이 서로 다른 부분의 기능으로 옮아가기 쉬운 것이다.

식물에는 '대자적 존재'와 '자기(自己)'라는 것이 없고 따라서 자발적으로 영양의 섭취를 중단하는 일이 없다.

식물의 생활과정은 종자(種子)에서 출발하여 종자로 돌아간다. 종자도 식물이다. 왜냐하면, 종자는 아직 개시되지 않았으나 식물이기 때문이다. 그러나 종자 속에 함축돼있는 실재성이 없는 개념에 지나지 않는다.

이 개념은 형성과정에서 실현되거니와 이 과정은 끝도 없고 결과도 없이 진행한다. 이것이 단순한 식물적 생활이다.

그 형성과정에서 종족 과정으로 옮아가면서 성적(性的) 관계의 양 극성이 나타나지만, 이 양 극이 서로 다른 개체로 분열되지 않는다.

가령 남성적인 개체와 여성적인 개체가 분열해서 나타나는 경우가 있다 하더라도, 그렇다고 이것을 본래적인 성적 관계라고 말할 수 없다.

그러므로 식물은 비록 암컷과 수컷이 서로 갈라져 있을지라도 무성적(無性的)인 것이다. 식물적 생명은 성적(性的)기관에까지 분화할 뿐이고 성적개체에까지 분화하는 것이 아니다.

동물적 생물은 그와 달라서 '자기(自己)'를 가진 것이며 자기적인 것이다. 동물은 자기를 긍정하고 자기를 관철하려고 노력한다.

동물이라는 유기체는 그 형성과정이 외부로 향하고 있는 것이면서도 언제나 자기의 동일성을 유지하는 것이다. 이와 같이 동물적 자연은 직접적 개별성에도 불구하고 그 현실성과 외면성에 자기의 개별성이 반조(返照)된, 따라서 자기 내에 존재하는 주관적 보편성을 갖는 것이다.

동물에는 개념이 대자적 존재에까지 도달한다. 대자적 존재라는 것은 자기가 자기를 위하여서 존재하는 것이며 구별의 실존적 통일이다.

이와 같이 동물적 유기체에서는 주관성이 분열하나 이 분열이 통일해서 실존한다. 그러므로 동물에는 진정한 주관적 통일, 단순한 영혼이 실존하며 이것이 육체의 외면성에서 나타난다. 이와 같은 '단순한 영혼'이 내면적 통일에 비하면 동물의 각 부분은 형태의 계기에 지나지 않는다.

내면적 통일은 각 부분의 독립성을 부정하고, 이것을 통일 속으로 끌어들이는 바 이 통일이 개념에 대한 개념의 실재성이다. 그러므로 형태의 공간성은 영혼의 진리가 못 된다.

공간적인 형태는 상호 외재적이고. 고립적이지만 영혼은 단순한 통일이다. 그러므로 각 부분 속에 흘러나간 영혼을 공간성에서 보면 영혼이 편재한다고 말하게 되는 것이다.

그러나 영혼은 '순수한 보편적 주관성'의 대자적 존재가 아니다. 왜냐하면, 영혼은 다만 자기를 느끼고 자기를 직관하나 아직 자기를 사고하지 못하기 때문이다.

바꾸어 말하면 영혼에 있어서는 개념이 대자적으로는 존재하나, 그러나 즉자적으로 존재하지 않기 때문이다.

이 점에서 보면 동물적 생명에도 모순이 존속하는 것을 알 수 있다. 여기서는 모순이 외면에서 내면으로, 다시 말하면 자기 속으로 들어와 있다.

그리하여 이 모순이 결국은 동물적 개체의 '자기'를 돌파한다. 왜냐하면, 동물의 종족과정은 동물적 개체의 형성과정을 지양하고 형성된 개체의 죽음을 넘어서 진행하기 때문이다.

종(種)의 재생산에 있어서는 동물적 생명이나 식물적 생명이나 다름이 없고 그 형태가 다를 뿐이다. 동물에 있어서는 성적관계가 성적 개체 사이에서 이뤄질 뿐 아니라 거기에는 또 자기감정이 끼어든다.

이 자기감정은 동물의 전 유기적 기능을 규정한다. 동물은 다만 동화작용만 갖는 것이 아니라 필요와 부족을 느낀다. 이 감수성과 자극성에서 동물과 환경과의 관계가 조성된다.

충동은 본능의 형태를 취하거니와 본능의 정체를 파악하기가 곤란한 이

유는, 목적이 다만 내적개념으로서만 파악되고 그러므로 오성적(悟性的)인 설명이 본능과 부적합한 점에 있다.

동물도 물론 목적을 가지고 있다. 그러나 동물에는 목적의식이 없다. 본능이라는 것은 무의식적인 목적 활동이다.

개체의 조직에 있어서나 종족의 과정에 있어서나 '자연의 무력(無力)'이 중요한 역할을 하고 있는 바, 이 '자연의 무력'은 헤겔의 자연개념의 구성적인 개념이다. 생물의 세계에 있어서의 불완전성은 단순한 불충분성과는 의미가 다르다. 왜냐하면 불완전성은 주관적으로 느끼고 체험하고 실패로 돌릴 수 있는 것이기 때문이다.

동물에는 내부적인 거부현상 ─ 질병 내지 외부적인 위협이 있다. 자연은 유기체를 그때그때의 생존조건에 적응토록 만들었고 도구와 무기를 마련하여 주었다. 그러나 개념은 그런 것으로서 실존하는 것이 아니다.

개념은 외부적인 것을 자기에게 굴복시키기에 불충분한 것이며 도리어 개념이 외부적인 것에 굴복하는 것이다. 그러므로 동물의 세계에 있어서는 개념이 가장 빈약한 형태에서 나타난다.

동물의 세계는 '독립적이고 이성적'인 세계가 아니라, 어디까지나 외면적인 것에 의하여 규정되고 있는 것이며, 외부의 여러 가지 형태에 밀착해 있는 것이다. 따라서 생명과 감각을 가지고 외부에 의존하는 개별적인 개체들의 '자기'도 보다 낮은 비이성적인 힘에 내맡겨져 있는 것이다.

그리고 이 힘을 자기에게 유리하도록 이용할 '이성의 교지(狡智)'를 갖지 못한 동물적 개체에 있어서는 개념의 무력(無力)을 말하지 않을 수 없다. 그렇기 때문에 동물은 외부적 우연에 굴복한다.

아닌 게 아니라 동물에는 동물 그 자체가 위험이 된다. 동물이 제 자신을 긍정하고 보존할 때 동물은 다른 동물을 부정하는 것이다. 그러므로 적대적인 태도에 있어서는 다른 동물이 '비유기적 자연'으로 격하된다. 이리하여 부자연적인 죽음이 개체의 자연적인 운명이다. 개체는 끊임없는 싸움과 패배의 성격을 띤다.

이러한 관계는 인간 형성과 동시에 달라진다.

즉자적으로 실존하던 개념이 인간의 의식 속에 들어와서 대자적(對自的)인 개념으로 나타날 때 정신이 발생한다. 동물의 종족 과정에서는 개체가 자기의 사명을 다한 뒤에 죽는다.

개체의 죽음은 개념의 생(生)과 맞지 않는다. 개념은 무시간적이기 때문에 죽지 않는다.

시간과 결부한 개념의 '타재(他在)'가 죽을 때에 개념은 자유가 되고 죽음에서 정신이 나타나는 것이다.

3. 정신철학

정신적 세계와 더불어 철학의 새로운 분야가 전개되는 바 이 철학이 정신철학이다. 정신철학이란 결국 정신의 인식을 의미하는 것인데, 헤겔에 의하면 정신의 인식이란 '가장 구체적이고 가장 높고 가장 어려운 인식'이라고 한다. 그러면 그 까닭이 어다 있는가? 그 까닭을 알려면 대체 정신이 무엇인가를 알아야 한다.

헤겔에 의하면 정신이란 '대자적 존재에 도달한 이념'이라고 한다. 그것은 자기를 소외하고 자연이라는 외재적 형태로 나갔다가 다시 자기에게로 돌아온 이념이 정신이라는 말이다.

간단히 말하면 정신이란 제 자신을 자각한 이념이다. 그러므로 정신은 주관성과 객관성과의 동일성에 도달한 이념이다.

따라서 정신의 본질은 자유다. 왜냐하면 정신은 모든 외면성·개별성·직접성을 부정하고, 이 부정에서 제 자신을 긍정적으로 유지하는 제 자신과

의 동일성이기 때문이다

요컨대 정신은 자연을 거쳐서 역사적으로 전개하는 절대자 그 자체이다. 그러나 정신이 이 절대적 정신에까지 도달하려면 아직도 몇 계단을 거쳐야 된다. 헤겔은 정신의 이 발전과정에서 주관적 정신·객관적 정신·절대적 정신을 구별하였다.

(1) **주관적 정신** — 주관적 정신은 즉자적 정신인 마음(心)에서 출발하여 대자적 정신인 의식을 거쳐 비로소 정신에 도달한다.

마음은 인간학의 대상이고 의식은 정신현상학의 대상이며 정신은 심리학의 대상이다.

마음은 몸과 떠날 수 없는 정신이기 때문에 인간학에서는 자연히 몸과 마음과의 관계가 주요 문제가 된다.

데카르트 이래 여러 철학자들은 이 문제를 규명하려고 노력했으나, 결국 몸과 마음을 근본적으로 대립하는 두 개의 실체로 보는 그릇된 전제에서 출발했기 때문에, 이원론을 극복하지 못하고 인간의 통일성에 도달하기가 불가능하였다.

만일에 논리의 길에 따라서 존재하는 모든 것의 본질의 개념이라는 것, 그리고 자연이 개념의 외재(外在)에 지나지 않는다는 것을 알았다면, 정신에서 개념이 제 자신에게로 돌아간다는 것은 용이하게 알 수 있을 것이다.

여기서 개념은 자기를 느끼고 자기를 알게 된다. 그렇고 보면 몸과 마음이 대립이라는 것은 재외의 형태에 있는 개념과 대자(對自)의 형태에 있는 개념과의 차이에 지나지 않는다.

따라서 몸과 마음과는 대립하지만, 그 실체는 동일한 것이다. 그러므로 인간의 본질을 그 개념에서 본다면 두 개의 실체가 발견되는 게 아니라 오직 하나의 실체가 발견될 뿐이다.

따라서 진리는 대립하는 두 부분에 있는 게 아니라 그 전체에 있다고 본 헤겔은, 몸과 마음의 진리는 양 자의 통일에 있다고 보았다.

마음은 개인적인 정신이며 개인은 소년에서 청년으로, 청년에서 대인(大人)으로, 대인에서 노인으로 변화하면서 어디까지나 자기동일성을 유지하는 하나의 주체이다.

개인이 겪는 이 여러 가지의 변화는 개인적 주체의 발전과정의 여러 계기로 볼 수 있다. 그리고 이 변화는 육체적인 동시에 정신적인 것이다. 그러므로 정신도 첫째 연령에 따라서 변화한다.

그리하여 소년이 제 속에 숨어 있는 정신이라면 청년의 정신은 전개된 대립, 다시 말해서 자기의 주관적인 이상과 이 이상에 맞지 않는 객관적 세계와의 긴장(緊張)이며, 대인의 정신은 현존하는 세계의 객관적 필연성과 이성성(理性性)의 승인이며 노인의 정신은 이 객관성과의 통일의 실현이다.

헤겔의 인간학에서 다뤄진 또 하나의 중요한 문제는 교육이다.

소년은 정신적으로 성인이 되기를 바라는 교육적 충동을 가지고 있다. 여기서 소년의 모방욕과 자기 발전의 욕구가 싹튼다. 헤겔은 교육에 대한 소년의 이 노력을 모든 교육의 내재적 계기로 본다.

이리하여 마음의 첫 계단은 자연의 영향을 받아서 자연과 더불어 같이 변화하는 자연적인 마음이며 이 자연적인 마음에 의하여 인종의 성격과 차이가 생긴다. 그다음 계단이 감각하고 쾌·불쾌를 느끼는 마음인데, 여기서 마음은 막연하나마 자기가 느끼는 주체인 것을 자각한다.

그리고 이 자각이 한층 더 명백하여지면 마지막의 현실적인 마음으로 옮아가거니와, 여기에서 비로소 감각의 대상이 자기와 구별되고 대상의식(對象意識)이 발생한다. 이것이 의식의 계단인데 이 의식은 인간학의 영역에서 벗어나 정신현상학의 영역에 소속하는 것이다.

정신현상학의 대상은 의식이다. 의식은 감정적인 의식에서 출발하여 지각과 오성(悟性)으로 발전하면서, 대상이 차차 참으로 인식되어 가는 동시에 인식하는 주관으로서의 자기의 자각에 도달한다. 이것이 자기의식이다.

여기서는 자기만의 자기의식이 아니라 다른 사람도 자기와 같은 자기의식을 가졌다는 것을 자각하게 된다. 이리하여 자기의 보편적 성격이 인식되는 바 이것이 의식의 마지막 계단인 '이성(理性)'이다.

주관적 정신의 제3의 계단이자 마지막 계단은 심리학의 대상인 정신이다. 정신은 마음과 의식과의 진리이다.

마음은 단순한 직접적 전체요 의식은 이 단순한 직접적 전체의 제약을 받지 않는 무한 형식이기 때문에 의식과 마음과의 관계를 지식으로 본다면 이 지식은 지식과 대상과의 관계가 아니라, 주관적도 객관적도 아닌 실체적 전체성의 지식을 의미한다. 그러므로 정신은 제 자신의 존재에서 출발하며 제 자신의 규정에만 관계를 갖는다.

심리학은 이러한 정신의 모든 활동방식을 고찰한다. 헤겔은 정신을 이론적 정신과 실천적 정신으로 구분하여 고찰한다.

이론적 정신은 지성(知性), 그리고 실천적 정신은 의지(意志)를 의미한다.

사람들은 흔히 이론적 정신은 수동적이고 실천적 정신은 능동적이라고 구별하지만, 헤겔은 이 구별이 틀렸다고 말한다. 왜냐하면 이론적 정신은 주어진 대상을 다만 수동적으로 받아들이기만 하는 게 아니라, 대상 그 자체의 본질적 내용을 그 외면성과 개별성의 형식에서 이성의 형식으로 올려놓는 점에서, 능동적이고 실천적 정신도 그 내용이 비록 외부로부터 주어진 것이 아니라 하더라도 역시 내면적으로 주어진 것이어서 수동성의 일면을 가지고 있기 때문이라고 한다.

또 사람들은 흔히 인간의 지성은 제한적이고 의지는 무제한적이라고 구별하나 헤겔에 의하면 이 구별도 틀린 것이라고 한다. 왜냐하면 의지는 외면적인 물질의 저항을 받으며 배타적인 개인과 투쟁하며, 동시에 다른 사람의 의지와 대립하기 때문에 제한적인 것이고, 지성은 개념적 인식의 형태에서 정신의 무제한적 자유 및 자기 자신과의 화해에 도달하며, 제 자신 속에서 만족하고 제 자신 속에 머물러서 자기를 자기 목적으로 명시하기 때문이다.

이론적 정신인 지성은 직관(直觀)·표상(表象)하며 상기(想起)하고 구상(構想)하며 사고(思考)하는 ― 한마디로 말하면 인식하는 능력이다. 사고에서 비로소 개념이 인식되는 바 이것이 개념적 인식이다.

사고(思考)는 개념의 보편성의 지반으로 들어가고 의지는 현실성으로 들어간다. 그러니만큼 사고와 의지는 분열한다. 그러나 사실은 사고는 의지로 규정되고 의지의 실체가 된다. 그러니만큼 사고가 없다면 의지가 있을 수 없다.

따라서 무교양(無敎養)한 사람이라도 사고하는 한에서만 의지의 소유자다. 그러나 사고하지 않는 동물에게는 의지가 없다. 지성은 자기의 내면성을 객관적인 것으로 인식하고 의지는 자기의 내면성을 객관화한다.

의지의 이 외면화의 과정은 의욕하는 지성이 객관적 정신에까지, 다시 말해서 의지의 산물이 단지 향수(享受)에 끊고 행위가 될 때까지 계속한다.

의지는 첫째 개별적·주체적인 의지이다. 주관성이라는 형식에서 탈피한 내용, 진정한 객관적 내용, 보편적 내용이 없는 의지에서 출발하여 의지의 내면성과 객관성과의 일치를 의지에 의해 정립해야 될 일치가 되게 하는 충동으로서의 의지, 자의(恣意)를 거쳐서 모든 특수한 충동이, 가령 예를 들면 행복과 같은 하나의 보편자에게 종속하는 의지, 다시 말하면 보편성이 충동의 직접적인 특수성과 자의의 추상적인 개별성과 결합한 구체적 보편성을 의욕하는 의지 ― 이 의지가 진정한 자유의지다 ― 에까지 발전한다.

여기서 이론적 정신과 실천적 정신, 지성과 의지가 통일되는 바 이것이 현실적인 자유정신이다. 그러나 정신이 현실적인 자유의 정신에까지 발전하려면, 객관적 세계에서 실현된 객관적 정신을 파악하지 않으면 안 되는 것이다.

(2) **객관적 정신** - 객관적 정신은 개인적 정신이 아니라 객관적으로 세계에 실현된 초개인적 정신을 의미한다.

다시 말하면 객관적 정신은 역사 속에서 변증법적으로 자기 실현하는 절대자를 말하는 것이다. 그리고 이 객관적 정신은 헤겔의 정신철학 중에서, 아니 그의 철학 체계에 있어서 가장 주요한 부분이 되고 있는 것이다.

그러면 객관적 정신이란 대체 뭣인가?

여기서 사람들은 모든 정신적인 것에서 부각되는 객관성을 상기하리라.

모든 의식은 객관적 세계를 그 대상으로 가지고 있다. 그러나 그것이 객관적 정신을 의미하는 게 아니다.

주관적 정신에도 객관적 세계가 있다. 왜냐하면 주관적 정신도 그 자체가 하나의 의식이기 때문이다. 그러나 객관적 정신은 의식이 아니다.

물론 객관적 정신의 의식이라는 것이 있다. 그리고 모든 인간적 의식은 제 나름대로 객관적 정신을 의식하는 것이다. 그러나 객관적 정신은 그 자체가 객관적 정신의 의식은 아니다. 객관적 정신은 객관적 정신의 의식과는 다른 객관적 존재 방식을 가진 것이다.

객관적 정신의 존재는 결코 신비한 그 무엇이 아니라 반대로 누구나 잘 알고 있는 생활기반이다 - 우리는 모두 이 기반에 서 있고 이 기반을 떠나서 생존하지 못한다.

객관적 정신은 말하자면, 우리가 그 속에서 호흡하고 있는 분위기라고 할까? 객관적 정신은 우리가 그 속에서 출생하고 교육 받고 활동하는 정신적 세계를 말하는 것이다.

우리가 문화 · 풍습 · 언어, 사고형식의 편견, 가치관에 있어서 초개인적인 것으로 알고 있는 보편적 그 무엇은, 그럼에도 불구하고 실재적인 세력을 가지고 있으며 이에 비하면 개인은 무력한 것이다.

우리는 한 시대의 정신적 자세니 또는 사조니 하는 말을 하고, 또 한 시대의 도덕 · 예술 · 학문이 어떻다고 말하거니와, 개인과 마찬가지로 시간적으로 생멸하는 이 모든 현상들도 역사적으로 실재하는 그 무엇이다.

그러나 이 현상들을 어느 역사적 개인의 것으로 볼 수는 없다. 우리는 물론 이 모든 현상을 가장 날카롭게 부각시켜 주는 어느 대표자에게서 구체적으로 쉽게 파악할 수 있다. 그러나 대표자는 결국 대표자에 지나지 않으며, 따라서 그가 부각시켜 주는 정신적 · 실재적인 것은 결코 이 대표자의 것이 아니다.

그뿐 아니라 객관적 정신은 우리의 현재적 생활에서도 잘 알려져 있는 것이다.

가령 예를 들면 우리는 현대의 지식이란 말을 많이 쓰고 또 많이 듣는다. 개인은 이 현대의 지식을 습득하고 이용한다. 그러나 그것은 개인의 소유가 아니라 현대인의 공동재산이다.

많은 학자들이 이 지식을 위하여 생명을 바쳐 연구하였다. 그러나 그 누구도 이 지식을 자기의 것이라고 않는다.

이 지식은 그러면서도 광범한 연관을 가지고, 또 통일적으로 진보하는 하나의 전체적인 그 무엇이며, 자기 질서와 법칙을 가지고 있는 하나의 구성체다. 개인은 생멸하여도 이 지식은 존속하는 하나의 정신적 실재이고, 제 나름대로 존재하는 것이며 하나의 객관적 정신이다.

지식뿐만 아니라 관습 · 풍속 · 법률 · 사회 형태 · 국가 · 도덕 · 취미 · 이상에 이르기까지 정신적으로 인간에게 공통하는 모든 것이 그와 마찬가지다.

이와 같이 광범한 객관적 정신은 여러 가지의 역사를 갖는다. 아니 그보다도 객관적 정신만이 본래 역사를 갖는 것이다.

만일 이 세상에 객관적 정신이 없다면 인생이란 아무런 역사도 없이 잠시

왔다 가는 개인 생활이 있을 뿐이겠기에 말이다. 객관적 정신을 통하여서 인간은 동물과 분별되며 역사적 존재가 된다.

역사를 가진 모든 것은 객관적 정신의 산물이다. 따라서 사회와 국가도 객관적 정신의 산물이다. 사회와 국가는 개인적인 인간과 달라서 보다 높은 차원의 실재이며 우리의 생활을 규제하는 실재적인 세력이다.

사회와 국가는 과격한 개혁가의 습격에 대하여 완강하게 저항한다.

일반적으로 정신적 존재는 인간의 산물이면서 그 창조자인 인간을 능가하는 것이다.

가령 예를 들면 사회는 의식적인 주관적 정신의 산물이다. 그러나 사회는 하등의 의식도 가지고 있지 않다. 법이나 도덕이나 풍속도 그와 마찬가지이다.

물론 국가의식 · 법의식 · 도덕의식이란 것이 있다. 그러나 이 의식들은 개인적 주관 내에 있는 것이다. 그와 마찬가지로 객관적 정신도 모든 의식을 그 자체 내에 가지고 있는 것이 아니라 우리의 주관적 정신 내에 가지고 있는 것이다. 그러나 이 의식은 객관적 정신의 충전(充全)한 의식이 아니다.

왜냐하면 객관적 정신은 보편적이고 대(大) 우주적 정신이지만, 그 의식은 보편적 대 우주적이 아니라 개인적인 것이기 때문이다.

이 점을 헤겔은 다음과 같이 표현하였다.

'객관적 정신은 절대적 이념이다. 그러나 이 이념은 다만 즉자적으로 존재한다. 따라서 객관적 정신은 유한성(有限性)의 바탕 위에 있기 때문에, 그 현실적인 이성성이 외면적 현상의 측면을 갖는다.'

바꿔 말하면 객관적 정신은 물론 객관적이지만 동시에 객관의 주관은 아니다. 객관적 정신은 주관적 정신을 떠나서 존립할 수 없다.

왜냐하면 후자는 전자의 낮은 계단이기 때문이다. 따라서 법은 법의식이 없이 존립하지 못한다.

그러나 이 의식은 언제든지 개인의 의식이기 때문에 충전한 의식이 될 수 없다.

이상에서 말한 바와 같이 객관적 정신의 실재성은 헤겔의 역사의 개념에서 가장 선명하게 드러난다. 역사에는 기체(基體)가 있는 바 인류 역사의 이 기체가 객관적 정신이다.

이 객관적 정신이 민족의 역사에서는 민족정신으로 나타나고 세계사에서는 세계정신으로 나타난다. 이리하여 객관적 정신은 어디서나 실체의 성격을 띤다. 그러므로 역사적 변천은 실체의 발전이며 실체의 발전은 실체의 자기 전개이다.

객관적 정신은 자유정신이다. 왜냐하면 객관적 정신은 외면성·우연성·제한성이 지양된, 다시 말하면 신체적 제약에서 해방된 정신이기 때문이다. 그리고 자유정신은 다름 아니라 자유의지를 의미한다. 왜냐하면 자유는 본래 의지의 규정이기 때문이다.

(A) 자유의지는 첫째 직접적이고 개별적인 의지 ─ 인격이다. 그리고 인격의 자유와 현 존재가 법이다. 헤겔에 의하면 법이 설 땅은 정신이며 법의 출발점은 자유의지이다. 그러므로 자유는 법의 실체와 규정이 된다.

아닌 게 아니라 자유 그 자체가 법이다. 자유란 무엇인가?

헤겔에 의하면 자유는 의지가 갖기도 하고 안 갖기도 할 수 있는 성질이 아니라, 의지 그 자체의 본질이며 의지와 떨어질 수 없는 것이다.

물체의 근본규정이 무게라면 의지의 근본규정은 자유이다.

무게가 없는 물체가 없듯이 자유가 없는 의지는 하나의 빈말에 불과하다.

의지는 그때그때의 대상(목적)만을 실현하는 게 아니라 동시에 자기 자신, 따라서 자유를 실현한다. 그러므로 모든 의욕의 궁극적이고 본래적인 대상은 의지 그 자체, 즉 자유의 현존재이다.

자유의 직접성에서 즉 개인적 인격에서 출발하는 것이 형식적인 또는 추상적인 법이다.

자체적으로 보면 아직도 주관적 정신인 이 인격이 법의 주체, 다시 말해서 법적 능력의 소유자인 것이다.

인격은 그 법적 영역의 형성과정에서 객관적 정신으로 성장한다.

바꾸어 말하면 개인적 인격의 의지의 특수성이 중요치 않는 그 무엇으로 격하되는 동시에, 자기의 권능이 객관적으로 제한될 때에 인격은 존경받기를 요구하며, 아무도 침해할 수 없는 객관적 품위를 지니게 된다. 그러므로 법률은 '하나의 인격이 되라. 그리고 다른 사람의 인격을 존중하라'고 명령한다.

그런데 사람이 살고 있는 세계는 사물로 돼 있어 사물은 무자유(無自由)한 것이며 외면적인 것이다. 왜냐하면 그것은 비정신적인 것이기 때문이다.

물건은 권리를 가질 수 없고 오직 정신적 존재만이 물건에 대한 권리를 가질 수 있는 것이다. 그러므로 인권(人權)과 따로 물권(物權)이 있는 게 아니다.

정신적 존재자는 본래 비정신적 존재자의 주인이며 인격은 물건의 자연적인 주인이다. 그러므로 인격은 주인이 없는 물건을 점유할 권리가 있다. 따라서 공인된 점유가 소유이다.

물건을 소유한다는 것은 주관적인 존재자가 물건에 대한 자기의 의지를 통하여 객관적인 존재자로 실현되는 것을 의미한다. 그러므로 소유의 이성성은 단지 욕구의 충족에만 있는 게 아니라 인격의 주관성이 지양되는 점에 있다.

소유물은 인격에 귀속되고 인격은 언제든지 개인이기 때문에 모든 소유물은 우선 사유재산이 된다.

소유물은 어떤 개인에게 속하는 것이지만 그것은 또한 어떤 다른 개인의 의지의 대상도 된다. 여기서 의지와 의지, 개인과 개인의 관계가 정립되거니와 이 관계에서 계약이 성립한다.

'나의 의지가 어떤 물건 속에 놓여 있는 동안에는 오직 나만이 나의 의지를 그 물건에서 떼어 낼 수 있고, 그 물건은 오직 나의 동의를 통하여서만 타인에게로 옮겨가고, 오직 그 타인의 동의를 통하여서만 그 타인의 소유가 되는 바 이것이 계약이다.'

그러고 보면 계약은 공통적인 의지의 객관적 형식에 불과한 것이다. 그러나 계약의 이행은 그와 성질이 다르다. 약속의 이행에 있어서는 주관적·개인적 의지가 참가한다. 그래서 개인적 의지가 객관적 형식, 즉 법을 어기거나 또는 직접적으로 부인하는 수가 있다.

법의 침해는 불법이며 불법은 법의 부정이다. 그러므로 침해된 법이 회복되려면 '부정의 부정'을 통하여야 되는 바 이것이 형벌이다. 그러나 형벌에서는 다만 법만이 회복되는 게 아니라 즉자적으로 존재하는 의지와 죄인의 자유가 회복된다.

형벌의 목적은 한낱 죄인을 징계하거나 위협하는 데에 있는 것이 아니라 ― 그렇다면 그것은 인간을 개와 같이 취급하는 것밖에 안 된다 ― 또 맹목적으로 복수하는 데에 있는 것도 아니라, 그 사람의 자유를 존중하고 손상된 인격의 본질 즉 법을 회복시킴에 있다.

이상과 같은 헤겔의 사상은 형벌을 범법한 국민의 죗값으로 본 피히테의 사상과 일치하는 점이 있다. 그것은 양 자가 다 같이 배상의 원리에 입각하고 있는 점이다.

(B) 그 다음에 자유의지는 제 자신의 현존재를 제 자신의 내부에 갖고 있는 특수적인 의지로 발전하는 바, 이 주관적 의지의 법이 곧 도덕이다.

도덕은 법의 '부정의 부정'에서 결과되는 긍정적인 것이다. 그러므로 도덕은 법보다 고차적(高次的)인 것이며, 법의 진리이며 법에 있어서의 형식적이고 추상적인 것의 지양이다.

법에 있어서는 개인의 원칙이나 의도가 문제가 아니고 오직 행위의 합법성이 중요한 것이다. 이 점에서 도덕성과 합법성이 대립한다.

도덕의 입장은 의지의 자기 규정과 동기와 기도 여하에 따라서 규정되는 것이며, 인간은 자기의 자기 규정에 따라서 평가되기를 바라는 만큼, 그가 외면적 규정에 대하여 어떠한 태도를 취하든지 그는 자유이다.

헤겔에 의하면 도덕도 일종의 법인데 이 법은 내면적인 법, 다시 말하면 주관적인 의지의 법이다. 그렇다고 도덕은 객관적인 법에 대하여 부정적인 것을 의미하는 것이며 합법성을 반대하는 것도 아니다.

도덕은 인격에 대하여 법 이상의 그 무엇을 요구하는 것이다. 도덕은 인격을 주관으로 보기 때문에 그가 제시하는 규준은 주관적인 의지 또는 흔히 말하는 심술(心術)에 적용되는 것이다. 그리고 자유는 바로 이 주관에서 실현된다. 왜냐하면 주관이 자유의 실현을 위한 진정한 질료(質料)이기 때문이다.

그러나 제 자신의 본질을 실현하고 자유의 이념과 일치시켜야 할 의지의 목표는, 단지 주관성의 영역 내에서 실현될 수 없는 것이기 때문에, 도덕은 어디까지나 영원한 당위(當爲)의 형식을 취하지 않을 수 없다.

주관은 유한한 것이며 그 의지의 기도는 제한된 것이다. 외면적인 행(行)에 속하는 모든 것이 행위가 아니며 행은 실제적인 세계에서 이루어지는 것이다. 그러나 사람은 그가 야기한 모든 사실에 책임을 지는 것이 아니라, 오직 그가 기도한 것에만 한하여 책임을 지는 것이다.

헤겔은 선(善)과 행(幸)을 구별하여 선은 행이 아니며, 그렇다고 현실의 저편에 있는 이상(理想)도 아니라, 실현된 이념, 다시 말하면 의지의 개념과 특수의지와의 통일이며, 결국 실현된 자유이며 세계의 절대적 궁극목적이라고 한다.

그렇다면 선은 특수의지의 진리라고 말할 수 있으리라. 의지는 본래 선한 것이 아니며 선은 오직 의지의 활동을 통하여서만 실현될 수 있는 것이다. 그러나 선은 주관적 의지를 떠나서는 하나의 추상에 지나지 않는 것이기 때문에 선의 실현은 어디까지나 주관적 의지에 매이는 것이다.

그러므로 주관적 의지에 대해서는 선의 실현이 의무와 당위가 된다.

그러나 주관적 의지는 반드시 선을 실현하는 것이 아니기 때문에 선은 주관적 의지에 대하여 우연적인 그 무엇이며, 따라서 주관적 의지는 선과 반대되는 그 무엇을 결심하고 또 악(惡)이 될 수 있는 것이다. 그러므로 선이 외적 객관에서 실현되고 악이 외적 객관 속에서 없어지는가?

그와 동시에 외적 객관 속에서 선한 주관은 행(幸)하고 악한 주관은 불행한가 않은가는 우연이다.

(C) 인륜(人倫) ─ 마지막으로 자유의지는 주관의 현실성이 의지의 개념과 적합한 실체적 의지로 발전하는 바, 이것이 가족과 시민사회와 국가에 있어서의 인륜이다. 그러므로 인륜은 객관적 정신의 완성이며 주관적 정신과 객관적 정신의 진리이다.

직접적이고 자연적인 정신으로서의 인륜적 실체가 가족이고, 하나의 형식적 보편자 속에서 개인들이 형성하는 상대적 상호관계의 전체로서의 인륜적 실체가 시민사회이며, 하나의 유기적 현실로 발전한 정신으로서의 인륜적 실체가 국가이다.

가족의 바탕은 혼인인데, 혼인은 한낱 성적 관계만이 아니고 한갓 시민적 계약도 아니라 정신적 통일이다. 가족의 생활은 필연적으로 시간적이다. 왜냐하면 그 이유는 양친이 조만간 죽기 때문만이 아니라 어린아이가 독립적인 인격으로 성장하기 때문이다.

이 성장은 동시에 어린아이의 정신적 탄생을 의미하며 따라서 새로운 가족이 건설된다.

가족은 독립적 자유를 가진 독립적 개인으로 분화하며 시민사회에로 이행한다. 시민사회는 국가가 없으면 존립하지 못하지만 그러나 아직 국가가 아니다.

시민사회에 있어서는 전체가 자기 목적이 아니라 개인 그 자체가 목적이다. 개개인의 독립적 목적이 실현되는 과정에서 전면적인 '의존체계'가 건설되거니와 여기서 개인의 진리·복리가 전체 속으로 편입된다.

이것이 외면적으로 국가와 같이 생각되지만 그것은 진정한 국가의 대용물에 지나지 않는다. 헤겔은 이것을 기반을 잃은 인륜의 체계라고 말한다.

시민사회의 진실태는 국가이다. 국가는 개인의 이익을 위하여 봉사하는 모든 공동체나 결사(結社)와 달라서 자기 목적이다. 즉 국가는 보다 높은 차원의 유기체로서의 자기 존재와 개인 이상의 자기 생명을 가지고 있는 것이다.

국가는 살아있는 객관적 정신이며 개인에게 있는 정신 그 자체의 현 실태인 것이다. 그러므로 국가는 가족이나 사회와 병존하는 제2차적이고 종속적인 것이 아니라, 오히려 가족이나 사회가 존립할 수 있는 기반이 된다.

따라서 개인이 국가의 성원이 된다는 것은 임의적인 것이 아니라 필연적인 것이다. 그러므로 국가는 집합체가 아니라 실체적 통일체다. 그렇기 때문에 헤겔은 국가의 권력분립을 반대하고 국가의 통일성과 전체성을 강조했다.

국가도 하나의 개체이며 이 개체는 다른 개체와 배타적인 관계를 갖는다. 이와 같이 배타적인 개체들의 독립성은 상호간의 폭력 관계 즉 전쟁의 상태로 발전한다. 왜냐하면 국가 간의 전쟁은 자기 국가가 다른 국가에 대항하여 자기의 독립성을 유지하기 위하여 불가피한 수단이기 때문이다.

여기서 헤겔은 칸트의 영구 평화론을 반대하고 전쟁이 필요할 뿐 아니라 유익한 것이라고 옹호하였다.

국가는 살아있는 정신이며 하나의 유기적인 전체이다. 그리고 이 정신이 다름 아니라 민족정신이다.

민족정신은 역사적으로 개별화한 객관적 정신으로서, 보편적인 객관정신과 개별적인 개인정신과 구별된다. 그러므로 민족정신은 현실적이며 따라서 시간 속에서 존재한다.

이리하여 민족정신은 역사를 가지며 이 역사는 세계사로 이행한다.

민족정신이 민족의 역사적 주체라면 세계사의 주체는 세계정신이다.

세계정신은 역사 속에서 스스로 전개하는 신적(神的)정신이요 절대정신이다. 그리고 모든 민족정신은 절대정신의 특수화한 것이며 그 발전의 계단이다.

특수한 민족의 특수한 정신은 몰락할 수 있으나 보편적인 정신은 몰락하는 일이 없다.

민족정신의 멸망은 그 민족의 외면적 신체의 멸망을 말하는 것이 아니라 그 민족정신의 멸망을 말하는 것이다. 바꾸어 말하면 몰락하는 민족은 정신이 제 자신을 파악한 최고 개념의 보유자가 되지 못하는 것이다.

왜냐하면 정신의 최고 개념을 파악한 민족이 언제든지 지배적인 민족이기 때문이다.

헤겔에 의하면 '역사의 근저, 특히 세계사의 근저에는 어떤 객관적인 궁극 목적이 있어서 이것이 현실적으로 실현되어가고 있다'고 하였다. 그러면 이 궁극 목적은 어떻게 하여 실현되는 것일까? 헤겔은 이에 대하여 다음과 같이 설명한다.

'인간의 충동과 정열은 오직 제 자신의 만족을 위해서만 노력한다. 그러나 그 노력은 동시에 인간이 전혀 예상치 않았던 엉뚱한 결과를 가져온다. 이성은 바로 이러한 인간의 충동과 정열을 자기 목적의 실현을 위하여 이용하는 것이다.'

이것이 헤겔이 말하는 '이성의 교지(狡智)'이다. 그러므로 이 세상에서 정열이 없이 성취되는 위대한 것은 하나도 없다. 그러면 역사의 궁극 목적은 무엇인가?

절대자가 역사를 통하여 자기 전개한다는 말은 위에서 여러 번 나온 바 있거니와 이 절대자가 곧 정신이다. 그러므로 절대자는 절대정신이다.

그런데 헤겔에 의하면 정신의 본질은 자유이며 정신의 자유는 정신이 어떤 다른 것에 의존하는 게 아니라, 오로지 제 자신에만 의존하는 것이므로 절대 독립적임을 의미한다. 그리고 보면 세계사의 궁극 목적이 정신의 본질인 이 자유에 있는 것이 분명하다.

그런데 자유의 현실성은 자유의 의식이 없이는 불가능하다. 다시 말하면 자유의 의식이 없이는 자유의 실현이 있을 수 없다. 그러므로 세계사는 자유의 의식에 있어서의 진보이다.

그렇다면 세계사는 자유의식에 있어서의 진보의 정도에 따라서 구분될 수 있을 것이다.

동양인은 정신 또는 인간의 본질 그 자체가 자유임을 몰랐다. 그리고 그들은 그것을 몰랐기 때문에 자유가 아니었다.

그리스 인은 자유를 알았다. 그러나 그들은 소수 인간만이 자유임을 알았다. 그리고 이 자유의식의 한계 내에서 그들의 자유였다.

그 뒤 기독교적 인간관계에서 비로소 인간 그 자체가 자유이기 때문에 모든 인간이 자유라는 것을 알았다.

(3) 절대적 정신 - 객관적 정신은 절대자가 제 자신을 전개하는 과정의 한 계단이긴 하나 그 마지막 계단은 아니다. 왜냐하면 객관적 정신은 초개인적 정신이어서 개인적 정신처럼 자기의식을 갖는 것이 아니며, 따라서 여기서는 절대자의 진정한 자기의식이 아직 이루어지지 못하기 때문이다.

그러므로 객관적 정신이 제 자신을 파악하는 자각의 계단으로 옮아가기까지 그 진행을 멈출 수가 없다.

다시 말하면 즉자적인 객관정신이 동시에 대자적인 정신으로 옮아가지 않으면 안 되는 바, 이 즉자적이자 대자적인 정신이 절대정신이다. 그러므로 절대정신은 객관적 정신 이상의 정신이라고 말할 수 있다.

법·도덕·인륜·국가·세계사 등은 정신이 현실에서 실현된 것 즉 객관적 정신이다. 그러나 그것은 투쟁과 실패와 미완성을 피하지 못한다.

왜냐하면 정신의 실현과정에 있어서는 현실의 저항을 극복하지 않으면 안 되기 때문이다.

그러나 이제 정신의 새로운 계단, 즉 절대 정신의 계단에 있어서는 절대자의 실현이 문제가 아니라 절대자가 모든 역사적 현실을 떠나서 오직 제 자신의 본질을 관조하여 대자적으로 존재하는 것이 문제가 된다.

그런데 절대자의 이 자기관조에 있어서는 절대자 그 자체가 표현되며 관조의 대상이 된다. 그뿐 아니라 이 자기 표현은 일종의 자기실현으로 볼 수 있다. 왜냐하면 정신의 대자적 존재는 정신의 현실에 속하는 것이기 때문이다. 그러므로 절대자의 자기표현인 예술·종교·철학도 일종의 역사적 실재적인 힘을 가지고 시간상에서 생성하며, 다른 모든 정신에 존재와 마찬가지로 모든 민족정신 속에서 실현의 여러 계단을 밟는 것이다. 그러나 역사 속에 나타나는 절대정신은 역시 일종의 객관적 정신에 지나지 않는다.

그와 동시에 절대정신은 또한 제 자신을 의식하는 정신이라는 점에서 보면 일종의 주관적 정신이라고 보아야 한다. 왜냐하면 의식은 오직 주관적 정신만이 갖는 작용이기 때문이다. 그러한 의미에서 절대정신은 주관적 정신과 객관적 정신과의 통일이라고 볼 수 있다.

절대정신이 제 자신의 본질을 표현하며 관조하는 것이 예술이며 경건하게 표상하는 것이 종교이며, 사고하면서 파악하는 것이 철학이다. 그러고 보면 예술과 종교와 철학은 동일한 정신이 동일한 정신을 파악하되, 다만 그 파악하는 형식에 차이가 있을 뿐이다.

(A) 예술은 절대정신을 표현하는 방식에 따라서 상징적 예술, 고전적 예술, 낭만적 예술로 구분된다.

상징적 예술은 절대정신을 형상화한다. 이 종류의 예술 중에 가장 대표적인 것이 건축이다.

여기서 헤겔은 주로 사원이나 교당을 염두에 두고 있는 것 같다.

이 예술은 아직 절대정신의 통일적인 내용, 즉 성(性)을 표현하지 못하고 겨우 그 주변과 거소(居所)를 표현함에 지나지 않는다.

그 다음에 고전적인 예술에서는 절대정신이 완전한 규정성을 띠고 나타나며 그 형식이 내용과 일치한다.

절대정신의 진정한 내용, 다시 말해 신(神) 그 자체를 인간의 형태로 표현하는 예술이 조각이다. 여기서는 개성의 섬광이 육중한 물체 속으로 뚫고 들어가서 무한한 정신이 육체성으로 형성된다.

낭만적 예술은 절대자의 정신성을 파악한다. 그러므로 절대자가 공간적으로 파악될 수 있는 형태로 나타나지 않는다.

여기서는 인간의 내면적 정신성 그 자체가 중심적인 테마가 된다. 그리하여 절대 정신에 인간의 정신력, 즉 감정·기분·쾌(快)·고(苦) 등의 재료에서 표현된다.

색(色)과 소리와 말(語)들은 그 표현수단이다. 독서·음악·문학이 이 유형의 예술이다.

그리하여 헤겔은 동양의 예술은 상징적 예술이고 그리스의 예술은 고전적 예술이며, 기독교적 서양의 예술은 낭만적 예술이라고 하였다.

(B) 헤겔의 사상적 세계는 어디까지나 종교적이다. 아니, 그의 철학은 종교라고 말할 수 있다. 왜냐하면 그의 철학은 세계를 절대자의 자기발전과정으로 파악한 것이며, 이 발전과정 속에서 자기를 계시하는 절대자가 다름 아니라 신(神)이기 때문이다.

물론 철학적 지식과 종교적 신앙은 다르지만, 그 대상은 본질에 있어서 동일한 절대자다.

신앙은 신을 지식과는 다른 형태로 표상한다. 따라서 절대정신이 정신 그 자체 속에, 다시 말하면 신(神)이 나의 정신 속에 나타나는 일반적 표상이며 이것이 곧 종교이다.

이 종류의 종교를 헤겔은 계시종교(啓示宗敎) 또는 절대종교(絶對宗敎)라고 불렀다. 절대종교에 있어서는 절대정신이 나의 정신에 제 자신을 계시한다. 그런 의미에서 종교는 신에 대한 인간의 지(知)라고 말할 수 있다.

그러나 그와 동시에 신(神)은 인간의 지(知) 속에서 제 자신을 안다. 그러하지 않고서는 신, 즉 절대정신이 대자적 존재가 될 수 없다. 그리고 신의 대자적 존재가 다름 아니라 신의 현실성이기 때문에, 신은 인간을 매개해서만 비로소 현실적인 것이 된다.

그렇기 때문에 '신이 나를 보는 눈은 내가 신을 보는 눈이며 나의 눈과 신의 눈은 하나이다'고 말한 일이 있지 않은가?

그러나 종교에서는 지(知)가 중요한 게 아니라 신(信)이 중요한 것이다. 또 가령 종교가 안다 하더라도 그것은 개념적인 지(知)가 아니라 표상적인 지에 지나지 않는다. 신(神)의 모든 계시는 표상의 형식을 취한다.

그런데 이 표상형식은 가변적인 것이기 때문에, 신을 파악하는 '우연의 형식'에 불과하며 신의 일면적인 파악일 수밖에 없다. 그러므로 종교는 헤겔 철학의 최고봉이 될 수 없다.

절대정신이 고유한 모든 형식, 즉 개념의 형태에 있어서 자기를 파악하는 것이 곧 철학이다. 따라서 절대자를 다만 느끼고 표상할 뿐 아니라, 또 개념적으로 인식하는 절대정신의 현존재가 철학이다.

헤겔의 말을 빌려 말하면 '예술에 있어서의 외면적 직관방식과 주관적 생산 활동과 실체적 내용의 분열이, 종교의 전체성에서 단일한 전체로 통일되어 자각적 사고에까지 올라간 것'이 철학이기 때문에 철학은 '예술과 종교의 통일'이다.

여기에서 비로소 장구한 자기발전과정을 밟아서 진출한 절대자가 다시 제 자신에게로 돌아와서 안주의 땅을 얻는다. 그러나 돌아온 자기는 본래의 추상적 보편이 아니라 천지만물을 제 재산으로 점유한 구체적 보편이다.

그러나 철학도 객관적 절대적인 정신의 모든 영역과 마찬가지로 시간적으로 발전한다. 따라서 철학에도 역사가 없을 수 없다. 그리고 민족 · 국가 · 예술 · 종교 등의 역사와 마찬가지로, 철학의 역사도 세계사의 한 부분을 형성한다.

이 철학의 역사 속에도 세계정신이, 더구나 자각된 절대정신으로서 살아 있다. 그러므로 철학도 역사의 법칙에 따를 뿐만 아니라, 이 법칙이 그 세계사적 생성과정 속에서 빛을 발휘한다.

이리하여 순수한 정신사의 내부에서는 정신이 다시 제 자신을 떠나는 일이 없다. 여기에서는 정신이 여러 진행과정의 내면적 필연성을 자기 것, 즉 논리적인 것으로 파악한다.

그러므로 헤겔은 '역사에 있어서는 철학 체계의 질서와 이념의 논리적 질서와는 동일한 것'이라고 말하였다.

이것은 논리적 체계적 귀결과 역사적 귀결과의 동일성을 의미하는 말이다. 그러고 보면 철학의 역사는 인간적인 오류의 역사적인 전시(展示)가 아니라 여러 신상(神像)들을 모신 신성한 제단이라고나 할까.

개강 연설·서문·서론

개강연설

— 1818년 10월 22일 베를린에서 —

여러분!

인자하신 황제폐하의 부르심을 받아 나는 철학교사의 직분을 가지고 오늘 처음으로 이 대학에 나오게 되었다. 나는 바로 이날 이 땅에서 광범한 학문적 활동에 들어가게 된 것을 더욱 보람 있고 기쁘게 생각하는 그 이유에 대하여 서론 삼아 제군에게 일언(一言)하고자 한다.

첫째 오늘날로 말하면, 철학이 잃었던 주의(注意)와 총애를 다시 기대하여도 좋은, 따라서 지금까지 거의 아무 말도 못하고 침묵을 지켜오던 이 학문이 다시 큰소리 칠 수 있는 상태에 들어간 것 같다.

대체 얼마 전까지는, 한편으로 보면 일상생활상의 사소한 이해관계를 일대 중요사처럼 볼 만큼 일반 시대상이 빈궁했고, 또 다른 한 편으로 보면 현실의 모든 관심, 특히 민족과 국가의 정치적 통일을 회복시키고 보호할 관심과 투쟁이 정신의 모든 능력과 각계각층의 모든 역량과, 심지어 외면적인 모든 수단과의 총동원을 요구하고 있어서 내면적인 정신생활이 안정될 수 없었다.

그처럼 세계정신이 현실에 열중하고 밖으로 쏠려 나가서 다시 안으로 제 자신에게, 따라서 제 본래의 고향에 돌아와서 자기를 향락할 줄 몰랐다.

그런데 이러한 현실의 조류 속에서 독일민족이 모든 생활의 기초인 민족성을 완전히 건져낸 오늘날, 이 국가 내에서 현실적 세계의 지배와 아울러 자유스런 사상의 왕국이 또한 독립적으로 번영할 시대가 개시되어 있는 것이다. 그리하여 이 시대에 있어서는 대체로 이념이나 이념다운 것만이 존립할 수 있고, 또 통찰이나 사상의 앞에서 정당한 근거를 가진 것만이 통용되어야 할 만큼 정신의 힘이 유력하여져 있다.

따라서 우리가 그 속에 들어있는 이 나라는, 특히 정신적 우월성에 의하여 현실계(現實界)나 정치계의 중요한 지위를 누리게 되어서, 물질적 자력으로는 다른 나라만 못하나 권력이나 독립성에 있어서는 결코 손색이 없는 나라가 되었다.

여기서는 학문의 연구와 번영이 국가생활의 한 본질적인 계기가 되어 있는 것이다. 이 나라 중심지의 대학인 이 대학은 또한 모든 정신적 교양의, 그리고 모든 학문이나 진리, 따라서 철학이 그 중심점이 되어야 하고 특별한 보호육성을 받아야 한다. ㅡ 그러나 이 나라 현재의 국가적 존재에 있어서 한 근본계기가 되어 있는 것이 정신생활 일반이지만, 좀 더 따져 말하면 이 나라 국민이 그 군주와 한 덩어리가 되어 독립을 찾고, 외국의 무자비한 압제를 물리치고 따라서 심정의 자유를 찾던 그 위대한 싸움에 이제 한층 더 높은 계단에서 재출발하고 있는 것이다.

도의적인 정신력이 스스로 제 기력을 분발하여 깃발을 높이 내걸고 나왔으며, 이 감정이 현실의 위력과 권력이 된 것이다.

우리는 우리의 세대가 이 감정 속에서, 다시 말하면 모든 법률적·도덕적·종교적인 것이 집중된 이 감정 속에서 알아 왔고, 행동하여 왔고 일하여 온 사실을 무한히 높이 평가하여야 한다. 정신이 심각하고 광범한 활동에서 그 진가를 발휘하여 왔기 때문에, 얼빠진 생활과 천박한 관심이 종식하고, 어쭙잖은 피상적 견해와 의견이 운산무비(雲散霧飛)하였다.

그리하여 지금 우리의 심정 속에 통째로 들어와 있는 이 넘치는 열성이 본래 철학의 진정한 지반인 것이다.

철학은 그날그날의 절박한 이익추구나 경조부박(輕佻浮薄)한 의견을 반대한다.

이러한 것에 붙잡혀 있는 심정에는 이성이 존립할 여지가 없는 것이다. 왜냐하면 이성이라는 것은 본래 제 이익이나 제 주견(主見)을 찾는 게 아니기 때문이다.

인간이 기본적인 실속을 찾아야 될 필요에 박도(迫到)하였을 때, 또는 인간이 오직 그러한 것을 취할 줄 알게 되기까지 견실(堅實)해졌을 때, 이러한 때야말로 경거망설(輕擧妄說)이 마땅히 사라져야 한다. 그런데 우리는 지금이 바로 이 기본적인 실속을 찾아야 될 때인 것을 알고 있으며, 이 기본적인 실속의 알맹이가 이미 형성되고 있는 것을 보고 있다.

따라서 지금 형성 도중에 있는 이 기본적인 실속의 알맹이를 전면적으로, 다시 말하면 정치적 · 도덕적 · 종교적 · 학문적으로 전개시키는 것이 우리의 시대가 떠맡은 임무인 것이다.

우리의 직무와 사업은 이와 같이 새로운 젊음과 힘을 획득한 실체적 기초의 철학적 전개를 길러내는 데에 있는 것이다.

이 실체적 기초의 소생은 정치적 현실 중에서 그 최초의 작용과 표현이 발견되었던 것인데, 이제는 도덕적 · 종교적 의식 중에서, 즉 모든 생활관계의 근본성과 견실성에 대한 요구 중에서, 보다 더 강렬한 열성을 가지고 나타나 있는 것이다.

이 강렬한 열성이 그 자체가 바로 진리를 인식하고야 말겠다는 열성인 것이다. 정신은 이러한 요구를 가진 것이기 때문에, 본성이 단순한 감각적 · 감수적(感受的) 본성과 구별되는 것이며, 바로 그렇기 때문에 이 요구는 정신의 가장 깊은 속에서 우러나오는 요구, 즉 보편적 요구인 것이다.

이 요구는 일면 시대적 열성에 의하여 대두한 것이기는 하지만, 다른 면으로는 독일정신의 고유한 재산이기도 한 것이다.

철학이라는 문화상에 있어서 독일이 뛰어난 게 무엇이냐 하면, 다른 여러 나라에 있어서는 철학연구 상태나 철학이라는 명칭이 가진 바, 의미 내용을 보아도 알 수 있는 바와 같이, 아직 그 명칭만은 보유하고 있으나 그 의미가 일변하여져서, 철학의 본질에 대한 기억이나 상상을 불허할 만큼 그 자취가 없어진 데에 대하여, 독일은 이 학문의 보금자리가 되었고, 오직 여기서만 이 학문이 아직까지 생존하고 있는 것이다.

그래서 우리에게는 이 학문의 거룩한 빛깔을 간직할 임무가 있으며, 인간이 소유할 수 있는 그 최고 본질의 자각을 죽어 없어지지 않도록 보호 육성할 책임이 있는 것이다.

그러나 우리 독일에서도 국가적 부흥에 이르기 이전에는 진리의 인식이라는 것이 없다든지, 세계와 정신과의 본질인 신(神)을 이해할 수 없고 파악할 수 없다든지, 정신은 종교에 국한되어야 한다든지, 따라서 종교는 이성적 인식을 떠나서 신앙이나 감정이나 억측의 역(域)에서 한 걸음이라도 벗어나서는 안 된다든지 하는 것을 발견하고 증명하였다고 하는 따위의 독단적 의견이 지배하기에 이르도록 정신이 천박하였던 것이다.

그래서 인식작용이란 것은 절대자의 신의 본성이나 또는 자연 및 정신 중에서 참답고 절대적인 것의 본성에 관계하는 것이 아니라, 그와 반대로 인식작용이라는 것은 한편으로는 전혀 참다운 것을 인식하지 못하고, 오히려 말하자면 참답지 못한 것 즉 일시적이고 생멸무상(生滅無常)한 것만을 인식하는 특권 밖에 향유하지 못하는 소극적인 것이라고 하는 동시에, 다른 한편으로는 본래 이러한 일시적이고 생멸무상한 것 중에 속하는 외면적·역사적인 사정이나 환경 ─ 소위 '인식'이라는 것 그 자체도 이러한 사정이나 환경 중에서 나타나는 것이며, 또 바로 그렇기 때문에 일종의 역사적인 것으로 밖에 볼 수 없는 것, 그리고 그러한 외면적인 면에서 비판도 되고 습득도 되어야 하기는 하나 - 은 내용상 하등 진심으로 연구할 만한 가치가 없는 것이라고 한다.

그리하여 그들은 옛날 그리스도가 진리라고 한 말을 듣자, 마치 이 말의 뜻을 벌써 다 알고 있다는 듯이, 또 진리의 인식이라는 것이 절대로 없다는 것을 알았다는 듯이, 대체 진리란 무엇이냐 하고 반문한 로마제국의 한 지방 수령이던 피라투스와 조금도 다름이 없는 것이다.

따라서 지금까지 사람들이 가장 치욕스럽고 가장 불명예스럽게 여겨 오던 진리 인식을 포기하는 것이, 우리의 시대에 와서는 정신의 최대 승리로 높이 평가되고 있다.

사세(事勢)는 이미 이와 같이 이성에 대한 절망으로 기울어졌거니와, 그래도 처음에는 그 반면에 아직 얼마간 고통과 비애가 붙어 있었으나, 그 뒤에 와서는 종교와 도덕에 대한 무관심과 따라서 소위 '계몽'이라는 천박한 지성은 솔직하게 제 자신의 무력(無力)을 고백하는 동시에, 고상한 관심을 깡그리 망각한 것을 도리어 자랑으로 여기게까지 되었다.

그리고 마지막으로 소위 '비판철학'이라는 것이 나와서 영원하고 신적(神的)인 것이 인식되지 않는다는 것을 증명하였다고 천연스럽게 망단(妄斷)하고, 이런 것은 무시하여도 좋다고까지 생각하였다.

이 그릇된 인식이 '철학'이라는 이름까지 감히 참칭(僭稱)하여 왔고, 바로 이러한 무지(無知), 이러한 천박성과 피상성(皮相性)을 가장 우수한 것, 즉 모든 지적 노력의 목표요 결과라고 내세우는 이따위 학설처럼 천박한 지성이나 성격에게 환영받고 이용된 일은 없었다.

참다운 것은 알려지지 않는다. 그리고 오직 일시적 · 우연적으로 나타나는 것만이 즉 허무한 것만이 알려져진다는 이따위 허무맹랑한 사상이 철학상에서 주장되어 왔고, 또 우리 시대에도 아직 널리 주장되고 있어서 일대 세력을 이루고 있다.

철학이 독일 땅에 출현한 이래로 이 학문이 이따위 견해, 즉 이성적 인식의 단념이 이처럼 횡행하고 만연할 만큼 극악한 상태에 빠진 일은 없었다고 단정하여도 과언이 아니다.

전대로부터 넘어와서 우리의 시대에도 아직까지 행하여지고 있는 이따위 견해는 진실한 감정이나 실체적인 정신과 전혀 모순된다. 그런데, 내가 지금 환영하고 환호하며 오직 관심을 두고 있는 것은 바로 이 진실한 정신의 여명(黎明)이다.

왜냐하면 나의 주장하는 바는 철학이 내실을 가져야 한다는 것이며, 내가 제군에게 전개하고자 하는 것도 철학의 내실이기 때문이다.

그러나 나는 여기서 널리 청년의 정신에 향하여 호소한다. 왜냐하면 청년은 아직 편협하고 궁박(窮迫)한 생활목적의 체계 속에 사로잡히지 않은, 따라서 이해관계를 돌보지 않고 학문연구에 들어갈 수 있는 자유를 가진, 그렇기 때문에 공허한 부정적 정신과 무내용(無內容)한 비판적 정신에 물들지 않은 아름다운 인생시대이기 때문이다.

건전한 심정에는 진리에 도달하고야 말겠다는 용기가 있는 것이며, 진리의 왕국은 그것을 건설하며 우리가 연구에 의하여 이 건설에 참가하고 있는 철학이 거주하는 곳이다.

인생에서 참답고 위대하고 거룩한 것은 이념에 의하여서 그러한 것이며, 이 이념을 참다운 형태의 보편성에서 파악하는 것이 철학의 목표이다.

자연은 오직 필연성만을 가지고 이성을 실현하도록 속박되어있는 것이지만 정신의 세계는 자유의 왕국이다.

인간적인 생(生)에 통일과 가치와 의의를 부여하는 모든 것은 정신적인 것이며, 이 정신의 왕국은 진리와 도리에 대한 의식이념의 파악을 통하여서만 비로소 존립하는 것이다.

나는 우리가 걷기를 시작한 이 길에서 제군의 신뢰를 얻고 제군의 기대에 부응하기를 원하고 바란다. 그러나 우선 내가 제군에게 요구하는 것은 다름이 아니라 학문에 대한 신뢰와 이성에 대한 신념 내지 제군 자신에게 대한 신뢰와 신념이다.

진리에 대한 용기와 정신력에 대한 신념은 철학적 연구의 첫째 조건이다. 왜냐하면 인간은 첫째 자기를 존경하여야 되며, 자기가 최고 존재자의 가치가 있는 것을 알아야 되기 때문이다.

정신의 위대와 위력은 아무리 높이 평가하여도 충분히 평가하였다고 말할 수 없다.

우주의 본질은 아무리 비밀 속에 잠겨 있다 하더라도 인식의 용기에 감히 항거할 힘은 없는 것이다.

그러므로 우주의 본질은 인식의 용기 앞에서 문을 열어, 그 내용과 바닥을 눈앞에 보여 주지 않고서는 못 배기는 것이다.

제 1 판 서 문

내가 철학의 모든 범위에 대하여 이와 같은 개념을 내 본래의 생각보다 이르게 세상에 내놓게 된 것은 무엇보다도 내 철학 강의의 대강(大綱)을 청강자에게 수교(手交)하여야 할 필요에 의한 것이다.

대강으로서의 그 성질상 이념 내용에 대한 충분한 상술(詳述)을 약(略)하였을 뿐 아니라, 사람들이 증명으로 알며 또 학적(學的)인 철학에 불가결한, 이념의 체계적 연역(演繹)에 대한 설명까지도 축소하였다. 내가 이 저서에 붙인 표제는 한편으로는 한 전체의 범위를 표시하며, 또 한편으로는 자상한 점을 구술강의로 미룰 의사라는 것을 표시한 것이다.

그러나 이미 전제(前提)되어 누구나 다 잘 아는 내용이어서, 일부러 간략하게 논술하여야 될 경우인 바에는 강요(綱要)의 성질상 배치나 편성이라는 단순한 외면적 합목적성만이 문제된다. 그런데 나의 이 저술은 그러한 경우가 아니라 내가 바라거니와 내용과 일치하는, 유일하고 진정하다고 승인될 방법에 의하여 철학을 새로 개조하는 데에 있다.

그렇기 때문에 사정이 허락하여, 내가 이 저술의 첫째 부분인 논리학에 관해서 공개한 바와 같이, 상세한 저술이 철학의 다른 부분에 관해서도 먼저 수행되었더라면 독자에게 퍽 편리하였을 것이다.

이밖에 이 저술에서는 표상과 경험이 숙지하는 내용에 근사한 부면(部面)

엔 제한을 가하지 않을 수 없었지만, 오직 개념에 의하여 생기(生起)하는 매개에 불과한 이행에 관하여서는, 사유진행(思惟進行)의 방법이 기타 과학에 추구하는 외면적인 순서나 내지 철학적 대상에서 통상화한 방식과 완전히 다르다는 점을 충분히 밝혔다고 나는 믿는다. 그런데 철학적 대상에서 통상화한 방식은 한 도식을 전제하고, 또 따라서 재료를 기타 과학의 방식과 마찬가지로 외면적 및 임의적으로 처리하고 배열하며, 또 분명한 오해에서 개념의 필연성을 개념 결합의 우연성과 임의성으로 둘러놓으려고 한다.

이러한 임의성이 철학의 내용까지도 침범하며 또 사상적 모험을 감행하여, 진정하고 성실하게 노력하는 자에게 한때 찬탄을 받은 일도 있지만, 사실은 정신병에까지 항진(亢進)한 난지(亂智)에 불과한 것이다.

이러한 철학의 실질은 탄복할 것도 또 기교(奇嬌)한 것도 아니라, 그야말로 누구나 다 잘 아는 평범한 것이며, 그 형식 역시 고의적ㆍ방법적인, 그리고 허름한 기지로 이상야릇한 결합과 억지로 왜곡을 농(弄)하는 방식에 불과하고, 또 대체로 진실을 가장한 자기기만에 불과한 것이다.

이와 반대로 타 방(他方)에서는 천박한 사상이, 사상의 빈곤을 가지고 약삭빠른 회의주의나 이성적으로 겸허한 비판주의라고 자처하며, 이념의 결핍을 가지고 그와 같은 정도의 암우(暗愚)와 허영에 빠져 있는 것을 우리는 보았다.

이상과 같은 두 종류의 정신적 경향이 오랫동안 독일적 진실을 우롱하고 그 심오한 철학적 요구를 마비시키고, 그 결과로 철학이라는 학문에 대한 무관심 아니 천대까지도 대두시켜서, 이제 진중하다고 자처하는 인사까지도 철학의 성질에 대하여 덩달아 망론을 감히 하게 되었고, 종래에 그 형식을 '증명'이라는 명칭으로 이해하여 오던 이성적 인식까지 거부하여도 상관없다고 생각하게 되었다.

상술(上述)한 첫째 현상의 일부분은 학계나 정치계에서 대두한 신시대의 젊은 환희라고 볼 수도 있으리라. 이 신시대의 환희가 젊어진 정신의 여명을 흥분으로써 환호하고, 깊은 연구가 없이 이념의 향락으로 줄달음질치고 이념이 제시하는 희망과 전망에 잠시 심취한다 할지라도, 이러한 탈선은 용이하게 정도(正道)로 돌릴 수 있는 것이다. 왜 그런가 하니 이 탈선의 근저에는 한 핵심이 있고, 이 젊은 환희가 이 핵심 위에 토로한 외면적인 안개는 스스로 사라질 성질의 것이기 때문이다.

그러나 또한 현상은 그보다 악질이다. 왜 그런가 하니 이 현상은 분명히 기진맥진하였음에도 불구하고, 모든 세기의 철학정신을 극복하고야 말겠다는 그릇된 미몽(迷夢) 속에 몸을 숨기고 있기 때문이다.

그러나 그만큼 또 기쁜 것은 이상 두 가지 현상과 반대로 보다 더 높은 인식에 대한 철학적 관심과 진정한 애착이 솔직하고 착실하게 명맥을 끌어내려왔다는 사실을 인식하고 거론할 수 있는 사실이다.

이 관심이 다분히 직접지(直接知)와 감정의 형식으로 나타났다 할지라도, 이 사실은 인간에게 품위를 부여하는 유일하고 근본적인 이성적 인식의 충동을 증시(證示)하는 것이다. 왜 그런가 하니 인간 자신에 대하여서는 직접지(直接知)나 감정의 입장도 오직 철학지(哲學知)의 결과로써 성립할 수 있고, 따라서 '철학지'라는 것은 아무리 천하게 보이더라도, 적어도 인간에게는 불가무(不可無)의 조건이 되는 것이기 때문이다.

진리 인식에 대한 이 같은 관심을 만족시키기 위한 개론, 또는 기여로서 나는 이 저술을 바친다. 이러한 목적에서 이 저술에 다행이 있기 바란다.

하이델베르크 1817년 5월

제 2 판 서 문

　친애하는 독자는 이 신판에서 많은 부분이 개필(改筆)되고 좀 더 상세한 규정이 전개된 것을 발견할 것이다. 여기서 나는 강의 형식을 완화시키고 감소시키는 동시에, 또 상세한 통속적인 주해에 의하여 추상적인 개념을 일상적인 이해와 보다 더 구체적인 표상에 근접시키기에 노력하였다.

　그러나 강요로서의 부득이한 사정에 의하여 그렇지 않아도 까다로운 사실을 할 수 없이 간략화 시킨 점에서, 이 제2판도 역시 제1판과 같은 모양으로 필요한 설명은 구술강의로 미루어야 될 교과서로밖에 사용하지 못하게 되었다.

　'체계'라는 표제가 이미 암시하는 바와 같이 애초에 학문적 방법의 엄밀성에 구니(拘泥)할 것 없이 다만 외면적 편성에 치중할 생각이었으나, 그러나 사실의 성질상 어디까지나 논리적 연관을 토대로 삼지 않을 수 없었다.

　정신적이거나 몰정신적(沒精神的)이거나 간에 시대형성의 활동에 대한 나의 철학적 입장을 설명하여야 될 기회와 자극은 너무나 많았다. 그러나 이것은 오직 이 서문과 같은 다만 공개적인 형식으로밖에 할 수 없는 일이다.

　왜냐하면 이러한 활동은 물론 철학에 대하여 관계가 있기는 하지만, 그러나 학문적으로 관계라는 것이 아니고, 따라서 대체로 학문과 내적으로 교섭하는 것이 아니라, 도리어 외면적인 관계밖에 없는 것이기 때문이다.

학문과 몰교섭(沒交涉)한 이러한 지반에 발을 들여놓는다는 것은 불유쾌하고도 위험한 일이다. 왜냐하면 이러한 설명이나 논의는 오직 참다운 인식을 위해서만 문제될 수 있는 이해에 불필요한 것이기 때문이다. 그러나 약간의 현상을 말해 두는 것이 유익하고 또 필요할지도 모른다.

통틀어 내가 철학 상에서 노력하여 왔고 또 노력하고 있는 목적은 진리에 대한 학문적 인식에 있다.

이것은 가장 곤란한 길이지만 그러나 만일 정신이 일단 사상의 길에 발을 들여놓은 이상, 허무한 허영에 빠지지 않고 잔꾀에 대한 의지와 용기를 보유한다면, 오직 이 길만이 정신의 유일한 관심사요 가치 있는 길일 것이다. 그리고 정신은 방법만이 사상을 구사(驅使)하며, 사상을 사물에 인도하고 이것을 그 속에서 유지할 수 있다는 것을 곧 알게 될 것이다.

이렇게 계속 진행하는 그 자체가, 사상이 맨 처음에 거기서 뛰어나오려고 노력하였고, 또 사실 뛰어나온 절대적 내용의 부활에 불과한 것, 그러나 가장 독특하고 또 가장 자유스런 정신적 지반에 있어서의 부활에 불과하다.

철학이 과학 및 교양과 병행하며 온건한 오성적(悟性的) 계몽이 지적 요구 및 종교와 화목하며, 자연법이 국가 및 정치와 합치하며, 경험적 물리학이 자연철학이라는 이름으로 불리던 천진난만하고 일견 행복스럽던 시대가 그리 오래지 않은 과거에 있었다.

그러나 그러한 평화는 결국 표면적이었고, 더구나 인식은 종교와, 그리고 자연법은 국가와 사실 내면적으로 모순하고 있었던 것이다. 그리하여 나중에 분열이 생기고 모순이 전개하였다. 그러나 철학에 있어서는 정신이 자기 자신과의 화해를 누리었다.

따라서 이 학문은 그 모순 자체나 모순의 허식(虛飾)과 모순하고 있을 뿐이었다. 철학이 총명한 경험적 인식이나 법의 이성적 현 실태나 순진무구한 종교 및 경건성과 대립하는 것같이 생각하는 것은 흔히 있는 편견에 속하는 것이다. 그러나 이러한 형태는 철학에 의하여 승인 내지 시인되는 것이다.

그리하여 사색적 정신은 오히려 이러한 형태의 실질 내용에 깊이 파 들어가서, 자연 · 역사 · 예술에 관한 위대한 견해에서와 마찬가지로, 그 속에서 배우고 또 힘을 얻는 것이다. 왜냐하면 이러한 형태의 진정한 내용이야말로 사유(思惟)되는 한 사변(思辨)적 이념 그 자체이기 때문이다.

철학과의 마찰이 생기는 것은 오직 이러한 지반이 그 고유한 성격에서 벗어나 그 내용이 범주로써 파악되고 또 범주에 의존되어야 한다고는 하나, 이러한 범주가 개념에까지 발전하지 못하고 또 이념에까지 완성되지 못하는 한에서만 있을 수 있는 일이다.

유한적인 개념의 길에서는 진리와의 여하한 매개도 불가능하다는 것은, 보통 학문적 교양을 가진 오성(悟性)이 도달하는 중요한 부정적 결론인데, 이 결론에는 흔히 직접 그 자체 속에 있는 것과 정반대의 귀결이 들어있다.

즉 어떠한 확신은 유한적 관계를 인식에서 제외하기는커녕, 도리어 범주의 연구와 그 적용에 대한 주의와 용의(用意)를 포기하는 것이다. 그리하여 마치 절망 상태에 있어서와 같이 범주를 더욱 노골적 · 무의식적 · 무비판적으로 사용한다.

유한적 범주로는 진리에 도달키가 불충분하다. 따라서 객관적 인식이 불가능하다는 오해에서 감정이나 주관적 의사에 입각한 왈가왈부를 정당시하고, 증명 대신에 의식 사실에 대한 단독적 의론(議論)과 시비가 나온다. 그리고 의식사실을 그것이 무비판적일 수록 그만큼 더 순수하다고 생각한다.

직접성과 같은 단순한 범주로써, 그리고 이 범주에 대한 충분한 연구도 없이, 막연히 정신의 최고 요구를 제출하고 또 결정한다. 더욱 종교적 대상이 논제가 되어 있는 경우에 있어서는, 마치 악을 물리치듯이 또 오류나 착오에 대한 보장과 방패나 얻은 듯이 철학을 치지도외(置之度外)한다.

이리하여 진리의 연구가 그 어느 곳에서 획득된 전제(前提)에서 출발하며 본질과 현상, 이유와 귀결, 원인과 결과 등, 이런 인습적 사유규정의 사용 내지 이러저러한 유한적 관계에 의한 일상적 추리에 입각하여 공리공론을 일삼는다.

'악을 버렸는데 또한 악이 남았다.' 그리고 이 악은 이전의 악보다도 더 큰 악이다. 왜냐하면 그들은 조금도 의심치 않고도 비판도 없이 몸을 이 악에 맡기고 있기 때문이다. 그리고 그들은 버림받은 악(惡), 즉 철학이 모든 내용을 결합하고 규정하는 사유 관계의 본성과 가치를 자각한 진리 연구와 하등의 인연도 없는 그 무엇처럼 생각한다.

철학이 그와 같이 취급되고 이해되며 평가되었을 때 철학은 최악의 운명을 경험하였던 것이다. 이해 능력이 없는 이러한 반성은 자연적 또는 정신적 사실, 더욱이 종교적 생명을 파손하였다. 그러나 이러한 견해 그 자체에서도 사실이 첫째 인식된 사실로 되어 있다.

그렇지만 사실에서 반성에 의하여 인식으로 이행하는 점에 곤란이 있는 것이다. 그런데 철학이라는 학문에는 이러한 곤란이 없다. 왜냐하면 철학의 사실은 이미 이루어진 인식이기 때문이다. 따라서 이해라는 것은 되생각한다는 의미에 있어서의 반성에 불과한 것이다. 그리고 평가에 이르러서 비로소 보통일반의 의미에 있어서의 반성이 요구된다.

그러나 전자의 무비판적인 오성은 명확하게 표현된 이념을 솔직히 파악하는 데에도 역시 불충실한 것이 분명하다. 그리고 이러한 오성은 철학적 이념의 사실을 그대로 흉내 내기가 불가능하다는 완고한 전제에 서있으며, 이에 대하여 하등의 이의 또는 의념(疑念)도 품지 않는다.

그뿐만 아니라 이러한 오성은 자기와 전혀 다르고, 심지어 모순되는 범주 사용이 이념에 있음을 알기는 하나, 그와 동시에 자기의 사유방식과 전혀 다른 사유방식이 있어서 이것이 사용되고 있는 것을 전혀 생각할 줄 모른다. 이와 같이 오성은 모순되는 양면을 묘하게 결합시키고 있다. 이리하여 결국 사변철학의 이념을 그 추상적인 정의 중에 고정시켜 가지고, 정의라는 것은 자명하고 확정적이라야 하며, 이 정의의 조절기와 시금석으로는 오직 전제된 관념이 있을 뿐이라고 생각한다. 그리고 정의의 의의나 필연적 증명이 오로지 그 발전 중에 있고 또 이 발전의 결과로 나오는 것을 모른다.

이제 좀 더 따져 말하면, 이념이라는 것은 대체로 구체적·정신적 통일인데, 오성은 개념규정을 오직 그 추상에서, 따라서 그 일면성과 유한성에서 파악한다. 그러므로 구체적 통일이 추상적·몰정신적 동일성으로 화하고 만다. 이리하여 여기서는 차별이 사라지고 모든 것이 하나가 되며 결국 선과 악도 하나가 되고 만다.

따라서 사변적 철학에서는 벌써 동일체계 또는 동일철학이라는 명칭까지 받아들이고 있다. 만일 그 어떤 사람이 자기의 신조를 고백하여, '나는 하느님 아버지, 즉 하늘과 땅의 창조자를 믿는다'고 하였다 하자. 그런데 그 누가 이 말의 첫째 부분을 가지고 미루어서 고백자가 하늘의 창조자인 하느님은 믿으나 땅은 창조되지 않는 것, 물질은 영원한 것으로 믿는다고 해석한다면 사람들은 퍽 기이한 감을 가질 것이다.

고백자가 '나는 하늘의 창조자인 하느님을 믿는다'고 그 고백 중에서 말한 사실은 옳다. 그리고 다른 사람의 이에 대한 해석은 전혀 그르다.

사실 상기의 인례(引例)는 누구나 터무니없고 변변치 않은 것으로 알 것이다. 그러나 철학이념을 파악하는 경우에도 이러한 억지스런 반가해(半可解)가 있다.

따라서 사변철학의 원리에 의하여 확증되었다는 동일성이 어떻게 된 것인가에 대한 오해가 없게 하기 위하여 주관은 객관과 다르다든가, 유한과 무한은 같지 않다든가, 기타 등의 단호한 훈계와 엄혹(嚴酷)한 반박이 뒤따라 나온다.

그래서 마치 주체적 정신적 통일 그 자체 중에는 아무런 규정도 없고 아무런 차이도 없는 것같이 생각하며, 주관이 객관과 다르고 유한이 무한과 같지 않은 것을 아는 사람이 하나도 없는 것같이 생각하고, 또 철학은 강단적 지식에 깊이 파묻혔으나 강의장 밖에는 먼저 기술한 차별을 상당히 잘 아는 지식이 있음을 알아야 한다고 생각한다.

철학은 차별을 모른다. 따라서 철학은 선과 악과의 차별도 모른다 하며 사람들은 철학을 매우 중상(中傷)한다.

그런데 사람들은 이것을 정당시하며, 관대하게 덮어 두기를 좋아하고, 따라서 철학자가 그들의 논술에서 자기의 원리와 연결된 유해한 결론을 전개하지 않아도 무방하다고 묵인한다(그러나 그 까닭은 이미 그들이 이 결론을 생각하지 않는 점에도 있을 것이다).

철학은 사람들이 베풀어 주는 이따위 동정을 거부하지 않으면 안 된다. 왜냐하면 철학이 그 원리의 현실적 귀결을 똑바로 알 수 있으려면 또 도덕적 시인을 받으려면 더구나 그러한 동정을 거부하여야 된다.

사실 철학에는 분명한 귀결이 없지 않아 있다. 나는 선악(善惡)의 구별을 단순한 가상으로 전화(轉化)시키는 피상적 결론을 간단히 설명하기로 하거니와, 그것은 이러한 철학적 견해와 허무함을 시인하기 위하여서가 아니라 그것을 예증하기 위하여서이다. 그리하기 위하여 나는 신(神)을 다만 실체라고만 규정하고 주체와 정신이라고 규정하지 않는 철학인 스피노자주의를 취급하여 보려 한다.

통일의 특징은 이것을 실체로 규정할 것이냐, 그렇지 않으면 주체와 정신으로 규정할 것이냐의 상이(相異)에 달려 있다.

문제는 여기 있는데 그들은 이 철학을 동일체계라고 부르기는 좋아하나 이 규정에 관하여 하등의 지식도 없으면서, '이 철학에서는 모든 것이 동일하며 선과 악도 동일하다'는 용어까지 뻔뻔스럽게 사용하려고 든다.

모든 것은 같다. 선과 악도 같다 하는 것은 사변철학과 얼토당토않은 최악의 통일형식이요, 오직 서투른 생각만이 이념을 사용할 때에 취할 수 있는 형식에 불과하다.

그리하여 이 철학에서는 선과 악의 구별이 참으로 있을 수 없다고 그들은 말한다. 그러면 대체 이 '참'이란 말은 무엇을 의미하는가? 하고 우리는 묻지 않을 수 없다.

가령 이 '참'이 신(神)의 본성을 의미하는 것이라면, 그 속에 악을 옮겨다 두기는 도저히 가망 없는 일이다.

신의 실체적 통일이란 것은 선(善) 그 자체요 악은 다만 분열에 불과한 것이다. 따라서 실체적 통일에는 선과 악과의 무차별적 동일성이 있을 뿐이다. 아니 그보다 악이 제외되어 있다고 말하는 것이 좋겠다. 그러므로 신(神) 자체에는 선과 악의 구별이 없다. 왜냐하면 선악의 구별은 오직 분열에만 있기 때문이다.

다시 말하면 악 자체는 이 분열 속에 있는 것이기 때문이다. 스피노자철학 중에는 그 다음에 인간과 신과의 구별이 나온다. 이 점에 있어 스피노자 체계는 이론적으로 만족한 것이 못된다.

왜냐하면 인간과 유한은 나중에 상태의 위치에까지 떨어지기는 하였지만, 여기서는 실체와 동등한 존재로 생각되어 있기 때문이다. 여기에 구별이 있고 또 이 구별이야말로 본질에 있어서 선악의 구별인 것이다.

그리고 구별이 참으로 있는 곳은 오직 이곳뿐이다. 왜냐하면 구별의 참다운 규정은 오직 여기 밖에 없기 때문이다. 우리가 만일 스피노자철학 중에서 실체만 본다면 물론 선악의 구별이 안 나올 것이다. 왜냐하면 이 입장에서는 악(惡)이나 유한(有限)은 물론 세계 전체까지도 또 있을 수 없기 때문이다.(50절 주 참조)

그러나 스피노자가 감정이나 인간의 예속(隸屬) 및 자유를 논구(論究)한 '에티카'의 여러 부분을 연구한 사람이면, 이 체계에서 인간이나, 인간과 실체와의 관계, 또는 선악의 구별을 볼 수 있는 입장을 발견할 것이다.

그러한 연후에 비로소 이 체계의 도덕적 결론을 논할 수 있는 것이다. 물론 우리는 신(神)의 순애(純愛)를 원리로 삼고 있는 이 도덕의 숭고한 순수성을 의심치 않을 것이며, 또한 도덕의 이러한 순수성이야말로 이 체계의 귀결인 것을 확신할 것이다. 레싱은 당시 사람들이 스피노자를 '죽은 개'로 본다고 말한바 있거니와, 스피노자철학 내지 사변철학 일반이 근래도 좋은 대우를 받고 있다고는 말할 수 없다. 왜냐하면 스피노자철학이나 사변철학을 논술하고 비판한다는 사람들 치고, 사실을 바르게 파악하고 거시(擧示)하고 서술하려고 노력하는 사람이 하나도 없기 때문이다. 정당한 이해와 정당한 서술이 있기를 요구하는 것이 최소한의 권리라면, 스피노자철학이나 사변철학도 이것쯤은 언제나 요구할 수 있는 것이다.

철학사는 절대에 관한 사상의 발전사다. 따라서 소크라테스가 목적의 규정을 발견하였다면, 플라톤과 아리스토텔레스는 그 뒤에 이 규정을 정화하고 또 명백히 하였다. 부룩겔의 철학사는 역사로서의 외형에 있어서 뿐 아니라 사상의 서술에 있어서도 무비판적이다. 그래서 그는 고대 희랍철학자의 취급에 있어서, 당치도 않는 20~30 이상의 명제를 그들에게 붙여서 말하고 있다. 이 귀결은 부룩겔이 그 당시의 서투른 형이상학의 방법으로 꾸며 낸 것인데, 이것을 그들 희랍철학자의 주장이라고 억지 쓰고 있는 것이다. 귀결에는 두 종류가 있는 바 하나는 한 원리를 세밀히 평론하여 가는 것이요, 다른 하나는 보다 더 깊은 원리로 역행하는 것이다.

역사라는 것은 어느 누가 일정한 사상에 깊이 파 들어갔고, 또 이와 같이 깊이 파 들어간 일정한 사상을 어느 누가 밝혀냈느냐 하는 것을 서술하는 데에 있다. 그런데 전기(前記) 부룩겔이 철학사를 취급하는 방법이 왜 글렀느냐 하면, 고대 희랍 철학자들은 부룩켈이 그들의 원리 중에 있다고 말하는 그러한 결론을 끌어낸 일도 없고 따라서 말한 일도 없을 뿐만 아니라, 부룩겔은 도리어 이 철학자들이 이러한 결론을 끌어낼 때에, 사변적 정신을 가진 철학자의 정신에 어그러지고, 또 철학적 이념을 모독하여 왜곡하는 유한성의 사상관계를 적용하고 사용하였다는 부당한 억측을 하고 있기 때문이다. 가령 이러한 왜곡이 겨우 몇 개의 명제 밖에 알려지지 않은 고대철학에서는, 유한성의 사상관계가 정당한 추리법으로 사용되었을지도 알 수 없다는 점에서 용혹무괴(容或無怪)라 하더라도, 한 철학이 그 이념을 뚜렷한 사상으로 파악하고, 또 범주의 가치를 분명하게 연구도 하고 규정도 하고 있기는 하나, 다만 그 이념이 약간 연락이 끊겨 있는 그 철학의 서술 중에서 오직 한 계기만을 따 가지고, 예를 들면 동일성과 같은 계기를 가지고 이것을 전체라고 내세우거나 또는 범주를, 우리의 상식을 일관하고 있는 가장 비근(卑近)하고 또 훌륭하다는 방법으로써, 아주 제멋대로 일면성과 비진리성에 끌어넣는다면 그러한 왜곡은 절대로 용인되지 않는 것이다. 사상관계를 세밀히 인식하는 것이 철학적 사실을 바르게 이해하는 첫째 조건이다. 그런데 직접지의 원리는 사상을 음미하지 아니하고 그냥 그대로 받아들이는 것을 공공연하게 옳다고 할 뿐만 아니라 심지어 사상 이해의 법칙으로 삼는다. 그러나 사상의 인식, 따라서 주관적 사상의 연마는 어떠한 학문·예술·기교와 마찬가지로 직접지가 아니다.

종교는 진리가 교양이 있고 없고 간에 전 인류를 위하여 존재한다는 것을 의식하는 형식이다. 그러나 진리의 학문적 인식은 전 인류가 아니라 오직 소수만이 맡아하는 진리의식의 한 특수형식이다. 종교나 학문이나 그 내용은 동일한 것이다. 그러나 오마가 그 어느 별에 대하여 이 별이 두 가지 이름을 가졌는데, 한 이름은 신(神)의 말이요 또 한 이름은 하루살이와 같은 인간의 말이라고 말한 바와 같이, 앞에 말한 동일한 내용도 두 가지 말을 가지고 있는데, 하나는 유한적인 범주와 일면적인 추상에 칩거하는 오성적인 사유와 표상과 감정의 말이요, 다른 하나는 구체적 개념의 말이다. 가령 종교의 입장에서 철학을 논하고 평하려고 하더라도, 하루살이 같은 인간의 의식에 입각한 언어의 습관만으로는 불가능한 것이다. 학문적 인식의 기초는 내면적 실질이요, 내재적 이념이요, 정신 속에서 약동하는 생명이다. 역시 종교도 세련(洗鍊)된 심정이요, 자각된 정신이요, 연마된 내실이다.

최근에 이르러 종교는 더욱더 그 내용의 지적 외연(外延)을 수축하여, 신앙심 속으로 돌아가기도 하고, 그렇지 않으면 또 완고한 감정, 그러나 흔히는 극히 빈약하고 공허한 내용을 폭로하는 감정으로 돌아가기도 하였다. 종교가 신조나 교의나 교설(敎說)을 가지고 있는 동안에는, 그래도 철학이 논구(論究)할 그 무엇을 가지고 있고, 또 철학은 이 '그 무엇'을 논구함으로써 종교와 결합할 수 있는 것이다. 그러나 그렇다고 이 사실은 현대의 종교심을 구속하며, 분열만 일삼는 악(惡)정신의 입장에서 보아서는 안 된다. 그리고 분열만 일삼는 이 악정신의 입장에 서면 철학은 종교를 배제하고 종교는 철학을 배제하는 것같이 보일 것이고, 그렇지 않으면 양 자는 애당초에 서로 분열되었고 다만 차후에 외적으로 결합되는 것같이 보일 것이다. 그러나 종교는 철학이 없어도 능히 있을 수 있지만, 철학은 종교가 없이는 있을 수 없고 도리어 종교를 자체 중에 가지는 것이다. 이러한 생각은 종전에도 있었다. 참다운 종교, 정신의 종교라면 이러한 신조를 내용에 가지고 있는 것이다.

왜냐하면 정신은 본질에 있어 의식, 따라서 대상화(對象化)한 내용에 관한 의식이기 때문이다. 그러나 감정으로서의 정신은 야코브 베메의 용어를 빌어 말하면 오직 감수될 뿐이지 결코 대상화하지 않는 것이요, 의식의 최저계단 즉 동물과 공통하는 영혼의 형태에 불과한 것이다. 그런데 동물까지도 소유하고 있는 이 영혼은 사유에 의하여 비로소 정신이 된다. 그리고 철학은 이 정신과 그 내용의 의식이기는 하나 또 정신을 동물과 구별하여 가지고, 종교를 가질 수 있게 하는 정신 그 자체의 본질 형태와 방법을 위한 의식에 불과한 것이다. 심정의 일점(一點)으로만 집중하여 가는 구부러진 종교심은 그 회오(悔悟)와 고뇌로써 갱생의 본질적 계기를 삼지 않을 수 없으리라. 그러나 이러한 종교심도 동시에 정신의 심정에 깊은 관계가 있다는 것, 정신은 심정의 힘을 조종하며 심정의 힘은 정신 자신이 갱생하는 한에서만 존재할 수 있다는 것을 잊지 말아야 한다. 정신은 본래 아무 것도 모르는 사람이나 또는 무리가 아닌 과오를 범한 사람에게서도 교육을 통해 갱생하며, 또 정신 그 자체의 증언에 의하여 결과되는 객관적 진리 내용에 대한 신앙을 통하여서도 갱생한다. 정신의 이러한 재생은 다름 아니라 바로 심정이 일면적인 오성의 암야(暗夜)에서 갱생함을 의미하는 것인바, 심정은 이러한 따위의 오성에 편승하여 유한이 무한과 다르다든가, 또 철학은 다신론이나 그렇지 않으면 범신론이나 간에 하나라든가, 기타 그러한 아랑곳을 하였던 것이다. 따라서 이 갱생은 겸허한 신앙심이 철학이나 이론적 인식을 덮어놓고 배척하는 그러한 가련한 견식에서 갱생함을 의미하는 것이다. 종교심이 만일 하등의 외연(外延)도 없고 따라서 넋이 빠진 감정에만 고착한다면, 그것은 당연히 종교심의 이러한 고루한 형식과 철학적 교설에서 보는 바와 같이, 종교적 교설의 정신적 확장과의 대립갈등 밖에 보지 못한 것이다.

그러나 생각하는 정신은 순진무구한 종교심만 만족시키는 데에 그치는 것이 아니다. 도리어 이러한 종교심 그 자체의 입장도 반성과 숙고에서 나오는 한 결과에 불과한 것이다. 그런데 바로 이 입장이 천박한 오성의 도움을 받고, 이처럼 모든 교설에 대하여 그러한 고답적인 오불관언(吾不關焉)의 태도를 취하며, 또 그 자신 사상을 철학에 대한 반박수단으로 사용하면서, 몽롱하고 내용 없고 말초적인 추상적 감정 상태를 굳게 고집하고 있는 것이다. 나는 프란츠 폰 바델씨가 이러한 형태의 신앙심에 대하여 훈계한 말의 요령을 인용하지 않을 수 없다.

그는 말한다. 종교나 종교의 교설이 다시 자유스런 학적(學的) 연구와 따라서 참다운 학적 확신에 입각한 존경을 받지 못한다면, 신앙심이 돈독하든지 않든지 간에 또 어떠한 고압수단을 사용하며, 또 여하한 말과 행동을 하든지 간에 도저히 악을 제거할 수는 없을 것이며, 또 존경을 받지 못하는 이 종교는 필연코 애호도 받지 못할 것이다. 왜냐하면 사람은 진심으로 존경할 만하게 보이는 것, 또 아주 존중할 만하다고 확실히 인식되는 것이라야 비로소 진정과 성심을 다하여 애호할 수 있기 때문이다. 따라서 종교도 이와 같이 숭고한 사랑에 의해서 비로소 신앙되는 것이다. 다시 말하면, 만일 제군이 종교적 실천의 부흥을 바란다면, 제군은 종교의 이성적인 이론에 다시 돌아가서, 이러한 이성적인 종교이론은 생각조차 할 수 없는 불가능사라거나, 혹은 종교는 오직 심정의 사실이니까, 여기서는 결국 두뇌를 사용할 필요도 없고 또 사용하여서는 안 된다거나, 하여간 이성적도 아니요 또 신성(神聖)을 모독까지 하는 그러한 주장을 하는 제군의 적(敵), 즉 무신론자(無神論者)에게 촌토(寸土)라도 양보하지 않도록 유의하여야 한다.

종교 내용의 빈궁에 관하여 또 한 가지 주의하여야 할 것은, 이 내용의 빈궁이라는 것이 한 특수한 시대 종교의 외적 상태에 나타나는 현상에 불과하다는 점이다. 예를 들면 숭고한 야코브가 경험한 바처럼, 다만 신(神)에 대한 신앙심을 환기시키는 것이 문제였고, 그 외에 또 문제가 있다면 다만 순수한 기독교적 정서를 각성시킬 것만이 문제인 시대가 있었다. 이러한 시대의 종교에 대하여서는 사실 내용이 빈궁하다는 비난을 할 수도 있으리라. 말하는 바와 같이 가령 그 내용이 빈궁하다더라도, 거기서 보다 더 높은 원리가 나타나고 있는 사실을 잊어서는 안 된다('논리학' 서론 제64절 주 91면 이하 참조). 그러나 학문 앞에는 수세기 내지 수십 세기에 걸친 인식 활동이 이룩한 풍부한 내용이 가로놓여 있다. 여기에 가로놓여 있는 이 풍부한 내용은 다만 다른 사람들만이 소유하였고, 우리에게는 과거의 역사적인 그 무엇으로 있는 것이 아니다. 이것이 만일 기억내용의 탐사나 설화 비판의 일거리에 불과한 것이라면, 결코 정신의 인식이나 진리의 관심의 대상은 못됐을 것이다. 가장 숭고하고 가장 심원하고 또 가장 내면적인 진실이 철학이나 종교나 예술 작품에 나타나되 언제나 순수하고 분명한 형태로 나타나는 게 아니라, 때로는 순수치 않고 분명치 않은 형태로 나타나기도 하며, 또 매우 기겁할 형태로 나타나는 경우도 자주 있다. 그런데 프란츠 폰 바델 씨가 이러한 여러 형태를 다만 유의하였을 뿐만 아니라, 이러한 여러 형태 속에서 철학적인 이념을 발명하고 보유하여 가지고, 깊은 사변적 정신으로써 그 내용에 뚜렷한 학문적 면목을 가한 것은 참으로 그의 특기할 공적으로 보지 않을 수 없다. 바델 씨가 이런 공적을 내게 된 것은 무엇보다도 야코브 뵈메의 깊은 사색이 그 기연과 기틀을 제공했기 때문이었다.

이 거대한 정신에 '투톤의 철인'이라는 명칭이 붙게 된 것은 당연한 일이다. 뵈메는 한편으로는 인간의 정신이나 기타 만물이 물론 삼위일체에 불과한 신의 형상에 준하여 창조되었고, 또 이 원형상의 상실에서 복구하는 것만이 오직 생(生)이라 하여 이것을 토대로 삼아서, 종교의 내용을 보편적인 이념에까지 확대시켜, 이성의 최고 문제가 이 이념에 있는 것을 이해하고, 또 정신과 자연의 특정한 분야와 형태를 바로 이 이념 중에서 탐구하려고 노력했고, 또 다른 한편으로는 그와 반대로 유황·초석·산(酸)·고(苦) 등 자연물의 여러 형식을 무리하게 정신의 형식과 사상의 형식으로 사용하였다. 바델 씨의 신지(神智)는 이러한 형태의 사상과 그 궤(軌)를 같이하면서, 또 철학적 관심을 환기하고 진흥시키는 독특한 방법을 가지고 건조무미하며, 아무 내용도 없는 계몽정신에의 안주, 완고한 신앙심만의 고집 등을 맹렬히 반대한다. 그러나 바델 씨가 이 신지(神智)의 방법을 인식의 유일무이한 방법이라고 생각하고 있지 않은 사실은 그의 모든 저술이 명시하고 있다. 이 신지적(神智的) 방법 그 자체는 그의 형이상학을 범주 그 자체의 연구와 내용의 방법적 전개에까지 끌고 가기에 부적당한 점이 있다. 바델 씨는 개념이 그러한 소박하고도 의미심장한 사상형태를 다루기에 부적당함을 개탄하여, 애당초에 절대의 내용을 무조건 전제하고 그런 다음에 이 전제에 서서 설명 · 추리 · 반박한다.

고대와 현대의 신지적(神智的) 내지 신비적 철학이나 종교 내지 신화 중에는 순수하거나 혼탁하거나간에, 많은 그리고 너무나 많은 진리형태가 있다고 우리는 말할 수 있다. 그러므로 우리는 이와 같이 많은 진리형태 중에서 이념을 발견하기를 기쁨으로 생각하고, 또 철학적 진리가 은적(隱寂)한 가운데 고독하게 있는 그 무엇이 아니라, 도리어 그와 같이 많은 진리형태 중에서 발효하고 있는 힘이라는 사실에 만족을 얻을 수 있다.

그러나 이 발효의 부산물만 가지고 이러니저러니 떠드는 암우(暗愚)하고 무능한 자는, 학문적 생각에 태만하거나 무능하기 때문에 그 따위 신지(神智)를 유일무이한 인식방법이라고 받들어 모시기 쉬운 것이다. 왜냐하면 이러한 부산물을 가지고 이러니저러니 떠들거나 또 이러한 부산물에 독단적 명제를 붙이기는, 개념을 전개하고 자기의 사상과 정의(情意)를 이 개념 전개의 논리적 필연성에 종속시키기보다 용이하기 때문이다. 그뿐만 아니라 이 어리석은 사람들은 타인에게서 배워 얻은 풍월로써 자기의 발견이라 하기 쉽고, 또 타인을 공격하거나 천시할 때에는 더욱 그렇게 믿기 쉽다. 그러나 사실은 자기의 견식(見識)이란 것이 본래 타인에게서 성취하여 온 것에 불과하므로 도리어 더욱 타인의 반감을 사게 된다.

우리가 이 서문 중에서 회고한 이 시대 현상 중에, 가령 기형적이기는 하나 사유의 충동이 나타나 있는 것을 보더라도, 지금까지 신비로 계시되었으나 그 계시 형태가 너무나 순수하고, 또 그보다도 더 너무나 혼미하여 형식적인 사상이 근접할 수 없는 비역(秘域)에 묻혀 있는 것을 사유 자체에도 계시시키는 것이, 최고도의 정신에까지 계발된 사상 자체나 그 시대를 위하여 절대로 필요하며, 또 오직 그리하는 데에 우리 학문의 면목이 서는 것이다. 따라서 사유는 동시에 비역에 묻혀 있는 이 내용에 가장 합당한 형태인 개념의 형태, 즉 내용이나 사상이나를 물론하고 모든 것을 결합시키며, 또 바로 이와 같이 결합시킴으로써 그 내용을 살려내는 필연성의 형태를 부여할 줄 아는 한에서만, 그 자체의 절대자유권을 가지고 이 내용과의 화해를 굳게 주장할 수 있는 것이다. 낡은 것, 다시 말하면 낡은 형태 ― 왜 내용이 아니라 형태라고 하느냐 하면, 내용 그 자체는 영원히 낡을 줄 모르는 청춘이기 때문이다 ― 가 재생한다는 것이 사실이라면, 따라서 이념에 대하여 플라톤이 부여하고 또 아리스토텔레스가 그보다 더 적절하게 부여한 형태야말로 무한히 재생할 가치가 있는 것이다. 왜냐하면 우리가 이 이념 형태를 우리의 사상구성 중에 점유하여 가지고, 이것을 백일하에 분명히 내놓는다는 것은 직접 그 자체의 이해일 뿐만 아니라 또한 학문 그 자체의 진보를 의미하는 것이기 때문이다. 그러나 이러한 이념 형태를 이해하기는 신지학파(神智學派)나 유태비교파(猶太秘敎派)의 망상과 같은 천박한 두뇌로는 불가능한 일이요, 더구나 그들이 이 이념 형태를 발전시키는 그들에게 이념의 맛을 보여주거나 냄새를 풍겨 주기보다도 더 불가능한 일이다.

진실이 진실 자체와 허위를 구별하는 표준이 된다는 말은 옳으나, 허위에서 진실을 이해하기가 불가능하듯이, 개념은 개념자체와 개념을 갖지 않은 형태와의 이해이기는 하나, 그러나 개념을 갖지 않은 형태는 그 자체의 내적 본성을 가지고 개념을 이해하지는 못하는 것이다. 학문은 감정과 신앙을 이해한다. 그러나 학문은 그 자체가 입각한 토대인 개념에 의하여서만 평가된다. 그리고 학문은 개념의 자기발전이기 때문에, 학문에 대한 개념적 평가는 학문에 관한 판단이라기보다 차라리 학문과 같이 전진함을 의미하는 것이다. 나는 오직 이러한 판단만을 존중하고, 또 안중에 두기 때문에 여기서도 이러한 판단을 연구하고자 한다.

1827년 5월 25일 베를린에서

제 3 판 서 문

이 제3판에서는 여기저기 많은 개필(改筆)을 더하였고, 그 중에도 표현의 명확을 기하기에 주력하였다.

그러나 간결한 교과서로 사용할 목적에서 부득이 형식적이고 추상적인 문체를 습용(襲用)하지 않을 수 없었다. 그러므로 본서는 여전히 그 본성을 보유하였고 필요한 설명은 모두 구술강의로 미루었다.

제2판 이래 나의 철학에 대한 많은 비판이 나왔다. 그러나 그 대부분은 남의 학문내용을 비판할 자격이 없는 것을 표시하고 있다. 다년의 연구 탁마(琢磨)와 고심 끝에 또 연구대상에 대한 만강(滿腔)의 성의와 뜨거운 학문적 의욕으로써 완성된 저서에 대하여 그처럼 경솔한 논란을 함부로 하는 자에게는, 고만(高慢)과 우미(愚味)와 질투와 조소 등 온갖 추악한 감정만 있어 불쾌할 뿐이지 조금도 배울 점이 없다. 키에르케고르는 말하기를 '철학은 극소수의 비판자만 있어도 그로써 충분히 만족한다. 철학은 일부러 많은 사람을 피한다. 그 대신 많은 사람은 철학을 싫어하고 또 어쭙잖은 것으로 본다. 그러므로 만일 누가 철학이라는 이름이 붙은 모든 것에 대하여 욕설만 하고 있으면, 그는 틀림없이 많은 사람의 지지를 받을 수 있을 것이다'(Jusculanae Quationaes LⅡ)라고 하였다. 철학에 대한 욕설은 무식과 경솔에서 나온 것일수록 더욱 인기를 끄는 법이다. 철학에 대한 이러한 욕설이 사소한 반감에서 나온 것이라는 것은, 이 반감이 다른 사람에게 주는 반향에서 잘 알 수 있거니와 이 반감은 대개 무지와 몰이해에서 나오는 것이다. 철학 이외의 다른 학문에 있어서는 연구대상이 감각에 들어오거나, 그렇지 않으면 표상화하기 전에 먼저 여러 가지로 직관된다. 그러므로 이 대상에 대해서 무어라고 발언하려면 그 대상에 관해서 적으나마 약간의 지식이 필요한 것이다. 그리고 우리는 이 대상을 늘 목도(目睹)하여 잘 알고 있기 때문에 또 손쉽게 상식에 의하여 판단할 수도 있다.

그러나 철학에는 이러한 모든 편의가 없기 때문에 사람들은 덮어놓고 철학을 비난하며, 또 심하면 철학을 모르는 사람들이 지어낸 말에 불과한 아무 내용 없는 공상이라고까지 비난한다. 사실 철학을 모르는 사람들은 어디로 향하여 나갈지 방향을 모르기 때문에, 애매(曖昧)와 공허와 또 따라서 무의미 중에서 갈팡질팡하게 된다. 여기서가 아니지만 나는 감정과 무지의 소산인 이와 같은 약간의 현상의 정체를 폭로하는 불유쾌하고 무용한 일을 한일이 있다.

최근에 이르러 신학(神學) 내지 종교의 지반에서까지 신과 신적 사물과 이성에 관한 열성적인 연구가 종전보다도 광범한 범위에 걸쳐 학문적으로 촉진되어 가고 있는 듯한 감이 있다. 그러나 이 운동은 최초부터 바로 그러한 희망을 가지고 일어난 것이 아니었다. 왜냐하면 이 운동이 일어나게 된 기연(機緣)은 인신공격에서 시작하였을 뿐이고 공격하는 경건한 종교 측의 주장이나, 또 공격받는 자유스런 이성 측의 주장이나 모두 문제의 소재를 몰랐으며, 더구나 문제를 해명하려면 철학의 지반에 서야 한다는 사실을 전혀 의식하지 못하였기 때문이다. 그래서 이 인신공격은 주로 종교상의 극히 사소한 외적형식을 근거로 삼아 가지고 일어났기 때문에, 결과에 있어서 개개인의 기독교적 정신을 자기 자신의 오만한 고집으로써 논란하고, 또 따라서 그들에게 현세의 영원한 죄인이라는 각인을 찍으려는 굉장한 오만을 나타내고 있다. 단테는 〈신곡〉에 도취하여서 페드로의 열쇠를 손에 뺏어 들고 이미 고인에 속하는 허다한 동시대인, 예를 들면 심지어 법황(法皇)이나 황제에게까지 지옥으로 보내는 형벌을 선고하였다. 근대철학은 인간적인 개인을 신화(神化)하였다고 오욕적인 비난을 하는 사람이 있거니와 이 비난은 적(的)을 잃은 비난이다. 그러나 이 정도의 비난에 비한다면 세계 심판자로 자처하며, 기독교 신자로서의 개인의 권리를 박탈하며, 또 따라서 그들에게 골수에 사무치는 형벌을 선언하는 비난이야말로 전자와 성질이 아주 다른 진정한 오만이다. 이 오만한 고집의 표어는 '주 예수의 이름'이요, 주가 이 심판자의 심중에 살아 계신다는 독단이다. 예수 말씀에 '이런 고로 그 맺힌 열매로 저희를 아나니라'(마태복음 제7장 제20절) 하였거니와, 그러나 남에게 무실(無實)한 죄를 선고하고 영원한 벌을 내리는 굉장한 오만은 결코 좋은 열매가 아니다. 예수께서 계속하여 말씀하되, '나더러 주여주여 하는 자마다 천국에 다 들어갈 것이 아니요, 다만 하늘에 계신 내 아버지의 뜻대로 행하는 자라야 들어가리라. 그날에 여러 사람들이 나더러 이르되, 주여주여 우리가 주의 이름으로 선지자 노릇하며, 주의 이름으로 사귀(邪鬼)를 쫓으며, 주의 이름으로 여러 가지 능한 일을 행치 아니하였나이까 하리니, 그때에 내가 저희더러 밝히 말하되, 내가 너희를 도무지 알지 못하니, 불법한 일하는 자들아 내게서 떠나가라' 했다.

기독교 정신의 소유자는 오직 자기만이라고 독단하고 다른 사람에게 자기를 그와 같이 믿어 달라고 요구하는 자들은 악귀를 쫓지도 못하였을 뿐더러 거의 모두 프레볼스트 여예언자의 신도처럼 요정군(妖精群)과 내통하거나 그 앞에 돈수예배(頓首禮拜)하기가 일쑤였고, 도리어 기독교에 어그러지는 이 따위 미신의 허상을 구축하지 못하였다. 그들은 또 지혜 있는 말을 할 능력도 없으며, 또 그들의 사명이요 의무인 인식과 학문의 대업을 성취할 능력이라고는 전혀 없는 것이 명백하다. 박학다식이 곧 학문 그 자체가 되는 것은 아니다. 그들은 신앙의 본질에 아무 관계없는 여러 가지 외형적 사물에 관해서는 광범한 연구에 몰두하면서, 그와 반대로 아니 그만치 노골적으로 신앙의 본질과 내용에 대하여는, 주 예수의 이름으로 이것을 고의로 무시하고, 또 따라서 기독교회의 신앙의 토대인 교설(教說)의 발전 전개를 무시한다. 왜냐하면 이 교설을 정신적으로 또 철저한 사유에 의하여 학문적으로 전개하게 되면, 기독교적 정신의 소유자는 자기들뿐이고 또 자기들 이외는 없다고 주장은 하나, 그러나 오직 악한 열매는 많고 선한 열매가 없는, 무지우미(無知愚迷)한 독단에서 제멋대로 자화자찬하는 그 고만(高慢)이 방해될 뿐만 아니라 금지되고 근절되겠기 때문이다. 이 정신적인 전개가 단순한 신앙과 다르기는, 후자가 전자에 의해 비로소 진리가 되는 점에 있거니와, 이 사상은 성경 중에도 아주 명확하게 의식되어 있다. '사람이 나를 믿으면 성경에 이름과 같이 그 배에서 생수(生水)가 강같이 흐르리라'(요한복음 제7장 제38절). 이 말은 곧 그 다음 제39절에 가서 설명 규정되어 있는데, 이에 의하면 그렇지만 그것은 시간적 육체적인 현재의 '크리스트'라는 인물을 믿는다고 그렇게 되는 게 아니며 이 신앙은 아직 진리 그 자체가 아니라고 한다.

또 그 다음 제39절에서는 이 믿음이 이렇게 규정되어 있다. '이는 믿는 사람의 받을 성신(聖神)을 말씀하신 것이나, 이 때에 성신이 내리지 아니하심은 예수 아직 영광을 얻지 못하심이리라.' — 여기서 아직 영광을 얻지 못한 크리스트의 형태라고 한 것은, 당시 시간 중에 육신을 가지고 생존하고 있던 크리스트라는 인물이 있거나, 그렇지 않으면 같은 내용이지만 크리스트의 사후(死後)에, 그와 같이 표상된 인물 즉 신앙의 직접대상이었던 인물을 말하는 것이다. 크리스트는 그의 제자들 앞에 이러한 현신으로 나타나서, 자기의 영원한 본성과 사명이 신과 자기를 이해시키고, 또 구원의 절차와 도덕의 교설을 계시하는 신과 인간과를 화해시키는 데에 있는 것을 입으로 말하였고, 또 크리스트에 대한 제자들의 신앙도 다 그러한 내용을 가지고 있는 것이다. 그럼에도 불구하고, 크리스트는 확신성에 있어서 하등의 부족도 없는 이 신앙을, 오직 단서(端緒)와 기초, 아직 완성의 땅에 이르지 못한 신앙 밖에 안 된다고 말한다. 따라서 이 신앙 그 자체가 성신을 가지고 있는 게 아니라, 도리어 이 신앙이 있어야 비로소 성신을, 즉 진리 그 자체인 성신을, 이 신앙이 있은 연후에 있는 성신을, 모든 진리에 통하는 성신을 받아들이는 것이라고 한다. 그런데 저들은 성신을 받는 조건 밖에 안 되는 이 신앙만을 고집한다. 그러나 이 신앙 그 자체는 오직 주관적인 것에 불과하고, 또 거기서는 오직 주관적 형식적인 독선의 열매밖에 안 열리며, 또 그렇기 때문에 거기서 바로 곧 고만(高慢)과 중상(中傷)과 단죄가 나오는 것이다. 저들은 성경 말씀을 어기고 오직 주관적 확신만 고집하면서 인식의 전개인 성신을 거부하나, 그러나 이 성신이 바로 진리인 것이다.

이 독선적인 신앙자에게는 그와 같이 학문적 실질이나 일반 정신적 실질이 없는 바, 이 점은 독선적인 신앙자의 고발과 단죄를 받는 직접 상대자 편도 마찬가지다. 독선적인 신앙자는 신앙을 '주여! 주여!'라는 표어와 동일시하면서, 또 천박한 이성자(理性者)는 무내용한 형식적 · 추상적 사유를 고집하면서, 다 같이 종교에서 모든 내용을 제외하여 버렸다. 이 점에서 양 자는 더하고 덜한 것이 없다. 그러면서 그들은 서로 물고 뜯지만, 사실은 서로 물고 뜯을 아무 건더기도 없고 또 흑백을 가릴 아무 공통점도 없으며, 연구 내지 인식과 진리에 도달할 아무 가망도 없다.

즉 계몽신학은 말하자면 양심의 자유, 사상의 자유, 교수(敎授)의 자유, 아니 이성과 학문까지 방패로 삼아 그 형식주의를 고집하고 있다. 이러한 자유는 두말할 것 없이 정신의 무한권(無限權)의 범주로서 저 신앙이 진리의 첫째 조건임에 대하여 진리의 또한 특수조건이 되는 것이다. 그러나 참답고 자유스런 양심이란 대체 어떠한 이성적 규정과 법칙을 가지고 있는가, 또 자유스런 신앙과 사상이란 대체 어떠한 내용과 교설을 가지고 있는가. 그들은 이러한 실질적인 점에 근접하기를 꺼리면서, 소극적인 형식주의와 자유를 제멋대로 만족시키는 자유와를 고집하였기 때문에, 내용 그 자체는 있어도 그만, 없어도 그만이었다. 그리고 그들이 이 내용에 근접하지 못한 또 한 가지 이유는 무어냐 하면, 기독교단은 당연히 한 교의와 신조를 밧줄삼아서 뭉쳐져야 했고, 또 언제든지 그러하지 않을 수 없는데, 그와 반대로 부패하고 변질한 이성론적 오성의 추상적 보편은 명확하게 형성된 기독교의 내용과 교의가 갖고 있는 특수적인 것을 용인하지 않기 때문이다. 그런데 전자는 '주여! 주여!'만 부르면서 신앙을 성신 · 실질 · 진리에까지 완성시키기를 서슴지 않고 공연히 기피한다. 그래서 고만(高慢) · 증오(憎惡) · 인신공격 내지 무내용한 보편론이나, 다 같이 한때 많은 파문을 일으키면서 싸웠지만 결국 아무 소득 없이 진정되고 말았다. 그들은 문제의 핵심을 이해하지 못하였고, 실질과 인식에 통하지 못하였다 ― 철학은 이러한 승부에서 제외된 것을 만족으로 생각한다. 철학은 그러한 인신공격이나 추상적 보편에 공동하는 불손이나 교만의 경외(境外)에 있었거니와, 만일 그러한 경지에 끌려 들어갔더라면 아마 불쾌하고 유해한 짓 밖에 하지 못하였을 것이다.

심오하고 풍부한 실질은 인간의 본성이 가진바, 가장 위대하고 가장 무제한한 관심 밖으로 영락(零落)하여 가고, 종교심은 독선적인 것이나 반성적인 것이나 간에 모두 내용 없이 최고 만족을 발견하기에 급급하고 있는 반면에, 철학은 우연적이고 주관적인 요구가 되어 있다. 독선적인 종교심이나 만성적인 종교성이나 간에 거기에는 앞에 말한 무제한한 관심이 있기는 있다. 그러나 이 관심은 철학이 없어도 만족할 수 있다는 그릇된 소견에서 나온 것이다. 아니, 그들은 철학을 무용물시(無用物視)할 뿐만 아니라 심지어 이 신판(新版) 만족과 목전에 가까이 닥쳐온 만족을 얻는 데에 방해까지 된다고 마치 당연한 것처럼 말한다. 따라서 철학을 연구하든지 말든지 그것은 전혀 주관의 자유 요구라 하며 여하간에 철학연구의 필요를 무시한다.

　그러므로 철학에 대한 요구가 나오게 되면, 그것은 갖은 중상 및 방해에 단호히 대항하여 나가지 않으면 안 된다. 철학에 대한 요구는 오직 주관 이상의 강한 내적 필연성으로서만 존재하며, 이 요구가 한 번 나오면 끊임없이 주관의 정신을 재촉하여, 이 요구를 극복시키고 이성의 열망에 만족할 만한 낙을 주는 것이다. 그리하여 이 학문의 연구는 종교적 권세는 물론, 무릇 여하한 종류의 권세도 불고(不顧)하고 도리어 무용물(無用物)·위험물 심지어 끔찍스런 사치라는 말까지 들으면서 그만큼 자유로 문제의 본질과 진리에 전심할 뿐이다. 아리스토텔레스가 말한 바와 같이, 만일 이론이 복(福) 중의 대복이고 또 선(善) 중의 최선이라면, 따라서 이 복과 선이 가져오는 낙(樂), 즉 본성상 정신적 열망의 만족에 참여하는 자가 반드시 이 만족에 참여하기를 굳이 타인에게 강요하지도 않을 것이며, 또 타인이 무엇을 요구하고 또 이 요구에서 어떠한 만족을 발견하든지 상관치 않는 법이다. 철학이라는 향연에 주책없이 몰려드는 불청객들은 전에도 말한 바 있거니와, 이 자리에 참여할 자격이 없는 사람일 수록 더욱 큰소리 치고 떠드는 반면에, 신중하고 조심스런 사람일 수록 침착하고 아무 말이 없다. 자만심만 강한 천학박식(淺學薄識)들은 앉은 자리에서 조급한 결론을 지어 가지고 사뭇 다른 사람의 말을 가로막기가 일쑤다. 그러나 그 반면에 엄숙한 열성자들은 오직 장구하고 다난한 노력에 의하여야만 완전한 전개에 도달할 수 있는 일대 문제에 오래 두고 침잠(沈潛)하며 묵묵히 연구에 몰두한다.

　이상과 같은 방침 하에서 철학을 연구하기를 용이케 하지 못한 이 강요적(綱要的)인 입문서의 제2판이, 나온 지 불과 기년(幾年)에 다 팔렸다는 것은 공연히 소리만 높은 시대 풍조의 허장성세(虛張聲勢)에도 불구하고, 그 반면에 침착한, 그러나 보람 있는 연구가 대두하고 있다는 사실을 말하는 것으로 나는 만족하거니와, 지금 이 신판에서도 또 그렇기를 기대한다.

1830년 9월 19일 베를린에서

서 론

l

철학 이외의 다른 학문에는 그 대상을 직접 표상(表象)에 주어진 것으로 전제하고, 또 인식의 개시와 진행의 방법을 기인(旣認)된 것으로 전제할 수 있는 편의가 있으나 철학에는 이것이 없다. 더구나 철학의 대상은 첫째 종교의 대상과 동일한 것이다. 철학이나 종교나 다 같이 진리를 그 대상으로 삼되, 신(神)이 진리, 그리고 오직 신만이 진리라는 최고의 의미에서 진리를 대상으로 삼는다. 철학과 종교는 그리고 나서 다시 유한자의 영역, 즉 자연과 인간정신, 그리고 그 상호관계와 또 이 양 자의 진리인 신과의 관계를 다룬다.

그러므로 철학은 물론 그 대상을 안다고 전제할 수 있으며, 또 언제나 이 대상에 대한 그러한 관심을 당연히 전제하는 것이다. 왜냐하면 의식이라는 것은 시간적으로 보면 대상의 개념을 만들기 전에, 먼저 대상의 표상을 만드는 것이며, 또 제 아무리 사유하는 정신이라도 표상을 통하지 않거나 표상의 힘을 빌지 않고서는 사유적인 인식과 이해를 계속하지 못하기 때문이다.

그러나 사유적 고찰 그 자체가 고찰 내용의 필연성을 명시하고, 그 대상의 존재는 물론, 그 규정까지도 증명하여야 할 필요를 가지고 있다는 것은,

사물을 사상적으로 고찰할 때에 곧 분명하여진다. 그러므로 앞에 철학은 그 대상을 안다고 전제할 수 없다고 말하였지만, 그러나 대상을 그렇게 아는 것만으로는 불충분한 것이 명백하며, 또 자기 스스로 전제와 주장을 세우거나 또는 남이 세운 전제와 주장을 승인하거나 하는 것이 부당한 것도 역시 명백하다. 그러나 그와 동시에 단서는 직접적인 것이므로 한 전제를 세우거나 그렇지 않으면 도리어 단서 자체가 한 전제가 되거나 하는 것이기 때문에 따라서 단서를 붙잡기가 곤란하여진다.

2

첫째 철학은 일반적으로 대상에 관한 사유적 고찰이라고 규정될 수 있다. 인간이 사유에 의하여 동물과 구별된다는 말은 물론 옳다. 그러나 만일 이 말이 옳다면 따라서 모든 인간은 사유를 획득할 때에 인간다운 인간이 되고, 또 오직 그때에 한하여 인간다운 인간이 되는 것이다.

그런데 철학은 사유의 한 독특한 방법, 즉 사유를 인식, 그리고 개념적 인식이 되게 하는 한 가지 방법이기 때문에, 철학적 사유는 모든 인간 중에서 작용하고 있는 사유, 아니 인간적인 인간이 인간성을 실현시키는 사유와 아무리 동일하고, 또 그 자체에 있어서 아무리 동일한 사유에 불과하다 하더라도 또한 차별성을 가지는 것이다.

사유에 의하여 확립된 인간적인 인간의 의식내용이 맨 처음에 사상의 형식으로 나타나지 아니하고, 도리어 감정·직관·표상으로, 즉 형식으로서의 사유와는 다른 형식으로 나타나게 되는 것은 바로 이 차별성에 관련되어 있는 것이다.

인간이 사유에 의하여 동물과 구별된다는 말은 진부한 선입견이요 상투어다. 이 말은 과연 상투어로 들릴 수도 있으리라. 그러나 이러한 케케묵은 신앙도 상기할 필요가 있다고 말하면 물론 또 기이하게 들릴 것이다.

그런데 감정과 사유를 분리하여 서로 적대하도록 대립시키고, 감정, 그 중에도 종교적인 감정을 사유에 의하여 손상하고 왜곡하고 심지어 무시하여, 본래 사유 중에는 종교와 종교심의 뿌리도 없고 용납할 장소도 없다고 하는 최근의 편견을 볼 때, 인간은 사유에 의하여 동물과 구별된다는 상투어를 제기할 필요가 있다. 감정과 사유를 그와 같이 분리할 때, 사람들은 오직 인간에게만 종교 능력이 있고 동물에게는 종교가 없을 뿐 아니라 또 도덕이나 법률도 없다는 것을 모르고 있다.

종교를 사유로부터 그와 같이 분리하기를 주장하는 사람들은, 흔히 반성(Nachdenken)이라고 부를 수 있는 사유, 즉 사상 그 자체가 내용이 되어있고, 사상 그 자체를 의식하고 있는 반사적 사유를 염두에 두고 있다. 사유를 철학이 규정지어 밝혀 주는 차별상에서 볼 줄 모르고, 또 보려고도 하지 않는 무관심한 태도에서 철학에 대한 쌍스런 견해와 비난이 나온다.

오직 인간에게만 종교 · 법률 및 도덕이 있고, 또 오직 인간만이 사유하는 동물이기 때문에, 따라서 종교적인 것, 법률적인 것 및 도덕적인 것은, 그것이 감정 및 신앙이거나 그렇지 않으면 표상이거나간에 모두 사유 작용을 받지 않는 것이 없다. 즉 사유 작용이거나 사유 작용의 산물이거나 모두 사유 속에 있고 사유 속에 포함되는 것이다.

그러나 사유에 의하여 규정되고 침투된 감정 및 표상을 갖는 것이 감정 및 표상에 관한 사상을 갖는 것과는 다르다. 반성에 의하여 또 이러한 의식의 여러 형태에 관하여 산출된 사상이 바로 반성 · 추이 기타 철학이라고까지 이해되는 것이다. 그런데 여기서 이 반성을 우리가 영원한 것과 참다운 것의 표상과 확신에 도달할 수 있는 조건 내지 유일한 길이라는 주장이 나오고, 또 아직도 이런 오해가 자주 성행하고 있다.

예를 들면 지금은 상당한 과거가 되었지만 신(神) 존재의 형이상학적 증명이 바로 그것이다. 이 논자(論者)들은 자기의 학식과 확신에 의하여서만 신

㉠ 존재의 신앙과 확신이 본질적으로 확립될 수 있거나 또는 있는 것같이 주장한다. 이 따위 주장은 마치 우리가 식물의 화학적 · 식물학적 또는 동물학적 여러 규정에 관한 지식을 획득하기 전에는 먹을 수 없고, 또 해부학과 생리학의 연구가 완성될 때까지 소화를 기다려야 된다는 따위의 주장과 조금도 다름이 없다. 만일 논자의 말대로가 사실이라면 그러한 모든 학문은 그 학문들의 영역에서, 또 철학은 철학의 영역에서, 과연 매우 유용할 것이요 아니, 그 유용성은 절대적이고 보편적인 필요불가결성에까지 증대할 것이다. 그러나 그렇게 된다면 그러한 학문은 모두 필요불가결하기는커녕 도리어 존재하지도 못하게 될 것이다.

3

감정 · 직관 · 심상(心象) · 표상 · 목적 · 의무 등과 사상 및 개념 등은 우리의 의식을 채우고 있는 내용, 가령 이 내용이 여하한 종류의 내용이든지간에, 이 내용에 의하여 규정된다. 감정 · 직관 · 심상 등은 그러한 면에서 보면 감수되든지, 직관되든지, 표상되든지, 의욕(意慾)되든지, 또는 오직 감수(感受)만 되든지 그렇지 않으면 사상과 섞여서 감수되든지 직관되든지 기타 여하튼지 또는 순전히 사유만 되든지, 역시 의연히 동일한 내용의 형식이다. 내용은 이러한 여러 가지 형식 중의 한 형식을 취하든지, 또는 여러 가지 형식이 혼합한 형식을 취하든지 여하 간에 의식의 대상이다. 그러나 이 대상성에 있어서는 내용도 또한 이러한 모든 형식의 규정을 받는다. 그러므로 이 형식 여하에 따라서 특수한 한 대상이 나오는 것같이 보이고, 또 본래 동일한 것이면서 다른 내용같이 보이게 되는 것이다.

감정 · 직관 · 의욕 · 의지 등으로 규정된 것도 그것들이 의식된 한에서는 모두 표상이라고 불려진다. 따라서 일반적으로 철학은 사상 · 범주, 그러나 좀 더 엄밀히 말하면 개념을 표상으로 둘러놓는 것이라고 말할 수 있다. 표상은 대체로 사상과 개념의 비유로 볼 수 있다.

그러나 우리는 표상을 가졌다고 해서 그것만으로 곧 표상의 사유에 대한 의미, 다시 말하면 표상의 사상과 개념을 알았다고 할 수는 없다. 거꾸로 또 사상과 개념을 가졌다는 것과, 어떤 표상·직관·감정이 이 사상과 개념에 대응하는 것인지를 아는 것과는 별개의 사실이다. 사람들이 철학의 난해를 운운하는 일면의 이유가 여기 있다. 그러나 추상적으로 생각하기에, 다시 말하면 추상적인 사상을 꼭 붙잡고, 이 사상 속에서 운동하기에 전혀 익숙하지 못한 무능력에도 철학의 난해를 운운하는 이유의 일부분이 있다.

우리의 일상적인 의식에 있어서는 우리가 잘 아는 감성적 내지 정신적 재료가 부착하여서 이것과 하나가 되어 있고, 재고와 반성과 추리 중에서는 감정·직관·표상 등이 사상과 혼합되어 있다(가령, 이 이파리는 푸르다는 말이 감성적인 내용을 가진 명제면, 여하한 명제에서나 벌써 존재·개별성 등의 범주가 들어 있다). 그러나 사상 그 자체만을 순수하게 대상으로 삼기는 그것과 전혀 다르다.

철학의 난해를 운운하는 또 한 가지 이유는 의식 중에 사상 및 개념으로 들어 있는 것을 표상의 형식으로 보려는 조급성에 있다. 개념을 파악하기는 하였으나 이 개념을 가지고 무엇을 생각하여야 좋을지 모르겠다는 말이 종종 있거니와, 개념을 가지고서는 그 개념 이외의 아무것도 생각하지 말아야 한다. 그러나 그 말의 의미는 이미 익은 기지(旣知)의 표상에 대한 갈망에 있는데, 표상의 형식을 버리라고 한다면 의식은 자기가 종래에 확고한 안주의 땅으로 삼고 있든, 지반을 뺏기는 것같이 생각될 것이다. 의식은 순수한 개념의 세계로 옮아 앉아 자기가 이 세계 중의 어느 곳에 있는지 알지 못한다. — 그러므로 독자나 청중에게 그들이 무엇이나 암기하고 있는 것, 또 그들이 무엇이나 익숙한 것, 그리고 자명한 것을 재미나게 이야기하는, 문사(文士)나 목사나 변사(辯士) 기타의 말은 가장 잘 이해되는 법이다.

4

철학은 첫째, 우리의 일반의식에 관하여서는 철학의 독특한 인식 방법이 필요하다는 것을 증명하여야 되고 또 이러한 필요를 환기해야 한다. 그러나 철학은 종교의 대상, 즉 진리일반에 관하여서는 이것을 자기 힘으로 인식할 능력이 있다는 것을 증명하여야 하며, 종교적 표상과의 차별이 나올 때에는 철학이 종교적 표상과는 다른 자기의 모든 규정을 가지고 있다는 것을 변증하여야 한다.

5

이상에서 말한 철학과 종교와의 차별, 또 이 차별과 관련된 사실이지만, 우리 의식의 참다운 내용은 사상과 개념의 형식 하에 옮겨진다고 해서, 아주 없어지는 게 아니라 의연히 보존되며, 아니 그리하여야 비로소 그 참다운 광채를 나타낸다는 사실의 이해를 돕기 위하여, 또 다른 낡은 견해나, 즉 대상과 사실 내지 감정·직관·의사·표상 등 속에서 참다운 것을 찾아내자면 반성이 필요하다는 견해를 상기할 수 있다. 그런데 반성도 대체로 감정·표상 등을 사상으로 전용하기는 한다.

철학이 연구하는 독특한 형식은 결국 사유다. 그런데 인간은 본래 사유능력을 가지고 있다. 따라서 제3절에서 말한 차별을 무시하고 추상하는 데에서, 지금까지 철학을 난해라고 하는 불평과는 정반대의 현상이 나온다. 즉 별로 철학을 연구하여 본 일도 없는 자들까지도, 그까짓 철학쯤은 벌써 다 알고 있다거나 또는 보통교양 밖에 없으면서 특히 종교적 감정을 방패삼아서, 철학을 연구하거나 평론할 자격이 있다는 그러한 자부심을 가지고 떠드는 사람들이 나올 만큼 철학은 일반에게서 자주 멸시를 받고 있다. 다른 학문에 있어서는 학문에 관한 지식을 가지려면 연구가 있어야 한다는 것, 또 이 지식을 가진 연후라야 비로소 이 학문에 비평을 가할 권리가 있다는 것,

이것은 누구나 다 승인한다.

또 구두의 치수를 맞추기 위한 발과 구두를 만들기 위한 손이 있고, 또 그 손에는 구두를 만들기에 필요한 천성적인 기능이 있다 하더라도, 구두를 만들려면 구두를 만드는 법을 배우고 연습하여야 된다는 것도 누구나 다 승인한다. 그런데 철학에만은 그러한 연구와 학습과 노력이 필요치 않다는 것이다. 이러한 자기류의 견해가 최근에 이르러 직접지(直接知), 즉 직관지에 관한 이론 중에 나타나 있다.

그 반면에 철학은 그 내용이 본래 살아있는 정신의 영역에서 나왔고, 또 거기서 나와서 세계, 즉 의식 외의 세계나 의식 내의 세계가 된, 실질 이외의 아무것도 아니라는 것, 다시 말하면 철학의 내용은 현실이라는 것을 이해하는 것이 또한 중요하다. 우리는 이 내용의 직접 의식을 경험이라고 부른다. 다소라도 정심(正心)을 가지고 세계를 바라보는 사람이라면, 광범한 외적 및 내적 현존재가 당연히 현상 즉 잠시적이고 무의식한 것에 불과한 것과, 그 자신 참으로 현실의 명칭에 해당하는 것과를 구별할 것이다. 철학과 철학 이외의 다른 학문과는 동일한 내용을 의식하는, 오직 그 형식에 있어서만 구별되는 것이기 때문에, 따라서 철학은 현실이나 경험과 반드시 일치하여야 된다. 아니, 철학과 현실과의 일치야말로 적어도 철학의 진리성을 증명하는 외적 시금석으로 볼 수 있고, 또 이 일치의 인식에 의하여 자각이성과 존재이성, 즉 현실과의 융화를 실현하는 것을 이 학문의 최고 궁극목적으로 볼 수 있는 것이다.

이성적인 것은 현실적이고 현실적인 것은 이성적이다.

이상은 나의《법률철학》서문 제19면에 있는 명제다.

이 간단한 명제가 많은 사람에게 심지어 종교는 물론, 철학을 부인할 의

사가 없다는 사람들에게까지, 기이한 감을 주었고 또 반감까지 일으켰다. 그러나 여기서 종교를 들어 말할 필요는 없다. 왜냐하면 신이 세계를 지배한다는 종교의 교설은, 이 명제를 명백하게 표현하고 있기 때문이다. 그러나 이 명제의 철학적 의미를 이해하려면 신이 현실적이라는 것, 그리고 신이 가장 현실적이라는 것, 또 신만이 오직 참으로 현실적이라는 것을 알뿐만 아니라, 또 형식상으로 보아서 모든 현실 존재는 현상이라는 부분과 현실이라는 부분이 있다는 것을 알만한 교양이 미리 있어야 한다. 사람들은 일상생활에 있어서 흔히 우연이나 과실이나 악이나 또는 기타 악에 속하는 것, 내지 보잘것없고 하찮은 것까지도 덮어 놓고 현실이라고 부르고 있다.

그러나 보통일반의 감정도 벌써 우연적인 현존을 그 어세(語勢)를 높여서 현실이라고 보지는 않는다. 우연적인 것은 가능적인 것이 가지고 있는 가치 이상의 가치를 갖지 않은 것, 다시 말하면 사실 있는 그대로이지 그 외의 별 것이 될 수 없는 현존에 불과한 것이다. 그러나 나는 대논리학 중에서 현실을 논구(論究)하였고, 또 이 논구 중에서 현실을 현존성이 있기는 있으나, 그러나 우연적인 것과 구별했을 뿐 아니라, 또 한 걸음 더 나아가서 정유(定有) · 현존 기타 모든 규정과 충분히 구별하여 놓았으므로, 내가 현실에 관해서 말할 때, 내가 어떠한 의미로 이 말을 사용하고 있는가를 독자는 스스로 생각하여 보아야 한다.

'이성적인 것은 현실적이다'라는 이 관념에는 이념이나 이상을 환상에 불과하다고 하며 철학을 이 환상의 체계라고 하거나, 또 그와 반대로 이념이나 이상은 현실성을 갖기에 너무나 고원(高遠)하다거나, 또는 현실성을 획득하기에 너무나 무력하다거나 하는 따위의 관념이 이미 대립하고 있다. 그런데 이와 같이 현실과 이념을 분열시키기를 특히 좋아하는 것이 오성(悟性)이다. 오성은 자기가 추상해낸 환상을 그 무슨 참다운 것으로 알며, 또 이 환상을 자기가 특히 정치적 영역에서 휘두르기 좋아하는 당위로 삼아서, 마치 세계가 아직 있지는 않으나 왜 마땅히 있어야 하는가를 알아주기를 자기에게 기대하고 있는 듯이 자랑한다. 그러나 세계가 마땅히 있어야 할대로 있게 된다면 아니꼬운 이 오성적 당위는 어디로 갈 것인가?

오성이 만일 이 당위를 가지고 일정한 시대와 특수한 범위에 한하여, 비교적 다대한 중요성이 있을지도 모르는, 사소하고 외부적이고 잠시적인 대상·제도·상태 기타 등의 방향으로 전향한다면 물론 그 전향은 정당하리라. 그러나 오성은 이러한 경우에 일반적으로 정당한 규정과 부합하지 않는 허다한 사실을 발견할 것이다. 왜냐하면 누구나 자기의 환경 중에서 모든 것이 마땅히 있어야 할대로 사실 있지 않은 것을 볼만한 견식을 가지고 있기 때문이다. 그런데 사람들은 이따위 견식을 가지고 자기들은 철학적 학문의 관심 하에서 이러한 대상과 이 대상의 당위를 취급한다고 당치 않은 몽상을 한다. 그러나 철학은 오직 이념만을 다루는 바 이념은 결코 오직 당위로만 있고, 현실로는 있지 못할 만큼 무력한 것이 아니다. 따라서 또 철학은 현실을 다루는 바, 앞에 말한 대상·제도·상태·기타 등은 바로 이 현실의 피상적인 외면에 불과한 것이다.

7

반성일반이 비록 단서의 의미에서나마 철학의 원리를 갖게 된 후에, 또 반성이 이 원리를 가지고 신세대 즉 루터의 종교개혁운동 이후 시대에 독립하여 부흥된 후에, 따라서 반성이 초기 희랍철학에서 취한 바와 같은 추상적 태도를 버리는 동시에, 현상계에 무궁무진하게 나타나는 자료에 몰두한 후에, 비로소 철학다운 철학이 경험적 개별의 대해(大海)에서 확고한 척도와 보편을 인식하고, 또 무한하나 무질서한 우연의 퇴적(堆積) 속에서 필연의 법칙을 인식하기에 전력을 경주하며, 따라서 동시에 외적자연 및 내적자연에 관한 자기의 직관과 지각에서, 또 바로 눈앞의 자연, 및 정신 내지 인간의 흉금에서 자기의 내용을 취하여 올 줄 아는 모든 사람에게 나타났다.

경험의 원리는 무한히 중요한 규정, 즉 한 내용을 붙잡아 이것을 참다운 것으로 여기려면, 인간 자신이 거기 있어야 한다는 규정, 좀 더 따져 말하면 인간이 이러한 내용을 자기 자신의 확실성과 통일하고 결합시켜야 한다는 규정을 내포하고 있다. 다만 외적 감관(感官)을 가졌든지 또 그렇지 않으면 심오한 정신, 즉 본질적인 자기의식을 가졌든지 간에 여하간 인간이 거기 있어야 된다. 이 원리가 바로 오늘날 신앙·직접지라고 불리거나 또는 외부와 또 주로 자기 내부에 나타나는 계시라고 불리는 것과 동일한 것이다.

우리는 철학이라고 불리고 있는 이 학문을, 철학이 취하는 출발점에 관한 경험철학이라고 칭한다. 그런데 이 경험과학이 목적하고 산출하는 본질적인 것은 법칙·보편적 명제, 즉 하나의 이론, 다시 말하면 현존재에 관한 사상이다. 이리하여 뉴턴의 물리학이 자연철학이라고 불리고 있는 동시에, 예를 들면 휴고 그로티우스 같은 사람은 모든 국민 상호간의 역사적 일거일동을 비교대조하고, 보편적 원칙에 의한 보통일반의 추리에 입각하여 국제법의 철학이라고 부를 수 있는 일종의 이론을 수립하였다. 영국 인간에 있어서는 철학이라는 명칭이 아직도 일반적으로 이러한 규정을 가지고 있다. 뉴턴은 여전히 위대한 철학자라는 명성을 보유하고 있다. 심지어 기구제작자인 가격표에서까지 자기나 전기의 기구라는 특수한 분야에 들지 않는 기구, 즉 한란계(온도계)·청우계(晴雨計:기압계) 기타 등을 철학적 기구라 부르고 있다. 두말할 것도 없이 철학의 기구는 나무나 쇠로 만든 것이 아니라 오직 사고(思考)만이다.[1]

1] 톰슨에 의하여 발행되는 잡지도 '철학년지(哲學年誌) 또는 화학·광물학·역학·박물학·농학 및 기예학의 잡지'라는 표제를 붙이고 있다. 이로 보아도 여기서 철학적이라고 보고 있는 것이 여하한 제재인가를 능히 짐작할 수 있다. 최근에 나는 영국 신문지상에 게재된 신간 서적 광고 중에서 '철학적 원리에 의한 모발 보호법, 8포스트, 인쇄선명, 정가 7실링'이란 것을 보았다. ― 모발 보호의 철학

그리하여 이 나라에서는 우리가 이론적 국가경제학 또는 이지(理智)에 입각한 국가경제학이라고 불러도 좋은[2] 아주 최근에 일어난 정치경제학에 또 철학이라는 별명을 붙이고 있다.

8

이러한 인식은 우선 각기 영역에 만족을 주고 있거니와, 첫째 이 축에 들지 않는 일련의 대상군(對象群) 즉 자유정신·신(神) 등이 있다. 이 대상군이 그 축에 들지 못하는 이유는 이 대상군이 경험에 속하지 않는다고 해서가 아니라. ─ 이 대상들은 과연 감성적으로는 경험되지 않을지 모르나, 그러나 의식일반 중에 있는 한에는 경험되는 것이다. ─ 도리어 이 대상군은 바로 그 내용의 무한성을 명시하고 있기 때문이다.

'감성과 경험에 없는 것은 지성에도 없다'는 낡은 명제가 있는 바, 사람들은 이 명제를 아리스토텔레스에게서 유래한 것이라고 보며, 따라서 이 명제

─────────────────

적 원리라는 것은 아마 화학적·생리학적 기타 등의 원리를 의미하는 것이리라고 생각된다.

2] 영국정치가의 담화나 공개강연 중에는 일반국가경제의 원칙에 관련하여 철학적 원리란 말이 자주 나온다. 1825년 2월 2일의 의회석상에서 부룩함 경은 칙어봉답(勅語奉答) 연설 중에서 '자유무역 원칙의 통과에 관하여 황공하옵게도 오늘 폐하께서 의회에 축사를 내리셨지만…… 자유무역의 원칙은 정치가 존중하는 철학적 원칙입니다 ─ 왜냐하면 자유무역 원칙은 틀림없이 철학적이기 때문입니다'라고 말하였다. 그러나 이런 말은 유독 반대당 의원 한 사람에 한한 것이 아니다. 역시 그 달에 수상 리버풀 백작의 사회(司會)와 내각서기장관 커닝, 육군주계총장 찰스 롱 경의 보좌 하에 개최된 선주협회의 신년연회석상에서, 내각서기장관, 커닝은 자기가 받은 축배를 돌리면서 말하되, '여러 대신각하께서 이 나라의 행정상에 심원한 철학의 진정한 원리를 마음껏 적용할 시대가 이제 개시하였습니다'고 하였다. 비록 철학이라는 명칭이 오직 별명으로 또 조소나 증오의 적(的)으로 사용되었을망정, 또 영국 철학이 독일 철학과 여하히 다를망정, 하여간 이 명칭이 오늘날 영국 대신들의 입에서까지 존경을 받고 있는 것을 보기는 매우 유쾌한 일이다.

를 아리스토텔레스의 철학적 입장을 표현하는 것처럼 보기를 좋아하나 그것은 잘못이다. 만일 사변철학이 이 명제를 승인하기를 원치 않는다면 그것은 오직 오해로밖에 볼 수 없다.

그러나 사변철학은 이 명제와 정반대의 명제, 즉 '지성에 없는 것은 감성에도 없다'는 명제도 주장한다. 이것은 극히 일반적인 의미에서는 누스(Nüs) 또는 그보다 더 심원한 규정인 정신이 세계의 원인이라는 것을 의미하는 것이요, 또 좀 더 자상히 말하면(제2절 참조), 법률적·도덕적·종교적인 감정은 오직 사유 속에 그 뿌리와 자리를 잡고 있는 내용에 대한 한 감정이요, 따라서 한 경험이라는 것을 의미한다.

9

그 다음에 주관적 이성이 형식상 한층 더 큰 만족을 요구하고 있는 바 이 형식이 필연성 일반이다(제1절 참조). 철학 이외의 다른 학문에서는, 첫째 그 학문에 포함되어 있는 보편·종류 기타 등이 그것만으로는 무규정적인 것, 또 특수와 아무 연관이 없을 뿐만 아니라 도리어 보편과 특수와의 관계가 서로 외면적·우연적인 동시에, 한데 뭉친 모든 특수간의 관계도 또한 서로 외면적이요 우연적이다. 둘째로 철학 이외의 다른 학문에서는 직접적인 것, 기존적인 것, 가정적인 것이 언제 어디서나 단서로 되어 있다. 그리하여 철학 이외의 다른 학문에서는 첫째 점으로 보나 둘째 점으로 보나 필연성의 형식이 충분히 안 나타난다.

반성은 그것이 이 요구를 만족시키기를 지향하고 있는 한에 있어서, 참다운 철학적 사유, 즉 사변적인 사유이다. 사변적 사유인 반성은 제1차적 반성과 공통성 내지 구별성을 가지고 있기 때문에, 제1차적 반성에 공통하는 형식 이외에 또한 독특한 형식을 가지고 있는 바, 이같이 사변적 사유에 독특한 여러 형식에 공통하는 형식이 개념이다.

그러한 한에서 사변적인 학문과 다른 학문과의 관계를 말한다면, 전자는 후자의 경험 내용을 도외시하는 게 아니라 도리어 승인하고 사용하며, 후자의 보편, 즉 법칙이나 종류나 기타 등을 수용하여 자기자체의 내용으로 삼으며, 그뿐만 아니라 또 이 범주를 그 중에 다른 범주를 끌어넣어서 통용시킨다. 그러한 한에서 사변적인 학문과 기타 학문과의 차이는 결국 이 범주의 변화에 귀착한다. 사변적 논리학은 종전의 논리학 및 형이상학을 포함하며, 이러한 사상 형태·법칙 및 대상을 보존한다. ─ 그러나 그와 동시에 그보다 더욱 광범한 범주를 가지고 이러한 사상형태·법칙 및 대상을 전개하고 변형시킨다.

사변적인 의미에 있어서의 개념은 보통일반에서 개념이라고 부르는 것과는 구별되어야 한다. 보통일반의 일면적인 의미에서는 개념이 무한자(無限者)를 파악하지 못한다는 주장이 서서, 천 번이나 만 번이나 되풀이되고 심지어 선입견까지 되어 있는 형편이다.

10

철학적 인식에는 도대체 그러한 사유가 필요하거니와, 우리는 절대적 대상을 인식하기에 왜 이 같은 사유가 필요한지 그 필연성을 알아야 되며, 또 이 사유에 실로 그러한 절대적 대상을 인식할 능력이 있다는 것을 변증하여야 된다. 그런데, 이러한 점을 인식하는 그 자체가 철학적 인식이요, 따라서 오직 철학의 범위 내에 속하는 것이다. 그러므로 기타의 설명은 당연히 비철학적인 것이 될 수밖에 없고, 또 가설이나 독단이나 사이비 추리 즉 우연적인 주장의 얼기설기한 것밖에 될 수 없다. 그러므로 이 주장에는 그와 정반대의 주장이 동등한 권리를 가지고 맞장구칠 수도 있는 것이다.

비판철학의 주안점은 신(神)·사물의 본질 기타 등의 인식에 들어가기 전에, 먼저 인식능력 그 자체에 과연 그러한 것을 인식할 능력이 있는가 없는

가를 연구하여야 된다는 데에 있다. 다시 말하면 우리는 노동에 착수하기 전에 노동하기에 필요한 도구를 미리 알아야 된다.

왜냐하면 도구가 만일 불충분하면 우리의 모든 노력이 수포로 돌아가기 때문이라는 것이다. 이 사상은 매우 그럴듯한 사상 같다. 그래서 이 사상은 최대의 감탄과 찬성을 받았고, 따라서 인식의 향방을 대상에 대한 관심과 대상에 관한 연구에서 인식 그 자체 즉 형식으로 돌리어 놓았다. 그러나 말을 바로 알아들을 줄 아는 사람이라면, 도구 중에는 그 도구를 가지고 하도록 마련되어 있는 노동을 미리 하여 보지 않고서도, 다른 방도로 그 도구의 성능을 시험하고 판단할 수 있는 도구가 확실히 있다는 것을 쉽게 알 것이다. 그러나 인식의 시험은 인식하면서밖에 할 수 없다.

인식을 도구라고 부를 수 있다면 이 인식이라는 도구에 있어서는 이 도구를 시험한다는 것과 이 도구를 인식한다는 것과는 같은 말이다. 그러나 인식하기 전에 인식하려 하는 것은 물속에 들어가 보기 전에 수영을 배우려고 하는 도학자의 현지(賢知)나 마찬가지의 우설(愚說)에 불과한 것이다. 그런데 인식을 이와 같이 착수하는 것이 사실은 정신혼란에 불과한 것을 간파한 라인하르트는, 이 혼란을 시정할 묘책으로 우선 가정적 · 문제적으로 철학하기를 시작하고, 또 이렇게 하기를 어떤 방식으로인지는 모르나 계속하여 가면, 마침내 근본진리에 도달할 수 있지 않느냐고 제안하였다.

엄밀히 말하면 이 방법은 일상 흔히 있는 경험적 기초의 분석이나, 그렇지 않으면 정의의 형태를 취한 일개 잠정적 가정(假定)의 분석에 불과한 것이다.

잠정이나 가정에서 출발하는 보통일반의 방법을 가정적 내지 문제적인 방법이라고 말한 점에 옳은 견식이 있는 것을 몰라서는 안 된다. 그러나 이 옳은 견식은 그와 같은 방법의 성질을 일변시키지 못하고, 도리어 이 방법의 불충분성을 폭로하고 있을 뿐이다.

철학의 요구라는 것을 엄밀히 규정한다면 이렇게 말할 수 있다. 즉 정신은 감수하고 직관할 때에는 감성적인 것을, 상상할 때에는 심상(心象)을, 의욕할 때는 목적을 대상으로 삼기 때문에, 정신은 정신의 이러한 현존 형식 및 그 대상과 대립 혹은 단순히 상이하여, 그 최고의 내면성, 즉 사유에도 만족을 주어야 하고 따라서 사유를 대상으로 삼지 않을 수 없다. 이리하여 정신은 말의 가장 깊은 뜻에 있어서 자기 자신에 돌아온다. 왜냐하면 정신의 원리, 즉 순수무구한 자기성이 바로 사유이기 때문이다. 그러나 일단 사유하게 되자 이 사유는 자기 모순에 빠진다. 다시 말하면 사유는 사상과의 확고한 비동일성에 빠진다. 따라서 사유는 자기 자신에게 도달하지 못하고 도리어 자기의 반대물에게 사로잡히고 만다. 그러나 보다 더 높은 철학적 요구는 다만 오성적 사유에 불과한 이 사유가 도달한 그러한 결과에 만족하지 아니하고, 사유가 자기 자신을 떠나지 말기를 요구하며, 또 이러한 자기 분실을 의식하였을 때라도, 어디까지든지 자기 자신에게 충실을 다하여 이 자기 분실(紛失)을 회복하고, 사유자체 중에서 사유자체의 모순을 해결하기를 요구한다.

사유의 본성 그 자체는 변증법이다. 그러고, 오성적 사유는 자기 부정에 즉 모순에 빠진다. 이 점을 통찰하는 것이 논리학의 한 주요 면이다. 사유는 자기가 스스로 취한 모순을 해결하기를 또 자기 스스로 절망하고, 본래 정신에 있긴 있으나 그러나 사유의 본질에 어그러지는 방법과 형식에 의한 해결과 안일로 돌아간다. 그러나 사유는 이러한 해결과 안일로 돌아가서, 이미 플라톤이 경험한 바와 같은 논리증오(論理憎惡)에 빠질 필요도 없었거니와, 또 이른바 직접지를 진리의식의 유일무이한 형식이라고 하는 주장에서 보는 바와 같이, 자기 자신에 대한 적대적 태도를 취할 필요도 없었던 것이다.

　　이상 말한 요구에서 나와서 성립한 철학은 경험 즉 직접적이고 추리적인 의식을 출발점으로 삼는다. 그러나 사유의 본질은 이 경험에서 자극을 받아 가지고, 자연적 · 감성적 · 추리적인 의식을 경유하여 순수무구한 자기 자신의 지반으로 올라가며, 거기서 앞에 말한 출발점에 대해 경원하는 부정적 태도를 취한다. 따라서 사유는 여기서 그러한 경험현상의 보편적 본질이라는 이념에 도달하여, 우선 자기만족을 발견하게 되나, 이 이념(절대 · 신(神))은 다소 추상적임을 면치 못한다. 그 반면에 경험철학은 자기의 풍부한 내용을 오직 직접적인 것, 이미 주어진 것, 잡연(雜然)하게 나열된 것, 따라서 대체로 우연적인 것으로밖에 표현하지 못하는 그러한 형식을 타파하며, 또 자기의 내용을 필연성에까지 높이려는 충동을 느끼는 바, 이 충동은 사유를 먼저 말한 저 추상적 보편 및 사유의 자기만족에서 해방하여 자기 스스로 발전하도록 추진시킨다. 그런데 사유의 이 자기 발전은 한편으로는 내용과, 이 내용에 미리 갖추어져 있는 여러 규정을 그대로 받아들이는 동시에, 다른 한편으로는 이 내용에 본원적인 사유의 의미에 있어서는 자유이나, 사실 자체에 있어서는 오직 필연성을 가지고 나오는 형태를 부여한다.

　　의식에 있어서의 직접성과 매개에 관해서는 나중에 분명하고 더 자상하게 논하겠거니와, 여기서 우선 미리 주의하여 둘 것은 이 두 계기가 서로 다르게 나타나기는 가능하지만, 이 두 계기 중 어느 하나라도 없어서는 안 되며 서로 불가분적으로 얽히어 있다는 점이다. 따라서 신 또는 초감성적인 것 일반에 관한 지식은 본질적으로 감성적 감각 또는 직관을 경유하여 고양하는 경향을 내포한다. 그러므로 신 또는 초감성적인 것 일반에 관한 지식은, 감성적 감각 또는 직관에 대한 부정적 태도를 내포하는데 바로 이 가운데 매개가 들어있는 것이다. 왜냐하면 매개는 한 출발인 동시에 또 제2차적인 것으로 진행함을 의미하는 것이기 때문이다. 따라서 이 제2차적인 것은 우리가 이것과 모순되는 다른 것에서 출발하여 거기 도달하였을 때에 한하여 존재하는 것이다. 그러나 바로 그렇기 때문에 신에 관한 지식은 저 경험적인 면에 의존하는 것이 아니라, 도리어 본질에 있어서 이 부정과 고양을 통하여 그 독립성을 획득하는 것이다.

그런데 이 매개를 피제약적인 것으로 삼아서 일면적으로만 본다면, 마치 사람들이 흔히 음식물이 없으면 먹을 수가 없다는 이유로, 음식물이 있는 은혜로 먹을 수 있다고 생각하는 것과 마찬가지로, 철학도 경험 즉 후천적인 것이 있는 은혜로 비로소 성립한다고, 그리 변변치 않으나마 그대로 그렇게 말할 수 있으리라. 그러나 사실에 있어서 사유는 본질적으로 직접적인 것의 부정이다. 이 점에서는 물론 음식을 배은적(背恩的)이라고 볼 수 있으리라. 왜냐하면 음식은 말하자면 자기의 은인을 먹어 없애버리기 때문이다. 이러한 의미에서 사유도 그보다 못하지 않게 배은적이다.

사유 즉 선천적인 것에 고유한, 그러나 사유 자체 속에 반사된, 따라서 사유 자체 속에서 매개된 직접성은 보편성, 즉 사유의 일반정체(Bei-Sich-Sein)다. 사유는 이 보편성 중에서 자기만족을 발견하며, 또 그러한 한에서 사유는 특수화에 대하며, 그리고 이 특수화는 따라서 자기 전개에 불과하기 때문에, 이 자기 전개에 대하여서도 무관심한 태도를 취한다. 이와 마찬가지로 종교도 개명한 종교거나 미개한 종교거나, 또 학문적 의식에까지 세련된 종교거나, 그렇지 않으면 소박한 종교거나를 막론하고, 그 동일한 강도의 만족감과 행복감을 가지고 있는 것이다. 사유가 초기철학, 예를 들면 엘레아학파의 존재, 헤라클레이토스의 생성, 기타 등에서 필연적으로 그러하였듯이, 이념의 보편성에서 한 걸음도 떠나지 않는 한 형식주의라는 비난을 받아도 당연하다. 비단 초기철학뿐 아니라 근세의 발전된 철학에 있어서도, 예를 들면 절대에 있어서 모든 것이 하나라든가, 주관과 객관의 동일성이라든가 하는 오직 추상적인 명제나 규정만 파악하고, 따라서 특수를 다루는 경우에도 오직 이러한 것만을 되풀이하고 있다.

경험의 은혜로 철학이 발전하였다는 것은 사유가 가진 최초의 추상적 보편과 관련하여 정당하고 근본적인 의미를 가지고 있다.

경험과학은 한편으로 현상의 개별성을 지각하는 데에 그치는 게 아니라, 사유로써 보편적 규정 · 종류 · 법칙 등을 발견하여 가지고 철학에 재료를 제공해 왔다. 따라서 경험과학은 특수의, 이제 말한 것과 같은 내용을 철학이 다룰 수 있도록 준비하여 준다.

따라서 경험과학은 또 다른 한편으로 사유가 자진하여 이러한 구체적 여러 규정을 다루기를 요구한다. 사유가 경험과학의 이러한 내용을 채택하여, 아직 이 내용에 부착하여 있는 직접성과 소여성(所與性)을 지양하는 것은 동시에 사유의 자기 전개를 의미한다.

이리하여 철학은 경험과학으로부터 자기 발전의 계기를 받는 동시에, 경험과학의 내용에 대하여(선천적인) 사유 자유의 가장 본질적인 형태를 주고, 또 직접적 및 경험적인 사상이 본원적이고 완전히 자주적인 사유 활동의 표현과 모사가 되는 사실의 인증이 아니라 필연성의 확증을 준다.

13

철학의 발생과 발전은 외적 역사에 고유한 형태에서 이 학문의 역사로 표상된다. 그런데 이러한 외적형태에서 보면 이념의 발전의 여러 계단은 여러 가지 철학원리와 그 서술의 우연적인 계기상 내지 차별상같이 보인다. 그러나 수천 년에 걸쳐서 철학의 발생 · 발전이라는 큰일을 이루어 놓은 장본인 대가는 하나의 산 정신이다.

그런데 이 정신은 그 본성인 사유로써 자기의 정체를 자각하며, 또 이 자기의 정체가 대상화되자마자 동시에 이같이 대상화한 자기의 정체를 넘어서, 사유 그 자체 중에서 보다 더 높은 계단으로 올라앉는다. 철학의 역사는 한편으로 역사상에 나타나는 여러 가지 철학이 사실은 발전 계단을 달리하는 유일한 철학에 불과하며, 또 한편으로는 이러한 여러 가지 철학 체계의 근저에 놓여 있는 여러 가지 특수한 여러 원리가 사실은 동일한 한 전체의 분기에 불과한 것을 보여 준다. 시간상 최후의 철학은 선행 여러 철학의 성과요 따라서 당연히 모든 철학의 원리를 내포한다. 그러므로 이 철학이 철학이라면 그것은 가장 발전되고 가장 풍부하고 또 가장 구체적인 철학이다.

그와 같이 여러 가지 많은 철학이 있는 것을 볼 때, 우리는 보편과 특수를 각기 고유한 규정에 의하여 구별하여야 된다. 보편을 형식적으로 보고 특수와 동열시(同列視)하면 보편 자체가 또 그 어떠한 한 특수로 변한다.

가령 일상생활 상의 여러 가지 대상에 있어서, 보편과 특수와의 관계를 그와 같이 본다면, 예를 들면 과실을 요구하는 사람에게 앵두 · 배 · 포도 기타 등을 줄 때, 이 사람이 이것을 과실이 아니라 앵두 · 배 · 포도라는 이유로 거절하는 것과 같이, 이 관계가 부당하고 기묘하게 보일 것은 물론이다.

그런데 일단 철학의 영역에 들어서게 되면 사람들은 마치 앵두가 과실이 아니라는 듯이 여러 가지 많은 철학들이 있으나, 이 철학들은 각각 오직 하나의 철학에 불과하지, 철학 그 자체가 아니라는 이유로 철학을 멸시하여도 좋다고 생각한다. 그래서 또 보편을 원리로 삼고 있는 철학이, 특수를 원리로 삼고 있는 철학, 아니 대체 철학이라는 것이 있을 수 없다고까지 주장하는 학설과도 동열시되는 수가 있는데, 이 경우에 사람들은 마치 광명과 암흑을 오직 광명의 두 가지 서로 다른 형태라고 부르는 것과 마찬가지 의미에서, 보편을 원리로 삼고 있는 철학이나 특수를 원리로 삼고 있는 철학이나, 다 같이 철학에 대한 견해의 상이에 불과하다고 생각한다.

14

철학사 상에 나타나는 사유의 이러한 전개는 철학 그 자체 중에서도 나타난다. 그러나 상술한 바와 같은 역사적 외면성을 해탈하여 순전히 사유의 지반에서 나타난다. 자유스럽고 참다운 사상은 그 내용에 있어서 구체적이다. 따라서 이러한 사상이 이념이요 또 그 완전한 보편성에서 절대이념 또는 절대 그 자체다. 이 절대에 관한 학문은 본질에 있어서 체계다.

왜냐하면 구체적 진리는 자기를 오직 자기 내에서 전개하고 통일하고 유지하는 것으로서, 다시 말하면 총체로서 존재하며, 또 주체적 진리의 여러 가지 차이의 필연성과 전체의 자유는 오직 이 차이를 구별하고 규정함으로써만 있을 수 있기 때문이다.

체계가 없는 철학적 사색은 결코 학문적인 것이 될 수 없다. 이러한 철학적 사색은 결국 주관적 견해의 표현에 불과할 뿐만 아니라 내용상으로 보아도 우연적이다.

내용이라는 것은 오직 전체의 계기로서만 그 정당한 근거가 있는 것이다. 그러나 그렇지 못한 것은 근거 없는 전제나 또는 주관적 신념에 불과한 것이다. 철학적 저술이 많기는 하나 모두 이러한 방식으로 저자 자신의 주관적 견해나 의사의 표시에 그치고 말았다.

사람들은 체계라는 것을 잘못 알고 철학 원리 이외의 다른 원리와 구별되는, 제한된 특수원리에 관한 철학으로 이해한다. 그러나 참다운 철학의 원리는 모든 특수원리를 자체 중에 내포하는 것이다.

15

철학의 각 부분은 모두 한 철학적 전체요, 자기를 자기 속에 가두고 있는 한 원(員)이다. 그러나 철학적 이념은 이 원 중에서 한 특수한 규정과 지반을 갖는다. 개별적인 원은 그 자체에 있어서 총체이기 때문에, 다시 자기 지반의 한계를 파괴하고 보다 더 넓은 영역에 나선다. 그러므로 전체는 각기 한 필연적 계기인 여러 원을 통일한 원으로 나타난다. 따라서 이러한 개개의 원에 특유한 여러 영역의 체계가 전체이념이며, 이 전체 이념이 각 개별 영역에 나타나는 것이다.

16

백과전서적 성질을 가진 이 저술은 성질상 철학을 그 특수화의 상세한 전개에서 논술할 수 없고, 다만 여러 특수과학의 단서와 기초개념에 국한하지 않을 수 없다.

부분이 하나의 참다운 것이 되려면 결코 한 개별적인 계기에 그칠 것이 아니라 부분 그 자체가 하나의 총체가 되어야 한다. 그러한 한에서 한 특수과학을 구성하기에 얼마나 많은 부분이 필요한가를 결정할 수 없다. 그러므로 철학의 전체야말로 진실로 하나의 과학이 되는 것이다. 그러나 철학은 또 수많은 특수과학의 전체로도 볼 수 있다. 철학적 백과전서는 기타 보통일반의 백과전서와는 성질이 다르다. 보통일반의 백과전서는 우연적·경험적 형식으로 미뤄진 여러 학문의 취합에 불과하거니와, 이러한 여러 학문들 중에는 다만 학문이라는 이름만은 띠고 있으나, 그러나 다만 지식의 수집에 불과한 것도 있다. 이러한 취합 중에 수집되어 있는 여러 학문의 통일은 본래 외적인 형식으로 작성한 것이기 때문에, 역시 외적 통일, 아니 일종의 나열에 지나지 않는다.

이 이유뿐 아니라 또 나열되는 그 재료도 우연적인 성질의 것이기 때문에, 이 나열은 언제나 한 시도에 불과하며 또 언제나 불합당한 면을 보여 준다. 그런데 철학 백과전서는, (1) 우선 예를 들면, 언어학과 같이 단순히 지식의 취합에 불과한 것은 물론, (2) 예를 들면, 문장학(紋章學)과 같이 단순한 주관적 의사를 토대로 한 학문을 제외하는 바, 이 후자에 속하는 학문은 철두철미 실증적인 학문이다. (3) 이 외에 실증적이라고 불리기는 하나 그래도 이성적인 근거와 단서를 가진 학문이 있다. 이 학문의 특색은 실증적인 면이 있기는 하나 그 이성적인 부분은 철학에 속한다. 이 학문의 실증성은 여러 가지가 있다. (1) 이 학문은 본래 이성적 단서를 갖고 나왔으나 보편자를 경험적 개별과 현실 속에 끌어내려 가지고 우연적인 것으로 옮아간다. 이러한 변화와 우연과의 마당에서는 개념은 주장할 수 없고 오직 이유만 주장할 수 있게 된다. 예를 들면, 법률학이나 직접세와 간접세의 체계는 독자적으로 규정된 개념 외에 있는 최후의 엄밀한 결정을 요구한다.

그러므로 여기에서 한 이유에서는 이렇게 될 수 있고 또 다른 한 이유에서는 저렇게 될 수도 있어, 결국 하등 확고한 최후 결정의 자격이 될 수 없는 규정을 위하여 상당한 정도의 여지가 허락된다. 이와 마찬가지로 자연의 이념도 그것이 개별화할 때에는 우연 속으로 흩어져 들어간다.

따라서 박물학 · 지리학 · 의학 기타 등은 실존의 규정 · 종류 · 구별에 있어서, 이성에 의하여 결정하지 아니하고 외적 우연에 의하여 더구나 제멋대로 결정케 된다. 역사도 그 본질이 이념이기는 하지만 그러나 그 현상이 우연과 주관적 의사의 영역에 있는 한, 역시 이 부류의 학문에 속한다. (2) 이러한 학문들은 자기의 규정을 유한적인 것으로 인식하지 아니하며, 또 이 규정과 그 규정의 전 영역이 그보다 더 고차적인 영역으로 이행하는 것을 지적하지 아니하고, 도리어 이것들을 절대 타당한 것으로 보는 한에서 역시 실증적이다. (1) 이 질료(質料)의 유한성이라면 (2)는 형식의 유한성이었다. 그런데 이 형식의 유한성과 관련하여서, (3)은 하나는 추론, 다른 하나는 감정 · 신앙 · 타인의 증언, 한마디로 말하면 내적 직관 또는 외적 직관의 증언에 불과한 인식 근거의 유한성이 있다.

인간학 · 의식사실 · 내적 직관 및 외적 경험에 입각하려고 하는 철학도 이중에 속한다. 또 학문적 서술의 형식만은 경험적이지만, 그러나 총명한 직관이 단순한 현상에 불과한 것을 개념의 내적 순서에 따라서 배열하는 학문도 없지 않아 있다.

그 중에는 수집된 여러 현상의 대립성과 잡다성에 의하여, 여러 조건의 외적 및 우연적 상태를 지양하고, 그러함으로써 그 다음에 보편자를 발견하는 것도 있다. 이리하여 현명한 실험물리학·역사 등은 자연이나 인간적 상태 및 행위 등에 관한 합리적 학문을 개념의 반영인 외적 형상으로 서술하게 된다.

17

철학은 우선 단서를 잡아야 되는데 철학도 다른 학문과 마찬가지로 일반적으로 주관적 전제를 단서로 삼아 출발해야 될 것 같다. 다시 말하면 다른 학문이, 예를 들면 공간·숫자 기타 등과 같은 특수한 대상을 사유의 대상으로 삼듯이, 철학은 사유를 사유의 대상으로 삼아야 할 것 같다.

그러나 사유가 그 자체만으로 독립하여 존재하며, 따라서 사유가 자기에게 자기의 대상을 만들어 주는, 그러한 입장을 취한다는 것은 결국 사유 자체의 자유 활동이다. 그뿐만 아니라 그와 같이 직접적으로 보이는 이 입장 그 자체는 당연히 철학이라는 이 학문 내부의 성과, 더구나 그 최후의 성과가 되는 것이다. 철학은 여기서 다시 자기의 단서에 도달하고 또 자기 자체로 복귀한다. 이리하여 철학은 자기 자체로 돌아간 한 원으로 표현된다.

그러나 철학을 표현하는 이 원은, 다른 학문에서 보는 바와 같은 의미의 단서를 결코 갖지 않는다. 따라서 철학의 단서는 오직 철학하려는 결의를 가진 주관에만 관계하지, 철학 그 자체에 관계하는 것이 아니다. 결국 같은 내용이지만 말을 바꾸어 말하면 철학의 개념, 따라서 그 최초의 개념이 이 학문 자체에 의하여 파악되어야 한다. 그리고 이 최초의 개념은 그것이 최초의 개념인 까닭에 사유와 이 사유를 대상으로 삼는, 말하자면 외적인 철학적 주관과의 분열을 내포하는 것이다. 철학 개념이 개념에 따라서 자기 복귀와 만족에 도달하는 것이 철학의 유일한 목적이요 사업이요 목표이다.

18

철학에 관해서 예비적인 일반표상을 부여할 수는 없다. 왜냐하면 오직 철학 전체만이 이념을 표현하는 것이기 때문이다. 그러므로 철학의 구분도 오직 이념에 의하여서만 비로소 이해되는 것이다. 따라서 철학에 관한 예비적 일반표상이나 철학의 구분이나 다 같이 하나의 예상에 불과한 것이다. 그러나 이념이라는 것은 자기와 절대 동일한 사유로 나타나는 동시에, 사유는 자주적 존재가 되기 위하여 자기를 자기에게 대립시키고, 또 이와 같이 자기에게 대립하는 타아(他我)에 있어서도 오직 자기 자신만을 의식하는 그러한 활동으로 나타난다. 따라서 철학은 이하 3부로 구분된다.

1. 이념 그 자체의 학(學)인 논리학
2. 타재(他在)에 있어서의 이념의 학인 자연철학
3. 타재에서 자기에게 복귀한 이념의 학인 정신철학

제15절에서 말한 바와 같이 특수한 철학적 여러 학문의 구별은 이념 자체의 여러 규정에 불과하며, 이념은 이러한 여러 영역에서 밖으로 나타날 수 없다. 자연에서 인식되는 것도 결국 이념 이외의 것이 아니다. 그러나 여기서는 이념이 그 본래의 형태가 아닌 형태, 즉 외화(外化)의 형태로 존재하며 정신에서는 이 이념이 대자(對自)의 형태로 존재하는 동시에 대자적 및 즉자적(即自的)으로 되어 가는 과정에 있는 것이다.

이념이 나타나는 이상과 같은 여러 규정은 동시에 한 유동적인 계기다. 그러므로 개별적인 여러 학문은 그 내용을 존재하는 대상으로 인식하는 동시에, 직접 그 속에서 자기의 내용이 보다 더 고차적인 원으로 이행하는 것을 인식하여야 된다. 그러므로 구분표상은 옳지 않은 것이다. 왜냐하면 구분표상은 특수한 부분, 또는 학문을 마치 종류와 같은 오직 고정한 실체적 구분처럼 동일시하기 때문이다.

논리학

예비개념

19

논리학은 순수이념 즉 사유라는 추상적인 지반에 있어서의 이념의 학(學)
이다.

이 규정이나 또는 이 예비개념 중에 나오는 제반규정은 철학일반에 관하
여 앞서 말한 개념에 대하여서도 적용되거니와, 이 여러 규정은 모두 전체에
대한 개관에서, 또 이 개관에 의하여서 획득된 규정이다.

논리학을 사유 내지 사유의 여러 규정과 여러 법칙에 관한 학(學)이라고도
물론 말할 수 있다. 그러나 그러한 것으로서의 사유는 다만 논리적 이념으
로서의 이념의 보편적 규정성 또는 지반에 불과한 것이다. 이념은 형식적 사
유로서의 사유가 아니라 사유에 특유한 여러 규정과 여러 법칙의 자기 전개
총체로서의 사유이며, 사유의 이러한 여러 규정과 여러 법칙은 사유에 이미
있거나, 또는 사유 그 자체 중에서 발견되는 것이 아니라 사유가 사유 자체
에 대하여서 부여하는 것이다.

논리학은 직관을 다루는 것도 아니요 또 더구나 기하학과 같이 추상적 감
성적 표상을 다루는 것이 아니라, 도리어 순수추상을 다루며 따라서 또 순
수사상에 인퇴(引退)하여 그곳에 머무르며 그 속에서 자기 운동할 힘과 숙련
이 있어야 한다. 그러한 한에서 논리학은 가장 어려운 학문이다. 그러나 그
반면에 논리학의 내용은 자기 자신의 사유와 또 자기가 숙지하고 있는 사유
여러 규정에 불과하며, 그와 동시에 이 사유 여러 규정은 가장 간단하고 또

기본적이기 때문에 가장 쉬운 학문이라고 볼 수도 있다. 이 사유 여러 규정 중에는 유(有)·무(無) 기타 등의 여러 규정성·양 기타 등, 즉자적유(卽自的有), 대자적유(對自的有), 일(一)·다(多) 등의 가장 숙지되어 있는 것도 있다.

그러나 이러한 숙지성은 도리어 논리 연구를 곤란케 한다. 왜냐하면 한편으로 이러한 숙지의 사실은 애써 연구할 필요가 없다고 생각되기 쉽고, 다른 한편으로는 문제가 종래의 방식과는 전혀 다른 방식, 아니 그와 정반대의 방식으로 숙지되기를 요구하기 때문이다.

논리학의 유용성은 논리학을 연구하는 주체에게, 논리학 이외의 다른 목적에 필요한 일종의 교양을 주는 점에 있다. 논리학이 주는 이 교양은 이 학문이 본래 사유의 사유이기 때문에 사유하기를 숙련시키는 점에 있으며, 또 연구자의 머릿속에 사상이 또 이 교양 자체가 사상으로서 들어오게 하는 점에 있다. 그러나 논리적인 것은 그것이 진리의 절대적 형식일 뿐만 아니라, 나아가서 순수진리 그 자체이기도 하기 때문에 다만 유용하기만 한 것과는 전혀 다른 그 무엇이다. 그러나 가장 우수한 것, 가장 자유스런 것, 가장 독자적인 것이 가장 유용한 것이라면 논리적인 것도 또한 가장 유용한 것이라고 볼 수 있다. 따라서 논리적인 것의 유용성은 단순히 사유의 형식적 훈련에만 있는 것이 아니다.

【補遺】 1. 첫째 문제는 논리학의 대상이 무엇이냐? 하는 문제다. 이 문제에 대한 가장 간명하고 가장 이해하기 쉬운 대답은 논리학의 대상은 진리다 하는 것이다. 그러나 진리라는 것은 심원한 말일 뿐 아니라 또한 그보다 더 심원한 사실이다. 만일 인간이 건전한 정신과 심정의 상태에 있다면, 진리라는 말을 들을 때 즉석에서 심장의 고동을 느낄 것이다. 그러나 우리가 진리를 인식할 수 있느냐 없느냐 하는 것은 별문제다. 한정된 인간과 구체적 보편적으로 존재하는 진리와의 사이에는 상당한 거리가 있으며, 따라서 유한적

인 것과 무한적인 것과의 사이에 어떻게 다리를 놓느냐 하는 문제가 일어난다. 신은 진리다. 그러면 우리는 이 진리를 어떻게 해서 인식하여야 되는가? 허심탄회의 덕과 진리를 인식하고자 하는 의도와는 서로 모순되는 것 같다. 그렇다면 또 사람들이 그 평범한 유한적 목적에서 연명하여 갈 권리를 발견하기 위하여서도 진리를 인식하여야 되는가? 하는 문제가 발생한다. 그러나 여기서 말하고자 하는 허심탄회의 덕은 그런 것이 아니다.

가련한 땅벌레에 불과한 우리가 어떻게 감히 진리를 인식할 수 있단 말인가? 하는 말은 이미 지나갔다. 그 대신에 인제는 몽매와 상상이 나와서 사람들은 직접 진실 속에서 살고 있다고 공상하고 있다. — 사람들은 청년들에게 권고하여 말하기를, 그대들은 행동거지에 진실(종교적 및 도덕적 의미에서)을 가져라 한다. 이러한 점에서 사람들은 또 한 걸음 더 나아가서 말하기를, 성년(成年)들은 모두 비진실(非眞實) 중에서 타락하고 목우화(木偶化)하고 완미화(頑迷化)했다고 한다. 청년은 아침 서광과 같고 성년은 고성낙일(孤城落日)과 같다고 한다. 그리하여 사람들은 모든 특수과학을 마치 외적 생활 목적을 위한 단순한 수단이기는 하나 여하간 달성되어 있는 것같이 본다. 따라서 여기서는 인식과 진리 연구를 저지하는 허심탄회가 아니라, 벌써 진리를 모조리 소유하고 있다는 자신이 만만하다. 노년은 물론 청년에게 희망을 둔다. 그 까닭은 이 세계와 과학을 이어 나아갈 사람이 바로 청년이기 때문이다. 그러나 청년은 그들이 현재 있는 그대로 안주하지 아니하고, 괴로운 정신적 노동을 담당하고 있을 때에 한하여서 이러한 촉망을 받게 되는 것이다.

진리에 배치(背馳)하는 허심탄회에는 또 한 가지 형태가 있다. 그것은 피라토가 크리스토에게 대하여 취한 태도에서 우리가 보는 바와 같이 진리에 대한 오만한 태도다. 피라토는 모든 것이 무의미하다는 것을 잘 알고 있다는 의미에서, 즉 모든 것은 허무하다고 말한 솔로몬의 정신으로 진리는 무엇이냐? 하고 물었다. — 여기에 남아 있는 것은 오직 주관적인 허영뿐이다.

그뿐만 아니라 진리의 인식은 공포심과 대립한다. 태만한 정신은 흔히 철학연구에 열중할 생각은 없다고 말한다. 사람들은 논리학이라는 말을 흔히 듣지만 우리는 논리학을 몰라도 이처럼 버젓하게 살고 있다고 한다. 사유가 일상적인 표상권에서 초탈하게 되면 사람들은 사유가 악의 대문으로 들어간 것이라고 생각한다. 그리하여 사람들은 거기서 사상이라는 바다의 파동에 이리저리 표류하다가, 결국은 다시 떠나려야 떠날 수 없는 현세라는 이 모래언덕에 표착(漂着)하고 만다. 이러한 견해에서 여하한 결과가 나오느냐 하면 우리는 그것을 이 세계 안에서 본다. 사람들은 여러 가지 기능과 지식을 획득하여 노련한 관리도 될 수 있고, 또 그렇지 않으면 그 기능과 지식을 자기의 특수목적을 위하여 완성시킬 수도 있으리라. 그러나 우리가 그 외의 보다 더 고상한 목적을 위해 우리의 정신을 가다듬고, 또 노력한다는 것은 그와 다른 문제다. 우리는 현대의 청년이 보다 더 좋은 그 무엇에 대한 요망을 가지고 있다는 것, 그리고 그들 청년은 단순히 외적 인식의 검불로만 만족하지 않으리라는 것을 희망한다.

【補遺】 2. 논리학의 대상이 사유라는 점은 일반이 다 알고 있는 바이다. 그러나 사람들은 사유가 뭣인지를 전혀 모르면서 공연히 이러니저러니 떠들기만 한다. 그리하여 사람들은 한편으로 그것은 사상에 불과한 것이라고 하며, 따라서 사상은 주관적 · 임의적 · 우연적인 것이지, 사실 자체나 진실 · 현실이 아니라고 생각한다. 또 다른 한편으로 사람들은 사상에 관해 고상한 의견을 가질 수도 있고, 따라서 오직 사상만을 신(神)에게 도달할 수 있는 가장 고상한 것으로 보고, 감관(感官)으로는 결코 신을 인식할 수 없다고 볼 수도 있으리라. 사람들은 신이 정신이요 또 정신과 진리 중에서 숭배받기를 원하는 자라고 말한다. 그러나 우리들은 감각되는 것, 또는 감성적인 것을 정신적인 것이라고 보지 않는다. 그와 반대로 정신적인 것의 가장 내면적인 것

은 사상이요, 따라서 오직 정신만이 정신을 인식할 수 있는 것이다. 정신은 물론, 가령 예를 들면 종교에서 보는 바와 같이 또 감정적 태도를 취할 수도 있는 것이다. 그러나 정신은 감정 그 자체, 감수의 형식이나 감정의 내용과도 다른 것이다. 감정 그 자체는 대체로 말하면 우리가 동물과 공통으로 가지고 있는 감수의 형식이다. 이 감수 형식은 물론 구체적 내용을 점유할 수 있으나, 그러나 이 구체적 내용이 감수 형식에 접근하여 오는 것은 아니다. 감수의 형식은 정신적 내용을 담기에는 가장 저급한 형식이다. 이 내용 즉 신㈜ 자체의 진상은 오직 사유에만 있고 또 사유로서만 있는 것이다. 그리하여 이러한 의미에서 보면 사상은 단순히 사상에 불과한 것만이 아니라 영원자, 따라서 구체적 보편적인 존재자를 파악할 수 있는 유일 최고의 형식이라고 볼 수 있는 것이다.

사상에 관해서와 마찬가지로 사상의 과학에 관해서도 사람들은 존중하는 의견을 가질 수도 있고 천대하는 의견을 가질 수도 있다. 생리학의 연구가 없어도 소화할 수 있는 거와 마찬가지로, 논리학이 없어도 누구나 사유할 수 있다고 사람들은 생각한다. 사람들은 논리학을 연구하였는데도 불구하고, 그들의 생각은 이전이나 지금이나 방법상 하등의 변경도 없이 똑같다.

만일 논리학이 단순히 형식적인 사유 활동을 밝힐 능력 밖에 없는 것이라면, 그것은 물론 사람들이 그 이외의 다른 분야에서도 아무런 보람 있는 성과를 내지 못하였다는 것을 증명하는 것이다. 종래의 논리학은 사실에 있어서 오직 이러한 입장에 섰던 것이다. 그뿐만 아니라 또 단순히 주관인인 활동으로서의 사유에 관한 지식은 인간의 영광이 되었고 또 그들의 관심 대상이 되었다. 왜냐하면 인간은 그가 무엇이고 또 무엇을 행하는가를 앎으로써 동물과 구별되는 까닭이다. ― 그러나 다른 한편에서 논리학은 또 사유의 과학으로서 높은 입장에 서고 있다. 왜냐하면 오직 사상만이 가장 높은 것 즉 진리를 경험할 수 있는 것이기 때문이다. 이리하여 논리학은 사유를 그 활동성과 그 생산성에서 보거니와(따라서, 사유는 사상을 산출하는 것이기 때문에 무내용한 활동이 아니다) 그러므로 논리학의 내용 일반은 초감성계(超感性界)요, 따라서 논리학은 이 초감성계를 다루기 위하여 이 세상에 존재하는 것이다. 수학은 수와 공간의 추상을 다루는 학문이다.

그러나 이 수와 공간은 그것이 아무리 추상적이고 공허한 것이라 하더라도 역시 일종의 감성적인 것이다. 사상은 이러한 최후의 감성적인 것까지도 손을 끊고 자유자재하며, 외적 감성이나 내적 감성을 거부하고 모든 특수 관심과 경향을 배척한다. 논리학이 그러한 지반을 가지고 있는 한에서 우리는 논리학에 대하여 사람들이 흔히 생각하는 것보다 더 많이 생각할 보람을 발견하는 것이다.

【補遺】 3. 논리학을 단순한 형식적 사유에 관한 학문이라기보다 더 중요한 의미에서 이해하려고 하는 요구는 종교·국가·법률·도덕 등의 관심에 의하여 일어났다. 사람들은 지금까지 사유할 때에는 무사기(無邪氣)하게 머리를 깨끗이 청소하여야 된다고 생각하였다. 사람들은 신(神)·자연 및 국가 등을 생각하였고, 따라서 진리 인식은 감각 또는 우연적 표상이나 의사를 통하여서가 아니라, 오직 사상을 통하여서만 획득할 수 있다는 확신에 도달하였다. 사람들이 이렇게만 생각한다면 따라서 생활상의 모든 관계도 조화를 얻었을 것이다. 사유는 기성적인 것에 대하여 여러 위력을 발휘한다.

사상은 헌법을 전복시키기도 하고 종교를 공격하기도 하고 어디까지나 계시로만 통용되던 완고한 종교 관념을 타파하기도 하며, 따라서 낡은 신앙은 많은 순정가의 손으로 혁신되었다. 그리하여 가령 예를 들면 희랍철학자들은 낡은 종교와 대항하여 이 낡은 종교의 관념을 타파하였다.

그러하였기 때문에 철학자는 본질적으로 제휴하고 있는 종교와 국가와를 전복시킨다는 이유로 갖은 박해와 사형을 받아왔던 것이다. 이와 같이 사상은 현실 중의 한 세력이 되고 따라서 막대한 영향을 주었다. 그리하여 사람들은 사상의 이러한 위력에 주목하게 되고 사상의 주장을 따져 살피기 시작하여, 사상의 요구가 너무나 부당하며 사상은 그 기도하는 바를 실행할 능력이 없다는 것을 발견하려 하였다. 사상은 사실상 신이나 자연이나 정신이나의 본질을 한마디로 말하면, 진리를 인식하지 아니하고 다만 국가와 종교를 전복했다. 여기서 사유는 여러 산물 즉 사상에 대한 권리를 요구하게 되었고, 따라서 사유의 본성과 그 권리에 관한 연구가 근세의 철학적 관심의 대부분을 차지하게 되었다.

20

사유의 가장 비근한 표상을 들어보자. 사유는 첫째 (A) 그 보통일반의 주관적 의미에서 감성·직관·상상 등, 욕심·의욕 등과 동렬의 정신적 작용 또는 능력의 일종으로 나타난다. 사유의 산물, 즉 사상의 규정성 또는 형식은 보편자 즉 추상일반이다. 따라서 사유 활동은 활동하는 보편자, 즉 자기 스스로 활동하는 보편자이다. 왜냐하면 활동·산물 그 자체가 바로 보편자이기 때문이다. 사유를 주관적인 것으로 표상하면 사유요, 사유자로서 실재하는 주관을 간단히 표현한 것이 즉 '나'다.

여기서나 또는 이 다음 여러 절에서 나오는 여러 규정을 사유에 관한 한 주장이나 나의 개인적 의사라고만 생각하여서는 안 된다. 그러나 이 예비적인 논술 형식에서는 도저히 연역(演繹)이나 증명을 할 수가 없으므로, 다만 이러한 여러 규정을 기정사실로 받아들일 수밖에 없고, 따라서 사상을 소유하고 또 이 사상을 고찰한 사람이면, 누구나 자기의 의식 중에 보편성의 성격이나 기타 이에 따라 나오는 여러 규정이 들어있는 것을 경험적으로 알게될 것이다. 그러나 자기의 의식이나 표상의 사실을 고찰하려면 물론, 미리 주의력과 추상력을 양성하여 두어야 할 필요가 있다.

이 예비적인 서술에 있어서도 물론 감성적인 것 및 표상과 사상과의 구별이 문제되는 바, 이 구별이야말로 인식의 본성과 종류를 이해하는 데에 필요불가결한 조건이 된다. 그러므로 여기서 이 구별을 밝혀 두기만 해도 사실의 해명에 도움이 될 것이다. ― 감성적인 것을 설명하려면 첫째 그 외적 기원 즉, 감관(感官), 다시 말하면 감각기관을 들어야 한다. 그러나 감각기관의 명칭만으로는 이 기관에 의하여 파악되는 대상에 대한 규정이 안 나온다. 감성적인 것과 사상과의 구별은 전자의 규정이 개별성인 점에 있으며, 그리고 이 개별(아주 추상적으로는 원자(原子))은 또 관련 중에 있다. 그렇기 때문에 감성적인 것은 서로 외적으로 관련하고, 이 상호 외적 관련성의 좀 더 정확한 추상적 형식이 상호 병존 및 상호 계기(繼起)다.

표상 작용은 이러한 감성적인 소재를 내용으로 가지고 있기는 하나, 그러나 이 감성적인 내용은 이러한 내용이 나의 내부에 있다는 의미에서, '나의 것'이라는 규정과 보편성, 나에게 대한 관계·단순성 등의 규정 중에 들게 된다. 그러나 표상은 감성적인 것 이외에 자각적 사유에서 유래한 예를 들면, 법률·도덕·종교 심지어 사유 그 자체에 관한 표상과 같은 소재까지도 내용으로 가지고 있다.

그리하여 이러한 표상과 이러한 내용에 관한 사상과의 구별이 어디에 있는지 알기가 그리 용이한 일이 아니다. 여기서는 사상이나 보편성의 형식이나 다 같이 표상의 내용이 되어 있는 바, 한 내용이 나의 내부에 있다. 또는 일반적으로 그것이 한 표상이라고 할 때, 이 말 가운데 벌써 보편성의 형식이 들어있는 것이다. 그러나 표상의 특성은 대체로 이 점에서 보면 표상에서는 그러한 내용이 어느 때나 고립하여 있는 점에 있다고 말할 수 있다. 더구나 법이나 법률적인 것이나 기타 이 등속(等屬)의 여러 규정은 공간상의 감성적 상호외적 관련성을 가지고 있는 것이 아니다. 물론 이러한 여러 규정은 시간상에서 상호 계기하는 것같이 보이기는 한다. 그러나 그 내용 자체는 시간에 부착하거나 시간과 같이 경과하거나 또는 변천하는 것으로 표상되는 것이 아니다. 그런데 이와 같이 본래 정신적인 이러한 여러 규정도 표상 일반의 내적·추상적 보편성의 광범한 지반에서는 역시 고립하여 있는 것이다. 이러한 고립 상태에 있어서는 여러 규정이 단독으로, 예를 들면 법·의무·신(神) 등으로 표상된다. 그리하여 표상은 법은 법이고 신은 신이라고 하는 입장에 머물러 있거나, 그렇지 않으면 그보다 좀 더 진보한다 하더라도, 예를 들면 신을 세계 창조자·전지(全知)·전능(全能) 기타 등이라고 하는 따위의 규정 밖에 제시하지 못한다. 따라서 여기에서도 역시 고립한 단일 여러 규정이 다수 나열되었을 뿐이다.

그리하여 이 여러 규정은 그 주체 중에서 지시되는 연계에도 불구하고 의연히 외면적적 병렬상황에 놓여 있을 뿐이다. 이 점에서 표상은 오성과 일치하는 바, 오성과 표상과의 구별은 오성이 보편과 특수, 또는 원인과 결과 기타 등의 관계, 따라서 필연성의 관계를 표상의 분산적 여러 규정 간에 설정하는 반면에, 표상은 이러한 여러 규정을 단순한 '역(亦)'자로 얽어서 그 무규정적인 공간에 나열하여 놓는 점에 있다. — 표상과 사상과의 구별은 더욱 중요한 것이다. 왜냐하면 대체로 철학이라는 것은 표상을 사상으로 변형시킬 뿐만 아니라, 훨씬 더 나아가서 단순한 사상을 개념으로 변형시키는 것이라고 말할 수 있기 때문이다.

그것은 그렇다 치고 앞에 감성적인 것의 규정으로서 개별성과 상호외적인 무관련성을 들춘 바 있거니와, 이에 대하여 하나 더 부언할 것은 이러한 규정 그 자체도 역시 사상과 보편이라는 점이다. 왜냐하면 사상은 사상 자체인 동시에 사상이 아닌 타자(他者)요, 이 타자와 얽혀서 결코 떨어지지 않는 것이기 때문이다. 그리고 사상이나 보편이 바로 이와 같다는 것은 논리학에서 분명히 드러난다. 언어는 사상의 산물이기 때문에 언어에서도 보편자가 아닌 것이 표현되는 것은 아니다. 물론 나의 마음속에 있는 것은 나의 것이요 이 특수한 개체로서의 나에게 속하는 것이다. 그러나 언어라는 것이 만일 보편만을 표현하는 것이라면, 오직 나의 마음속에 있는 것만을 말로 표현할 수 없다. 그리고 말로 표현할 수 없는 것 즉 감정이나 감각은 가장 우월한 것, 가장 진실한 것이 아니라 도리어 가장 무의미한 것, 가장 진실치 않은 것이다. 한 가지 것·이것·여기·지금 등의 말도 내가 만일 이런 말을 입으로 말하였다면 이것도 모두 보편이다. 그리고 모든 것은 무엇이나 한 가지 것, 이것이요, 또 그것이 감성적인 것이라면 여기 지금이다. 이와 마찬가지로 내가 '나'라고 말하였을 때에도 나는 이 나를 모든 타인을 제외한 나로 생각하나, 내가 말한 '나'라는 말은 누구나 모든 타인을 제외한 나로 사용한다. 칸트가 일찍이 나는 모든 나의 표상·감각·욕구·행위 등과 더불어 있다고 말한바 있으나 이것은 서툰 표현이다. '나'라는 것은 그 자체가 보편이다. 그리고 공공성이라는 것도 보편성의 한 형식이기는 하나 그러나 외적인 형식에 불과한 것이다. 모든 나의 표상·감각 기타 등이 다 같이 누구에게나 '내것'임과 마찬가지로 모든 다른 사람도 누구나 다 같이 '나'라고 할 수 있다. 그러나 '나'라는 그 자체는 추상적이어서 그것은 결국 순수한 대자 관계(對自關係)에 불과한 것인바, 이 관계 중에서는 표상작용이나 감각작용뿐만 아니라, 성질이나 재능이나 경험이나 기타 등의 모든 상태나 특수성이 추상되어 있는 것이다. 그러한 한에서 '나'라는 것은 전혀 추상적인 보편성의 실재요 추상적인 자유다. 따라서 '나'라는 것은 주체화한 사유인 동시에, 나의 모든 감각·표상·상태 기타 등 속에 '나'라는 것이 있기 때문에, 사상은 어느 때 어느 곳에나 들어있는 것이며 또 범주로서 이 모든 규정을 일관하고 있는 것이다.

【補遺】 우리는 사유를 운운하거니와 사유는 첫째 주관적 활동, 가령 예를 들면 기억·표상·의지능력 기타 등과 같이 우리가 가지고 있는 여러 가

지 능력으로 나타난다. 가령 사유가 단순히 주관적 활동에 불과하며 또 그러한 것으로서 논리학의 대상이 된다면, 따라서 논리학도 다른 모든 학문과 마찬가지로 특정한 여러 대상을 가진 셈이 될 것이다. 그렇다면 사람들이 사유만을 특수한 과학의 대상으로 삼거나, 또 의지와 상상 기타 등을 무시하거나 그것은 그 사람의 임의가 될 수 있을 것이다. 사유가 이러한 영광을 차지하게 되는 이유는, 사람들이 사유에 일정한 권위가 있다는 것을 승인하고, 따라서 사유가 인간의 참다운 것, 인간이 동물과 구별되는 바로 그것으로 보이는 점에 있는지도 모르겠다. 사유를 단순한 주관적 활동으로 이해하는 것도 전혀 흥미 없는 일은 아니다. 단순한 주관적 활동인 사유의 상세한 여러 규정은 여러 가지 규칙과 법칙들인데, 사람들은 이 규칙이나 법칙에 관한 지식을 경험에서 획득한다. 여기서는 사유를 그 법칙에 의존시켜서 볼 수 있는 바, 이렇게 본 사유가 즉 보통 논리학의 내용이 되는 것이다.

아리스토텔레스는 논리학의 창시자다. 아리스토델레스는 사유 그 자체에게 있는 힘을 발견하였다. 우리의 사유는 극히 구체적인 것이다. 그러나 사유는 사유 또는 사유 활동의 추상적 형식에 귀속하는 여러 가지 내용에 의하여 구별되어야 하는 것이다. 성숙한 정신적 유대 즉 사유 활동은 이 모든 내용을 결합시키는 것인바, 아리스토텔레스는 이 유대 즉 형식 그 자체를 들추어 내 가지고 그것을 규정하였던 것이다. 아리스토텔레스의 이 논리학은 그 후 주로 중세 스콜라철학자들의 손에 의해 다소 부풀었을 뿐, 그대로 오늘날에 이르기까지 유일한 논리학으로 통용돼 왔다. 중세 스콜라철학자들은 아리스토텔레스의 논리학에 새로운 내용을 첨가한 것이 아니라 다만 그 내용을 엿 늘이듯이 늘렸을 뿐이었다. 그런데 근세논리학은 주로 한편으로는 아리스토텔레스와 스콜라철학자들이 들추어 낸 여러 가지 논리적 규정을 제거하였고, 또 다른 한편으로는 여러 가지 심리적 내용을 혼입시켰다.

이 학문의 관심은 분규(紛糾)한 유한적 사유를 이해하는 데에 있고, 또 이

철학강요

유한적인 사유가 그 선행적 대상과 일치할 때에 정당한 것이다. 이러한 형식논리의 연구도 물론 이용가치가 없지 않아 있다. 왜냐하면 사람들이 일상적인 의식 중에서는 분규하고 혼란한 감각표상에 붙잡혀 있는 반면에, 형식논리의 연구에서는 머리를 단련하고 재료를 수집하기를 배우고 추상하기를 배우기 때문이다. 추상 작용에 있어서는 정신이 일점으로 집중하며, 따라서 속으로 파고들어가는 습관을 얻게 된다. 사람들은 유한적 사유형식의 지식을 이 형식에 의하여 운영되는 경험철학에 관한 교양의 방편으로 사용할 수 있을 것이고, 또 이러한 의미에서 논리를 방편논리로 볼 수도 있을 것이다. 그런데 사람들은 관대한 도량을 가지고 논리학은 무슨 이익을 위하여서가 아니라, 훌륭한 것은 단순히 무슨 이익이 되어서만 연구되는 것이 아니기 때문에, 논리학도 논리학 그 자체를 위하여서 연구하여야 된다고 말할 수 있을 것이다. 이 말은 한편으로 생각하면 물론 아주 정당한 말이다. 그러나 다른 한편으로 생각하면 훌륭한 것은 또한 유용한 것이다. 왜냐하면 독립적인 것은 실체적인 것이요 따라서 실체성을 띠고 있는 것은 그것을 요구하고 목표를 삼는 특수목적을 위하여 존재하는 것이기 때문이다. 우리는 특수목적을 제1목적으로 보아서는 안 된다. 그러나 훌륭한 것은 이 특수목적을 요구하는 것이다.

그리하여 가령 예를 들면, 종교는 그 자체 중에 절대가치를 가지고 있는 동시에, 또한 다른 여러 목적을 지지하며 보유하고 있는 것이다. 그리스도는 말하되, 첫째 천국을 얻기에 노력하여라, 그리하면 너희들에게는 그 밖의 모든 것도 거두리라 하였다. ― 절대적 목적이 달성되어야만 비로소 특수목적도 달성되는 것이다.

21

(B) 사유는 대상과의 관계 속에서 활동하는 것, 즉 그 무엇에 대한 반성이

라고 볼 수 있는 것이기 때문에, 이러한 활동의 산물인 보편자는 사실의 진가라든가 본질적인 것이라든가, 내적인 것이라든가 진실한 것이라든가 이상 모든 것을 포함한다.

대상이나 사정이나 사건이나 간에 그 진리, 즉 내적인 것이라든가 본질적인 것이라든가, 또는 이러한 대상이나 사정이나 사건의 존부(存否)를 결정하는 사인(事因)은 의식 중에 직접적으로 나타나지 않는다. 즉 사실의 진리라는 것은 첫 인상이나 첫눈에 뚜렷이 나타나는 게 아니다. 대상의 진실한 성상(性狀)을 이해하려면 첫째 나타난 대상을 반성하지 않으면 안 되며, 또 반성에 의하여야만 이해할 수 있는 것이다.

이상은 제5절에서 언급한 옛부터 내려오는 신앙이다.

【補遺】 어린이에게도 벌써 반성의 빛이 보이는 것이다. 가령 예를 들면, 어린이들에게 형용사와 명사를 결합시켜 보아라. 여기서는 어린이가 한 규칙을 상기하여 가지고, 그 다음에 이 규칙을 특수한 경우에 응용하는 것을 주의하고 구별해 보아야 한다. 왜냐하면 규칙이라는 것은 결국 보편적인 것에 불과하며, 어린이는 이 보편적인 것에 대하여 특수적인 것을 일치시켜야 되는 것이기 때문이다.

그뿐만 아니라 우리는 생활상에 있어서 누구나 목적을 가지고 있다. 따라서 우리는 어떻게 하면 이 목적을 실현할 수 있을까 하는 것을 반성한다. 여기서는 목적이 보편적인 것, 규제하는 것이다. 따라서 우리는 이 목적을 위하여 활용할 특정한 수단과 도구를 가진다. 도덕적 관계에 있어서도 그와 근사한 방식으로 반성이 작용한다. 여기서는 반성이라는 것이 우리가 목전에 당면한 사태에 임하며, 특히 여하한 보편적 부동규칙에 따라서 대처할 것인가 하는 권리나 의무의 상기를 의미하는 것이다.

우리의 특수한 일거일동에는 보편적 규정이 분명히 들어 있어야 한다. 우리는 자연현상에 대한 우리의 태도 중에서도 역시 그와 똑같은 것을 발견한다. 가령 번개와 벼락을 예로 들어보자. 우리는 이러한 현상을 숙지하고 있으며 또 자주 그것들을 진실이라고도 본다. 그러나 인간은 단순한 숙지 즉 감성적 현상만을 가지고 만족하지 않고, 그 현상의 정체를 알고 싶어 하며 그것을 개념적으로 이해하고 싶어 한다. 그렇기 때문에 사람들은 그 현상 자체와 구별되며, 또 단순히 외적인 것과 구별되는 그 내적인 것 즉 원인을 알고 싶어 한다. 그리하여 사람들은 현상을 내적인 것과 외적인 것, 힘과 표현, 원인과 결과로 양분한다. 여기서도 내적인 것과 힘 등은 보편적인 것, 영속적인 것으로서 이 번개나 저 번개도 아니며 또 이 식물이나 저 식물도 아니라, 모든 것 중에 동일 불변한 것이다. 감성적인 것은 개별적이고 생멸무상(生滅無常)한 것이다. 그러나 우리는 반성에 의하여 그 속에서 영속적인 것을 발견한다.

우리는 자연 중에서 개별적인 여러 가지 형체와 현상의 무한한 집성을 본다. 우리는 잡다의 통일을 요구한다. 그렇기 때문에 우리는 모든 현상 중의 보편적인 것을 인식하기 위하여 비교도 하고 연구도 한다. 개체는 생멸하나 종족은 영속하며 반복한다. 그러나 종족을 반성의 입장에서 보아야 비로소 그 존재를 알 수 있는 것이다. 그뿐만 아니라 법칙, 가령 예를 들면 천체운동의 법칙도 또한 반성에 귀속하는 것이다. 우리는 별이 오늘은 여기 있고 내일은 저기 있는 것을 보거니와 정신은 본래 이러한 무질서를 좋아하지 않는다. 왜냐하면 정신은 질서, 즉 단순하고 일정하고 보편적인 규정에 대한 신념을 가지고 있는 것이기 때문이다. 정신은 이 신념 중에서 자기의 반성을 여러 현상에 적용하여 그 법칙을 인식하며, 천체의 운동을 한 보편적인 법칙의 형태에까지 옮겨 놓고, 따라서 이 법칙에 의하여 모든 천체의 위치 변동을 규정하며 인식한다. ― 무한히 복잡한 인간의 행동을 규제하는 여러 가지 '힘'에 관해서도 역시 그와 마찬가지다. 인간은 여기서 또한 보편적인 것의 지배에 대한 신념을 가지고 있는 것이다.

이상에서 열거한 모든 실 예를 보아도 반성이라는 것이 언제든지 특수를 규제하며 고정 불변하는 자기 규정적인 보편을 찾고 있는 것을 알 수 있다. 이 보편은 각각으로는 파악되지 않는 것, 따라서 본질적이고 참다운 것이다. 그리하여 가령 예를 들면 권리와 의무라는 것은 행동의 본질적인 것이요, 따라서 사실 참다운 행동은 그 본질에 있어서 보편적 규정과 일치하는 것이다.

우리는 보편을 그와 같이 규정할 때에 이 보편이 보편 아닌 타자와 대립하고 있는 것, 그리고 이 타자는 매개된 것 내적인 것 보편적인 것과 대립하는 직접적인 것 외적인 것 개별적인 것을 발견한다. 이 보편은 보편적인 것으로서 외적으로 실재하는 것이 아니며, 종류 그 자체는 결코 감각되는 것이 아니며, 천체의 운동법칙은 천계에 쓰여 있는 것이 아니다.

이리하여 보편은 귀로 들을 수도 없고 눈으로 볼 수도 없는 것, 따라서 오직 정신에 대하여서만 있는 것이다. 종교는 모든 타자를 자체 중에 내포하고 있는 보편 속으로, 그리고 모든 타자를 산출하는 절대 속으로 우리를 이끌고 가거니와, 이 절대는 결코 감성에 대해서 있는 것이 아니라 오직 정신과 사상에 대해서만 있는 것이다.

22

(C) 내용이 맨 처음에 감각이나 직관이나 표상 중에 있을 때의 상태는 반성에 의하여 얼마간 변경된다. 그러므로 대상의 참다운 성질은 오직 변화를 매개하여서만 비로소 의식에 오르는 것이다.

【補遺】 반성 중에 나오는 것은 우리의 사유의 산물이다. 그리하여 가령 예를 들면 솔론은 그가 아테네인에게 부과한 율법을 자기 머릿속에서 산출

하였던 것이다. 그러나 우리가 보편을 사유의 산물로 보는 것과 보편 즉 율법을 단순한 주관적인 것의 반대물로 보며, 이 보편 중에서 사물의 본질과 진실을 인식하는 것과는 별문제다. 우리가 사물의 진리를 알려면 다만 사물을 방관만 할 게 아니라 직접적 소여(所與)의 사실을 뜯어 고치는 주관적 활동이 필요한 것이다. 이렇게 말하면 그것은 얼른 생각하면 전혀 착오인 것 같고, 또 인식이라는 본래의 목적에 위반되는 것같이 들릴 것이다. 그럼에도 불구하고 반성을 통하여 직접적인 것을 개수(改修)하여야만 기본적인 것이 달성된다는 것이 고금을 통한 확신이었다고 우리는 말할 수 있다.

그런데 근래에 와서는 이에 대한 의문이 생겨서, 우리의 사유의 산물과 사물 그 자체와의 사이에 차이가 있다는 것을 고집하게 되었다. 그리하여 사람들은 사물 그 자체는 우리가 생각하는 것과는 전혀 다른 것이라고 말하고 있다. 이와 같이 사물 그 자체와 사물에 대한 우리의 인식과를 분리하여 보는 이러한 입장은, 특히 사물과 일종의 산물로서의 사상과 일치한다고 보아오던 종전의 전확신(全確信)을 반대하고 나온 비판철학이 승인하고 있는 입장이다. 근대철학의 관심은 이 대립을 중심으로 하고 전개되었다. 그러나 인간은 본래 이 대립이 결코 참이 아니라는 것을 믿고 있는 것이다. 우리는 일상생활에서 사상과 사물과의 일치에 대한 확고한 신념을 가지고 생각하는 가운데에서 진리가 나온다는 것을 알고 있거니와, 이 신념에 최대의 중요성이 있는 것이다. 우리의 인식은 주관적인 것에 불과한 것이라고, 그리고 이 주관적인 것이 결국 궁극적인 것이라고 절망하고 있는 것이 근대 병(病)이다.

그러나 진리는 객관적인 것이며 이 객관적인 것이 모든 사람의 확신의 규준이 되어야 하는 것이다. 그러므로 개인의 확신은 그것이 이 규준과 일치하지 않는 한 오신(誤信)이 되는 것이다. 그러나 근세의 견해에 의하면 대체 진리의 규준이라는 것이 있지 않기 때문에, 확신의 내용이 사실과 부합하든지 않든지 간에 확신 그 자체에 가치가 있다고 한다. 나는 이상에서 정신의 사명은 진리를 인식하는 데에 있다는 것을 말한 바 있거니와, 이 말 속에는 한 걸음 더 나아가서 외적자연이나 내적자연이거나간에, 모든 사물 즉 한마디로 말하면 객관의 정체가 생각되는 그대로라는 것, 따라서 사유는 모든 대상의 진리라는 의미가 포함되어 있는 것이다. 철학의 임무는 오직 고래(古來)로 인간들이 생각하여 온 것을 분명히 자각시키는 데에 있는 것이다. 따라서 철학은 신기한 것을 제기하는 게 아니다. 우리가 여기서 우리의 반성을 통하여 도달한 것은, 벌써 누구나 다 직접으로 가지고 있는 선입견이 되어 있는 것이다.

23

(D) 대상의 진성(眞性)은 반성에서 나타나는 바 이 반성적 사유작용은 '나'의 활동이다. 그러므로 대상의 진성도 역시 '나'의 정신, 더욱이 사유주체로서의 '나'의 정신, 절대로 자기 자신을 지키는 '나'의 보편성, 즉 나의 '자유'의 산물이다.

'스스로 생각한다'는 말이 마치 무슨 깊은 뜻이나 있듯이 자주 들린다. 다른 사람을 위하여 음식을 먹어 줄 수 없는 것과 마찬가지요, 다른 사람을 위하여 생각하여 줄 수 없는 것이 사실이다. 그러므로 '스스로 생각한다'는 말은 군말에 불과한 말이다. 사유에는 직접적인 자유가 있다. 왜냐하면 사유는 보편자의 활동이요, 따라서 추상적인 대자 관계, 즉 내용상에 있어서는 오직 사물과 그 규정 중에 있지만 그와 동시에 주체성에 있어서는 무규정한 자유 자재성이기 때문이다. 따라서 만일 겸손 혹은 근신이나 불손이 철학하는 데에 관련이 있고 또 겸손이나 근신이 사실이나 행위의 특수성을 철학하는 주체성에서 끌어내지 않는 점에 있다면, 따라서 철학 사색에 있어 적어도 불손하다는 비난은 면하게 될 것이다. 왜냐하면 사유라는 것은 사물 속에 깊이 파고들어야만 내용적으로 참다운 사유가 될 수 있고, 또 형식적으로도 주관의 특수한 존재나 행위가 아니라 오직 추상적 자아로서, 기타 성질이나 상태 등의 모든 특수성을 탈거한 의식 태도를 취하여 누가 하더라 또 결국 일치하도록 오직 보편적인 것만을 일삼는 것이기 때문이다.

아리스토텔레스는 이러한 태도를 존중하라고 요청한 바 있거니와, 의식 자체가 갖게 되는 이러한 진가는 바로 특수한 개인적 의사나 억측을 일소하고 심금을 통틀어 사물에 내맡기는 데에서 획득되는 것이다.

24

이상 여러 규정에 의하면 사상은 객관적 사상이라고 부를 수 있는 바, 첫째 보통 논리학상에서 고찰되며 전혀 의식적 사유의 형식이라고 불리고 있는 여러 형식도 이 객관적 사상 중에 드는 것이다. 따라서 논리학은 사상 중에서 파악된 사물의 학문인 형이상학과 일치한다. 그러한 의미에서 사상은 사물의 본질을 표현하는 것이다.

개념 · 판단 · 추리 등의 형식과 인과성 기타 등, 기타 형식과의 관계는 논리학 그 자체 내부에서 밖에 드러나지 못한다. 그러나 우선 여기서 알아 두어야 할 것은 사상이 사물에서 개념을 작성하려고 하지만 이 개념이라는 것은 따라서 또 이 개념의 가장 직접적 형식인 판단과 추리라는 것은, 사물과 무연(無緣)한 외적규정이나 관계에서 성립하지 않는다는 점이다.

반성이 사물의 보편에 도달한다는 것은 상술한 바 있거니와, 이 보편 그 자체는 개념의 여러 계기 중의 한 계기에 불과한 것이다. 오성이나 이성이 이 세계 내에 존재하는 의미는 객관적 사상이 가지고 있는 의미와 동일한 것이다. 그러나 사상이라는 말은 흔히 정신이나 의식에만 속하는 말로 사용되고, 객관적이라는 말도 역시 첫째 오직 비정신적인 것에 대하여서만 사용되는 말이기 때문에 객관적 사상이라는 말은 그리 적당한 표현이 아니다.

【補遺】1. 객관적 사상으로서의 사상이 세계의 핵심이다는 말을 들을 때에, 그렇다면 자연적 사물에도 의식이 있는 것같이 보아야 할 줄로 사람들은 생각할 수 있을 것이다. 우리는 사물의 내면적 활동을 사유로 파악하여야 된다는 견해에 대하여 일종의 반감을 느낀다. 그래서 우리는 인간이 사유에 의하여 자연과 구별된다고 말한다. 따라서 우리는 자연을 무의식적인 사상의 체계라고, 다시 말하면 쉘링(Schelling)이 말한 바와 같이 화석화한 지성이라고 말하여야 한다. 그러므로 오해를 방지하기 위하여서 사상이라는 말을 사용하는 대신에 사유규정이라는 말을 사용하는 게 좋다.

따라서 우리는 논리적인 것을 사유규정일반의 체계로 보아야하는 바, 이 체계 중에서는 보통일반의 의미에 있어서의 주관적인 것과 객관적인 것과의 대립이 해소된다. 이성(Nous)이 세계를 지배한다는 선인의 말이나, 또는 우리의 이해력은 세계 내의 이성이며 이성은 세계에 내주(内住)하는 세계의 영혼, 세계의 중심에 고유한 내재적 본성, 즉 세계의 보편이라고 우리가 말할 때에, 그 말 가운데에는 사유와 사유규정의 앞에 말한 의미가 좀 더 정확하게 표현되어 있는 것이다.

이것을 좀 더 예증하면 우리는 일정한 동물을 말할 때에 '그것은 동물이다'라고 말한다. 즉 동물 그 자체가 말에 오르는 게 아니라 언제든지 오직 특정한 동물만이 말에 오른다. 즉 동물일반이 있는 게 아니라 개별적인 여러 동물의 일반적 본성이 있는 것이다. 그리고 실재하는 개별적인 여러 동물은 모두 구체적 · 특정적인 특수동물이다. 그러나 동물로서 존재하려면 류(類)적 보편이 특정한 동물에 속하여 그 동물의 특정한 본질성이 되어야 하는 것이다. 가령 개한테서 동물성을 제거하면 개는 개가 될 수 없는 것이다. 그와 같이 모든 사물은 영속적인 내재적 본성과 외재적 실재성을 가지고 있는 것이다. 모든 사물은 생멸하는 바 그 사물의 본질성 즉 보편성이 유(類)다.

그리고 이 종류를 다만 여러 사물의 공통성으로만 보아서는 안 된다.

사유라는 것은 외적 사물의 실체인 동시에 또한 정신적인 것의 일반적 실체도 되는 것이다. 인간의 모든 직관 중에는 사유가 있다. 따라서 사유는 모든 표상·기억 내지 대체로 모든 정신적 활동, 모든 의욕·희망 기타 등 중에 있는 보편이다. 그리하여 이 모든 정신적인 것은 사유의 특수화에 불과한 것이다. 우리는 사유를 그와 같이 보는 반면에 사유는 또 그와 다른 관계를 가지고 나타난다. 즉 예를 들어 말하면, 사유능력은 직관·표상·의욕 등과 같은 기타 능력 중의 하나 또 그러한 여러 능력과 병존(竝存)하는 한 능력이다.

우리가 사유를 모든 자연적인 것과 모든 정신적인 것과의 진정한 보편이라고 보게 되면, 따라서 사유는 이 모든 것을 덮어 싸기도 하며 또 이 모든 것의 기초가 되기도 한다. 우리는 사유를 그와 같이 봄으로써 그 객관적 의미와 주관적 의의를 결부시킬 수 있다. 우리는 우선 인간을 사유하는 동물이라고 말하거니와, 그와 동시에 또한 인간을 직관하며 의욕하며 등등하는 동물이라고도 말한다. 인간은 사유하는 보편적인 것이다. 그러나 인간은 자기가 보편자인 것을 알아야만 비로소 사유하는 것이다. 동물도 자체적으로는 보편자이기는 하나 동물은 보편 그 자체를 모르고 언제든지 오직 개별만 안다. 그리하여 동물은 개별적인 것, 가령 예를 들면 그 사육자 즉 인간 기타 등만을 본다. 그러나 동물은 이 모든 개별적인 것을 오직 개별적인 것으로만 볼 뿐이다.

그와 마찬가지로 우리의 감각은 언제든지 오직 개별적인 것 즉 이 고통, 이 미미(美味) 등만 안다. 자연은 이성을 자각하지 못하나 인간은 보편이 보편인 것을 분별한다. 가령 비근한 예를 들어 말하면, 인간은 자기가 '나'인 것을 안다. 내가 '나'를 '나'라고 말할 때, '나'는 내가 어디까지나 특정한 개별적인 개인인 것을 알고 있는 것이다. 그러나 사실에 있어서는 그렇다고 해서 '나'라는 것이 결코 나에게만 특수한 것이라는 것을 의미하는 것은 아니다. 다른 모든 인간도 '나'다. 내가 나를 나라고 표현할 때, 나는 물론 내가 바로 이 개인이라는 것을 생각하기는 하나 그와 동시에 또 순전한 보편을 표현하고 있는 것이다. '나'라는 것은 모든 특수를 부정하고 지양하는 순전한 자각적 존재다. 그러므로 '나'라는 것은 결국 단순하고 순수한 의식이다. 우리는 '나'와 사유가 동일한 것이라고, 다시 말하면 '나'라는 것은 사유하는 자로서의 사유라고 말할 수 있다. 내가 내 의식 속에 가지고 있는 것은 '나'가 있기 때문에 있는 것이다. 말하자면 '나'라는 것은 모든 것을 받아들이는 빈 그릇이다. '나'가 있기 때문에 모든 것이 있는 것이며, 따라서 '나'라는 것은 모든 것을 자체 중에 보유하고 있는 것이다.

모든 인간은 각기 하나의 완전한 표상의 세계다. 또 말하자면 표상의 세계는 '나'라는 밤중에 묻혀 있는 것이다. 그리하여 '나'라는 것은 결국 모든 특수에서 추상되어 있는 동시에 또 모든 것을 감추고 있는 보편이다. 따라서 '나'라는 것은 단순한 추상적 보편이 아니라, 도리어 그 속에 모든 것을 내포하고 있는 보편이다. 우리는 흔히 '나'라는 말을 아주 아무렇게나 사용한다. 그러나 '나'라는 것은 철학적 반성에 의하여서 비로소 고찰의 대상이 되게 되었다.

'내가 가졌다'(Ich haben)는 말 가운데에는 완전히 순수하게 나타난 사상이 있다. 동물은 '나'라는 말을 할 줄 모른다. 그러나 인간만은 '나'라는 말을 할 줄 안다. 왜냐하면 인간은 사유하기 때문이다. 그런데 '나' 속에는 여러 가지 내적 및 외적 내용이 있다. 그리고 우리는 이 내용 여하에 따라서 감성적으로 직관하고, 표상하고 기억하고 기타 등등 하는 태도를 취하는 것이다. 그러나 그 어느 것 중에도 나라는 것이 있다. 다시 말하면 그 어느 것 중에나 사유가 있다. 따라서 인간은 그가 오직 직관만 하고 있을 때에도 사유하면서 직관하고 있는 것이다.

인간은 그 무엇을 볼 때 언제든지 그 무엇을 한 보편적인 것으로 보며, 개별적인 것을 고립시켜 가지고 이것을 무시하며, 그리함으로써 다른 것에 대한 그의 주의를 말살하고, 따라서 그 무엇을 추상적인 것으로, 또 결국 형식적 보편이기는 하나 하여간 일종의 보편적인 것으로 본다. 우리의 표상에 있어서는 두 가지 경우가 있는 바, 하나는 내용이 사상인데 형식은 그렇지 않은 경우와, 또 하나는 그와 반대로 형식은 사상에 속하나 내용은 그렇지 않은 경우가 그것이다. 가령 예를 들어 말하면, 분노 · 장미(薔薇) · 희망 등은 모두 우리가 감각에 의하여 잘 알고 있는 것들이다. 그러나 나는 이 내용들을 일반적인 형식으로 즉 사상의 형식으로 표현한다.

따라서 나는 이것들의 가진바 특수성을 제거하고 내용을 오직 보편적인 것으로만 표현한다. 그러나 이 내용은 어디까지나 감성적인 것이다. 그와 반대로 가령 신을 표상한다고 하자. 이 표상의 내용은 물론 순(純)사상적인 것이다. 그러나 그 형식은 이것이 직접 내 자신 중에 있는 것을 보아도 아직 감성적이다.

이리하여 표상에 있어서는 형식은 사상에 속하는데, 내용은 감성적이고 또 그와 반대로 내용은 사상에 속하는데, 형식은 감성적인 이러한 두 가지 경우가 있다. 첫째 경우에는 재료는 감성에 주어지는데 형식은 사상에 속하고, 둘째 경우에는 사유가 내용의 원천이나 이 내용은 형식을 통하여서 감성적 소여(所與)가 되며 따라서 정신에 대하여 외적으로 나타난다.

【補遺】 2. 논리학상에서는 순수사상, 다시 말하면 사유규정을 다룬다. 일반적 의미에 있어서 사상이라는 말을 들을 때, 우리는 언제든지 단순히 순전한 사상만이 아닌 그 무엇을 연상한다. 왜냐하면 사상의 내용은 언제든지 경험적인 것이기 때문이다. 그러나 논리학에서 다루는 사상은 사유 그 자체에 속하는 것, 따라서 사유에 의하여 산출되는 것 이외의 아무 것도 아니다.

그렇기 때문에 이 사상은 순수사상이다. 그리하여 정신은 순전히 자주적이며 따라서 자유다. 왜냐하면 자유라는 것은 다른 것이 아니라 바로 여러 자신의 타재(他在)에서 제 자신을 발견하며, 제 자신에 의존하며 제 자신을 규정하는 데에만 있는 것이기 때문이다. 모든 충동은 타자에게서, 다시 말하면 우리에게 대한 외부적인 것에서 출발한다. 우리는 여기에서 의존성을 발견한다. 자유라는 것은 오직 내게 대하여 '나'가 아닌 타자가 없는 데에만 있는 것이다. 다만 자기의 충동에만 지배되는 자연적 인간은 자주적인 인간이 못된다. 또 자존심이 강한 인간도 그 인간의 의욕이나 의사의 속을 깨고 보면 그 인간 자신의 것이 아니며, 그 인간의 자유는 다만 형식적 자유에 불과한 것이다. 나는 사유할 때에 나의 주관적 특수성을 버리고 사물의 속으로 파고들어가며 오직 사유에만 따라간다. 따라서 사유에 대하여 나의 의사를 개입시키면 사유가 잘 진행되지 않는 것이다.

상술한 바에 의하여 우리는 논리학을 순전한 사유규정의 체계로 보거니와, 이렇게 보면 따라서 기타 철학적 학문 즉 자연철학이나 정신철학은 말하자면 응용논리학이라고 볼 수 있다. 왜냐하면 논리학은 자연철학이나 정신철학을 살리는 혼이기 때문이다. 따라서 논리학 이외의 모든 학문의 관심은 다만 논리적 여러 형식을 자연이나 정신이나의 여러 형태에서 인식하며 형성하는 데에 있는 것이다. 그러므로 자연이나 정신이나의 여러 형태는 결국 순수한 사유형식의 특수한 표현 형태에 불과한 것이다. 가령 예를 들어 말하면, 낡은 형식논리의 의미에서가 아니라 진정한 의미에서의 추리는 특수가 보편과 개별과의 양 극을 연결하는 규정이다. 추리의 이 형식은 모든 사물의 보편적 형식이다. 모든 사물은 보편과 개별을 연결하고 있는 특수다.

그러나 자연은 논리적 형식을 순수하게 표현하지 못하는 약점을 가지고 있다. 가령 예를 들어 말하면, 자철(磁鐵)은 그 중심 즉 영점에서 양 극을 직접적으로 연결하고 있는 점에서, 따라서 양 극의 구별이 직접적으로 일치하고 있는 점에서, 논리적 형식을 순수하게 표현하지 못하는 약점을 가지고 있다.

물리학상에서도 보편이나 본질을 다룬다. 그러나 물리학과 자연철학과의 상이는 다만 자연철학이 자연적 사물 중에 있는 개념의 진정한 형식을 우리들에게 이해시키는 점에 있는 것이다. ─ 그러하기 때문에 논리학은 모든 학문을 살리는 학문이요, 논리학의 모든 사유규정은 순전한 정신이다. 그와 같이 논리적 사유규정은 가장 내면적인 것이기는 하나 그와 동시에 언제든지 우리의 입에 오르내리는 것이며, 따라서 어디까지나 우리가 잘 아는 것같이 생각되는 것이다.

그러나 그것은 우리가 잘 아는 것이면서 또한 가장 잘 모르는 것이다. 가령 예를 들어 말하면 존재라는 것은 순전한 사유규정이다. 따라서 우리는 이러한 존재를 우리의 눈으로 볼 수는 없는 것이다. 사람들은 흔히 절대자가 멀고 먼 피안(彼岸)에 있는 것같이 생각하나 절대자는 바로 목전에 있는 것이다. 따라서 사유하는 자로서의 우리는 절대자가 무엇인지 분명히 알지는 못하나 우리가 사유하는 한 우리는 절대자와 같이 있고 또 절대자를 사용하고 있는 것이다. 가령 예를 들어 말하면 우선 우리가 사용하는 말 가운데에 이러한 사유규정이 들어 있다. 따라서 아동에게 대한 문법 교육은 아동들에게 부지불식중에 사유규정과 사유와의 구별을 알려주는 효과를 나타내는 것이다.

사람들은 흔히 논리학은 다만 사유의 형식만 다루는 것이고, 사유 내용은 논리학 이외에서 얻어야 한다고 말한다. 그러나 논리적 사상이 기타 모든 내용을 제외하는 게 아니다. 도리어 기타 모든 내용이 바로 이 논리적 사상을 제외하고 있는 것이다. 논리적 사상은 모든 것의 진정한 근거가 되는 것이다. ─ 그러므로 사람들의 관심을 이러한 순수규정으로 집중시키는 것이 옳은 의미의 교육적 태도라고 할 수 있다.

그뿐만 아니라 사유규정을 진정하게 고찰한다는 것은 우리가 사유 그 자체 중에서 사유규정을 도출하며, 또 사유규정에 의해서 사유가 진정한가 않은가를 본다는 의미도 있는 것이다. 우리는 사유규정을 우리의 외부에서 취득하여 이것을 정의하고 또는 그 가치와 타당성을 지적하는 게 아니다.

왜냐하면 우리는 사유규정을 그것이 우리의 의식 중에 나타나는 그대로 고찰하는 것이기 때문이다. 그래서 우리는 관찰이나 경험에서 출발하여, 가령 예를 들면 우리는 흔히 힘이라는 것을 일정한 때와 곳에서 일정한 것을 위하여 사용한다고 말한다. 이 정의가 이 정의의 대상이 우리의 일상적 의식 중에 나타나는 대로와 일치할 때에 우리는 이 정의를 정당하다고 본다. 그러나 이러한 방식으로는 개념이 제 자신에 의하여 옳게 규정되지 못하고, 도리어 일정한 전제에 의하여 규정되게 된다. 따라서 그렇게 되면 이 전제가 개념의 정부여하(正否如何)에 대한 기준이나 척도가 되게 된다. 그러나 우리는 이러한 척도를 사용할 것이 아니라, 도리어 개념 그 자체 중에서 생동하는 규정을 제대로 진행시켜야 한다. 상식 중에서는 사유규정의 진리에 관한 문제가 나오는 일이 드물다. 왜냐하면 상식에서는 사유규정이 일정한 대상에 적용되어야만 진리성을 획득하는 것으로 알며, 따라서 사유규정을 대상에 적용함이 없이 사유규정의 진리 여하를 묻는다는 것을 무의미한 일로 알기 때문이다. 그러나 중요한 것은 바로 이 문제다. 물론 사람들은 상식으로도 진리가 무엇인가를 알고 있을지 모른다.

우리는 흔히 진리를 대상과 우리의 표상과의 일치라고 부른다. 따라서 우리는 여기서 표상에 일치해야 될 한 대상을 전제한다. ─ 그러나 철학적 의미에서 일반적 · 추상적으로 표현하면, 진리는 일정한 내용이 제 자체와 일치함을 의미하는 것이다. 따라서 진리의 이 철학적 의미는 상술한 진리의 의미와는 전혀 다른 것이다. 그런데 진리의 깊은 철학적 의미는 이미 우리의 일상 용어 중에서도 부분적으로 발견된다.

가령 일 예를 들면, 우리는 참다운 친우(親友)라는 말을 흔히 사용하는 바, 이 '참다운 친우'라는 것은 그의 행동이 친우라는 개념에 일치하는 그러한 사람을 의미하는 것이다. 또 참다운 예술품이라는 것도 역시 그와 마찬가지다. 따라서 참답지 않은 것이나 나쁜 것은 제 자신의 개념과 일치하지 않는 것을 의미하는 것이다. 이러한 의미에서 나쁜 국가는 참답지 않은 국가라고 할 수 있다. 따라서 나쁘고 참답지 않은 것은 모든 한 사물의 규정 또는 개념과 그 실재와의 모순에서 나타나는 것이다. 우리는 이러한 나쁜 사물에 관해서도 정당한 한 표상을 가질 수 있다. 그러나 이 표상의 내용은 그 자체에 있어서 참다운 것이 아니다. 이 종류의 정당성은 동시에 비진리성이지만 우리는 이러한 정당성을 많이 알고 있다. - 개념과 실재와의 참다운 일치는 오직 신만이다. 그러나 모든 유한적인 사물 그 자체는 비진리성을 가지고 있다. 다시 말하면 모든 유한적인 사물은 개념과 이 개념에 일치하지 않는 실재를 가지고 있다.

따라서 모든 유한적인 사물은 사멸하며, 또 사멸함으로써 그 개념과 실재와의 분리가 표면화 한다. 개별로서의 동물의 모든 개념은 종류[類]다. 따라서 이 종류는 개별적인 동물의 죽음[死]에 의하여 개별성에서 해탈한다.

진리를 이상에서 말한 바와 같이, 다시 말하면 제 자신과의 일치로 보는 것이 논리학의 진정한 관심이다. 상식상에서는 사유규정의 진리문제가 전혀 안 나온다. 논리학의 업무를 또 이렇게 즉 사유규정이 진리를 파악할 수 있는 한도까지 이 사유규정을 고찰하는 것이라고 말할 수도 있다. 따라서 이 문제는 무엇이 무한적인 것의 형식이고, 또 무엇이 유한적인 것의 형식이냐 하는 점에 귀착한다. 일상적인 의식에 있어서는 사람들은 유한적인 사유규정을 덮어놓고 그대로 사용한다. 그러나 유한적인 규정에 준하여서 사유하며 행동하는 데에서 모든 미망(迷妄)이 나오는 것이다.

【補週】3. 우리는 진리를 여러 가지 방식으로 인식할 수 있고, 또 인식의 방식을 다만 형식에 불과한 것으로 볼 수도 있다. 따라서 우리는 물론 진리를 경험에 의하여 인식할 수 있다. 그러나 이 경험은 진리 인식의 한 형식에 불과한 것이다. 경험에 있어서는 여하한 정신을 가지고 현실에 대할 것인가가 중요한 문제다.

위대한 정신은 위대한 경험을 낳고, 여러 현상의 난무 중에서 위대한 것을 본다. 이념은 피안이나 배후에 있는 게 아니라 바로 이 현실 중에 있는 것이다.

가령 예를 들면, 괴테 같은 위대한 정신이 자연이나 역사를 통찰하고 위대한 경험을 얻은 것과 마찬가지로, 위대한 정신은 이성적인 것을 발견하고 이를 표명하는 것이다. 그 다음에 우리는 반성 중에서도 진리를 인식할 수 있고, 따라서 진리를 사상의 관계에 의하여 규정할 수 있다. 그러나 진정한 진리는 이상 말한 바와 같은 경험이나 반성 등의 형식으로 인식되는 것이 아니다. 가장 완전한 인식형식은 순수사유의 형식이다. 인간은 여기서 어디까지나 자유스런 태도를 취한다. 사유의 형식이 절대라는 것, 따라서 진리는 사유의 형식 중에 구체적·보편적으로 나타난다는 것, 이것이 철학일반의 주장이다 상술한 기타 모든 인식형식이 유한적 형식이라는 것을 지적하면 그 증명이 될 것이다.

고대 회의론은 상술한 경험이나 반성 등의 모든 형식이 그 중에 모순을 내포하고 있는 것을 지적함으로써, 진리가 사유의 형식 중에서 구체적·보편적으로 나타난다는 철학일반의 주장을 증명하였던 것이다. 이 회의론은 또 이성의 형식에까지 접근하였으나 이것을 유한적인 형식으로 곡해하였다. 유한적인 사유의 모든 형식은 논리적 발전과정 중에서 더구나 필연성을 띠고 나타나는 것이다. 그러므로 이 서론 중에서는 비과학적이기는 하나 유한적인 사유형식을 우선 주어진 그 무엇으로 다룰 수밖에 없다. 그러나 논리적 연구 중에 들어가서는 유한적 여러 형식의 소극적인 측면과 아울러 그 적극적인 측면까지도 지적할 것이다.

사람들은 여러 가지 인식형식을 비교할 때, 그 중에서 직접지(直接知)의 형식을 가장 마땅하고 가장 훌륭하고 가장 높은 형식으로 알기 쉬운 것이다. 이 형식 중에는 도덕적 견지에서 순결하다고 보는 모든 것, 그리고 그 다음에 종교적 감정, 순진한 신뢰심, 사랑·충성 기타 자연적 신앙이 들어있다. 그리고 이 직접지의 형식 외의 두 가지 형식 즉 첫째 반성적 인식의 형식과 그 다음에 철학적 인식의 형식은, 이제 말한 직접지의 자연적 통일 중에서 나오는 것이다. 그렇기 때문에 반성적 인식이나 철학적 인식은 서로 직접지를 공유하고 있거니와, 따라서 사유에 의하여 진리를 파악하려고 하는 이 두 형식은 본래 제 자신의 힘으로 진리를 인식하려고 하는 인간의 한 자랑으로 보이기 쉬운 것이다.

그런데 이 사유의 입장은 일반적으로 분별지(分別知)의 입장이기 때문에, 사람들은 이 입장을 당연히 모든 악(惡)과 추(醜) 내지 원죄(原罪)의 근원으로 보게 되며, 따라서 자연적 통일의 회복과 속죄에 도달하기 위하여 사유와 인식을 포기하여야 될 것으로 안다. 여기서 원시적 통일의 붕괴에 관하여 일언하거니와, 정신의 이 기적적인 자기분열이 고래(古來)로 여러 민족의 의식대상이 되었던 것이다.

자연에는 이러한 내적분열도 없고 죄악도 없다. 이 분열의 기원과 결과에 관한 고대인의 관념이 원죄에 관한 모세의 신화 형태로 우리에게 전하여지고 있는 것이다. 이 신화의 내용이 본질적인 종교적 신앙의 토대, 즉 인간의 원죄와 이에 대한 구제가 필요하다는 교의의 토대가 됐다.

그렇다면 원죄에 관한 신화를 논리학의 일단으로 보아도 괜찮을 것같이 생각된다. 왜냐하면 논리학은 인식을 다루는 것이며, 이 원죄에 관한 신화도 결국 인식과 인식의 기원 및 의의를 다루는 것이기 때문이다. 따라서 철학은 종교 앞에서 공축(恐縮)할 필요도 없는 것이며, 또 종교가 용서하여야만 맘을 놓는 그러한 허름한 지위에 있는 것도 아니다. 그리고 그와 마찬가지로 그 반면에 이 신화나 종교적 설명을 벌써 진부(陳腐)에 속하는 것같이 여기는 견해도 당치 않은 것이다. 왜냐하면 이 신화나 종교적 설명은 수천 년 이래 여러 민족의 신봉(信奉)을 받아 왔기 때문이다.

이제 원죄에 관한 신화를 좀 더 깊이 살펴본다면, 우리는 위에서도 이미 말한 바와 같이 그 가운데에 정신적 생활에 대한 인식의 보편적 관계가 표현되어 있는 것을 발견할 것이다. 정신적 생활은 우선 순결하고 순진한 신뢰심에서 직접적으로 나타난다. 그러나 이 직접적 상태를 지양하는 것이 정신의 본질이다. 왜냐하면 정신적 생활은 그 즉자적 존재에 머물러 있지 아니하고 도리어 대자적(對自的)으로 존재함으로써 자연적 생활, 좀 더 구체적으로 말하면 동물적 생활과 구별되는 것이기 때문이다. 그러나 정신은 이 자기분열의 입장을 즉시 지양하고 다시 제 자신과의 통일을 회복하는 것이다. 그런데 이 통일도 역시 정신적인 것이요, 따라서 이 통일 회복의 원리는 사유자체 중에 있는 것이다. 이것은 마치 부상하였다가 회복되는 것과 같다. ─ 신화에 의하면 최초의 인간인 동시에 인간 일반인 아담과 이브가 생명의 나무와 선악 인식의 나무가 서 있는 에덴동산에 나타났는데, 신은 그들에게 선악 인식의 나무 열매를 먹기를 금하고 생명의 나무에 대해서는 그 이상 더 아무 말도 없었다 한다. 이리하여 신화는 인간이 지식을 갖지 말고 영원히 순수 무구를 지켜야 된다는 것을 말하였다. 그뿐 아니라 기타 민족의 심오한 의식 중에서도 우리는 최초의 인간 상태가 순진무구한 통일된 상태이었다는 사상을 발견한다.

이러한 사상 중에는 우리가 인간적인 모든 것이 빚어내는 분열 상태에 그저 안주하고 있을 수 없다는 정당한 견해가 들어있는 것이다. 그러나 그렇다고 직접적ㆍ자연적인 통일이 좋다는 것은 아니다. 정신이라는 것은 단순한 직접적인 것이 아니라, 본질에 있어서 매개의 계기를 내포하고 있는 것이다. 천진난만한 소년은 물론 어쩐지 우리의 심금을 울리며 우리에게 감동을 준다. 그러나 그것은 소년의 천진난만이 오직 정신에 의하여 실현되어야 할 그 무엇을 우리에게 연상시키는 한에서만 그러한 것이다. 우리가 소년에게서 보는 그 통일은 자연적 통일이지만 우리에게는 이 통일이 정신의 노력과 수양과의 결과로 얻지 않으면 안 되는 것이다.

그리스도는 말하되, 너희는 아이들과 같이 되어라 하였다. 그러나 이 말은 우리가 아이들의 상태를 벗어나지 말라는 의미의 말은 아니었다. 또 모세의 신화 중에는 인간이 통일에서 이탈하는 기연이 외부적 유혹(뱀)에서 왔다는 사상이 있다. 그러나 사실로 말하면, 모든 곡절은 대립에 즉 인간 자신의 의식발생에 있는 것이며, 따라서 인간은 누구나 모두 이 사실을 되풀이하고 있는 것이다. 그러므로 뱀은 드디어 무엇이 선이고 무엇이 악인가를 알아야 한다는 것을 암시하는 것이며, 그리고 이 지식은 사실에 있어서 인간이 직접적 존재의 통일을 파괴한 데에서, 다시 말하면 인간이 금단의 과실을 먹은 데에서 유래하는 것이다. 각성한 의식의 최초의 반성은 인간이 알몸뚱이었다는 사실이다. 이것이 인간의 천진난만하고 근본적인 형상이다.

그러나 인간은 자기가 알몸뚱이인 것을 알자 곧 수치를 느낀바, 이 수치심에서 인간은 그 자연적·감성적 존재와 분리하였다. 이 분리에까지 이르지 못한 동물은 그렇기 때문에 수치를 모르는 것이다. 그뿐만 아니라 복식의 정신적 내지 도덕적 기원도 또한 이 인간의 수치 감정 중에서 찾아야 되는 것이다. 따라서 한기를 방어하여야 될 육체적 필요는 그에 비하면 제2차적인 것이다. ― 그 다음에는 신이 인간에게 내렸다는 소위 신벌(神罰)이라는 것이 나온다. 여기 나오는 신벌이란 무엇이냐 하면, 그것은 주로 자연에 대한 인간의 대립에 귀착하는 것이다.

남자는 이마에 땀을 흘려가며 노동하여야 되고 여자는 아이 낳는 고통을 받아야 한다. 여기에서 노동이 무엇인가 하는 점에 대하여 한마디 더 말한다면, 노동이라는 것은 분열의 결과인 동시에 또한 분열의 극복이기도 하는 것이다. 동물은 자기의 욕망을 만족시키기 위하여 필요한 물건을 직접적으로 발견한다. 그러나 인간은 자기의 욕망을 만족시키기 위한 수단을 생산하고 개조하여야 된다. 그리하여 인간은 이러한 외면성에 있어서도 역시 자기 자신과 관계하고 있는 것이다.

모세의 신화는 인간이 낙원에서 축출당한 뒤에도 아직 그치지 않고 계속한다. 신화는 이어 말하되, '보아라! 아담은 선과 악이 무엇인가를 알았으니 우리의 외아들이 되었다'고 신이 말하였다고 한다. 신화는 여기서 지식을 신성한 것으로 보고 종전과 같이 있어서는 안 될 것으로 보지 않았다. 여기에는 그러므로 또 철학이 유한적 정신에 속하는 것에 불과하다는 언사에 대한 반박이 포함되어 있는 것이다. 왜냐하면 철학은 지식이요, 따라서 신의 아들이 되어야 할 인간의 근본임무는 인식에 의하여서만 비로소 실현되는 것이기 때문이다. 또 신화는 신이 인간을 에덴동산에서 축출했다 하거니와, 그렇다고 인간은 생명의 나무까지 먹은 것이 아니다. 그러므로 인간은 그 자연적인 측면에서는 물론 유한하고 사멸하지만 인식에 있어서는 무한한 것이다.

주지하는 바와 같이 기독교회의 교의는 인성을 악이라고 보고, 따라서 또 이 인성악(人性惡)을 원죄라고 부른다. 그러나 그리 하려면 기독교의는 원죄가 최초의 인간의 한 우연적인 행위에서 나왔다는 외면적인 관념을 포기하여야 되는 것이다. 사실, 정신이라는 개념상으로 보면 인성은 본래 악이며, 따라서 인간은 또 이 인성악이 달리될 수도 있다는 것을 모르고 있는 것이다.

인간이 자연물로서 존재하며 또 그러한 것으로서 행동하는 것은 마땅히 있어서는 아니 되는 사실이다. 인간에게 대하여서는 자연은 인간이 개조하지 않으면 안 되는 출발점에 불과한 것이다. 기독교의 원죄설에는 인성은 본래 선이요 그러므로 어디까지나 인성을 존중하여야 된다는 근대의 계몽사상이 대립하고 있다. 인간이 자기의 자연적 존재에서 벗어난다는 것은, 인간이 자각적 존재로서 외적세계와 분리된다는 말이다. 그러나 그렇다 하더라도 인간은 정신적 개념에 속하기는 하나 그러나 이러한 분리의 입장에 영구히 머물러 있을 수 없는 것이다. 사유나 의욕의 유한성은 바로 이러한 분리의 입장에서 나오는 것이다. 이 입장에서는 인간은 목적을 자기 스스로 세우고 자기의 행동의 재료를 자기 맘대로 취한다. 그리하여 인간이 이 목적을 끝끝내 고집하여 나가면 내종에 가서 인간은 여러 특수성 중에서 보편을 제외할 줄밖에 모른다. 이 점에 인간의 악이 있거니와 이 악이 바로 인간의 주관성이다.

우리는 얼른 보아도 여기서 두 가지 악이 있는 것을 알 수 있다. 그러나 사실은 이 두 가지 악은 동일한 것이다. 인간이 정신을 가지고 있는 한 그는 벌써 자연물이 아니다. 인간이 인간으로서 행세하고 목적을 추구하는 한 그는 벌써 의욕하고 있는 것이다. 그렇다면 인간의 자연적인 악(惡)성은 동물의 자연적인 존재와 같은 것이 아니다. 그러므로 자연적이라는 것을 좀 더 따져 보면 자연적 인간이라는 것은 본래 한 개인이라는 규정을 의미하는 것이다. 왜냐하면 자연이라는 것은 본래 모든 개별화의 종합체이기 때문이다. 그러므로 인간이 자기의 자연성을 좋아한다는 것은 즉 인간이 개별성을 좋아한다는 것을 의미하는 것이다. 그런데 충동이나 본능에서 유래하여 자연적 개별성에 속하는 이러한 행동에 맞서서 곧 법칙 즉 보편적 규정이 나타난다. 이 법칙은 외적 권력이라는 형태를 가질 수도 있을 것이며, 또는 신적 권위라는 형태를 가질 수도 있을 것이다. 그리하여 인간이 그 자연적 태도에 머물러 있는 동안에는 그는 법칙의 노예가 되는 것이다. 물론 인간의 소질이나 감정 중에도 이기적 개성을 초월한 선의 · 사회적 소질 · 동정 · 사랑 기타 등이 있기는 있다. 그러나 이러한 소질들이 직접적인 한, 이 소질들의 보편적인 내용 그 자체까지도 역시 주관성의 형태를 띠는 것이며, 여기서는 언제든지 이기심과 우연성이 발동한다.

25

객관적 사상이라는 말은 철학의 목표뿐만 아니라, 그 절대적 대상이 되어야 할 진리를 표시하는 것이다. 그러나 이 객관적 사상이라는 말은 동시에 대체로 한 대립을 표시하는 바, 이 객관적 사상의 규정과 해석 여하에 의하여 현대의 철학적 입장이 대립하고, 또 진리와 그 인식의 문제가 대립하고 있는 것이다.

사유규정에 완강한 대립이 부착하여 있는 한, 다시 말하면 사유규정이 유한성을 가진 것에 불과한 한, 따라서 이 사유규정은 진리 측 절대 그 자체에 들어맞지 않으며, 또 진리가 사유 중에 들어오지 못하는 것이다. 오직 유한적 규정 밖에 산출하지 못하고 또 유한적 규정 중에서만 운동하는 사유는 말의 엄밀한 의미에서 오성이라고 부르는 것이다. 좀 더 정확히 말하면 사유규정의 유한성이라는 것은 이중으로 이해되는 바, 한편으로는 사유규정이 오직 주관인 것에 불과하고, 어디까지든지 객관과 대립한다는 의미에서 유한적이고, 다른 한편으로는 사유규정이 제한된 내용을 가지고 일반적으로 서로 대립하는 동시, 절대자에게 대하여도 상호대립 이상으로 심하게 대립한다는 의미에서 유한적이라고 이해된다. 그런데 논리학의 의미와 입장을 밝히려면 사유에 대하여 객관성을 부여하는 입장을 서론 삼아 여기서 고찰하여야 된다.

그래서 나는 '정신현상학'을 출판에 낼 때에 철학 체계 제1부라는 소제목을 붙인바 있거니와, 이 '정신현상학' 중에서 나는 정신의 최초의 가장 단순한 현상, 즉 직접지식에서 출발하여 철학적 학문의 입장에 도달하기까지 정신의 변증법을 전개하고, 또 그 전개과정을 통해 여기까지 도달하지 않을 수 없는 그 필연성을 제시하는 방도를 취하였다. 그러나 그러자니까 단순히 의식의 형식에만 머물러 있을 수 없었다.

왜냐하면 철학지(哲學知)의 입장이라는 것은 동시에 가장 내용이 풍부하고 가장 구체적이며, 따라서 결과로서 나타나는 것인 이상, 가령 예를 들면 도의·도덕·예술·종교 등 의식의 구체적 여러 형태까지도 전제하는 것이기 때문이다. 그러므로 철학적 여러 학문의 대상, 즉 실질의 전개는 동시에 우선 형식적인 것에만 국한하여 나타나는 의식의 전개 중에 포함되며, 내용 자체가 의식에 관계하는 한 실질은 말하자면 의식 전개의 후면에서 전개되지 않을 수 없는 것이다.

따라서 서술이 한층 더 복잡하게 되어, 구체적 여러 부문에 속하는 것이 일부분은 이미 서론 중에도 포함되게 된다. 그 위에 여기서 착수하려고 하는 고찰은, 다만 역사적·추론적인 태도 밖에 취할 수 없는 불편을 참지 않을 수 없다. 그렇지만 이 고찰은 사람들이 인식의 성질이나 신앙 기타에 관하여 상면한 여러 문제, 더구나 그들이 아주 구체적이라고 생각하고 있는 여러 문제가, 사실은 논리학에서 비로소 진정한 해결을 볼 수 있는 단순한 사유규정에 귀착한다는 것을 통찰하기에 특히 도움이 될 것이다.

가. 객관성에 대한 사상의 첫째 태도

26

이 첫째 태도는 사유가 대내·대외 간에 하등의 대립의식이 없이. 반성으로써 진리를 인식하고 객관적 진리를 의식할 수 있다는 신념을 가진, 천진난만한 방법이다. 사유는 이러한 신념하에 곧장 대상에 덤벼들어서, 감각과 직관의 내용을 스스로 사상의 내용으로 재생산하여 이것을 진리라고 만족한다. 초기의 모든 철학이나 모든 학문, 아니 심지어 일상적 의식 활동까지 또 이러한 신념 중에서 호흡하고 있는 것이다.

27

이 사유는 아직 대립을 의식하지 못하고 있기 때문에, 그 실질에 있어서 갈 데 없는 사변철학적 사색이라고 할 수 있지만, 또 그 반면에 유한적 사유규정, 즉 아직 해소되지 않은 대립 속에 묻혀 있는 사유라고 할 수도 있다.

여기 이 서론 중에는 이 사유 태도가 가지고 있는 한계를 고찰하는 데에만 오직 관심이 있기 때문에, 우선 유한적 사유규정 즉 아직 해소되지 않은 대립에 입각한 철학의 검토에 착수하겠다.

이 철학이 최근에 가장 명확하게 전개된 것이, 칸트철학 직전에 출현한 이전의 형이상학이었다.

그러나 이 형이상학은 다만 철학사적으로 보아서 먼 이전 것이지, 그 자체는 언제 어디서나 볼 수 있는, 말하자면 이성대상에 관한 단순히 오성적인 견해인 것이다. 그러므로 이 철학의 태도와 그 주요 내용을 좀 더 상세히 고찰하여 보자는 데에 당면의 관심이 있는 것이다.

28

칸트 이전의 형이상학은 사유규정을 사물의 근본규정으로 보았다. 이 형이상학은 사물의 정체가 사유에 의하여 직접으로 인식된다는 것을 전제하고 있다. 이 점에서 이 형이상학은 그 후의 비판철학보다 한 단 높은 입장에 서 있는 것이다. 그런데 (1)이 사유규정은 추상적이기는 하나 그런 대로 스스로 통용되었고, 또 진리의 술어가 될 수 있다고 생각되어 왔다. 그리하여, 이 형이상학은 본래 절대자에 대하여 술어를 부가(附加)하기만 하면 절대자의 인식이 될 수 있다는 것을 전제하고 나서, 오성규정의 독특한 내용이나 가치를 연구하지도 않았고, 또 술어 부가에 의하여 절대자를 규정하는 이 형식을 검토하여 보지도 않았다.

이 술어 중에는 가령 예를 들면, 신이 존재한다는 명제 중의 존재라든가, 이 세계는 유한이냐 무한이냐 하는 의문 중의 유한성 또는 무한성이라든가, 영혼은 단일이라는 명제 중의 단일과 복합이라든가, 또 물(物)은 하나다 또는 한 전체다 하는 경우의 하나 또는 전체라든가 기타 등이 있다. ― 그런데 이러한 술어 그 자체가 도대체 참다운 것인지 아닌지를 검토하여 보지도 않으며, 또 그 판단의 형식이 진리의 형식이 될 수 있는지 없는지도 검토하지 않는다.

【補遺】 고래(古來)의 형이상학은 사유가 사물 자체를 파악한다, 또는 사유되는 그대로가 사물의 진상이라는 소박적 신앙일반을 전제하고 있다. 인간의 심정과 자연은 변화가 무쌍한 괴물이다. 따라서 고래의 형이상학은 직접적으로 보이는 그대로가 사물의 진상이 아니라, 사유되는 대로가 사물의 진

상이라는 진리에 매우 근사한 반성에 도달하였던 것이다. ― 근대 비판철학의 결론은 고래 형이상학과는 정반대다. 사람들은 물론 이 비판철학의 결론에 의하여 고래인들이 무슨 잠꼬대나 한 것처럼 말할 수도 있으리라. 그러나 여기에서 한 가지 더 알아 두어야 할 것은 고래의 형이상학이 단순한 오성적 사유의 영역을 벗어나지 못한 점이다. 고래의 형이상학은 추상적 사유규정을 무반성적으로 채용하여 가지고 이것을 그대로 진리의 술어로 여기고 있다. 그러나 우리는 사유를 운용할 때 유한적이고 단순히 오성적인 사유와 무한적이고 이성적인 사유와를 구별하지 않으면 안 된다. 직접적 개별적으로 나타나는 모든 사유규정은 유한적 진리이다.

그러나 진리는 유한적인 것에 의하여 표현되지도 않고 의식되지도 않는 무한적인 것이다. 언제든지 사유를 제한된 것같이 보는 근대의 사유규정을 고집하는 사람에게는 무한적 사유라는 말이 엉뚱하게 들릴 것이다. 그러나 사실에 있어서 사유는 그 본질이 무한적인 것이다.

유한적인 것은 형식적으로 말하면 한계가 있는 것, 즉 있기는 있으나 다른 유한적인 것과 연결하고, 따라서 이 다른 유한적인 것에 의하여 제한될 때 없어지는 것이다. 이리하여 유한적인 것은 다른 유한적인 것과의 관련 중에 있는 바, 후자는 전자의 부정이요 제한이다. 그러나 사유는 제 자신 중에서 제 자신과 관계하며 제 자신을 대상으로 삼는 것이다. 내가 한 사상을 대상화한다는 것은 사실은 내 자신을 대상화하는 것이다.

이리하여 '나' 즉 사상은 한이 없는 것이다. 왜냐하면 사상에 있어서는 자기가 자기의 대상이 되기 때문이다. 그러나 대상은 본래 한 타인 즉 내게 대한 부정적인 것이다. 사유는 제 자신을 사유하므로 사유의 대상은 지양된 관념적인 것이다. 이리하여 순수한 사유 그 자체 중에는 하등의 한도 없는 것이다. 사유는 자기를 궁극적인 것으로 보는 제한된 규정을 고집하는 때에만 유한적인 사유가 된다. 그와 반대로 무한적인, 다시 말하면 사변적인 사유는 규정하는 동시에 규정되고 한정하면서 이 한정을 다시 지양한다. 이리하여 무한성이라는 것은 상식에서 생각하는 바와 같이, 추상적으로 가고 또 가고 한이 없이 가는 것으로 볼 것이 아니라, 상술한 바와 같이 간단한 방식으로 보아야 하는 것이다.

고래 형이상학의 사유는 유한적인 사유였다. 왜냐하면 고래의 형이상학의 사유는 타파할 수 있는 고정한계를 가진 사유규정 중에서 움직이고 있었기 때문이다. 가령 신이 존재하느냐? 하는 문제를 들어 말하여 보자. 고래 형이상학은 존재를 순전한 지상적인 것, 다시 말하면 궁극적이고 우월한 것 같이 본다. 그러나 우리는 이 다음에 이 존재가 결코 지상적인 규정이 아니라 이념으로서 저급한 것, 따라서 신에게 명예스럽지 않은 규정을 알게 될 것이다. — 또 이 세계가 유한이냐 무한이냐 하는 문제를 생각하여 보자. 여기서는 고래 형이상학은 유한성과 무한성을 대치시킨다.

그러나 유한성과 무한성을 대치시키면, 한 전체가 되어야 할 무한성의 오직 한 측면만이 나타나며, 따라서 유한자에게 제한되는 것을 우리는 용이하게 알 수 있을 것이다. — 그러나 제한된 무한은 무한이 아니라 유한에 불과한 것이다. 그와 같은 의미에서 정신이 단일적인 것이냐 복합적인 것이냐 하는 문제가 있다.

여기서도 고래 형이상학은 단일성이 진실을 파악할 수 있는 궁극적인 규정인 것같이 본다. 그러나 단일성이라는 규정도 존재라는 규정과 마찬가지로 추상적이고 일면적이고 무내용한 규정의 하나다. 따라서 우리는 이 다음에 이 규정이 참다운 규정이 아닌 것, 즉 진리를 파악할 능력이 없는 규정인 것을 알게 된다. 정신을 다만 단일적인 것으로만 본다면, 따라서 그것은 추상성에 의하여 일면적 유한적인 규정을 띠게 되는 것이다.

이리하여 고래 형이상학은 상술한 바와 같은 종류의 술어를 그 대상에 붙일 것인가 아닌가 하는 것을 인식하는 데에 관심을 두었던 것이다. 그러나 이 술어들은 제한된 오성규정, 즉 진리를 표현하는 규정이 아니라 진리의 제한을 표현하는 규정에 불과한 것이다. — 그 다음에는 고래 형이상학이 여하한 방법으로서 인식 대상, 가령 예를 들면 신에게 술어를 부가하는가를 밝히지 않으면 안 된다. 그러나 그들이 인식 대상에 술어를 부가하는 그 방법도 또한 일종의 외면적 반성에 지나지 않는다. 왜냐하면 고래 형이상학은 우리의 의식 중에 있는 기성적 규정(술어)을 대상에 대하여 다만 외면적으로 부가하기 때문이다. 그러나 대상의 참다운 인식은 대상이 제 자신에 의하여 규정되며, 제 자신의 술어를 외부로부터 받는 그러한 종류의 인식이어서는 안된다. 그런데 우리가 대상을 그러한 방식으로 진술하게 되면, 정신은 이러한 진술로써는 불만족한 감을 갖게 된다.

그렇기 때문에 동양인들은 이와 같은 입장에서 당연히 신을 여러 가지 이름으로 또는 무한한 이름으로 불렀던 것이다. 그 까닭은 우리의 심정이 그러한 유한적 규정으로 만족되지 않기 때문이다. 따라서 동양적 인식은 어디까지나 심정을 만족시킬 수 있는 술어를 찾기에 그 목표를 두었던 것이다. 물론 유한적 사물에는 유한적 술어에 의하여 규정되어야 할 경우가 있다. 따라서 이러한 경우에는 오성의 활동이 정당한 지위를 점유하게 되는 것이다. 그러나 그 자체가 유한적인 오성은 오직 유한적인 것 밖에 인식하지 못한다. 가령 내가 한 행위를 절도 행위라고 불렀다 하자. 이것은 그 행위의 본질적 내용을 규정한 것이다. 그리고 이 행위의 본질적 내용을 인식하기는 재판관으로도 충분히 할 수 있는 일이다. 유한적 사물을 원인과 결과, 힘과 표현으로 보는 것도 역시 그와 마찬가지다. 따라서 유한적 사물을 이러한 여러 규정으로 파악하게 되면 이 사물은 그 유한성에서 인식된다. 그러나 이성적 대상은 이러한 유한적 술어를 통하여서 규정되는 것이 아니며, 따라서 고래 형이상학의 결함은 바로 이러한 유한적 술어로써 이성적 대상을 규정하려고 노력한 데에 있는 것이다.

29

이러한 등속(等屬)의 술어 그 자체는 제한된 내용밖에 없고, 신 · 자연 · 정신 기타 등의 풍부한 표상 내용이 되기에도 부적당하며, 또 이 내용의 전모를 모조리 들추어내는 것도 결코 아니다. 그뿐만 아니라 이런 제술어는 한 주어의 여러 술어인 까닭에 서로 연결된다 하더라도 내용에 있어서 전혀 별개의 것이기 때문에, 서로 아주 연락 없이 겉으로 다뤄지는 것이다.

그리하여 주어의 풍부한 내용의 전모는 이러한 술어로 모조리 드러나지 않는 바, 이 결함을 제거하기 위하여 동양인은 예를 들면 신에 많은 명칭을 부여하여 가지고 신을 규정하려고 들었다. 그러나 그와 동시에 신의 명칭이 무한히 많이 있어야 되었다.

30

이러한 술어의 대상은 결국 총체성이었던 것이다. 그리고 이 총체성 그 자체는 이성 즉 구체적 보편자의 사유에 속하는 것, 다시 말하면 영혼이나 세계나 신이었던 것이다. 그런데 형이상학은 이것을 표상에서 취하여다가, 일정한 기성 주어로 삼아 가지고 이에 대하여 오성규정을 적용하였다. 이리하여 형이상학은 오직 표상을 표준삼아서 술어가 합당하고 충분한가 그렇지 않은가를 결정하였던 것이다.

31

영혼이나 세계나 신의 표상은 첫째 사유의 확고한 지반이 되는 것같이 보인다. 그러나 차등 표상에는 특수한 주관성의 성격이 혼입되어 있고, 따라서 당연히 극히 잡다한 의미가 있을 수 있다. 그렇기 때문에 이 표상들은 사유에 의하여 확고한 규정을 받을 필요가 있는 것이다. 이 점은 어떠한 명제에서나 분명히 알 수 있다. 왜냐하면 명제의 주어 즉 맨 처음에 나오는 표상의 정체는 술어에서(즉 철학 상에서는 사유규정에서) 비로소 나타나지 않을 수 없기 때문이다.

　신은 영원한 것이다. 기타 등의 명제에 있어서는 신이라는 표상으로부터 시작되지만, 이 표상에서는 신의 정체가 아직 알려지지 않는다. 신의 정체는 술어 중에서 비로소 표명되는 것이다. 그러므로 내용이 오직 사상의 형식으로만 규정되는 논리상에 있어서는, 이러한 여러 규정을 신이나 또는 막연한 절대자가 주어로 되어 있는 명제의 술어로 삼는 것이 무용일 뿐만 아니라, 사상 그 자체의 본성이 아닌 다른 것을 상기하여 가지고 표준삼는 것은 도리어 또 폐해가 되는 수까지 있는 것이다.

　그렇지 않더라도 명제의 형식 아니, 좀 더 규정지어 말하면 판단의 형식이라는 것은 구체적인 것과 사변적인 것을 표현하기에 부적당한 것이다. 참다운 것은 언제든지 구체적이다. 그런데 판단이라는 것은 형식상 일면적이고 또 그러한 한에서 옳은 것이 아니다.

　【補遺】 독단론의 반대로는 우선 회의론을 들 수 있다. 고래의 회의론자들은 어느 철학이든지 그것이 일정한 명제를 내거는 한에 있어서 모두 독단적이라고 불렀다. 이러한 넓은 의미에서 사변철학 그 자체도 회의론의 입장에서 보면 독단적으로 보일 것이다. 그러나 독단론적 철학이라는 것은 좁은 의미에 있어서는 대립적인 여러 규정을 배제하는 일면적 오성규정을 고집하는 데서 성립하는 것이다.

　따라서 독단론적 철학이란 것은 모두 어디까지나 이것이냐 저것이냐, 가령 예를 들어 말하면 세계가 유한이냐 무한이냐 그 둘 중의 하나라고 한다. 그러나 참다운 철학 즉 사변철학은 그와 반대로 그러한 일면적 규정을 가진 철학이 아니며, 따라서 그러한 일면적 규정으로 만족하는 철학이 아니라, 도리어 독단론적 철학이 분리된 채로 고정한 것, 참다운 것같이 보는 그러한 모든 규정의 통체를 자체 중에 종합하여 내포하는 철학이다. ― 철학 상에서는 일면성과 통체성을 동렬에 놓고 통체성에 비하여 일면성을 특수한 것, 고정한 것같이 주장하는 수가 자주 있다. 그러나 사실에 있어서는 일면적인 것은 고정한 독립적인 것이 아니라 전체 중에 지양되어 포함되는 것이다. 따라서 오성형이상학의 독단론은 일면적인 여러 사유규정을 고립한 대로 고정하나, 그와 반대로 사변철학의 관념론은 통체성의 원리를 가지고 추상적 오성의 여러 규정을 포섭한다.

그리하여 관념론은 말하되 정신은 오직 유한적인 것이나 또는 오직 무한적인 것이 아니라, 그와 반대로 본질에 있어서 유한적인 동시에 무한적인 것, 따라서 유한적인 것만도 아니요 무한적인 것만도 아닌 것, 즉 유한이나 무한이라는 규정이 따로따로 분립할 수 없고 다만 지양되어서만 존립할 수 있는 규정이라고 한다. ― 이러한 관념론은 벌써 우리의 상식에서도 나타난다. 따라서 우리는 감성적인 사물들에 관하여 이 사물들이 변화한다.

다시 말하면 있다가도 없어지고 없다가도 있어진다고 말한다. ― 그런데 우리는 오성의 여러 규정을 한사코 고집한다. 그리하여 사람들은 이 오성규정을 사유규정으로 알고 이 규정을 고정불변한 것, 아니 절대적인 것같이 여긴다.

따라서 사람들은 이 여러 규정들을 무한히 먼 거리에 갈라놓고 보기 때문에 서로 대립하는 이 여러 규정들을 연락시키지 못한다. 그러나 이성은 오성이 고정시킨 것을 타파하기 위하여 싸우는 것이다.

32

이 형이상학은 독단론이 되었다. 왜냐하면 이 형이상학은 유한적 규정의 본성에 의하여 부득이 두 가지 정반대의 주장 ― 상술한 여러 명제도 이러한 주장에 불과하였던 것이다. ― 중에 하나가 진리라면 다른 하나는 오류에 틀림없을 것이라고 생각하지 않을 수 없었기 때문이다.

33

정돈된 형태에 있어서 이 형이상학의 제1부는 본체론, 즉 본체의 추상적 규정에 관한 이론이 되었다. 그러나 이 본체론에는 잡다성과 유한적 타당성의 원리가 전혀 없다. 그러므로 이 잡다성이나 유한적 타당성은 부득이 경험적 및 우연적으로 열거될 수밖에 없고, 그 상세한 내용은 오직 표상이나 또 자기는 이 말을 이렇게 생각한다는 따위의 독단이나, 그렇지 않으면 약간의 어원학적 지식에 입각한 것뿐이다. 그리하여 분석이 일반용어법에 일치하게 정당한가 않은가, 또 경험이 완벽에의 도달 여부만 문제시하고, 이 여러 규정에 과연 진리성과 필연성이 있는가 없는가를 문제시하지 않았다.

존재 · 현존 또는 유한 · 단일 · 복합 기타 등 그 자체가 참다운 개념이냐 아니냐 하고 묻는다면, 그들 형이상학자의 귀에는 의외로 들렸을 것이다. 왜냐하면, 그들은 오직 한 명제의 진리성만을 문제 삼을 수 있을 뿐이라고 생각하며, 오직 한 개념이 한 주어에 정당하게 부가되느냐 안 되느냐 하는 것만이 문제된다고 생각하고 있었던 까닭이다.

결국 그들은 비진리라는 것이 표상의 주어와 이 주어의 술어인 개념과의 사이에 개재하는 모순에 기인하는 것이라고 생각하고 있었던 것이다. 그러나 구체적인 것으로서의 개념이나 모든 규정까지도 본질에 있어서는 그 자체가 여러 가지 규정의 통일인 것이다. 그러므로 가령 진리가 모순 없는 것에 불과한 것이라면, 그들은 개념을 볼 때 이 개념 자체 속에 첫째 내적 모순이 있는가 없는가 하는 것을 부득이 고찰하지 않을 수 없었을 것이다.

34

제2부는 영혼 즉 물(物)로서의 정신의 형이상학적 성질을 다루는 합리적

심리학 또는 심령학이다. 영혼불멸성이 주로 복합 · 시간 · 질적 변화 · 양적 증감 등이 통용하는 영역에서 탐구되었다.

【補遺】 심리적 현상의 경험적 연구방법은 심리학상의 합리적 방법과 대립한다. 합리적 심리학은 심령을 그 형이상학적 본성에서 추상적 사유에 의해 규정되는 대로 고찰한다. 합리적 심리학은 마음[心]의 내적본성을 즉자적으로 즉 사상에 나타나는 대로 인식하려고 한다. 그러나 오늘날 철학 상에는 심령을 운운하지 않고 주로 정신을 운운한다. 정신과 마음과는 구별이 있는 바, 마음은 말하자면 육체와 정신과의 중간자, 다시 말하면 양 자를 얽어매는 밧줄이다. 마음으로서의 정신은 육체성 중에 매몰되며 마음은 신체에 활기를 주는 것이다.

합리적 심리학은 마음을 사물(物)로 봤거니와 마음은 여러 가지 뜻을 가지고 있다. 첫째 사람들은 사물을 직접적 실재로, 따라서 우리의 감각에 나타나는 것으로 보며, 또 이러한 의미에서 마음을 운운하였다. 그리하여 사람들은 그러면 마음이 자리 잡고 있는 곳이 어디냐 하는 문제를 일으키었다. 그러나 사람들은 이 문제를 마음이 공간에 자리 잡고 있어서 이것이 감각적으로 표상된다고 해결했다. 그 다음에 그들은 마음이 단일적인 것이냐 복합적인 것이냐 하는 문제를 제기한바, 여기서도 그들은 역시 마음을 일종의 사물로 봤다. 이 문제는 특히 영혼불멸성과의 관련에서 주의를 끌었다. 왜냐하면 영혼불멸성은 영혼의 단일성과 중대한 관련이 있기 때문이다. 그러나 사실에 있어서는 추상적 단일성은 복합성의 규정과 마찬가지로 영혼의 본질에 일치하지 않는 것이다.

합리적 심리학과 경험적 심리학과의 관계에 대하여 일언하거니와, 합리적 심리학이 정신을 사유로 인식하며 또 사유된 것을 증명하려고 한 반면에, 경험적 심리학은 지각에서 출발하여 지각이 제시하는 것을 오직 열거하고 기술할 따름이다. 이런 점에서 합리적 심리학은 경험적 심리학보다 고차적 입장에 섰다고 들 수 있다. 그러나 우리가 정신을 사유하려면 우리의 특수한 습관에 사로잡혀서는 안 된다. 이미 스콜라철학자들이 신은 절대적인 행실이라고 말한 바와 같은 의미에서 정신은 활동성이다. 그러나 정신은 바로 활동성이기 때문에 따라서 정신은 제 자신을 표현하는 것이다. 그러므로 우리는 정신의 무과정적인 내면성을 그 외면성에서 분리하여서 본 구 형이상학과 같이 정신을 존재의 과정으로 보아서는 안 된다. 따라서 우리는 정신을 본질적으로 그 구체적 현실성에서, 따라서 그 활동성에서 보아야 하며, 더구나 정신의 외면성이 그 내면성에 의하여 규정되는 것을 알아야 한다.

35

제3부 즉 우주론은 세계 · 공간 및 시간상의 우연성 · 필연성 · 영원성 · 유한성 · 세계 변화 형식의 여러 법칙 내지 인간의 자유와 악(惡)의 기원 등을 다루었다. 여기에서는 주로 우연과 필연, 외적 필연과 내적 필연, 운동인(運動因)과 목적인(目的因), 또는 인과성 일반과 목적, 본질 또는 실체와 현상, 형식과 질료, 자유와 필연, 행복과 고통, 선과 악 등이 절대 대립물로 다루었다.

【補遺】우주론은 자연과 정신을 그 외면적 갈등에서 즉 그 현상 형태에서 보며, 따라서 일반적으로 특수 존재 즉 유한적인 것의 총체를 대상으로 삼는다. 그러나 우주론은 이 유한적인 것의 총체를 구체적 전체로 보지 아니하고 그와 반대로 다만 추상적 규정에 의하여서만 본다.

그리하여 우주론에서는, 가령 예를 들면 이 세계에는 우연이 지배하느냐 불연(不然)이면 필연이 지배하느냐, 또 이 세계는 영원한 것이냐 불연이면 창조된 것이냐 하는 등의 문제를 다룬다. 따라서 우주론의 근본문제는 소위 보편적인 우주법칙, 가령 예를 들면 자연에는 하등의 비약이 없다는 그러한 법칙을 수립하는 데에 관심을 집중한다. 그런데 여기서는 비약이라는 것은 직접적으로 나타나는 질적 차이나 질적 변화로 보고, 그와 반대로 양적 연속은 간접적인 것으로 본다. 그리고 우주론은 이 세계 중에 나타나는 것으로서의 정신에 관련하여서는, 주로 인간의 자유에 관한 문제와 악의 기원에 관한 문제를 다룬다. 이 문제들은 물론 최대의 관심을 끄는 문제이다. 그러나 이러한 문제들을 충분히 만족할 수 있게 해결할 조건은 무엇보다도 먼저 추상적인 여러 오성규정을 궁극적인 것같이, 다시 말하면 서로 대립하는 양 규정을 그것이 각각 따로 독립하여 실체적·구체적으로 고립하는 것같이 보아서는 안 된다는 점이다.

그런데도 불구하고 구 형이상학이나 우주론 일반은 이 추상적인 여러 오성규정을 궁극적인 것같이 보는 이러한 입장에 서 있기 때문에, 이 세계의 여러 현상을 파악하고자 하는 그 목적을 실현할 능력이 없었던 것이다. 그리하여 가령 예를 들어 말하면 구 형이상학이나 우주론 일반은 필연과 자유를 어디까지나 구별해서 보며, 따라서 필연과 자유를 자연과 정신에 적용하되, 자연은 필연의 지배하에 있으나 정신은 자유라고 본다. 필연과 자유와의 구별은 물론 중요한 것이며, 또 정신 그 자체 중에 깊이 뿌리를 박고 있는 것이다. 그러나 서로 추상적으로 대립하는 따위의 자유와 필연은 오직 유한계에만 속하는 것이며 따라서 유한계에서만 통용되는 것이다. 필연을 내포하지 않은 자유나 또 자유가 없는 오직 필연 그 자체라는 것은 추상적 규정, 따라서 참답지 못한 규정이다.

자유라는 것은 본질에 있어서 구체적인 것, 따라서 영원히 제 자신 중에 일정한 규정을 가진 것, 그렇기 때문에 동시에 필연적인 것이다. 사람들은 흔히 필연이라는 것을 첫째 오직 외부로부터의 결정이라고 본다. 가령 예를 들면, 유한적인 역학상에서는 물체가 다른 물체의 충격을 받아야만 운동하며, 더구나 충격을 받은 바로 그 방향으로 운동한다고 본다. 그러나 이것은 단순한 외적 필연이요 진정한 내적 필연이 아니다.

왜냐하면 바로 이 내적 필연이 자유이기 때문이다. 근대세계에 심각하게 벌어지고 있는 선악의 대립도 역시 그와 마찬가지다. 사람들은 선과 악을 고정시켜서 악은 악이지 선이 아니며 선은 선이지 악이 아니라고 보거니와, 이 견해는 정당하며 따라서 선과 악은 대립으로 볼 수 있다.

왜냐하면 선악은 그것이 아무리 표면적이고 상대적이라 하더라도 사람들이 요새 와서 선악이 본래부터 구별되어 있는 게 아니라, 우리의 인식에 의하여서 비로소 그 무엇이 선악인 것을 안다고 말하는 그 말이 의미하고 있는 바와 같이, 선악이 절대 동일한 것이 아니기 때문이다. 그러나 다만 적극적으로 존립하려고 할 뿐이지 결코 적극적으로 존립하지 않는, 따라서 그 자체에 있어서 소극성의 절대적 표현에 불과한 소극적인 것을 가지고 적극적인 것이라고 보는 점에서 이상의 견해는 과오를 범하고 있는 것이다.

36

제4부 즉 자연신학 또는 합리적 신학은 신의 개념 또는 그 가능성, 신의 존재의 증명과 신의 속성 등을 고찰하였다.

(A) 신을 이와 같이 오성적으로 고찰하는 때에는, 대체 여하한 술어가 신이라는 표상에 적당한가 또는 부적당한가 하는 것이 문제의 초점이 된다. 여기서는 실재성과 부정성이 절대로 대립한다. 따라서 오성개념에는 결국 무규정적인 본체, 순수한 실재성 또는 적극성 등 근대 계몽 정신의 죽은 산물만이 남게 된다.

(B) 유한적 인식은 신의 존재에 한 객관적 근거를 부여하여 가지고 증명하려고 든다. 따라서 신의 존재가 타자에 의하여 매개된 것이 되고 만다. 이리하여 신의 존재에 관한 이 증명은 본래 순서가 틀렸다. 이 증명은 오성적

동일성을 기준으로 삼고 있기 때문에 유한에서 무한으로 이행하기 어려운 곤란에 봉착한다. 따라서 신이 현존세계에 고유한 적극적 유한성에서 해탈하지 못하고, 부득이 이 세계의 직접적 실체로서 규정되거나(범신론), 그렇지 않으면 신이 한 객체로서 주체와 대립하고, 따라서 이리하여 유한적인 것이 되거나(이원론) 양단간에 하나일 수밖에 없었다.

(C) 신의 여러 속성은 본래 특정한 여러 가지 차별성을 가진 것임에도 불구하고, 순수 실재나 무규정적인 본체라는 추상적 개념 속으로 자취를 감추어 버렸다. 그러나 유한적 세계가 의연히 진실한 존재로 남아있고, 신이 의연히 이 유한적 세계와 대립하는 한, 표상으로 남아 있는 한, 이 유한적 세계와 신과의 사이에 여러 가지 관계 표상이 나오게 되는 바, 이 관계를 신의 속성이라고 규정한다면, 이 관계는 본래 유한적 태도에 대한 관계이기 때문에, 가령 예를 들면 정(正)·선(善)·능(能)·현(賢) 기타 등과 같이, 역시 당연히 유한성을 가진 것밖에 될 수 없는데, 그와 동시에 이 관계를 무한적인 것이라고 보아야 된다. 이것은 확실히 한 모순이다.

그런데 이 입장에서는 이 모순을 해결하지 못하고 다만 이 유한적인 속성을 양적으로 증가시켜서, 도리어 수월한 의미로, 즉 무규정적인 것으로 전화시켜 가지고 미궁으로 끌고 간다. 그러나 그렇기 때문에 이 속성은 사실 말살되고 유명무실하여진다.

【補遺】 구 형이상학의 이 부문에 있어서는 이성이 어느 정도까지 신을 인식할 수 있는가 하는 것을 확정하는 것이 문제였다. 이성에 의해 신을 인식하는 것은 물론 학문의 최고 임무임에 틀림없다. 신의 관념은 맨 처음에 종교에서 나온다. 우리는 신앙 개조(個條) 중에 요약되어 있는 바와 같은, 신의 관념을 어려서부터 종교의 교의로 받아들여 이것을 신앙하며 진리로 여기거니와, 그러한 한에서 신의 관념은 그리스도가 가졌던 것과 똑같은 것이다.

그런데 신학은 이러한 신앙에 관한 학문이다. 그러나 신학이 단순히 종교 교의의 열거나 정돈에 불과한 것이라면 그것은 아직 학문이 될 수 없다. 또 신학이 오늘날 특별한 총애를 받고 있는 기술적 방법으로서, 가령 예를 들면 이러저러한 교부(敎父)가 이러저러한 말을 하였다는 식으로, 그 대상을 다루어도 학문성의 성격을 가질 수 없는 것이다. 학문적 성격이라는 것은 철학의 할 일인 개념적 사유의 영역에 이르러서 비로소 나타나는 것이다. 그러므로 진정한 학문으로서의 신학이라는 것은, 그 본질에 있어서 동시에 종교철학이며 이러한 신학이 중세의 신학이었다.

그 다음에 구 형이상학의 합리적 신학에 관하여 좀 더 몇 마디 말하거니와, 이 구 합리적 신학은 이성의 학문이 아니라 신에 관한 오성의 학문이었고, 따라서 그 사유는 오직 추상적 여러 규정 중에서 운동하였던 것이다.

여기서는 신의 개념을 다루었다 하지만 사실은 신의 표상을 다루었고 또 이 표상을 가지고 인식의 기준으로 삼았다. 그러나 사유는 제 자신을 제 자신 중에서 자유로 운동시켜야 되는 것이다. 그렇다 하더라도 여기서 알아둬야 할 것은 자유로운 사유의 성과가 기독교적 종교의 내용과 일치한다는 것이다. 왜냐하면 종교의 내용은 이성의 계시이기 때문이다.

그런데 앞에 말한 합리적 신학 중에서는 그러한 일치에 도달하지 못하였다. 이 합리적 신학은 사유에 의하여 신의 표상을 규정하기에 열중하였으나, 결과에 있어서는 신의 개념이 소극성을 제외한 추상적 적극성 또는 실재성 일반이 되고 말았고, 따라서 신을 실재 중의 가장 실재적인 존재라고 정의하였다. 그러나 실재 중의 가장 실재적인 존재가 그 자체 중에서 부정을 제외하게 되면, 바로 그 때문에 본래와는 또 오성이 생각하는 바와는 전혀 정반대물이 된다는 것을 쉽사리 알 수 있다.

따라서 신은 가장 내용이 풍부하고 또 아주 내용이 충만한 것이 되지 못하고, 도리어 가장 내용이 없고 또 아주 공허한 것이 된다. 우리의 심정은 당연히 구체적 내용을 요구하거니와, 규정성 즉 부정을 내포하는 것이 아니면 구체적 내용이 되지 못한다. 신의 개념을 단순히 추상적 또는 최고 실재적 존재의 개념으로 이해하게 되면, 따라서 신은 우리에게 아주 피안적(彼岸的)인 것같이 보이게 될 것이요, 그렇기 때문에 신의 인식을 운운하기는 더구나 불가능하게 될 것이다. 왜냐하면 하등의 규정도 없는 데서는 또 하등의 인식도 있을 수 없기 때문이다. 순수한 광명은 순수한 암흑이다.

이 합리적 신학의 그 다음 관심은 신의 존재에 관한 증명에 있다. 여기서 요점을 말하면 증명이라는 것은 오성이 말하는 바와 같이, 한 규정이 다른 한 규정에 의속(依屬)하는 관계를 말하는 것이다. 이 증명에 있어서는 전제인 확고부동한 명제가 있고 이 명제에서 다른 한 명제가 따라 나온다. 따라서 신의 존재에 관한 증명에 있어서도 한 전제에 대한 한 규정의 의속관계를 지적할 수 있다. 이제 신의 존재가 이런 방식으로 증명된다 치자. 그렇게 되면 신의 존재가 다른 규정에 의속하게 되며, 따라서 이 규정이 신의 존재의 근거가 될 것이다. 그러나 사람들은 이것이 본말전도(本末顚倒)인 것을 곧 알게 될 것이다.

왜냐하면 신이야말로 오직 모든 것의 근거가 되어야 하는 것이며, 따라서 신은 신 이외의 타자에게 의속하는 것이 아니기 때문이다. 그래서 근래에 와서는 사람들은 이 점에 관련하여 말하되, 신의 존재는 증명되는 것이 아니라 직접적으로 인식되어야 하는 것이라고 한다. 그러나 이성은 증명이라는 것을 오성이나 상식이 이해하는 것과는 전혀 달리 이해한다. 이성의 증명도 물론 신 아닌 타자를 증명의 출발점으로 취한다. 그렇지만 이 증명의 진행 중에서는 이 타자가 직접적 존재로 나타나지 아니하고 도리어 간접적 매개체로 나타난다.

그렇기 때문에 그와 동시에 신을 그 자체 중에 매개를 지양하여 내포하는 진정한 직접적 근원적 자주적 존재로 보게 되는 결과가 나온다. ― 사람들은 말하되, 너희들은 자연을 신이 너희들에게 인도하는 대로 관찰하라고 하거니와, 이 말은 신이 매개된 것이라는 것을 의미하는 게 아니라, 도리어 우리는 오직 타자를 통하여서만 신에게 도달하는 길을 얻는다는 것을 의미하는 것이다. 따라서 신은 이 타자의 절대적 근거인 동시에 또한 그 결과도 되는 것이다. 이리하여 입장이 바뀌어져서 결과로 나타나는 것이 또 근거로 나타나기도 하며, 그와 반대로 먼저 근거로 나타난 것이 또 결과로 떨어지기도 한다. 이것이 이성적 증명의 길이다.

우리가 여기서 이상 설명한 바에 의하여 이 형이상학의 방법을 한 번 더 돌이켜 생각하여 보면, 결국 이 형이상학적 방법은 이성적 대상을 추상적 유한적인 오성규정으로 파악하고 추상적 동일성을 원리로 삼고 있는 것이다. 그러나 오성적 유한성, 즉 순수본질은 그 자체가 유한적인 것이다. 왜냐하면 그것은 특수성을 배제하고 제한하고 무시하기 때문이다. 이 형이상학은 구체적 동일성에 도달하지 못하고 도리어 추상적 동일성에 고착한다.

그러나 이 형이상학의 장점은 사상만이 오직 존재자의 본질성이라는 것을 의식하고 있는 점이다. 종래의 철학자 특히 스콜라철학자는 이 형이상학에 재료를 제공하였다. 사변철학에 있어서는 오성도 물론 한 계기이기는 하나, 그러나 우리가 거기에만 머물러 있을 수 있는 계기가 아니다. 사람들이 아무리 흔히 반대하더라도 플라톤은 그러한 형이상학자가 아니었고, 또 아리스토텔레스는 더구나 그러한 형이상학자가 아니다.

나. 객관성에 대한 사상의 둘째 태도

37

1. 경험론

한편으로는 보편에서 특수와 한정으로 일보도 전진 못하는 오성의 추상적 이론을 반대하고, 구체적 내용을 살리려는 요구와, 다른 한편으로는 유한적 여러 규정의 지반에 서서 유한적 여러 규정의 방법에 의하여 모든 것을 증명할 가능성이 있다는 입장을 반대하고, 견고한 입장을 취하려는 요구에서 첫째로 나온 것이 경험론인데, 이 경험론은 진리를 사상 자체 중에서 탐구하지 않고 경험에서, 다시 말하면 외적 및 내적 현존에서 끌어내려 든다.

【補遺】 경험론이라는 것은 앞의 절에서 본 바와 같은 구체적 내용에 대한 요구에서 나왔고, 또 추상적인 오성형이상학이 이 요구를 만족시키지 못한 점에서 그 확고부동의 근거를 가지고 있는 것이다. 여기서 구체적 내용이 무엇인가 하는 점에 대하여 일언한다면, 그것은 본래 그 자체에 있어서 규정된, 따라서 여러 가지 규정의 통일로 알려진 의식 대상을 말하는 것이다.

그런데 기술한 바와 같이 오성의 원리에 입각한 오성형이상학에는 이러한 구체적 내용이 없다. 단순한 오성적 사유는 추상적 보편의 형식에 국한되어 있기 때문에 이 보편의 특수화에까지 가지는 못하였다.

그 까닭에 가령 예를 들면 구 형이상학은 사유에 의하여 영혼의 본질, 즉 근본규정이 무엇인가 하는 것을 발견하기에 노력하였고, 따라서 영혼을 단일적인 것이라고 보았던 것이다. 그리하여 구 형이상학에서는 이 영혼의 단일성이 여러 구별을 배제하는 추상적 단일성을 의미하였고, 이 구별은 복합성 즉 육체 내지 물질 일반의 근본규정으로 보였던 것이다. 그러나 추상적 단일성이라는 것은 영혼 내지 정신의 풍부한 내용을 파악하기에는 너무나 부족한 규정인 것이다.

그리하여 사람들은 추상적 형이상학의 사유가 불충분한 것을 알자, 경험적 심리학으로 도피의 보금자리를 구할 필요를 느꼈던 것이다. 합리적 물리학도 역시 그와 마찬가지다. 가령 예를 들면 물리학상에서는 공간은 무한하다든가 자연에는 하등의 비약도 없다든가 하는 따위의 말이 있거니와, 이러한 견해로는 자연의 내용이나 생명을 이해하기에 전혀 불충분한 것이다.

38

경험론은 그 유래에 있어서 일면 형이상학과 공통성이 있다. 왜냐하면 형이상학도 그 여러 정의(定義) 즉 전제나 상세한 내용 규정의 논증에 있어서, 역시 표상 즉 최초의 경험에서 유래한 내용을 근거로 삼고 있는 것이기 때문이다. 그러나 타면(他面) 개개의 지각은 경험과 구별되는 것이다. 그리고 경험론도 지각 · 감정 · 직관 등에 속하는 내용을 보편적 표상 · 명제 · 법칙 기타 등의 형식 속에 끌어들이는 것이다. 그러나 그렇더라도 이런 보편적 여러 규정(예를 들면 力과 같은 것)은 결국 지각에서 획득된 것이라는 의의와 가치밖에 없으며, 또 현상 중에서 지적된 연관이라는 근거밖에 있을 수 없다. 경험적 인식이 그 주관 측에 견고한 지반을 가지고 있음은, 결국 의식이 지각 중에 자기 자신의 직접적인 현존성과 확실성을 가지고 있다는 의미에 불과하다.

경험론은 참다운 것이 현실 중에 있고 또 현실 중에서 지각된다는 일대 원리를 가지고 있다. 이 원리는 당위와 대립하는 바 반성은 바로 이 당위를 가지고 갖은 오만을 부리며, 본래 주관적 오성 속에 자리 잡고 존재하는 피안(彼岸)을 내세우면서 현실과 현재를 내려 본다. 경험론과 마찬가지로 철학도(제7절) 오직 존재하는 것만을 관지(關知)하고 마땅히 있어야 할 것, 따라서 존재하지 않는 것을 관지하지 않는다. — 주관 측에 있어서도 역시 자유라는 중요한 원리를 승인하여야 되거니와 경험론에도 이 자유라는 원리가 있다. 즉 경험론에 의하면 인간은 자기가 눈으로 직접 본 것이라야 비로소 알았다고 할 수 있으며, 이와 같이 무엇을 알려면 언제든지 거기에 '자기'라는 것이 있어야 한다고 하는 바 이것은 즉 자유의 원리이다. 그런데 경험론은 내용상 유한적인 것에 불과하기 때문에, 이 경험론을 철저히 관철하면 도대체 초감성적인 것, 또는 적어도 초감성적인 것의 인식과 규정성을 부인하고, 사유를 오직 추상작용과 형식적인 보편성 및 동일성에만 국한시킨다.

경험론도 물질 · 역(力)은 물론 하나 · 다(多) · 보편 내지 무한 기타 등의 형이상학적 범주를 사용하며, 한 걸음 더 나아가서 차등의 범주에 의하여 추리하며, 또 이 추리에 있어서 추리의 여러 형식까지도 전제하고 적용한다. 그럼에도 불구하고 경험론은 자기 자체 속에 형이상학이 있어서 이것이 꿈틀거리고 있다는 것을 모르며, 또 이 형이상학적 여러 범주와 그 결함을 전혀 무비판적 · 무의식적으로 사용하고 있는 것을 알지 못한다. 이것은 학문상의 경험론이 가진바 근본적 미망(迷妄)이다.

【補遺】경험론은 공허한 추상 중에서 방황하지 말고 목전의 이 인간과 자연을 파악하고 현재를 향유하라는 구호를 내걸거니와, 이 구호 중에 본질적으로 정당한 계기가 포함되어 있는 것을 몰라서는 안 된다. 이리하여 이것, 현재 차안(此岸)이 공허한 피안(彼岸), 추상적 오성의 미운(迷雲)과 바뀌어졌다. 따라서 구 형이상학이 의식하지 못한 무한적 규정이 여기서 획득된다. 그러나 오성은 오직 유한적 규정만을 채용한다. 그런데 이 유한적 규정은 본

래 확호불발(確乎不拔)한 지반이 없기 때문에 이리저리 동요하는 것이며, 따라서 그 위에 세운 건축은 스스로 붕괴되는 것이다. 대체 무한적 규정을 발견하는 것이 이성의 본능이었다. 그러나 이성이 사유 중에서 이 무한적 규정을 발견할 시기는 아직 일렀던 것이다. 그래서 이성의 이 본능은 무한적 형식의 참다운 실재는 아니겠으나, 그래도 이 형식의 편린(片麟)을 포함하고 있는 이곳, 이것, 즉 현재를 붙들었던 것이다.

외적인 것은 본래 참다운 것이다. 왜냐하면 참다운 곳은 정녕 현실적이요 또 실재하는 것이기 때문이다. 이리하여 이 세계에는 비록 구체적 진상에서가 아니라 감성적 개별 상에서나마 이성이 찾고 있는 무한적 규정이 있는 것이다. 좀 더 따져 말하면 지각이라는 것은 개념화되지 않으면 안 되는 형식인데 이것이 경험론의 결함이다. 지각이란 것은 그 자체가 언제든지 개별적이고 무상한 것이다. 따라서 인식이라는 것은 지각에 머물러 있는 것이 아니라, 지각 되는 개별 중에서 보편적이고 항상적인 것을 탐구하는 것이요, 이리하여 인식은 단순한 지각에서 경험으로 전진하는 것이다.

경험론은 경험을 작성하기 위하여 주로 분석의 형식을 이용한다. 지각은 복잡한 구체적 내용을 가진 것인데, 사람들은 마치 둥근 파의 껍질을 하나씩 하나씩 벗겨 가듯이 지각 내용이 가진바 여러 가지 규정을 갈라놓는다. 이리하여 사람들은 이 분석이라는 것이 한데 엉클어진 여러 규정을 분해하는 주관적 분석 작용으로밖에 모른다. 그러나 분석되는 대상 자체 중에 결합되고 있는 여러 규정이 분리됨으로써 보편성의 형식을 포함하는 한, 분석이라는 것은 지각의 직접태(直接態)에서 사상으로의 전진을 의미하는 것이다. 경험은 대상의 분석에 있어서 과오를 범하고 있는 것이다. 따라서 경험론은 대상을 있는 그대로 본다고 생각하지만, 사실은 구체적인 것을 추상적인 것으로 전화(轉化)시키는 동시에 산 것을 죽이고 있는 것이다.

왜냐하면 산 것은 오직 구체적 통일적인 것이기 때문이다. 분할은 이해하기 위하여 되어야 하는 것이며, 따라서 정신 그 자체는 자기 분할이다. 그러나 분할은 이해의 오직 일면에 불과한 것이요, 따라서 중요 문제는 분할된 것을 종합하는 데에 있는 것이다. 그러므로 분석이 분할의 입장에만 머물러 있는 한(限) 시인의 다음과 같은 말이 통용될 수 있다.

'자연을 다루는 화학은 자기우롱이다. 그리고 손에 모든 부분을 쥐기는 하였으나 유감인 것은 오직 정신적 유대(紐帶)가 없는 것을 모른다.'

분석은 구체적인 것에서 출발하며 이 구체적인 재료를 가진 점에서 구 형이상학의 추상적 사유를 훨씬 능가하고 있다. 분석은 여러 구별을 확립시켰거니와 이것은 대단히 중요한 것이다 그런데 이 구별은 그 자체가 또한 추상적 규정 즉 사상에 불과한 것이다. 이제 이 사상을 대상 그 자체대로라고 승인하게 되면, 그것은 또 사물의 진리가 사유 중에 있다고 하는 구 형이상학의 전제가 된다.

여기서 한걸음 더 나아가 경험론의 입장과 구 형이상학의 입장을 내용적으로 비교해 보자. 이상에서 본 바와 같이 구 형이상학은 신·영혼·세계 등과 같은 이성적 대상을 내용으로 삼고 있다. 그런데 이 내용은 표상에서 나오는 것이고, 따라서 철학의 임무는 이 표상 내용을 사상 형식에 환원시키는 데에 있는 것이다.

스콜라철학도 그와 마찬가지다. 왜냐하면 스콜라철학은 기독교의 교의를 내용으로 전제하고 나서, 사유를 통해 이 내용을 상세히 규정하고 체계화시키는 것이 그 목적이었기 때문이다.

그런데 경험론이 전제하는 내용은 그와 전혀 달라서 감성적 자연과 유한적 정신이다. 이리하여 경험론의 전제 내용은 유한적인 것이고 구 형이상학의 전제 내용은 무한적인 것이다. 그러나 구 형이상학은 이 무한적 내용을 유한적인 오성 형식으로서 유한화시켰던 것이다. 그런데 경험론은 형식의 이러한 유한성을 취하고 있을 뿐만 아니라 그 내용까지도 유한적이다. 그뿐만 아니라 경험론이나 구 형이상학은 철학하는 방식에 있어서 양 자가 모두 고정불변적인 그 무엇을 전제하고 출발하는 한 동일한 방법을 취하고 있는 것이다.

경험론은 대체로 말하면 외면적인 것을 참다운 것이라고 보며, 따라서 초감성적인 것을 승인한다 하더라도 그것을 인식할 수는 없다고 하며, 결국 지각에 속하는 것만을 고집한다. 그런데 이 경험론을 철저히 관철하면 결국 그 뒤의 사람들이 유물론이라고 부르는 것이 된다.

이 유물론은 물질 그 자체를 참다운 객관이라고 본다. 그러나 물질이라는 것은 그 자체가 벌써 감각할 수 없는 한 개의 추상물에 불과한 것이다. 그러므로 우리는 물질 일반이라는 것이 있다고 말할 수 없다. 왜냐하면 있는 것은 언제든지 오직 특정한 것, 구체적인 것뿐이기 때문이다. 그렇지만 물질이라는 추상물은 모든 감성적인 것, ㅡ 즉 감성적인 것, 일반·절대적 자기 내 개별화, 따라서 외면적·고립적 존재의 토대다. 그런데 경험론은 이러한 감정적인 것을 직접적 소여(所與)로 보며 고집함으로써 부자유의 학설이 되고 만다.

왜냐하면 자유라는 것은 내가 나 이외에 절대적 타인이 없다고 보며, 또 내가 기실 나 자신에 불과한 한 내용에 의존한다고 보는 데서만 성립하는 것이기 때문이다. 그뿐만 아니라 경험론의 입장은 이성이나 비이성이나를 모두 주관적인 것으로 본다. 다시 말하면, 우리는 직접적 소여(所與)를 있는 그대로 받아들일 뿐이요, 따라서 이 직접적 소여가 얼마나 이성적인가 하는 것을 물을 하등의 권리가 없다고 말한다.

39

이 원리에 대하여 결국 정당한 반성이 일어났다. 즉 경험이라고 칭하는 것, 즉 개개의 사실에 관한 개개의 지각과 구별하여, 두 가지 요소가 이 반성에 의하여 발견된바, 그 하나는 각기 따로따로 떨어져서 무한히 잡다한 소재요, 또 하나는 형식 즉 보편성과 필연성의 규정이다. 경험은 물론 많은 아니, 거의 열거할 수 없을 만큼 많은 동일한 지각을 보여 주기도 한다. 그렇지만 보편이라는 것은 대량이라는 것과는 전혀 다른 것이다. 그와 마찬가지로 경험은 또 물론 계기하는 변화나 병존하는 대상의 지각을 보여 주기도 하나, 그러나 필연성의 연관을 보여 주지는 못한다. 그러므로 지각이 진리라는 것의 토대로 남아 있어야 한다면, 따라서 보편성과 필연성은 아무 근거도 없는 것, 즉 주관적 우연, 다시 말하면 그 내용이 이럴 수도 있고 저럴 수도 있는 단순한 습관에 불과하게 된다.

이 점에서 한 중대한 결론이 나온다. 즉 이러한 경험론적 방법에서는 법률 및 도덕상의 규정이나 법칙 내지 종교의 내용이 우연적인 그 무엇으로 나타나게 되어 객관성이나 내적 진리가 없어진다.

이러한 반성의 주요한 출발점인 흄의 회의론은, 물론 희랍의 회의론과 구별되어야 한다. 흄의 회의론은 경험 · 감정 · 직관을 진리의 토대로 삼아가지고 보편적 규정과 법칙을 공격하는 바, 그 이유는 보편적 규정이나 법칙이 감성지각에 하등의 근거도 없다는 점이었다. 그런데 고대 회의론은 감정이나 직관을 진리성의 기준으로 삼지 않았을 뿐만 아니라, 그 반대로 첫째 감성적인 것을 반대하였다(고대 회의론과 근대 회의론과의 비교에 관해서는 Schellings und Hegels Kritische Journal der Philosophie 1802. 1. Bd. 1, St 참조).

40

2. 비판철학

비판철학은 경험을 인식의 유일한 토대로 보는 점에서 경험론과 공통성이 있다. 그러나 비판철학은 경험을 진리로 보지 않고 현상의 인식에 불과한 것으로 본다.

비판철학은 첫째 경험의 분석에서 발견되는 두 가지 요소, 즉 감성적 소재와 이 소재의 보편적 관계의 구별에서 출발한다. 따라서 비판철학은 지각 그 자체 중에는 오직 개별적인 것과 현상적인 것밖에 없다고 앞의 절에서 논급한 반성에 입각하면서, 동시에 보편성과 필연성도 본질적인 규정으로서 경험이라고 칭하는 것 중에서 발견된다는 사실을 고집한다. 그런데 보편성이나 필연성이라는 이 요소는 경험 그 자체에서 나오는 것이 아니기 때문에 사유의 자발성에 속하는 것 즉 선천적인 것이다. ― 경험적 인식의 객관성은 사유규정 즉 오성개념에서 성립하는 것이다. 그런데 사유규정 즉 오성개념은 본래 관계라는 것을 포함하는 것이므로, 이 오성개념에 의하여서 비로소 선천 종합 판단 즉 양 대립자의 본원적인 관계가 성립하는 것이다.

인식에는 보편성과 필연성이라는 규정이 있는 바, 이 사실은 흄의 회의론도 부인하지 못하였다. 칸트 철학에 있어서도 이 사실은 하나의 전제된 사실에 불과하다. 그러므로 우리는 학문상의 보통 용어에 준하여, 칸트 철학도 결국 다만 사실을 좀 달리 설명한 것뿐이라고 말할 수 있다.

41

비판철학은 첫째 형이상학이나 기타 일반 학문 내지 일상적인 표상에서까지 사용되는 오성개념의 가치를 검토에 붙인다. 그러나 이 비판은 사유규정의 내용이나 이 사유규정의 특정한 상호관계 속으로 파고들어가지 않고, 이 사유규정을 다만 주관성과 객관성과의 일반적 대립 속에 놓고 다룬다. 여기서 보는 바와 같이 이 대립은 앞의 절에서 고찰한 경험 내부의 요소간의 구별에 귀착하는 것이다. 객관성이라는 것이 여기서 보편성과 필연성의 요소, 다시 말하면 사유규정 그 자체의 요소 즉 소위 선천적인 것의 요소를 의미한다.

그런데 비판 철학은 이 대립을 확장하되 경험 전체 즉 상술한 두 요소를 모조리 주관성에 포함시키고 주관성의 반대 측에는 오직 물(物) 자체만을 남겨 두었다. 비판철학에서는 선천적인 것, 즉 사유를 그 객관성에도 불구하고 오직 주관적 작용으로만 보았기 때문에, 상세한 형식이 모조리 오직 심리적 역사적인 토대에 입각한 체계화의 순서로 밖에 안 나온다.

【補道】1. 구 형이상학의 여러 규정에 관한 재(再) 연구에서 확실히 중요한 일보 전진이 나왔다. 구 형이상학의 소박한 사유는 바로 제 자신이 만들어 낸 여러 규정을 하등의 반성도 없이 사용하였고 이 여러 규정이 얼마나 가치가 있으며 효력이 있는지 전혀 생각하지 않았다. 그러나 기술한 바와 같이 자유스런 사유는 하등의 전제도 갖지 않은 사유를 의미하는 것이다. 구 형이상학의 사유는 여러 사유규정을 하등의 반성적 음미도 없이 덮어 놓고 전제된 것, 선천적인 것으로 알았기 때문에 자유스런 사유가 되지 못하였던 것이다.

그런데 비판철학의 과제는 사유형식이라는 것이 도대체 얼마나 진리 인식에 도움이 될 능력이 있는가라는 문제를 탐구하는 데에 있었다. 다시 말하면 인식력 그 자체가 인식보다 먼저 탐구돼야 하였다. 여기에는 물론 사유의 형식 그 자체가 인식의 대상이 되어야 한다는 정당한 견해가 피력되어 있다. 그러나 이 견해 중에는 인식하기 전에 인식하지 말아야 된다. 예를 들어 말하면, 수영할 줄 알기 전에 물에 들어가지 말아야 된다는 오해가 숨어 있다. 이리하여 사유형식의 활동과 그 비판이 인식 중에서 결합되어야 한다. 사유형식을 즉자적 및 대자적으로 보아야 한다. 사유형식은 대상인 동시에 대상 그 자체의 활동이다. 사유형식 그 자체가 연구돼야 하며, 제 자신이 제 자신의 한계를 규정하고 제 자신의 결함을 지적해야 한다는 것이다.

그런데 이것은 변증법으로서 따로 고찰되어야 할 사유의 활동이거니와, 여기서 우선 알아 두어야 할 점은 변증법이 사유규정에 외부로부터 부가되는 게 아니라, 사유규정 그 자체 중에 내재하는 것이라고 보아야 된다는 것이다.

따라서 칸트 철학에서는 첫째 사유 그 자체가 얼마만한 인식 능력이 있는가 하는 것이 탐구되어야 한다는 것이다. 오늘날 우리는 누구나 칸트 철학의 문을 거쳐서 나왔다. 따라서 우리는 누구나 거기서 더 가기를 바란다. 그러나 더 간다는 것은 앞으로 더 가는 것과 뒤로 더 가는 것과의 두 가지 뜻을 가지고 있다. 그런데 오늘날의 많은 철학적 노력은 분명히 구 형이상학의 길, 즉 모든 사람이 가지고 있는 무비판적 사유의 길을 걸어가고 있다.

【補遺】 2. 칸트의 사유규정에 관한 연구는 본질상 사유규정을 즉자적 및 대자적으로 보지 못하고, 그것을 다만 주관적이냐 객관적이냐 하는 입장에서 보는 결함을 가지고 있다. 사람들은 객관적이라는 것이 일상생활상의 용어에 있어서 우리의 외부에 있고, 따라서 감각을 통하여 우리에게 알려지는 것으로 안다. 그런데 칸트는 가령 예를 들면 원인과 결과와 같은 사유규정에 이제 말한 바와 같은 객관성이 있다는 것, 다시 말하면 이 사유규정이 감각에 주어진다는 것을 부정하고, 그와 반대로 이러한 사유규정이 우리의 사유 그 자체, 다시 말하면 사유의 자발성에 속하는 것, 그러한 의미에서 주관적인 것이라고 본다. 그런데도 불구하고 칸트는 사유된 것, 즉 다시 말하자면 보편과 필연을 객관적이라고 부르고 오직 감각된 것만을 주관이라고 불렀다. 이것은 앞에 말한 일상생활상의 용어로 보면 전도된 것같이 보일 것이며, 따라서 그렇기 때문에 사람들은 칸트를 어불성설(語不成說)이라고 비난하나, 그러나 이 비난은 전혀 당치 않은 비난이다. 이 점을 좀 더 따져 말하면 아래와 같다.

일상 의식은 이 일상 의식에 대립하며 감관(感官)으로 지각할 수 있는(예를 들면 이 동물, 이 식물 기타 등) 것만을 자주적 독립적인 것으로 보며, 그와 반대로 사상은 타(他)에 의존하는 비독립적인 것으로 본다. 그러나 사실로 말하면 감관으로 지각할 수 있는 것은 본래 비독립적이고 제2차적인 것이며, 사상은 그와 반대로 참으로 독립적이고 제1차적인 것이다. 이러한 의미에서 칸트가 보편 및 필연과 같은 사상적인 것을 객관적이라고 본 것은 전혀 정당하다. 또 다른 한편으로 사상은 지속성과 내면성과의 성격을 가지고 있는 반면에, 감관에 지각되는 것은 그 자체 중에 확고한 중추가 없고, 따라서 변화무쌍한 한에 있어서 말할 것도 없이 주관적이다. 여기서 지적한, 그리고 칸트가 취하고 있는 주관적인 것과 객관적인 것과의 객관적 구별은, 오늘날에 또 고등교양이 있는 사람들의 용어에서 볼 수 있다. 가령 예를 들면 예술작품의 평가에 있어서 그 평가가 객관적이어야지 주관적이어서는 안 된다 하거니와, 그것은 예술작품을 우연한 개인적 감각이나 일시적 기분으로 볼 것이 아니라, 예술의 본질에 입각한, 그리고 보편적인 관점에서 보아야 한다는 것을 의미하는 것이다. 그러한 의미에서 학문 연구에 있어서도 역시 객관적인 관심과 주관적인 관심이 구별될 수 있는 것이다.

그러나 칸트가 말하는 사유의 객관성이라는 것은 그 자체가 또한 주관적인 것에 불과한 것이다. 왜냐하면 칸트는 사상이 아무리 보편적·필연적 규정이라 하더라도 역시 우리 인간의 사유이요, 따라서 물(物) 자체와 엄연히 구별되는 것이라고 보기 때문이다. 그와 반대로 사유의 참다운 객관성은 사상이 단순히 우리 인간의 사상일 뿐만 아니라, 그와 동시에 또한 사물, 따라서 대상일반의 본질이기도 한 점에 있는 것이다. 객관적이니 주관적이니 하는 말은 사람들이 흔히 사용하고 또 흔히 오용하기에 알맞은 말이다.

이상 설명한 바에 의하여 보면 객관성이라는 말은 세 가지 의미가 있다. 즉 첫째는 주관적인 것, 즉 의사나 공상이나 기타 등과 달라서 외부적으로 존재하는 것이라는 의미가 있고, 둘째는 우리의 감각에 속하는 우연적·개인적·주관적인 것과 달라서, 칸트가 말한바와 같은 보편필연적인 것이라는 의미가 있고, 셋째는 이상에서 맨 나중에 지적한 사상적 본질이라는 의미가 있는 바, 이 사상적 본질은 오직 우리를 통하여서만 생각되는 것과도 다르고, 따라서 사물 그 자체 즉 사물의 본질과도 구별되는 것이다.

42

〔이론적 능력·인식자체〕

비판철학은 오성개념의 특정한 근거로서 사유 중의 자아의 근원적 동일성(자기의식의 선험적 통일성)을 내세운다. 감정과 직관에 의하여 성립되는 표상은 그 내용상으로 보나 또는 그 형식, 즉 감성상의 상호 무관성으로 보나 역시 잡다한 것으로, 감성은 시간과 공간이라는 두 형식을 가진바, 이 형식은 직관 그 자체의 형식(보편)으로서 선천적인 것이다. 감각과 직관의 이 잡다한 내용은 자아가 이것을 자기에게 관계시키고, 자기 내에서 즉 동일한 의식 중에서 결합(純粹統覺)시킬 때, 따라서 통일성 즉 한 근원적 결합에 도달한다. 잡다한 감각 내용이 결합하는 이러한 관계의 특정한 형식이 순수오성개념, 즉 범주다.

주지하는 바와 같이 칸트 철학은 범주를 아주 손쉽게 발견하였거니와, 자아 즉 자기의식의 통일이라는 것은 전혀 추상적이요 완전히 무규정적이다. 따라서 우리는 여하한 방법으로 자아의 규정인 범주에 도달할 수 있을까? 다행히 보통 논리학 중에는 여러 가지 판단의 종류가 경험적으로 열거되어 있다. 그러나 판단이란 것은 특수한 대상의 사유다. 그러므로 여러 가지 판단의 형식을 열거하면 사유의 여러 가지 규정이 나온다.

피히테 철학은 사유규정의 필연성을 지적할 것, 또 사유규정이 본질적으로 도출되어야 할 것을 시사한 점에서 불후의 공적을 남겼다. ㅡ 논리를 다루는 방법에 있어서 사유규정 일반 또는 기타 논리적 재료인 개념·판단 및 추리의 여러 종류를 단순히 관찰에서 취하거나 경험적으로 파악하지 아니하고, 사유 자체에서 도출하게 된 것은 적어도 이 철학의 영향이었다고 말할 수 있다. 사유가 그 무엇을 증명할 능력이 있고, 논리가 증명을 요구하며 그 증명의 방식을 가리키려고 하는 것이 사실이라면, 사유나 논리는 첫째 무엇보다도 자기 자신 특유한 내용을 증명하고 그 필연성을 통찰할 능력이 있어야 하는 것이다.

【補遺】 1. 이리하여 칸트의 주장은 사유규정의 원천이 '나'에게 있다는 것, 따라서 보편성이나 필연성이라는 규정은 나의 산물이라는 것이다. ― 가령 우선 우리가 직접적으로 보는 것을 가지고 생각하여 보자. 이것은 본래 복잡한 것이다. 그런데 이 복잡한 것과 관계하는 여러 범주는 단순한 것이다. 그러나 감성적인 것은 복잡한 관계를 가지고 있는 것이다. 이것이 감성적인 것의 근본규정이다. 가령 예를 들면 '지금'은 오직 '먼저'와 '나중'과의 관계 중에서만 존재하는 것이며, 그와 마찬가지로 적(赤)은 황(黃)과 청(靑)이 이에 대립하여야만 있는 것이다. 그러나 이러한 타자들은 감성적인 것의 외부에 있고, 이 감성적인 것은 타자가 아닌 동시에 또한 타자인 한에서만 존재하는 것이다. ― 그런데 사유나 '나'라는 것은 그러한 감성적인 것과 정반대다. '나'나 사유라는 것은 근본적으로 동일적인 것, 즉 제 자신과 하나인 것, 어디까지나 자주적인 것이다.

우리는 '나'라고 말을 하거니와 이 '나'라는 말은 자기에게 대한 추상적 관계를 의미하는 것이며, 따라서 이 자기와 자기와의 통일 중에 나타나는 것은 '나'에게 감염되어 '나'로 전화한다. 그러므로 '나'란 것은 말하자면 무질서하게 복잡한 것을 삼켜 가지고 통일시켜 놓는 '도가니'나 '불'과 같은 것이다. 칸트는 이것을 순수통각(純粹統覺)이라고 불러서, 복잡한 것을 복잡한 그대로 받아들이는 보통 통각과 구별하여, 복잡한 것을 내 것으로 전화시키는 작용으로 보았다. 인간은 대체로 말하면 세계를 인식하여 이것을 점유하고 지배하며, 결국 말하자면 세계의 실재성을 관념화하려고 노력하는 것이다. 그러나 그와 동시에 복잡한 것을 절대 통일시키는 것이 자기의식이라는 주관적 작용이 아닌 것을 알아야 한다. 아니 그와 반대로 이 동일성이 절대자 즉 진정한 '자기'이다. 그러므로 모든 개별성의 자기 향락 상태에 종지부를 찍어 가지고, 이것을 절대통일로 몰아넣는 것이 말하자면 절대자의 본성이라고 할 수 있는 것이다.

【補遺】 2. 자기의식의 선험적 통일이라는 말은 산중의 무슨 괴물처럼 알기 어려운 것같이 생각되나 사실은 간단명료한 것이다. 칸트가 말한 선험적이라는 것은 결국 초험적(超驗的)이라는 것과의 구별에서 나온 것이다. 즉 초험적이라는 것은 본래 오성의 규정성을 초월한 것을 의미하는 것이며, 그러한 의미에서 초험적인 것은 우선 수학 상에서 볼 수 있다. 가령 예를 들면 기하학 상에서는 원주라는 것을 무한다(無限多)하고 무한소한 직선으로 성립한 것처럼 보아야 한다고 말한다. 따라서 여기서는 직선 대 곡선과 같은 오성이 절대적 구별로 보는 여러 규정을 동일시하고 있다. 그와 마찬가지로 초험적인 것도 제 자신과 동일한, 그리고 제 자신에 있어서 무한한 자기의식으로서 유한적 재료에 의하여 규정된 일반의식과 구별되는 것이다. 그러나 칸트는 그러한 자기의식의 통일을 선험적이라고 부르며, 따라서 이것을 대상 그 자체 중에 본래 있는 게 아니라 다만 주관적인 것이라고 생각하고 있다.

【補遺】 3. 범주를 오직 우리에게만 속하는 주관적인 것으로 보아야 한다는 말은, 상식상에서는 매우 기묘하게 들릴 것이며, 따라서 그 말 가운데는 물론 일종의 착오가 있다. 그러나 범주가 직접적 감각 중에 포함되지 않는다는 점은 정당한 것이다. 가령 사탕 한 덩이를 가지고 논해 보자. 이 사탕 한 덩이는 단단하고 색이 희고 맛이 달고 기타 그렇고 그러한 것이다. 그런데 우

리는 이 모든 속성이 한 대상 중에서 결합되어 있고 따라서 이 통일이 우리의 감각에는 없다고 말한다. 또 우리가 두 가지 사실을 원인과 결과라는 관계 중에 놓고 서로 관련시켜 보는 것도 역시 그와 마찬가지다.

왜냐하면 여기서는 시간상 서로 선후(先後)하여 나오는 두 가지 사실이 하나씩 따로따로 감각되기 때문이다. 그러나 한 사실은 원인이고 다른 한 사실은 결과라는 그 인과관계는 감각되는 게 아니라 다만 우리의 사유에 대해서만 존재하는 것이다. 그와 같이 가령 통일이니 원인이니 결과니 하는 모든 범주가 사유에서만 나타난다 할지라도, 그렇다고 거기서 이 범주들은 오직 우리의 주관적인 것 이라든가 또는 대상 그 자체의 규정이 아니라든가 하는 결론은 안 나오는 것이다.

그런데 칸트의 견해에 의하면 그러한 결론이 나온다 하며, 따라서 칸트 철학은 '나'라는 인식주관이 인식의 형식이나 소재를, 전자는 사유로써 후자는 감각으로써 산출한다고 보는 한 주관적 관념론이다. 이 주관적 관념론은 내용상 전복되지 않는 것이 사실이다. 사람들은 우선 대상의 통일성을 주관 속으로 옮겨 놓기만 하면 대상의 실재성을 박탈할 수 있다고 생각할 수도 있으리라. 그러나 존재를 주관에 있다고 본다고, 그로써 대상에게나 우리들에게나 간에 하등의 소득이 되는 것은 아니다. 한 내용이 참다우냐 않느냐 하는 문제는 내용 여하에 달려 있는 것이다. 단순히 사실이 있다고 하였대서 그렇다고 사물에 무슨 변화가 생기는 것은 결코 아니다. 있는 것은 시간 안에 있는 것이며 그렇기 때문에 있지 않기도 하는 것이다.

사람들은 또 인간이 주관적 관념론에 좇아 제 자신을 자랑할 수 있다고 말할 수도 있으리라. 그러나 인간은 그의 세계 즉 감성적 직관의 그 실체가 존재하는 이상 이 세계에 대하여 호언할 아무런 이유도 없는 것이다. 이리하여 그러한 주관성과 객관성과의 구별이 본래 중요한 문제가 아니라 중요한 것은 내용이며, 이 내용은 주관적인 동시에 또 객관적인 것이다. 가령 예를 들면 범죄라는 것도 단순히 존재한다는 의미에서는 객관적이다. 그러나 범죄라는 것은 본래 존재해서는 안 되는 존재이기 때문에 처벌을 받는 것이다.

43

단순한 지각(知覺)이 범주에 의하여 객관성을 취득하고 경험이 되기는 하지만, 타면(他面) 차등 여러 개념은 단순한 주관적 의식만의 통일이기 때문에 주어진 바의 소재에 제약되는 것이며, 그 자체만으로는 공허하며 오직 경험만에서 사용되고 적용된다. 그리고 경험을 구성하는 또 하나의 부분인 감정이나 직관의 규정도 역시 주관적인 것에 불과한 것이다.

【補遺】 범주를 공허한 것이라고 하는 주장은 아무런 근거가 없는 주장이다. 왜냐하면 범주라는 것은 언제든지 규정되어 있는 것, 즉 내용을 가진 것이기 때문이다. 그러나 범주의 내용은 물론 감각되는 것, 즉 시간적 공간적인 내용이 아니지만, 그렇다고 이 점을 범주 내용의 단점으로 볼 것이 아니라 오히려 그 장점으로 보아야 하는 것이다. 이 점은 벌써 우리의 상식이 승인하고 있는 것이다. 가령 예를 들면, 우리의 상식에서는 한 저서나 언론이 사상·보편적 결론 기타 등을 많이 가지면 많이 가질수록 그 저서나 그 언론을 내용이 풍부하다고 보며, 또 그와 반대로 한 저서나 좀 더 따져 말하면 소설이 그 속에 사건이나 장면이나 기타 등을 무수히 나열하였다고 해서, 그 소설을 내용이 풍부한 소설이라고 보지는 않는다.

이것을 보아도 우리의 상식은 감성적 소재보다도 내용에 더 나은 것이 있다는 것을 승인하고 있는 것을 알 수 있거니와, 이 더 나은 것이라는 것이 다름 아니라 사상이며 사상 중에서도 첫째 범주를 의미하는 것이다.

그렇다 하더라도 여기서 또 하나 알아 두어야 할 것은 범주를 공허한 것이라고 말하는 주장도, 그것이 범주나 또 논리적 이념으로서의 범주의 통일

체에 머물러 있는 게 아니라, 이 범주가 자연이니 정신이니 하는 모든 실재
적 영역에까지 전개되어야 한다고 말하는 한에서는, 물론 정당한 의미를 가
지고 있는 것이다.

　그러나 이 범주의 전개라는 것은 그 전개과정에서 범주 이외의 다른 내용
이 외부로부터 논리적 이념에 부가하는 그러한 과정으로 볼 것이 아니다. 범
주의 전개라는 것은 스스로 자연이나 정신에까지 규정되고, 전개하는 논리
적 이념 그 자체의 활동으로 보아야 한다는 것이다.

44

　그러므로 범주라는 것은 지각에 나타나지 않는 절대의 규정이 될 수 없
고, 오성 즉 범주에 의한 인식은 따라서 물(物) 자체를 인식할 능력이 없는 것
이다.

　물(物) 자체라는 것은(물론 이 물(物) 중에는 정신·신 등도 포함된다) 대상에 관
한 모든 의식, 즉 모든 감정규정이나 또는 모든 구체적 사상을 추상하는 한
에 있어서 대상을 표현하는 말이다. 그러나 그리고 난 뒤에 대체 무엇이 남
을까? 이것을 알기는 용이하다. 즉 완전한 추상, 완전한 공허, 오직 피안이라
고 밖에 규정할 수 없는 것, 결국 표상이나 감정이나 특정한 사상이나 기타
등의 부정에 불과한 것만이 남는다.

　그러나 돌이켜 생각하면 이 '사령(死靈)' 자체가 사유, 좀 더 길게 말하면
바로 순수 추상의 경지에 도달한 사유, 즉 자기 자체의 이러한 무내용한 동
일성을 자기의 대상으로 삼는 공허한 자아의 산물에 불과한 것이 명백하다.
이러한 추상적 동일성이 대상으로 삼고 있는 부정적 계기는, 그대로 또 칸트
적 범주에도 귀착되는 것, 전자의 공허한 동일성과 마찬가지로 역시 세인의
주지에 속하는 것이다. ― 그러므로 물(物) 자체가 무엇인지 알지 못한다는
말을 자주 들을 때 이상한 감이 나지 않을 수 없다. 물(物) 자체가 무엇인지를

알기처럼 알기 쉬운 것은 없다.

45

그런데 이러한 경험적 지식의 피제약성을 간파하는 것이 이성 즉 무제약
자의 능력이다. 여기서 이성대상 · 무제약자 · 무한자라는 것은 결국 자기 동
일에 불과한 것, 제24절에서 말했듯 사유 중의 자아의 근원적 동일성을 의
미하는 것이다. 이성이라는 것은 이러한 순수 동일성을 대상 또는 목적으로
삼는 추상적 자아 또는 추상적 사유를 의미하는 것이다.

그러나 이와 같이 절대 무규정적인 동일성이라는 것은 경험적 인식으로
는 도달할 수 없는 것이다. 왜냐하면 경험적 인식이라는 것은 본래 특정한
내용에 관한 것이기 때문이다. 이러한 무제약자가 이해의 절대, 참다운 것(이
념)이 되는 동시에, 따라서 경험적 지식은 참답지 못한 것, 즉 현상이 된다.

【補遺】 칸트를 통하여서 비로소 오성과 이성과의 구별이 뚜렷하게 나타
났고, 따라서 오성의 대상은 유한적 조건적인 것이지만, 그러나 이성의 대상
은 무한적 · 무조건적인 것이라는 것이 확정되었다. 단순히 경험에 입각한 오
성적 인식의 유한성을 발견하고, 따라서 오성적 인식의 내용을 현상이라고
부른 것은 물론 칸트 철학의 극히 중요한 성과다.

그러나 우리는 이 소극적인 성과에 머물러 있을 게 아니며, 따라서 이성
의 무제약성을 단순히 여러 구별을 배제하는 추상적 동일성과 흔동할 게 아
니다. 이리하여 이성을 단순히 유한적 조건적인 오성과 전혀 별개의 것으로
보게 되면, 따라서 이성도 사실에 있어 유한적 조건적인 것으로 떨어지게 되
는 것이다. 왜냐하면 참으로 무한한 것은 단순히 유한한 것의 피안에 있는
게 아니라, 도리어 유한한 것을 지양시켜서 자체 중에 내포하는 것이기 때문
이다.

그리고 이념에 대하여서도 역시 그와 같이 말할 수 있거니와, 칸트는 이념을 단순한 감각표상과는 물론 추상적인 여러 오성규정과도 구별하여 이성에 귀속시키고 있는 만큼 이념의 명예를 회복시켰다고 볼 수 있다. 그러나 칸트는 여기서도 역시 이념을 소극적인 단순한 당위로밖에 모르고 있다. ― 그리고 또 경험적 인식의 내용이 되는 우리의 직접의식의 대상을 현상이라고 본 점으로 말하면, 이것도 역시 칸트 철학의 극히 중요한 성과의 하나라고 보아야 한다.

일반의식은 이것이 의식하는 여러 대상을 따로따로 자주적으로 독립하여 있는 것같이 보며, 그렇기 때문에 이 여러 대상이 서로 관련하면서 또 서로 제약하면서 나타나는 것을 볼 때, 이러한 상호관련이나 상호제약을 대상에는 하등 상관없는, 따라서 대상의 본질에 속하지 않는 그 무엇같이 본다. 그런데 이제 우리는 이 직접지의 대상을 단순한 현상, 즉 그 존재의 근거를 자기 자체 중에 가지지 못하고 타자 중에 가지고 있는 것으로 보지 않으면 안 된다는 것이다.

그러나 그렇다면 또 이 타자를 어떻게 규정할 것인가 하는 것이 문제가 된다. 칸트 철학에 의하면 우리가 의식하는 사물은 오직 우리에게 대한 현상에 불과하며, 이 사물의 본질은 우리에게 대하여 근접할 수 없는 피안에 있는 것이라고 한다. 우리의 의식내용이 되는 것을 오로지 우리의 것, 오로지 우리만을 통하여 나타나는 것이라고 보는 주관적 관념론은 당연히 상식의 반감을 산다. 그러나 진실을 말하면, 직접지의 대상이 되는 사물은 비단 우리에게 대하여서 뿐만 아니라 그 자체에 있어서도 단순한 현상에 불과한 것, 따라서 이것이 여러 존재의 근거를 제 자신 중에가 아니라, 보편적 신(神)적 이념 중에 가지고 있는 유한적 사물의 진정한 규정이다. 사물을 이와 같이 보는 것도 역시 일종의 관념론, 따라서 비판철학이라는 주관적 관념론과 구별하여 절대관념론이라고 부를 수 있다.

이 절대관념론은 실재론적인 보통일반의 의식을 떠난 것이기는 하지만, 그러나 그렇다고 본질상 단순히 철학의 독점물만이 아니라 오히려 모든 종교의식의 토대가 되는 것이다. 왜냐하면 종교의식도 존재하는 모든 것, 즉 현존 세계의 전체를 신에 의하여 창조된 것, 그리고 지배되는 것으로 보는 것이기 때문이다.

46

그러나 이 동일성 또는 무내용한 물(物) 자체를 인식할 필요가 나오는 바, 인식이라는 것은 즉 한 대상의 일정한 내용의 인식을 의미하는 것에 지나지 않는 것이다. 그러나 일정한 내용이라는 것은 그 자체 중에 잡다한 관련을 내포하며 기타 다수 대상과의 관련의 토대가 되는 것이다. 이성이 무한자 또는 물(物) 자체의 규정에 있어서 취할 방도는 오직 범주 이외에 아무것도 없다. 그런데 이성은 이 목적을 위하여 범주를 사용하자 비약(초월)하게 된다.

여기에 이성비판의 제2면이 나오는 바 이 면은 그것만으로는 첫째 면보다 중요한 것이다. 이성 비판의 제1면은 이미 앞에서 말한 바와 같이 범주의 원천이 자의식의 통일에 있고, 따라서 범주에 의한 인식에는 사실에 있어서 객관적인 아무것도 없을 뿐 아니라, 이 범주에 있다고 보는 객관성 그 자체(제40,41절)도 결국 주관적인 것에 불과한 것으로 보는 견해다. 그리하여 오직 이 점만으로 보아도 칸트의 이성 비판은(천박한) 주관적 관념론에 불과한 바, 이 주관적 관념론은 내용이라는 것을 떠나서 오직 주관성과 객관성과의 추상적인 형식만을 다루며 한 걸음 더 나아가서 첫째 형식, 즉 주관성을 최후의 다시없는 긍정적 규정으로 보는 일면적인 입장을 고집한다. 그러나 이성이 그 대상의 인식에 있어 범주를 적용하는 모양을 보면, 범주의 내용이 적어도 약간의 규정을 띠고 표현되거나, 또는 적어도 표현될 수 있는 혹종(或種)의 기연(機緣)이 있는 것을 발견할 수 있다. 무제약자에 대한 이러한 범주의 적용, 즉 형이상학을 칸트가 여하히 평가하였는가를 고찰하여 보는 것은 특히 흥미 있는 문제다.

여기서 이에 대한 칸트의 평가 방식을 요약하여 비판하여 보려고 한다.

47

(1) 고찰 중에 들어오는 최초의 무제약자(제34절 참조)는 영혼이다. 칸트 왈, 내 의식 중에는 항상 '나'라는 것이 존재하며, 이 '나'라는 것은 (가) 규정하는 주체, (나) 단일자 또는 추상적으로 단일한 것, (다) 내가 의식하는 모든 잡다 중에서 동일한 것 즉 동일적인 것, (라) '나' 이외의 모든 사물과 구별되는 사유자라고 한다. 이리하여 칸트에 의하면 이전의 형이상학은 사실인즉 경험적 규정 대신에 이에 대응하는 범주인 사유규정을 세웠고, 여기서 (가) 영혼은 실체다, (나) 영혼은 단일한 실체다, (다) 영혼은 고금을 통하여 존재하나 수적으로는 동일한 것이다, (라) 영혼은 공간적인 것과의 관계 중에 있다는 4가지 명제가 나왔다는 것이다.

그러나 칸트는 형이상학이 이와 같이 경험적 규정에서 사유규정으로 이행하는 데에 있어서, 이 두 규정 즉 경험적 규정과 사유규정 즉 범주를 서로 교대시킨 데에 결함(병행론)이 있다는 것, 즉 전자에서 후자로 추이하는 것, 또는 덮어놓고 전자 대신에 후자를 내세우는 것이 정당치 않다는 것을 지적하였다.

이러한 칸트의 이성비판은 제39절에서 논술한 흄의 견해와 동일한 것을 표현한 데에 불과한 것이 명백하다. 왜냐하면 흄의 견해에 의하여도 사유규정. - 보편성과 필연성 - 이란 도대체 지각 중에 없는 것, 또 경험이란 것은 그 내용으로 보나 형식으로나 사유규정과는 하등의 공통점이 없는 것이라고 하기 때문이다.

만일에 경험이 사상의 확립조건이 되는 것이라면 물론 이 사실이 지각 중에서 충분히 증명되었어야 할 것이다. 그런데 영혼이라는 것이 실체성과 단일성과 동일성과 또는 물적 세계와 공존하는 가운데에서도 잃지 않는 독자성을 주장하지 못한다는 것이 형이상학적 심리학에 대한 칸트적 비판의 골자인바, 이 칸트적 비판의 유일한 논거는 의식이 우리로 하여금 영혼을 경험시키는 그 규정이란 것이 여기서 사유가 산출하는 규정과 절대로 동일한 규정이 아니라는 점이다. 그런데 상술한 설명에 의하면, 칸트도 또 인식일반 아니 경험 그 자체까지가 지각이 사유될 때에, 다시 말하면 첫째 지각에 속하는 것이 사유규정으로 변할 때에 성립한다는 것을 승인하고 있다.

그것은 그렇다 하고라도 정신에 관한 철학적 사색이 물적 영혼이나 범주에 따라서 영혼의 단일성 또는 복합성·물질성 기타 등에 관한 문제에서 해설하게 된 것은, 칸트적 비판의 수월한 성과의 하나인 것을 영원히 잊어서는 안 된다. 그러나 보통 상식으로 생각하더라도 이러한 여러 형식이 분명히 사상이기는 하나, 그러나 이러한 형식이 사상이라 하더라도 이 사상 자체 속에는 애당초에 진리가 없기 때문에 진정한 입장에서는 이러한 형식을 허용할 수 없는 것이다. 만일에 사상과 현상이 서로 하등의 일치점도 없는 것이 사실이라면, 우선 양 자 중 그 어느 하나를 불완전한 것으로 볼 수도 있을 것이다. 칸트적 관념론에서는 이성적인 것을 다루는 한에 있어서 사상을 불완전한 것으로 본다. 따라서 칸트는 사상이 지각된 것과 지각할 줄밖에 모르는 의식에 맞지 않는 점과 또 이러한 지각된 것이나, 지각할 줄 밖에 모르는 의식 중에는 사상이 없다는 점 등을 들어서 사상을 불충분한 것이라고 본다. 그리고 칸트는 사상의 내용 그 자체는 전혀 문제 삼지 않는다.

【補遺】 배리(背理)라는 것은 대체로 말하면 그릇된 추리, 좀 더 구체적으로 말하면 같은 말을 양 전제 중에서 각기 다른 의미로 사용함으로써 허위에 빠지는 추리이다. 그런데 칸트에 의하면 합리적 심리학의 구 형이상학적

방법은 지금 말한 바와 같은 배리에 입각한 것이라고 한다. 왜냐하면 여기서는 영혼의 단순한 경험적 규정을 영혼 그 자체에 있는 규정으로 보기 때문이라 한다.

— 단일성이나 불변성이나 기타 등과 같은 따위의 술어를 영혼에 부가시켜서는 안 된다는 것은 물론 옳은 말이다. 그러나 그것은 칸트가 지적한 바와 같은 이유에서가 아니다. 왜냐하면 영혼을 그렇게 봄으로써 이성은 제게 지시된 한계를 무시하는 까닭이다. 그런 것이 아니라 영혼에 단일성이나 불변성이라는 술어를 부가하여서는 안 된다는 까닭은, 이 따위 추상적 오성규정이 영혼을 규정하기에는 너무 나쁘고, 따라서 영혼이라는 것은 단순히 단일적인 것, 불변적인 것, 기타 그렇고 그러한 것과는 전혀 다른 그 무엇이기 때문이다. 가령 예를 들면 영혼은 물론 제 자신과의 단일적 동일성이지만, 그와 동시에 영혼은 활동하는 것이기 때문에 또 자기를 자기 자신과 구별하는 것이다. 그러나 따로 단일성 그것만은, 다시 말하면 추상적 단일성은 아무런 활동력도 없는 죽은 것이다. — 칸트가 구 형이상학을 논박함으로써 그러한 추상적인 술어를 영혼이나 정신에서 제거한 것은 위대한 공적으로 보아야 한다. 그러나 칸트에 있어서는 왜 그러한 술어를 영혼이나 정신에서 제거하여야 되는지 그 이유가 전혀 없다.

48

이성은 제2의 대상인 무제약자(제38절), 즉 세계를 인식하려고 할 때 이율배반, 즉 동일한 대상에 관한 두 가지 반대명제의 주장에 빠진다. 그래서 정반대되는 두 가지 명제가 서로 동등한 필연성을 가지고 맞서지 않을 수 없게 된다. 따라서 이와 같이 모순되는 규정을 가진 세계의 내용은 그 자체가 존재하는 것이 아니라 다만 그 현상에 불과한 것이라고 한다. 이리하여 칸트는 이율배반을 해석하되, 모순이 대상 그 자체에 있는 것이 아니라 오직 인식하는 이성에만 있다고 본다.

　여기서는 모순을 일으키는 것이 내용 자체나 또는 범주자체냐가 문제되었다. 이성적인 것이 오성규정을 받을 때에는 본질적·필연적으로 그 모순에 빠진다는 이러한 사상은 근대철학의 가장 중요하고 가장 심각한 진보의 하나로 볼 만한 것이다. 그러나 시점은 훌륭하지만 그 해석은 변변치 못하고 오직 세계 사물에 대한 미온적 태도를 보여 줄 뿐이다. 세계의 본질이라는 것은 모순이라는 오점을 가진 것이 결코 아니라 모순이라는 것은, 다만 사유하는 이성, 즉 정신의 본질에만 속하는 것이라고 한다.

　우리는 현상세계가 사유하는 정신에 대하여, 모순으로 나타난다는 사실을 반대할 아무것도 없다. 현상세계라는 것은 주관적 정신에 대하여서 존재하는 바와 같이 감성과 오성에 대하여서도 존재하는 것이다. 그런데 막상 세계의 본질과 정신의 본질을 비교하는 마당에 있어서는 모순되는 자는 세계의 본질이 아니라, 오직 사유하는 본질, 즉 이성이라고 하는 이렇게도 겸손한 주장이 아무거리낌 없이 나오고, 또 반복되었다는 사실에 대하여 누구나 이상하게 생각할 수 있을 것이다. 이성은 오직 범주의 적용을 받을 때에 한하여서만 모순에 빠진다고 하는 것도 표현이 다를 뿐이지 결국 마찬가지 도로아미타불이다. 왜냐하면 범주의 적용은 필연적이며 이성 인식도 범주 이외에 아무런 별개의 규정도 가진 게 아니라고 주장할 수 있기 때문이다. 사실 인식이라는 것은 규정하고 규정되는 사유를 말하는 것이다. 이성이 만일 무내용하고 무규정한 사유에 불과한 것이라면, 그것은 결국 아무것도 사유하지 못하는 것에 불과한 것이다. 또 이성이 결국 그러한 하등의 내용도 없는 동일성에 환원되어 버린다면(다음 절 참조), 이성은 결국 다행히 모순에서 해방되기는 하겠지만, 그 대신에 모든 내용과 실질을 허망하게 잃어버리고 말 것이다.

　또 한 가지 더 주의할 것은 칸트가 이율배반이라는 것을 좀 더 깊이 고찰하여 보지 못한 까닭에 결국 오직 네 가지 이율배반 밖에 열거하지 못한 점이다. 칸트는 소위 허위의 논리에서 보는 바와 같이, 그가 언제나 애용하기를 좋아하는 범주표를 전제하고 나서 대상의 여러 규정을 개념에서 도출하지 아니하고, 이것을 단순히 어떤 곳에서 성립한 도식 속에 집어넣어서 보였기 때문에, 오직 네 가지 이율배반 밖에 보지 못하게 되었던 것이다.

　나는 대논리학 중에서 기회 있을 때마다 이율배반의 설명 상 이 외에 더 주의할 필요가 있는 모든 점을 지적한 바 있거니와, 특히 주의하여야 할 점은 이율배반이라는 것이 오직 우주론 중의 특수한 네 가지 대상에만 한하여 있는 게 아니라, 모든 종류의 모든 대상과 모든 표상이나 개념 내지 이념 중에도 이율배반이 있다는 점이다. 이러한 사실을 염두에 두고 모든 사물을 이러한 성질을 가진 것으로 그릇되게 인식하는 것이 철학적 고찰의 본질에 속하거니와, 사물이 가진 바로 이 특성이 논리의 변증법적 계기로 규정되는 것이다.

　【補遺】 구 형이상학의 입장에서는 우리의 인식이 모순에 빠질 때, 이것을 한 우연적 과오에 불과한 것으로 보고, 따라서 추리나 추론상의 한 주관적 과오로 본다. 그와 반대로 칸트에 의하면 사유가 무한한 것을 인식하려고 하면, 사유 그 자체의 본성이 모순(이율배반)에 빠진다고 한다. 그러나 앞의 절의 주해에서도 이미 말한 바와 같이 이 이율배반의 지적이 오성형이상학의 독단론을 극복하고, 사유의 변증법적 운동을 제시하는 한에 있어서, 그것은 철학적 인식의 극히 중요한 요구가 된다 하더라도, 그와 동시에 여기서 꼭 알아 두어야 할 것은 칸트가 이 점에서도 또 사물의 본질이 인식되지 않는다는 단순한 소극적 성과에 머물러 버리고, 이율배반의 참다운 적극적 의미의 인식에까지 철저히 관철하지 못한 점이다. 그러면 이율배반의 참다운 적극적 의미가 어디 있는 것인가 하니, 그것은 대체로 말하면 현실적인 모든

것은 자체 중에 대립적인 여러 규정을 내포하고 있다는 것, 따라서 대상의 인식, 아니 좀 더 따져 말하면 그 개념적 이해라는 것은 대상을 대립적인 여러 규정의 구체적 통일로 보아야 한다는 점에 있는 것이다.

그런데 과거의 형이상학은 기술한 바와 같이 대상의 고찰에 있어서 대상의 형이상학적 인식을 안중에 두었기 때문에, 추상적인 여러 오성규정을 그중에서 반대되는 여러 규정을 제외하고 적용한 반면에, 칸트는 그와 반대로 이러한 방식에서 나온 주장에는 언제든지 이에 반대되는 내용을 가진 주장이 동등한 권리와 동등한 필연성을 가지고 대립한다는 것을 추증(追證)하려고 노력하였던 것이다. 그리하여 칸트는 이러한 이율배반의 지적을 과거의 형이상학적 우주론에만 국한하였고, 따라서 이 우주론에 대한 논박 중에서 4가지 이율배반을 토대로 하고 범주의 도식을 세웠던 것이다.

첫째 이율배반은 이 세계가 공간상이나 시간상에 있어서 유한하냐 무한하냐 하는 문제였고, 둘째 이율배반에서는 물질을 무한히 분해할 수 있느냐 없느냐, 다시 말하면 물질이 원자로 구성된 것이냐 아니냐 하는 모순된 문제를 다루었으며, 셋째 이율배반은 이 세계 중의 모든 것을 인과관계의 고리에 의하여 제약된 것으로 볼 것이냐 아니냐, 다시 말하면 이 세계 중에 자유 즉 행동의 절대적인 출발점이 있다고 볼 것이냐 아니냐 하는 문제를 제기하는 한에 있어서, 자유와 필연과의 대립에 귀착하는 것이었다. 그리고 끝으로 이 세계가 대체 원인을 가지고 있느냐 없느냐 하는 넷째 이율배반이 나온다. ― 결국 칸트가 이 이율배반에 관한 설명 중에서 한 것이 무엇이냐 하면, 그것은 이 이율배반 중에 포함되어 있는 두 대립규정을 정(正)과 반(反)으로 삼아서 서로 대치시키고, 따라서 이 두 규정을 이를테면 이 두 규정에 관한 반사적 사유의 필연적 산물로 논증하려고 한 것이었다. 그리고 그는 분명히 거기서 마치 일종의 허위적 논증을 하기 위한 간지나 찾고 있지 않나하는 오해가 있을까봐 두려워하고 있다. 그러나 사실에 있어서 정과 반에 대한 칸트의 논증은 단순한 허위의 논증에 불과한 것으로 보아야 한다.

왜냐하면 논증되어야 할 것이 벌써 도리어 논증이 출발하는 전제 중에 포함되어 있고, 따라서 이것이 우로(迂路) 즉 간접적 논증을 통하여 매개의 가면을 쓰고 나타나기 때문이다. 그러나 이율배반에 관한 칸트의 이 주장은 오성이 분리하여 가지고 고집하는 여러 규정의 사실적 통일을 무언중에 표시하는 점에서 비판철학의 극히 중요하고 칭찬할 만한 성과에 틀림없는 것이다. 그리하여 가령 예를 들면 위에서 들춘 우주론적 이율배반 중의 첫번째 것은 공간과 시간을 연속적인 것으로 볼 뿐만 아니라, 또한 분리적인 것으로도 보아야 한다는 것을 의미한다. 그런데 구 형이상학은 다만 연속성만 고집하였고, 따라서 세계를 공간상이나 시간상에 있어서 무한정한 것으로만 보았던 것이다. 공간이 어떠한 특정한 공간을 의미하는 게 아니며, 또 시간이 어떠한 특정한 시간을 의미하는 게 아니라는 것은 아주 정당한 말이다.

그러나 공간이나 시간은 오직 그 규정성(예를 들면 '여기' '지금'과 같은)을 통하여서만 현실적인 공간이나 시간이 될 수 있고, 따라서 이 규정성이 공간이나 시간 그 자체의 개념 중에 있다는 것도 적지 아니 정당한 말이다. 그리고 이상에서 들춘 그 외의 이율배반, 가령 예를 들면 자유와 필연이라는 이율배반에 관해서도 역시 그렇게 말할 수 있거니와, 여기서 좀 더 따져 보면 '오성이 자유와 필연이라고 이해하고 있는 것은 사실에 있어서는 겨우 참다운 자유와 참다운 필연과의 관념적 계기에 불과한 것이며, 따라서 이 두 가지가 분리되어서는 결코 참다운 것이 되지 못하는 것이다.

49

이성의 셋째 대상은 신(神)인 바(제36절) 이 신이 인식돼야 한다. 환언하면 신이 사유에 의해 규정돼야 한다. 그런데 오성에는 모든 규정이 단순한 동일성에 대한 제한 또는 부정 그 자체로만 보인다. 따라서 모든 실재성은 다만 무제한한 것, 다시 말하면 무규정적인 것으로 보지 않을 수 없게 된다. 그러 므로 신이라는 것은 모든 실재성의 총체 또는 모든 실재 중에서 가장 실재 적인 본질, 즉 단순한 추상체가 되며, 그리고 신의 규정으로는 다만 존재라 는 역시 전혀 추상적인 규정성만이 남게 된다. 추상적 동일성—이것은 여기 서 개념이라고 부를 수 있다.— 과 존재는 이성이 탐구하는 바 통일의 양 계 기다. 즉 이 양 계기의 통일이 이성의 이상이다.

50

이 양 계기의 통일에는 두 가지 길 또는 형식이 있다. 즉 존재에서 출발하 여 사유의 추상체로, 또는 반대로 추상체에서 존재로 이행할 수도 있다.

존재에서 출발한다 하자. 여기서는 존재가 직접적인 것으로서 무한히 많 은 규정을 가진 존재, 즉 충실한 세계로서 나타난다. 이 존재를 좀 더 정확 하게 규정한다면 무한히 많은 우연성 일반의 집합체라고 말할 수도 있고(우 주론적 증명), 또는 무한히 많은 목적과 합목적적 관계의 집합체라고도 말할 수 있다.(자연신학적 증명). — 이러한 충실한 세계를 사유한다는 것은 이 세계 에서 개별성과 우연성의 여러 형식을 제거하고, 이것을 보편적인 것 그 자체 에 있어서 절대로 필연적인 것, 보편적 목적에 따라서 규정되고 활동하는 존 재, 즉 신으로서 파악함을 의미한다. 그리하여 이런 것으로 파악된 것은 최 초의 것과는 전혀 다른 것이 된다. — 이 길에 대한 칸트적 비판의 주안점은 이것이 사실은 추론이나 이행에 불과하다는 데에 있다. 즉 지각이나 그 집합 체 즉 이 세계 그 자체에는 사유가 이 세계의 내용을 순화하여 만들어 내는 보편성이 없는 까닭에, 따라서 이 보편성은 앞에 말한 경험적인 세계표상에 의하여서는 도저히 그 근거가 확립되지 않는다. 따라서 사상이 경험적 표상 에서 신에게까지 상승한다는 것은 흄의 입장과 대립한다(허위의 논리에서와 같 이 · 제47절 참조). 왜냐하면 흄의 입장은 지각을 사유하는 것, 즉 지각에서 보편성과 필연성을 끌어내는 것을 부당하다고 말하기 때문이다.

인간이란 것은 본래 사유하는 동물이기 때문에 상식이나 철학이나 간에 경험적 세계관에서 출발하여 신에게까지 상승하고야 마는 것이다. 그리하여 이 상승의 지반은 단순한 감성적 동물적인 세계관이 아니라 사상적인 세계관이다. 세계의 본질이나 실체, 보편적인 힘이나 목적규정은 사유에서 그리고 오직 사유에서만 볼 수 있는 것이다.

그리고 소위 신의 존재의 증명이라는 것도 사유자로서 감성적인 것을 사유하는 정신 그 자체가 진행하는 과정을 기술하고 분석함에 불과한 것이다. 그리하여 사유가 감성적인 것을 넘어서 그 위로 올라간다는 것, 사유가 유한적인 것을 넘어서 무한적인 것으로 올라간다는 것, 또는 감성적인 것의 한계를 뛰어서 초감성적인 것으로 비약한다는 것, 이것이 모두 사유 그 자체요 이 이행이 바로 사유다.

그러므로 이러한 이행을 하여서는 안 된다는 말은 즉 사유하여서는 안 된다는 말과 같다. 사실에 있어서 동물은 이러한 이행을 못한다. 동물에게는 감성적인 지각과 직관 밖에 없다. 그러므로 동물에게는 종교라는 것이 없다. 사유의 이러한 상승에 대한 비판에 관해서는 일반적으로나 특수적으로나 주의 할 점이 두 가지 있다.

(1) 첫째는 이 상승이 추리의 형식(소위 신의 존재의 증명)을 취할 때에는 그 출발점이 우연성의 집합체로 규정된 세계관이 아니면 목적과 합목적적 관계의 집합체로 규정된 세계관이다. 이 출발점은 사유가 추리를 하는 한 사유의 확고부동한 토대가 되며, 또 최초의 소재 그대로 의연히 경험적인 것으로 볼 수도 있으리라. 그리하여 출발점과 그 귀착점과의 관계가 다만 긍정적인 것으로 밖에 나타나지 않는다. 다시 말하면 고정불변한 하나에서 역시 고정불변한 다른 하나에 도달하는 추이로밖에 나타나지 않는다.

그러나 사유의 성질을 오직 이러한 오성형식으로만 인식하는 것은 큰 잘

못이다. 경험적 세계를 사유한다는 것은 도리어 이 세계의 경험적 형식을 본질적으로 고쳐서 하나의 보편으로 만들어 놓는 것을 의미하는 것이다. 그와 동시에 사유는 앞에 말한 그 토대에 한 부정적인 작용을 준다. 그리하여 보편에 의하여 규정을 받은 지각소재는 그 최초의 경험적 형태를 잃어버린다. 즉 지각의 내적 실질이 그 외피가 제거되고 부정됨과 동시에 드러난다. 신 존재의 형이상학적 증명이 세계에서 신으로 옮아가는 정신의 상승을 불완전하게 밖에 해석하고 기술하지 못한 이유는 그것이 이 상승 중에 들어있는 부정의 계기를 들어내지 못한 점에 있거나 그렇지 않으면 세계가 우연적인 바로 그 이면에 생멸무상하고, 또 세계 그 자체가 본래 허무한 것이라는 성격이 들어있는데도 불구하고 도리어 이것을 드러내지 못한 점에 있는 것이다.

정신이 감성적인 것에서 초감성적인 것으로 상승하게 되면, 세계가 물론 존재하기는 하되 다만 현상에 불과한 것, 진정한 존재가 아닌 것, 절대적 진리가 아닌 것으로 되고, 또 절대적 진리라는 것은 도리어 이 현상의 피안 즉 신에만 있고 신만이 진정한 존재가 된다. 이 점에 정신의 상승의 뜻이 있는 것이다. 정신의 상승은 이행과 매개인 동시에 또 이 이행과 매개의 폐기도 된다. 왜냐하면 정신은 신을 매개하는 것같이 보이기도 하는 이 세계를 또한 허무한 것으로 보기도 하기 때문이다.

이 세계 존재의 허무성이야말로 정신상승의 유일한 밧줄이다. 따라서 신의 매개물이던 것이 소멸하는 동시에 이 매개 그 자체 중에서 매개가 양기(揚棄)된다. ― 야코비가 오성적 증명을 공격할 때에 들추는 점은, 오성이 주로 감성적인 것과 초감성적인 것과의 관계를 다만 긍정적인 관계로 밖에 보지 못한 점이다.

오성은 무제약자를 제약하는 것(세계)을 탐구하는 바, 이러한 방식에서는 도리어 무한자(神)의 본말이 전도한다는 점을 야코비는 정당하게 비난하였다.

그러나 이러한 정신의 상승도 그것이 정신의 내부에서 일어나는 이상에는 이러한 본말전도를 스스로 바로 잡는 수도 있다. 그런데 야코비는 매개 그 자체 속에서 매개를 양기하는 본질적 사유의 이상과 같은 진정한 본성을 인식하지 못하였기 때문에, 단순히 반성적인 오성만을 비난하고만 있으면 정당하였을 것을 사유 전반, 따라서 이성적 사유까지를 통틀어 비난하는 오류를 범하고 말았다.

스피노자주의를 범신론과 무신론이라는 이유로 비난하는 이가 있다. 이것은 부정적 계기를 모르는 실 예로 들 수가 있다. 스피노자의 절대적 실체는 물론 절대정신이라고까지는 할 수 없다. 그리고 우리는 신이 절대정신으로 규정되어야 할 것을 요구할 권리가 있다. 그러나 스피노자가 신과 자연 즉 유한적 세계를 혼동하여 세계를 신으로 보았다는 것이 과연 스피노자의 신의 규정이라면, 거기에는 유한적 세계가 진정한 현실성, 긍정적인 실재성을 가지고 있다는 것이 전제되어 있는 것이다.

이러한 전제 하에서는 물론 신과 세계가 일체화하는 동시에 따라서 신이 전혀 유한화하고, 또 단순히 유한적. 외면적인 이다성(離多性) 밖에 가진 것이 없는 현실적 존재에까지 타락하게 될 것이다. 스피노자가 신을 정의하되 신과 세계와의 통일이라고 한 것이 아니라 사유와 (물적 세계의) 연장과의 통일이라고 한 것이 사실이지만 이 사실을 덮어 두고 가령 이 통일을 먼저 말한 바와 같은 서투른 방식, 즉 신과 세계와의 통일로 생각하여도 스피노자철학 중에서는 도리어 세계가 오직 현실적 실재성이 없는 단순한 현상으로 규정되어 있고, 따라서 이 철학은 무세계론으로 보아야 된다는 것을 알 수 있을 것이다.

신이 있다, 그리고 오직 신만이 있다고 주장하는 철학을 무신론이라고 볼 필요는 조금도 없는 것이다. 원숭이나 암소나 석불이나 동상이나 기타 등을 신이라고 숭배하는 민족에게까지도 사람들은 종교가 있다고 보지 않는가. 그러나 인간의 일상적 관념에 있어서는 세계라고 부르는 이 유한자의 집합체에 참다운 실재성이 있다는 자기 자신의 전제를 포기하기가 어렵다. 그 누가 이 세계는 없다고 말을 한다면 사람들은 이것을 전혀 엉터리없는 말이라고 생각하거나, 그렇지 않으면 신이 없다는 말보다도 더 엉터리없는 말이라고 생각하기 쉽다. 사람들은 신을 부정하는 철학은 있을 수 있다고 믿기 쉬우나, 세계를 부정하는 철학은 있을 수 없다고 잘 믿지 않는 바 이것도 물론 그 사람들의 명예가 아니다. 사람들은 세계의 부정보다도 신의 부정을 더 잘 이해한다.

(2) 둘째로 주의할 점은 사유에 의하여 감성적인 것에서 초감성적인 것으로 상승하는 정신이 맨 처음에 획득하는 실질의 비판에 관한 것이다. 이 실질이 만일 오직 세계의 실체라든가 세계의 필연적 본질이라든가 또는 합목적적으로 정돈되어 가고 진행하여 가는 원인 기타 등의 규정을 가지고 성립된 것이라면, 이 실질이 신이라는 말로 이해되는 것 또는 이해되어야 할 것과 잘 맞지 않을 것은 물론이다. 그러나 신에 관한 일종의 표상을 전제하고 나서, 이 전제에 의하여 결과를 평가하는 따위의 태도를 눈감아 둔다면, 세계의 실체라든가 세계의 필연적 본질이라든가 합목적적인 원인 기타 등의 여러 규정에는 신의 이념의 필연적 계기로서 중요한 가치가 있는 것이다.

그러나 이러한 방도에서 그 진정한 규정을 갖춘 실질, 즉 신의 진정한 이념을 사유의 대상으로 삼으려면 물론 출발점을 저급한 내용에서 취하여서는 안 된다. 단순히 우연적인 세계사물이란 것은 극히 추상적인 규정이다. 유기체 또는 유기체의 여러 목적규정은 전자보다는 높은 생명이라는 영역에 속하는 것이다. 그러나 유생적(有生的) 자연을 관찰하거나 또는 현존 여러 사물의 기타 합목적 관계를 관찰하건대, 목적이 변변치 못할 뿐만 아니라 또 목적 내지 목적 관계가 우롱에 오독(汚瀆)되는 수가 있을 수 있기 때문에, 사실에 있어서 유생적 자연 그 자체만으로는 신(神) 이념의 진정한 규정으로 파악될 수 있는 물건이 못된다. 신은 생명 이상의 것이요 즉 정신이다. 그러므로 가령 사유가 출발점을 취한다면 또 이 출발점을 가장 비근한 데에서 취하기를 원한다면, 절대자의 사유에 있어서 가장 중요하고 또 가장 진정한 출발점은 오직 정신적 본성뿐이다.

51

이성이 이상에 다시 말하면 추상적 동일성과 존재와의 통일에 도달하는 두 가지 방도 중 첫째로 즉 존재에서 출발하여 추상체로 이행하는 길에 대하여서는 이미 앞의 절에서 언급했거니와, 그 통일의 둘째 길은 그와 반대로 사유의 추상체에서 출발하여 존재라고 밖에 말할 수 없는 규정에까지 진행하는 방도(方途) 즉 신 존재의 본체론적 증명이다.

첫째 길에 있어서는 존재라는 것이 출발점인 존재와 귀착점인 추상체와의 양측에 공통하고 있어서, 그 사이의 대립이란 결국 개별과 보편과의 구별에 지나지 않았던 것인데, 둘째 길에서는 이 대립이 사유와 존재와의 대립으로 나타난다. 오성은 첫째 길에 대하여 기술한 바와 같이 경험적인 것 중에는, 보편이 없는 것과 마찬가지로, 그와 반대로 보편 중에는 역시 특정한 것이 없다고 반대한 바 있거니와, 오성은 이 둘째 길에 대하여서도 이와 동일한 반대의 태도를 취하는 바 이 특정한 것이 여기서 존재라고 하는 것이다. 다시 말하면 존재라는 것은 관념에서 나오는 것도 아니요 또 개념에서 분석되는 것도 아니라고 한다.

본체론적 증명에 대한 칸트의 비판이 무조건하고 그처럼 호평을 받게 된 것은 물론 칸트가 사유와 존재와의 사이에 여하한 차별이 있는가를 설명하기 위하여, 돈 100냥을 예로 든 점에도 그 이유가 있다. 즉 칸트는 말하되, 돈 100냥은 장래 있을 수 있는 100냥이나 또는 현재 있는 100냥이간에 개념상에서는 동일한 100냥이지만, 오인(吾人)의 재산 상태에 있어서는 그 사이에 본질적인 차이가 있다고 한다. ─ 우리의 생각이나 마음속에 있는 것은 개념이나 표상에 불과한 것 즉 사상이다.

그런데 개념이나 표상은 존재라고 하기는 어렵다. 그러므로 개념이나 표상을 가지고 현실적 존재라고는 할 수 없다. 이처럼 분명한 사실은 그 밖에 또 있을 수 없다. 100냥 같은 것을 개념이라고 부르는 것은 틀린 수작이라고 하여도 감히 할 말이 없지만, 그것은 그렇다 하더라도 철학적 이념을 모르고 사상과 존재와의 구별을 천 번이고 만 번이고 되풀이만 하는 자들은 걸핏하면 철학자도 사람이라면 이를 모를 리가 있나 하고 넘겨짚기가 일쑤다. 사실 이보다 더 평범한 지식이 어디 있을까? 그러나 그렇다면 마땅히 신이란 것은 무엇이냐고 물을 때에, 그들은 신이라는 것은 100냥이나 또는 그 어떠한 특수한 개념이나 표상이나, 그 명칭이야 여하튼지 이러한 것과는 전혀 종류가 다른 한 대상인 것쯤을 알았어야 할 것이다.

사실 모든 유한자라는 것은 그 존재와 개념이 다르고 또 다를 수밖에 없는 것이다. 그러나 신이라는 것은 '존재한다'고 생각할 수밖에 없는 것이다. 여기서는 개념 속에 존재가 포섭되거니와 개념과 존재와의 이 통일이 신의 개념이다. 그러나 이것은 물론 신의 형식적 규정에 불과한 것이다. 그리고 이 규정은 그것이 바로 형식적 규정이기 때문에 사실은 오직 신의 개념 중에만 포함되는 것이다. 그러나 이 개념은 이 개념의 전혀 추상적인 의미에서도 벌써 그 자체 중에 존재를 포함하고 있는 것을 우리는 잘 알 수 있다.

왜냐하면 이 개념은 달리 규정될 수도 있겠지만, 적어도 매개의 양기(揚棄)에서 산출되는 것, 따라서 자체에 대한 직접 관계이기 때문이요 또 존재라는 것은 다름 아니라 바로 이것을 말하는 것이기 때문이다. 그러나 이러한 정신의 정수(精粹)·개념 또는 자아 내지 구체적 전체로서의 신까지가 다만 존재라는 가장 무내용하고 가장 추상적인 규정 밖에 가질 수 없을 만큼 무내용한 것이라면 사람들은 퍽 놀랄는지도 모른다. 사상으로 보아서 존재라는 것같이 실질이 적은 것은 없으리라. 이보다 더 실질이 적은 것이 있다면 우리가 첫눈에 존재라고 보는 것, 즉 내가 지금 눈앞에 보고 있는 것과 같이 외적 감성적인 존재뿐일는지도 모른다. 그러나 사람들은 생멸하는 유한적 사물의 감성적 존재에 대하여서는 본래 아무 말썸도 없다. ― 하여간 칸트의 비판은 사상과 존재가 다르다는 것을 논평하였지만, 이 따위 진부한 논평쯤으로는 도저히 인간의 정신이 신의 사상에서, 신의 존재의 확실성에 도달하는 길을 막을 수는 없는 것이다.

신의 사상에서 신의 존재로 가는 이 이행, 또는 신의 사상과 신의 존재와의 절대불가분성은, 직접지나 신앙에서 또 그대로 재현하는 수가 있는 바 이 점에 대하여서는 이 다음에 논하기로 한다.

52

이리하여 사유는 결국 모든 특정성과 무연(無緣)한 것, 즉 절대추상적인 사유에 불과한 것이 되는 바 이것이 칸트의 소위 이성이다. 따라서 이성은 경험을 분석하고 종합하기 위한 형식적 통일성 밖에 아무것도 제공하지 못한다. 이성은 진리의 기관이 아니라 그 기준이요 무한자의 원리를 제공하는 것이 아니라, 인식의 비판을 제공하는 데에 지나지 않는 것이다. 이것이 칸트적 이성비판의 결론이다. 이 비판은 결국 사유라는 것이 무규정적인 통일과 이 무규정적인 통일의 작용에 불과하다는 것을 확립하는 데에 있다.

【補遺】 칸트는 이성을 무제약자의 능력으로 보기는 하였다. 그러나 이 무제약자를 다만 추상적 동일성에 환원시키는 것은 동시에 무제약자의 무제약성을 무시하는 것이며 따라서 그렇게 되면 이성이라는 것은 공허한 오성에 불과한 것이 된다. 이성이 무제약적인 유일한 이유는 오로지 이성이, 이

이성과 무연한 내용에 의하여 외부로부터 규정되는 게 아니라, 도리어 자기가 자기를 규정하며 따라서 자기를 자기의 내용으로 삼는 점에 있는 것이다. 그런데 칸트의 말을 들으면 이성의 활동은 오직 감각이 제공하는 소재를 범주의 적용에 의하여 체계화하는 데에 다시 말하면 외적 질서 중에 가져오는 데에 있고, 따라서 이성의 원리에는 모순이 있어서는 안 된다고 한다.

53

실천이성은 자기 자신을 오직 보편적으로 규정하는 의지, 다시 말하면 사유하는 의지로 파악되어야 한다는 것이다. 즉 실천이성은 명령적 객관적인 자유 법칙을 부여하는, 다시 말하면 무엇을 행하여야 할까를 말하는 것이라고 한다. 여기에서 사유를 객관적 규정작용, 즉 사실에 있어서 이성이라고 보아야 할 이유가 무엇이냐 하면, 실천적 자유가 경험에서 증명된다는 것 다시 말하면 자의식의 여러 현상 중에서 증명된다는 점이다. 그러나 의식상의 이 자유 경험과 대립하고 역시 경험에서 증명되는 의지결정론, 더구나 인간이 권리의무라고 하는 것, 다시 말하면 객관적이라고 하는 자유 법칙이 사람에 따라서 무한히 다르다는 회의론적(흄의 회의론도 이 중의 하나다) 결론이 버티고 나온다.

54

실천적 사유가 자기의 법칙으로 삼는 것, 즉 실천적 사유가 자기를 규정하는 기준이 되는 것도 역시 규정 중에는 여하한 모순도 있을 수 없다는 오성의 추상적 동일성 이외의 아무것도 아니다. 따라서 실천이성은 이론이성이 최후에 도달한 형식주의라는 것을 벗어나지 못한다.

그러나 이 실천이성이라는 것은 보편적 규정 즉 선이 자체 내에만 있는 게 아니라 도리어 선이 세계에 널리 있다는 것 즉 외적 객관성을 가진 것, 다시 말하면 사상이란 단순히 주관적인 것만이 아니라 객관적으로 널리 있다는 것을 주장하여야 비로소 참으로 실천적이 되는 것이다. 실천이성의 이러한 요청에 대하여는 이 다음에 말하겠다.

【補遺】칸트는 이론이성에 대하여 자유스런 자기 규정을 부인하고 실천이성에 대하여 이것을 시인하였다. 칸트 철학은 주로 이 점에서 대단한 호평을 받았거니와 그것은 아주 정당한 것이다.

칸트가 여기서 호평을 받은 그 업적을 평가하려면, 우리는 첫째 그의 실천철학, 그 중에도 특히 도덕철학을 살펴보아야 한다. 대체 인간이 무엇이냐하는 문제에 대하여 그것은 행복을 목표로 세우는 것이라고 대답한 것이 행복론의 체계였던 것이다.

그런데 행복이라는 것을 인간의 특수한 경향·의욕·요구 기타 등의 만족으로 이해하게 되면, 따라서 우연적이고 특수적인 것이 의지나 의지활동의 원리가 된다. 그래서 칸트는 확고한 근거가 없는 이상 모든 경향·의욕·요구 기타 등이나 모든 방종과 기분이나에 대하여 문호를 개방하는 행복론에 실천이성을 대치시키고, 따라서 모든 인간에게 똑같은 구속력이 있는 보편적인 의지규정의 필요를 표명하였다.

앞의 절에서 이미 말한 바와 같이. 칸트에 의하면 이론이성이라는 것은 단지 무한자의 소극적 능력으로서, 하등 제 자신의 내용이 없이 오직 경험적 인식의 유한성을 통찰하기에 국한하여야 하는 것이라고 한 반면에, 그는 실천이성의 적극적 무한성을 분명히 승인하고, 따라서 의지에게 보편적으로, 다시 말하면 사유로써 제 자신을 규정할 능력을 돌렸다. 그런데 의지는 물론 이러한 능력을 갖기는 가졌다. 따라서 인간이 오직 이러한 능력을 가지고 이것을 자기의 행동에 행사하는 한에서만 자유인 것을 아는 것은 퍽 중요하다.

그러나 이것을 승인한다고 해서 아직 의지 또는 실천이성의 내용에 관한 문제가 해결되는 것은 아니다. 따라서 인간은 결국 선을 자기 의지의 내용으로 삼아야 한다고 말한다면, 따라서 또 내용 문제 다시 말하면 의지 내용의 규정성에 관한 문제가 재발하게 된다. 따라서 의지와 제 자신과의 일치라는 단순한 원칙이라든가 의무를 다만 의무로 알고 행하는 따위의 요구에서는 의지의 내용 문제가 안 나온다.

55

반성적 판단력을 직관적 오성의 원리로 본다. 보편 즉 추상적 동일성에 대하여 우연적이고 또 보편에서 나올 수도 없다는 특수가 여기서는 이 보편 그 자체에 의하여 규정된다고 말하고 있다. 이 사실은 예술작품과 유기적 자연의 산물에서 밝혀졌다.

칸트는 판단력 비판 중에서 이념의 표상 내지 그 사상까지도 표명하였다. 이 점에 판단력 비판의 특색이 있다. 직관적 오성, 내적 합목적성 기타 등의 표상은 보편인 동시에 그 자체에 있어서 구체적으로 생각되어 있다. 따라서 이 표상에 있어서만은 칸트철학의 사변성이 나타난다. 일부 인사 그 중에도 쉴러(Schiller) 같은 사람은 사상과 감성표상과의 구체적 통일인 예술미의 이념 중에서 추상적 오성의 분열을 극복할 길을 발견하였고, 또 그 외의 다른 사람들은 이것을 자연적 생명력이나 이지적 생명력이나간에 하여튼 생명력 일반의 직관과 의식 중에서 발견하였다. － 예술작품이나 생명 있는 개체나 모두 그 내용에 있어서는 제한이 있기는 있다.

그러나 칸트는 형식상은 물론 내용상에 있어서도 광범한 이념이 자연 또는 필연과 자유자적과의 요청된 조화, 즉 실현 중에 있다고 생각되는 세계의 궁극목적에 있다고 본다. 그러나 칸트는 이 최고 이념을 보는 데에 있어서 흔히 그렇게 부르는 바와 같이 사상의 태만으로 인하여 너무나 편한 도피의 길을 당위에 구하여, 궁극 목적의 현실적 실현을 반대하면서 개념과 실재가 전혀 별개라는 것을 고집한다. 그러나 생명 있는 유기체나 예술미가 현재 존재한다는 이 사실은, 감각이나 직관에 대하여서도 이상의 현실성을 말하고 있다. 그러므로 이러한 여러 사물에 대한 칸트의 반성은, 의식을 구체적 이념의 파악과 사유로 끌고 가기에 특히 적당한 것이었던 것이다.

56

이 판단력 비판 중에는 오성의 보편과 직관의 특수와의 관계에 관한 사상이 이론이성과 실천이성의 이론적 기초에서 나타나는 것과는 다르게 나타난다. 그러나 그렇다고 해서 이 사상이 진정한 것, 아니 진리 그 자체라는 것의 통찰과 연결되어 있는 것은 아니다. 오히려 보편과 특수와의 이 통일을 유한적 현상에서 실현되고 경험에 나타나는 그대로만 보았을 뿐이다. 이 경험은 우선 천재의 취미 판단에서 주관적으로 나오는 바, 천재라는 것은 미적 이념 즉 자유스런 상상력의 표상을 산출하는 능력으로써 이념에 봉사하며 이념을 암시하기는 하나, 이 이념 내용을 개념으로 표현하지도 못하고 또 표현할 수도 없는 것이다. 그리고 취미판단이란 것도 자유스런 직관 또는 표현과 합법칙적인 오성과의 일치 감정에 불과한 것이다.

57

반성적 판단력의 원리는 그뿐만 아니라 생명 있는 자연산물에 있어서는 활동하는 개념 즉 그 자체에 있어서 규정되고 규정하는 보편자인 목적으로 규정된다. 그와 동시에 외적 또는 유한적인 합목적성의 표상이 물러가는 바, 이 목적 표상에 있어서는 목적이 이 목적 실현의 수단과 재료에 대하여 다만 외적인 형식에 불과하였지만, 이와 반대로 유생물에 있어서는 목적이 재료 중에 내재하는 규정과 활동 그 자체가 되고 모든 부분이 서로 목적인 동시에 수단이 된다.

58

이리하여 이러한 이념에 있어서는 목적과 수단이라든지, 주관성과 객관성이라는 오성적 관계가 양기되는데 그런데도 불구하고 여기서도 또 목적이 오직 표상에 불과한, 다시 말하면 주관적으로 밖에 존재하거나 활동하지 못하는 원인이라는 설명이 행하여지고 있다. 따라서 결국 목적 규정을 우리의 오성에 속하는 평가원리 밖에 안 된다고 한다.

이성은 오직 현상만을 인식할 수 있을 뿐이다. 이것이 비판철학의 서론이다. 그렇다면 우리는 적어도 유생적 자연에 대하여서는 두 가지 동일한 주관적인 사유방식 중의 하나를 선택하여야 되고, 또 칸트의 논술에 의하더라도 자연산물을 오직 질(質)이나 원인·결과·복합성분 기타 등의 범주로만 인식하여서는 안 될 것이다. 내적 합목적성의 원리를 학문상에 적용하여 철저히 발전시키기만 한다면, 당연히 칸트가 예상도 못한 전혀 다른, 보다 더 높은 고찰 방식이 나왔을 것이다.

59

이 원리에 의하여 본다면 이념에는 제한이라는 것이 전혀 없다. 따라서 이성에 의하여 규정되는 보편성 — 절대적인 궁극 목적, 즉 선이 이 세계에 실현하되, 이러한 궁극 목적을 세우고, 또 이것을 실현시키는 제3자 즉 신에 의해 실현된다. 따라서 신에는 즉 절대 진리에 있어서는 보편성과 개별성·주관성과 객관성의 대립이 하등 근거도 진실성도 없는 것으로 해소된다.

그러나 세계의 궁극목적인 선(善)은 애당초에 우리 인간의 선으로, 다시 말하면 우리의 실천이성의 도덕률로서 밖에 규정되지 않는다. 따라서 보편성과 개별성·주관성과 객관성의 통일이라는 것도 사실은 이 세계의 상태

및 사건과 우리의 도덕성과의 일치에 불과하게 된다.[1]

궁극 목적 즉 선은 이와 같은 제한을 받고 있거니와 의무라는 것과 마찬가지로 그 자체는 무규정적인 추상물이다. 좀 더 자상하게 말하면 보편성과 개별성 · 주관성과 객관성과의 조화에도 불구하고, 이 조화의 내용 중에 참답지 못한 것으로서 들어 있는 그 대립이 또다시 머리를 들고 나와 서 버린다. 그리하여 양 자의 조화가 오직 주관적인 것으로 마땅히 있어야 하나 그 반면에 실재성이 없는 것, 다시 말하면 주관적 확실성만이 있을 뿐이지 진리성 즉 이념에 조응하는 객관성이 없고, 오직 믿음성 밖에 없는 것으로 규정된다. ─ 가령 이러한 모순이 눈에 보이지 아니하고 도리어 이념이 시간 중에서 실현하고, 또 그 역시 이념에 불과한 미래로 바꾸어지는 수가 있다 하더라도, 시간과 같은 이러한 감성적 제약이라는 것은 모순을 해소시키는 것이 아니라, 그와 반대로 이에 따르는 오성표상인 무한적 진행이란 직접적으로 영원히 그치지 않는 모순 그 자체에 불과한 것을 의미하는 것이다.

또 한 가지 일반적으로 논평할 점이 있는 바, 그것은 비판철학이 인식의 본성이라고 내세웠고, 또 이 시대의 선입견, 즉 일반적 전체의 하나가 된 결론에 대해서다.

모든 이원론 체계, 더구나 그 중에도 칸트의 체계에 있어서는 결코 합치되지 않는 자주적 존재를 말하면서, 바로 이 말이 식기도 전에 이것을 합치시키려고 하는 불철저한 점에 근본결함이 있다. 즉 양 계기가 합치된 것을 참다운 것이라고 말하면서, 그와 동시에 이 양 계기의 진리인 그 합치에 있

1] 칸트의 《판단력비판》 제427면에는 궁극 목적이 우리의 실천이성의 개념에 불과한 것으로 경험의 소여(所與)에서 자연의 이론적 평가로 끌어 낼 수도 없고, 또 자연의 인식에 관여시킬 수도 없는 것이라는 말이 있다. 이 개념은 결국 도덕률에 따르는 실천이성 이외에는 사용하지 못한다. 그리고 창조의 궁극목적이란 것은 우리가 오직 도덕률에 의하여서만 규정지어 말할 수 있는, 다시 말하면 우리의 순수한 실천이성의 궁극 목적이 일치하는 세계의 구조를 말하는 것이다.

어서는 양 계기의 자주성이 말살되는데도 불구하고, 도리어 이 양 계기가 분열하였을 때에 진리성과 현실성이 있다고 말한다.

이와 같이 이러쿵저러쿵 하는 바로 그 자체가 벌써 이러한 규정이 따로따로는 불충분하다는 것을 말하고 있는데, 이 이원론 철학은 이러한 단순한 사실을 인식하지 못한다. 그리고 이 철학의 결함은 형식상 오직 둘 밖에 없는, 이 두 사상을 합치시킬 능력이 전혀 없는 점에 있는 것이다.

따라서 이 철학은 한편으로는 오성이 오직 현상만을 인식한다는 것을 시인하면서, 다른 한편으로는 이 인식을 무슨 절대적인 것같이 주장하며, 인식은 그 이상 더 나아갈 수 없고 여기에 인간지(知)의 자연적 절대적 제한이 있다고 말하는 바 이야말로 최대 모순이다. 자연적 사물에는 제한이 있다. 자연적 사물은 그것이 제 자신의 일반적 제한을 모르고, 또 그 규정성이 우리에게 대하여서만 제한일뿐이지 제 자신에 대한 제한이 아니기 때문에 자연적 사물이 되는 것이다. 우리는 결함이나 제한을 초월할 때에 비로소 이것을 알게 되고 느끼게 되는 것이다. 유생물은 고통을 아는 점에서 무생물에게 없는 특권을 가지고 있는 것이다.

생물은 개별적인 규정성을 부정적인 것으로 느낀다. 왜냐하면 생물은 생물이기 때문에 개별을 초월한 생명성의 보편을 자체 중에 가지고, 제 자신의 부정 중에서도 오히려 제 자신을 잃지 않으며, 또 이러한 모순이 제 자신에게 있는 것을 알기 때문이다. 이러한 모순은 오직 생물에게만 있다. 왜냐하면 생물에게는 생명감이라는 보편성과 또 이 생명감에 대한 부정적 개별성과의 양 계기가 있기 때문이다.

인식의 제한이나 결함이라는 것도 그와 마찬가지로 오직 보편적이고, 전체적이고 완전한 이념이 있어서 이 이념과의 비교에 의해서만 비로소 제한이나 결함으로 규정되는 것이다. 그러므로 유한한 것 또는 제한된 것이라는 그 말 자체가, 무한한 것, 또는 무제한한 것이 사실로 있다는 것을 증명하며,

무한자가 차안(此岸)의 의식 중에 있을 때에 한하여 유한자의 인식이 있을 수 있다는 사실을 모른다는 것은 오직 정신없는 사람에게서만 볼 수 있는 일이다.

인식에 관한 이상의 결론 외에 또 한 가지 더 부언할 수 있는 것은 칸트철학이 여러 학문의 논구(論究)에 하등의 영향도 주지 못하였다는 점이다. 칸트철학은 일상지(知)의 범주와 방법을 조금도 건드리지 못하였다. 하기야 그 당시 학문상의 여러 저술 중에는 칸트 철학의 명제로부터 출발한 것이 있기는 있다. 그러나 그것마저 논술의 진행에 따라서 칸트 철학의 여러 명제는 아무 소용없는 장식품에 불과하게 되어, 첫머리 몇 장을 찢어 버려도 그 논술의 경험적 내용에는 하등의 손상도 없는 것을 볼 수 있다.[2]

한 걸음 더 나아가 칸트 철학과 형이상학화한 경험론과를 비교하여 보자. 공평무사한 경험론은 감성지각을 고정하기는 하나, 그러나 여하한 내용의 것을 물론하고 또 그 내용이 사상에서 나왔거나 공상에서 나왔거나 기타 무엇에서 나왔거나 불구하고, 한 정신적 현실 또는 한 초감성계의 존재를 승인한다. 형식상 경험적 지식의 기타 내용을 외적지각에 의하여 증명하듯이, 이 정신적 현실의 내용을 정신적인 것에 의하여 증명한다. 그러나 반성적이고 철저한 경험론은 두 가지 최후 또 최고의 내용을 가진 이러한 이원론을 공격하며, 또 사고원리와 이 원리에서 자기 발전하는 정신적 세계와의 자각성을 부인한다.

유물론이나 자연주의라는 것은 경험론이 필연적으로 귀착하는 체계다. ─ 칸트철학은 이 경험론에 사유와 자유와의 원리를 절대 대치하고 나서 이

2] 헬만의 '운학교정(韻學敎程)'에서까지 칸트 철학의 문구가 맨 처음에 나온다. 즉 그 제8절에서 운율의 법칙이 ① 객관적 ② 형식적 ③ 선천적으로 규정된 법칙이라야 된다는 결론을 내렸다. 이제 이 요청이나 그 이하의 인과율 및 상호작용의 원리를 운격(韻格) 그 자체의 연구와 비교하여 보라. 이 운격 자체의 연구 중에는 위에서 말한 형식적 원리의 영향이란 전혀 없다.

경험론에 가담하며 이 경험론의 일반적 원리를 고집한다. 이 이원론의 한 쪽에는 지각의 세계와 또 이 지각을 반성하는 오성의 세계가 의연히 버티고 남아 있다. 물론 칸트는 이 세계를 현상의 세계라고 부르기는 하나 이것은 명칭 즉 형식적 규정에 불과한 것이다. 왜냐하면 원천이나 실질이나 고찰방식에 있어서는 앞에 말한 경험론과 칸트 철학과의 사이에 하나도 다른 점이 없기 때문이다. 그런데 이 이원론의 다른 한 쪽에는 자기 자체를 파악하는 사유의 자주성과 자유의 원리가 있는 바, 이것을 칸트 철학과 이전의 일반형이상학과의 공통점이기는 하나, 그러나 내용이라고는 하나도 없고 또다시 내용을 회복시킬 수도 없는 것이다.

여기서 이성이라고 부르고 있는 이 사유는 모든 규정을 상실하였고 따라서 모든 권위를 상실한 것이다. 칸트 철학은 절대적 내면성의 의식을 환기한 점에서 큰 성과를 남겼다. 그러나 이 절대적 내면성은 그 자체의 추상성으로 인하여 그 자체 중에서 아무것도 전개시키지 못하고, 또 인식의 규정이나 도덕률의 규정을 산출하지 못하면서, 그 반면에 외면성의 성격을 가진 것을 자체 중에 남겨 두거나 승인하여 두기를 거부한다. 이성의 독립이라든가 이성 그 자체의 절대독립성이라는 원리가 이래(爾來) 철학의 일반원리가 되었고 시대의 선입견의 하나가 되었다.

【補遺】 1. 비판철학은 모든 오성규정이 유한성에 속하며, 또 이 모든 오성규정 중에서 운동하는 인식이 진리에 도달하지 못한다는 확언을 일으킨 점에서 소극적이기는 하나 위대한 공적을 세웠다. 그러나 모든 오성규정이 단순히 사물 자체를 절대 피안적인 것으로 보는 우리의 주관적 사유에 속하는 점에서, 그 유한성을 지적하는 이 철학은 일면성을 면치 못한다. 그러나 사실에 있어서는 오성규정의 유한성은 그 주관성에 있는 게 아니라 오성규정 그 자체가 유한적이며, 따라서 오성규정의 유한성도 오성규정 그 자체 중에서

지적되어야 하는 것이다.

그런데 칸트의 말을 들으면, 반대로 우리가 사유하는 그것이 그른 까닭은 바로 우리가 그것을 사유하기 때문이라고 한다. ― 그뿐만 아니라 이 철학은 사유를 오직 발생사적으로만 기술하며, 의식의 여러 계기를 단순히 열거하기만 하는 바, 이것도 이 철학의 결함으로 보아야 한다. 이 의식 여러 계기의 열거는 물론 주요한 점에서는 정당하지만, 그러나 거기서는 그처럼 경험적으로 파악되어지고 필연성에 대하여 아무런 말이 없다. 그리고 나서 의식의 여러 계단에 대한 반성의 결론이라 하여 우리의 지식 내용을 오직 현상에 불과한 것이라고 말한다.

물론 유한적 사유가 오직 현상만을 다루는 것이라면 우리는 이 결론에 동의하지 않을 수 없다. 그러나 현상이라는 이 계단은 마지막 계단이 아니라 그보다 더 높은 계단이 있다. 그러나 이 계단은 칸트 철학으로써는 영원히 근접하지 못하는 피안이다.

【補遺】2. 칸트 철학 중에서는 사유의 자기 규정이라는 원리가 다만 형식적으로는 제기되었으나, 칸트는 이 사유가 어떻게 해서 또 어느 정도까지 자기를 규정하느냐 하는 문제에는 언급하지 못하였다.

그런데 피히테는 이 결함을 인식하고 범주의 연역(演繹)에 대한 요구를 표명한 동시에, 또한 실지로 이 범주의 연역을 제공하려고 시험하였던 것이다. 피히테 철학은 자아라는 것을 철학적 발전의 출발점으로 삼고 따라서 범주를 자아활동의 결과로 본다. 그러나 여기서도 자아라는 것이 참으로 자유스런 자발적 활동으로 나오지 못하고 있다.

왜냐하면 그는 자아라는 것을 외부적 동인(動因)을 통하여서 비로소 활동하는 것으로 보고 있기 때문이다. 따라서 자아는 이 외부적 동인에 대하여 반응하며, 또 이 반응을 통하여서 비로소 자기의식에 도달한다는 것이다. ―

이리하여 동인의 본성은 어디까지나 미지의 외물(外物)이고, 자아라는 것은 영원히 타자(他者)와 대립하는 피제약자다. 이 점에서 피히테도 오직 유한자만이 인식되는 반면에 무한자는 사유를 초월한다는 칸트 철학의 결론에서 일보도 벗어나지 못하였다.

칸트가 물(物) 자체라고 한 것은 피히테에게 있어서는, 부정 또는 비아일반(非我一般)이라는 규정에 불과한, 따라서 자아에 대한 타아라는 추상물인 외적 동인이었다. 여기서는 자아를 비아와의 관계 중에서 보며 이 비아를 통하여서 비로소 자아의 자기 규정 활동이 시작된다고 본다.

따라서 자아라는 것은 다만 외적 동인으로부터 자기를 해방하는 연속적 활동이기는 하나, 그러나 현실적 해방에까지 도달하지는 못한다. 그 까닭은 외적 동인이 없어지면 따라서 그 존재성이 오직 활동에만 있는 자아 그 자체도 없어지는 것이기 때문이다. 그뿐만 아니라 이 자아의 활동이 산출하는 내용도 이 내용은 단순한 현상이라는 단서만 붙인다면 보통일반의 경험 내용과 하등의 다른 것이 아니다.

다. 객관성에 대한 사상의 셋째 태도

61

1 . 직접지(直接知)

비판철학에서는 사유를 주관적인 것으로 보며, 또 사유의 궁극적 규정을 추상적 보편, 또는 형식적 동일성이라고 본다. 따라서 이 사유에는 그 자체에 있어서 주체적 보편인 진리가 대립한다고 본다. 소위 이성인 사유의 이러한 최고규정에 있어서는 범주가 문제에 오르지 않는다. 아니 그와 반대로 비판철학의 입장에서는 사유를 다만 특수자의 작용으로만 보고, 따라서 역시 진리를 파악할 능력이 없다고 한다.

62

특수자의 작용인 사유의 산물이나 내용에는 오직 범주 밖에 없다. 오성이 고집하는 바와 같이 범주는 한정된 규정, 즉 제약된 것, 의존하는 것, 매개된 것의 형식이다. 이런 것에 한정된 사유에는 무한한 것 참다운 것이 없다. 이러한 사유에서는 무한한 것 참다운 것으로 옮아가지 못한다(神 존재의 증명에 대한 반대). 이러한 사유규정은 개념이라고도 불리거니와, 그러한 한에서 한 대상을 파악한다는 것은 이 대상을 피제약자 또는 피매개자라는 형식으로 파악함을 의미하는 것이며, 따라서 이 대상이 참다운 것, 무한자 무제약자인 때에는 이것을 피제약자 · 피매개자로 변개(變改)하고, 그리하여 참다운 것을 사유로 파악하지 못하고 도리어 참답지 않은 것으로 둘러놓는다.

이것은 신(神)과 참다운 것에 대한 직접지만을 주장하는 입장에서 나오는 오직 하나 밖에 안 되는 단순한 논설이다. 종전에는 모든 종류의 의인적(擬人的) 표상을 유한적이고 따라서 무한자에게 해당치 않은 것이라 하여 신에게서 제거하였다.

따라서 신이라는 것이 아주 완전히 공허한 존재가 되어 버렸던 것이다. 그러면서도 그들은 사유규정을 대체로 의인적인 것으로 보지 않고, 도리어 절대자의 표상에서 유한성을 제거한 것으로만 보았다. 왜냐하면 반성에 의하여서만 비로소 진리에 도달할 수 있다는 것이 상술한 바와 같이 모든 시대의 선입견이 되어 있기 때문이었다. 그런데 이제 와서는 결국 사유규정 일반까지도 의인설로 보고, 사유작용을 오직 유한화의 작용에 불과하다고 설명하게 되었다. ― 야코비는 스피노자에 관한 서간(書簡), 보유(補遺) 제7 중에서 이러한 논봉(論鋒)을 날카롭게 개진하였다. 이것은 결국 그가 스피노자철학 그 자체 중에서 따 온 것인바 그는 이것을 인식일반의 공격에 사용하였다.

그 논법에 의하면 인식이라는 것이 오직 유한자의 인식에 불과한 것, 한 제약된 것에서 제약된 것으로 계통을 밟아 나가는 사유의 진행에 불과한 것이라고 한다. 따라서 이와 같이 제약된 것에서 제약된 것으로 계통을 밟아서 나가는 사유의 진행과정에 있어서는 제약하는 모든 것 그 자체가 또한 제약된 것에 불과한 것이다. 그러므로 결국 사유라는 것은 제약된 제약자를 통하여 진행하는 것이다. 그러므로 설명한다는 것 또는 이해한다는 것은 그 무엇이 다른 것에 의하여 매개되었다는 것을 밝힌다는 말이라고 할 수 있다.

따라서 모든 내용은 오직 특수한 것이나 의존하는 것이나 유한한 것에 불과하고, 무한한 것이라든지 참다운 것이라든지 신이라는 것은 인식의 유일한 지반인 이러한 연관의 기구 밖으로 나간다. 칸트 철학은 범주의 유한성을 주로 오직 주관성이라는 형식적 규정으로만 보았는데, 이 논법은 범주의 규정성만을 문제 삼으며, 범주 그 자체를 유한적인 것이라고 말한다. 이것은 중요한 점이다. 야코비는 자연에 관한 여러 학문이 자연력과 자연법칙의 인식에서 거둔 찬란한 성과를 특히 염두에 두었던 것이다.

이와 같은 유한적 지반의 내부에서는 물론 무한자가 발견되지 않는다. 왜냐하면 라란드(Lalande)가 말한 바와 같이 온 하늘을 찾아보아도 하느님은 발견되지 않기 때문이다. 결국 이 지반에서는 보편자가 외적 유한자, 즉 물질의 막연한 집합체로밖에 안 나온다. 그러므로 야코비가 매개에서 매개로 막연히 진행하는 길에서 빠져나갈 길을 발견하지 못한 것은 당연한 일이다.

63

그와 동시에 진리는 정신을 위해서만 있고, 그뿐만 아니라 인간이 인간인 소이(所以)는 오직 이성만이요, 이성이라는 것은 신에 관한 지식이라고까지 말하는 주장이 있다. 매개지(媒介知)가 오직 유한적 내용에 국한된 것에 불과한 것이라면 이성은 직접지 즉 신앙이다.

지식이라든지 신앙이라든지 사고라든지 직관이라는 것은 이러한 입장에서 나오는 범주로서, 누구나 다 잘 아는 것같이 전제하고, 오직 단순한 심리적 표상과 구별에 의하여 제멋대로 자주 사용하기는 하나, 그 본성과 개념이 무엇인지를 탐구하지 않는 바, 문제는 오직 이러한 여러 범주의 본성과 개념이 무엇이냐는 데에 있다. 따라서 사람들은 지식을 흔히 신앙과 대치시키는 동시에 신앙을 직접지라고 규정하고 따라서 또 일종의 지식이라고 본다.

사실 우리가 믿고 있는 것은 의식 중에 있다. 따라서 우리는 적어도 우리가 믿고 있는 것을 안다는 것, 또 우리가 믿는 것은 확실한 그 무엇으로서 의식 중에 있다. 그러므로 우리가 그것을 안다는 것, 이것은 모두 물론 경험적 사실이다. 그러므로 사람들은 또 사유를 직접지와 신앙 그리고 무엇보다도 직관에 대립시킨다. 그러나 직관이라는 것은 지적인 것으로 규정될 수 있다.

그렇다면 신이 문제의 대상이 되어 있는 지금 여기서 지적이라는 것을 공상적인 표상이나 형상에 속하는 그 무엇으로 여기지 않는다면, 직관이란 것은 사유적 직관을 의미하는 것에 불과한 것이다. 물론 이러한 철학은 신앙이라는 말이 감성적인 현재의 보통사물에 관해서도 사용될 수 있다고 말할 수 있을 것이다.

야코비가 말하는 바와 같이 우리는 한 육체를 가지고 있다는 것을 믿으며 감성적인 사물이 있다는 것을 믿는다. 그러나 참다운 것이나 영원한 것에 대한 신앙에 대해서, 신이 직접지나 직관에 계시되며 나타난다고 말할 때에, 이 신은 감성적인 사물이 아니라 그 자체에 있어서 보편적인 내용, 즉 사유하는 정신에 대한 대상에 불과한 것이다. 또 자아로서의 개별성이나 인격이 경험적 자아나 한 특수한 인격을 의미하는 것이 아니라면, 그러한 한에서 자아로서의 개별성이나 인격, 더구나 신의 인격이 의식의 대상이 될 때에 이러한 개별성이나 인격 내지 신의 인격이라는 것은 순수한, 다시 말하면 그 자체에 있어서 보편적인 인격을 말하는 것이다. 이러한 것들은 결국 사상이요 또 오직 사유에만 나타나는 것이다.

순수직관이라는 것은 순수사유와 전혀 동일한 것이다. 직관이나 신앙이라는 것은 첫째 우리가 일상의식 중에서 이러한 말로 연상하는 특정한 표상을 표현하는 말이다. 그리고 직관이나 신앙이라는 것과 사고와는 물론 구별이 있거니와 누구나 거의 모두 이 구별을 잘 안다.

그러나 신앙과 직관을 한층 더 높은 의미에서, 다시 말하면 신에 대한 신앙, 신에 대한 지적 직관으로 생각하여야 된다. 즉 직관 및 신앙과 사유와의 구별이 되는 것을 추상하여야 한다.

그러므로 신앙과 직관이 한층 더 높은 이 영역에 옮겨졌을 때에도 사유와의 구별이 있기는 있지만 어떠한 구별이 있는지 말할 수는 없다. 사람들은 이 공허한 구별을 극히 중요한 것같이 말하고, 주장하며 자기네가 주장한 것과 조금도 다름없는 바로 그 규정을 반박한다. 그러나 신앙이라는 말은 기독교적 신앙을 연상시키고, 또 이 기독교적 신앙을 내포한 것, 또는 이것과 동일한 것처럼 보이기 쉬운 특별한 이익을 가지고 있다. 따라서 신앙이 돈독한 이 기독교적 철학은 본질적으로 경건하며 기독교적으로 경건한 것같이 보이고, 또 이러한 경건성이 있기 때문에 자기의 임의적 독단을 더욱 자랑하고 내세울 자유가 있는 것 같은 감을 준다.

그러나 우리는 외관상 신앙과 기독교적 신앙이 말이 같다고 이것을 혼동하지 말고 신앙과 기독교적 신앙과의 구별을 어디까지든지 명확히 알아 두어야 한다.

기독교적 신앙에는 교회의 권위가 들어 있으나 철학적 입장의 신앙에는 오직 자기 자신의 주관적 계시라는 권위 밖에 없다. 또 기독교적 신앙은 객관적인 것, 즉 풍부한 내용을 가진 교설과 인식의 한 체계이다. 그런데 철학상의 신앙내용은 무규정적인 것, 따라서 기독교적 신앙의 내용을 허용할 뿐만 아니라, 달마(達摩)와 황우(黃牛)와 원숭이 기타 등을 신으로 섬기는 신앙까지도 포함한다.

따라서 이 신앙의 내용은 신 일반 즉 최고 존재에 귀착한다. 그러므로 철학적이라고 하는 이 신앙 그 자체는 직접지의 무미건조한 추상, 전혀 형식적인 규정에 불과한 것으로서 신앙심과 이 신앙심에 내재하는 거룩한 정신으로 보든지, 내지 그 교설 내용의 풍부한 점으로 보든지 결코 기독교적 신앙의 정신적 내용과 혼동될 것이 아니요, 더구나 이 기독교적 신앙의 정신적 내용 그 자체라고 생각할 것이 아니다.

여기서 신앙이나 직접지라고 하는 것은 그 외에 흔히 영감 또는 심정의 계시, 내지 인간이 선천적으로 구유(具有)한 내용이나 상식이라고 칭하는 것과 전혀 동일한 것이다. 이러한 모든 형식은 한 내용이 의식 중에 존재하되 한 사실로서 존재하는 그러한 직접성을 원리로 삼는 것이다.

64

이 직접지의 내용은 무한한 것 영원한 것 즉 신이 우리의 표상 중에 있는 그대로 존재한다는 것, 즉 의식 중에서 이 표상이 직접 불가분적으로 존재와 결합되어 있다는 사실이다.

철학은 직접지의 이러한 명제와 모순될 수는 도저히 없다. 아니 철학의 일반적인 전 내용을 표현하기도 하는 이러한 예로부터 내려오는 여러 명제가 물론 비철학적인 방식으로나마 이 시대의 거의 일반적인 선입견이 되다시피 한 것은 도리어 철학을 위해 축복할 일이라 할 수 있다. 철학이 이러한 여러 명제, 즉 정신 속에 진리가 있다든가(제63절), 또 진리는 정신에 있다고(同上) 하는 명제와 대립한다는 것은 생각조차 할 수 없는 일인데, 사람들이 그렇게 생각한 일이 있었다는 사실은 실로 경이로운 일이 아닐 수 없다.

신의 사상을 신의 존재와 또 사상이 첫째로 가지는 바 주관성을 객관성과 직접 불가분적으로 결합하고 있는 명제는 형식적으로 고려하여도 자못 흥미를 끄는 점이 있다. 사실 직접지의 철학은 추상적이기는 하나, 오직 신의 사상뿐만이 아니라 직관에서도 나의 신체와 기타 외적 사물의 표상이 그 존재의 규정과 역시 불가분적으로 결합하여 있다고까지 주장하고 있다.

만일 철학의 목표가 사상의 본성 또는 주관성 그 자체 중에 통일, 즉 존재 또는 객관성과의 불가분성이 있다는 것을 논증하거나 밝히기에 있는 것이라면, 이 증명의 성질이 여하한 것이었든지 간에 철학은 언제든지 그 명제가 또한 의식의 사실이라는 것, 따라서 경험과 일치한다는 것을 주장하고 지적함으로써 만족하지 않을 수 없을 것이다.

직접지의 주장과 철학과의 구별은 오직 직접지가 배타적 태도를 취한다는 점, 다시 말하면 철학과 대립한다는 점에 귀착한다. 그러나 사람들이 말하는 바와 같이, 근세철학의 전 관심을 집약한 '사고한다, 그러므로 존재한다(Cogito ergo sum)'는 명제가 그 창시자의 입에서 나왔을 때에는 직접성의 형식을 띠고 나왔던 것이다. 이 명제를 한 개의 추론으로 보는 사람은 이 추론 중에 '그러므로'라는 말이 나오는 것밖에 대체 추론이 무엇인지 아무 것도 모르는 사람일 것이다.

계사(繫辭)가 대체 나변(那邊)에 있는가? 그리고 '그러므로'라는 말은 물론 본질적으로 추론에 귀속하는 것이다. 그러나 데카르트에게 있어서의 사유와 존재와의 결합을 직접 추론이라는 이름으로 불러도 좋다면, 따라서 이 공연한 형식은 성질이 다른 여러 규정의 무매개적 결합 이외의 아무것도 의미하는 것이 아니다. 그러나 그렇다면 직접지의 명제가 표현하는 존재와 표상과의 결합은 추론 이상도 아니요, 이하도 아니다.

데카르트 철학에 관한 호토(Hotho)씨의 학위논문 중에 데카르트 자신의 '사고한다, 그러므로 존재한다'는 명제가 결코 추론이 아니라는 것을 명언(明言)한 구절이 있다. Respons. ad 11. Okject. Demethodo IV. Ep. 1. 118. 가 그것이다. 이 구절을 인용하여 보자. 데카르트는 첫째 우리가 사유하는 존재라는 것이 추론에서 나오지 않는 그 무슨 최초의 관념이라고 말하고 나서, 계속하여 말하되, 만일 그 누가 '사유한다, 그러므로 존재한다'고 말하였다 하더라도, 그가 존재를 사유에서 추론을 통하여 끌어낸 것은 아니라고 한다. 데카르트는 추론이 어떠한 것인지 알았기 때문에 계속하여 말하되, 만일 이 명제가 추론에서 연역된 것일려면 '사고하는 자는 모두 존재한다'라는 대전제가 이에 부가되었어야 할 것이다. 그러나 이 대전제의 명제는 도리어 앞에 말한 최초의 명제 즉 '사고한다, 그러므로 존재한다'라는 명제에서 비로소 연역되는 것이라고 한다.

의식의 단순한 직관 중에 사유와 존재와의 불가분적 연관이 있다. 이 연관만이 오직 제1차적인 원리, 가장 확실하고 가장 자명한 것이다. 따라서 아무리 극단의 회의론이라도 이 사실을 부인하지는 못한다는 것이 사고자로서의 자아와 존재와의 불가분성의 명제에 관한 데카르트의 말이다. 이 이상 더 명확한 말이 없다. 따라서 야코비나 그 밖의 사람들이 이 직접적 결합에 관하여 표시한 현대의 명제는 그저 이 명제를 되풀이함에 불과하다.

65

이 입장은 간접지 그것만으로는 진리로서 불충분하다는 것을 지적함으로써 만족하지 않는다. 이 입장의 특색은 도리어 직접지 그것만이, 다시 말하면 모든 매개를 제외하여야만 진리를 내용으로 가질 수 있다는 것을 주장하는 점에 있는 것이다. 이와 같이 모든 매개를 제외하는 바로 이 점에서 이 입장은 형이상학적 오성으로, 다시 말하면 이것이 아니면 저것, 저것이 아니면 이것 밖에, 즉 이것저것 중의 하나 밖에 모르는 일면적인 오성으로 따라서 사실 외면적 매개 밖에 안 되는 관계 중으로 뒷걸음쳐 들어간다. 그리하여 이 입장은 유한자 즉 일면적인 규정을 고집하면서 스스로 이 일면적인 규정에서 초탈하였다고 망상한다.

그러나 우리는 이 점을 이 이상 더 길게 말하지 않겠거니와 절대적 직접지가 있다는 주장이 사실 성립하더라도, 이 서론에서는 이것을 오직 외면적 반성에 의하여 이해하여야 한다. 문제 그 자체는 직접성과 매개와의 논리적 대립에 있다. 그런데 이 입장은 사물의 본성 즉 개념을 고찰하기를 거부한다. 왜냐하면 사물의 본성 즉 개념을 고찰하면 따라서 매개 내지 인식에 귀착하기 때문이다. 참다운 고찰 즉 논리적인 고찰은 철학이라는 이 학문의 범위 내에 속하는 것이다.

논리학의 제2편 전체 즉 본질론은 직접성과 간접성과의 본질적인 자주적 통일을 논구(論究)한 것이다.

66

따라서 여기서는 우리가 직접지를 사실로 보아야 하는 입장에 머물러 있는 것이다. 그러나 그렇다면 고찰은 자연히 경험의 영역, 즉 심리학적 현상으로 향하게 된다. — 이 점에 관해서 한 가지 언급할 것이 있는 바, 그것은 누구나 다 잘 알고 있는 진리가 극히 복잡하고 또 극도로 매개에 매개를 거듭한 고찰의 성과로서, 이 사실을 능통한 인사의 의식 중에 현존하고 있다는 것이 보통 상식이 되어 있다는 사실이다.

수학자나 또 과학적 교양이 있는 사람이면, 누구나 극히 복잡한 분석을 통하여서만 도달할 수 있는 해답을 직접 그러한 분석이 없이 가지고 있는 수가 있다. 또 교양 있는 사람이면 누구나 반성에 반성을 거듭한 뒤나 또는 다년의 생활경험에 의해서 비로소 획득할 수 있는 허다한 일반적 견지와 근본원리를 자기의 직접지 중에 가지고 있는 수가 있다.

우리가 혹종(或種)의 지식 내지 기술에 있어서 남다른 전문가적 소양을 가졌다는 것은 그때그때, 우리의 직접 의식, 아니 우리의 대외활동이나 이 활동에 관여하는 우리의 신체 부분 중에 그러한 지식 또는 기술을 가지고 있다는 것을 의미하는 것이다.

이러한 모든 경우에 있어서는 지(知)의 직접성이 이 지(知)의 매개를 배제하지 않을 뿐만 아니라, 도리어 직접지가 매개지의 산물과 결과까지도 되는 그러한 결합 관계가 있는 것이다.

직접적 존재가 이 존재의 매개와 결합하여 있다고 보는 것도 그와 마찬가지의 평범한 견해다. 배종(胚種)이나 양친(兩親)이라는 것은 출생아 기타와의 관계에서 본다면 시원적인 직접 존재다. 그러나 배종이나 양친이라는 것은 존재로서는 본래 직접적인 존재라 하더라도 역시 일종의 산출된 것이요, 출생아 기타도 그 존재의 매개성을 도외시한다면 역시 직접적인 것이다. 왜냐하면 그것도 존재하는 것이기 때문이다.

내가 지금 베를린에 있다는 것, 다시 말하면 나의 이러한 직접적 현재라는 것은 베를린으로의 여행 기타에 의하여 매개되어 있는 것이다.

67

그러면 신이나 법이나 도덕에 관한 우리의 직접지를 생각하여 보자. 이 직접지 중에는 본능·습득관념·생득관념(生得觀念)·상식·양심 등, 여러 가지 형식의 기타 여러 규정이 있다. 그런데 이러한 여러 규정의 내용이 우리의 의식 중에 들어오게 되기에는 본질에 있어서 교육과 계발(또 플라톤적 상기에 대해서도)이 필요하였다는 것은 일반이 다 경험하는 바이다(기독교의 세례가 아무리 성례(聖禮)라 하더라도 역시 그 외에 기독교적 교육을 받을 의무까지도 포함하고 있는 것이다). 다시 말하면 종교나 도덕이라는 것은 아무리 신앙이나 직접지라 하더라도 결국 계발이나 교육이나 교양이라는 매개에 의하여 제약되어 있는 것이다.

생득관념(生得觀念)의 주장이나 그 반대론 중에도 여기서 고찰한 바와 유사한 배타적 규정의 대립이 있는 바, 그것은 말하자면 한편으로는 일정한 일반적 규정과 정신과의 직접적 본질적인 결합과 다른 한편으로는 일정한 대상이나 표상에 매개되어 외적형식으로 이루어진 결합과의 대립이 즉 그것이다.

사람들은 생득관념의 주장에 대하여 만일 그렇다면 모든 사람이 누구나 다 이러한 관념, 즉 예를 들면 모순율도 그들의 의식 중에 있어야 할 것이 아니냐? 다시 말하면 알고 있어야 할 것이 아니냐? 왜냐하면 모순율도 기타 그러한 것과 더불어 일종의 생득관념에 속하는 것이니까 하고 경험론적 반박을 가할 수 있으리라. 그러나 우리는 이 반박 중에 한 오해가 있다고 볼 수 있다.

왜냐하면 지금 말한 그 규정은 생득적인 것이기 때문에, 이것이 기지의 표상이나 관념의 형식을 굳이 취할 필요가 없기 때문이다.

그러나 이 반박은 직접지에 대한 반박으로서는 적중하였다. 왜냐하면 직접지는 그것이 의식 중에 있어야만 자기의 규정을 분명하게 주장하기 때문이다. 직접지의 입장이 무어니무어니 하여도 종교적 신앙에는 우선 계발이나 기독교적 또는 종교적 교육이 필요하다는 것을 승인하는 이상, 신앙을 운운하면서 이 사실을 무시하려고 하는 것은 주책없는 일이요, 또 교육의 필요를 승인하는 것이 바로 매개의 본질성을 의미한다는 것을 모른다는 것은 어리석은 일이다.

【補遺】 플라톤 철학에는 이념을 상기한다는 말이 있거니와, 이 말은 이념 그 자체가 인간에게 있는 것이지, 소피스트들이 주장하는 바와 같이, 마치 뜨내기처럼 외부에서 인간에게 들어오는 것이 아니라는 것을 의미하는 말이다. 그러나 이와 같이 인식을 상기(想起)로 보는 견해는 본래부터 인간에게 존재하는 소질의 발전을 제외하는 것이 아니며, 따라서 이 발전이 즉 다름 아니라 매개를 의미하는 것이다.

데카르트나 스코틀랜드 철학자들에게서 나타나는 생득관념이라는 것도 역시 그와 마찬가지로, 그들은 이 생득관념을 첫째 오직 본래, 따라서 소질과 형식으로 인간에게 존재하는 것처럼 보았던 것이다.

68

이상 열거한 여러 경험 중에서는 대체 무엇이 결합되어 있는가 하는 것을 설명하였고, 또 가령 이 결합이 우선 외면적·경험적인 관련에 불과한 것으로 생각된다 하더라도, 경험적 고찰 그 자체에 대해서는 본질적이고 불가분적인 관련으로 나타나는 것이다.

왜냐하면 경험적 고찰에 대하여서는 이 관련이 언제 어디서나 존재하기 때문이다. 그러나 그뿐만 아니라 가령 경험상 직접지 그 자체만을 따로 떼어서 생각하면, 이 직접지라는 것이 신 또는 신적인 것에 관한 지(知)라 하더라도, 이 의식은 대체로 직접적인 욕망이나 자연적 심정과 같은 감성적 유한적인 것을 거쳐서, 신과 신적인 것에 대한 신앙으로 이행하여 그 속에 끝을 맺는 것으로 볼 수 있다. 따라서 이 신앙은 직접지요 신념이기는 하나 그럼에도 불구하고 앞에 말한 것과 같은 매개의 과정을 자기의 전제와 제약으로 가지고 있는 것이다.

이미 논평한 바와 같이 유한적 존재에서 출발하는 소위 신 존재의 증명이라는 것은 이러한 상향과정을 표현하는 것이지 결코 인위적인 반성의 조작이 아니다. 도리어 신 존재의 증명이라는 것은 정신 그 자체에 고유한 필연적인 매개 과정이다. 그러나 그렇다고 이 매개 과정이 신 존재의 증명이라는, 평범한 형식으로 완전하고 진정하게 표현되어지는 것은 결코 아니다.

69

제64절에서 지적한바 주관적 이념에서 존재로의 이행이라는 것은 직접지의 입장에 대하여 주요한 관심사가 되거니와, 또 본질에 있어서 시원적 무매개적인 연관으로 주장되는 것이다. 경험적으로 나타나는 그 결합 관계를 전혀 무시하여도 이 결합 관계 그 자체 중에 있는 바로 이 중심점이 매개인 것을 알 수 있으며, 더구나 이 매개야말로 그 규정에 있어서 참다운 것, 즉 외적인 것과의 또는 외적인 것에 의한 매개가 아니라 도리어 자기가 자기 자신을 결정하는 매개다.

70

결국 이 입장의 주장이라는 것은 즉 단순히 주관적인 사상으로서의 이념이나, 또는 단순한 존재 그 자체만으로써는 참다운 것이 못 된다. ― 존재 그 자체, 다시 말하면 이념이 아닌 존재라는 것은 세계의 감성적 유한적인 존재라는 것이다. 따라서 이 입장에서는 이념은 존재를 매개하여서만 참다운 것이 되고, 또 그와 반대로 존재는 이념을 매개하여서만 참다운 것이 된다는 것을 단적으로 주장하고 있는 것이다.

직접지의 원리가 막연하고 공허한 직접성 추상적 존재 또는 순수통일을 반대하고, 이념과 존재와의 통일을 주장하는 것은 정당하다. 그러나 여러 규정의 통일이라는 것은 순전히 직접적인 즉 전혀 무규정하고 공허한 통일에 불과한 것이 아니라, 도리어 한 규정은 다른 한 규정에 매개되어야만 비로소 진리성을 갖는다. 다시 말하면 무엇이나 타자에 매개되어야만 진리를 갖는다는 것을 의미하는 것이다.

그런데 직접지의 입장이 이 사실을 모르는 것은 어리석은 일이다. 직접성 그 자체 중에 매개의 규정이 있다는 사실이 이로써 분명하여졌다. 그러므로 '오성도 직접지에 고유한 근본명제에 따르는 이상 이 사실을 부인할 수는 없는 것이다.

따라서 평범한 추상적 오성만이 직접성의 규정과 매개의 규정을 따로따로 떼어서 절대적인 것으로 보고 고정불변한 구별을 가진 것으로 본다. 그리하여 이 양 자를 통일하는 데에 있어서 극복할 수 없는 장벽을 만들어 낸다. 그러나 이 장벽은 기술한 바와 같이 사실 중에 없을 뿐만 아니라 사변적 개념 중에도 없는 것이다.

71

이 입장의 기초를 설명한 뒤를 이어 그 일면성에서 나오는 여러 규정과 여러 귀결의 주요 특징을 밝힐 필요가 있다. 이 입장에서는 첫째 내용의 본성이 아니라 의식의 사실이 진리의 기준으로 되어 있기 때문에, 주관적 지식이라든지 또는 나의 의식 중에 일정한 내용이 있다는 나의 신념이 진리의 기초가 되어 있는 점이다. 따라서 여기서는 나의 의식 중에 있는 것을 모든 사람의 의식에 있는 것이라 하고 의식 그 자체의 본성이라고 한다.

일찍이 소위 신 존재의 증거의 하나로 신을 가진 점에서 여러 민족이 일치하고 있다는 사실을 들추어 낸 일이 있었다. 예를 들면 키케로가 그랬다. 신을 가진 점에서 여러 민족이 일치하고 있는 사실은 신 존재의 유력한 증거다. 그리고 한 내용이 모든 사람의 의식 중에 있다는 사실에서 이 내용이 의식 그 자체의 본성 중에 필연적으로 있다고 하기가 용이한 일이다. 이러한 일반적 일치의 범주 중에는 아무리 몽매한 미개인이라도 회피하지 못하는 본질적인 의식이었다.

그것은 개인의 의식이 동시에 특수한 것 우연한 것이라는 의식이다. 그리하여 이 의식의 본성 그 자체가 밝혀지지 않는다면, 다시 말하면 이 의식의 특수적이고 우연적인 요소를 분리하는 동시에, 반성작용에 의하여 이 의식의 보편자 그 자체를 발견하지 못한다면, 한 내용에 대한 모든 사람의 의식이 아무리 일치하더라도 이 일치는 한 내용이 의식 그 자체의 본성에 속하고 있다는 무가치 한 선입견을 증명함에 불과하고 마는 것이다.

보편적으로 존재하는 것같이 보이는 것을 필연적인 것으로 인식하고야 마는 사유의 요구는 물론 제민족의 일치라는 것만으로 만족하지 않는다. 그러나 또 사실의 그 같은 보편성을 충분히 만족할 만한 증명으로 승인하는 입장 내부에서도 신에 대한 신앙이 없는 개인이나 민족이 있다는 사실에서 할 수 없이 여러 민족의 일치라는 것이 벌써 신 신앙의 증명이 될 수 없다는 것을 경청하고 있는 것이다.

그런데 나의 의식 중에는 한 내용이 진리의 확실성을 가지고 있다. 따라서 이 확실성은 특수한 주체로서의 '나'에게 속하는 게 아니라, 정신 그 자체의 본성에 속한다는 장담(壯談)이 있는 바 이처럼 간단하고 편리한 것은 없을 것이다.[1]

1] 무신론과 신의 신앙과의 어느 것이 많이 보급되었고, 어느 것이 적게 보급되었는가 하는 것을 경험에 의하여 알려면, 사람들이 신 일반의 규정으로 만족하고 있는가, 그렇지 않으면 신에 대한 좀 더 명확한 인식을 요구하고 있는가 하는 것을 아는 것이 필요하다.

기독교적 세계에서는 중국이나 인도 기타 등지의 우상은 물론 아프리카인의 물신(物神)이나 희랍인의 신들을 신이라고 치지 않고 따라서 이러한 것들을 신앙하는 자를 신을 신앙하지 않는 자라고 한다. 그러나 이러한 우상 신앙 그 자체 중에도, 마치 특수한 개체 중에 유(類)가 있는 것과 마찬가지로, 신 일반에 대한 신앙이 있다고 생각할 수 있다면, 따라서 우상 신앙도 단순히 우상에 대한 신앙만으로 볼 것이 아니라, 신에 대한 신앙으로도 볼 수 있는 것이다.

또 이와 반대로 아테네인들은 제우스신 기타를 구름 기타로만 보고, 그 무슨 신 일반 같은 것만을 주장하는 시인이나 철학자를 무신론자로 쳤던 것이다. ― 결국 문제는 한 대상 그 자체 중에 들어있는 내용 여하에 있는 게 아니라, 결국 이 내용에 대한 의식 여하에 있었던 것이다. 이러한 규정이 혼동될 때에 인간의 감성직관인 이상 아무리 저열(低劣)한 것이라도 모두 종교 아닌 것이 없는 것이다.

왜냐하면 이러한 모든 감성직관 그 자체, 아니 모든 정신적인 것 그 자체 중에는 발전하고 순화하여 마침내 종교가 될 수 있는 원리가 들어있기 때문이다. 그러나 종교가 될 수 있는 것과 종교가 되어 있는 것과는 전혀 다르다. 그리고 전자의 모든 감성직관이라든지 또 모든 정신적인 것 그 자체라는 것은 종교가 될 수 있는 능력과 가능성을 의미하는 것이다.

그리하여 근대에 와서도 로스(Ross) 대위와 팰리(Parry) 같은 탐험여행가들은, 아프리카의 마술사가 가지고 있는 종교 같은 것까지도 없는, 즉 전혀 종교라는 것이 없는 민족(에스키모)을 발견하였다 하며, 지난 유태 50년 절기의 처음 몇 달을 로마에서 보낸 한 영국인은 그 여행기 중에서 오늘날의 로마인에 대하여 말하되, 일반 민중이 믿는 척하기는 하나 글을 읽고 쓸 줄 아는 사람은 모두 무신론자라고 하였다. 그러나 현대에 와서는 무신론에 대한 비난이 퍽 적어졌다. 그 까닭은 주로 종교의 실질과 요구가 극도로 축소된

데에 있는 것이다.

72

직접지를 진리의 기준이라고 본다면 따라서 둘째로 모든 미신과 우상 숭배도 진리가 될 수 있고, 또 가장 옳지 않은 비도덕적인 의지 내용도 시인될 수 있다.

인도인은 소위 매개지(媒介知) 즉 추론과 추리에 의하여 암소와 원숭이 또는 바라문(婆羅門)이나 라마(羅麻) 등을 신으로 삼게 된 것이 아니라 그들은 그저 이것을 신앙하고 있는 것이다. 그러나 인간의 자연적인 욕망이나 경향이 의식의 관심을 끌고 비도덕적인 목적이 의식 중에 아주 직접적으로도 있는 게 사실이다.

그러므로 성격의 선악이라는 것은 관심과 목적에서 알려지되, 더구나 직접으로 알려지는 의지의 특정한 존재를 의미하는 것이다.

끝으로 신에 대한 직접지는 신이 있다는 것만을 말할 뿐이요 신이 무엇인가를 말하는 것이 아니다. 왜냐하면 신이 무엇인가라는 것은 일종의 인식이요 또한 매개지에 귀착하는 것이기 때문이다. 따라서 종교의 대상으로서 만의 신은, 신 일반 즉 무규정적인 초감성자에 불과하며, 종교는 그 내용에 있어서 극도로 축소되어 있는 것이다.

될 수 있는 대로 신이 있다는 신앙을 유지하고, 아니 그보다도 그러한 신앙을 환기하도록 노력하는 것이 참으로 필요한 이 때, 이처럼 빈곤한 종교지를 가지고 그래도 무슨 큰 수확인 것같이 여기며, 옛날 아테네인들이 미지의 제신(!)에게 바쳤던 신단을 또다시 교회 안으로 끌어 들이고 있는 이 시대의 빈곤에 아연치 않을 수 없다.

또 직접성의 형식이 가진바 보편적 성질을 간단히 논하여 보자. 바로 이 직접성의 형식 그 자체가 일면적이기 때문에, 내용 그 자체까지도 일면적인 것, 따라서 유한적인 것이 된다. 직접지의 형식은 보편자에게 대하여 추상적 일면성이란 규정을 부여한다.

따라서 신은 무규정적인 존재가 되어 버린다. 그러나 신은 자기 자체 내에서 자기를 자기로써 매개하는 것으로 알려져야만 비로소 정신이라고 부를 수 있는 것이 된다. 그래야만 신이 구체적인 생명이 있는 정신이 된다. 바로 그러므로 신을 정신으로 아는 지(知), 그 자체 중에는 매개가 있는 것이다.

─ 직접성의 형식은 특수자에게 대하여 자기가 자기와 관계하는 존재라는 규정을 부여한다. 그러나 특수자라는 것은 자기 외의 타자와 관계하는 존재다. 그러므로 직접성의 형식은 유한자를 절대화시키는 것이다. 직접성의 형식은 전혀 추상이기 때문에 모든 내용을 동일시하고 따라서 무슨 내용이든지 받아들인다.

따라서 직접성의 형식은 우상 숭배적이고 또 부도덕적인 내용과 그 정반대의 내용과를 똑같이 시인하게 되는 것이다. 그러나 이러한 내용은 결코 자립적인 것이 아니라 타자에 의하여 매개되어 있는 것이다. 이 점이 인식되어야만 비로소 내용의 비진실성과 유한성이 드러나는 것이다.

이 인식은 매개를 내포하는 지식이다. 왜냐하면 내용 그 자체 중에 매개가 있기 때문이다. 그러나 참다운 내용은 오직 하나뿐이다. 어떠한 내용이 참다운 내용인가 하니 타자에 의하여 매개되는 것 즉 유한적인 것이 아니라, 자기를 자기에 의하여 매개하는 것, 따라서 자기 자신을 매개하는 동시에 자기 자신에 직접 관계하는 것이 이것이다.

그런데 유한지 즉 형이상학과 계몽정신과의 오성적 동일성에서 이탈하였다고 생각하는 오성은, 스스로 또 다시 이 직접성 즉 추상적인 대자 관계 다시 말하면 추상적 동일성을 진리의 원리와 기준으로 삼고 있다. 추상적 사유 속 반성적 형이상학의 형식과 추상적 직관 즉 직접지의 형식과는 결국 동일하다.

【補遺】 직접성의 형식과 매개의 형식을 대립으로만 고집하게 되면, 이 형식 들은 일면적인 형식이 되며, 따라서 일면성은 결국 이 형식에 귀속하는 모든 내용에까지도 전파되는 것이다. 직접성이라는 것은 본래 추상적인 대자 관계인 동시에 따라서 추상적 동일성, 추상적 보편성이다.

그러므로 진정한 보편을 다만 직접성의 형식에서만 보게 되면, 이 보편은 추상적 보편에 불과하게 되며, 따라서 이러한 입장에서는 신이 절대 무규정적인 존재라는 의미밖에 못 가진다.

그렇다면 신을 정신이라고 말하여도 그것은 공언에 불과하게 된다. 왜냐하면 정신이라는 것은 의식 내지 자기의식으로서, 언제든지 자기와 자기와의 또는 자기와 다른 자기와의 구별, 따라서 매개이기 때문이다.

75

사상이 진리에 대하여 취하는 이 제3태도에 대한 평가는 이 입장이 직접지 그 자체 중에서 표시하고 자인하는 방식으로 밖에 할 수 없었다. 따라서 직접지, 다시 말하면 타자에 의한 매개나 자기 자체 중에서 자기 자체에 의한 매개나간에 대체 매개라는 것을 거치지 않은 지(知)가 있다는 것이 사실 오언(誤諺)인 것이 분명하여졌다.

그와 마찬가지로 사유는 오직 타자에 의하여 매개된 규정, 즉 유한적인 것 제약된 것에서만 진행하며, 이 매개 중에서 매개 그 자체를 지양하는 것이 아니라는 것도 사실상 비진리인 것이 분명하여졌다. 그런데 이와 같이 인식이라는 것이 일면적인 직접성 중에서만 진행하는 것도 아니고, 또 일면적인 매개 중에서만 진행하는 것도 아니라는 사실을 예증하는 것이 바로 논리학이요 전철학이다.

76

직접지의 원리를 출발점 즉 칸트 이전의 이른바 소박적(素朴的) 형이상학과 관계시켜서 비교 · 고찰하면, 직접지의 원리가 근래에 이르러 데카르트 철학이라고 불러지고 있는, 이 소박적 형이상학이 취한 단서에 복귀라는 것을 알 수 있다. 양 자의 주장은 다음과 같다.

(1) 사유자의 사유와 존재와의 단일불가분성 즉 '사고한다, 그러므로 존재한다'는 것은, 결국 나의 의식 중에 나의 존재 · 실재 · 현존이 직접으로 나타난다는 것(데카르트의 사고가 의식일반을 의미한다는 것은 그가 《철학원리》(Princilpia Philosolphiae 1. 9.) 중에서 명언하고 있다), 또 이 불가분성이 절대시초(매개된 것, 논증된 것이 아니다)요 가장 확실한 인식이라는 것과 전혀 동일한 의미의 말이다.

(2) 신의 표상과 신의 존재와의 불가분성도 그와 마찬가지이다. 따라서 신의 존재는 신의 표상 자체 중에 포함되고 또 신의 표상은 신의 존재 없이는 절대로 있을 수 없다. 그러므로 신의 존재는 필연적이고 영원적인 규정이다.
2]

2] 데카르트의 《철학원리》 1의 15, '독자 중에 만일 자기가 가지고 있는 여러 가지 관념 중에서, 지극히 완전한 존재자의 관념을 제외하면 그와 똑같은 존재의 필연성을 가진 관념이 하나도 없는 것을 아는 이가 있다면, 그는 그만큼 더욱 그렇게 지극히 완전한 존재자의 존재를 믿고 싶게 될 것이다. 그는 이 존재자의 관념이 변치 않는 참다운 성질, 다시 말하면 존재의 필연성을 내포하고 있기 때문에 존재하지 않을 수 없는 성질이 있는 것을 알게 될 것이다.' 이 다음에 나오는 말은 매개나 논증같이 들리기는 하지만, 그렇다고 이상의 근본사상과 저촉하는 것은 결코 아니다. ─ 스피노자에 있어서도 역시 이와 마찬가지로 신의 본질, 즉 추상적 표상 자체 중에 존재가 내포되어 있다. 스피노자의 첫째 정의는 자기 원인

(3) 외적 사물의 존재에 관한 직접의식도 역시 감성적 의식에 불과한 것이다. 그러나 이러한 의식을 가졌다고 그것이 결코 인식이 되는 것은 아니다. 외적 사물의 존재에 관한 이 직접지라는 것은 미망(迷妄)과 오류에 불과하며, 감성적인 것 그 자체 중에는 하등의 진리도 없고, 이러한 외적 사물의 존재는 도리어 우연하고 생멸무상한 것 즉 가상이라는 것, 또 이러한 외적 사물은 본래 개념이나 본질과 분리하여 오직 존재만 가지고 있을 뿐이라는 것을 알아 두어야 한다.

77

그러나 이상 두 입장은 다음과 같은 차이가 있다.

(1) 데카르트 철학은 이 증명도 없고 또 증명할 수도 없는 전제에서 출발하여 광범한 인식을 전개하였고 또 그리하여 신세대의 학문을 발족시켰다. 그런데 이와 반대로 현대의 입장은 유한적인 매개 중에서 진행하는 인식이 오직 유한적인 것밖에 인식하지 못하고, 또 하등의 진리도 없다는 그 자체로 보면 중요한 결론에 도달하였다. 그리고 이 입장은 신의 의식에서는 전술한 대로 전혀 추상적인 신앙의 지반에 머물러 있기를 바란다.[3]

에 관한 것인데, 그에 의하면 자기 원인이라는 것은 존재를 내포하는 본질을 가진 것, 다시 말하면 존재한다고밖에 생각할 수 없는 성질을 가진 것이라고 한다. － 개념과 존재가 서로 불가분이라는 것이 근본규정과 전제로 되어 있다. 그러면 존재와 분리할 수 없는 개념이란 여하한 개념인가? 그것은 유한적인 사물의 개념은 아니다. 왜냐하면 유한적 사물의 개념이라는 것은 그 존재가 우연적인 것 창조된 것이기 때문이다. － 스피노자에게 있어서 신이 필연적으로 존재한다는 그의 제11명제나 신의 존재와 그 본질을 동일한 것이라는, 그의 제20명제나의 바로 뒤에 증명이 꼬리를 물고 나오는 바, 이것은 쓸데없는 형식주의에 불과한 것이다. 신은 실체 그리고 유일한 실체다. 그런데 실체는 자기 원인이다. 그러므로 신은 필연적으로 존재한다. － 이상은 결국 신의 관념과 신의 존재가 불가분적이라는 것을 의미함에 불과한 것이다.

3] 안세름(Anselmus)은 이에 반대하여 말하되 이미 신앙이 굳어진 이상 우리는 신

(2) 현대의 입장은 한편으로는 데카르트에게서 발족한 일반 학문적 인식의 방법을 답습하여, 이 방법에서 유래한 경험적 유한적인 것에 대한 학문을 그대로 계속하면서, 다른 한편으로는 이 방법을 그리고 그들은 도대체 방법이라고는 이 방법 밖에 모르기 때문에, 모든 방법을 실질상 무한한 것을 인식하는 것이 아니라고 배척한다.

따라서 이 입장은 주관적인 공상이나 독단 · 무정견(無定見) 내지 교만 또는 억견(憶見)이나 공리공론만 일삼는 바, 이러한 공상 · 독단 · 무정견 · 교만 · 억견 공리공론 등은 모든 철학자와 전혀 배치하는 것이다. 즉 철학이라는 것은 이러한 어쭙잖은 독단이나 공상이나 공리공론의 희롱을 절대로 시인하는 것이 아니다.

78

내용 또는 지식의 독립적인 직접성과 그와 반대로 이 직접성과 합치되지 않는 역시 독립적인 매개와의 대립이라는 것을 버려야 한다. 왜냐하면 이 직접성과 매개와의 대립이라는 것은 첫째 단순한 전제나 임의적인 독단에 불과한 것이기 때문이다.

그와 마찬가지로 학문의 문전에서는 그 밖의 모든 전제나 선입견도 표상에서 나왔거나 사상에서 나왔거나 간에 모두 버려야 한다. 왜냐하면 첫째 이러한 따위의 모든 규정을 연구하고, 또 이러한 규정과 그 반대 규정의 내용을 인식하여야 하는 것이 다름 아니라 바로 학문이기 때문이다.

인식이 모든 형식을 통하여 나타나는 부정적인 학문으로서의 회의론은 상술한 여러 전제의 허무성을 증명하는 첩경이다. 그러나 회의론이라는 것

앙 대상의 의미를 알아야 된다. 그런데도 불구하고 이것을 알려고 하지 않는다면 우리는 이것을 태만이라고 생각한다고 하였다. ― 여기서 안세름은 기독교의의 구체적 내용을 직접지에 입각한 현대의 신앙 내용과 전혀 별개의 것으로 인식하라는 중요한 과제를 제기하고 있다.

은 불쾌한 길일뿐만 아니라 또한 무용한 길이다. 왜냐하면 이 뒤에 곧 말하겠지만 변증법적인 것 자체가 긍정적인 학문의 본질적인 일계기(一契機)이기 때문이다. 그 위에 회의론은 또 유한한 여러 형식을 전혀 경험적인 것 즉 비학문적인 것으로만 보고 주어진 것으로 다루어야 된다.

이 회의론이 이렇게 철저하게 되면 학문에 들어가기 전에 먼저 모든 것을 의문에 부하기를, 다시 말하면 모든 것에 대하여 일정한 전제를 가지고 대하는 태도를 버리기를 요구하는 바, 이 요구는 본래 순수하게 사유하기로 태도를 결정하고, 모든 것으로부터 분리하여 그 순수한 추상, 즉 사유의 단순성에 도달한 자유의 입장에서 나온 것에 불과한 것이다.

79

2. 논리학의 개념과 구분

논리라는 것은 형식상으로 보면 세 가지 면, 즉 (가) 추상적 또는 오성적인 면과, (나) 변증법적 또는 부정적=이성적인 면과, (다) 사변적 또는 긍정적=이성적인 면을 가지고 있다.

이상 세 가지 면은 논리학의 3부분을 구성하는 것이 아니라, 도리어 모든 논리적=실재적인 것, 즉 모든 개념 또는 진재일반(眞在一般)의 여러 계기가 되는 것이다. 이 계기는 모두 첫째 계기 즉 오성적인 것 중에 포섭시킬 수 있고, 또 이 오성적인 것 중에 포섭시킴으로써 따로따로 갈라놓을 수도 있다. 그러나 이 여러 계기를 그와 같이 오성적인 것 중에 포섭시키고, 따라서 따로따로 갈라놓으면 그 진상이 보이지 않는 법이다. ― 여기서 명시한 논리적인 것의 규정이나 그 구분은 모두 예비적 기술에 불과한 것이다.

80

(가) 오성적 사유라는 것은 고정한 규정성 및 이 규정성과 기타 규정성과

의 구별을 고집하는 것이다. 오성은 이러한 한정된 추상적인 것 그 자체가 사실상 존재한다고 본다.

【補遺】 사유일반 또는 특히 개념적 이해라는 말을 할 때, 사람들은 흔히 오성의 활동만을 안중에 두고 말한다. 물론 사유는 첫째 오성적 사유의 형태를 취한다. 그러나 그렇다고 사유는 오성적 사유에만 머물러 있는 게 아니며, 개념은 단순한 오성규정만을 의미하는 것이 아니다.

― 오성의 활동은 본래 그 내용에 보편성의 형식을 부여하며, 더구나 오성에 의하여 정립되는 보편은 추상적 보편에 불과하다. 그리하여서 오성은 이 추상적 보편을 특수와 대립하는 것이라고 고집하나, 그와 동시에 이 추상적 보편은 그 자체가 또 다시 특수에 의하여 규정된다. 오성은 자기의 대상과 따로 떨어져서 이 대상에 대하여 추상적인 태도를 취하기 때문에, 어디까지나 구체적인 것과 관계하며, 구체적인 것을 고집하는 직접적인 직관이나 감각과 대립한다.

따라서 사유일반에 대하여 사유는 고루하고 일면적인 것, 따라서 당연히 유해무익하고 파괴적인 결과밖에 내지 못한다는 비난이 자주 나오거니와, 이 비난은 사실에 있어서 이상에 말한 바와 같은 오성과 감각과의 대립에 귀착하는 것이다.

이 비난은 그 내용상으로 보아 물론 그른 것이 아니지만 그렇다고 이 비난은 사유일반이나 좀 더 따져 말하면, 이성적인 것이 받아야 할 것이 아니라 다만 오성적 사유만이 받아야 하는 것이다. 그러나 좀 더 따져보면 오성적 사유에도 권리와 공적이 있는 것을 승인하여야 된다. 그러면 오성적 사유의 권리와 공적이 대체 어느 점에 있는가 하니, 그것은 우리가 이론적 영역에 있어서나 내지 실천적 영역에 있어서 오성을 통하지 않고서는 고정성과 규정성에 도달하지 못하는 점에 있는 것이다.

여기서 우선 인식에 관해서 말하면, 인식이라는 것은 현존하는 여러 대상을 그 특정한 구별에서 파악함으로부터 시작하는 것이다. 그리하여 가령 예를 들면 인식이라는 것은 자연을 관찰할 때에, 여러 가지 원소(元素)·역(力)·유(類) 기타 등을 구별하며, 따라서 그것들을 구별된 채로 고립시켜서 고정시킨다. 여기서는 사유일반이 특히 오성으로서의 태세를 취하고 있으며, 동일성 즉 단순한 대자 관계를 원리로 삼고 있는 것이다. 그런데 이 동일성은 또한 인식 중에서 한 규정으로부터 다른 한 규정으로의 진행을 제약하는 것이다. 그리하여 가령 예를 들면, 수학 상의 양이라는 것은 기타 모든 규정의 진행을 규정하는 규정이다. 따라서 기하학 상에서는 여러 가지 형태 중에서 동일한 점을 들추어내 가지고 그 형태들을 비교한다. 그뿐만 아니라 기타 부문의 인식, 가령 예를 들면 법률학에 있어서도 첫째 동일성에서 진행한다. 여기서는 한 규정에서 다른 한 규정을 추론하거니와 이 추론은 동일성의 원리에 의한 진행에 불과한 것이다 이론적 영역에서와 마찬가지로 실천적 영역에서도 오성이 전혀 없을 수는 없다.

성격이라는 것은 본질적으로 행동에 속하는 것이며, 성격적인 인간이라는 것은 일정한 목적을 안중에 두고, 이것을 추구하는 단호한 태도를 가진 오성적 인간을 의미하는 것이다. 위대한 그 무엇을 의욕하는 인간은 괴테(Goethe)가 말한 바와 같이 자기를 한정할 줄 안다. 그와 반대로 모든 것을 의욕하는 인간은, 사실에 있어서 아무것도 의욕하지 않는 인간, 따라서 아무것도 하지 못하는 인간이다.

이 세상에는 흥미 있는 사물들이 많이 있다. 스페인의 시·화학·정치·음악 등 이런 것은 모두 흥미를 끄는 것이며, 또 이런 것에 흥미를 둔다고 결코 나쁘다고 할 수는 없다. 그러나 일정한 처지에 있는 일개인으로서 그 무엇을 성취하려면, 그 무슨 특정할 것을 붙잡고 늘어져야 되며, 따라서 제 힘을 여러 방면으로 분산시켜서는 안 되는 것이다. 그와 마찬가지로 어느 직업이든지 이 직업을 오성으로써 꾸준히 속행하는 것이 중요한 것이다.

가령 예를 들어 말하면, 재판관은 법을 고지(固持)하여야 되고 법에 따라서 심판하여야 되며, 따라서 이것이나 저것을 가지지 말아야하고, 하등의 용서도 없어야 하며, 좌우를 돌아보지 말아야 한다. ― 그뿐만 아니라 오성이라는 것은 본래 교양의 중요한 계기다. 교양 있는 인간은 애매하고 모호한 것으로 만족하지 아니하고, 어디까지나 대상을 분명한 규정성에서 파악한다. 그러나 교양이 없는 인간은 그와 반대로 자신 없이 이리 저리 흔들리며, 화제의 내용을 이해하기에 무한한 애를 쓰며 문제의 초점을 멍하니 바라보기만 한다.

상술한 바와 같이 우리는 논리적 활동 일반을 본래 단순히 주관적인 활동으로 이해할 것이 아니라, 도리어 어디까지나 보편적인 동시에 따라서 객관적인 활동으로 이해하여야 하거니와, 이것은 논리적 활동의 최초의 형식인 오성에 대하여서도 적용된다. 따라서 우리는 오성을 사람들이 신의(神意)라고 부르는 것과 모순하지 않는 것으로 보아야 한다.

왜냐하면 신의는 유한적인 사물이 있다. 또는 유한적인 사물이 존립한다고 보기 때문이다. 가령 예를 들면 사람들은 자연 중에서 신의를 인식한다 하거니와, 이 신의는 모든 종류의 동물이나 식물이 제 자체를 유지하고 번식시키기 위하여 필요한 모든 것을 타고나는 점에 있다고 한다. 그렇다면 그와 마찬가지로 또 인간 즉 개인이나 모든 민족 전체도 역시 그 존립과 발전에 필요한 것을 일부분은, 가령 예를 들면 기후·토지의 상태 및 산물 기타 등과 같은 직접적 소여(所與)에서 발견하고, 일부분은 소질과 재능 기타 등에서 발견한다.

이와 같이 보면 오성이라는 것은 본래 대상적인 세계의 모든 분야에 있는 것을 알 수 있으며, 따라서 오성의 원리가 대상 중에 정당하게 나타나기만 하면 그것은 본질에 있어서 대상의 완전성에 속하는 것이다. 그리하여 가령 예를 들면, 한 국가 내에 있어서 신분과 직업의 명확한 구별이 아직 있지 못하고, 따라서 개념상 질(質)이 다른 여러 가지 정치적·행정적 기능이, 비겨 말하면 고도로 발전한 동물유기체 중에서 감각·운동·소화 기타 등의 여러 기능이 그러하듯이, 특수한 여러 가지 조직체에까지 아직 완성하지 못하면 그 국가는 완전한 국가가 못 되는 것이다.

― 그뿐만 아니라, 상술한 논지에 의하여 상식상 오성과 가장 거리가 먼 것같이 보이는 여러 가지 분야나 영역에서도 역시 이 오성이 없을 수 없고, 따라서 이 오성이 없으면 그에 따라서 이것을 결함으로 보지 않을 수 없는 것을 알 수 있다. 예술이나 종교 내지 철학에 대하여서도 역시 그와 같이 말할 수 있다. 가령 예를 들면, 예술에 있어서 개념상 구별되는 미의 여러 가지 형식을 이러한 그 구별성에서 고집하며 표현하는 것은 오성의 작용이다. 개개의 예술 작품에 관해서도 역시 그와 같이 말할 수 있다. 따라서 여러 인물의 성격을 순수하고 뚜렷하게 연출하며, 바로 그러함으로써 문제되는 여러 가지 목적과 관심을 명확하게 표현하는 점에 극예술의 미와 완성이 있는 것이다.

― 그 다음에 종교 부문에 있어서도 가령 예를 들어 말하면, 내용과 그 구조의 기타 상이점을 도외시하더라도 북방신화보다 희랍신화가 우월한 점은 후자에 있어서는, 개별적인 여러 신의 형상이 조형적 규정성에 의하여 완정(完整)되어 있으나, 전자에 있어서는 그것이 요운(妖雲) 같은 무규정성 중에서 서로 교착하고 있는 점에 있는 것이다. ― 끝으로 또 철학에 대하여서도 오성이 없으면 안 된다는 것은 상술한 바에 의하여 알 수 있을 것이므로, 이 이상 더 가언(加言)할 필요조차 없거니와 하여간 철학에 있어서는 무엇보다도 먼저 모든 사상을 각각 뚜렷하게 이해하여야 하고, 애매하거나 모호한 대로 방치하지 말아야 한다.

― 그러나 여기서 한마디 더 말하지 않을 수 없는 것은 오성이 물론 궁극

적인 것이 아니라, 도리어 유한적이고 따라서 좀 더 따져 말하면, 그 극단에 이르자 대립물에 전화(轉化)하는 것에 불과하다는 것, 따라서 이 점에 정당성이 있다는 것이다. 청년은 추상 중에서 방황하나 장년은 그와 반대로 추상적인 이것이냐 저것이냐를 불고(不顧)하고 구체적인 것을 고지(固持)한다.

81

(나) 변증법적 계기라는 것은 이러한 유한적인 규정이 제 자신을 버리고 제 자신과 반대되는 규정으로 옮아가는 것을 말하는 것이다.

① 변증법적인 것 그 자체만이 오성에서 분리하여 특히 학문적인 개념으로 나타난 것이 회의론이다. 그러므로 회의론이라는 것은 다만 변증법적인 것의 결과인 부정만을 내포하는 것이다.

② 사람들은 흔히 변증법이라는 것을 외적 기교, 즉 일정한 개념 중에 혼란과 사이비 모순을 임의로 불러들이는 한 기교로 본다. 따라서 이 일정한 개념 규정이 아니라 이 사이비 모순을 무가치한 것으로 보고, 그와 반대로 오성적인 것을 도리어 참다운 것이라고 본다. 또 사람들은 흔히 변증법을 아무 주견 없이 갈팡질팡하는, 즉 아무런 내용도 없는 이론만 캐는 얄미운 주관적 공리공론의 체계로만 본다.

－ 그러나 변증법의 진정한 특징은 도리어 그것이 오성규정 즉 사물 및 유한적인 것, 전반의 진정한 본성인 점에 있는 것이다. 반성이라는 것은 첫째 고립한 한 규정성을 초월하는 것, 또 이 규정성의 일정한 관계를 의미하는 것이다.

따라서 이 고립한 규정성은 반성에 의하여 일정한 관계를 가지기는 하나, 그러나 그렇지 않은 경우에는 다만 고립한 규정성 그대로밖에 통용하지 못한다. 그런데 변증법이라는 것은 이 고립한 규정성에 내재하며 초월하는 것이다. 따라서 변증법에 있어서는 오성규정의 일면성과 제한성이 바로 그대로 즉 오성규정 자체의 부정으로 나타난다.

유한적인 것은 모두 제 자신을 지양하는 것이다. 그러므로 변증법은 학문 진행 중에서 움직이는 혼이요, 학문 내용 중에 내재적 연관과 필연성이 나오게 하는 유일한 원리요, 또 이 원리 중에는 본래 유한자에게 대하여 외면적이 아닌 진정한 초월이 있는 것이다.

【補遺】 1. 변증법적인 것을 적실하게 파악하고 인식하는 것이 가장 중요하다. 변증법이라는 것은 본래 현실에 있어서의 모든 운동, 모든 생명, 모든 활동의 원리다. 그와 동시에 변증법은 또한 진정한 모든 학문적 인식의 혼이다. 속담에 '나도 살고 너도 살고 다 같이 살자'는 말이 있는 바와 같이, 우리의 상식 중에서는 추상적인 여러 오성 규정에 머무르지 말라는 것이 단순한 공정의 원리로 나타난다. 그러나 좀 더 따져 보면 유한적인 것은 단순히 외부로 부터 제한을 받는 게 아니라, 도리어 제 자신의 본성에 의하여 지양되는 것이며, 따라서 제 자신을 통하여서 자기의 대립물로 전화하는 것이다.

가령 예를 들어 말하면, 사람들은 인간을 죽는 것이라고 하며, 그리고 죽음이라는 것을 그 근거가 오직 외적사정에 있는 그 무엇같이 보거니와, 이러한 견해에 의하면 인간에게는 두 가지 특수한 성질 즉 살기도 하고 또 죽기도 하는 성질이 있다고 한다. 그러나 생(生) 그 자체 중에 사(死)의 씨가 있다는 것, 따라서 유한한 것은 본래 자기 모순하는 것이며 또 이 자기 모순을 통하여 자기를 지양한다는 것이 진정한 견해다.

그리고 또 변증법을 단순한 궤변론과 혼동하여서는 안 된다. 왜냐하면 궤변론의 본질은 일면적 추상적인 여러 규정을 그 분리 상태에서 덮어 놓고 승인하며, 따라서 이 규정에는 반드시 그때그때의 개인적 관심과 개인의 특수한 형편이 붙어 다닌다.

가령 예를 들어 말하면, 행동에 있어서는 나는 살기 위한 수단을 가져야

겠다는 것이 한 중요한 계기가 된다. 그러나 내가 만일 이 일면, 즉 내 복리라는 원리만 내세우고 나서, 거기에서 그러니까 나는 도둑질도 하여야 되고, 또 내 조국도 배반하여야 한다는 결론을 꺼낸다면 이것은 일종의 궤변이다. — 그와 동시에 나의 행동 중에는 내가 내 주견(主見)과 확신을 가지고 있다. 즉 본질적인 원리가 있다는 의미에서 나의 주관적 자유가 있는 것이다. 그러나 내가 오직 이 원리만을 가지고 생각한다면, 그것도 역시 궤변이요 따라서 도덕의 모든 근본 명제를 송두리째 포기하는 것이다.

변증법이란 것은 이러한 행위와 본질적으로 다른 것이다. 왜냐하면 변증법이라는 것은 바로 사물을 즉자적 및 대자적으로 보는 방법에 귀착하는 것이며, 그리고 여기에서 일면적 오성규정의 유한성을 알 수 있게 되는 것이다.

그러나 변증법이라는 것은 철학 상에서 결코 새로운 것이 아니다. 고대철학자 중에서는 플라톤을 변증법의 시조라고 볼 수 있거니와 그것은 물론 당연한 일이다. 왜냐하면 변증법은 플라톤 철학 중에서 비로소 자유스런 학문적 형식인 동시에 따라서 객관적 형식으로 나타났기 때문이다.

소크라테스에게서는 변증법이 그의 철학적 사유의 보편적 성격과 일치하는 형태로 나타나기는 하였으나, 그러나 아직 압도적인 주관적 형태 즉 비유의 형식으로밖에 나타나지 못하였던 것이다.

소크라테스는 그의 변증법을 가지고 한때는 상식일반과 그 다음에는 특히 궤변론자들과 대항하였다. 그는 대화를 통하여 화제에 오른 사실을 좀더 옳게 가르치려고 한 듯한 감을 주고 있다. 그리하여 그는 여러 가지 문제를 제기하여 상대자를 그가 지금까지 옳다고 생각하였던 것과는 정반대의 결론으로 끌고 갔다.

가령 예를 들면 소피스트들이 교사라고 자칭할 때 소크라테스는 언제든지 질문을 통하여 소피스트의 한 사람인 프로다고라스로 하여금 모든 학습은 상기(想起)라는 것을 자백시켰다. — 그 다음에 플라톤은 그의 엄정한 학적 대화중에서 변증법적 방법을 통하여 고정한 모든 오성규정의 유한성을 지적하였다. 가령 예를 들면 그는 '팔메니데스편' 중에서 '다(多)'를 '일(一)'로부터 연역하였으나, 그럼에도 불구하고 그는 또 '다(多)'가 '일(一)'로 규정되는 것에 불과하다는 것을 지적하였다. 플라톤은 변증법을 이와 같이 훌륭하게 다루었던 것이다.

근대에 이르러서 변증법을 다시 부활시켜 가지고 이미 제48절에서 논술한 소위 이성의 이율배반을 전시함으로써 새로운 빛깔 아래 놓은 이는 첫째 칸트다. 칸트의 이율배반에 있어서 단순한 지면상의 왕복이나 따라서 단순한 주관적 행위가 아니라 도리어 모든 추상적 규정이 나타나는 그대로 보기만 하여도 직접 그 대립물에 전화한다는 것이 문제의 초점이 되었던 것이다. ― 오성이 아무리 변증법을 반대하여도 변증법은 오직 철학적 의식에 대해서 뿐만 있는 것이 아니라, 기타 모든 의식, 따라서 일반적 경험에도 있는 것을 알아야 한다.

우리를 둘러싸고 있는 모든 것은 변증법의 한 실 예로 볼 수 있는 것이다. 우리는 모든 유한적인 것이 고정 불변하는 것이 아니라 생멸 변화하는 것인 것을 알거니와, 이것이 다름 아니라 유한자의 변증법이며, 유한자는 이 변증법에 의하여 제 자신의 직접성에서 벗어나서, 대립물로 전화하는 것이다. 우리는 앞에서 오성을 신의(神意)라는 관념 중에 포함되는 것으로 봐야 한다고 말한 바 있거니와, 이제 변증법에 관해서도 역시 그와 같은 의미에서 변증법이라는 원리가 신의 권능에 해당한다는 것을 알아야 한다.

우리가 모든 사물, 다시 말하면 모든 유한적인 사물이 심판을 받는다고 말할 때, 우리는 변증법을 그 앞에서는 고정 불변한다고 생각될 수 있는 사물이 있을 수 없는 하나의 보편적인 불가항력으로 보고 있는 것이다. 이 규정은 물론 신적 본질이나 신의 개념이라는 것을 다 드러내는 것이 아니지만, 그러나 이 규정은 모든 종교의식에 있어서의 본질적인 계기가 되는 것이다.

그뿐만 아니라 변증법은 또 자연계와 정신계의 모든 특수 부문이나 특수 형태에도 적용되는 것이다. 가령 예를 들면 운동이 이것이다. 한 유성은 지금 이 지점에 있으나 그러나 그것은 본래 또 다른 지점에 또 있으려고 하는 것이다. 따라서 이 유성은 운동함으로써 이 다른 지점에 있게 된다. 그와 마찬가지로 물리적 여러 원소는 변증법적으로 나타나는 것이며 기상변화는 기상변증법의 현상이다. 이 원리는 기타 모든 자연과정의 원칙이 되는 것이며, 따라서 그와 동시에 자연은 이 원칙에 의하여 제 자신을 탈피하는 것이다.

그 다음에 정신계에서 또 좀 더 구체적으로 말하면, 법률이나 도덕의 분야에서 변증법이 어떻게 나오느냐 하면, 일반인이 경험하는 바와 같이 한 상태 또는 한 행위가 그 극단에 이르면 흔히 그 반대의 의미에 전화하며, 따라서 그 변증법이 흔히 속담 중에서 승인되고 있는 것을 상기하면 족히 알 것이다. 가령 일 예를 들면 '최고의 정(正)은 최고의 부정(不正)'이라는 속담이 있거니와, 이것은 추상적인 정이 그 극단에 도달하면 부정으로 급변한다는 것을 의미하는 말이다.

그와 동시에 누구나 알다시피, 정치상에서는 무정부 상태의 극단과 전제정치의 극단이 흔히 서로 교대하여서 나온다. '잘난 체하면 큰 코 다친다'든가 또는 '칼이 너무 날카로우면 무디어진다'든가 기타 이러한 따위의 속담이 있거니와, 우리는 이러한 속담 중에서 도덕적인 형태의 변증법을 발견한다. 또 감각도 육체적이거나 정신적이거나 간에 변증법을 가지고 있다. 고진감래라는 것은 누구나 다 아는 바이다. 경우에 따라서는 기쁨에서 눈물이 저절로 나오고 슬픔에서 웃음이 저절로 나오는 수가 있다.

【補遺】 2. 회의주의라는 것을 단순한 회의론으로만 알아서는 안 된다. 회의주의의 초점은 그와 반대로 모든 유한적인 것의 허무성을 간파하는 데에 있는 것이다. 회의를 가진 사람에게 한하여서는 자기의 회의가 풀릴 수 있다

는 희망과, 또 그가 이것을 취할까 저것을 취할까 하고, 그 중간에서 갈팡질 팡하는 양 규정 중의 한 규정이 확고하고 진정한 규정이 될 수 있다는 희망이 있는 것이다. 그러나 본래의 회의주의라는 것은 오성의 모든 확신에 대한 완전한 회의를 의미하는 것이다.

따라서 그 결과로 부동심과 안신입명(安身立命)을 사주하는 주의가 나온다. 이것이 말하자면 섹스투스 엠피리쿠스에게서 표현되었고 로마시대의 후기에 스토아학파나 에피쿠로스학파의 독단적 체계에 대한 보충으로서 완성된 고대의 회의주의다. 이 고대의 회의주의를 앞에서 기술한 비판철학 이전이나 또는 비판철학 이후에 나온 근대의 회의론과 혼동하여서는 안 된다.

왜냐하면 근대의 회의론은 단순히 초감성계의 진리성과 확실성만을 부인하고, 그와 반대로 감성적인 것과 직접적 감각에 주어지는 것을 고집하는 것이기 때문이다.

그뿐만 아니라 오늘날에 이르러서도 아직까지 회의주의를 모든 실증적 지식일반이나, 따라서 실증적 인식을 중요시하는 철학에 대해서까지도 불구대천(不俱戴天)의 적으로 보는 경향이 없지 않아 있거니와, 이 점에 관련해서 회의주의를 무서워하거나 회의주의에 저항할 능력이 없는 것은 사실에 있어서 유한적·추상적인 오성적 사유이며, 그와 반대로 철학이라는 것은 회의적 태도를 한 계기로 즉 변증법적 계기로 삼아서 내포한다는 것을 알아 두어야 한다.

그러나 철학은 회의주의처럼 변증법의 단순한 소극적 결론에 머물러 있는 것이 아니다. 회의주의는 자기의 결론을 단순한, 다시 말하면 추상적인 부정으로만 고집함으로써 자기의 결론을 오인한다. 그런데 변증법은 결과에 있어서 소극적인 것을 가지고 있기는 있으나 이 소극적인 것은 바로 결과이기 때문에 동시에 적극적인 것이다.

왜냐하면 변증법은 결과로서 나오는 것, 그리고 그것이 없으면 결과가 될 수 없는 것을 지양해서 자체 중에 내포하는 것이기 때문이다. 이것이 논리적인 것, 즉 사변적이고 적극적이고 이성적인 것의 근본 규정이다.

82

(다) 사변적 또는 적극적=이성적인 것은 대립 여러 규정의 통일, 즉 이 대립 여러 규정의 화해와 이행 중에 포함되는 것을 파악하는 것이다.

① 변증법에는 적극적인 결과가 있다. 왜냐하면 변증법에는 일정한 내용이 있기 때문이다. 다시 말하면 변증법의 결과는 참으로 공허하고 추상적인 무(無)가 아니라 일정한 규정의 부정이기 때문이다. 그리고 변증법의 결과는 직접적인 무가 아니라 바로 한 결과이기 때문에 그 속에 이 일정한 규정을 내포하고 있는 것이다.

② 그러므로 이 이성적인 것은 가령 그것이 사유된 것, 추상적인 것이라 하더라도 동시에 구체적인 것이다. 왜냐하면 이성적인 것은 단순한 형식적 통일이 아니라 여러 규정의 통일이기 때문이다. 그러므로 철학이라는 것은 애당초에 단순한 추상이나 형식적인 사상을 다루는 게 아니라 오직 구체적인 사상만을 다루는 것이다.

③ 단순한 오성논리학은 사변적 논리학 중에 포섭되고 또 이 속에서 성립할 수 있는 것이다. 그러자면 사변적 논리학에서 변증법적인 것과 이성적인 것을 제거하기만 하면 된다. 이리하여 사변적 논리학은 보통 논리학 즉 유한적이면서 무슨 무한적인 것같이 보이는 다방면으로 얽힌 사상 규정의 서술이 되어 버린다.

【補遺】이성적인 것은 그 내용상에서 보면 결코 철학만의 독점물이 아니라, 교양이나 정신적 발전의 여하한 계단에 있는 모든 인간에게도 있는 것이다. 그러한 의미에서 사람들은 고래로 인간을 이성적 동물이라고 정당하게

불러왔던 것이다.

경험적 보편적인 방식으로 이성적인 것을 알려고 하는 것은 첫째 선입견과 전제(前提)의 방식이다. 그러나 이성적인 것의 성격은 이미 제45절에서도 말한 바와 같이 본래 무제약적인 것, 따라서 여러 규정을 제 자신 중에 내포하는 점에 있는 것이다. 이러한 의미에서 인간은 그가 신을 알고 또 신을 어디까지나 제 자신에 의하여 규정되는 것으로 아는 한, 결국 이성적인 것을 알고 있는 것이다.

그뿐만 아니라 그와 마찬가지로 자기의 조국이나 법률에 관한 시민의 지식도, 그가 이 조국이나 법률을 무제약적인 동시에 보편적인 것으로 승인하는 한에 있어서는, 역시 이성적인 것의 지식이며 그와 동일한 의미에서 소아(小兒)의 지식이나 의사도 그 소아가 자기 양친의 의사를 알고, 그 의사를 자기 의사로 삼는 한에서는 역시 이성적이다.

그렇다면 사변적인 것이라는 것은 본래 사유되는 한에 있어서의 이성적인 것, 더구나 적극적인 이성적인 것에 불과한 것이다. 일상생활 상에서는 사변이라는 말을 흔히 퍽 막연하게, 그리고 동시에 투기(投機)니 모험이니 하는 제2차, 3차의 의미로 사용한다. 가령 예를 들면 모험결혼이니 투기적 상업이니 하는 말이 있거니와, 이 말은 직접적인 목전의 이해관계를 떠나야 된다는 것, 또 투기의 내용은 우선 주관적인 것이기는 하나, 그러나 꼭 실현되고 객관화하리라는 것을 의미하는 말이다.

이미 위에서 이념에 관하여 지적한 바가 사변이라는 말의 상술한 바와 같은 통속적 사용법에 대하여서도 바로 그대로 적용되거니와, 여기서 한 가지 더 지적할 것은 소위 교양이 있다고 자처하는 인사들까지도 사변이라는 말을 자주 단순히 주관적인 의미로 사용하며, 따라서 자연이나 정신이나의 상태 또는 관계에 관한 혹종(或種)의 견해가 다만 사변적으로만 생각하면 퍽 훌륭하고 정당하나, 경험과 일치하지 않으며 따라서 현실에서는 이 따위 견해가 적용되지 않는다고 말하고 있는 것이다.

　그러나 사변적인 것은 그 참다운 의미에 있어서는 잠정적으로나 또는 결정적으로나 단순한 주관적인 것이 아니라, 도리어 그와 반대로 오성이 고집하는 대립 즉 주관적인 것과 객관적인 것과의 대립을 지양하여 내포하는 것, 따라서 구체적 총체로 나타나는 것이다. 그러므로 사변적 내용은 또 일면적인 명제 중에 표명되지 않는 것이다.

　가령 예를 들면, 절대자를 주관적인 것과 객관적인 것과의 통일이라고 하는 말은 물론 옳지 않은 게 아닌가. 그러나 이 명제는 오직 통일만을 표명하고 강조하는 한 역시 일면적이다. 왜냐하면 사실에 있어서는 주관적인 것과 객관적인 것은 동일할 뿐만 아니라 또한 구별되는 것이기 때문이다.

　사변의 의미에 관련하여 또 한 가지 지적할 것은, 사람들이 사변이라는 것을 흔히 전일에 종교의식과 그 내용에 관해서 신비적이라고 부르던 것과 동일한 것으로 이해하고 있는 점이다.

　오늘날도 신비적이라는 말을 듣거니와 이 오늘날의 신비적이라는 말은 일반적으로 불가사의라든가 또는 불가해(不可解)라는 말과 같은 뜻으로 사용되고 있다. 따라서 이 불가사의와 불가해를 기타 일반의 교양이나 신념과 구별하여, 전자는 미신과 미망(迷妄)에 속하는 것으로 보나 후자는 진정하고 진실한 것으로 본다.

　여기서 첫째 알아둘 것은 신비적인 것이 과연 불가사의한 것임은 사실이나, 그러나 그것은 오직 오성에 대하여서만 불가사의한 것이다. 왜냐하면 오성의 원리는 추상적 동일성이나, 사변적인 것과 뜻이 같은 신비적인 것은 오성이 오직 그 분열과 대립으로밖에 못 보는 여러 규정의 구체적 통일이기 때문이다. 따라서 신비적인 것을 진정한 것이라고 승인하기는 하나, 그러나 이것을 어디까지나 불가사의한 것으로만 보고 만다면, 그것은 그 반면에 사유가 피상적 동일성 밖에 보지 못한다는 것, 따라서 진리에 도달하려면 사유를 단념하거나 또는 흔히 말하는 바와 같이 이성을 버려야 한다는 것을 의미하는 것이다.

그러나 이미 말한 바와 같이 추상적인 오성사유는 고정 불변하는 것 궁극적인 것이 아니라, 도리어 부단히 제 자신을 지양하여 제 자신의 대립물로 전화하여 가는 것이며, 이성적인 것 그 자체는 그와 반대로 이 대립물을 관념적 계기로 삼아서 자체 중에 내포하는 것이다. 따라서 우리는 모든 이성적인 것을 동시에 신비적인 것이라고 부를 수 있거니와, 그러나 그것은 이성적인 것이 오성을 초월한다는 것을 의미하는 말에 불과한 것이지, 결코 이성적인 것을 본래 사유일반이 근접할 수 없고, 또 이해할 수 없는 것같이 보아야 한다는 것을 뜻하는 말이 아니다.

83

논리학은 이하 3부분으로 구분된다.
① 존재론 ② 본질론 ③ 개념론 및 이념론
즉 논리학은
① 직접성에 있어서의 사상, 즉 개념 자체 ② 반성과 매개에 있어서의 사상 즉 개념의 자체와 가상 ③ 제 자신에 복귀하여 발전하며 자립 자존하는 사상, 즉 개념자체의 자각 등에 관한 이론으로 구분된다.

【補遺】 여기서 제시한 논리학의 구분은 사유에 관한 지금까지의 모든 설명과 마찬가지로 단순한 하나의 예료(豫料)에 불과한 것이며, 따라서 그 이유나 설명은 사유 그 자체의 상세한 논술을 통하여 비로소 나오는 것이다. 왜냐하면 철학 상의 증명이라는 것은 대상이 제 자신을 통하여, 또 제 자신에 의하여 제가 무엇인가 하는 것을 제시함을 의미하는 것이기 때문이다.

― 여기서 제시한 사상 또는 논리적 이념의 3계단이 취하는 상호관계를

우리는 이렇게 즉 개념이 제일 참다운 것, 좀 더 따져 말하면 존재와 본질과의 진리이고, 따라서 그와 동시에 이 존재와 본질을 따로따로 분리하여 고집하는 것은 진리가 아니라고 보아야 한다.

　－ 왜냐하면 존재라는 것은 오직 직접적인 것이고 본질이라는 것은 오직 간접적인 것이기 때문이다. 그렇다면 여기서 우선 왜 즉시 참다운 것으로부터 시작하지 아니하고, 참답지 않은 것으로부터 시작하는 이유가 무엇이냐 하는 의문이 나올 것이다.

　이 의문에 대한 대답 삼아 말하거니와 증명되어야 할 진리나 진리의 증명이라는 것은 여기 즉 논리학 중에서는 개념이 제 자신을 통하여 또 제 자신으로써 제 자신을 매개하는 것인 동시에, 따라서 참다운 간접적인 것으로 나오는 것이다. 다시 말하면 우리는 신이 창조한 이 세계, 즉 자연이나 유한적 정신을 신과 구별하여 가지고, 그것이 참다운 것이 아니라는 것을 알 때에 비로소 그와 동시에 진리인 신을, 신의 이 진리성에서 즉 절대정신으로 알게 되거니와, 이제 우리는 논리적 이념의 3계단이 취하는 바, 이상 말한 상호 관계를 구체적 · 실재적인 형태에서 발견한다.

제1편 존 재 론

84

존재라는 것은 다만 그 자체로만 보면 개념이다. 그리고 존재의 규정은 존재자다. 따라서 모든 존재자는 서로 구별되기 때문에 다른 존재자와 관계한다. 그리고 그 이상의 규정은 변증법적 형식 즉 타자로 이행하는 형식이다. 이 개념규정의 진행은 즉 제 스스로 존재하는 개념이 제 밖으로 나가는 것, 따라서 개념의 전개인 동시에 존재가 제 자신 속으로 파 들어가고 깊어가는 것을 의미하는 것이다.

이리하여 존재라는 영역 내에서 개념이 전개되는 바, 이것이 존재의 통체(統體)인 동시에 따라서 존재의 직접성 또는 존재로서의 존재형식의 폐기이다.

85

존재 자체 내지 존재의 그 다른 여러 규정뿐 아니라 논리적 규정일반까지도 절대자의 정의, 즉 신(神)의 형이상학적 정의로 볼 수 있다. 그러나 좀 더 엄밀히 말하면, 어느 영역에서든지 그 영역에서 나오는 최초의 무차별한 규정이나 또는 차별에서 다시 무차별한 대자 관계로 복귀한 제3규정만이 신의 형이상학적 정의로 볼 수 있는 것이다. 왜냐하면 신을 형이상학적으로 정의한다는 것은 신의 본성을 사상 그 자체로 표현함을 의미하는 것이기 때문이다.

그런데 논리학은 사상의 형식을 띠고 있는 모든 사상을 포섭하는 것이다. 이와 반대로 제2의 규정 즉 어느 영역에서든지 그 영역에서 차별성을 띠고 나오는 모든 규정은 유한자의 정의다.

그러나 정의의 형식을 취하면 따라서 일종의 기체(基體)가 표상에 떠오르게 된다. 왜냐하면 신을 사상의 의미와 형식으로 표현하여야 되는 절대자도 그 자체의 술어, 즉 사상에 있어서의 일정한 현실적 표현과의 관계에서 보면, 마음속에 떠오른 사상 즉 무규정적인 기체에 불과한 것이기 때문이다. 논리학에서 다루는 사상이라는 것은 오직 술어에만 포함되어 있는 것이다. 그러므로 명제의 형식이라든지 주어라는 것은 전혀 무용하게 된다(제31절 및 그 뒤에 나오는 판단의 장 참조).

【補遺】 논리적 이념의 영역은 어느 것이나 절대자의 한 표현 및 여러 규정의 통체로 나타나는 것이다. 따라서 질(質)과 양 및 질량을 내포하는 존재도 마찬가지다.

질(質)이라는 것은 첫째 존재와 동일한 규정성이다. 그러므로 질(質)이 없어지면 존재도 없어진다. 그러나 양이라는 것은 존재에 대하여 이래도 그만 저래도 그만인 외적 규정성이다.

그리하여 예를 들면 집은 크거나 작거나 간에 여전히 집이요, 분홍은 연분홍이나 진분홍이나 간에 분홍이다. 존재의 제3계단 즉 질량을 질과 양과의 통일, 다시 말하면 질(質)을 가진 양이다.

모든 것은 질량을 가지고 있다. 다시 말하면 모든 사물은 양적 규정을 가졌고 또 양적 규정에는 다소가 하등 관계 없다. 그러나 그와 동시에 이 무관성도 한계가 있는 바, 이 한계를 넘어 많거나 적거나 하여지면 사물이 존재하던 대로 존재하지 못하게 된다. 질량에서 그 다음에 이념의 둘째 주요영역 즉 본질로의 이행이 나온다.

여기서 들춘 존재의 세 가지 형식은 바로 그것이 제1차적인 것이기 때문에 동시에 가장 무내용한 것 즉 가장 추상적인 것이다. 직접적 감성적인 의식도 이것이 존재의 세 가지 형식에 대하여 동시에 사유하면서 대하는 한에서는, 질(質)과 양의 추상적 규정의 제한을 받고 있는 것이다. 감성적 의식은 이 추상적 규정을 가장 구체적인 것으로 보며, 따라서 동시에 가장 내용이 풍부한 것으로 보기를 좋아한다. 그러나 이 규정이 그 소재로 보면 가장 구체적이고 내용이 풍부한 것같이 보이기는 하나, 그러나 그 사상적 내용에 있어서는 역시 가장 빈약하고 가장 추상적인 것이 사실이다.

가. 질(質)

86

1. 순수존재

순수한 존재가 단서다. 왜냐하면 순수한 존재라는 것은 순수한 사상이기도 하고, 또 아무런 규정도 없는 단순하고 직접적인 것이기도 하기 때문이다. 그러므로 최초의 단서는 아무런 매개도 거치지 않은 것, 그리고 그 이상 더 무어라고 규정할 수 없는 것이다.

공허한 추상적 존재에서 단서를 붙잡는 철학에 대한 모든 종류의 의혹과 경고는 대체 단서라는 것이 무엇인지 알기만 하면 종식하는 것이다.

존재라는 것을 나는 나, 즉 절대 무차별성 또는 절대 동일성 기타 등으로 규정할 수 있다. 아주 확실한 것, 즉 제 자신의 확실성에서 단서를 취하든지, 또는 절대 진리의 정의나 직관에서 단서를 취하든지 어디서 단서를 취하든지 간에 이런 데서 단서를 잡으려고 하는 요구에서는 이상의 형식이나 기타 이에 유사한 다른 여러 형식이 시초가 되어야 한다고 볼 수 있다.

그러나 이러한 여러 형식 중에는 벌써 매개가 들어있다. 그러기 때문에 이러한 여러 형식을 진정한 시초로 볼 수는 없다.

매개라는 것은 제1차적인 것에서 제2차적인 것으로 옮아가는 것, 그리고 차별상에서 빠져나오는 것을 의미하는 것이다. 가령 '나는 나다'라는 것이나 또는 지적 직관이라는 것이 참으로 유일한 제1차적인 것이라면, 그것은 이러한 순수직접상태의 존재에 불과한 것이요, 이와 반대로 순수한 존재라는 것도 그것이 추상적인 존재가 아니라, 자체 중에 매개를 내포하고 있는 존재인 이상 역시 순수사상이요 직관인 것이다.

존재를 절대자의 술어라고 말할 수 있다. 그렇다면 '절대자는 존재다'라는 절대자의 최초의 정의가 나올 수 있다. 이것이 사상에 있어서 가장 단초적이고, 가장 추상적이고, 또 가장 무내용한 정의다. 이것이 에레아 학파의 정의다.

그러나 그와 동시에 신은 모든 실재의 총체라는 것도 누구나 잘 알고 있는 정의다. 즉 신이 모든 실재 중에서 유일한 실재 즉 가장 실재적인 것이 되려면, 모든 실재가 가지고 있는 제한성에서 벗어나야 한다는 것이다.

그러나 실재가 이미 그 속에 반성을 내포하고 있다는 것은 야코비가 스피노자의 신에 대해서 한 말 중에 즉, 이것이 모든 존재 중의 존재의 원리라고 한 말 중에 단적으로 표현되어 있다.

【補遺】 1. 우리가 생각하기 시작할 때 가지고 있는 것은 하등의 규정도 없는 순수사상 이외의 아무것도 아니다. 왜냐하면 규정에는 벌써 하나와 다른 하나가 있으나 단초에는 단초 이외의 아무것도 없기 때문이다.

우리가 여기서 본 바와 같은 무규정성이란 것은 직접적인 것 즉 매개된 무규정성도 아니요, 또 모든 규정성의 지양도 아니라 무규정성의 직접성, 모든 규정적 이전의 무규정성, 가장 제1차적인 것으로서의 무규정성이다.

그런데 우리는 이것을 존재라고 부른다. 이것은 감각할 수도 없고 직관할 수도 없으며 표상할 수도 없다. 이것은 순수한 사상이요 그러기 때문에 단초가 되는 것이다. 본질도 역시 무규정적인 것이다. 그러나 이 무규정적인 것은 이미 매개를 거친 것, 즉 규정을 지양시켜서 내포하고 있는 것이다.

【補遺】2. 우리는 철학사 상에서 논리적 이념의 여러 가지 계단이 서로 연달아 나오는 여러 철학 체계의 형태로 나타나는 것을 보는 바, 이것은 모두 절대자의 특수한 ― 정의를 토대로 하고 있는 것이다. 이제 논리적 이념의 전개가 추상적인 것에서 구체적인 것으로 진행하는 것이 분명하거니와, 그와 마찬가지로 철학사 상에서도 맨 앞 계단에 있는 체계는 가장 추상적이고 따라서 동시에 가장 빈약한 체계다. 그러나 앞에 나오는 철학 체계와 뒤에 나오는 철학 체계와의 관계는 대체로 논리적 이념의 앞 계단과 뒷 계단과의 관계와 동일하다. 더구나 이 관계는 뒷 계단이 앞 계단을 지양하여 자체중에 포함하는 그러한 종류의 관계다. 이것이 철학사 상에 출현하고 또 흔히 오해를 받고 있는 한 철학 체계의 다른 철학 체계에 대한 반박, 다시 말하면 뒤에 오는 철학 체계의 앞에 나온 철학 체계에 대한 반박의 참다운 의미다. 한 철학의 반박이 나올 때 흔히 이 철학이 첫째 추상적 부정적이라는 이유에서 나온다.

따라서 반박을 받은 철학은 아주 타파되고 폐기될 것으로 밖에 다루지 않는다. 과연 그렇다면 철학사의 연구라는 것은 어디까지냐 비극적인 사업으로 밖에 보여지지 않을 것이다.

왜냐하면 철학사는 시대의 진행에 따라 출현한 모든 철학 체계치고 반박을 받지 않은 것이 하나도 없다는 것을 가리키는 것이기 때문이다. 그러나 모든 철학이 반박을 받고 있다는 것을 승인하여야 된다면, 그와 마찬가지로 어떠한 철학도 아직까지 반박되지 않았고 또 반박될 수도 없다는 것을 주장할 수도 있을 것이다. 거기에는 두 가지 이유가 있다. 첫째는 철학이라고 부를 만한 것이면 어떠한 철학이든지 모두 이념일반을 내용으로 삼고 있기 때문이요, 둘째는 어떤 철학 체계든지 모두 이념 발전과정의 한 특수 계기 또는 한 특수 계단을 표현하는 것이기 때문이다.

그러므로 한 철학을 반박한다는 것은 그 철학의 한계를 뛰어넘는다는 것, 또 그 철학의 일정한 원리를 한 이념 계기라는 지위에까지 끌어내린다는 의미에 지나지 않는 것이다. 따라서 철학사라는 것은 그 본질 내용에 있어서 과거의 것을 다루는 게 아니라 영원하고 어디까지든지 현재적인 것을 다루는 것이며, 또 그 결과에 있어서 인간 정신의 혼란을 진열하는 화랑이 아니라, 도리어 여러 신의 형상을 모신 제단에 비하여야 되는 것이다. 그러나 이 여러 신의 형상은 변증법적 반전 과정에서 차례차례로 나오는 이념의 여러 계단이다. 그러므로 철학사 상에 나타나는 한 철학 내용의 전개가 순논리학적 이념의 변증법적 전개와 어디까지 일치하고, 또 어디까지 배치하는가 하는 것을 상세히 지적하는 것이 철학사의 임무거니와, 여기서는 우선 논리학의 단초가 철학사 자체의 단초와 동일하다는 것만을 지적하여 둔다. 우리는 이 단초를 엘레아학파, 그 중에도 팔매니데스에게서 발견하는 바, 팔매니데스는 '오직 유만이 있고 무는 없다'고 하면서 절대자를 유로 파악했다. 따라서 이 철학을 철학의 단초로 봐야 한다. 왜냐하면 철학은 애당초에 사유적 인식이요 또 여기서 처음으로 순수사유가 확립하여 제 스스로를 대상화하고 있기 때문이다.

인간은 본래부터 사유하여 왔다. 왜냐하면 인간이 동물과 다른 것은 오직 사유하는 점이기 때문이다. 그러나 인간이 순수사유를 파악하는 동시에, 이것을 오로지 객관적으로 파악하기에 이르기까지에는 수천 년이란 세월이 걸렸던 것이다.

엘레아학파는 대담한 사상가로서 유명하거니와 이러한 추상적인 탄복에서 이 철학자들이 오직 유만을 진실로 보고, 기타 우리의 의식대상이 되는 모든 것의 진실성을 거부하였다는 말이 흔히 나오는 바, 이것은 이 철학자들에게 대하여 너무나 당치 않는 말이다. 단순한 유에만 머물러 있어서는 안 된다는 말은 물론 옳다. 그러나 그 밖의 우리 의식내용을 모두 유 이외에 또 유와 나란히 놓고 본다거나, 혹은 이것도 또한 존재하는 그 무엇으로 본다면 그것은 천치다. 그와 반대로 유 그 자체는 고정한 최후의 것이 아니다. 도리어 그 반대물에 변증법적으로 변하는 것, 즉 역시 직접적으로 생각하면 무로서 있다고 보는 것이 유와 그 밖의 우리 의식 내용과의 진정한 관계다.

그러므로 여기서는 존재가 제1차적인 순수사상을 의미하고, 따라서 (나는 나라든지 절대 무차별이라든지 신 자체라든지와 함께) 기타 것도 단초가 될 수 있어, 이 기타의 것이라는 것은 첫째 표상된 것에 불과한 것, 그리고 사유된 것이 아닌 것 또 그 사상 내용으로 보아 바로 유에 불과한 것이다.

87

그리하여 순수 존재는 순수추상이요 따라서 절대 부정적인 것, 즉 직접적으로 보면 무와 동일한 것이다.

(1) 여기서 절대자의 제2정의 즉 절대자는 무라는 정의가 나온다. 물(物) 자체를 무규정적인 것, 즉 형식이나 따라서 내용이 전혀 없는 것이라고 하는 말 가운데에나, 또는 신을 오직 최고 존재자요 그 밖의 아무 것도 아니라고 하는 말 가운데도 사실은 절대자의 그러한 정의가 포함되어 있는 것이다.

왜냐하면 여기서는 신 그 자체를 바로 물(物) 자체와 같은 부정성으로 말하고 있기 때문이다. 불교도는 무를 만유의 원리 내지 궁극 목적 및 목표로 삼고 있는 바 이 무도 역시 마찬가지 추상물이다. — (2) 유와 무를 이러한 직접성에 있어서의 대립물로 표현할 수 있다. 그렇다면, 따라서 사람들은 이런 대립이 없다는 말을 기묘하게 듣고 유를 고정시켜서 무로 이행하지 못하도록 막으려고 애쓸 것이다. 여기서 반성적 사유는 유가 무와 구별되는 그 확고한 규정을 찾아내려고, 노심초사할 것이다. 그리하여 사람들은 유와 무와의 이 구별을 예를 들연, 모든 변화하는 것 중에서 변화하지 않는 것, 무한히 규정할 수 있는 질료 기타로 보거나, 또는 만연히 그 어떠한 개별적인 실재, 즉 가장 비근한 감성적인 것이나 정신적인 것으로 본다.

그러나 유가 가령 이러한 여러 가지 구체적인 여러 규정을 가지게 되면, 그것은 벌써 애초에 직접적으로 있는 바와 같은 순수유가 될 수 없다. 유라는 것은 오직 이러한 순수 무규정성에서만 또 오직 이러한 순수 무규정성에 의해서 한 무와 동일하며 무엇이라고 말을 붙일 수 없는 것이다. 그리고 유와 무와의 구별이라는 것은 모두 단순한 의사에 불과한 것이다.

요는 이 두 시원(始元) 즉 유와 무라는 것이 이와 같이 공허한 추상물인 것, 그리고 둘이 다 같이 공허한 것임을 알아 두어야 한다. 유나 또한 유와 무 양 자 중에서 한 고정한 의미를 발견하려고 하는 충동은 유와 무에 그 이상 더 참다운 즉 구체적인 의미를 부여할 필연성 그 자체를 말하는 것이다. 이것이 논리적 실행이요 논리적 실행의 뒤를 쫓아가는 진행이다. 유와 무의 그 이상 더 깊은 여러 규정을 발견하는 반성이 바로 이러한 여러 규정을 산출하는 논리적 사유다.

그렇기 때문에 이러한 여러 규정의 산출은 우연적이 아니라 필연적이다. ─ 그러므로 이 여러 규정이 가진바 이하의 모든 의미는 모두 절대자의 그 이상 더 상세한 규정이나 그 이상 더 참다운 정의로 보아야 한다. 이러한 것으로서의 여러 규정은 유나 무와 같은 공연한 추상물이 아니라 도리어 유와 무의 양 자를 계기로서 내포하는 구체적 규정이다. 무의 최고 형식 그 자체는 자유일 것이다. 그러나 자유라는 것이 극도로 철저하게 되면 그것은 부정성인 동시에 긍정성, 더구나 절대적인 긍정성이다.

【補遺】 유와 무를 구별이라고 한다면 이것이야말로 구별의 시초다. 다시 말하면 유와 무의 구별 그 자체는 구별이기는 하지만 그러나 아직 구별이라고 작정된 것이 아니다. 우리는 흔히 구별이라는 말을 사용하거니와, 구별이라는 것은 한 규정이 하나에는 있으나 다른 하나에는 없는, 그러한 양 자의 관계를 말하는 것이다.

그런데 유라는 것은 절대 무규정적인 것이요. 또 이러한 무규정성에서 보면 무다. 그러므로 유와 무와의 구별이라는 것은 의사 중의 구별, 즉 전혀 추상적인 구별인 동시에 하등 구별이 아닌 구별이다. 그러나 이밖에 모든 구별에는 언제든지 자체 중에 구별을 내포하는 한 공통성이 있다. 예를 들면 서로 다른 두 가지 류가 그것이다. 이 두 가지 유는 서로 다르기는 하나 유라는 것이 양 자에게 공통한다. 그와 마찬가지로 우리는 자연적인 본질과 정신적인 본질이 있다고 말하는 바 여기서도 본질이라는 것 이 양 자에게 있다. 그런데 유와 무는 공통한 지반이 없는 구별이다. 곧 그러므로 유와 무와의 구별은 하등의 구별이 아니다.

왜냐하면 이 두 규정에는 공통한 지반이 없기 때문이다. 이렇게 말하면 사람들은 유와 무도 둘 다 사상이다. 따라서 사상이 양 자에게 공통한다고 말하고 싶을 것이다. 그러나 이것은 유라는 것이 특수한 규정을 가진 사상이 아니라, 도리어 전혀 아무런 규정도 없는 따라서 무와 구별이 없는 사상인 것을 모르는 말일 것이다. — 그리고 사람들은 또 유를 절대적인 풍부로 보고, 그와 반대로 무를 절대적인 빈궁으로 보기도 한다. 그러나 우리가 온 세계를 보고 모든 것이 있다고 말하고만 만다면 따라서 우리는 모든 규정을 보지 못하고, 절대적인 충실 대신에 도리어 절대적인 공허 밖에 보지 못하고 있는 것이다. 그리고 이것은 신즉유(神即有)라는 정의에도 적용된다. 신즉유라는 이 정의에는 신즉무라는 불교도의 정의가 동등한 권리를 가지고 대립한다. 그러므로 결국 인간은 자기 자신이 죽으면 신이 된다는 주장도 있을 수 있다.

88

무라는 것을 이와 같이 직접적인 것, 자동적(自同的)인 것으로 보면 그것은 그 반대 즉 유와 꼭 같은 것이다. 따라서 유와 무와의 진리는 양 자의 통일이요 이 통일이 즉 성(成)이다.

(1) 유와 무는 동일한 것이다. 이 명제는 표상 또는 오성의 입장에서 보면 참으로 들어 말할 가치도 없는 불합리한 명제같이 보일 것이다. 사실 이 명제는 사유 작용이 추구하기에 가장 곤란한 것 중의 하나다. 왜냐하면 유와 무는 완전한 직접성에 있어서의 대립, 다시 말하면 양 자의 관계를 의미하는 규정이 양 자 중의 어느 쪽에도 없는 그러한 대립이기 때문이다. 그러나 유와 무는 이러한 규정, 즉 앞의 절에서 말한 바와 같이 바로 이 양 자 중에 동일하게 들어있는 규정을 포함하고 있다. 그러한 한에서 유와 무와의 통일의 연역은 분석적이다. 왜냐하면 대체로 철학적 사색의 진행이라는 것은 이미 한 개념 중에 들어있는 것을 집어내는 것에 불과한 방법적 진행, 다시 말하면 필연적인 진행이기 때문이다.

유와 무와의 통일은 옳다. 그러나 유와 무와의 구별, 즉 유는 무가 아니고 무는 유가 아닌 것도 역시 옳다. 그러나 그렇다고 여기서 유와 무와의 구별이 아직 규정되어 있는 것은 아니다. 왜냐하면 바로 이 유와 무 그 자체가 아직 직접적인 것이기 때문이다. 그러므로 유와 무와의 구별 그 자체는 무엇이라고 말할 수 없는 것, 즉 단순한 의사에 불과한 것이다.

(2) 유즉무(有即無)라는 명제를 일소에 부(附)하거나 또는 도리어 이 명제에서 예를 들면 내 집, 내 능력, 호흡하는 공기, 이 도시·태양·법·정신·신이 있든지 없든지 마찬가지라는 등의 그릇된 결론이나 적용을 끌어내 엉터리에 빠지기는 그리 어려운 일이 아니다. 그런데 이상의 여러 가지 실 예 중에는 한편으로 특수한 목적 즉 내게 유용한 그 무엇이 숨어 들어와서 이 유용한 사물이 있으나 없으나 마찬가진가 아닌가 하는 것이 문제되어 있다.

사실에 있어서 철학이라는 것은 다른 것이 아니라 인간을 유한한 목적이나 의도의 무진장(無盡藏) 속에서 해방하여 이러한 사물이 있든지 없든지 마찬가지라는 그러한 무관심한 태도를 취하게 하는 학문이다. 그러나 흔히 그리고 한 내용을 다룰 때에는 반드시 이 내용과 이 내용에 해당한 그 이외의 실물이나 목적 등과의 관련이 먼저 전제로 나선다. 따라서 일정한 내용이 있든지 없든지 마찬가진가 아닌가의 판단은 바로 이 전제 여하에 의하여 좌우된다.

이리하기 내용의 구별이 유와 무라는 내용 없는 구별과 바꾸어지게 된다. ― 그러나 다른 한편으로 있든지 없든지라는 규정 하에 놓여 있기는 하나 그중에는 그 자체에 있어서 본질적인 목적, 절대적 존재 및 이념이 있다. 이러한 구체적 여러 대상은 단순한 유나 무와 전혀 다를 것이다. 즉 유나 무와 같은 아무런 내용도 없는 추상물은 그것이 바로 단초의 규정인 한에서 유중의 가장 공허한 유다. 그렇기 때문에 이러한 추상물은 저 구체적 여러 대상의 본성으로서 전혀 불충분하다. 왜냐하면 구체적인 내용이란 벌써 이런 추상물과 그 대립을 벗어나서 이것을 깔고 앉아 있는 것이기 때문이다. ― 구체적인 것을 유와 무로 오인하는 데에서 흔히 아무 영문 모르는 엉뚱한 말을 지껄이게 된다. 그러나 당면 문제는 오직 추상적인 유와 무에 있다.

(3) 유와 무와의 통일을 이해할 수 없다고 사람들은 흔히 말한다. 그러나 이 통일의 이해라는 것은 앞의 절에서 설명되었다. 그리고 앞의 절에서 설명한 이 외에 달리 설명할 수는 없다. 즉 이 통일의 이해라는 것은 이 설명 내용을 파악함을 의미하는 것이다. 그러나 사람들은 또 이 이해를 본래 사용하여 온 이해하는 말과는 달리 해석한다. 다시 말하면 여러 가지 풍부한 내용을 가진 의식 즉 표상을 요구한다. 따라서 개념을 사유작용이 그 일상적 설천에서 숙지하고 있는 구체적 사례로 보려고 든다. 이해할 수 없다는 말이 만일 하등 감성과 섞이지 않은 추상적 사상을 고지하고 사변적 명제를 파악하기에 익숙하지 못하였다는 것을 의미하는 말이라면, 이 말은 · 철학지가 일상지와는 물론 과학지와도 다르다는 것을 의미하는 말에 불과한 것이다. 그러나 이해할 수 없다는 말이 오직 유와 무와의 통일을 표상할 수 없다는

것을 의미하는 말이라면 그런 말은 있을 수 없다.

왜냐하면 우리는 사실에 있어서 누구나 이 통일에 관하여 오히려 무한히 많은 표상을 가지고 있기 때문이다. 그럼에도 불구하고 이러한 표상이 없다고 말하는 사람이 있다면, 그 사람은 이 통일의 개념을 무수히 많은 그 여러 표상 중의 어느 하나로 보지도 못하고, 또 이 개념의 사례로 보지도 못하는 사람이다.

가장 비근한 실 예가 성(成)이다. 사람은 누구나 성의 표상을 가지고 있고, 또 성이 한 표상인 것, 그뿐만 아니라 이 표상을 분석하면 유의 규정뿐 아니라 유와는 절대로 다른 무의 규정도 이 표상 속에 들어있는 것, 또 이러한 두 규정이 하나가 되어 성이라는 한 표상 중에 있는 것, 따라서 성은 유와 무와의 통일이라는 것을 승인할 것이다.

시초도 역시 비근한 실 예의 하나다. 시초에는 사물이라는 것이 아직 없다. 그러나 사물이 아직 없더라도 아주 없는 게 아니라 있기도 한다. 그러므로 또 시초 그 자체는 성이지만 또 시초인 이상 그 이상 더 진행할 동기의 의미도 있는 것이다. 우리는 여러 학문의 일반적 진로에 순응하기 위하여 논리학을 순수한 시초 즉 시초의 시초라는 표상에서 개시하고, 또 이 표상을 분석할 수 있다. 따라서 분석의 결과, 유와 무가 애당초에 성이라는 하나 속에 통일되어 있는 것이 결과로서 나타나는 것을 알게 될 것이다.

(4) 그러나 또 한 가지 주의하여 두거니와 유와 무와의 동일, 다시 말하면 유와 무와의 통일이라든가 주관과 객관과의 통일이라든가, 기타 등의 통일이라는 말에는 모두 못마땅한 한 구석이 있다. 그것은 무엇이냐 하면 통일만이 뚜렷하게 드러나고 이 통일 속에 차별(왜냐하면 예를 들면 여기서는 유와 무가 통일되어 있기 때문이다)이 있는데도 불구하고, 이 차별에 대한 말이 전혀 없을 뿐만 아니라 부당하게 말살되어 전혀 고려되지 않은 점이다. 이것은 편협이요 부당이다. 사실 사변적 규정이라는 것은 이러한 명제 형식으로는 옳게 표

현될 수 없는 것이다.

왜냐하면 사변적 규정이라는 것은 차별의 통일이어야 하기 때문이다. 그리하여 성(成)이라는 것은 유와 무와의 통일로서 유와 무와의 성과를 표현하는 참다운 말이다. 다시 말하거니와 성(成)이라는 것은 유와 무와의 통일일 뿐 아니라 불안 그 자체, 즉 대자 관계로서 불변부동한 것이 아니라 그 자체 중에 유와 무와의 차별이 있기 때문에 제 자신 중에서 제 자신과 대립하는 그러한 통일이다. 그런데 특정존재라는 것은 통일, 다시 말하면 통일의 형식으로만 본 성(成)이다. 그러므로 특정존재라는 것은 일면적이요 유한적이다. 여기에서는 대립이 마치 없어진 것같이 보이나, 그러나 이 통일 중에도 대립 그 자체가 없는 게 아니라 있다. 다만 이 통일 중에서 드러나지 않았을 뿐이다.

(5) 유가 무로 변하고 무가 유로 변한다는 명제, 즉 성(成)의 명제는 무에서는 무가 나오고, 그 무엇에서는 오직 그 무엇만이 나온다는 명제 즉 물질의 영원성이라는 명제, 또는 범신론 명제와 대립한다. 그 무엇에서는 그 무엇이 되고 무에서는 무가 된다는 이 명제는 사실상 성(成)이라는 것을 부정하는 명제다. 왜냐하면 거기서는 출발점과 귀착점이 결국 동일하기 때문이다. 이것은 고대인의 단순한 생각이었거니와, 이것은 추상적·오성적인 동일성의 명제에 불과한 것이다. 그런데 무에서는 무가 되고 그 무엇에서는 오직 그 무엇만이 된다는 이 명제가 범신론의 기초인 줄도 잘 알지 못하고, 또 고대인이 이 명제의 고찰을 완성한 줄도 모르고, 요새 와서 이 명제를 가지고 떠드는 사람들이 있는 것을 볼 때 매우 기이한 감이 나지 않을 수 없다.

【補遺】 유와 무가 공허한 추상물이라면 성(成)은 최초의 구체적 사상이요 최초의 개념이다. 그러므로 유도 한 개념이라고 말할 수 있으려면 그것은 유가 성(成)으로서 있을 때에 한하여서다. 왜냐하면 유로서의 성(成)은 공허한

무요, 그러나 무로서의 성(成)은 공허한 유이기 때문이다. 그러므로 유 속에는 무가 있고 무 속에는 유가 있다. 그러나 무 속에서 무와 더불어 있는 유가 성이다. 성의 통일 중에서 차별을 간과하여서는 안 된다. 왜냐하면 이 차별을 간과하면 성(成)이 다시 추상적 유로 돌아가기 때문이다. 그러므로 성(成)이라는 것은 유의 구체화에 불과한 것이다.

우리는 사상과 존재가 대립한다는 말을 흔히 듣는다. 그런데 이러한 주장을 하려면 첫째 존재라는 것이 무엇인지를 알아야 한다. 가령 존재라는 것을 반성이 규정하는 대로 취하면 존재라는 것이 전혀 동일적인 것이나 긍정적인 것과 동일한 것에 불과하게 된다. 그 다음에 또 사상이라는 것을 살펴보자. 이것도 역시 마찬가지로 절대로 자기와 동일적임을 무시할 수 없다. 따라서 양 자 즉 존재와 사상에는 동일한 규정이 있다. 그러나 그렇다고 존재와 사상과의 이 동일성을 구체적인 것으로 이해하여서는 안 된다. 따라서 암석이 있고, 사유적 인간이 있다고 해서 이 양 자가 있는 점에서 동일하다고 말할 수는 없다. 구체적인 것은 이러한 추상적인 규정과는 전혀 다르거니와 그러나 유라는 것에는 하등의 구체적인 것이 없다. 왜냐하면 유라는 것은 바로 전혀 추상적인 것에 불과하기 때문이다. 그러므로 그 자체의 내용이 무한히 구체적인 신적 유에 대한 문제도 여기서 흥미가 없다.

성(成)은 최초의 구체적인 것인 동시에 최초의 진정한 사상 규정이다. 철학사 상에서 논리적 이념의 이 계단에 해당하는 것은 헤라클레이도스의 체계다. 헤라클레이도스의 만물유전(판다 레이)설은 성(成)을 만유의 근본규정으로 본다. 그와 반대로 엘레아학파는 전하는 말과 같이 오직 유 즉, 불변부동의 존재를 유일한 진리로 보았다.

그 뒤 헤라클레이도스는 또 엘레아학파의 원리에 관련해서 유도 없고 무도 없다고 말했다. 이리하여 추상적인 유의 부정성, 즉 성(成) 속에서 드러나는 유와 추상물인 점에서 역시 실물이 없는 무와의 동일성이 표명되었다. ─

여기서 우리는 동시에 한 철학 체계에 대한 다른 철학 체계의 진정한 반박의 실 예를 보는 바, 이 반박에 의하여 피반박철학의 원리는 이 철학 자체의 변증법에서 지적되어 보다 더 고위의 구체적인 이념 형태의 이념적 계기에까지 떨어진다. ─ 그러나 다시 생각하면 성(成) 그 자체도 결국 가장 빈약한 규정이요, 또 스스로 자체 속으로 더 깊이 파 들어가서 내용을 갖추어야 하는 것이다. 우리는 성(成) 그 자체의 이러한 심화과정의 실 예를 생(生)에서 본다. 생(生)은 한 성(成)이다.

그러나 그렇다고 생의 개념이 이로써 다 드러난 것은 아니다. 생보다 더 고차적인 성(成)의 형태는 정신이다. 그리하여 정신도 또한 성이기는 하나 그러나 단순한 논리적인 성보다는 함축적이고 내용이 풍부한 성이다. 정신이라는 통일을 형성하는 계기는 유와 무 같은 단순한 추상물이 아니라 논리적이념 체계와 자연이다.

89

2. 특정존재

성(成) 중에서 무와 동일한 유나 또 유와 동일한 무는 결국 모두 멸하는 것이다. 따라서 성은 자체 내의 자기 모순으로 인하여, 유ㆍ무 양 자가 지양되는 그러한 통일 속으로 끌려들어 가는 바 그 성과가 특정존재다.

앞에서 지식의 진행과 발전이 성과에 있어서 진리를 확보하는 데에 있다는 것을 설명한 바 있거니와 이것을 여기서 한 번만 더 예증하여 보자. 그 어느 대상이나 개념 중에 모순이 드러날 때(그리고 모순 즉 대립규정이 또 드러나지 않는, 드러나서는 안 되는 그러한 것은 전혀 없다. ─ 그런데 오성의 추상작용은 오직 한 쪽 규정만을 굳게 고집하고, 모순 즉 대립규정 중에 있는 다른 한 규정 의 의식을 흘려버리고 없애 버리려고 애쓴다) ─ 또 이 모순이 인식될 때 사람들은 '그러니까 이러한 대립은 없다'는 결론을 내리기가 일쑤였다.

예를 들면 첫째 체노는 운동은 자기 모순이다. 그러니까 운동이라는 것은 없다고 말하였고, 또 고대인은 성(成)의 두 가지 형태인 생과 멸을, 일자(一者) 즉 절대자에게는 생도 없고 멸도 없다는 이유로 옳지 못한 규정이라고 말하였다.

이리하여 이 변증법은 오직 성과의 부정적인 면만 보고 이 부정적인 면과 동시에 사실 있는 면, 즉 일정한 성과를 못 보았다. 여기서 말하면 순수무(無) 즉 유를 내포한 무나 또 무를 내포한 유를 못 보았다. 그러므로 ① 특정존재 즉 정유(定有)는 유와 무와의 통일이다. 그러나 이 통일 중에서는 유와 무라는 규정의 직접성이 없고, 따라서 유와 무와의 모순관계도 없다. 즉 이 통일은 그 속에서 유와 무가 오직 계기에 불과한 그러한 통일이다. ② 성과(成果)라는 것은 지양된 모순이다. 따라서 그것은 단순한 자기 통일이요 또 그 자신 유 그러나 부정 또는 피규정성을 가진 유다. 다시 말하면 성과라는 것은 양 계기(兩契機) 중의 한 계기, 즉 유의 형식에서 드러난 成이다.

【補遺】 우리의 표상 중에서도 볼 수 있는 바와 같이 한 성(成)이 있을 때에는, 거기서 그 무엇이 나오고 또 따라서 성은 한 성과를 가진다. 그러나 그렇다면 여기서 왜 성이 성 그대로 있지 아니하고 한 성과를 갖느냐 하는 의문이 나온다. 이 의문에 대한 해답은 우리가 지금까지 성에 관해서 지적한 중에서 찾을 수 있다. 즉 성이라는 것은 유와 무를 내포하는 바, 더구나 유는 무가 되고 무는 유가 되며, 따라서 서로서로 지양한다. 그러므로 성이라는 것은 언제나 불안정상태에 있다. 그러나 성이라는 것은 이러한 추상적인 불안정 상태에 머물러 있을 수 없는 것이다.

왜냐하면 유와 무는 성(成) 중에서 멸하며 또 멸만이 성의 개념이기 때문에 따라서 그 기 자체는 멸하는 것, 즉 자체 중에서 그 질료를 태워 없애 버리면서, 그 스스로 타는 불과 같은 것이다. 그러나 이 과정에서 나오는 성과는 공허한 무가 아니라 부정과 동일한 유 즉 우리가 정유(定有)라고 부르는 것, 그리고 되어 있다는 의미를 가진 것이다.

90

(가) 특정존재라는 것은 규정성을 가진 존재다. 그런데 이 규정성은 직접적인 규정성 또는 있는 것이라는 규정성이다. 이 규정성이 질(質)이다. 이러한 직접성에서 자기 반성한 특정존재가 특유한 것 즉 있는 그 무엇이다. ― 특정존재에서 전개되는 여러 범주는 다만 총괄적으로만 논술하고 말겠다.

【補遺】 질(質)이라는 것은 대체로 유와 동일한 직접적 규정성이다. 그러나 이 다음 고찰 중에 나오는 양(量)과 다르다. 왜냐하면 양이라는 것도 질(質)과 마찬가지로 물론 유의 규정성이기는 하지만, 그러나 질(質)과 달라서 유와 직접적으로 동일한 규정성이 아니라, 유에 대하여 그리 중요치 않은 규정성, 즉 유에 대하여 외면적인 규정성이다. 무엇이든지 있는 것은 반드시 질(質)을 가지고 있다. 그러므로 질(質)을 잃어버리면 무엇이든지 있는 그대로 있지 못하는 것이다.

그뿐 아니라 질(質)이라는 것은 본질에 있어서 유한자의 범주에 불과한 것, 그렇기 때문에 또 자연에만 있고 옳게 말하면 정신계에는 없는 것이다. 예를 들면 자연에서는 소위 단순한 물소(物素), 즉 산소, 질소 기타 등을 실재하는 질(質)로 본다. 그와 반대로 정신계에서는 질(質)이 종속적인 방식으로밖에 안 나오고, 그 어떠한 정신의 일정한 형태를 다 드러내는 것같이 나타나는 것도 아니다.

예를 들면 심리학의 대상이 되는 주관적 정신을 보더라도, 사람들이 성격이라고 부르는 것에는 질(質)이라는 논리적 의미가 있다고 말할 수 있다. 그러나 이 질(質)은 자연 중에서 앞에 들춘 단순 물소에서 본 바와 같은 직접적 동일한 규정성을 가지고, 주관적 정신을 일관하는 그러한 성격의 질(質)로 해석하여서는 안 되는 것이다.

그와 반대로 같은 질(質)도 정신에 있어서는 이 정신이 부자유한 상태나, 병든 상태에서는 본래와 특이한 규정을 띠고 나오는 것이다. 이를테면 일반 감정 상태와 격발감정 상태가 이것이다. 결국 질투심과 공포심과 기타 이러한 격정으로 가득찬 극렬한 여러 의식도 질(質)로써 규정되어 있다고 말할 수 있는 것이다.

91

질(質)이라는 것은 유의 규정성으로서 이 규정성 중에 포함되기는 하나, 그러나 이 규정성과 구별되는 부정에 비하면 현실태라고 말할 수 있는 것이다. 그러나 부정이라는 것도 벌써 추상적인 무가 아니라, 일정하게 있는 특정존재 즉 그 무엇으로서 있는 것, 그리고 이런 것들이 가지는 형식에 불과한 것이다. 따라서 부정이라는 것은 있기는 하지만 본래 있는 것과는 달리 있는 것 즉 타재(他在)다. 이리하여 질(質)은 타재 자체의 규정이기는 하나 타재와 구별되는 것이기 때문에, 대타재(對他在)요 특정존재 즉 그 무엇의 범위라고 할 수 있는 것이다. 따라서 질(質) 자체의 존재는 이러한 대타 관계에 비하면 대자적 존재라고 할 수 있는 것이다.

【補遺】 모든 규정성의 기초는 부정이다. 즉 스피노자의 말과 같이 '모든 규정은 부정이다'. 그러나 무사려(無思慮)한 사람들은 일정한 사물을 오직 긍정으로 만 보고 이 긍정을 유(有)의 형식이라고 고집한다. 아무리 단순한 유라 하더라도 부정을 면치 못한다. 왜냐하면 이러한 유는 이미 앞에서 말한 바와 같이 아주 공허하고 동시에 불안정한 것이기 때문이다.

그뿐만 아니라 여기서 지적한 정유(定有), 즉 일정한 유와 추상적인 유와의 혼동 중에는 정당한 점이 있다. 그것은 은연중에 벌써 부정의 계기를 정유에 포함시키고 있는 점이다. 그런데 이 부정의 계기는 자각적인 존재에서 비로소 분명히 나타나고 여러 권리를 차지하는 것이다. 또 그뿐만 아니라 정유를 유의 규정으로 보면, 이 정유에는 우리가 현실태라고 부르는 것이 있다. 그리하여 사람들은 예를 들면 계획의 현실태니, 또는 의도의 현실태니 하는 말을 운운하거니와, 이것은 내면적이고 주관적인 계획이나 의도만을 의미하는 게 아니라, 도리어 정유 중에 나타나 있는 계획이나 의도를 의미하는 것이다.

그렇다면 이와 마찬가지 의미에서 또 육체를 정신의 현실태라고 부를 수도 있고, 이 권리를 자유의 현실태라고 부를 수도 있으며, 아주 일반적으로 이 세계를 신적 개념의 현실태라고 부를 수도 있으리라. 그러나 그뿐 아니라 사람들은 또 이와 다른 의미에서 현실태라는 말을 흔히 사용하는 바, 사람들은 여기서 현실태라는 것을 제 본무나 개념에 즉응한 상태를 가진 그 무엇으로 해석한다.

예를 들면 이것은 진실한 사업이다, 이 사람은 진실한 인간이다 하는 말이 그것이다. 여기서는 직접적이고 외면적인 정유가 문제되어 있지 않고, 오히려 정유와 그 개념과의 일치가 문제되어 있다. 그러나 그렇다면 이러한 의미에 있어서 또 현실태라는 것이 우선 자각적 존재인 우리가 배워 알고 있는 이상태(理想態)와 그리 거리가 먼 것이 아니다.

92

(나) 규정성과 구별해서 본 유(有) 즉 유 자체라는 것은 유의 공허한 추상에 불과한 것이다. 그리고 규정성이 유와 하나가 된 것이 정유요, 동시에 이 규정성이 부정으로 정해진 것이 한이요 한계다. 그러므로 달리 있음 즉 타재는 정유와 아무런 관계도 없는 게 아니라 도리어 정유 자체의 계기다. 그 무

엇은 질(質)이 있음으로 해서 첫째 유한적이요 둘째 변화적이다. 따라서 유한성과 변화성은 그 무엇의 유에 속하는 것이다.

【補遺】 정유(定有)에 있어서는 또 부정이 유와 직접적으로 동일하며, 그리고 이 부정이 우리가 한이라고 부르는 바로 그것이다. 있는 것은 무엇이든지 반드시 제한을 가지고 있으며 또 그것은 이 한을 가졌기 때문에 있는 것이다. 그러므로 한이라는 것은 정유에 대하여 단순히 외적인 것이 아니라 도리어 전정유(全定有)를 침투하는 것이다. 그런데 한이 정유의 외적 규정으로만 보이게 되는 이유는 오직 양적인 한과 질적인 한과의 혼동에 있는 것이다.

여기서 우선 질적인 한을 논하여 보자. 예를 들어 여기 일 반 갈이 땅이 있다 하자 이 일 반 갈이라는 것은 이 땅의 한이다. 그러나 이제 다시 이 땅이 밭이지 산이나 논이 아니라고 하자. 그렇다면 밭이나 산이나 논이라는 것은 이 땅의 질적인 한이다.

인간이라는 것도 그것이 현실적으로 있으려면 반드시 정유라야 한다. 그리고 인간이 이 정유가 되려면 인간 그 자체가 반드시 일정한 한을 가져야 한다. 그러므로 이러한 유한자가 아닌 인간이 있다면 그 인간은 전혀 현실성이 없는 인간이요, 추상 상태에 있는 인간 즉 자기 자신이 없는 인간이다. 그러면 이제 한 걸음 더 나가서 이 제한이라는 것이 도대체 무엇인가를 살펴보자. 우리는 여기서 한이라는 것이 그 자체 중에 모순을 가지고 있는 것, 따라서 변증법적인 것을 발견한다.

즉 한이라는 것은 한편으로는 정유의 실태요 다른 한편으로는 정유의 부정이다. 그러나 또 한 걸음 더 나가서 생각하면 그 무엇의 부정으로서의 한이라는 것은 추상적인 무일반(無一般)이 아니라, 도리어 그 무엇의 비유, 다시 말하면 우리가 소위 다른 것이라고 부르는 그것이다.

우리는 그 무엇과 동시에 다른 것을 본다. 그리고 우리는 그 무엇만이 있음을 알 뿐 아니라 또한 그 무엇과 다른 것이 있음을 안다. 그러나 그러니까 다른 것은 그 무엇과 따로 떨어져서 있는 게 아니라 그 무엇 그 자체가 바로 다른 것이요, 이 다른 것이 그 무엇의 객관적인 한이 되는 것이다.

그러면 '그 무엇'과 '다른 것'과의 차이는 대체 무엇이냐는 의문이 나오리라. 그러나 이 양 자는 결국 동일한 것이다. 그러나 이 동일성은 라틴어에서 '다른 그 무엇'이라고 하는 그러한 양 자의 관계를 표시하는 말에 해당하는 것이다. '다른 것'은 '그 무엇'에 대해서는 역시 '그 무엇'이다. 그래서 우리는 '다른 그 무엇'이라는 말을 사용하게 되는 것이다.

따라서 다른 면에서 보면 최초의 '그 무엇'도 역시 '그 무엇'이라고 규정된 '다른 것'에 대해서는 그 자체가 '다른 것'이다. 그러므로 '다른 그 무엇'을 그 자체로만 보면 오직 '그 무엇'이고, '다른 것'이라는 규정은 이 '그 무엇'에 대해서 단순한 외적 규정으로밖에 안 보인다. 예를 들면 달은 해와 '다른 그 무엇'으로서 해가 없더라도 물론 있을 수 있다. 그러나 실상 '그 무엇'인 달은 제 자체 내에 제 자신의 다른 것을 가지고 있다. 이것이 달의 유한성이 되는 것이다. 플라톤은 '신이 세계를 하나의 본성과 다른 하나의 본성을 가진 것으로 창조하였다'고 말하고, 그는 이 두 세계를 총괄하여 이 두 세계의 본성으로 된 제3세계를 만들었다.

따라서 대체로 말하면 유한성을 가진 것은 무엇이든지 '그 무엇'으로서 '다른 것'에 대하여 아무 상관없이 대립하는 게 아니라 자체 중에 자체와 다른 것을 가지고 있고 그러므로 변화한다. 그런데 이 '변화' 중에서 본래 정유에 고착한 내적 모순이 드러난다. 그리고 이 모순은 정유로 하여금 자체를 벗어나도록 추진시킨다. 단순한 표상에는 정유가 첫째 단순히 긍정적인 것으로밖에 안 보이고, 또 동시에 여러 한계 내에서 고정불변하는 것같이 보인다. 그런데도 불구하고 우리 는 모든 유한적인 것(그리고 이런 것이 정유다)이 변화 중에 있는 것을 안다. 그러나 표상에는 정유의 이러한 변화성이 단순한 가능성으로밖에 안 보인다. 왜냐하면 표상은 이 가능성이 실현되는 이유가 정유 그 자체에 있다고 보지 않기 때문이다. 그러나 사실 정유의 개념 중에는 변화가 있다. 그리고 이 변화는 정유 그 자신의 표현에 불과한 것이다. 산 것은 죽는다. 그 이유는 다름이 아니라 오직 생 자체 중에 사(死)의 씨가 있기 때문이다.

93

‘그 무엇’은 ‘다른 것’이 된다. 그러나 ‘다른 것’ 자체는 ‘그 무엇’이다. 그리하여 이 ‘그 무엇’은 또 ‘다른 것’이 되며 이리하여 어디까지 가도 한이 없다.

이러한 무한성은 악무한(惡無限) 즉 부정적인 무한성이다. 왜냐하면 이러한 무한성은 유한자의 부정에 지나지 않기 때문이다. 그러나 아무리 유한자를 부정하여도 이 유한자는 아주 없어지는 게 아니라 다시 머리를 쳐들고 나온다.

다시 말하면 이러한 무한성은 유한자가 지양되어야 한다는 것을 표현함에 불과한 것이다. 이리하여 무한 과정이라는 것은 유한자가 내포하고 있는 모순 즉 유한자는 ‘그 무엇’인 동시에 또한 ‘다른 것’이라는 모순의 표현에 불과하며, 또 서로 꼬리를 물고 나오는 이러한 양 규정이 영원히 뒤바뀌는 과정이다.

【補遺】 정유의 두 계기 즉 ‘그 무엇’과 ‘다른 것’을 분리시켜서, 생각하면 ‘그 무엇’이 ‘다른 것’이 되고 ‘다른 것’ 자체가 또한 ‘그 무엇’이 되며, 이 ‘그 무엇’자체가 또 ‘다른 것’으로 변하며 이와 같이 하여 무한히 계속하게 된다. 따라서 반성의 입장은 여기서 퍽 높은 ‘그 무엇’, 아니 가장 높은 ‘그 무엇’에 도달한 것같이 생각한다. 그러나 이러한 무한과정이라는 것은 참다운 무한이 아니다. 참다운 무한이라는 것은 오히려 ‘그 무엇’이 ‘다른 것’을 자기로

아는, 다시 말하면 '그 무엇'이 '다른 것'에서 자기를 보는 그러한 과정이다.

그리하여 참다운 무한성의 뜻을 충분히 이해하여 무한 과정의 악무한성에서 벗어날 줄 알아 두는 것이 대단히 중요하다. 공간의 무한성과 시간의 무한성이 자주 화제에 오르거니와, 사람들이 흔히 고집하는 무한성이란 것은 첫째 이 공간의 무한성과 시간의 무한성이다. 보기를 들면 사람들은 이 때 또는 지금이란 말을 쓴다. 그런데 이 시점에서는 앞으로 진행할 수도 있고 뒤로 진행할 수도 있다. 공간에 있어서도 그와 마찬가지다. 한다하는 천문학자들은 공간의 무한성에 대해서 허다한 공론을 농하여 왔다. 그 중에는 이 무한성을 고찰하려면 사고를 단념하여야 된다는 주장도 있다.

이 무한성의 고찰에 있어서 우리는 가고 또 가나 결국은 가기를 단념하고 만다. 그것은 극히 당연한 일이다. 그러나 그것은 무한성의 고찰이라는 이 일이 엄청나서가 아니라 지루하여서이다. 그런데 이 무한 과정의 고찰에서 왜 지루한 감이 나오느냐 하면 여기서는 암만 가도 같은 것이 되나오기 때문이다. 한 한계를 넘어서면 또다시 한 한계가 있다. 이리하여 암만 가도 한이 없다. 그래서 결국 여기에는 유한자의 표면적인 교대 이외의 아무 것도 없다. 따라서 사람들이 이러한 무한성 속으로 걸어 들어가는 것을 유한에서 해방되는 것같이 생각하지만, 그것은 사실에 있어서 해방이 아니라 도피에 불과한 것이다. 공중을 나는 자는 나는 것을 해방으로 알지 모르나 그것도 해방이 아니다.

왜냐하면 그 자는 날기 전의 상태에 벌써 제약을 받고 있기 때문이다. 또 사람들이 무한을 도달할 수 없는 것이라고 생각한다면 그것도 아주 정당한 생각이다. 그러나 그것을 정당타고 하는 이유는 오직 그 무엇이 가진바 추상적 부정적인 규정이 그 중에 포함되어 있기 때문이다.

그런데 철학은 이러한 공허하고 단순한 피안과 씨름하는 것이 아니다. 철학이 다루는 것은 언제든지 구체적인 것, 그리고 오직 현재적인 것만이다.

－ 사람들은 물론 철학의 과제를 또 이렇게 즉 철학은 무한자가 왜 자기 밖으로 나가려고 결심하느냐 하는 문제에 해답하여야 된다고 생각할 수도 있다. 그러나 무한과 유한과의 대립을 고정한 것으로 보는 전제에서 나온 이 문제에 대하여서는 이 대립은 진정한 대립이 아니라, 무한자는 사실에 있어서 영원히 자기 밖으로 나가는 동시에 또 영원히 자기 밖으로 나가지 않는 것이라고밖에 대답할 수 없다. － 그뿐만 아니라 무한자를 비유한적인 것이라고 한다면 따라서 거기에도 사실에 있어서 진리가 있다. 왜냐하면 유한자 자체가 제1차의 부정이므로 비유한적인 것은 부정의 부정, 즉 자기 동일적인 부정, 따라서 동시에 진정한 긍정이기 때문이다.

앞에서 논한 반성의 무한성이라는 것은 다만 진정한 무한성에 도달하기 위한 기도에서 나온 것이기는 하나 신통한 것은 아니다. 이 반성의 무한성은 현재 독일에서 일반적으로 통용하고 있는 철학적 입장이다. 이 입장에서는 유한자를 버려야 될 것으로만 안다. 그리고 무한자는 단순한 부정적인 것이어서는 안 되고 도리어 또 긍정적인 것이라야 된다고 한다. 그러나 이래야 된다 저래야 된다 하는 이 입장은 언제든지 그 무엇을 정당하게 인식하기에 무력하고, 따라서 그러한 입장 그 자체는 설 수 없는 것이다.

칸트철학과 피히테철학은 윤리학상에서 이러한 이래야 된다 저래야 된다는 입장을 고집한다. 이성법칙에 향한 영원한 접근, 이것이 결국 이러한 입장에서 도달되는 최고 경지다. 그리하여 영혼불멸설도 이러한 요청에서 수립되었다.

94

(다) 실로 있는 것은 '그 무엇'이 '다른 것'이 되고 다른 것이 대체로 또 '다른 것'이 되는 그런 것뿐이다. 그리고 '그 무엇'과 '다른 것'과의 사이에는 '그 무엇'이 '다른 것'에 대해서 역시 '다른 것'이 되는 관계가 있다.

따라서 되는 것이나 되어진 것이나 전혀 동일한 것, 다시 말하면 양 자가 모두 '다른 것'이 된다는 동일한 규정 밖에 안 가졌기 때문에 '그 무엇'은 '다른 것'이 되어도 결국 자기 자체와 일치할 뿐이다. 그리고 이렇게 되는 관계나 또는 '다른 것'에서 자기 자체와 관계하는 그러한 관계가 진정한 무한이다. 또 그 반면에서 보면 변화된 것은 '다른 것'이다. 그것은 '다른 것'의 '다른 것'이 된다. 이리하여 부정의 부정으로서 유가 다시 회복되는 이것이 대자적 존재다.

이원론은 유한과 무한과의 대립을 극복하지 못한다. 그리하여 이원론은 따라서 무한이 이 양 자 중의 하나에 불과하게 되고, 또 무한이나 유한이 마찬가지의 특수로서 서로 대립하게 되는 그런 뻔한 사실을 모른다. 그러나 한 특수에 불과한 무한. 유한과 병립하는 무한은, 유한과 병립하는 바로 이 점에서 자체의 한과 한계를 가지고 있기 때문에 무한이 아니라 도리어 유한에 불과한 것이다. ─ 유한자는 이편에, 무한자는 저편에, 전자는 차안에, 후자는 피안에 서로 갈라 서 있는 이러한 관계에 있어서는, 유한자에게도 무한자와 동등한 존립성과 독립성의 지위가 돌아가게 된다.

유한적인 유가 절대적인 유로 변한다. 이 이원론에 있어서는 유한자 그 자체가 고정한다. 말하자면 무한자와 접촉만 하여도 유한자는 사라져 버린다. 그러나 유한자는 무한자와 접촉할 도리가 없다.

왜냐하면 이 양 자 간에는 탐연(探淵) 즉 뛰어넘을 수 없는 간극이 있기 때문이다. 다시 말하면 무한자는 저편에 유한자는 이편에 꼭 붙어 있기 때문이다. 무한자를 반대하고 유한자를 고집하여 마지않는 주장은 모든 형이상학에서 손을 떼었다고 시침을 떼고 있으나, 웬걸 사실은 아주 평범한 오성형이상학의 지반에 서 있는 것이다.

여기서도 무한과정이 표현하는 바와 동일한 사실을 본다. 즉 한 때는 절대적인 의미에서 유한자가 없다는 것, 유한자에게는 독립적 현실성이 없고 절대적 존재가 없다는 것, 유한자는 조생모사(朝生暮死)적인 것에 불과한 것이라는 것을 승인하고 나서, 이제는 이것을 감쪽같이 잊어버리고 유한자를 무한자와 대립시키고 분리시키고 옹호하면서 자주독립적인 것이라고 주장한다. ― 사고는 이리하여 무한자에까지 도달하였다고 시침을 떼나 웬걸 사실은 그 반대로 유한자에 도달하여 일찍이 자기가 내버린 유한자를 도로 모셔다가 절대화하고 있는 것이다.

유한과 무한과의 오성적 대립(이것을 플라톤의 '피테보스'와 비교하면 얻는 바가 있을 것이다)이 사실 별것이 아님은 이상에서 본 바와 같거니와, 그 결과로 여기서 유한과 무한은 결국 동일한 것이라거나, 또 참다운 무한은 무한과 유한과의 통일이라고 규정하거나 표명할 수 있다거나 하는 말이 나오기 쉽다. 이러한 말에는 물론 옳은 점도 있다. 그러나 이런 말에는 먼저 유와 무와의 통일에 관해서 지적한 바와 똑같은 편협하고 그릇된 점이 있다.

그 뿐만 아니라 이런 말은 무한의 유한화, 유한한 무한을 의미한다는 정당한 비난을 받을 것이다. 왜냐하면 이런 말 가운데는 유한이 그대로 나타나 있고 지양된 것으로 명확히 표현되어 있지 않기 때문이다. ― 다시 말하거나와 유한을 무한과 동일시하면 유한과 무한과의 그러한 통일 이외에 유한이 가지고 있는 그 본성을 유지 못하게 되고, 따라서 유한은 적어도 그 규정에 있어서 약간의 손실을 받는다(마치 가리(加里)가 산(酸)과 결합할 때 그 속성의 일부분을 상실하는 것과 같다). 이 사정은 무한에도 역시 그와 마찬가지다.

즉 무한은 유한화한 무한으로서 유한화하여 버린다. 사실 추상적 일면적인 오성의 무한에는 이러한 사실이 있는 것이다. 그러나 참다운 무한은 다만 일면적인 산(酸)과 같은 성질의 것이 아니라 도리어 자성을 보유하는 것이다. 부정의 부정이라는 것은 중화가 아니다. 무한적인 것은 긍정적인 것이고 오직 유한적인 것만이 지양되는 것이다.

대자적 존재에서는 관념성이라는 규정이 나타난다. 정유를 우선 그 존재성 또는 그 긍정성에서만 보면 거기에는 실재성이 있다. 따라서 유한성도 우선 실재성의 규정 중에 둔다. 그러나 유한적인 것의 진상은 도리어 그 관념성이다.

그와 마찬가지로 유한과 병립하는, 그리고 두 유한 중의 하나에 불과한 오성적 무한이라는 것도 참다운 무한이 아니라 관념상의 무한이다. 이러한 유한자의 관념성이 철학의 주제가 되는 것이다.

그러므로 진정한 철학은 모두 관념론이다. 요는 오직 자기의 규정 중에서 동시에 특수한 것, 유한한 것이 될 수 있는 그러한 규정을 무한적인 것이라고 생각지 말아야 하는 것이다. ─ 그렇기 때문에 여기에서 이 구별을 상당히 길게 설명하여 둔 것이다. 철학의 근본개념, 즉 진정한 무한도 여기 달려 있다. 이 구별은 이 절에 포함되어 있는, 전혀 단순한 그러기 때문에 전혀 눈에 보이지 않는, 그러나 그렇다고 무시할 수 없는 반성에 의해서 명백하여졌다.

95

3. 대자적(對自的) 존재

(가) 대자적 존재라는 것은 대자 관계로 보면 직접성이요 부정적인 것의 대자 관계로 보면 대자적으로 존재하는 것, 즉 '1' 다시 말하면 그 자체에 있어서 무차별한 것, 따라서 자가 자체 중에서 타자를 배제하는 것이다.

【補遺】대자적 존재는 완성된 질(質)이다. 그리고 완성된 질(質)로서의 대자적 존재는 그 자체 중에 유와 정유를 자기의 관습적 계기로 삼아 내포하는 것이다. 존재로서의 대자적 존재는 단일한 대자 관계요 정유로서의 대자적 존재는 즉 정유를 규정하는 것이다. 그러나 그러니까 이 규정성은 벌써 '그. 무엇'이 '다른 것'과 구별되는 유한적 규정성이 아니라 도리어 이 구별

을 지양하여 내포하는 무한적 규정성이다.

대자적 존재의 비근한 실 예는 '나'다. 우리는 우리가 여기 있어 다른 정유와 다르고 다른 정유와 관계하는 것을 안다. 그뿐만 아니라 우리는 또 이러한 정유의 전 범역을 축소하면 그것이 대자적 존재의 단일 형태가 되는 것을 안다. 우리는 '나'라는 말을 사용하거니와 이 '나'라는 말은 무한적인 동시에 부정적인 대자적 관계를 표현하는 말이다.

우리는 사람과 짐승, 따라서 자연일반과의 구별이 사람은 자기가 '나'인 것을 알며, 따라서 동시에 '나'라는 입장에서 말하나 자연적 사물은 자유스런 대자적 존재가 되지 못하고, 도리어 정유에 국한되어 언제든지 타자에게 대한 존재인 점에 있다고 말할 수 있다. 그뿐만 아니라 대자적 존재는 모두 관념성으로 나타나지만 정유는 그와 반대로 본래 실재성으로 나타난다.

그렇기 때문에 사람들은 흔히 관념성과 실재성을 동등한 독립성을 가지고 서로 대립하는 한 쌍의 규정으로 본다. 따라서 사람들은 실재성 이외에 관념성이 따로 있다고 말한다. 그러나 관념성이라는 것은 실재성 이외에 따로 또 실재성과 나란히 있는 그 무엇이 아니라 도리어 실재성의 진상을 표현하는, 다시 말하면 실재성 그 자체의 내용을 드러내고, 실재성 그 자체를 관념성으로 나타내는 것이다. 그러므로 우리는 사람들이 실재성도 업신여길 수 없거니와 관념성도 승인하여야 된다고 말하였다고 해서 이를 관념성의 명예라고 믿어서는 안 된다.

이러한 관념성 즉 실재성과 나란히 혹은 실재성의 위에 있다는 관념성이란 것은 사실 공허한 명칭에 불과한 것이다. 한 내용은 이것이 '그 무엇'의 관념성일 때에 한하여서만 관념성을 가지는 것이다. 그러나 이 '그 무엇'은 그렇다고 단지 무규정적인 '이것'이나 '저것'에 불과한 것이 아니라 오히려 실재성이라고 규정된 정유다. 그런데 이 정유 자체만에는 하등의 진리도 없는 것이다. 자연과 정신과의 구별을 전자는 실재성에 귀착하고, 후자는 관념성에 귀착하는 것이라고 보아도 옳지 않은 게 아니다. 그러나 자연이라는 것은 그 자체만으로 고정하고 완성된 것이 아니다. 따라서 또 정신이 없어도 존립할 수 있는 게 아니다. 도리어 자연은 정신에서 비로소 그 목표와 진리에 도달하는 것이다.

그와 마찬가지로 정신도 자연의 추상적인 피안에 불과한 것이 아니다. 도리어 정신은 그것이 자연을 지양된 것으로서 자체 중에 내포하여야만 ― 비로소 구체적인 정신이 되는 것이다. 여기서 독일어의 '지양'이라는 말이 가진 바 두 가지 의미를 살펴보아야겠다. 지양이라는 말에는 우선 폐기한다, 없앤다는 의미가 있다. 따라서 보기를 들면 한 법이나 한 제도 기타가 지양되었다고 말한다. 그러나 지양이라는 말에는 보존한다는 또 한 가지 의미도 있다. 이러한 의미에서 우리는 그 무엇이 잘 지양되었다고 말한다. 이와 같이 지양이라는 말에는 부정적인 뜻과 긍정적인 뜻이 있는 바, 한 용어의 이러한 이중적 의미를 다만 우연으로만 보아서는 안 된다. 또 더구나 이러한 말을 혼란이라고 비난하여서는 안 된다. 도리어 여기서 이것이나 저것이나 둘 중의 하나 밖에 모르는 일면적인 오성적 정신에서 탈각(脫脚)한 사변적 정신이 우리의 말 가운데 있는 것을 인식하여야 된다.

96

(나) 부정적인 것의 대자 관계는 부정적 관계, 따라서 일자자체(一者自體) 내의 구별, 즉 '일(一)'의 반발, 다시 말하면 여러 '일(一)'의 조정이다. 대자적 존재의 직접성에 의하면 이러한 여러 '일(一)'이 존재한다. 그리고 존재하는 '일(一)'의 반발이라는 것은 그러한 여러 '일(一)'이 대립하고 있는 한, '일(一)' 의 상호반발 또는 상호배제를 의미하는 것이다.

【補遺】 '일(一)''을 문제 삼으면 첫째 당연히 '다(多)'가 연상된다. 그러면

‘다(多)’는 어디서 나오는가 하는 문제가 나온다. 그러나 표상에는 이 문제에 대한 해답이 없다. 왜냐하면 표상은 ‘다(多)’를 직접적으로 있는 것으로 보며, ‘일(一)’을 ‘다(多)’ 중의 ‘일(一)’로밖에 안 보기 때문이다. 그러나 개념에 있어서는 그와 반대로 ‘일(一)’은 ‘다(多)’의 전제가 되고 ‘다(多)’는 ‘일(一)’의 사상 중에 있으며 ‘일(一)’은 스스로 ‘다(多)’가 된다. 대자적 존재인 ‘일(一)’은 이러한 것인 만큼 말하자면 유와 같이 아무 관계도 없는 것이 아니라 정유와 같이 관계를 가지고 있는 것이다.

그러나 그렇다고 ‘일(一)’은 ‘그 무엇’으로서 ‘다른 것’과 관계하는 것이 아니라, 도리어 ‘그 무엇’과 ‘다른 것’과의 동일로서 자기 자체와의 관계요 더구나 이 관계는 부정적인 관계다. 여기서 ‘일(一)’은 절대로 자기와 양립하지 않는 것, 자기와 충돌하는 것으로 나타난다. 그리고 여기 나타난 것이 즉 ‘다(多)’다.

우리는 대자 관계의 과정 중에서 보이는 이러한 측면을 구상적으로 표현하여 반발이라고 부를 수 있다. 사람들은 반발이라는 말을 첫째 물질 고찰의 입장에서 사용한다. 그리고 그들은 반발이라는 것을 ‘다(多)’인 물질의 각 ‘일(一)’이 자기 이외의 모든 것을 배제하는 태도로 이해한다. 그러나 우리는 이 반발의 과정을, ‘일(一)’은 ‘반발하는 것’, ‘다(多)’는 ‘반발 당하는 것’으로 알아서는 안 된다. 도리어 앞에서도 말한 바와 같이 ‘일(一)’이라는 것은 자기에게서 자기를 배제하며, ‘다(多)’로서 조정하는 것에 불과한 것이다. 그러나 ‘다(多)’ 중의 ‘일(一)’은 모두 그 자체가 ‘일(一)’이요 또 이 ‘일(一)’이 이러한 것이기 때문에 따라서 그 전면적인 반발은 그 반대, 즉 견인으로 전화한다.

97

(다) 그러나 ‘다(多)’는 ‘다(多)’의 타자인 ‘일(一)’이다. 즉 모든 것은 ‘일(一)’이요 다시 말하면 ‘다(多)’ 중의 ‘일(一)’이다. 그러므로 모든 ‘일(一)’은 동일한 것

이다. 바꾸어 말하면 반발이라는 것은 그 자체가 많은 '일(一)'의 상호 부정적 태도인 동시에 또 본질에 있어서는 많은 '일(一)'의 상호 견인 관계다. 그리고 '일(一)'이 반발하면서 또한 견인한다는 것은 역시 '일(一)'이기 때문에 결국 '일(一)'은 '일(一)' 자체와 관계하는 것이다. 그러므로 반발은 본질에 있어서 견인이다. 이리하여 타(他)를 배제하는 '일(一)' 즉 대자적 존재는 지양된다. 따라서 '일(一)'에서, 즉자(即自) 및 대자적으로 규정된 유에 도달한 질적 규정성은 지양된 규정성 즉 양으로서의 유에 이행하여 있는 것이다.

원자론적 철학은 절대자를 대자적 존재로, '일(一)'로, 그리고 다수의 '일(一)'로 규정하는 입장이다. 여기서 '일(一)'의 개념 중에 나타나는 반발을 다수한 '일(一)'로 규정된 절대, 즉 원자의 근본력으로 삼는다.

그러나 이 다수한 '일(一)' 즉 원자를 결합시키는 것은 견인이 아니라 우연이라고 하는 바 이것은 엉터리다. '일(一)'이 '일(一)'로서 고정 되었기 때문에 당연히 '일(一)'과 다른 '일(一)'과의 결합을 전혀 외적인 결합으로 밖에 보지 않을 수 없었던 것이다.

원자에 대한 또 하나의 원리인 '공허'는 원자와 원자와외 사이에 존재하는 무로 표상된 반발 그 자체다. 물리학은 지금도 이 원리를 주장하고 있다. － 근대의 원자론은 미소한 부품 즉 분자를 고집하는 한에서는 원자를 포기하였다. 따라서 근대의 원자론은 감각표상에 일보 접근하기는 하였지만 그 반면에 사유규정과는 멀어졌다.

또 반발력과 동시에 견인력을 발견하기는 하였지만 이것을 절대 대립시하였다. 그리고 사람들은 이르는 바 이 자연력의 발견을 장하게 여겼던 것이다. 그러나 반발력과 견인력과의 구체적인 진상은 이 양 자의 관계이다. 그리고 그들은 마땅히 이 관계를 혼란 중에서 집어냈어야 할 것이었다. 그런데 칸트의 '자연과학의 형이상학적 원리'까지도 이 관계를 혼란 중에 방기하였다.

― 근래에 와서는 원자론적 사상이 물리학상에서보다도 정치학상에서 더욱 중요하게 되었다. 정치학상의 원자론적 사상에 의하면, 개인 그 자체의 의사를 국가의 원리라 하며, 견인자는 욕구나 경향 등의 특수성이고, 보편자 즉 국가 그 자체는 계약이라는 외적 관계라고 한다.

【補遺】 1. 원자론적 철학은 이념의 역사적 발전상의 한 중요한 계단이다. 그리고 이 철학의 원리는 대체로 말하면 '다(多)'의 형태에 있는 대자적 존재다. 오늘날도 여전히 원자론이 형이상학을 싫어하는 자연과학자들에게서 대단한 호의를 받고 있는 것을 우리는 보거니와, 그러나 원자론을 취한다고 반드시 형이상학, 즉 좀 더 자세히 말하면 자연의 사상에의 환원을 버려야 되는 것이 아니다. 이 점을 주의하여야 된다. 왜냐하면 원자라는 것은 그 자체가 사실에 있어서 사상이기 때문이다. 그리고 따라서 물질을 원자로 구성된 것이라고 보는 것도 역시 일종의 형이상학적 물질관이기 때문이다.

뉴턴은 물리학이 형이상학에 대항하여 자기를 옹호하기를 경고하기까지 하였다. 그러나 뉴턴의 명예를 위하여서라도 사실에 있어서는 뉴턴 자신도 결코 이 경고를 준수하지 않았던 것을 지적하지 않으면 안 된다. 순수한 물리학자 즉 물리학 밖에 모르는 물리학자는 사실상 동물에 불과한 것이다. 왜냐하면 이러한 물리학자에게는 사상이 없기 때문이다.

그러나 인간은 사고하는 동물인 이상 타고난 형이상학자다. 그러므로 문제는 다만 우리가 실지로 운용하고 있는 형이상학이 옳으냐 옳지 않으냐 하는 점, 다시 말하면 우리가 주장하고 또 우리의 이론과 실천의 기초가 되는 것이 구체적 논리적인 이념이냐 오성에 의하여 고정된 일면적인 사유규정이냐 하는 점이다. 이러한 말썽은 원자론 철학에도 적용된다.

고대 원자론 철학자들은 '전(全)'을 '다(多)'로 보고, 허공에 떠서 움직이는 여러 원자를 결합하기 위해 우연이 있어야 한다고 말하였거니와, 오늘날에 있어서도 이렇게 생각하는 사람이 더러 있다. 그러나 '다(多)'의 상호 관계는 결코 단순한 우연이 아니다. 도리어 이 관계의 근거는 앞에서도 말한 바와 같이 '다(多)' 그 자체 중에 있는 것이다.

물질을 반발과 견인과의 통일로 보아 물질관을 완성한 공로자는 칸트다. 견인을 대자적 존재의 개념 중에 포함되어 있는 한 계기로 보아야 하고, 따라서 또 견인도 반발과 마찬가지로 그 질(質)에 있어서 물질에 속한다는 말에는 정당한 점이 있다. 그러나 유감이지만 소위 역학적 물질구조설에는 반발과 견인이 덮어놓고 요청되었고 연역되지 않는 결함이 있다.

반발과 견인과의 통일을 운운하지만 반발과 견인이 왜 그리고 어떻게 통일되느냐하는 것은 연역에서 비로소 분명하여지는 것이다. 그것은 그렇다 하더라도 칸트는 물질을 그저 제대로 볼 것이 아니라 결국 반발과 견인과의 통일로 보아야 할 것을 명찰(明察)하였다.

그리고 독일 물리학자들도 일시는 이러한 순수역학에 기울어졌던 것이다. 그런데도 불구하고 근래에 와서는 대다수의 물리학자들이 또다시 원자론적 처지로 돌아가는 경향이 보인다. 그리하여 그들은 그들의 동료인 케시넬의 경고가 있음에도 불구하고, 물질을 여러 원자라고 부르는 무한소의 물소(物素)로 구성되었다고 본다. 그리고 나서 그들은 이 여러 원자가 이 여러 원자에 부착한 반발력과 견인력 기타 임의의 제력에 의하여 상호 관계한다고 본다. 이것도 역시 일종의 형이상학이다. 그러나 무사려(無思慮)한 이 형이상학을 경계하여야 할 충분한 이유가 있다.

【補遺】 2. 앞의 절에서 지적한바 질(質)이 양(量)으로 이행하는 일은 우리의 상식에 서는 발견되지 않는다. 우리의 상식은 질(質)과 양을 서로 독립하여 병존하는 한 쌍의 규정으로 본다. 따라서 사물은 질적으로만 규정되어 있을 뿐 아니라 또 양적으로도 규정되어 있다고 본다. 그리고 상식은 이 질

(質)과 양이라는 두 규정이 어디서 유래하였으며,

또 이 두 규정 사이에 여하한 관계가 있느냐 하는 것을 전혀 문제 삼지 않는다. 그러나 양이라는 것은 지양된 질(質) 이외의 아무것도 아니다. 그리고 여기에서 고찰한 질(質)의 변증법에서 질(質)이 지양되는 것이다. 최초에 유와 그리고 이 유의 진상으로서 성(成)이 나온다. 성(成)은 정유로의 이행이다. 우리는 이 이행의 진상이 변화인 것을 알았다. 그러나 변화의 성과는 타자와의 관계와 타자에의 이행에서 빠져나온 대자적 존재다.

그리고 끝으로 이 대자적 존재는 그 진행과정의 양면, 즉 반발과 견인에 있어서는 자기 자체의 지양으로 따라서 그 양 계기의 통합에서는 질(質) 일반으로 나타난다. 그러나 지양된 질(質)이라는 것은 추상적인 '무'도 아니요, 그렇다고 또 추상적이고 무규정적인 '유'도 아니고, 다만 규정성에 대하여 상관하지 않는 '유'에 불과한 것이다. 그리고 또 '유'의 이러한 형태는 우리의 상식에서 양으로 나타난다.

그러므로 우리는 첫째 사물을 그 질(質)의 시점에서 관찰한다. 따라서 질(質)은 사물의 '유'와 동일한 규정성이다. 그러면 한 걸음 더 나아가 양을 고찰하여 보자. 모든 사물은 그 양이 더하든지 덜하든지, 또 크든지 작든지 여전히 존재한다. 따라서 우리는 그만큼 양이라는 것이 그리 중요하지 않은 외적 규정성의 표상인 것을 얼른 알 수 있다.

나. 양(量)

98

1. 순양(純量)

양(量)이라는 것은 순유(純有)다. 그런데 순유에 있어서는 규정성이 유 자체와 하나가 되어 있지 아니하고, 지양된 것 또는 중요치 않은 것으로 마련되어 있다.

(1) '크기'라는 말은 특히 일정한 양을 표시하는 말인 만큼 양 자체를 표시하기는 부적당하다.

(2) 수학은 흔히 '크기'를 증감할 수 있는 것이라고 정의한다. 이 정의는 또다시 정의하여야 할 것을 내포하고 있는 결함이 있다. 그러나 우리는 이 정의에서 양적 규정이 변화하되 사물의 본질에는 무관계한 것, 따라서 양적 규정이 아무리 변화하여도, 다시 말하면 외연이나 내포가 아무리 증가하여도 사물 즉, 가령 보기를 들면 '집'은 집이고 '벌겅이'는 벌겅이라는 것을 이해할 수 있다.

(3) 절대자는 순수한 양(量)이다. ― 이 입장은 일반적으로 절대자에게 질료의 규정을 부여하는 입장과 일치한다. 물론 이 질료에도 형식이 없지 않아 있다. 그러나 이 형식은 질료에 대하여는 무차별한 규정이다. 또 절대적 무차별자인 절대자에 있어서는 모든 차별이 다만 양적 차별에 불과하게 된다. 그렇다면 양이라는 것은 절대자의 근본규정이다. 그 외에도 실재적인 것을

질적으로 무차별한 공간 충실 또는 시간 충실로 이해할 수 있다면, 순수한 공간과 시간과 기타 등을 양의 실 예로 볼 수도 있다.

【補遺】 수학 상의 일반적 정의에 의하면 양이란 것은 증감할 수 있는 것이라고 하거니와, 얼른 생각하면 이러한 양의 정의는 앞의 절 중에 들어있는 개념규정보다 분명하고 그럴 듯하게 생각된다. 그러나 좀 더 깊이 생각하면 이 정의는 오직 논리적 전개의 도정에서만 나오는 양의 개념을 전제와 표상의 형태로 내포하고 있는 것을 알 수 있다.

즉 '크기'의 개념이 증감할 수 있는 것에서 성립하는 것이라면, 따라서 '크기'가 좀 더 정확하면 양이 질(質)과 달라서 아무리 변하더라도 일정한 사물의 본질에 하등 상관없는 그러한 규정을 의미하는 것이다. 그렇다면 위에서 말한 통속적인 양의 정의가 글렀다고 비난받는 점은 무엇인가?

그것은 증과 감을 다만 양을 달리 규정하는 것으로만 알고 있는 점이다. 그렇기 때문에 이 정의에 의하면 양이라는 것은 첫째 가변자 일반에 불과하게 된다. 그러나 질(質)도 변할 수 있는 것이다.

그런데 앞에서 말한바 양과 질(質)과의 구별, 양적규정이 증감 중의 어느 방향으로 변화하든지, 사물의 질(質)은 변화하지 않는다고 한다. ─ 그리고 여기서 한 가지 더 명심하여 둘 것은, 이 정의가 아무리 우리의 직접의식에 정당하게 보이더라도 철학 상에서는 본래 다만 정당하기만 한 정의를 다루는 것이 아니요, 또 그럴듯한 정의 즉 양에 대한 보통일반의 수학적 정의와 같은 이러한 정의를 다루는 것도 더구나 아니다. 철학상에서는 확실히 증명된 정의, 다시 말하면 내용을 단지 직접적 소여로 보지 아니하고 도리어 자유스런 사유에서, 그리고 따라서 동시에 그 자체에 있어서 증명된 그러한 정의를 다루는 것이다.

이것을 지금 우리가 다루고 있는 양의 문제에 적용하여 말하면 이렇다.

즉 양에 관한 수학 상의 일반 정의가 아무리 정당하고 또 직접 자명한 것 같더라도, 그렇다고 이러한 특수한 사상이 보편적 사유 중에서 얼마만한 근거가 있고, 또 따라서 얼마만한 필연성이 있는가를 알려고 하는 우리의 요구를 만족시키는 것이 결코 아니다.

이점에 관련해서 또 한가지 더 알아야 할 점이 있다. 즉 양이라는 것을 사유에 의하여 매개시켜서 보지 아니하고 직접 표상대로 보면, 양의 적용 범위를 과대평가하기 쉽고, 따라서 양 그 자체를 절대적인 범주로 보기 쉽다는 점이다.

예를 들면 대상을 수학적 계산의 처지에서 연구하는 과학만을 정밀과학이라고 부르는 것이 바로 위에 말한 양을 절대적 범주로 보는 처지이다. 여기서도 앞에서 지적한 바와 같은 구체적 이념 대신에 일면적 추상적인 오성규정만 내세우는 저열한 형이상학이 나온다.

자유 · 법 · 도덕 내지 신과 같은 여러 대상은 계량할 수도 없고 계산한 수도 없으며 따라서 수학적 공식으로 표시할 수 없다. 이 점에서 우리의 인식작용은 이러한 여러 대상을 인식하기가 곤란한 것이 사실이다. 그래서 우리는 이러한 여러 대상에 관해서는 정밀과학을 단념하고 대체로 막연한 표상으로 만족할 수밖에 없었다.

그 반면에 이상 여러 대상의 상세한 내용과 특수성은 사람마다 제멋대로 생각하여 왔다. 이러한 처지에서 실천상 얼마나 유해한 결론이 나올 것인가는 직접 자명한 사실이다.

하여간 좀 더 깊이 살펴보면 논리적 이념의 특정한 계단인 양과 논리적 이념 그 자체를 동일시하는 이러한 전혀 수학적인 처지라는 것은, 학문적 의식의 역사상에서 즉 전세기 중엽 이래 프랑스에서 전성(全盛)한 유물론적 입장 이외의 아무것도 아니다.

추상적인 물질에는 물론 형식이 있다. 그러나 이 형식은 여하한 물질에도 무차별적으로 있고, 그렇기 때문에 또 모든 물질에 대하여 외적인 규정에 불과한 것이다. 이렇게 말하면 사람들은 이것을 오해하고, 마치 이 점에 서 수학의 진가를 알았다는 것같이 또는 양적규정의 부호가 단순한 외적·무차별적인 규정 즉 둔감하고 피상적인 것을 잘 안다는 것같이 여기고, 또 양적 규정을 버려도 괜찮은 것, 따라서 취할 만한 가치가 없는 것이라고 주장한다.

그러나 양이라는 것은 이념의 한 계단이다. 그렇기 때문에 양이라는 것은 첫째 논리적 범주로서, 따라서 모든 대상적 세계 즉 자연이나 정신에서도 당연히 그 권리를 갖게 되는 것이다. 그러나 그렇다 하더라도 양적 규정이 자연계의 대상에 있어서와 정신계의 대상에 있어서 똑같은 중요성을 가지는 것이 아니라 차이가 있는 것이다.

즉 자연에 있어서는 이념으로서의 양이 타재의 형식으로 있는 동시에 자기 외의 존재 형식으로 있는 것이다. 바로 그렇기 때문에 양이 자유스런 내면적 세계인 정신계에 있어서 보다도 자연계에 있어서 더 중요성을 가지는 것이다. 우리는 정신적 내용도 양적 시점에서 볼 수 있다. 그러나 가령 우리가 신을 3위일체로 본다면 이 3이라는 수는 우리가 공간의 3차원 또는 삼각형의 3변에서 보는 바와 같은 3이라는 수보다 저위(低位)의 의미밖에 없는 것을 곧 알 것이다. 왜냐하면 삼각형의 근본규정은 3선으로 한정된 평면에 불과한 것이기 때문이다. 또 자연 자체의 내부에 있어서도 양적 규정의 중요성에 다소의 차이가 있다.

즉 양이라는 것은 유기계(有機界)에 있어서 보다도 무기계에 있어서 말하자면 더 중요한 역할을 한다. 그런데 무기적 자연에 있어서도 역학적 분야와 협의의 물리학적 및 화학적 분야와의 사이에 차이가 있다. 따라서 여기서도 양적 규정의 중요성에 차별이 있다. 그리고 수학을 떠나서 성립할 수 없는 학문적 분과가 있다면, 역학이 바로 그러한 학문이란 것은 세인이 공인하는 바이다. 아니 역학은 수학의 힘을 빌지 않고서는 한 걸음도 전진할 수 없는 학문이다. 바로 그렇기 때문에 역학 그 자체를 결국 정밀과학이라고 부르게 된 것이다. 그리하여 앞에서 유물론적 입장과 순수학적 입장이 일치한다고 주의한 말을 상기하지 않으면 안 되게 된다. ― 사람들은 흔히 대상적인 것의 모든 차이와 모든 규정성을 오로지 양에서만 찾는다.

그러나 이것은 앞에서 논한바와 같이 정밀하고 근본적인 인식이라기보다 도리어 학문적 인식에 가장 방해가 되는 편견이라는 것을 알아야 한다. 보기를 들면 물론 정신은 자연보다 더하고 동물은 식물보다 더한 것이다. 그러나 그렇다고 우리가 한 사물과 그 차이를 볼 때 다만 더하고 덜한 것만 보고, 다시 말하면 양적 입장에서만 보고 한 걸음 더 나아가서 이 사물의 독특한 성질, 즉 첫째 그 질적 규정성을 파악하지 않는다면 우리는 그 사물을 참으로 알았다고 할 수 없다.

99

양이라는 것은 첫째 그 직접적인 대목(對目) 관계에서 보면, 다시 말하면 견인에 의하면 조정된 그 자체와의 상등성(相等性)이라는 규정으로 보면 연속량이요, 또 그 속에 포함되어 있는 '일(一)'이라는 또 하나의 규정으로 보면 분리량이다. 그러나 연속량은 분리량이다. 왜냐하면 연속량이라는 것은 '다(多)'의 연속에 불과한 것이기 때문이다. 그와 마찬가지로 분리량은 또 연속량이다. 왜냐하면 '일(一)'은 다수의 '일(一)'과 같은 것으로서 즉 '단위'로서 연속하기 때문이다.

(1) 그러므로 연속량과 분리량은 각기 전혀 다른 규정을 가진 게 아니라, 동일한 전체가 한때는 이 규정으로 마련되고, 또 한때는 여러 규정으로 마련되는 구별이 있을 뿐이다. (2) 공간·시간 또는 물질 등이 무한히 분해된다고도 할 수 있고 또 분할되지 않는다고도 할 수 있다. 이것은 이율배반이

다. 그런데 이러한 이율배반이라는 것은 다른 것이 아니라, 하나는 양을 연속적인 것이라고 하는 주장이요 다른 하나는 불연속적인 것이라고 하는 주장이다. 공간·시간·기타를 오로지 연속량의 규정에서만 보면 그것은 무한히 분할될 수 있는 것이다. 그러나 불연속량의 규정으로 보면 공간. 시간 기타 그 자체가 분할된 것, 따라서 다시 분할할 수 없는 '일(一)'로 구성되어 있는 것이다. 이리하여 전자나 후자나 다 같이 일면적이다.

【補遺】양(量)이라는 것은 대자적 존재의 최후의 성과로서 대자적 존재가 진행하는 그 과정의 양면, 즉 반발과 견인이라는 것을 관념적 계기로 삼아서 내포하고 있다. 그리고 그렇기 때문에 양이라는 것은 연속적인 동시에 분리적인 것이다. 이 양 계기는 서로 각기 다른 편의 계기를 내포한다. 그렇기 때문에 순전히 연속적인 양도 없고 또 순전히 분리적인 양도 없다. 따라서 연속량과 분리량을 서로 대립하는 특수한 두 가지 양으로 보는 것은, 우리의 추상적 반성작용의 결과에 불과한 것이다.

왜냐하면 추상적인 반성작용이라는 것은 일정한 양을 볼 때 양이라는 개념 중에 불가분적으로 통일되어 있는 두 가지 계기 중에서 한때는 연속적인 계기를, 또 한때는 분리적인 계기를 추상하여 버리고 다른 한편 계기만을 보는 것이기 때문이다. 그래서 예를 들면 사람들은 이 방이 차지하고 있는 공간은 연속량이라고, 또 이 방중에 모인 100명의 인간이 각기 차지하고 있는 공간은 불연속량이라고 말한다. 그러나 그러니까 이 공간은 연속량인 동시에 또한 분리량이다. 따라서 우리는 지점이란 말을 사용하고, 또 공간을 일정한 길이, 즉 예를 들면 몇 자 또는 몇 치로 분할하거니와, 이것은 공간 그 자체가 본래 분리적이란 것을 전제하지 않고서는 불가능한 일이다.

따라서 그와 마찬가지로 그 반면에 100이라는 인간이 차지하고 있는 분리량은 동시에 연속적이다. 그리고 이 양의 연속성의 근거는 100명이라는 각 개인을 일관하고, 또 그들이 서로 결합한 단체 즉 유(類)적 인간에 있는 것이다.

2. 정량(定量)

정량 즉 한정된 양이라는 것은 배타적 규정성을 내포한 양이다.

【補遺】 순량(純量)이 순유(純有)에 대응하고 또 바 고(考)다음 이로 찰(察)에 나오는 '도(度)'가 대자적 존재에 대응하듯이 정량이라는 것은 정유에 대응하는 것이다. 순량은 정량으로 진행하는 바, 그 결과를 말하면 순량에서는 연속과 분리와의 차이로서 오직 직접적 잠재적이지만, 그와 반대로 정량에서는 차이가 나타나되 양일반(量一般)이 구별된 것 또는 한정된 것으로 나타난다. 그러나 그렇기 때문에 또 정량은 분량 또는 일정량의 막연한 집합 중으로 분산한다. 그리고 이 일정량은 다른 일정량과 차별이 있으면서 또한 '단위'가 된다. 그와 동시에 이 단위는 다른 면으로 보면 '다(多)'다. 이리하여 정량은 수로 규정된다.

100

정량(定量)의 전개와 완전한 규정성은 수(數)다 . 수는 그 요소로서 '일'을 포함하며, '일'은 분리의 계기에서는 총수를, 연속의 계기에서는 단위를 자체의 양 계기로 삼아 내포한다.

산술(算術)은 산법(算法)을 흔히 수를 다루는 우연적인 형식으로 알고 운용한다. 그러나 이 산법 중에 일정한 필연성과 따라서 일정한 오성이 있다면 그것은 일정한 원리 중에 있어야 할 것이다. 그리고 이 원리는 수 자체의 개념에 포함된 여러 규정 중에서 밖에 있을 수 없는 것이다. 그러므로 여기서 우선 이 원리를 간단히 밝혀야 된다. — 수의 개념의 규정은 총수와 단위요

수는 이 양 자의 통일이다. 그런데 이 단위를 경험적인 제수(諸數)에 적용하면 그것은 이 제수의 상등성(相等性)에 불과한 것이다. 따라서 산법의 원리라는 것은 단위수와 총수와를 관계시켜서 이 양 규정의 상등성을 산출시키는 데에 있는 것이다.

'일'이나 또는 수 자체라는 것은 서로 아무런 관계도 없는 것이다. 따라서 이 '일'이나 수 자체의 통일이라는 것은 대체로 외면적인 합계로 나타난다. 그러므로 계산이라는 것은 수를 세는 것이다. 그리고 산법의 차이라는 것은 결국 합산될 수의 성질에 귀착하는 것이며, 이 수의 성질의 원리가 즉 단위와 총수라는 규정이다.

그리고 수를 적는다는 것은 첫째 임의의 다수한 '일'을 합한다는 것 수 일반을 만든다는 것이다. ─ 그러나 산법이라는 것은 단순한 '일'에 불과한 것을 합산하는 게 아니라 이미 계산된 여러 수를 합산하는 것이다.

제수(諸數)라는 것은 첫째 직접적이고 아주 막연한 수 일반을 의미하는 것이다. 그러므로 제수라는 것은 대체로 서로 같지 않은 것이다. 이러한 제수의 합산 또는 계산이 즉 가산(加算)이다.

제수의 둘째 규정은 제수가 대체로 서로 같다는 점이다. 따라서 제수는 한 단위수를 형성한다. 그리고 이러한 제수로 형성된 단위수의 총수라는 것이 또 있다. 승산(乘算)이라는 것은 바로 이러한 수의 계산을 의미하는 것이다. 그리고 이 승산에 있어서는 혹수와 단위수의 규정을 승산의 양 인수 중 어느 측으로 삼든지, 다시 말하면 양 인수 중 어느 인수를 혹수 어느 인수를 단위수로 취하든지 마찬가지다.

끝으로 제수의 셋째 규정은 총수와 단위수와의 상등성이다. 이러한 규정을 가진 수의 합계가 '거듭제곱(冪)' 또 첫째 자승(自乘)이다. 그리고 '그 이상 더 거듭제곱 한다는 것은 형식적으로 말하면 특정수의 자승을 계속함으로써 일정한 총수에 도달하는 것을 의미하는 것이다. 이 셋째 규정에서 제수의 유일한 구별인 총수와 단위수의 완전한 상등성에 도달한 셈이다. 따라서 이상 세 가지 산법 이외에 다른 산법이란 없는 것이다.

상술한 여러 합산에는 역시 동일한 규정성에 의하여 분산이 대응한다. 그러므로 이상 세가지 산법을 적극적인 산법이라고 부를 수 있다면 그 밖에 또 세 가지 소극적인 산법이 있는 것이다.

【補遺】수일반의 완전한 규정성이 정량(定量)이라면, 따라서 우리는 이것을 다만 소위 분리량의 규정으로만 여길 것이 아니라 소위 연속량의 규정으로도 여길 수 있다. 그러므로 수란 것은 공간의 일정한 도형과 그 여러 관계를 다루는 기하학상에서도 이용된다.

101

3. 도(度)

한계라는 것은 정량 그 자체의 전체와 동일한 것이다. 그리고 한계는 그 내부가 여러 갈래인 때에는 즉 외연량(外延量)이다. 그러나 그 내부가 한 갈래인 때에는 내포량(內包量) 즉 도(度)다.

연속량 및 분리량과 외연량·내포량과의 구별은 전자가 양일반에 관계하나, 그러나 후자는 양 그 자체의 한계 또는 그 규정성에 관계하는 점에 있다. ─ 그리고 외연량과 내포량과는 하나가 갖지 않은 규정성을 다른 하나가 가지고 있는 그러한 두 가지 별종의 양이 아니다. 외연량은 내포량이 되고 또 그와 반대로 내포량은 또 외연량이 되는 것이다.

【補遺】내포량 즉 도(度)라는 것은 그 개념상 외연량인 정량과 구별된다. 그러므로 사람들이 흔히 그리하듯이 이 구별을 부인하거나 또 양의 두 형식을 덮어놓고 동일시한다면 그것은 부당한 일이다. 그런데도 불구하고 사람

들은 물리학상에서 비중의 차이를 설명하되 다른 물체보다 비중이 더 많은 물체는, 그 물체가 차지하고 있는 공간 내에서 다른 물체보다 그만큼 더 많은 물질부분원(子)을 가지고 있다고 한다.

또 한 예를 들면 열(熱)이나 광(光)에 있어서 여러 가지 열도(熱度)나 광도(光度)의 차이를 열입자(熱粒子)나 광입자(光粒子)의 다소에 의하여 설명한다. 이러한 설명 밖에 모르는 물리학자는 이러한 설명이 맞지 않는 사실에 당면하게 되면, 이러한 현상은 주지하는 바 불가지의 사실이니까 하등의 결정도 내릴 수 없다고 변명하기를 좋아한다. 그리하여 그들은 위에서 말한바 표현을 아주 편리한 때에만 사용한다. 여기서 편리한 때라고 한 것은 계산법을 적용하기 용이한 경우를 의미한 것이다.

그러나 그들은 역시 일정한 수로 표현되는 내포량이 왜 외연(外延)계산하기가 양보다 용이치 않은지 그 이유를 모른다. 그와 같이 편리만 취하기로 든다면 애당초에 계산이나 사고를 포기하는 것이 물론 더욱 편리할 것이다. 그뿐만 아니라 위에서 본 그들의 변명에 관해서 주의할 점이 또 하나 있다. 그것은 다름이 아니라 그들이 이러한 설명을 일삼는 것 그 자체가 감각이나 경험의 영역을 넘어, 벌써 형이상학과 그들 자신이 그렇게 아주 무용시 내지 유해시하던 사변의 영역으로 도피함을 의미한다는 것이다. 물론 200량 든 돈 주머니가 100량 든 돈 주머니보다 더 무겁다는 것은 우리의 경험하는 바이다. 두 주머니에 든 돈 한 푼을 눈으로 볼 수도 있고 또 감각할 수도 있다. 그러나 우리는 이 돈을 구성하고 있는 원자·분자 기타 등은 감관지각의 범위 외에 있는 것이다. 그리고 이러한 원자나 분자를 용인하거나 그 의미를 결정한다는 것은 사고의 문제이다.

그러나 앞에서 지적한 바와 같이 대자적 존재의 개념 중에 포함된 '다'의 계기를 원자의 형태로 고정시키고, 이것을 궁극적인 것이라고 고집하는 것은 추상적인 오성이다. 그리고 당면 문제에 있어 외연량을 양의 유일한 형태로 보는 것도, 역시 순진한 직관과 진정한 구체적 사유에 모순하는 추상적 오성이다. 그리하여 이러한 추상적 오성은 내포량을 발견하여도 이것을 그 고유한 규정성에서 보지 않고 도리어 아무 근거 없는 억측에 입각하여 이것을 억지로 외연량에 환원시키려고 애쓴다. 근대 철학에 대하여 여러 가지 비난이 있거니와 특히 근대 철학은 모든 것을 동일성에 환원시킨다는 비난이 자주 들린다. 이 비난은 물론 동일 철학을 두고 한 것일 것이다.

그렇다면 이러한 주장 중에서 우리는 당연히 이러한 결론을, 즉 개념상 내지 경험상 상이한 것을 구별하려고 하는 것이 바로 철학이라는 그러한 결론을 끌어낼 수 있을 것이다. 그러나 그 반면에 추상적 동일성을 인식의 최고 원리로 삼고 있는 물리학 전문가도 있다.

따라서 그들의 철학은 마땅히 동일 철학이라고 불러야 정당할 것이다. 그 것은 그렇다 하더라도 순전한 연속량이나 · 순전한 분리량이 없다는 것, 또 순전한 내포량이나 순전한 외연량이 없다는 것, 따라서 양의 양 규정은 자주독립적인 것으로서 서로 대립하는 것이 아니라는 것은 모두 정당한 말이다.

모든 내포량은 또한 외연적이요 모든 외연량은 또한 내포적이다. 따라서 보기를 들면 일정한 온도는 하나의 내포량이다. 이 내포량 그 자체에는 또 아주 단순한 감관이 조응한다. 그러면 그 다음에 온도계를 보기로 하자. 온도계를 보면 우리는 수은주의 일정한 팽창이 이 온도에 조응하고 있는 것을 발견한다. 그리고 이 외연량은 내포량과 달라서 기온과 더불어 동시에 변화하는 것을 발견한다. 정신계에 있어서도 사태는 꼭 이와 마찬가지이다. 강한 성격은 약한 성격보다 그 영향을 주는 범위가 더욱 넓은 것이다.

102

도(度)에서 정량(定量)의 개념이 뚜렷하게 드러난다. 도라는 것은 다른 도와 아무런 차별이 없고 또 단일불가분한 양이다. 그러나 그렇기 때문에 도로 하여금 정량이 되게 하는 그 규정성은 전혀 자기 밖에 즉 다른 양에 있는 것이다. 이와 같이 서로 무차별한 독립자이기는 하나 그 한계를 전혀 자기 밖에 가지고 있다는 것은 모순이다. 그리고 이 모순 속에서 무한한 양적 진행이 드러나는 것이다. 이리하여 직접태는 그 대립물, 즉 간접태에 전화(여기서 드러난 정량을 넘어서 진행)하며, 또 그와 반대로 간접태도 직접태로 전화한다.

수(數)라는 것은 물론 사상이다. 그러나 수라는 것은 그 자체가 완전히 외재적인 존재라는 의미에서 사상이다. 그리하여 수는 사상이기 때문에 직관에 속하는 것이 아니다. 그러나 수는 또한 직관의 외재성을 자체의 규정으로 가지고 있는 사상이다. ― 따라서 정량은 무한히 증감할 수 있을 뿐만 아니라, 그 개념에 의하여 스스로 자기 밖으로 밀려 나가는 것이다. 이와 같이 무한한 양적 진행이라는 것은 동일한 모순의 공연한 되풀이를 의미하는 것이다. 그리고 정량 일반이나 여러 규정성을 가진 정량 즉 도라는 것도 모두 이러한 모순이다. 이러한 모순을 새삼스레 무한적 진행의 형식으로 표현하여야 될 필요는 없다. 결국은 마찬가지 말이기 때문이다. 일찍이 아리스토텔레스는 췌논의 입을 빌어, 한번 말한 것은 아무리 말하고 또 말하여도 결국 같은 말이라고 말한 일이 있거니와 당연한 말이다.

【補遺】1. 앞에서 이미 지적한바 수학 상의 일반정의에 의하여 양을 증감할 수 있는 것이라고 하고, 또 이 정의가 여기서 전개된 근본 견해의 정당성과 저촉(抵觸)하는 것이 아니라 하더라도, 우리는 이 양을 어떻게 해서 증감할 수 있느냐 하는 또 한 가지 문제가 남아 있다.

사람들은 단순히 경험에 호소하여 가지고 이 문제에 대답하려고 하나 경험만으로는 충분한 대답이 안 나온다. 왜냐하면 즉 경험에는 본래 양의 표상만이 있고 사상이 없거니와, 이 점을 도외시하더라도 경험에는 양을 증감할 수 있는 가능성만이 나타나고 그 필연성의 통찰이 없기 때문이다.

그런데 그와 반대로 우리의 논리적 전개의 도정(途程)에서는 양(量)이 자기 자신을 규정하는 사상의 한 계단으로 나타날 뿐만 아니라, 양의 개념 중에 벌써 양이 자기 밖으로 밀려 나가는 계기가 있고, 따라서 여기서는 단지 가능성만이 아니라 필요성이 문제된다.

【補遺】2. 양적 무한과정이란 것은 주로 반성적 오성이 고집하기 좋아하는 입장이다. 그리고 반성적 오성은 양의 무한 과정을 무한성 일반으로 다룬다. 그러나 앞에서 질적 무한과정이라는 것은 참다운 무한을 의미하는 것이 아니라 단순한 당위에 지나지 않는 악무한(惡無限)을 의미하는 것, 따라서 사실상 유한에 귀착한다는 것을 지적한 바 있거니와 이것은 그대로 양적 무한과정에도 들어맞는다. 그러면 스피노자가 단순한 상상된 무한이라고 정당하게 부를 이러한 유한과정의 양적 형태란 어떤 것일까? 그것은 보기를 들면 할렐과 크롬슈토크 같은 시인들까지도 자주 사용한 표상인데, 이 시인들은 자연의 무한성뿐만 아니라 신 자체의 무한성까지도 이 표상을 가지고 보았다.

보기를 들면 할렐은 신의 무한성을 아래와 같이 보았다.

> 이 세상의 수(數)를 다 모아
> 산을 쌓고
> 시간과 공간을 다 모아
> 산을 쌓고
> 여기가 임 계신 곳인가 하였더니
> 아득도 하여라
> 모든 수를 다 보태 보아도
> 임의 털 하나 안 되누나

우리는 할렐의 이 글 속에서 양이 어디까지든지 끊임없이 밖으로 밀고 나가는 것을 보는 바 칸트는 여기서 '소름이 끼친다'고 한다. 그러나 부단히 한 한계를 세우고 또 다시 이 한계 밖에 나가도 한이 없는 것을 볼 때, 옳게 말하면 소름이 끼친다 할 게 아니라 지루하다고 하여야 옳은 것이다.

그런데 할렐은 전기 악무한의 표현 끝머리에 다음과 같이 썼다.

> 물러서니 어찌 알았으랴
> 임이 내 앞에 계실 줄을 —

여기서 진정한 무한은 유한의 피안에 있는 게 아니라는 것, 따라서 진정한 무한을 알려면 앞에 본 것과 같은 무한 진행을 포기하여야 한다는 것이 뚜렷하게 표현되었다.

【補遺】 3. 누구나 아는 바와 같이 피타고라스는 수의 철학을 연구했고 사물의 근본규정을 수로 보았다. 이 사상은 얼른 생각하면 양식에 어그러지는 억설(臆說) 아니 망상으로 보일 것이다. 따라서 이 사상을 어떻게 해석할 것인가 하는 문제가 나온다.

이 문제에 대답하려면 첫째 본래 철학의 과제가 사물을 사상에, 더구나 일정한 사상에 환원시키는 데에 있다는 것을 알아 두어야 한다. 그런데 수라는 것은 두말할 것도 없이 한 사상이다. 더구나 이 사상은 감성에 가장 가까운 사상, 아니 좀 더 확정적으로 말하면 감성 그 자체다.

그런 한에서 우리는 감성 자체를 서로 배타적인 '다(多)'로 알고 있다. 따라서 사상이라서 우리는 세계를 수(數)로 파악하려고 하는 이 기도에서 형이상학의 제1보를 발견한다.

피타고라스는 누구나가 다 아는 바와 같이 철학사 상에서 이오니아 철학자와 엘레아학파 사이의 중간에 출현한 사람이다. 그런데 아리스토텔레스가 지적한 바와 같이 이오니아 철학자들은 사물의 본질을 질료적인 것으로 보았으나, 테에레아학파는 그 중에도 팔메니데스는 순수사상 즉 유의 형식으로 보았다. 그러므로 감성적인 것과 초감성적인 것과의 다리를 놓은 것이 말하자면 피타고라스 철학이다. 그렇기 때문에 피타고라스가 사물의 본질을 다만 수(數)로 본 것은 너무나 지나친 생각이라고 주장하는 사람이 나왔다. 그들은 말한다. 우리는 물론 사물의 수를 셀 수 있다.

이 점을 비난하는 것은 아니다. 그러나 사물은 단순한 수 이상의 것이라고 여기서 사물을 수 이외 것이라고 하였거니와, 그러면 사물이 수보다 더한 것은 무엇인가? 물론 사물이 단순한 수보다 이상의 것이라는 점에 대하여서는 승인하기에 주저하지 않는다. 그러므로 '이상'이란 대체 무엇을 의미하는 것이냐 하는 것만이 문제다. 그런데 일반상식은 그 입장상 여기 제출된 문제를 오직 감성지각에 의해서 대답할 줄밖에 모른다. 따라서 일반상식은 사물을 단순히 셀 수 있는 것만이 아니라, 그 외에 볼 수도 있고 냄새 맡을 수도 있고 또 손으로 만질 수도 있는 그러한 것이라고 말한다. 따라서 피타고라스 철학에 대한 비난을 현대적인 형식으로 표현하면 결국 피타고라스 철학은 너무나 관념론적이라는 것이다.

그러나 앞에서 피타고라스 철학의 역사적 지위에 관해서 지적한 바와 같이 사실에 있어서는 바로 그와 정반대라고 할 수 있다. 즉 사물이 단순한 수 이상의 것이라는 것을 승인한다면 그것은 단순한 수의 상만으로는 사물의 일정한 본질이나 개념을 표현하기에 불충분하다는 것을 의미하는 것이다. 그러므로 피타고라스의 수(數) 철학은 너무나 지나친 것이 아니라, 도리어 그와 반대로 너무나 모자란 것이라고 말하여야 할 것이다. 그런데 순수한 사상에 가장 접근한 사람들이 바로 엘레아학파였던 것이다. 그러나 사물 그 자체가 아니라 사물의 상태나 자연현상 일반의 규정성이 본질에 있어서 일정한 수와 또는 수의 관계에 의존하고 있는 경우가 있다. 예를 들면 여러 가지

음(音)의 차이와 그 조화가 그것이다.

주지하는 바와 같이 피타고라스가 사물의 본질을 수로 보게 된 동기는 바로 이러한 음의 감각에 있었던 것이다. 일정한 수에 뿌리박고 있는 이런 현상을 다시 수에 환원시킨다는 것은 다대(多大)한 학문적 흥미가 있거니와, 사상일반의 규정성을 단순한 수(數)적 규정성으로 보게 된 것은 결코 우연이 아니다. 더구나 가장 보편적인 사상규정을 첫째 수로 인정하고서 1은 단일 불가분적이고 직접적인 것, 2는 구별되고 매개된 것, 그리고 3은 이 양 자의 통일된 것이라고 말하여도 애오라지 망발은 아닐 것이다. 그러나 이러한 상정은 전혀 외면적이다. 그리고 전기 상정 중에 있는 수 그 자체는 바로 이러한 특정한 사상의 표현이 될 자격이 없다.

그뿐만 아니라 이러한 방식대로 나가면 나갈수록 더욱더 아주 임의로 일정한 수와 일정한 사상을 연결시킬 수 있게 될 것이다. 예를 들면 4를 1과 3의 통일, 따라서 그와 연결한 사상대로 볼 수도 있을 것이다. 그리고 4는 2의 곱으로 풀 수도 있다. 그리고 그와 마찬가지로 9는 단지 3의 자승일 뿐 아니라 8과 1의 합계, 7과 2의 합계 기타 등으로 볼 수도 있다.

그러므로 오늘날 아직도 어떠한 비밀결사가 있어서 여러 가지 수와 도형을 무슨 의미심장한 것같이 생각하고 있다면, 그것은 철없는 장난이 아니면 서툰 생각에 불과한 것이다. 이렇게 말하면 사람들은 물론 거기에도 한 깊은 의미가 숨어 있고 또 생각을 많이 할 점이 있다고 말할 것이다. 그러나 철학 상에서는 우리가 그 무엇을 생각할 수 있는 것이 문제가 아니라 참답게 생각하는 것이 문제다. 그리고 사상의 참다운 요소는 임의로 선택한 부호에서가 아니라, 오로지 생각 그 자체 중에서 찾지 않으면 안 된다.

103

앞의 절에서 정량(定量)은 그 규정성을 제밖에 가지고 있다는 것을 말한 바 있거니와, 이와 같이 제 자신의 규정성을 지니고 밖에 나가서 정량이 있는 그 정량의 질(質)이다. 바로 여기에 정량 그 자체의 본색이 있고 정량의 대자 관계가 있다.

여기에서 외재적인 것 즉 양적인 것과 대자적인 것 곧 질적인 것이 결합된다. 정량 그 자체가 이렇게 드러난 것이 양 관계 즉 비례다. 그리하여 비례의 규정은 직접적인 정량 즉 지수인 동시에 매개 곧 그 일정한 정량과 다른 정량과의 관계다. 따라서 비례 관계의 양 항은 각기 따로따로 독립해서 가치를 가지고 있는 게 아니라, 오직 그 양 항의 비례 관계에 있어서만 가치를 가지고 있는 것이다.

【補遺】 양적 무한진행이란 것은 우선 수의 부단한 자기외의 진출로 나타난다. 그러나 좀 더 정확하게 살펴보면 양의 이 진행과정은 양의 자기환귀인 것을 알 수 있다. 왜냐하면 사상상으로 보아서 이 진행과정이라는 것은 본래 수에 의한 수의 피규정성에 불과하기 때문이다. 그리고 이 수에 의한 수의 규정이 즉 비례 관계가 되는 것이다. 가령 2대 4라는 비례를 들어보자. 이 비례 중에는 2라는 양과 4라는 양이 있다. 그런데 이 비례 중의 2와 4라는 두 양은 각기 직접성을 가지고 존립함이 아니라, 이 비례에서는 오직 이 두 양의 상대관계만이 문제된다.

그러나 이 관계(비례의 지수)는 그 자체가 하나의 양이다. 그리고 이 양은 서로 비례하는 두 양과 다르다. 그러면 비례로서의 양과 비례하는 두 양이 어떻게 다른가 하니 이 양이 변함에 따라서 비례 자체가 변하지만, 그러나 이 비례 자체는 관계하는 양 항의 변화에 의하여 하등의 영향도 받지 않으며, 지수가 변치 않는 이상 언제까지든지 변치 않는 점에서 다르다. 그러므로 우리는 2대 4를 3대 6으로 바꿀 수도 있다. 그리고 2대 4를 3대 6으로 바꾸어도 비례는 변치 않는다. 왜냐하면 2대 4나 3대 6이나 지수는 똑같은

2이기 때문이다.

104

비례의 양 항(兩項)은 아직도 직접적인 정량이다. 그리고 질적 규정과 물적 규정은 아직도 외면적으로 관계한다. 그러나 양적 규정은 그 자체가 그 외재성에서 자기 자체와 관계한다. 다시 말하면 규정성의 독자성과 무차별성이 서로 결합한다. 이것이 이상 양 규정의 진상이다. 이러한 진상에서 본 비례가 즉 규준(Mass)이다.

【補遺】 양은 위에서 살펴본 바와 같이 그 여러 계기의 변증법적 운동에 매개되어 절로 환귀한다. 우리는 양이 첫째 지양된 질(質), 즉 유와 동일한 것이 아니라 유에 대하여 무차별한 외면적 규정성이라는 개념을 얻었다. 그런데 앞에서 지적한 바와 같이 이 개념은 수학 상에서 일반화한 양의 정의, 즉 양은 증감할 수 있는 것이라는 정의의 지반에서도 볼 수 있는 것이다. 그런데 이 수학 상의 양에 대한 정의에 의하여 양을 무엇보다도 가변자 일반에 불과 한 것(왜냐하면 증이나 감이라는 것은 모두 양을 달리 규정함에 불과하기 때문이다)으로 볼 수 있다면, 따라서 또 양이 그 개념상 역시 가변적인 정유(질의 제2계단)와 구별되지 않는 것이라면, 이 정의의 내용을 이렇게 보충하여야 할 것이다. 즉 양에는 가변적인 것이 있으나 그러나 양은 변화하여도 여전히 양은 양이라고. 따라서 우리는 양이라는 개념이 그 중에 모순을 품고 있는 것, 그리고 이 모순이 양의 변증법인 것을 알 수 있다.

그러나 이 변증법의 성과는 단순한 질(質)로의 귀환이 아니다. 따라서 질(質)로 귀환한 양은 참다운 것이고 그 반면에 본래의 질(質)은 참답지 않은 것 같이 보이지만 결코 그런 것이 아니다. 도리어 양의 변증법의 성과는 이 양자의 통일 및 진리 즉 질적인 양 다시 말하면 규준이다.

그렇다면 여기서 또 한 가지 지적할 것이 있는 바 그것은 우리가 대상적인 세계를 고찰할 때, 적용하는 양적 규정이 실상은 언제나 규준에 불과하다는 점이다. 우리는 흔히 양적 규정이나 양적 관계를 조사하는 것을 잰다거나 저울질한다고 하거니와, 규준이라는 것은 바로 이와 같이 사물을 재거나 저울질할 때에 표준으로 사용되는 것이다.

예를 들면 우리는 길고 짧은 금선(琴線)을 진동시켜서 질적으로 다른 여러 가지 음을 내기 위하여 금선의 여러 가지 길이를 손으로 잰다. 그와 마찬가지로 화학상에서는 일정한 화합물을 제약하는 규준, 다시 말하면 일정한 질(質)을 기초로 한 양을 인식하기 위하여, 이 화합물 속에서 결합된 여러 가지 원소의 양을 조사한다. 또 통계상에서 사람들이 수를 다루는 것도 오로지 이 수에 의하여 좌우되는 질적 결과를 얻기에 관심이 있는 것이다. 그리고 그와 반대로 아무런 목표가 없이 만연히 수 그 자체를 조사한다는 것은 이론적 흥미도 만족시키지 못하고, 또 실천적 흥미도 만족시키지 못하는 공허한 호기심에 불과한 것이다.

다. 질량(質量)

105

규준이라는 것은 질적인 정량이다. 그리고 첫째 직접적인 것으로 보면 정유 또는 질(質)과 결부한 정량이다.

【補遺】따라서 규준이라는 것은 양과 질(質)과의 통일인 동시에 완성된 유다. 우리가 말하는 유라는 것은 첫째 전혀 추상적이고 무규정적인 것으로 나타난다. 그러나 유는 본질에 있어서 자기 자체를 규정하는 것이다. 그리고 유의 완성된 규정성이 바로 규준이다. 우리는 규준을 또 절대자의 한정으로 볼 수도 있다. 따라서 신을 만물의 척도라고도 말한 수 있다.

옛날 헤브라이 송가의 기본정신도 바로 이러한 견해에 입각한 것이다. 이 헤브라이 송가는 주로 신을 찬송하되 신은 만물 중에서 바다와 육지와 산천과 기타 각종 식물 및 동물로 자기를 한정하는 것이라고 하였다.

우리는 희랍인의 종교의식에 있어서도 규준의 신성을 발견하는 바, 여기서는 규준이 종교적인 의미에서보다도 도덕적인 의미에서 정의의 신(Nemesis)으로 표상되었다. 그리고 이 표상에 의하면 인간적인 모든 것, 즉 재산·명예·권력·희노애락 기타 등은 모두 그 자체의 일정한 규준을 가지고 있으며, 이 규준을 어기는 사람은 사와 멸의 운명을 받는다고 한다. 그러면 지금 대상적 세계에서는 규준이 어떻게 나타나는가? 우선 자연에는 그 본질적 내용이 규준이 되는 그러한 존재가 있다.

예를 들면 태양계가 이것이다. 우리는 이 태양계를 대체로 완전한 규준의 세계라고 본다. 그 다음 또 무기적 자연을 관찰하여 보자. 여기서는 규준이 말하자면 마치 배후에 멀리 숨고, 다만 양적 규정과 질적 규정이 자주 서로 아무 관계없는 것같이 나타난다. 그래서 예를 들면 암석의 질(質) 또는 하천의 질(質)이 일정한 양과 결부되지 않는 것 같다.

그러나 좀 더 자세히 살펴보면, 이러한 여러 대상도 전혀 무규준한 것이 아닌 것을 우리는 발견한다.

왜냐하면 하천의 물이나 암석의 각 성분도 화학적으로 연구하여 보면, 역시 그 속에 포함되어 있는 원소의 관계에 의하여 제약된 일정한 질(質)인 것이 분명하기 때문이다. 그런데 유기적 자연에 있어서는 얼른 보아도 규준이 뚜렷이 나타난다.

각종 식물과 동물은 그 전체에 있어서나 또 그 각 부분에 있어서나 일정한 규준을 가지고 있다. 그러나 불완전한 유기물 즉 무기적 자연에 근사한 유기물은, 그 규준이 대단히 불확실하기 때문에 고급 유기체와 구별된다는 것을 주의하여야 한다.

예를 들면 현미경 하에서만 볼 수 있는 화석 중에 포괄되는 암몬조개와 기타 차랑급이 이것이다. 이와 동일한 규준의 불확실성은 유기체의 저급계단에 속하는 다수 식물, 예를 들면 양치류에서도 볼 수 있다.

106

규준은 질(質)과 양의 직접적 통일에 불과한 것이다. 그러니만큼 질(質)과 양의 구별이란 것도 역시 직접적인 것이다. 따라서 한편으로 보면 비량(比量)은 단순한 정량이요 증감할 수 있는 정유다. 그러나 증감된다 해서 규구(規矩)로서의 규준이 지양되는 것은 아니다. 그러나 또 다른 한편으로 보면 정량의 변화는 또 질(質)의 변화도 된다.

【補遺〕 규준에 있어서의 질(質)과 양의 동일성이라는 것은 잠재적인 것이지 아직 개시적인 것은 아니다. 여기서 규준을 구성하는 이 양 규정은 또 서로 독립한다. 따라서 한편으로는 정유의 질(質)을 변경함이 없이 그 양적 규정만을 변경시킬 수 있다. 그러나 다른 한편으로는 이 양적 증감에는 일정한 한계가 있어서 이 한계를 넘어서면 질(質)이 변하게 된다.

그리하여 가령 일 예를 들면 물의 온도가 변화하여도 어느 정도까지는 유체라는 그 질(質)에 영향이 없다. 그러나 물이라는 유체의 온도가 일정한 점에까지 증감되면, 그 응집상태가 질적으로 변화하여 물이 한편으로는 증기가 되고, 다른 한편으로는 얼음이 된다. 양적 변화는 최초에 질(質)과 하등 상관없이 일어나는 것같이 보인다.

그러나 그 중에는 양적 변화 이외의 다른 그 무엇이 숨어 있다. 그리고 이와 같이 표면상 질(質)과 상관없이 일어나는 것같이 보이는 양적인 것의 변화는, 이를테면 질적인 것이 속아 넘어가는 하나의 간계라고 할 수 있다.

우리는 여기서 규준의 이율배반을 보거니와 고대 희랍인들도 벌써 이러한 이율배반에 대하여 여러 가지 실 예를 들어 설명하였다. 가령 예를 들면 옥수수는 옥수수 한 자루를 말하는 것이냐, 그렇지 않으면 옥수수 한말을 말하는 것이냐? 또 말총을 몇 개나 뽑으면 말꼬리가 없어지느냐 하는 등의 문제가 그것이다.

양의 본성을 존재의 무차별적이고 외면적인 규정성으로 보는 사람들은 맨 처음에는 누구나 이상의 문제에 대하여 부정적으로 대답하는 경향이 있다. 그러나 이러한 무차별적 증가도 그 한도가 있어서 이 한도에 달하면 옥수수 한 알 한 알에서 옥수수 한 자루가 되고, 또 말총을 하나씩 둘씩 뽑아 가면 나중에 말꼬리가 없어진다는 사실을 승인하지 않으면 안 된다.

이와 똑같은 또 한 예를 들면, 짐을 싣고 가는 당나귀 등에 한두 짐쯤 더 실어도 당나귀는 끄떡없이 잘 가지만, 그 위에 짐을 자꾸 쌓으면 나중에 당나귀가 이겨내지 못하는 무거운 짐이 된다.

이러한 종류의 실 예를 무의미한 한 개의 농담으로만 여긴다면 그것은 큰 잘못이다. 왜냐하면 그 속에는 사실 하나의 사상이 있고, 또 이 사상은 실천상 내지 도덕상에 중요성이 있기 때문이다.

예를 들면 우리의 지출에는 일정한 범위가 있어서, 이 범위 내에서는 돈을 얼마간 더 쓰든지 덜 쓰든지 별반 문제가 안 된다. 그러나 그때그때의 개인사정에 적당한 규준에서 어느 한 쪽으로 벗어나면, 이 규준의 질(質)이 마치 물의 온도차에서 본 바와 같이 인색(吝嗇) 또는 남용으로 변한다. ― 정치상에도 이와 같은 실 예가 있다. 예를 들면 국가의 헌법은 영토의 대소나 국민수의 다소나 기타 이러한 양적 규정 여하에 의존하지 않는다고 볼 수도 있고 의존한다고 볼 수도 있다.

예컨대 사방 천리의 영토와 4백만 명의 국민을 가진 국가의 헌법이나, 사방 2리의 영토와 2천 명의 국민을 가진 국가의 헌법이나 그 국가 헌법인 점에서는 하등 본질적인 영향이 없다. 그러나 그 반면에 한 국가가 점점 커 가거나 작아 가면 필경엔 기타 모든 사정을 불문에 부치더라도, 이러한 양적변화 때문에만도 이미 그 헌법의 질(質)이 변화 없이 남아 있을 수 없는 점에 도달한다. 스위스의 어느 한 조그마한 주의 헌법은 큰 국가에 적응되지 않으며, 로마 공화국의 헌법은 조그마한 독일 자유시에 역시 적용되지 않는다.

107

규준 밖에 벗어난다는 것은 첫째 규준이 그 양적 본성을 통해서 그 질적 규정성으로 옮아감을 의미하는 말이다. 그러나 달라진 양적 관계 즉 최초의 규준에서 벗어난 규준도 질적인 것인 이상 역시 일종의 규준이다.

그래서 질(質)에서 양으로, 양에서 질(質)로의 이행도 무한한 진행으로 볼 수 있다. ― 즉 규준이란 것은 부단히 무규준으로 지양됐다가 다시 또 규준으로 회복된다.

【補遺】이미 본 바와 같이 양이란 것은 다만 변화할 수 있는 것, 다시 말하면 증감할 수 있는 것일 뿐만 아니라, 또한 본래 그러한 것으로서 제 자체를 뛰어넘는 것이다. 양은 이러한 그 본성을 규준 중에서도 보유하고 있는 것이다.

그러나 규준 중에 포함된 양이 일정한 한계를 넘어뛰면 따라서 그 양에 대응하고 있던 질(質)도 지양된다. 그러나 그렇다고 해서 질(質)이 아주 없어지는 게 아니라 다만 그 특정한 질(質)이 부정될 뿐이다. 그리고 이 특정한 질(質)이 부정된 그 자리에 다른 질(質)이 들어선다.

이와 같이 번갈아 가면서 단순한 양의 변화로도 나타나고, 또 양의 질(質)로의 변화로도 나타나는 규준의 이러한 진행과정을 우리는 절선(節線)으로 표시해서 볼 수 있다.

우리는 이러한 절선의 여러 가지 형태를 첫째 자연 중에서 본다. 우리는 질(質)이 다른 물의 여러 가지 응집상태가 양의 증감에 의하여 제약되는 사실을 이미 알았거니와, 금속의 여러 가지 산화 단계도 그와 근사한 방식으로 나타난다. 음의 구별도 규준의 진행과정 중에서 보는 바와 같이 최초에 단순히 양적인 변화가 질적 변화로 급변하는 현상의 한 실 예로 볼 수 있다.

108

이상의 여러 사실은 요컨대 본래 규준 그 자체에 붙어 있는 직접성의 지양을 표시하는 것이다. 양이나 질(質) 그 자체는 규준에 있어서는 직접적인 것이다. 따라서 규준이란 것은 질(質)과 양과의 상대적 동일성에 불과한 것이다. 그러나 규준은 지양되어 무규준이 되는 바, 규준의 부정인 이 무규준도 또 양과 질(質)과의 통일이다. 그러므로 무규준도 역시 규준이다.

109

무한자 즉 부정의 부정인 긍정은 유와 무 또는 '그 무엇'과 다른 것 기타 등의 추상적인 양면 대신에 이제는 질(質)과 양을 여러 양면으로 가지게 되었다.

(가) 첫째 질(質)은 양으로, 양은 질(質)로 이행한다. 따라서 질(質)과 양은 부정으로서 지양된다. (나) 그러나 질(質)과 양은 그 통일(규준)에도 불구하고 우선 구별된다. 그리고 하나는 다른 하나를 매개해서만 존재한다. (다) 질(質)과 양과의 통일의 직접성이 지양된 다음에 이 통일 그 자체 즉 단순한 그 대자 관계가 드러난다. 즉 이 통일은 지양된 유일반(有一般)과 그 여러 형식을 내포하고 있다는 사실이 드러난다. ㅡ 유나 직접성이라는 것은 제 자신의 부정에 의하여 제 자신을 매개하고 제 자신과 관계하는 것이다. 따라서 또 매개나 제 자신과의 관계라는 것도 역시 직접태에까지 지양된다. 이러한 유나 직접성이 즉 본질이다.

【補遺】 규준의 진행과정은 부단히 질(質)이 양으로 변하고 양이 질(質)로 변하는 형태에 있어서의 무한진행에서 보는 바와 같은 악무한에 불과한 것이 아니라, 그와 동시에 타아와 자아와의 일치라는 참다운 무한이다. 규준에 있어서는 질(質)과 양이 처음에는 그 무엇과 다른 것으로서 서로 대립한다. 그런데 이제는 질(質) 그 자체가 양이요 양 그 자체가 질(質)이다. 이리하여 질(質)과 양은 규준의 진행과정에서 상호 이행한다. 그러나 그러함으로써 질(質)과 양의 양 규정은 각기 본래의 제 자체가 되어 갈 뿐이다.

우리는 여기서 제 규정을 부정 당한 지양된 유일반을 보는 바 이것이 본질이다. 규준 중에는 벌써 본질이 잠재적으로 있다. 그리고 규준의 진행과정이라는 것은 요컨대 잠재적으로 있는 것을 드러내놓는 과정에 불과한 것이다. ㅡ 일상적 의식은 사물을 있는 대로 파악하여 이것을 질(質) · 양, 그리고 규준에 의하여 관찰한다. 그러나 이러한 직접적 규정은 고정불변한 것이 아니라 늘 이행하는 것이다.

본질이라는 것은 바로 이러한 변증법의 성과다. 그러나 본질에는 하등의 이행도 없고 다만 관계가 있을 뿐이다. 존재에 있어서는 관계의 형식이란 우리의 반성에 불과한 것이지만, 본질에 있어서는 그와 반대로 관계는 본질에 고유한 규정이다. 존재의 영역에서는 '그 무엇'이 '다른 것'이 될 때 그 무엇이 없어진다. 그러나 본질에 있어서는 그렇지 않다. 본질에는 참으로 '다른 것'이 없다. 있는 것은 다만 '하나'와 '다른 하나'와의 상이와 관계뿐이다.

그러므로 본질에 있어서의 이행은 동시에 하등의 이행이 아니다. 왜냐하면 서로 다른 것이 서로 다른 것으로 이행할 때에는 서로 다른 것이 없어지는 게 아니라 서로 다른 것이 그 관계 중에 남아있기 때문이다. 가령 유와 무를 들어보자. 유는 유대로 있고 무도 역시 무대로 있다.

그러나 적극적인 것과 소극적인 것과의 관계는 그와 전혀 다르다. 적극적인 것과 소극적인 것에도 물론 유와 무와의 규정이 없는 게 아니다. 그러나 적극적인 것은 그것만으로는 하등의 의미도 없다.

다만 소극적인 것과 관계할 뿐이다. 소극적인 것도 역시 그와 마찬가지다. 존재의 영역에서는 오직 잠재적으로 관계할 뿐이고, 그와 반대로 본질의 영역에서는 현재적으로 관계한다. 그리하여 이것이 일반적으로 존재의 형식과 본질의 형식과의 상이점이다. 존재에 있어서는 모든 것이 직접적이고, 그와 반대로 본질에 있어서는 모든 것이 상대적이다.

제2편 본 질 론

110

　본질이라는 것은 정립된 개념으로서의 개념이다. 그리고 본질에 있어서는 여러 규정이 다만 상대적일 뿐이고 아직 철저히 반성되어 있는 것이 아니다. 그러므로 여기서는 개념이 아직 자각형태로서 있는 것이 아니다. 제 자신의 부정성에 의하여 제 자신을 제 자신과 매개하는 유(有)인 본질은, 타자와의 관계인 한에서만 제 자신과의 관계다. 그러나 여기서 타자라고 함은 직접적으로 존재하는 것을 말하는 것이 아니라, 타자라고 마련된 것, 즉 매개된 것을 말하는 것이다. ― 그러나 그렇다고 유가 없어지는 게 아니다. 도리어 본질이라는 것은 첫째 제 자신과의 단순한 관계로 보면 역시 존재다. 그러나 또 존재는 직접적인 것이 되는 그 일면적인 규정으로 인하여 부정적인 것에 불과한 것, 즉 가상에까지 떨어진다. ― 따라서 본질은 제 자신 속을 비추는 존재다.

　절대자는 본질이다. ― 이 정의는 존재가 역시 제 자신에 대한 단순한 관계인 한에서, 절대자는 존재다는 정의와 동일한 것이다. 그러나 그와 동시에 절대자는 본질이라는 정의가 보다 더 고차적이다. 왜냐하면 본질이란 것은 제 자신 속으로 들어간 존재이기 때문이다. 즉 존재의 단순한 대자 관계라는 것은 부정적인 것의 부정, 제 자신 중에서 제 자신을 매개하는 것이라고 마련된 관계이기 때문이다. ─ 그러나 절대자가 본질이라고 규정될 때에는 부정성이 흔히 특정한 모든 술어의 추상이라는 의미에서만 이해된다. 따라서 이 부정 작용, 즉 추상 작용은 본질의 외부로 떨어져 나간다. 그리고 본질 자체는 오직 자기의 이런 여러 전제가 없는 성과, 즉 추상의 해골(Caput mortuum)로서만 존재한다.

그러나 이 부정성은 존재에 대하여 외면적인 것이 아니라 존재에 고유한 변증법이다. 그렇기 때문에 존재의 구체적 진상, 즉 본질이란 것은 제 자신 속으로 들어간, 다시 말하면 제 자신 속에 있는 존재로서의 존재다. 그러므로 본질과 직접적 존재와의 구별은 본질이 제 자신을 비추는 그 반성에 있다. 따라서 반성은 본질 자체에 고유한 규정이다.

【補遺】 우리는 본질을 논할 때 직접적인 존재를 본질과 구별하고, 이 직접적 존재를 본질에 대한 관계에서 단순한 가상으로 본다. 그러나 이 가상은 완전한 무가 아니라 도리어 지양된 유다. ─ 본질의 입장은 본래 반성의 입장이다. 반성이란 말은 최초에 광선에 관해서 사용된 말이다.

그 까닭은 광선이 사면 상에 곧게 비치면 반사하기 때문이다. 따라서 반성에는 두 가지 것, 즉 하나는 직접적으로 있는 것과 또 하나는 매개에 의하여 드러난 것이 있다.

우리가 한 대상을 반성한다느니 (사람들이 흔히 쓰는 말대로) 회상한다 할 때에도 그와 마찬가지다. 왜냐하면 여기서 우리가 한 대상을 반성하거나 회상하는 것은 그 대상을 직접성에서가 아니라 매개된 것으로 알기 위하여서이기 때문이다.

사람들은 물론 철학의 임무나 목적이 사물의 본질을 인식하는 데에 있다고 말할 수 있으리라. 그리고 이 말은 사물을 그 직접 형태에 방치할 게 아니라 도리어 타자에 의하여 매개된 것, 또는 타자에게 제약된 것이라는 것을 논증하여야 된다는 의미일 것이다. 여기서는 사물의 직접적 존재가 말하자면 그 속에 본질이 숨어 있는 외각, 또는 장막으로 생각되어 있는 것이다. 또한 걸음 더 나아가서 모든 사물에 본질이 있다고 말한다면 이 말 가운데는 모든 사물의 진상이 직접 나타나는 대로가 아니라는 의미가 있는 것이다. 그러므로 질(質)이 다른 질(質)로 전화한다거나 또는 질(質)이 양으로 전화하고 그와 반대로 양이 질(質)로 전화한다는 것만으로 사물의 모든 문제가 다 처리된 것은 아니다. 도리어 사물 중에는 변치 않고 남아 있는 것이 있다. 이것이 본질이다.

이외에 또 본질(Wesen)이라는 범주의 의미와 사용법이 있다면 있다는 (Sein) 독일어 조동사의 과거형(gewesen)이라고 표시되고 있는 점을 생각해 볼만하다. 용어법의 이러한 불규칙성의 밑바닥에는 존재와 본질과의 관계에 대한 정당한 견해가 깔려 있다. 왜냐하면 우리는 물론 본질을 과거의 존재로 볼 수도 있기 때문이다. 그러나 다만 여기서 알아둘 것은 그렇다고 지나간 것이 추상적으로 부정되어 있는 게 아니라 다만 지양되어서 동시에 보존되어 있는 점이다. 가령 우리가 케사르는 갈리아에 있었다고 말한다면, 이 말 가운데서는 케사르가 갈리아에 있다는 그 직접성만이 부정되었을 뿐이고, 케사르의 칼리아 체재가 전적으로 부정된 것은 아니다. 왜냐하면 케사르의 갈리아 체재가 바로 이 말의 내용이기 때문이다.

그러나 이 내용은 여기서는 지양된 것으로 표현되어 있다. 일상생활 상에서는 흔히 본질이라는 것이 총괄 또는 총체라는 뜻으로 취한다. 따라서 예를 들면 사람들은 신문계(Zeitungswesen) · 우편사무(Postwesen) · 세제(Steuerwesen) 기타 등을 운운하는 바, 이런 말들은 신문이나 우편이나 조세의 개별적인 직접 내용을 의미하는 게 아니라, 이 개별적인 내용의 복합체를 의미하고 나중에는 이 내용의 여러 가지 관계까지 의미하는 것이다. 그리하여 이러한 용어 중에는 거의 본질에 가까운 뜻이 있는 것을 우리는 발견한다.

사람들은 유한적 본질을 운운하고 또 인간을 유한적 본질이라고도 부른다. 그러나 본질이라는 것은 본래 유한성을 초탈한 것이다. 그리고 그러한 한에서 인간을 유한적 본질이라고 부르는 것은 정확치 않다. 그리고 그 위에 최고의 본질이 있다거나 또 따라서 신을 최고의 본질이라고 부르거니와 여기서는 주의할 점이 두 가지 있다.

첫째는 이 최고의 본질이라는 말의 유한적인 본질을 암시하고 있는 점이다. 그리하여 우리는 예를 들면 이러저러한 많은 유성이 있다거나, 또는 이러저러한 식물이 있고, 또 이러한 성질을 가진 식물이 있다고 말한다. 따라서 이러한 것은 그것 밖에 또 그것과 동시에 또 다른 그 무엇이 있다는 것을 암시하고 있는 것이다. 그러나 절대 무한적 본질인 신은 그것 외에 또 그것과 동시에 다른 본질이 있는 그러한 본질이 아니다. 만일 신 이외에 그 무엇이 있다면 그것은 신과 떨어져 있는 것이기 때문에 하등 본질성도 없는 것, 아니 신과 분리하여 하등의 본질도 없는 것, 즉 단순한 가상에 불과한 것이다.

그리고 둘째로 신을 막연히 최고의 본질이라고 부르는 것은 적당한 말이 아니다. 왜냐하면 이 말 가운데 들어있는 양의 범주는 사실에 있어서 유한자의 영역에서만 적용되는 것이기 때문이다. 예를 들면 가령 우리가 이 산은 지구상에서 가장 높은 산이다 할 때에는 이 산외에 또 다른 높은 산이 있다는 것을 암시하는 것이다. 또 저 사람은 이 나라 중에서 가장 큰 부자다, 또는 가장 학식이 높은 사람이다 하는 때에도, 그만은 못하나 그와 가까운 부자나 학자가 그 외에 또 있다는 것을 암시하는 것이다.

그런데 신은 본질 중의 한 최고 본질이 아니다. 도리어 유일한 본질이다. 그러나 여기서 주의할 것은 이러한 신관(神觀)이 종교의식의 발전상에 중요하고 필연적인 한 계단을 획하는 것이기는 하지만, 그렇다고 이 신관이 기독교적 신관념의 진수를 여지없이 드러낸 것은 결코 아니라는 점이다.

신을 절대 유일한 본질로 보아야 비로소 보편적이고 저항할 수 없는 힘인 것을 알 수 있고, 바꾸어 말하면 '주(主)'인 것을 알 수 있는 것이다. 이리해서 신에 대한 공포가 시작된다. 그러나 이것은 또한 지혜의 시작이다. ― 이것이 첫째 유태교요 또 마호메트교다. 이리하여 유태교나 마호메트교에서는 신을 '주(主)'로 보고 또 본질에 있어서 오직 '주(主)'로만 본다. 따라서 여기서는 유한자의 권리가 전혀 없다. 이 점이 유태교나 마호메트교의 결함이다.

그리고 이 유한자가 자연적인 것이든지 정신적인 것이든지 간에 하여간 유한자 그 자체를 고집하는 것이 이교(異敎)의 특색이요 따라서 동시에 다신교가 되는 것이다. ― 그러나 최고의 본질로서의 신은 인식될 수 없다는 주장이 흔히 나온다. 이것이 일반적으로 근대 계몽정신의 입장이요 또 좀 더 자세히 말하면 추상적 오성의 입장이다.

만일 신을 최고의 피안적 본질로 본다면, 이 세계는 직접으로 확고하고 적극적인 그 무엇이 되고, 그 결과는 본질이라는 것이 바로 모든 직접적인 것의 지양인 것을 망각하게 될 것이다. 신이 추상적인 피안적 본질이요, 따라서 모든 차별성과 규정성이 그 밖에 있는 것이라면, 그러한 신은 사실에 있어서 단순한 이름, 즉 추상적 오성의 해골에 불과한 것이다. 그러므로 신에 대한 참다운 인식은 사물의 직접적 존재에는 하등의 진리도 없는 것을 아는 데에서 시작하는 것이다.

단지 신에 관해서 뿐만 아니라 기타 관계에 있어서도 사람들은 자주 본질이라는 범주를 추상적인 방식으로만 사용하고, 그래서 사물을 관찰할 때 그 사물의 본질을 그 사물의 현상의 특정한 내용에 아무 상관없는 독립적인 것으로 고정시킨다.

예를 들면 인간에게 있어서는 다만 인간의 본질만을 문제 삼고, 인간의 행위나 거동을 문제 삼지 않는 수가 많다. 물론 인간의 행동을 그 직접성에서가 아니라 도리어 오직 그 내적인 것에 매개된 것으로, 그리고 내적인 것의 표현으로 보아야 된다는 말에는 옳은 점이 있다. 그러나 본질 내지 내적인 것은 그것이 바로 현상에 나타나와야만 본질 내지 내적인 것이 된다는 것을 잊어서는 안 된다. 그런데 이와 반대로 인간을 인간의 행위의 내용과 전혀 다른 본질로만 보려고 하는 그 이면에는 오직 인간의 주관성만을 주장하고, 가장 구체적 가치 있는 것을 회피하려고 하는 심사만이 있는 것이다.

111

본질 중에 포함되어 있는 대자 관계라는 것은 동일성 자기반성의 형식이다. 여기서는 이 형식에 존재의 직접태 대신에 나타난다. 그리하여 양 자는 대자 관계의 동일한 추상이다. 제한된 것 유한한 것을 모조리 존재하는 것으로 보는 감성의 무사상성은 완고한 오성으로 변하여 유한자를 자기 동일한 것, 자기 모순하지 않는 것으로 본다.

112

이 동일성은 본래 존재에서 유래한 것이기 때문에 우선 오직 존재의 규정에 부착한 채로 나타나고, 그 다음에는 외재적인 것과 관련해서 나타난다. 그런데 이 외재적인 존재가 본질과 분리되었을 때 그것이 즉 비본질적인 것이다. 그러나 본질이라는 것은 자기 내 존재다. 따라서 본질의 본질다움은 그것이 자기 자체 중에 자기의 부정, 다시 말하면 대타관계 즉 매개를 가지고 있는 한에서 만이다. 그러므로 본질 중에는 제 자신의 반조(返照)인 비본질이 있는 것이다. 그러나 반조나 매개 중에는 구별이 포함되어 있다. 그렇기 때문에 본질과 구별되는 것은, 이 구별되는 것이 그 속에서 나오기는 하였으나 벌써 그 속에 있지 아니하고, 또 있다 하더라도 가상으로서 있는 동일성과 구별되면서 역시 직접성의 형식을 보유한다.

따라서 본질은 자기를 자기와 관계시키는 직접태 또는 존재의 형식으로 존재한다. 그러므로 본질의 영역은 직접태와 매개태와의 불완전한 결합의 영역이다. 이 영역에서는 모든 것이 자기를 자기와 관계시키는 동시에 또한 자기를 넘어 앞으로 진행하게끔 마련되어 있는 것이다. 즉 반성의 존재로서, 다시 말하면 자체 중에서 타자를 반조하는 동시에 또한 타자 중에서 자기를 반조한다. 그러므로 본질의 영역이라는 것은 또한 존재의 영역에서 오직 잠재적으로 있던 모순이 현재적으로 나타나는 영역이라고도 말할 수 있다.

모든 것 중에서 실체적인 것은 하나인 개념이다. 그렇기 때문에 본질의 전개 중에는 존재의 전개 중에서 나타나는 규정과 동일한 규정이 나타난다. 그러나 동일한 규정이 본질의 전개 중에서는 반성의 형식으로 나타난다.

그러므로 여기에는 유와 무 대신에 긍정적인 것과 부정적인 것이라는 형식이 들어온다. 전자는 우선 동일성으로서의 무대립적 존재에 대응하나 후자는 (자체 중에 反照되어) 구별로써 전개한다. 그뿐만 아니라 성(成) 자체가 곧 정유의 기저가 된다. 그러나 이 정유는 기저에서 반성된 것, 즉 현존재다. 논리학 중에 (가장 어려운) 이 부분은 반성적 오성의 산물인 형이상학의, 그리고 또 학문일반의 범주를 포함한다. 그런데 이 오성은 여러 구별을 독립적인 것으로 생각하는 동시에 또 구별의 상대성을 인정한다. 그러나 구별의 독립성과 상대성은 '또'라는 말에 의하여 전후 또는 좌우로 연결할 뿐이고, 이러한 사상을 종합하여 개념에까지 통일시키지는 못한다.

가. 본 질

113

1. 순수반성규정(純粹反省規定)

〔동일성〕 본질은 자기 내에서 반조(返照)한다. 즉 순수반성이다. 따라서 본질은 대자 관계에 불과한 것이다. 그러나 직접적인 대자 관계가 아니라 반성된 대자 관계 즉 자기와의 동일성이다.

이 동일성만을 고집하고 구별을 추상하면 이 동일성은 형식적 동일성 또는 추상적 동일성이다. 다시 말하면 추상이라는 것은 오히려 잡다 중에서 이 형식적 동일성을 들추어내는 것, 즉 구체적인 것을 단조(單調)한 것으로 전화시키는 것을 의미하는 것이다. 그리하여 추상은 구체적인 것 중에 있는 잡다의 한 부분을 (분석에 의하여) 떼어 버리고 오직 한 부분만을 떼어 갖는다. 다시 말하면 차별성을 제거하고 잡다한 여러 규정성을 한 규정으로 집약한다.

절대자를 한 명제의 주어로 삼아서 동일성과 결합시키면, 절대자는 자기와 동일한 것이다라는 명제가 된다. ― 이 명제를 가령 옳다 치더라도 이 명제의 본의가 진정하게 표시되었는지 않았는지는 의문이다. 따라서 이 명제는 적어도 표현에서는 불완전한 것이다. 왜냐하면 이 명제의 본의가 추상적 표현에 오성적인 동일성을 본질의 기타 여러 규정과 대립시키는 데에 있는지, 그렇지 않으면 동일성을 그 자체에 있어서 구체적인 것으로 보는 데에 있는지 양단간 결정되지 않았기 때문이다.

가령 이 명제의 본의가 구체적 동일성에 있다면, 그것은 우선 첫째 기저요 또 좀 더 구체적으로 말하면 개념이다. ― 또 사람들은 '절대적'이라는 말 그 자체를 흔히 추상적이라는 의미로밖에 사용하지 않는다. 그래서 절대적 공간, 절대적 시간은 추상적 공간과 추상적 시간을 의미하고 만다.

본질의 여러 규정을 본질적인 규정으로 해석하면, 그것은 본질적이기 때문에 전제된 주어 즉 모든 것의 술어가 된다. 사람들은 이에 의하여 성립하는 여러 명제를 일반적인 사유법칙이라고 불러 왔다. 따라서 동일률은 이렇게 표시된다. 즉 '모든 것은 자기와 동일한 것이다. 갑(甲)은 갑이다'라고. 그리고 부정적으로 말하면 '갑(甲)은 갑인 동시에 비갑(非甲)이 될 수 없다'는 것이다. ― 이 명제는 참다운 사유법칙이 아니라 추상적 오성의 법칙에 불과한 것이다.

이 명제의 형식 그 자체가 벌써 자기 모순이다. 왜냐하면 명제라는 것은 주어와 술어와의 구별을 약속하는 것인데, 이 동일률의 명제는 명제의 형식이 요구하는 것을 들어 주지 않기 때문이다. 그리하여 동일률은 이 법칙의 반대를 법칙으로 삼는 이 다음에 나오는 사유법칙에 의하여 지양된다. ― 이 명제는 증명할 수 없다. 그러나 모든 의식은 이 명제에 의하여 진행한다.

또 이 명제를 들을 때에는 누구나 즉시 경험에 의하여 찬성한다. ― 이렇게 주장하는 학파의 이따위 사이비 경험에는 이러한 법칙에 의하여 사고하고 표상하는 의식은 하나도 없다. 그리고 여하한 존재도 이 법칙에 따라서 존재하는 게 아니라고 말하는 일반적 경험이 대립한다.

만일 진리라고 하는 이 법칙에 의하여 유성(遊星)은 유성이다, 자기(磁氣)는 자기다, 정신(精神)은 정신이다. ― 이렇게 말하는 사람이 있다면, 우리는 그 사람을 멍텅구리라고 하여도 전혀 옳다. 도리어 이렇게 말하는 사람들을 멍텅구리라고 부르는 게 일반적 경험일 것이다.

오직 이 법칙만을 법칙으로 아는 이 학파는 오랫동안 열렬히 떠들던 그들의 논리학과 더불어 상식이나 이성에게 아주 신망을 잃어버렸다.

【補遺】 이 동일성은 또한 우리가 종래에 유라고 하던 것과 동일한 것이다. 그러나 이 동일성은 직접적인 규정성에 의하여 지양된 유, 따라서 동일성 유로서의 유다. 그러므로 동일성의 진정한 의의를 정당하게 이해하는 것이 대단히 중요하다.

따라서 이 동일성을 단순한 추상적 동일성, 즉 차별을 배제하는 동일성으로 이해하여서는 안 된다. 진정한 철학과 사이비 철학이 구별되는 것은 바로 이 점에 있다. 주체적인 동일성 즉 직접적으로 존재하는 것의 동일성은 종교적 의식에 대하여서나 또는 기타 모든 사유와 의식 일반에 대하여서나 하나의 고차적인 규정이다.

신에 대한 진지(眞知)는 신이 절대 동일성인 것을 아는 데에서 시작한다고도 말할 수 있다. 신을 이와 같이 절대 동일성으로 알게 되면 이 세계의 모든 능력과 영광이 신 앞에서 운산무소(雲散霧消)하고 다만 신의 능력과 영광의 가상에 불과하게 된다. ― 그와 마찬가지로 동일성도 인간이 자기를 자연 전반, 특히 동물과 구별하는 자기의식으로서 '나' 즉 자체에 있어서의 자기 자체와의 순수통일로 파악되어야 한다. 그러나 동물은 자기를 이러한 '나' 즉 자기 자체와의 순수통일로 파악하는 것이 아니다.

또 여기서 한 걸음 더 나아가서 동일성이 사유에 관련하여 어떤 의의가 있는가를 살펴보자. 여기서도 결국 유, 그리고 또 이 유가 자체 중에서 지양하여 보유하고 있는 동일성인 이 유의 규정과 추상적이요, 단순히 형식적인 동일성과를 혼동하여서는 안 된다. 감각과 직관의 입장에서 사유를 일면적이고 고루하고 무내용하고 기타 등이라고 자주 비난하는 수가 있는 바, 사유에 대한 이러한 모든 비난은 사유작용을 오직 추상적인 동일화의 작용에 불과하다고 보는 그릇된 전제 위에 입각하고 있는 것이다. 그리고 이러한 전제를 앞의 절에서 본 바와 같은 사이비 최고 사유법칙에 의하여 논증하는 것이 즉 형식논리학이다.

만일 사유라는 것이 그러한 추상적 통일성에 불과한 것이라면, 사유한다는 것은 가장 무용하고 또 가장 무미단조한 짓이라고 하여야 마땅할 것이다. 물론 개념이나 이념은 자기 동일한 것이다. 그러나 그러한 한에서 개념이나 이념은 동일과 구별을 내포하고 있는 것이다.

114

〔차별성〕 본질이라는 것은 자기를 자기에게 관계시키는 부정성, 따라서 자기에게 대한 자기의 반발인 한에서만 보면 순수한 동일성이요 자기 자체 내의 반조(返照)다. 따라서 본질은 본질적으로 차별의 규정을 포함한다.

여기서는 타재(他在)가 질적인 타재 즉 규정성이나 한계가 아니라, 본질 즉 자기를 자기에게 관계시키는 것 중에 존재한다. 그러므로 여기서는 부정이 동시에 관계로서 즉 구별, 드러난 유, 매개된 유로서 존재하는 것이다.

【補遺】 동일성이 어떻게 해서 차별성에 도달하느냐고 사람들은 질문하리라. 이 질문은 동일성이라는 것이 단순한 추상적 동일성으로서 따로 있는 그 무엇이고, 또 차별이라는 것도 역시 그와 마찬가지로 따로 있는 동일성과 별개의 것이라는 것을 전제하고 나오는 것이다. 그러나 이러한 전제에서는 이상 이 질문에 대한 대답은 불가능하다. 왜냐하면 만일 동일성을 차별성과 별개의 것으로 본다면, 사실상 차별성 이외에 동일성이 있을 수 없고, 따라서 동일성과 차별성과의 연락을 논증할 수 없을 것이다.

따라서 좀 더 엄밀히 생각하여 보면 이 질문은 전혀 무사려한 질문인 것이 명백하여진다. 그리고 질문자에 대하여 동일성을 도대체 무엇이라고 생각하느냐 하는 반문이 일어난다. 따라서 이 질문자는 동일성을 전혀 생각한 일이 없고, 다만 동일성이라는 단순하고 공허한 명칭 밖에 모르고 있는 것이 명백하여진다. 그뿐만 아니라 기술한 바와 같이 물론 동일성이라는 것은 부정적인 것이다. 그렇다고 동일성은 추상적이고 공허한 무일반(無一般)이 아니라 도리어 유와 그 규정의 부정이다. 그러나 동일성은 그러한 것이기 때문에 동시에 자기에 대한 관계요, 특히 자기에 대한 부정적인 관계, 다시 말하면 자기 자신에 대한 자기의 구별이다.

115

(1) 차별은 직접적인 차별 즉 상이(相異)다. 상이 중에 있어서는 구별된 것이 각각 따로 제멋대로 존재하며 자기와 타자와의 관계를 모른다. 그러므로 이 관계는 구별된 것에 대하여 외면적으로 존재한다. 그와 같이 상이한 것은 각각 그 구별에 대하여 무관심하기 때문에, 이 상이한 것들의 구별은 그 밖의 제3자 즉 비교하는 자에게 귀착한다. 그리하여 이 외면적인 구별을 관계하는 자들의 동일성으로 보면 상동성(相同性)이요 그 비동일성으로 보면 불상동성이다.

오성은 이러한 여러 규정 그것까지도 분리시킨다. 따라서 가령 비교가 상동성과 불상동성에 대하여 동일한 기체(基體)를 가지고 있다 하더라도, 다시 말하면 상이한 측면과 그 견지가 이 기체에 즉응하여 있다 하더라도, 오성은 오직 상동성 그 자체만을 전자 즉 동일성이라 하고 불상동성 그 자체를 구별이라고 한다.

상이성은 '모든 것은 다르다', 또는 '완전히 서로 같은 두 가지 사물은 없다'는 명제로 전화한다. 그런데 모든 것에는 첫째 명제에서 부여된 동일성과 정반대의 술어, 따라서 첫째 법칙과 모순되는 법칙이 부여된다. 그러나 그런데도 불구하고 상이성이 오직 외면적인 비교에만 속하고 있는 한에서는, 그 무엇은 그 자체만으로 따로 보면 자기와 동일한 것이다. 따라서 이 둘째 명제는 첫째 명제와 모순되는 것이 아니다. 그러나 그렇다면 상이성은 또한 그무엇 또는 모든 것에 속하는 것이 아니다. 다시 말하면 상이성은 결코 이 주어의 본질적 규정이 되는 게 아니다. 이리하여 이 둘째 명제는 성립될 수 없는 것이다. ─ 그러나 그 무엇 자체가 이 명제에 의하여 구별되면, 그것은 이그 무엇 자체의 고유한 규정성에 의하여서 구별되는 것이다. 그러나 그렇다고 해서 이 구별은 구별 그 자체를 의미하는 게 아니라 특정한 차별을 의미하는 것이다. ─ 이것이 또 라이프니쯔의 명제 즉 '불가식별자(不可識別者) 동일의 원리'의 본의다.

【補遺】오성이 동일성을 고찰하기 시작하였을 때에는, 사실은 벌써 오성이 동일성으로부터 떠난 때다. 그리고 그때 오성이 발견한 것은 단순한 상이성의 형태에 있어서의 차별이다. 가령 이르는 바 동일률이라는 사유법칙을 예로 들어 말하여 보자. 바다는 바다다, 공기는 공기다, 달은 달이다 기타등. 이것이 소위 동일률이라는 사유법칙이다. 여기서는 이러한 여러 가지 대상 간에 하등의 관계도 없다. 따라서 그것은 동일성이 아니라 구별이다. 그러나 우리는 이 사물들을 구별해서 보기에만 그치는 게 아니라 한 걸음 더 나아가서 이 사물들을 서로 비교하여, 같은 규정과 같지 않은 규정을 획득한다.

유한적인 학문의 사업은 주로 이러한 여러 규정의 응용에서 성립하는 것이다. 그리고 오늘날 사람들이 운운하기를 좋아하는 학문적 연구라는 것은 당해 학문의 연구대상을 비교하는 데에서 시작하는 그러한 진행 방법을 의미하는 것이다. 우리는 이러한 방도에서 극히 '중요한 허다한 결과에 도달한 사실을 몰라서는 안 된다.

그리고 이 점에 관련해서 우리가 특히 기억해야 할 것은 비교해부학과 비교언어학이 현대에 공헌한 위대한 업적들이다. 그러나 사람들이 만일 이러한 비교적 방법을 모든 분야의 인식에 응용하여, 비교해부학이나 비교언어학이 공헌한 것과 동일한 업적을 낼 수 있다고 생각한다면 그것은 잘못이다. 우리가 그렇게 생각한 것은 벌써 옛날이야기다. 그뿐만 아니라 우리의 학문적 요구는 벌써 단순한 비교 방법으로 만족할 수 없다. 따라서 상술한 비교해부학이나 비교언어학 등의 연구결과란 것은 진정한 개념적 인식을 위하여 필요한 예비 공작에 불과한 것이다. 그것은 그렇다 하고 비교가 차별성을 동일성에 환원시키는 데에 그 목적이 있다면, 그러한 한에서 수학이야말로 이 목적을 가장 완전히 달성한 학문으로 보아야 할 것이다. 왜냐하면 더욱이 양적 차이야말로 오직 완전히 외적인 차별이기 때문이다.

예를 들면 기하학은 양적 구별을 가진 삼각형과 사각형의 이러한 질적 차별을 추상하고 양이라는 점에서 동일시한다. 경험적 과학이나 철학이 수학의 이러한 특권을 부러워하는 것이 아니라는 것은 제99절에서 이미 논술했거니와, 또 앞에서 단순한 오성적 동일성에 관하여 논술한 가운데서도 언급한 바 있다. ─ 전하는 말에 의하면 일찍이 라이프니쯔가 궁정에서 상이성의 명제를 발표하였을 때, 궁녀와 궁신들은 이 철학자의 사고 법칙을 반박할 자료를 제시하기 위하여 똑같은 나뭇잎 두 개를 발견하려고 애쓴 일이 있었다 한다. 이 상이성의 명제는 오늘날도 자기 멋대로 형이상학을 연구하는 이들에게 물론 좋은 구실이 되어 있다. 그러나 라이프니쯔의 명제에 관련해서 지적하여 두어야 할 점은 구별이라는 것이 하찮은 외적 상이에 불과 한 것이 아니라 구별 자체인 것을 알아야 한다는 것, 따라서 구별이라는 것이 이 구별 속에 들어오는 사물과 전혀 별개의 것인 것을 알아야 한다는 것이다.

116

상동성은 동일성이다. 그러나 여기서 동일성이라는 것은 동일이 아닌 것, 다시 말하면 서로 동일하지 않은 것의 동일성을 의미하는 것이다. 그리고 서로 같지 않음 즉 불상동성이라는 것은 서로 같지 않은 것의 관계이다. 따라서 상동성과 불상동성은 서로 아무런 관련도 없는 별개의 측면 또는 관점이 아니라, 각기 하나가 다른 하나를 반조(返照)하는 관계를 가진 것이다. 그러므로 상이성은 반성에 의한 구별, 다시 말하면 제 자신이 가진바 고유한 구별 즉 특정한 구별이다.

【補遺】 상이한 것들 그 자체는 서로 아무런 관련이 없는 것같이 보이지만, 그와 반대로 상동성과 불상동성은 절대로 상호 관련하는, 즉 하나가 없으면 다른 하나를 생각할 수 없는 그러한 대(對) 개념이다. 이와 같이 단순한 상이성에서 대립적으로 진행하는 현상은 우리의 상식 중에서도 나타난다. 왜냐하면 우리의 상식에서는 비교라는 것이 구별의 존재를 전제하고, 또 그와 반대로 구별은 상동성의 존재를 전제하여야만 비로소 성립하는 것을 승인하기 때문이다.

그러므로 구별이 직접적으로 나타나는 예를 들면 철필(鐵筆)과 낙타와 같은 여러 대상을 구별하는 것이 하등 큰 의미도 없는 것과 마찬가지로 또 서로 근사하기만한 것, 예를 들면 도토리와 상수리, 성당과 교회를 비교하는 것도 별반 큰 의미가 없는 것이다. 그렇기 때문에 우리는 구별성에서 동일성을 요구하고 또 동일성에서 구별성을 요구한다. 그런데 경험적 학문상에서는 흔히 이 양 규정 중의 한 규정을 몰각하며, 따라서 학문적 관심이 오직 구별을 동일성으로 환원하기에 열중하는 때가 있는 반면에, 역시 마찬가지로 일면적으로 오직 새로운 구별만을 발견하기에 열중하는 때가 있다. 말하자면 자연과학이 즉 이것이다.

자연과학은 새롭고 또 새로운 물소(物素)·열력(勢力)·류(類)·종(種) 기타 등을 발견하기에 몰두한다. 바꿔 말하면 종래에 사람들이 단순히 생각하여 오던 물체가 단순 요소의 복합체인 것을 증명하려고 하였다. 그리고 근대의 물리학자 및 화학자들은 오직 4원소 밖에 모르던 고대학자들을 비웃으며 결코 단순요소에 만족하지 않는다. 그런가 하면 또 그 반면에 다만 동일성만 보고, 따라서 예를 들면 전기현상과 화학현상을 본질에 있어서 동일한 것이라고 할 뿐만 아니라, 심지어 소화 작용과 동화 작용 등의 유기적 과정을 단순한 화학적 과정으로 보기도 한다. 이미 제103절에서 지적한 바와 같이 사람들은 흔히 근세철학을 동일철학이라고 조소하지만, 여러 구별을 추상한 단순한 오성적 동일성이 무의미함을 지적한 것이 바로 이 근세철학 특히 사변적 논리학이다. 그러나 그렇다고 물론 근세철학은 이 오성적 동일성을 덮어놓고 무시하고 단순히 구별만을 취한 것은 아니다. 도리어 근세철학은 그 모든 존재의 내적 통일을 인식하려고 하였다.

117

(2) 차별 그 자체는 본질의 차별 즉 적극적인 것과 소극적인 것과의 차별이다. 따라서 전자 즉 적극적인 것은 소극적인 것이 아니라는 의미에서 자기에 대한 동일적인 관계요, 후자 즉 소극적인 것은 적극적인 것이 아니라는 의미에서 자기 스스로 피차 상이한 것이다. 즉 모든 각자는 타자가 아니다. 그러나 모든 각자는 타자에서 반조되며 따라서 오직 타자가 있어야만 존재하는 것이다. 그러므로 본질의 구별은 대립이다. 따라서 구별을 가진 자는 이 대립성 때문에 타자일반이 아니라 자기의 타자를 자기에게 대립시키고 있는 자다. 다시 말하면 모든 것은 각기 제 자신의 규정을 오직 타자에 대한 관계 중에서만 가지는 것이다. 즉 모든 것들은 각기 타자 중에서 반성됨으로써만 자기 중에서 반성되는 것이다. 그리고 타자도 역시 마찬가지다. 따라서 모든 것은 각각 타자의 타자다.

구별 그 자체에서 '모든 것은 본질에 있어서 구별된 자다'라는 명제가 나온다. 이 명제는 또 '그 무엇에는 두 가지 대립적인 술어 중의 하나만이 귀속하고 그 밖의 제3자는 없다'고도 표현된다. ─ 이 대립의 명제는 분명히 동일성의 명제와 모순된다. 왜냐하면 무엇이든지 한편 명제에서 보면 자기에 대한 관계이지만, 그러나 다른 한편 명제에서 보면 대립하고 있는 것, 즉 타자와의 관계이기 때문이다. 그런데 경솔한 추상적 사유는 이러한 두 가지 모순되는 명제를 비교도 해보지 않고서 법칙이라고 열거만 한다. ─ 배중률(排中律; Der Satz des ausgeschlossenen Dritten)은 모순을 제거하려고 하는 명제다.

그러나 배중률은 모순을 배제함으로써 모순을 범한다. 이 명제에 의하면 +A는 A거나 불연이면 반드시 -A라고 한다. 그러나 그리함으로서 排中律은 벌써 제3자 즉 +A도 아니요 또 그렇다고 -A도 아닌 A, 그리고 +A도 되고 또 -A도 되는 A가 있다는 것을 말하고 있다. 가령 +W가 서편으로 6마일의 방향을 의미하고, -W가 동편으로 6마일의 방향을 의미할 때, +와 -를 상쇄(相殺)하면 대립이 있든지 없든지 남는 것은 6마일의 거리 또는 공간일 것이다. 간단한 수나 추상적인 방향의 '플러스'와 '마이너스'까지도 ○을 제3자로 가지고 있다고 말할 수 있다. 그렇거늘 하물며 '플러스'와 '마이너스'와의 공허한, 오성적 대립이 수나 방향 기타 등과 같은 추상물과 경우가 다르다고는 더구나 말할 수 없다.

모순개념에 관한 학설에 의하면 예컨대 한 개념은 청(이 학설에 있어서는 색(色)이라는 감각표상과 같은 것까지도 개념이라고 부른다)이고 다른 한 개념은 비청(非靑)이라고 한다. 따라서 이 다른 한 개념을 긍정적인 것, 예를 들면 황(黃)과 같은 것이 아니라 다만 추상적·부정적인 것이라고 고집한다. ─ 그러나 부정적인 것은 그 자체가 또한 긍정적인 것이다(다음 절). 이 점은 벌써 한 타자에 대립하는 자는 이 타자의 타자라는 규정에서도 볼 수 있다. ─ 이른바 모순개념의 대립이란 것은 공허한 것이다. 그것은 정신이 흰 것이 아니면 희지 않은 것이고 누런 것이 아니면 누렇지 않은 것이며, 기타 이렇고 이러한 따위의 말에서 보는 바와 같이, 모든 사물에는 대립하는 모든 술어 중의 하나만이 있고, 다른 하나는 없다는 일반적 법칙의, 말하자면 굉장한 표현을 보아도 분명히 알 수 있다.

동일성과 대립성 그 자체가 서로 대립하는 것을 모르기 때문에, 대립법칙을 모순법칙의 형식을 가진 동일법칙으로 아는 이가 있다. 그리고 서로 모순하는 두 가지 표징이 모두 없거나(앞의 항 참조), 그렇지 않으면 가령 사각형의 원과 같이 모두 있는 개념은 논리상 오류라고 말한다. '사각형의 원'이나 '직선적 원호'가 모두 이 명제와 모순되든지 말든지, 기하학자는 원을 직선적인 변으로 된 다각형으로 고찰하고 또 다루기에 주저하지 않는다. 그러나 원(원의 단순한 규정성)과 같은 것은 아직 하등의 개념이 아니다. 원의 개념에는 중심점과 원주가 똑같이 없어선 안 된다. 즉 이상 두 표징은 원의 개념에 속하는 것이다. 그런데 원주와 중심점은 서로 대립하며 모순된다.

물리학상에서 널리 보급되어 있는 분극성(分極性)의 관념에는 비교적 진정한 대립 규정이 들어있다. 그러나 물리학이 사상상에서 보통논리학을 고집한다면, 분극성을 발전시켜서 그 가운데 들어있는 사상에 도달하였을 때 퍽 놀랄 것이다.

【補遺】 1. 적극적인 것은 또한 동일성이다. 그러나 좀 더 구체적으로 말하면 적극적인 것은 자기 자신에 대한 동일 관계라는 의미에서, 동시에 또 부정적인 것이 아니라는 의미에서도 동일성이다. 부정적인 것 그 자체는 구별 그 자체에 불과한 것이다. 그리고 동일적인 것 그 자체는 첫째 무규정적인 것이다. 그 반면에 긍정적인 것은 자기동일적인 것이긴 하지만, 그러나 한 타자와의 대립에서 규정된 것으로서 자기동일적인 것이다. 그리고 부정적인 것은 그 규정에 있어서 동일성이 될 수 없는 구별 자체다. 이것은 그 자체에 있어서 구별 중의 구별이다. ― 사람들은 긍정적인 것과 부정적인 것을 절대적 구별로 본다. 그러나 양 자는 결국 동일한 것이다. 그렇기 때문에 우리는 긍

정적인 것을 부정적인 것이라고도 부를 수 있으며, 또 그와 반대로 부정적인 것을 긍정적인 것이라고도 부를 수 있다. 그러므로 결국 자산과 부채는 종류가 다른 전혀 별개의 것이 아니다. 같은 것이 채무자에게는 소극적이고 채권자에게는 적극적인 것이다. 그와 마찬가지로 동으로 통하는 길은 동시에 서로 통하는 것이다. 이리하여 적극적인 것과 소극적인 것은 본질적으로 상호 제약하며 오직 상호관계에서만 존재하는 것이다.

자석에 있어서는 북극은 남극이 없이 있을 수 없고, 남극은 북극이 없이 있을 수 없다. 지남철을 양분한다고 한 토막이 북극, 다른 한 토막이 남극인 것은 아니다. 역시 그와 꼭 마찬가지로 전기에 있어서도 양전과 음전이 전혀 다른 별개의 독립적인 유체가 아니다. 이리하여 대립 중에서는 대체로 구별되는 자가 다른 한 구별되는 자와 대립하는 게 아니라 자기 자신의 타자와 대립하는 것이다. 보통 상식은 구별되는 자들을 그 사이에 서로 아무 상관없는 것으로 본다.

예를 들면 사람들은 말하되 '나는 사람이다, 그리고 내 주위에는 공기·물·동물, 그리고 기타 모든 것이 있다'고 말한다. 모든 것은 따로따로 고립한다. 그러나 철학의 목적은 사물의 무관성을 일소하고 그 필연성을 인식하는 데에 있다. 따라서 타자는 자기의 타자와 대립하는 것으로 보인다. 따라서 예를 들면 우리는 무기적 자연을 단순히 유기적 자연이 아닌 그 무슨 다른 것으로만 볼 것이 아니라 유기적 자연의 필연적인 타자로 보아야 한다. 무기적 자연과 유기적 자연은 본질적으로 상호 관계한다. 그리고 양자 중의 하나는 오직 다른 하나를 자기로부터 배제라는 한에서만 존재하며 또 그리함으로써 이 다른 하나와 관계한다.

그와 마찬가지로 자연은 정신을 떠나서 있는 게 아니고 정신은 자연을 떠나 있는 게 아니다. 사람들이 이 문제는 이미 해결된 문제라고 말한다면 그것은 대체로 보아서 중요한 진보다. 사람들은 이렇게 말은 하지만 실상은 아직도 우연에 붙잡혀 있다. 그러나 이미 말한 바와 같이 진정한 사유는 필연의 사유다.

현대자연과학 상에서 자기현상 중의 분극 대립이 자연을 일관하는 보편적 자연법칙인 것을 승인하게 된 것은 물론 과학의 중요한 전진으로 보아야 한다. 그러나 요는 오직 여기서 또다시 이 대립성 이외에 단순한 상이성을 내세우지 말아야 할 것이다. 그런데 사람들은 예를 들면 색을 분극 중에서 상호 대립하는 것이라고 정당히 보면서, 또다시 청 · 황 · 적 기타 등을 서로 상관없는 단순한 양적 구별로 본다.

【補遺】2. 추상적 오성의 명제인 배중률(排中律)에 의하여 이것이냐 저것이냐라고 말할 게 아니라, 차라리 모든 것은 대립한다고 말하여야 한다. 오성이 주장하는 바와 같은 이러한 추상적인 '이것이냐 저것이냐'는 하늘에도 없거니와 땅에도 없으며 정신계에도 없거니와 자연계에도 없다. 존재하는 것은 모두 구체적인 것, 따라서 자체 내에 구별과 대립을 내포하고 있는 것이다.

모든 사물의 유한성은 그 직접적 정유가 그 구체성에 일치하지 않는 점에 있는 것이다. 그리하여 예를 들면 무기적(無機的) 자연에 있어서는 산(酸) 그 자체가 동시에 염기(鹽基)다. 다시 말하면 산은 절대로 그 타자와의 관계에서만 존재한다. 그러나 그렇다고 해서 산은 대립 중에 가만히 고정하고 있는 게 아니라 그 진상을 드러내려고 애쓴다. 통틀어 이 세계를 움직이게 하는 것이 즉 모순이다. 그런데도 불구하고 모순을 생각할 수 없다고 말하는 것은 가소로운 일이다. 그러나 이 주장에는 오직 한 가지 정당한 점이 있다. 그것은 무엇이냐 하면 모순은 모순 그대로 남아있을 수 없고 제 자신을 스스로 지양한다는 점이다. 그러나 그렇다고 해서 지양된 모순은 추상적인 동일성이 되는 게 아니다. 왜냐하면 이 지양된 모순도 또한 대립물의 한 측면에 불과한 것이기 때문이다. 그리고 모순으로서 드러난 대립의 그 후의 성과가 근거다. 그러므로 이유라는 것은 동일성과 구별성을 지양된 것, 또 단순한 관념적 계기에까지 전락한 것으로서 내포하고 있는 것이다.

118

적극적인 자는 자주적이기는 하나 그와 동시에 자기의 타자에 대한 관계를 무시하여서는 안 되는 구별된 자다. 그와 마찬가지로 소극적인 자도 또한 그 자체가 제 자신에 대한 부정적 관계를 가지고 있는 대자적 존재다. 그러나 그와 동시에 소극적인 자는 소극적인 자이기 때문에, 소극적인 자의 이러한 대자 관계, 즉 적극적인 것은 오로지 타자 중에만 있는 것이다. 따라서 적극적인 자와 소극적인 자는 드러난 모순이요 즉자적으로는 동일한 것이다. 그뿐만 아니라 이 양 자는 대자적으로도 또한 동일한 것이다. 왜냐하면 적극적인 자나 소극적인 자나간에 다 각기 타자를 지양하면 동시에 자기 자신도 지양되는 것이기 때문이다. 이리하여 양 자는 근거로 전락하여간다.

또 단도 직입적으로 말하면 본질상의 구별이라는 것은, 그 진상에 있어서는 제 자신과 제 자신과의 구별에 불과한 것이기 때문에 따라서 동일적인 것을 내포하고 있는 것이다. 그러므로 구체적·전체적인 구별은 구별 자체와 아울러 동일성을 가지고 있는 것이다. — 즉 구별이라는 것이 자기와 자기와의 관계에 있어서의 구별이라면, 그런 의미에서 구별은 또한 이미 제 자신과의 동일이라고도 말할 수 있는 것이다. 그러므로 또 일반적으로 말하면 대립자는 하나와 다른 하나, 자기와 자기의 대립자를 자체 중에 내포하는 것이다. 본질의 자기 내 존재를 이상과 같이 규정한 것이 근거다.

119

〔근거〕 근거라는 것은 동일과 구별과의 통일이다. 따라서 구별과 동일은

바로 이 근저로부터 나오는 것이다. — 즉 이유나 근거라는 것은 자기 내의 반성인 동시에 타자 내의 반성이요 또 거꾸로 타자 내의 반성인 동시에 자기 내의 반성이다. 요컨대 근거란 것은 본질의 총체성으로 드러난 것이다.

근거율(Der Satz dei Grundes)에 의하면, '모든 것은 충분한 근거를 갖고 있다'한다. 다시 말하면 무엇이든지 그 무엇의 참다운 본성은 자기와 동일한 것이나 상이한 것이라는 규정도 아니요, 또 적극적인 것이나 소극적인 것이라는 규정도 아니라, 도리어 그 무엇이 자기의 존재를 타자 중에 가지고 있다. 따라서 이 타자가 그 무엇과 동일한 것, 그 무엇의 본질인 점에 있다는 것이다. 그러나 이 타자도 역시 추상적인 자기 내의 반성이 아니라 타내(他內)의 반성이다. 그러므로 근거라는 것은 자기 내에서 존재하는 본질이다. 그리고 본질은 본질적으로 근거다. 따라서 근거는 그것이 그 무엇의 근거, 다시 말하면 타자의 근거인 한에서만 비로소 근거가 되는 것이다.

【補遺】 근거라는 것은 같은 것과 같지 않은 것과의 통일이다. 그러나 이 통일을 추상적인 동일로 알아서는 안 된다. 왜냐하면 추상적 동일이란 것은 결국 그 사상 내용상으로 보면 참답지 않은 오성적 동일 그 자체에 불과한 것이기 때문이다. 그러므로 이러한 오해를 막기 위하여 근거라는 것은 같은 것과 같지 않은 것과의 통일일 뿐만 아니라 또한 같은 것과 같지 않은 것과의 구별이라고도 말할 수 있다.

따라서 근거는 우리에게 첫째 모순의 지양으로 나타나지만 그것은 도로 새로운 모순이다. 그렇기 때문에 근거라는 것은 그 자체에 있어서 고정된 정지가 아니라 도리어 그 자체 내의 충돌이다. 근거는 그것이 그 무엇의 근거가 돼야 비로소 근거다운 것이다. 그러나 근거에서 나온 것은 근거 그 자체다. 이점에 근거의 형식성이 있는 것이다. 근거에서 나온 것과 근거와는 결국 마찬가지다. 그리고 근거에서 나온 것과 근거와의 구별이란 것은 자기에 대한 직접적 관계와 매개태 또는 현재태와의 형식적 구별에 불과한 것이다. 사물의 근거가 무엇이냐고 묻는 것은 대체로 말하면 이미 제112절 보유(補遺)에서 지적한 반성의 입장이다. 이에서는 사물을 두 가지로, 즉 한 가지는 그 직접태에서 보며 또 한 가지는 이 사물이 직접으로 있지 않은 그 근거에서 보려고 한다.

이것이 소위 충분한 근거(이유)의 사유법칙이 가진바 뜻이니, 사물은 결국 간접적으로 고찰하여야 된다는 것이 바로 이 법칙에 의하여 명백하여진다. 그런데 형식논리학은 이 사유 법칙을 주장하되 이 법칙을 연역하거나 이 법칙의 출처를 지적하지 않으면서 이 법칙의 내용을 무턱대고 그대로 믿어서는 안 된다고 한다. 그러한 한에 있어서 형식논리학은 기타 여러 학문에 대하여 불의의 나쁜 예를 제공하고 있다.

논리학자는 우리의 사유능력이 본래 모든 사물의 근거를 묻지 않고서는 못 배기게 되어 있다고 주장한다. 그와 마찬가지로 사람이 물에 빠지면 왜 죽느냐고 물으면 의사는 대답하되, 사람은 본래 물속에서 살지 못하게 되었으니까 죽는다고 말할 수 있다. 또 그와 마찬가지로 위법자는 왜 처벌을 받게 되느냐고 묻는다면, 법률가는 대답하되 시민사회는 본래 위법자는 처벌을 받지 않고서는 못 견디게 됐으니까 처벌을 받게 된다고 말할 수 있다. 그러나 논리학이 근거율을 주장하는 그 이유는 불문에 부치더라도? 적어도 근거가 무엇인가 하는 질문에 대한 대답은 있어야 한다. 근거는 귀결을 가진 것이라는 일반적 견해는 얼른 보아도 상술한 개념규정보다는 비교적 이해하기 쉬운 견해다. 그러나 한 걸음 더 나아가 귀결이란 무엇이냐고 묻는다면 귀결이란 것은 근거(이유)를 가진 것이라는 대답이 나온다. 따라서 전술한 일반적 견해가 비교적 이해하기 쉬운 까닭은 근거(이유) 중에 사상운동의 결과로 나타날 것이 전제되어 있는 점에 있는 것이 분명하다.

그러나 그렇다면 논리학의 임무는 다른 데에 있는 게 아니라 다만 표상된 것, 또 다만 표상된 것이기 때문에 이해하기 어렵고, 논증하기 어려운 사상이 자기 규정적인 사유의 계단임을 지적하는 데에 있는 것이다. 이리하여 그와 동시에 단순한 표상은 이러한 사유에 의하여 비로소 이해되고 논증되는 것이다.

일상생활이나 유한적인 학문에 있어서는 사람들은 흔히 이러한 반성 형식을 취하는 바, 그 목적은 이 반성 형식의 적용에 의하여 당면한 여러 사물에 여하히 대처할 것인가를 알고자 하는 데에 있는 것이다. 이러한 고찰방식은 결국 말하자면 생활에 직접적으로 필요한 인식을 획득하는 데에 있고, 또 그러한 한에서 하등 비난할 성질의 것이 아니지만, 그러나 그와 동시에 주의할 것은 이러한 고찰 방식이 이론상에서나 실천상에서나 결코 결정적인 만족을 주는 것이 아니라는 점이다. 왜냐하면 근거라는 것은 아직 일정한 구체적 내용을 가진 게 아니기 때문이다. 따라서 우리가 그 무엇을 근거 있는 것으로 보아도, 거기서는 직접태와 매개태와의 형식적 구별만이 나올 뿐이다.

예를 들면 사람들은 전기현상을 보고 이 전기 현상의 근거를 묻는다. 그리하여 전기가 이 현상의 근거라고 대답한다. 그러나 이것은 직접 우리가 보고 있는 내용을 다만 내면적인 형식으로 둘러놓았을 뿐 결국 동일한 내용이다. 그러나 그렇다면 근거라는 것은 또 다만 자기 동일적인 것만이 아니라 구별이기도 한다. 따라서 동일한 내용도 상이한 근거를 가질 수 있는 바, 이 근거의 상이는 구별의 개념에 의하여 다시 동일한 내용에 대한 반대와 일치와의 형식적 대립으로 진행한다. ─ 가령 한 행위, 예로서 절도행위를 들어보자. 이 절도행위는 여러 가지 측면으로 구별할 수 있는 한 내용이다. 사람들은 절도행위에 의하여 재산침해를 받는다. 그러나 궁한 절도자는 절도행위에 의해 자기의 욕망을 만족시킬 수 있는 수단을 획득하고, 그 반면 도둑맞은 자는 자기의 재산을 이용할 기회를 잃게 된다. 절도행위를 재산 침해

행위로 보는 것은 다른 입장여하를 불구하고 결정적인 입장이다. 이것은 두 말할 것 없이 정당한 말이다. 그러나 근거율에 있어서는 이러한 결정이 없다. 더구나 보통 일반의 견해에 의하면 이 사고 법칙은 근거(이유) 일반에 의한 법칙이 아니라 충분한 근거에 의한 사고 법칙이라고 한다. 그러므로 여기서 강렬한 행위에 있어서 재산 침해라는 시점 외에 기타 시점도 물론 많은 근거가 있으나, 이 근거는 충분한 것이 아니라고 말할 수 있으리라 그러나 여기서 충분한 근거라고 말하였거니와 이 충분이라는 술어는 무의의(無意義)나 그렇지 않으면 근거라는 범주 자체를 능가하는 성질의 것임을 주의하여야 한다. 무의의나 동어반복(同語反覆)이란 말은 사고 상의 술어다. 왜냐하면 무의의나 동어반복이란 대체로 말하면 오직 근거가 될 수 있는 소질을 표현하는 말이기 때문이다. 따라서 근거는 그것이 이 소질을 가져야만 비로소 근거가 되는 것이다.

가령 병사가 자기의 생명을 살리기 위하여 전장에서 도망하였다 하자. 이것은 물론 의무에 어그러지는 행동이다. 그러나 이 병사가 그러한 행동을 취한 근거(이유)가 충분치 않았다고 주장할 수는 없는 것이다. 왜냐하면 그 병사가 그러한 행동을 취할만한 충분한 근거가 있었기 때문에 전장에서 도망한 것이지, 충분치 않았더라면 그 자리에 머물러 있었을 것이기 때문이다. 그러니까 여기서 한걸음 더 나아가서 모든 근거는 한편으로는 충분한 동시에 다른 한편으로는 어떠한 근거도 불충분하다고 말하지 않을 수 없다. 왜냐하면 상술한 바와 같이 근거라는 것에는 특정한 구체적 내용이 없고, 따라서 자동적인 것도 아니요 또 생산적인 것이 아니기 때문이다.

따라서 이러한 구체적이고 또 자동적인 특정한 내용은 개념에서 나오는 바, 충분한 근거를 운운하고 또 사물을 이런 시점에서 고찰하기를 요구한 라이프니쯔의 안중에는 바로 이 개념이 있었던 것이다. 그때 라이프니쯔는 오늘날도 아직 많은 사람에게 통용되고 있는 단순한 기계론적 방법을 보고,

이것을 불충분한 것이라고 말한바 그는 이 점에서 정당하였다. 그리하여 가령 예를 들면 혈액순환의 유기적 과정을 단순히 심장의 수축에 환원시키는 것이 기계론적 견해라면, 또 그와 마찬가지로 위해를 제거하고 징계하고 또는 기타 이러한 일을 하는 외적 근거를 처벌의 목적으로 보는 형법학설도 역시 기계적이다. 그러므로 라이프니즈가 형식적인 근거율과 같은 보잘것없는 것을 가지고 만족하였다고 말하는 사람이 있다면, 그는 참으로 라이프니쯔를 곡해하고 있는 것이다. 도리어 라이프니쯔의 고찰 방법을 개념적 인식이 문제인 때에 단순한 근거만 고집하고, 그 이상 한 걸음도 더 앞으로 갈 줄 모르는 형식주의와는 정반대다.

라이프니쯔는 이 점에서 운동인(運動因)과 목적인(目的因)과를 서로 대립시키고 나서, 운동인에서 정지할 것이 아니라 목적인에까지 뚫고 들어갈 것을 주장하였다. 운동인과 목적인과의 이러한 구별에 의하면, 가령 예를 들면 일광·온도·습도 등은 식물성장의 목적인으로 볼 것이 아니라 운동인으로 보아야 할 것이다. 왜냐하면 목적인이라 하는 것은 식물 그 자체의 개념에 불과한 것이기 때문이다.

여기서 또 한 가지 주의하여 둘 것은 단순히 근거만 고집하는 것, 예를 들면 법률이나 도덕의 영역에만 머무르는 것은 대체로 말하면 소피스트의 입장이요 소피스트의 원리라는 점이다. 사람들은 소피스트를 대할 때 흔히 옳은 것과 참다운 것을 곡해하고 또 대체로 사물을 그릇되게 설명하는 그러한 고찰 방법을 연상한다. 그러나 이런 경향은 직접 소피스트의 입장에 있는 것이 아니다. 소피스트의 입장은 결국 오성적 사고의 입장에 불과한 것이다.

소피스트는 희랍인이 종교상이나 도덕상에서 단순한 권위나 전통만으로 만족하지 아니하고, 그들이 그 당시 공인하고 있던 것을 사유에 의하여 매개된 내용으로서 의식할 필요를 느끼고 있던 시대에 등장한 사람들이다. 소피스트들은 이러한 시대의 요구에 응하여 사물을 고찰할 여러 가지 입장을 탐구할 것을 시사하였던 것인데, 이 여러 가지 입장이라는 것은 결국 근거 이외의 다른 것이 아니다. 그런데 이미 말한 바와 같이 근거라는 것은 하등 일정한 구체적인 내용을 가진 것이 아니라, 도덕적 및 법적인 것이나 또 부도덕적·불법적인 것이나 다 같이 근거가 있는 것이기 때문에, 어떠한 근거를 취해야 할까 하는 결정은 주관에 귀착하고, 또 이 주관의 결정은 결국 이 주관의 개인적 기분이나 의견에 좌우된다. 따라서 이로써 구체적으로 통용하고 모든 사람이 승인할 객관적 지반이 무너진다. 그리고 이미 말한 바와 같은 소피스트에 대한 악평이 나오게 되기는 다름 아니라 바로 소피스트적 입장의 이상과 같은 부정적 측면에서였던 것이다.

누구나 다 아는 바와 같이 소크라테스는 언제 어디서나 소피스트를 반박하였다. 그러나 그는 덮어놓고 권위와 전통을 가지고 소피스트의 공리공론에 대립한 것이 아니라, 오히려 단순한 근거가 무근거인 것을 변증법적으로 지적하는 반면에, 정의와 선(善) 내지 일반적으로 보편 또는 의지의 개념을 주장하였던 것이다. 가령 오늘날 다만 현세적 사물에 관한 논의에서 뿐만 아니라 심지어 설교에 있어서까지 전혀 공리공론만을 일삼고 있는 사람이 있다면, 그래서 예를 들면 모든 가능한 근거를 신에 대한 감사로 들추어내는 사람이 있다면 소크라테스뿐만 아니라 플라톤까지도 이러한 사람들을 가리켜서 소피스트적이라고 공언하기를 결코 주저하지 않았을 것이다.

왜냐하면 이미 말한 바와 같이 이러한 사람들에게 있어서는 무엇보다도 먼저 반드시 참다운 것이 될 수 있는 내용이 문제가 되어 있는 게 아니라, 모든 것을 변명할 수 있고 그러나 또 모든 것을 공격할 수도 있는 근거의 형식이 문제가 되어 있기 때문이다. 반성적이면서 또 이론이 많은 이 시대에 있어서는 최악의 것이나 본말전도(本末顚倒)된 것까지 포함한 모든 것에 대하여 훌륭한 근거를 댈 줄 모르는 사람이 한 사람도 없다.

이 세계에서 패멸(敗滅)하게 된 모든 것은 훌륭한 근거가 있어서 패멸하게 된 것이다. 그 누가 근거를 가지고 도전하여 올 때 사람들은 처음에는 당황하는 기색을 보이지만, 그러나 그 다음에 이에 대하여 대처할 바를 알게 되면, 그 때에는 이것을 들은 척 만 척하고 따라서 별로 놀라지 않게 된다.

120

본질이라는 것은 결국 자기 반조(返照)요 자기 매개다. 그리하여 본질의 자기 통일이라는 것은 매개의 총체이기 때문에 구별, 따라서 매개의 지양으로 나타나는 것이다. 따라서 이것은 직접태 또는 존재의 부활이다. 그러나 여기서 부활된 존재라는 것은 매개의 지양에 의하여 매개된 것 즉 실재다.

실재라는 것은 아직 하등 구체적으로 규정된 내용을 가지고 있는 것도 아니요 또 목적도 아니다. 그렇기 때문에 활동적인 것도 아니요 생산적인 것도 아니다. 실재라는 것은 다만 근거에서 나오는 것에 불과한 것이다. 따라서 특정한 근거라는 것은 어느 편이냐 하면 형식적인 것이다. 즉 근거라는 것은 그것이 제 자신과 관계할 때, 다시 말하면 긍정으로 드러날 때 이것과 관련하는 직접적인 실재와의 관계에서 비로소 그 어떠한 규정성을 갖는 것이다. 특정한 근거는 그것이 근거라는 바로 그 이유에 의하여 또한 훌륭한 근거가 되는 것이다.

왜냐하면 훌륭하다는 것은 전혀 추상적으로 보면 긍정적인 것을 의미함에 지나지 않는 것이기 때문이다. 그리고 그 어떠한 형식으로든지 분명히 긍정적인 것으로 볼 수 있는 모든 규정성은 훌륭한 것이기 때문이다. 그러므로 모든 것에서 근거를 발견할 수 있고 또 들추어 낼 수 있다. 그리고 훌륭한 근거(예를 들면 행동하기에 훌륭한 근거)는 그 무엇을 움직이게 하는 수도 있고 못 움직이게 하는 수도 있으며, 결과를 가지는 수도 있고 못 가지는 수도 있는 것이다. 그 무엇을 움직이게 하는 근거는 예를 들면 이 근거를 활동시키고, 또 이것을 원인이 되게 하는 일정한 의지에 참가함으로써 동기가 된다.

121

2. 실재

실재라는 것은 자기 내 반성과 타자내 반성과의 직접적 통일이다. 그러므로 자기 내에서 반성된 것인 동시에 다자 내에서 반조된 것인 실재라는 것은 상대적인 실재자의 무한정한 집합체요, 따라서 근거와 결과가 상호 의존하고 또 무한히 상호 관련하는 하나의 세계다. 근거는 그 자체가 실재다. 그리고 모든 실재라는 것은 여러 가지 방면으로 보아 근거인 동시에 근거에서 나온 것 즉 결과다.

【補遺】실재라는 말은 나와 있다는 것을 의미하는 말이다. 즉 실재는 근거에서 나온 존재, 다시 말하면 매개의 지양을 통하여 부활된 존재다. 지양된 존재인 본질은 결국 자기 내의 반조로서 나타나는 바, 이 반조 여러 규정이 바로 동일과 구별과 근거다. 그런데 근거는 동일과 구별과의 통일이다. 그렇기 때문에 근거는 동시에 자기와 자기와의 구별이다. 그러나 그러니까 근거와 구별된 것은 단순한 구별도 아니거니와 그렇다고 또 추상적인 동일도 아니다. 즉 근거는 제 자신의 지양인 동시에 또 지양된 제 자신이다. 그리고 근거의 부정의 결과가 실재다. 그런데 실재는 근거에서 나온 것이기 때문에 제 자체 중에 근거를 내포하는 것이다. 따라서 근거는 실재의 등 뒤에 남아 있는 게 아니라 근거의 지양이 즉 실재다.

다시 말하면 근거는 실재로 옮아가는 것이다. 우리가 그 무엇의 근거를 고찰하여 보면 이 그 무엇의 근거는 추상적 · 내재적인 것이 아니라, 오히려 근거 그 자체가 역시 실재하는 것임을 알 수 있다.

일상적 의식에 있어서도 역시 그와 마찬가지다. 그리하여 예를 들면 우리는 화재를 볼 때 건물에 화재를 일으킨 근거가 낙뢰인 것을 알고, 그와 마찬가지로 한 민족의 인륜 관계와 생활 관계를 그 민족적 사회제도의 근거로 본다. 그런데 이상은 대체로 말하면 실재의 세계가 자기 내에 반성되는 동시에 타자 내에 반성되면서, 혹은 근거가 되고 혹은 결과가 되어 상호 대립하는 실재자의 무한정한 집합체로서 반성에 나타나는 최초의 형태다. 그리하여 결국 실재자의 총체인 이 세계의 만화경 속에는 고정 독립한 것은 하나도 없고, 모든 것은 다만 타자에 의하여 제약되는 동시에 타자를 제약하는 상대적인 것으로 나타난다. 반성적 오성은 이러한 전면적인 여러 관계를 탐사하고 추구하기를 일삼는다. 그러나 반성적 오성의 입장에서는 궁극 목적에 대한 문제가 미해결된 채로 남는다. 여기서 이성적 인식의 요구는 논리적 이념의 광범한 전개에 의하여 그와 같이 단순한 상대성의 입장을 넘어서 전진하는 것이다.

122

그러나 실재자의 타자내 반성은 자기 내 반성과 분리되는 것이 아니다. 따라서 타자내 반성과 자기 내 반성과의 동일이 근거요 실재는 이 근거에서 나오는 것이다. 그러므로 실재자는 상대성과 동시에 다른 실재자와의 다면적인 관련을 내포하며 근거로서 자기 반성된다. 따라서 실재자는 물(物)이다.

칸트 철학 중에서 말썽이 많은 '물(物) 자체'는 여기서 그 유래가 말하자면 추상적인 자기 내 반성인 것이 분명하다. 따라서 이 자기 내 반성으로서의 물(物) 자체는 타자내 반성 및 구별된 여러 규정 일반과 대립하여 그 공허한 근기(根基)가 되어 있는 것이다.

【補遺】물(物) 자체는 인식되지 않는다는 주장이 있거니와, 인식이라는 것이 대상을 그 구체적 규정성에서 이해하는 것을 의미하는 것이라면 이 주장은 옳다. 그러나 물(物) 자체라는 것은 전혀 추상적이고 무규정적인 물(物)일

반에 불과하다. 그렇다면 그뿐만이 아니라 그와 마찬가지로 '질(質) 자체'나 '양(量) 자체'나 기타 모든 범주도 그렇게 말할 수 있다. 따라서 이러한 모든 범주도 그 추상적 직접성에서, 다시 말하면 그 발전과 내적 규정성을 제외하고 이해하여야 할 것이다.

물(物)을 오직 그 '자체'로 고정시키는 것은 오성의 임의다. 그러나 그뿐만 아니라 오성은 이 '자체'를 또 자연계와 정신계의 내용에도 적용하여, 예를 들면 전기 자체니 또는 식물 자체니 내지 인간 자체니 국가 자체니 운운하며, 따라서 이러한 여러 대상의 자체를 이 여러 대상의 진상라고 해석하기를 좋아한다. 그러나 좀 더 엄밀히 말하면 일반적인 물(物) 자체에 있어서와 마찬가지로, 모든 대상의 단순한 자체를 고집하는 것은 모든 대상을 구체적으로 파악하는 것이 아니라, 도리어 단순한 추상의 일면적인 형식으로 파악함에 지나지 않는 것이다. 가령 인간 자체를 소아(小兒)라 하자.

소아는 이러한 추상적이고 미발전적인 '자체' 내에 고정한 것이 아니라, 최초에 오직 '즉자(卽自)'에 불과한 것이 '대자(對自)'로 말하자면 자유스럽고 이성적인 인간으로 되어 가는 것이다. 그와 마찬가지로 국가 자체라는 것은 국가의 개념 중에 들어있는 여러 가지 정치적 기능이 아직 그 개념에 일치하는 상태에까지 도달하지 못한 미발전적인 가장(家長)적 국가를 의미하는 것이다.

또 그와 마찬가지 의미에서 종자도 식물 자체로 볼 수 있다. 이상 여러 가지 실 예로 보아 모든 물(物)의 자체, 또는 물(物) 자체를 일반적으로 인식할 수 없다는 것이 큰 오류인 것을 알 수 있다. 모든 사물은 최초에는 즉자적(卽自的)이다. 그러나 그것은 이 즉자에 머물러 있는 게 아니라 식물 자체인 종자와 같이 자기를 발전시키는 것이다. 그와 마찬가지로 물(物) 일반도 또한 추상적인 자기 내 반성에 불과한 단순한 자체를 넘어서 자기를 발전시키고 타자내 반성으로 나타난다. 이리하여 물(物)은 속성을 갖는다.

123

3. 물(物)

물(物)이라는 것은 근거와 실재라는 두 규정이 발전하여 하나로 나타난 총체다. 그러므로 물(物)이라는 것은 그 타자내 반성이라는 계기에서 구별을 포함하고 있는 것이다. 따라서 물(物)이라는 것은 바로 이 구별을 가지고 있기 때문에 특정한 구체적인 물(物)이 되는 것이다. (1) 이러한 모든 규정은 서로 다르다. 왜냐하면 이러한 모든 규정은 제대로 있는 것이 아니라 물(物) 속에 제 자신의 반성을 가지고 있는 것이기 때문이다. 따라서 이 모든 규정은 물(物)의 속성이니, 그러므로 물(物)과 속성과의 관계는 물(物)이 속성을 갖는 관계다.

갖는다는 것은 그 무엇이 있다는 관계를 말하는 것이다. 그러나 그 무엇은 단순히 있을 뿐만 아니라 또한 여러 가지 질(質)을 가지고 있는 것이다. 그러나 이와 같이 '가짐'을 있음으로만 보아서는 안 된다. 왜냐하면 질(質)이라는 규정성은 그 무엇과 직접적으로 하나가 되어 있는 것이어서 질(質)을 잃으면 그 무엇이 없어지기 때문이다. 그러나 물(物)이라는 것은 또 그 구별 즉 그 여러 규정성과는 다른 동일성인 자기 내 반성이다. - '가짐'이라는 것은 어느 나라 말에서나 과거를 표시하는 말로 사용되고 있다. - 이것은 정당하다. 왜냐하면 과거라는 것은 지양된 있음이요, 과거의 자기 내 반성이 즉 정신이기 때문이다. 따라서 과거라는 것은 오직 정신 중에서만 있는 것이다. 그러나 정신은 제 자신 중에서 자기와 지양되어 있음을 구별한다.

【補遺】 물(物)이 실재하려면 모든 반성규정이 필요한 것이다. 물(物)은 첫째 물(物) 자체로서 자기동일적인 것이다. 그러나 이미 말한 바와 같이 동일성이라는 것은 구별과 또 물(物)이 가진 바 여러 속성을 떠나서 있는 게 아니

라 실재하는 구별의 동일, 다시 말하면 상이성의 형태에서 있는 것이다. 지금까지는 상이한 것을 상호 무관계한 것으로 알아 왔고 따라서 상이한 것 상호간의 관계를 다만 외면적 비교로 밖에 몰랐다. 그런데 우리는 지금 물(物)이 여러 가지 속성이 서로 결합된 다발인 것을 알았다. 그뿐만 아니라 속성은 질(質)과 바꿀 수 없는 것이다. 예를 들면 사람들은 그 무엇이 질(質)을 가졌다고 말하기는 한다. 그러나 이 말은 합당치 않은 말이다. 왜냐하면 '가짐'이란 말은 일정한 자주성을 전제하는 말인데, 그 질(質)과 직접적으로 동일한 '그 무엇'에는 아직 이러한 자주성이 없기 때문이다.

'그 무엇'은 오직 그 질(質)이 있어야만 비로소 있는 것이다. 그러나 물(物)이라는 것은 오직 그 속성을 가져야만 비로소 실재하는 것이다. 그러나 물(物)이라는 것은 그렇다고 이러저러한 특정한 속성에 꼭 붙어있는 것이 아니라 이러한 속성을 잃을 수도 있는 것이다. 따라서 물(物)이라는 것은 이러저러한 특정한 속성을 잃어도 없어지는 것이 아니다.

124

(2) 그러나 타자내 반성이라는 것은 근저에 있어서는 그 자체가 또한 직접적으로 자기 내 반성이다. 그러므로 속성이라는 것도 역시 자기동일적인 것, '독립적인 것', 따라서 물(物)과의 결박에서 이탈할 수 있는 것이다. 그러나 모든 속성은 자기 내 반성인 물(物)의 여러 가지 서로 다른 규정성이기 때문에, 그 자체가 구체적으로 있는 물(物)이 아니라 추상적 규정성 즉 '질료(質料)'로서 자기 내에서 반성된 실재다. 질료(質料) 즉 예를 들면 전기질료·자기질료 같은 것은 물(物)이라고 부를 수 없다. ─ 이러한 질료라는 것은 그 있음과 밀착한 특질, 즉 반성되어 실재하는 있음이라는 직접성에 도달한 규정태이다.

【補遺】 사람들은 물(物)이 가진 속성을 이 물(物)을 구성하는 질료(質料) 또

는 물소(物素)로 독립시키는 바, 그 근거는 과연 물(物)의 개념 중에 있기도 하고 따라서 우리의 경험 중에서 발견되기도 한다. 그러나 일정한 물(物)의 속성, 가령 예를 들면 색이나 맛이나 기타 등이 특수한 물소(物素), 즉 색소나 미소(味素) 기타 등이라고 설명된다 해서, 그렇다고 거기서 만사가 해결되었다든지 또는 물(物)에 대하여 진정한 태도를 취하기 위하여 이 물(物)에서 이 물(物)을 구성하고 있는 모든 물소(物素)를 분석해 낼 줄밖에 모른다면 그것은 사상이나 경험에 맞지 않는 것이다. 이러한 독립적인 모든 물소의 분리는 무기적 자연에서는 있을 수 있다.

그리고 화학자가 가령 식염이나 유산(硫酸) 칼슘을 여러 물소로 분석하여 전자는 염산과 나트륨으로 구성되었고, 후자는 유산과 석회로 구성되었다고 말한다면 정당치 않은 것이 아니다. 그렇다면 그와 마찬가지로 지질학자가 화강암이 석영과 장석과 운모로 구성되었다고 말할 수도 있다. 그렇다면 물(物)을 구성하는 이러한 여러 물소 그 자체도 또한 일면에 있어서는 물(物)이 된다. 그리하여 이러한 물(物)도 예를 들면 유황과 산소로 구성된 유산(硫酸)과 같이, 또다시 그보다 더 추상적인 물소(物素)도 분석될 수 있다. 따라서 이러한 등류(等類)의 물소 또는 물질은 사실 독립적으로 있다고 볼 수 있다. 그러나 그 반면에 이러한 독립성은 없으나 역시 특수한 질료로 볼 수 있는 물(物)의 다른 속성이 있는 것도 자주 보는 사실이다.

가령 예를 들면 사람들은 열소(熱素)니 또는 전기질료니 자기질료니 운운한다. 그러나 이러한 물소(物素) 또는 질료(質料)라는 것은 단순한 오성의 가칭에 불과한 것으로 보아야 한다. 이와 같이 오직 이념의 특정한 발전 계단에서만 통용될 수 있는 개개의 범주를 제멋대로 이해하고, 그리고 나서 또 순수무구한 직관이나 경험에 배치하면서까지 단순한 설명의 편의를 위하여 모든 사물이 결국 모두 그렇고 그렇다고 보는 것이 본래 추상적인 오성적 반성 형식이다. 따라서 물(物)이 독립적인 물소로 구성되었다는 견해가 그렇게 볼 수 없는 영역에까지 자주 적용되었다. 그러나 이미 자연의 영역 중에서도 유기적 생명에 있어서는 이러한 범주가 불충분한 것을 알 수 있다. 사람들은 흔히 동물은 뼈와 근육과 신경과 기타 등으로 구성되었다고 말한다. 그러나 이것은 화강암이 상술한 모든 물소로 구성되었다는 것과는 사정이 전혀 다르다. 이러한 물소들은 그 결합체와 아무 성과 없이, 따라서 그 결합체가 없어도 전혀 별개로 존립할 수 있다. 그러나 유기적 생명의 여러 가지 부분과 분지(分肢)는 오직 그 결합에서만 존립할 수 있고, 또 서로 분리하연 그러한 부분이나 분지(分肢)로서 실재할 수 없는 것이다.

125

그러므로 질료(質料)란 것은 추상적 또는 무규정적인 타자 내 반성인 동시에 바꾸어 말하면 규정된 자기 내 반성이다. 따라서 물질은 일정하게 있는 물성 즉 물(物)을 있게 하는 것이다. 이리하여 물(物)의 자기 내 반성이 질료(제123절과 반대로)이다. 따라서 물(物)은 제 자신에 의하여 존립하는 것이 아니라 여러 가지 질료에 의하여 존립하는 것, 그리고 여러 가지 질료의 표면적인 관련, 외면적인 결합에 불과한 것이다.

126

(3) 질료라는 것은 실재의 제 자신과의 직접적인 통일이기 때문에 규정성과는 아무 상관도 없는 것이다. 그러므로 여러 가지 질료는 한 질료로, 다시 말하면 동일성이라는 반성규정을 가진 실재로 통합된다. 그리하여 이러한 여러 가지 규정성과 대립하여 이 여러 가지 규정성이 한 물(物) 속에서 서로 관계하는 그 외적관계가 즉 '형식'이다. 따라서 이 형식은 구별의 반성 규정이기는 하나 실재성과 통체성이 있는 것이다. 아무런 규정도 없는 이 한 질료는 결국 물(物) 자체와 동일한 것이다. 그러나 물(物) 자체는 전혀 추상적인

것이고, 질료는 대타적(對他的)인 것, 결국 형식에 대하여 있는 것인 점에서 구별된다.

【補遺】 그러나 물(物)을 구성하는 여러 가지 질료는 결국 타자와 동일한 것이다. 우리는 여기서 한 질료 일반을 보는 바 따라서 구별은 이 질료 일반에 대하여 외면적인, 다시 말하면 단순한 형식으로 나타난다. 모든 물(物)의 밑바닥에는 동일한 질료가 있고, 다만 외면적으로, 다시 말하면 그 형식상에서만 구별이 있다고 보는 것이 보통일반의 반성적 의식이다. 그렇게 보면 질료라는 것은 그 자체에 있어서 어디까지든지 무규정적인 것으로서, 오히려 모든 규정을 받을 수 있는 동시에 부단히 교대하고 변화하면서 또한 영구 불변하는 것으로 보아진다. 물론 유한적인 모든 물(物)에 있어서는 어떠한 규정을 받든지 질료는 역시 동일한 질료로서 하등의 영향도 받지 않는다.

가령 예를 들면 대리석은 어떠한 형식 즉 입상(立像)으로서의 형식을 갖든지 원주로서의 형식을 갖든지 역시 동일한 대리석이다. 그러나 여기서 대리석과 같이 질료는 오직(조각가와의 관계에 있어서) 상대적으로만 어떤 형식을 갖든지 상관 않는 것이지, 아주 무형식한 것이 결코 아니라는 것을 몰라서는 안 된다. 그렇기 때문에 광물학자는 상대적으로 무형식한 대리석까지도 특정한 형태의 암석으로, 따라서 역시 특정한 다른 형태의 암석, 예를 들면 사석·반암 기타 등과 구별해서 본다. 이러므로 질료를 형식에서 분리하여 그 자체에 있어서 무형식한 것으로 고정시키는 것은 사실을 추상적으로 보는 오성에 불과한 것이다.

그러나 사실에 있어서는 그와 반대로 형식의 원리는 본래 질료의 사상 등에 포함되어 있는 것이요, 또 그렇기 때문에 경험상에서도 전혀 형식 없는 질료라는 것이 실재한다고 결코 안 본다. 그런데 태초에 질료가 있었다. 또 있되 그 자체에 있어서 아무런 형식도 없이 있었다고 보는 질료관은 꽤 오랜 역사를 가지고 있다. 우리는 이런 질료관을 벌써 희랍인에게서 발견한다. 희랍인들은 질료라는 것을 맨 처음에 혼돈이라는 신화적 형태로 보고 이것을 실재하는 세계의 무형식적인 기초로 삼았던 것이다. 그 결과로 그들은 신을 세계의 창조자로 보지 아니하고, 다만 세계의 형성자로 즉 데미우루고스로만 보지 않을 수 없었다.

이에 비하면 신이 세계를 무에서 창조했다는 세계관이 더 심원하다. 따라서 이 세계관은 한편으로는 질료 그 자체를 결코 독립적인 것으로 보지 않는 동시에, 다른 한편으로는 형식을 질료의 외부에서 질료로 오는 것으로가 아니라, 도리어 그 자체 중에 질료의 원리를 내포하고 있는 통체(統體)로 보는 바, 이 통체의 자유스럽고 무한한 형식이 결국 '개념'이다.

127

이리하여 물(物)은 질료와 형식으로 나뉘는 바, 이 질료와 형식은 제각기 물성의 통체로서 서로 독립하여 있는 것이다. 그러나 적극적이고 무규정적인 실재라고 하는 질료도 실재인 이상에는 자기 내 존재와 동시에 타자내 반성을 내포하는 것이다. 따라서 질료라는 것은 이러한 여러 규정의 동일이기 때문에 그 자체가 형식의 통체다. 그러나 형식은 그것이 바로 여러 규정의 통일이기 때문에 제 자신의 반성을 가지고 있는 것이다. 다시 말하면 형식은 자기를 자기와 관계시키는 형식이기 때문에 질료라는 규정이 될 수 있는 것을 가지고 있는 것이다. 따라서 형식과 질료는 본래 동일한 것이다. 그리하여 양 자의 이러한 통일성이 간접적으로 드러난 것이 대체로 질료와 형식과의 '관계'다. 따라서 양 자는 동일한 것인 동시에 구별되는 것이다.

128

이러한 통체로 보면 물(物)이라는 것은 모순이다. 왜냐하면 물(物)은 한편으로는 그 부정적 통일의 면에서 보면 질료를 규정하며, 이것을 속성의 지위에까지 끌어내리는(제123절) 형식인 동시에, 다른 한편으로는 물(物) 그 자체의 반성 중에서 독립적인 것이기도 하고 부정된 것이기도 한 질료로 구성된 것이기 때문이다. 그러므로 물(物)이라는 것은 자기를 자기 내에서 지양하는 것이기 때문에 본질을 가진 실재 즉 '현상'이다.

물 중에서 드러난 질료의 부정성과 독립성이 물리학에서는 다공성(多孔性)으로 나타난다. 색소 · 향소(香素), 그리고 열소(熱素) · 전기질료(電氣質料)는 물론, 혹자의 이르는 바 음소(音素) 기타 등 여러 가지 질료도 또 모두 부정된다. 그리하여 이러한 것들의 부정 즉 그 구멍 중에는 여러 가지 또 다른 독립적인 질료가 있는 바, 이 질료들도 또 구멍을 가지고 있어서 그 구멍 중에는 또 다른 질료가 대립하여 실재한다. 그런데 이 구멍이라는 것은 '경험적인 것'이 아니라 여러 가지 질료가 가지고 있는 부정성의 계기를 그와 같이 보고, 따라서 모순의 그 이상 진전을 모든 것이 고립하며, 또 서로 부정하는 미궁 속으로 은폐하여 버리는 오성의 조작에 불과한 것이다. ─ 그와 마찬가지 방식으로 정신 중의 능력 또는 작용을 실체화시키면, 따라서 정신의 생생한 통일도 역시 하나가 다른 하나 속으로 움직이어 들어가는 그러한 미궁으로 전화한다. 구멍(여기서 말하는 구멍은 나무의 구멍, 피부의 구멍 등과 같은 유기체의 구멍이 아니라, 색소 · 열소(熱素)나 또는 금속 · 결정체 등 소위 질료의 구멍이다)이 관찰에서 확증되지 않는 것과 마찬가지로, 질료 그 자체나 내지 질료와 분리한 형식이나, 물(物)이나 또 물(物)이 질료로 구성됐다는 것이나. 또는 물(物)이 있되 오직 속성을 가지고 있다는 것이나 ─ 이상은 모두 반성적 오성의 산물이다. 이 반성적 오성은 관찰하고 또 관찰한 것을 그대로 진술한다고 지칭하지만, 사실은 어느 모로 보든지 모순인 하나의 형이상학을 산출하고 있는 것이다. 그리고 오성은 이것이 모순인 것을 모른다.

나. 현 상

129

본질은 '나타나고'야 마는 것이다. 본질이 제 자신 중에 나타난다는 것은 본질이 자기를 직접태에까지 지양함을 의미하는 것이다. 그러므로 이 직접 태를 자기 내 반성으로 보면 그것은 존립하는 것 즉 질료요, 또 타자내 반성 으로 보면 '자기를 지양하는 것' 즉 형식이다.

도대체 본질이 나타난다는 것은 본질이 단순한 존재가 아니라 본질을 본 질이 되게 하는 규정이다. 이리하여 벌어져 나타남이 즉 현상이다. 그러므로 본질이라는 것은 현상의 배후 또는 피안에 있는 것이 아니라 현존하는 것이 다. 그러므로 현존하는 것이 즉 현상이다.

【補遺】 현존이 그 모순상에서 드러난 것이 즉 현상이다. 현상을 단순한 '비침'과 혼동해서는 안 된다. 비친다는 것은 존재 또는 직접태의 가장 비근 한 진상이다. 직접태라는 것은 우리가 직접으로 보아 왔다고 생각되는 그 무 엇을 말하는 것이 아니고, 또 독립적이고 자주적인 것이 아니라, 다만 비치 는 것 그리고 그러한 것이기 때문에 자체 내에 존재하는 본질의 단일태로 집약되는 것이다.

그러므로 결국 본질이라는 것은 제 자체 내에 비치는 것의 통체다. 그러 나 그렇다고 본질은 이러한 내면성에 고정되어 있는 것이 아니라 근거로서 현존 중에 나오는 것이다.

따라서 현존은 그 근거를 제 자체 내에 가지고 있는 게 아니라 타자 내에 가지고 있는 것이기 때문에 그리고 오직 바로 이 때문에 현상이다.

우리는 현상이라는 말을 들을 때에 현존하는 모든 사물의 무한정한 잡다성을 연상한다. 그러나 이런 잡다한 사물의 '존재'는 모두 매개태에 불과한 것, 따라서 자립자존하는 것이 아니라 현상의 오직 한 계기에 불과한 것이다. 그러니까 그와 동시에 또 본질은 현상의 배후 또는 피안에 잔류하는 것이 아니라, 도리어 말하자면 제 빛깔을 직접태 중에 발사하여, 직접태에게 생의 환희를 베풀어 주는 무한선(無限善)이라고도 할 수 있다.

그러므로 이렇게 마련된 현상은 자주독립적인 것이 아니라, 다시 말하면 그 존재를 제 자신 중에 가지고 있는 게 아니라 타자내에 가지고 있는 것이다.

본질인 동시에 선(善)인 신(神)은 제 빛깔의 여러 가지 계기를 실재에 부여하여 이 세계를 창조함으로써, 동시에 이 세계에 대한 기능과 또 이 실재의 세계 내용이 실재하기를 원하는 한에서, 단순한 현상으로 나타나게 할 권리를 가지고 있는 것이다.

현상이라는 것은 대체로 말하면 논리적 이념의 극히 중요한 계단이다. 그리고 철학과 일반상식과의 구별이 후자가 자주독립적인 존재라고 보는 것을 전자가 단순한 현상으로 보는 점에 있다고 말할 수 있다. 그는 그렇거니와 여기서 문제는 현상의 의미를 적정히 파악하는 데에 귀착한다.

즉 가령 그 무엇에 대해서 그것이 현상에 불과하다고 말할 때, 우리는 이 현상과 비교하여 현상하는 자를 '존재하는 것'이라고 하거나, 또는 '직접적인 것'을 보다 더 고차적인 것이라고 하는 그러한 오해에 빠지기가 쉽다. 그러나 사실에 있어서는 바로 그와 반대로 현상이 단순한 존재보다는 더 고차적인 것이다.

왜냐하면 현상이라는 것은 자기 내 반성의 계기와 타자내 반성의 계기를 통일하여서 자체 중에 내포하고 있는 반면에 존재, 즉 직접태라는 것은 아직 일면적·고립적인 것인 동시에, 다만 겉으로만 자립적인 것이므로 대체로 현상은 존재의 진상 즉 존재보다 더 풍부한 규정이기 때문이다. 그러나 현상은 그것이 다만 현상인 한에서는 역시 무엇인가 한 빈 구석을 가지고 있는 동시에, 존재라는 것은 아직 자기 분열하여 제 근거를 제 자신 중에 가지고 있지 않은 현상이라고 할 수 있다. 그러므로 단순한 현상보다 더 고차적인 것은 결국 '현실'이다. 본질의 제3계단인 이 현실에 관해서는 나중에 논구하기로 한다.

근세철학사 상에서 지금까지 열거한 일상 의식과 철학적 의식과의 구별을 맨 처음으로 확립한 것은 칸트의 공적이다. 그러나 칸트는 현상을 오직 주관적인 의미로만 파악하고, 그 밖의 추상적 본질을 우리의 인식 작용이 도달하지 못할 '물 자체'로 고정시킨 점에서 중도반단(中途半斷)에 그치고 말았다. 현상이라는 것은 직접적·대상적인 세계 그 자체의 본성에 불과한 것이다.

그리고 세계가 그러한 것임을 알 때, 따라서 우리는 그와 동시에 본질이 현상의 배후 또는 피안에 있는 것이 아니라 세계를 단순한 현상의 지위에까지 떨어뜨림으로써 바로 제 자신은 본질로 나타나는 것임을 인식한다. ─ 그러므로 소박한 의식이 그 통체관(統體觀)에 있어서 우리는 다만 현상만을 다루어야 된다는 주관적 관념론으로 만족하기를 주저한다고 이것을 나쁘게 볼 것이 아니다.

유감(遺憾)이나 이러한 소박한 의식은 인식의 객관성을 살려내기에 치중한 나머지, 도리어 추상적인 직접성에 돌아가서 덮어놓고 이것을 진정한 것 현실적인 것이라고 보고 있는 것이다.

피히테는 '최근 철학의 진정한 본질에 관한 일반대중에의 보고'라고 제목을 단 소논문 중에서, 주관적 관념론과 직접의식과의 대립을 저자와 독자와의 대화 형식으로 알기 쉽게 논술한 동시에, 주관적 관념론의 입장이 정당하다는 것을 논증하기에 노력하였다. 그런데 독자는 이 대화 중에서 저자에게 향하여, 그럼에도 불구하고 이 저자가 자기를 주관적 관념론의 입장으로 전환시키기에 전혀 성공하치 못하였다는 불평을 말하는 동시에, 그를 둘러싸고 있는 사물이 현실적인 사물이 아니라, 단순한 현상에 불과하다는 데에 대하여 낙심하고 있다. 그러나 이 독자는 결코 비애할 필요가 없다. 왜냐면 주관적 관념론은 철벽 같은 주위를 단순한 주관적 표상으로 보기를 요구하는 것이기 때문이다. 그러나 그것은 그렇다 하고 우리는 단순한 주관적 현상관을 떠나서라도 주위의 사물을 요지부동한 독립적 실재로 보지 아니하고, 단순한 현상으로 봄으로써 만족할 충분한 이유가 있다고 말하지 않을 수 없다. 왜냐하면 만일 주위의 사물이 이러한 요지부동한 독립적 실재라면, 우리는 육체적으로나 정신적으로나 즉시 아사(餓死)에 빠지고 말 것이기 때문이다.

130

1. 현상의 세계

현상하는 것은 있는 것이다. 그러나 그 존재가 직접적으로 지양되어 있는 것이다. 그러므로 그것은 형식 그 자체의 한 계기에 불과한 것이다. 왜냐하면 형식이라는 것은 존재 또는 질료를 제 자신의 한 규정으로 삼아서, 제 자신 중에 내포하고 있는 것이기 때문이다. 그리하여 현상하는 것은 직접태에 대한 자기반성, 즉 제 본질인 이 형식 중에 제 근거를 가지고 있는 것이다. 그러나 그렇다 하더라도 현상하는 것은 다만 형식이 가진바 다른 하나의 규정성에서 그 근거를 가지는 것이다. 그런데 현상의 이 근거도 역시 현상하는 것이다. 따라서 현상이라는 것은 형식, 따라서 비존재를 통하여 존재를 한없이 매개시켜 나간다. 이 무한적 매개는 동시에 제 자체에 대한 관계의 통일이다. 이리하여 실재는 반성된 유한성의 통체 즉 현상계로 발전한다.

131

2. 내용과 형식

현상계의 상호관계가 통체(統體)인데 이것은 모두 현상계의 대자 관계 가운데에 포함되어 있는 것이다. 이리하여 현상의 대자 관계는 완전히 규정되어 있는 것, 다시 말하면 그 자체 중에 형식을 가지고 있는 것이다. 왜냐하면 형식은 이 현상의 동일성 중에서 본질적인 것으로 존립하는 것이기 때문이다. 따라서 형식은 내용이다. 그리고 충분히 발전된 규정성에서 보면 형식은 현상의 법칙이다. 자기 내에서 반성되지 않은 형식 중에는 현상의 부정적인 부분, 즉 비독립적이고 변화적인 것이 있는 바 이것이 내용과 상관없는 '외적 형식'이다.

형식과 내용을 대립시키는 사람들은 언제든지 내용은 형식 없이 있는 게 아니라, 내용에 대하여 외적이기는 하지만 일정한 형식을 가지고 있다고 고집한다. 형식에는 두 가지가 있는 바 하나는 자기 내 반성된 때의 내용의 형식이요, 또 하나는 자기 내 반성되지 아니한 때의 내용에 하등 상관없는 외적형식이다. 여기에 즉자적이기는 하나 형식과 내용과의 절대적 관계 즉 상호 전환이 있다. 따라서 '내용'이란 것은 형식이 내용으로 전환한 것, 그리고 형식이란 것은 내용이 형식으로 전환한 것에 불과한 것이다. 이 전환이라는 것은 가장 중요한 규정의 하나다. 그러나 이 규정은 '절대적 관계 중'에서 비로소 명백히 드러나는 것이다.

【補遺】형식과 내용은 반성적 오성이 매우 자주 사용하는 한 쌍의 대개념이다. 그리고 반성적 오성은 이 개념을 자주 사용하되, 특히 내용을 본질적이고 독립적인 것으로 보고, 그와 반대로 형식을 비본질적이고 비독립적인 것으로 본다. 그러나 그와 반대로 사실에 있어서는 이 양 자가 똑같이 본질

적인 것이라는 것을 알아 두어야 한다.

따라서 형식 없는 내용이나 형식 없는 물소(物素)라는 것이 없는 동시에, 이 양 자(내용과 물소 또는 질료)는 또 서로 구별되는 것이다. 왜냐하면 물소 또는 질료는 그 자체에 있어서 형식 없이 존재하는 것은 아니지만, 이 형식과 하등 상관없이 존재하는 반면에, 내용으로서의 내용은 제 자체 중에 완성된 형식을 내포하여야만 비로소 존재하는 것이기 때문이다. 그러나 그렇다면 우리는 형식도 또한 내용과 상관없는 외적 실재인 것을 발견한다. 그리고 형식이 이러한 까닭은 현상이라는 것이 본래 외면성을 가지고 있는 점에 있는 것이다.

가령 책을 예로 들어보자. 책이라는 것은 그 내용이 육필로 쓰여졌거나 인쇄되었거나, 또 종이로 장정(裝幀)되었거나 가죽으로 장정되었거나 하등 상관없이 책인 것이다. 그러나 책이라는 것이 이와 같이 내용에 대해서 하등 상관없는 외적 형식이라 하더라도, 그렇다고 책의 내용 그 자체가 하등의 형식도 없는 것이라고는 결코 말할 수 없는 것이다. 책 중에는 그 내용에 관해서 형식이 없다고 보아도 좋은 책이 물론 많이 있기는 있다. 그러나 여기서는 무형식성과 비형식성을 혼동하고 있는 것이다.

그런데, 비형식성이란 것은 형식일반의 무(無)로 볼 것이 아니라 오직 '진정한' 형식의 비유로 보아야하는 것이다. 그리하여 이 진정한 형식이라는 것은 내용에 대하여 무관한 것이 아니라 오히려 내용 그 자체인 것이다. 곧 그러므로 진정한 형식이 없는 예술작품은 결코 진정한, 다시 말하면 참다운 예술작품이 될 수 없다. 그러므로 어느 예술가에 대하여 그의 작품 내용이 좋기는 좋으나(물론 걸작이라 하자), 그러나 진정한 형식을 갖추지 못하였다고 말한다면, 그것은 그 예술가를 위하여 서투른 변명에 불과한 것이다. 참다운 예술작품은 그 내용과 형식이 전혀 일치하게 나타난 작품만을 의미하는 것이다.

사람들은 '일리아스'에 대해서 그 내용을 '트로이 전기'라든가 또는 '아킬레스의 분격'이라고 말할 수가 있다. 그러나 이는 '일리아스'에 대해서 아무 것도 모르는 사람의 말이다. 왜냐하면 '일리아스'가 '일리아스' 다움은 그 내용이 갖추고 있는 시의 형식에 있는 까닭이다. 그와 마찬가지로 '로미오와 줄리엣'의 내용도 가정불화로 일어난 두 애인의 파멸이다.

그러나 이것은 아직 셰익스피어의 비극시로서 불후의 걸작은 못 되는 것이다. ― 또 학문상의 영역에서 형식과 내용과의 관계가 여하한 것인가는 철학과 기타, 모든 과학과의 상이(相異)를 생각해 보면 알 것이다. 과학은 사유를 자기의 내용에 대한 외적인 형식적 작용으로 보고, 내용이 그 근저에 있는 사상에 의하여 내면적으로 규정되어 있는 것, 따라서 형식과 내용에 완전히 상호 침투하는 것을 모른다.

이 점에 과학의 유한성이 있다. 그러나 철학은 이러한 분리를 타파한다. 따라서 철학은 무한적 인식이라고 불러지는 것이다. 그런데도 불구하고 사람들은 철학적 사유를 흔히 단순한 형식활동으로만 보고, 더구나 당연히 사상 그 자체만을 다루는 논리학이 무내용한 학문이라는 것을 마치 기정사실로 여기고 있다. 만일 내용이라는 것이 손으로 붙잡을 수 있는 것, 아니 일반적으로 말하여 감관으로 지각할 수 있는 것에 불과한 것이라면, 물론 철학일반 특히 논리학이 이상과 같은 감각적 내용을 전혀 가지고 있지 않다는 것을 당연히 승인하여야할 것이다. 그러나 상식상이나 일반용어상으로 보아도 내용이라는 것을 단순히 감관으로 지각할 수 있는 것이나 또는 대체로 단순한 존재라고 고집할 수는 결코 없는 것이다. 무내용한 책이라는 말이 있거니와, 이 무내용한 책이라는 것은 두말할 것도 없이 단순한 백지로 된 책을 의미하는 것이 아니라, 그 내용이 보잘것없는 그러한 책을 의미한다.

그리고 좀 더 엄밀한 의미에 있어서 교양 있는 의식에게는 특히 내용이라는 것이 결국 사상성을 가진 내용에 불과한 것이다. 따라서 그렇다면 또 그와 동시에 사상을 내용과 하등 상관없는 그 자체에 있어서 공허한 형식으로 볼 것이 아니라는 것, 또 예술이나 기타 모든 분야에 있어서 내용의 진리성이나 진실성이, 본질에 있어서 그 내용이 형식과 일치하는 점에 있다는 것을 승인하여야 한다.

132

그러나 직접적 실재란 것은 형식과 마찬가지로 있는 것 그 자체의 규정태다. 따라서 직접적 실재는 내용이라는 규정태에 대해 외면적인 것이기는 하나, 그와 동시에 이 외면성은 내용이라는 규정태를 존립하게 하는 한 계기이므로, 내용이라는 규정태에 대하여 또한 본질적인 것이다. 이와 같이 내용이면서 또 전개하면 형식이기도 한 동일한 것이, 독립적 실재의 외면성과 대립물이나 또는 동일관계로 드러나기도 하는 현상이 즉 관계다. 그리고 오직 이러한 관계 중에서만 비로소 구별이 되는 것이다.

133

3. 관계

(1) 직접적인 관계는 전체와 부분과의 관계다. 즉 내용이라는 것은 전체요 따라서 이 전체의 반대 부분 즉 형식으로서 성립하는 것이다. 부분이라는 것은 모두 서로 다른 것 즉 독립적인 것이다. 그러나 부분이라는 것은 오직 서로 동일관계 중에 있어서만 부분이 되는 것, 다시 말하면 부분은 그것이 모두 총괄되어서 전체를 형성하는 한에서만 부분이 되는 것이다. 그런데 총괄은 부분의 반대 즉 부분의 부정이다.

【補遺】 본질적인 관계는 현상의 일정한 보편적 양식이다. 실재하는 모든 것은 관계 중에 놓여 있는 것인바 이 관계가 즉 모든 실재의 진상이다. 따라

서 실재라는 것은 추상적으로 고립해서 있는 것이 아니라 타자 중에서 있는 것이다. 그러나 그것은 이 타자 중에서 자기와 관계하고 있는 것이다. 그러므로 관계라는 것은 대자 관계와 대타 관계와의 통일이다.

그러나 전체와 부분은 그 개념상으로나 그 실재성으로나 서로 일치하지 않는 것이다. 그러한 한에서 전체와 부분과의 관계는 참으로 구체적인 것이 아니다. 전체라는 개념은 부분을 내포하고 있는 개념이다. 그러나 그렇다면 전체가 전체라고 들려질 때 이 전체는 그 개념상 나누어져 있는 것이다. 따라서 그러한 전체는 전체가 될 수 없는 것이다. 물론 이러한 관계에 일치하는 사물도 있기는 있다. 그러나 이러한 사물은 또한 그러한 것이기 때문에, 참답지 못한 저위(低位)의 실재에 불과한 것이다. 그러나 이 점에서 일반적으로 주의할 것은, 가령 철학상에서 참다운 것이 아니라고 운운하더라도, 이것을 전혀 실재하지 않는 것과 갈이 생각하여서는 안 된다는 것이다.

하찮은 국가나 또는 병든 육체도 물론 실재할 수 있는 것이다. 그러나 이러한 국가나 육체는 참다운 것이 아니다. 왜냐하면 이러한 국가나 육체는 그 개념과 현실태가 서로 일치하지 않기 때문이다. ― 직접적 관계인 전체와 부분과의 관계는 대체로 말하면 반성적 오성의 비위에 매우 맞는 관계, 바로 그렇기 때문에 사실에 있어서 좀 더 깊은 관계가 문제되는 때에도, 다만 전체와 부분과의 관계로만 만족하고 마는 그러한 관계다. 따라서 가령 예를 들면 생명체의 사지(四肢)나 각 기관은 단순히 생명체의 부분으로만 볼 것이 아니다. 왜냐하면 이러한 사지나 각 기관은 그 통일에 있어서만 비로소 사지나 각 기관이 될 수 있고, 또 이 생명체를 떠나서 독립적으로 있는 것이 아니기 때문이다. 이러한 사지나 각 기관을 단순한 부분으로만 보는 것이 해부학자다. 그러나 해부학자는 산 생명체를 다루는 것이 아니라 죽은 송장을 다루는 것이다. 그렇다고 해서 이러한 해부가 전적으로 있어서는 안 된다고 말하는 것은 아니다. 다만 전체와 부분과의 외면적·기계적인 관계만으로는 유기적 생명의 진상을 인식하기에 불충분하다는 것뿐이다.

그런지라 하물며 이러한 상호관계를 정신이나 정신계의 모든 형태에 적용하여서는 그 진상을 인식하기가 더구나 불가능한 것이다. 따라서 심리학에 있어서도 심리현상이나 정신의 부분을 운운할 수 없는 것이 분명한데도 불구하고, 심리학 상에는 정신작용의 여러 가지 형태를 고립시켜, 소위 특수한 능력이라고 열거하고 기술하는 오성적 입장이 있는 바, 그러한 한에서 이 입장은 앞에 말한 바와 같은 유한적인 관계의 관념을 토대로 하고 있는 것이다.

134

(2) 따라서 이 관계의 동일한 실질, 즉 이 관계 중에 존재하는 대자 관계는 직접 '부정적'인 대자 관계다. 그리고 직접적이기는 하나 그러나 동일한 실질이 무차별적이면서 동시에, 자기에 대한 부정적 관계가 되는 그러한 매개태인 것이다. 따라서 이 부정적 관계는 그 자체가 자기 내 반성으로 구별에 부딪쳐, 자기를 타자내 반성으로서 실재하는 것이라고 정립하는 동시에, 또 그 반면에 이 타자내 반성을 자기 자신에 대한 관계로 따라서 무차별성에까지 환원시킨다. ㅡ 이것이 역($ヵ$)과 그 표현과의 관계다.

전체와 부분과의 관계는 직접적인, 따라서 사유에 매개되지 않은 관계다. 따라서 이 관계는 자기동일성이 차별성으로 전환하는 관계이다. 이리하여 전체는 부분으로 전환하고 부분은 전체로 전환한다. 따라서 부분에서는 전체와 부분과의 대립을 모르고 전체에서는 부분과 전체와의 대립을 모른다. 왜냐하면 일면으로 보면 모든 것은 그 자체에 있어서 전체인 동시에, 타면으로 보면 부분도 독립적인 실재로 생각되기 때문이다. 다시 말하면 부분은 전체 중에서 성립하고 전체는 부분으로 성립하는 것이기 때문에, 일면으로 보면 부분이 본질적인 것같이 보이기도 하고 타면으로 보면 전체가 본질적인 깃같이 보이기도 한다. 그리하여 언제든지 하나를 본질적인 것으로 보면 다른 하나는 비본질적인 것으로 보인다. 기계적 관계라는 것은 그 표면적인 형태에 있어서는, 부분이 그 상호간의 관계에 있어서나 또 전체에 대한 관계에 있어서나, 독립적인 것으로 존재하는 그러한 관계를 말하는 것이다.

물질의 가분성(可分性)에 관한 무한 진행에도 이러한 관계가 적용될 수 있는 바, 여기서는 이 관계의 양 항 즉 전체와 부분이 덮어 놓고 교대한다. 그리하여 한 사물은 일면 한 전체로 보이기도 하고, 그 다음에는 부분규정으로 전환하기도 한다. 그러나 이제는 이 규정을 망각하고 부분인 것이 또 전체로 보인다. 이리하여 또다시 부분의 규정이 나온다. 이와 같이 하여 한없이 진행한다.

그러나 이 무한성을 사실, 그렇지만 부정적인 것으로 생각하면, 그것은 관계 그 자체에 대한 부정적 관계다. 예를 들면 역(力)을 자기 내 존재로 보면 그것은 자기 동일적인 전체이나, 그러나 역(力)은 이 자기 내 존재를 지양하고 자기를 표현한다. 그리고 역(力)의 표현은 사라져도 또다시 역(力)으로 환원한다.

역(力)은 이와 같이 무한성을 가진 것임에도 불구하고 또한 유한적인 것이다. 왜냐하면 역(力)도 되고 표현도 되는 동일한 내용은 즉자적으로는 본래 이러한 동일성이기는 하지만, 관계의 양 항 그 자체는 아직 대자적으로는 관계의 주체적 동일성 즉 통체가 아니기 때문이다. 그러므로 관계의 양 항은 상호 구별되는 것이며 따라서 관계는 유한적인 관계가 된다. 그렇기 때문에 역(力)이라는 것은 외부로부터의 유발을 필요로 하며 맹목적으로 작용한다. 그리고 형식상의 이러한 결함 때문에 내용도 또한 제한적이고 또 우연적이다. 즉 내용이 아직 형식과 참으로 일치하지 못하고, 따라서 아직 즉자 및 대자적으로 규정된 개념과 목적으로서 존재하지 못한다. ― 이 구별은 극히 중요한 것이다. 그러나 이 구별을 이해하기는 용이한 일이 아니다. 이 구별은 목적개념에 이르러서 비로소 상세히 규정될 것이다. 이 구별을 물으면 신을 역(力)으로 아는 혼란, 특히 헬델의 신이 빠진 혼란에 빠지는 것이다.

사람들은 '역(力)의 본체' 그 자체가 알려지는 게 아니라 다만 그 표현만이 알려진다고 흔히 말한다. 일면으로 보면 역(力)의 '내용규정' 전체는 '역(力)의 표현'의 그것과 전혀 동일한 것이다. 그러므로 현상을 역(力)에 의해 설명한다는 것은 무의미한 동어 반복에 불과한 것이다. 그러므로 알려지지 않은 채 남아 있다는 것은, 사실에 있어서 자기 내 존재라는 공허한 형식에 불과한 것이다. 그러나 이 형식은 역(力)과 그 표현과를 구별하는. ㅡ 따라서 역시 잘 알려진 그 무엇으로서 있는 형식이다. 그러나 이 형식은 오로지 현상에 의해서만 인식되는 내용과 법칙에 대하여 하등 간섭도 못하는 것이다.

따라서 형식을 가지고는 역(力)을 설명할 수가 전혀 없다는 것을 또한 일반은 확신하고 있는 것이다. 그러므로 제과학상에서 왜 역(力)의 형식이라는 것을 채용하고 있는지 그 이유를 알 수 없다. ㅡ 그러나 다른 면으로 보면 역(力)의 본성은 확실히 알려지지 않는 것이다. 왜냐하면 역(力)의 내용이 그 자체 중에서나 또 내용 그 자체가 제한적이고, 따라서 여러 규정성을 자기 외의 타자를 매개해서 가지고 있는 한에서, 가지고 있는 바 연관의 필연성에 결함이 있기 때문이다.

【補遺】1. 역(力)과 그 표현과의 관계는 전체와 부분과의 관계인 면에서 무한으로 볼 수 있다. 왜냐하면 그 가운데에는 전체와 부분과의 관계 중에 다만 함축적으로 들어있는 양 항의 동일성이 명백히 드러나 있기 때문이다. 전체는 부분에서 성립하는 것이지만, 그러나 그것이 분해되면 전체가 되지 못한다. 그와 반대로 역(力)이라는 것은 그것이 표현되어야만 비로소 역(力)이 되고, 또 그 표현에서 다시 제 자신 즉 역(力)으로 환원된다. 왜냐하면 표현은 그 자체가 또한 역(力)이기 때문이다. 그러나 그렇기 때문에 또 역(力)과 역(力)

의 표현과의 관계는 유한적이다. 그리고 이 관계의 유한성은 대체로 말하면 마치 그와 반대로 전체와 부분과의 관계가 그 직접성 때문에 유한적인 것으로 나타나듯이, 역(力)과 역(力)의 표현과의 관계가 간접성의 것인 점에 있다. 그리하여 역(力)과 역(力)의 표현과의 매개관계가 가진바, 유한성은 첫째 모든 역(力)이 제약되어 있고, 따라서 그 역(力)이 존립하려면 그 역(力) 이외의 일정한 타자가 필요하고 있는 점에서 나타나는 것이다.

예를 들면 자력은 누구나 다 아는 바와 같이 그 부하(負荷)자로서 특히 철을 가지고 있는 바, 철의 기타 속성(색 · 비중 · 산과의 관계 기타 등)은 이 자력과의 관계에 아무 상관 없다. 이와 같이 일반적으로 자기 이외의 타자에 의하여 제약되고 매개되어서 나타나는 모든 역(力)도 그것과 마찬가지다. ─ 그뿐만 아니라 역(力)의 유한성은 역(力)의 표현에 유발이 필요한 점에서도 나타난다. 그런데 역(力)을 유발하는 것은 그 자체가 또한 역(力)의 표현이다. 그리고 이 역(力) 역시 표현되려면 유발되어야 하는 것이다.

이리하여 유발하는 것과 유발되는 것과의 무한진행 또는 교호(交互) 관계가 나온다. 그러나 운동의 절대적 시발에서만은 이러한 관계가 전혀 없다. 역(力)이라는 것은 아직 목적과 같이 자기를 자기 자신 중에서 규정하는 것이 아니다. 그 내용은 일정하게 나타나는 것이다. 그리고 그 내용은 표현됨으로써 사람들이 흔히 말하는 바와 같이 맹목적으로 작용한다. 바로 이 점에 추상적인 역(力)의 표현과 합목적인 활동과의 구별이 있는 것을 알아야 된다.

【補遺】 2. 오직 역(力)의 표현만을 인식할 수 있고, 역(力) 그 자체를 인식할 수 없다는 말을 우리는 자주 듣는다. 그러나 역(力)이라는 것은 바로 표현되는 것에 불과한 것이고, 따라서 우리는 법칙으로서 파악한 표현의 통체(統體) 중에서 동시에 역(力) 그 자체를 인식한다. 그렇기 때문에 역(力) 그 자체를 인

식할 수 없다는 하등의 근거도 없는 것이다.

그러나 역(力) 그 자체를 인식할 수 없다는 이러한 주장 중에, 역(力)과 역(力)의 표현과의 관계에 대한 하나의 진정한 추측이 들어있는 것을 몰라서는 안 된다. 일정한 역(力)의 개별적인 표현은 처음에는 우리 앞에 무규정적인 잡다성과 개별상에서 우연적으로 나타난다. 그 다음에 우리는 이 잡다성을 그 내면적 통일성으로 환원시켜서 이것을 역(力)으로 부르는 동시에, 외관상 우연적인 것으로 보이는 것을 그 속에서 지배하고 있는 법칙의 인식에 의하여 하나의 필연적인 것으로 알게 된다. 그러나 여러 가지 모든 역(力) 자체는 의연히 잡다한 것으로서, 그 단순한 보존상태에서 우연적인 것으로 나타난다. 따라서 사람들은 경험적 물리학에서 중력·자력·전력 기타 등을 운운하고, 또 경험적 심리학상에서 기억력·상상력·의지력 기타 여러 가지 정신력을 말한다. 따라서 여기서 이러한 여러 가지 모든 역(力)을 모두 하나의 통일적인 전체로서 의식하려는 요구가 나온다. 그러나 이 요구는 이러한 모든 역(力)을 이러한 모든 역(力)에 공통하는 하나의 근본력으로 환원시킨다고 만족되는 것이 아니다. 이러한 근본력은 사실에 있어서 하나의 공허한 추상물 즉 추상적인 물(物) 자체와 마찬가지로 무내용한 것이다.

그뿐만 아니라 역(力)과 역(力)의 표현과의 관계는 본질에 있어서 매개된 관계이기 때문에, 이 관계를 근본적인 것으로 보거나 또는 독립적인 것으로 보는 것은 역(力)의 개념에 배치하는 결과가 되는 것이다. ― 우리는 역(力)의 본성에 따르는 이러한 사정하에서 현존세계를 신력(神力)의 표현이라고 보는 제안에 동의하기는 한다. 그러나 우리는 신(神) 자체를 단순한 역(力)으로만 보기에는 주저한다. 왜냐하면 역(力)이라는 것은 아직 저위(低位)의 유한적 규정이기 때문이다. 그런데 소위 문예부흥기에 이르러 사람들이 자연의 모든 개별현상을 그 근저에 있는 역(力)에 환원시키기에 몰두하자, 교회는 또 이러한 기도가 무신론적이라는 것을 선명(宣明)하였던 것이다. 왜냐하면 만일 천체를 운동시키고 식물을 성장시키는 기타 등의 모든 현상이, 인력·식물력 기타 등의 역(力)이라면 신의 세계 지배는 공염불로 돌아가고, 따라서 신은 이러한 모든 역(力)의 발견에 대한 무위의 방관자로 미끄러지겠기 때문이었던 것이다. 그러나 자연과학자, 예를 들면 뉴턴 같은 사람은 역(力)의 반성 행태를 자연 현상의 설명으로 이용하면서도, 그렇다고 세계의 창조자요 지배자인 신의 영광이 조금도 훼손되는 것이 아니라는 것을 명언(明言)하였던 것이다.

그러나 이와 같이 모든 자연현상을 역(力)으로 설명한 그 결과, 반성적 오성은 한 거름 나아가서 개개의 모든 역(力)을 각각 분리하여 고정시키고, 또 이것들을 그 유한성에서 궁극적인 것이라고 고집하는 반면에, 이러한 독립적인 모든 역(力)과 물소(物素)의 유한화한 세계에 대조하여. 신의 규정으로는 오직 인식을 초월한 최고의 피안적 본질이라는 추상적 무한성만이 남게 되었다. 이것이 유물론과 근대계몽사상의 입장이다.

계몽사상은 신에 관한 지(知)를 오직 신이 존재한다는 사실에만 국한시키고, 신의 본질이 무엇이냐 하는 문제를 포기하였다.

교회나 종교 의식이 상술한 논쟁에서 유한적 오성 형식으로는 자연이나 정신계의 제 형태를 자체적으로 인식하기가 불충분하다고 주장하는 것은 옳다. 그러나 그 반면에 있어서 경험적 과학에도 형식상 옳은 점이 있는 것을 무시할 수는 없다.

그러면 경험적 과학상의 옳은 점이 대체 무엇이냐 하면, 그것은 경험적·과학적인 현존세계 내용의 모든 규정성을, 다만 신의 세계 창조와 지배에 맡겨 버리고 말 게 아니라 사고적 인식에 반환하라고 요구하는 점이다.

교회의 권위를 배경으로 하고 있는 우리의 종교적 의식은 신이 그 전능한 의지에 의하여 이 세계를 창조하였고 우주의 운행을 지배하며, 또 모든 피조물에게 그 존립과 번영을 베풀어 주었다는 것을 우리에게 말하고 있거니와,

가령 그렇다 하면 신이 왜 이 세계를 창조하고 우주의 운행을 지배하며, 모든 피조물에게 존립과 번영을 베풀어 주었는지 그 이유를 말하여야 할 것이다.

그런데 이 문제의 해결이 경험적 내지 철학적 학문의 공통과제가 된 것이다. 종교적 의식은 이 과제와 또 이 과제가 내포하고 있는 진의를 인식하지 못하고 다만 신의(神意)의 신비로 돌린 반면에, 경험적 내지 철학적인 학문은 상술한 바와 같은 단순한 오성적 계몽사상의 입장에 서서, 종교의식의 이러한 주장이 신을 정신에서 또 그 진상에서 인식하라는 기독교적 종교의 엄연한 계명과 모순되는, 따라서 기독교적이 아니라 도리어 교만하고도 굴종적인 광신자의 임의적 독단으로 보고 있는 것이다.

135

역이라는 것은 그 자체가 동시에 제 자신에 대한 부정적 관계인 전제로서, 제 자신으로부터 떼밀어서 자기 자신을 표현하는 것이다. 그러나 이 타자내 반성 즉 여러 부분의 구별도 역시 자기 내 반성이기 때문에, 따라서 역(力)의 표현은 역(力)이 다시 자기 자신으로 돌아가서 역(力)이 되게하는 매개태다. 그리하여 역(力)의 표현은 그 자체가 이러한 관계 중에 있는 양 항의 구별의 지양이요, 그 자체에 있어서 내용이 되어 있는 동일성을 명백히 드러내는 것이다. 그러므로 역(力)과 역(力)의 표현과의 진상은 관계요, 따라서 이 관계의 양 계기는 오직 내면적인 것과 외면적인 것으로만 서로 구별되는 것이다.

136

(3) 내면적인 것은 그것을 현상이나 관계 중의 한 '면(面)'이라는 단순한 형식으로 보면, 근거 즉 자기 내 반성이라는 공허한 형식이다. 그리고 이 형식

에 대하여 실재는 역시 관계의 다른 한 면이라는 형식으로서, 외면적인 타자 내 반성이라는 공허한 규정을 가지고 대립한다. 또 내면적인 것과 외면적인 것과의 동일성은 충실한 동일성, 다시 말하면 역(力)의 운동 중에서 드러난, 자기 내 반성과 타자내 반성과의 '통일' 즉 내용이다. 그리하여 내면적인 것과 외면적인 것은 같은 하나의 통일체. 그리고 이 통일이 양 자를 내용으로 삼고 있는 것이다.

137

(1) 그러므로 외면적인 것이나 내면적인 것이나 동일한 내용이다. 내면적인 것은 외면적으로도 존재하고, 또 그와 반대로 외면적인 것은 내면적으로도 존재하는 것이다. 따라서 현상은 본질에 없는 것을 나타내는 것이 아니고 본질에는 나타나지 않는 것이 있는 게 아니다.

138

(2) 그러나 내면적인 것과 외면적인 것은 또 그 형식규정으로 보면, 하나는 자기동일성의 추상으로서, 다른 하나는 단순한 잡다성 또는 현실성의 추상으로서 어디까지나 대립한다. 그러나 양 자는 본래 한 형식의 양 계기로서 본질상 동일한 것이므로, 따라서 한 추상 중에 드러난 것은 또한 그대로 다른 한 추상 중에도 드러나는 것이다.

그러므로 내면적인 것에 불과한 것도 따라서 또 외면적인 것에 불과한 것이다. 그와 반대로 외면적인 것에 불과한 것도 역시 내면적인 것에 불과하다. 본질을 단순히 내면적인 것으로만 보는 것은 반성적 사유가 흔히 범하는 과오다. 그와 같이 만일 본질을 단순히 내면적인 것으로만 본다면 이러한 관찰은 역시 전혀 외면적이다. 따라서 그러한 본질은 공허한 외면적 추상체에 불과한 것이다. 한 시인은 말하였다.

자연 속에는
어떠한 정신도
들어가지 못한다고
그러나
이 시를 60년이나
듣고 또 들었다
그리고 남몰래 ─ 저주하였다
자연에는 알맹이도
껍데기도 없다
그것은 단번에 모든 것이다
겉껍질만이라도
알았으면 좋겠는데[1]

이상은 그가 자연의 본질을 바로 내면적인 것으로 규정하였기 때문에, 오직 외면적인 껍데기 밖에 알지 못하겠다는 의미였을 것이다. ─ 존재일반이나 내지 감성적 지각에서도 개념이라는 것이 겨우 내면적인 것에 불과한 것이라면, 따라서 개념이란 것은 존재나 지각에 대하여 외면적인 것. ─ 즉 주관적이고 진실미가 없는 존재나 사유일 것이다.

자연이나 정신에 있어서 개념·목적·법칙 등이 겨우 내면적인 소질, 즉 순전한 가능성에 불과한 것이라면, 그러한 한에 있어서 이런 것들은 겨우 외면적 무기적인 자연, 제3자의 지식, 외적 폭력 기타 등에 불과할 것이다.

인간은 외면적으로 있는 그대로, 다시 말하면 행동하고 있는 그대로(그러나 그의 다만 육체적 외면성만을 말하는 것은 물론 아니다) 내면적으로도 있는 것이다. 따라서 만일 인간이 오직 내면적으로만, 다시 말하면 오직 의도나 심정에 있어서만 유덕적(有德的)이고 도덕적이며 기타 그렇고, 그의 외면이 그와 일치하지 않는다면 그의 내면이나 외면이나가 모두 공허요 허위인 것이다.

1] 《자연과학》 제1권 제3호 소재, 괴테의 〈성낸 시〉 참조

【補遺】 내면과 외면괴의 체계는 기술한 두 관계(전체와 부분과의 관계와 본질과 현상과의 관계)의 통일인 동시에 단순한 상대성과 현상일반의 지양이다. 그러므로 오성은 흔히 내면과 외면과의 분리를 고집하지만, 이것은 내면도 아니요 외면도 아닌 두 개의 공허한 형식에 불과한 것이다. — 자연이나 정신계의 고찰에 있어서는 내면적인 것과 외면적인 것과의 관계를 진정하게 파악하여, 전자만이 본질적이고 그와 반대로 후자는 비본질적인 것, 아무렇거나 좋은 것이라고 하는 과오를 범하지 않도록 하는 것이 중요한 것이다.

이 과오는 첫째 흔히 보는 바와 같이, 자연과 정신과의 구별을 외면과 내면과의 추상적 구별로 돌리는 데에서 볼 수 있다. 그러나 여기서 자연관에 관해서 말한다면, 이것은 물론 오직 정신에 대해서 외면적일 뿐만 아니라 또한 그 자체에 있어서도 외면적인 것 일반이다. 그러나 이 '일반'이란 것을 추상적 외면성의 의미로 알아서는 안 된다. 왜냐하면 그러한 의미에 있어서의 일반이란 전혀 없기 때문이다. 예를 들면 이념은 자연과 정신에 공통되는 내용인데, 이 이념은 자연에 있어서는 오직 외적으로만 존재한다. 그러나 바로 그렇기 때문에 이념은 동시에 오직 내적인 것으로만 존재하는 것이다.

이것이 아니면 저것, 저것이 아니면 이것 밖에 모르는 일면적인 추상적 오성은 이러한 자연관을 극력 반대하거니와, 이러한 반대는 기타 우리의 의식, 특히 종교의식에서도 역시 볼 수 있다. 이 종교의식에 의하면 자연이나 정신계를 모두 신의 계시라고 한다. 그리고 양 자의 구별은 다만 자연이 제 자신의 신적 본질을 의식하지 못하는데, 이것을 의식하는 것이 정신(따라서 결국 유한적인 정신)의 뚜렷한 임무인 점이라고 한다.

자연의 본질을 오직 내적인 것으로만 보고, 그러므로 우리가 근접할 수 없는 것으로 보는 것은, 따라서 신을 질시의 적으로 보는 고대인의 입장과 통하는 것이다. 그러나 플라톤과 아리스토텔레스는 이러한 입장의 반대를 주장하였던 것이다. 신은 자기가 무엇인가를 자연을 통하여 또 자연 중에서 알리고 계시하는 것이다. ― 그런데 다시 한 걸음 더 나아가서 생각하면, 일반적으로 모든 사물의 결함 또는 불완전성은 오직 내적인 것만이 그러하므로 외적인 것이요, 또 같은 말이지만 오직 외적인 것만이 그러하므로 내적인 것인 점에 있는 것이다.

따라서 가령 예를 들면 소아도 인간일반으로 보면 역시 이성적 동물이다. 그러나 소아의 이성 그 자체는 첫째 우선 내적인 것, 다시 말하면 소질·천분(天分) 기타 등으로서만 존재하는 것이다.

소아에 대하여 오직 내적인 것에 불과한 이러한 소질이나 천분은 그와 동시에 이 소아의 양친의 의사(意思), 또는 소아가 살고 있는 이성적 세계의 교사일반의 지식 등과 같은 단지 외적인 형식을 가지고 있는 것이다.

소아의 교양과 교육은 애당초에 소아에게 즉자적인 것, 따라서 대타적(성인에게)인 것에 불과하던 것이 대자적으로 되어 가는 데에 있다. 즉 겨우 소아의 내적 가능성에 불과하던 이성이 교육에 의하여 실현되는 것이다. 그리고 이제는 반대로 최초에 외적 권위든 도덕·종교·학문을 제 것 즉 내적인 것으로 알게 된다. ― 이 점에서 보면 성인도 그가 제 본분을 깨닫지 못하고 지식이나 의사에 있어서 미개상태에 놓여 있는 한에서는 소아와 마찬가지다.

예를 들면 범죄자에게 대하여서는 그가 받게 되는 형벌은 두 말할 것도 없이 한 외적 권력의 행태다. 그러나 이 형벌은 사실로 말하면 죄인 제 자신의 범죄적 의사의 표현에 불과한 것이다.

그러므로 자기의 못된 행위, 아니 버려야 될 행동을 누르고, 자기의 공명정대한 의도나 심정과 같은 내면성의 결단에만 쫓아간다면 범죄에서 받게 되는 형벌을 면할 수 있는 것이다. 물론 그때그때의 경우에 따라서 외부적 사정의 불리로 인하여 좋다고 생각되는 의도가 수포로 돌아가고, 또 합목적적 계획이 그 실행과정에서 비뚤어지는 수도 있다.

그러나 대체로 말하면 여기서 또 내적인 것과 외적인 것과의 본질적 통일이 있는 것이다. 그러므로 그 인간이 이떠한 인간인가를 알려면 그 인간의 행실을 보아야 한다고 말하지 않을 수 없는 것이다. 따라서 내심에서 고상하다고 열을 올리고 있는 위선적 허영에 대질하여 '그들을 알려면 그들의 행실을 보아라' 하는 복음서의 명사가 나오게 된 것이다.

복음서의 이 명언은 첫째 도덕상 · 종교상에 들어맞는 것이지만, 그뿐만 아니라 학문상 · 예술상에도 들어맞는 것이다. 여기서 후자에 관해서 일언하면 날카로운 인식을 가진 교사가 한 아이에게서 탁월한 한 소질이 있는 것을 발견하였을 때, 이 아이에게는 라파엘이나 모차르트가 숨어 있다는 의견을 말한다. 그러면 이 교사의 의견이 얼마나 옳은가는 나중에 결과를 보아야 알 것이다.

그러나 그 다음에 둔감한 화가나 졸렬한 시인이나가 자기의 내면에 고원한 이상이 충만하여 있다는 것을 가지고 스스로 위안을 느끼고 있다면 그것은 틀린 수작이다. 그리고 그들이 자기들을 자기들의 업적에서 평가하지 말고 자기들의 의도에서 평가하기를 요구한다면, 사람들은 당연히 이 요구를 하등의 근거도 없는 공허한 요구라 하여 물리칠 것이다. 그리고 그 반면에는 바르고 훌륭한 일을 한 다른 사람들을 평가할 때에, 그것은 그들의 외면에 불과하고 그 내심은 그와 전혀 달라서 자기들의 허영심이나 기타 가증스런 욕정을 만족시키는 데에 있었다는 것을 주장하기 위하여, 외면과 내심과의 그릇된 구별을 이용하는 수도 자주 있다.

이것은 자기는 위대한 일을 하지 못하면서 위대함을 자기에게까지 끌어내려서 비방하려고 하는 질투심에 불과한 것이다. 그러나 타인의 위대한 장점을 사랑하는 외에 자기를 구제할 다른 수단이 없다는 괴테의 아름다운 말을 기억하여야 한다. 다시 한 걸음 더 나아가서 생각하면 남의 칭찬할 만한 업적을 왜곡하기 위하여 그것을 흔히 위선 운운하는 사람이 있거니와, 인간이란 것은 물론 경우에 따라 가식이나 은폐가 있을 수 있다 하더라도 한평생을 통하여 틀림없이 나타나는 내심일반은 그런 것이 결코 아니라는 것을 알아야 한다. 따라서 이 점에서 인간이란 것은 그 행위의 실 예에 불과한 것이라고 말하지 않을 수 없는 것이다.

근세에 이르러 이와 같이 내적인 것과 외적인 것과를 그릇되게 분리하여 가지고 위대한 역사적 성격을 곡해하며, 이 성격의 순정한 파악을 혼란시키고 왜곡한 것이 소위 실용적 역사 서술이다.

사람들은 세계사적 영웅들이 수행한 위대한 행적을 그대로 얘기하고, 또 이 영웅들의 내심이 그 행적의 내용과 일치하는 것임을 승인함으로써 만족하지 않고, 도리어 뚜렷하게 드러난 그 행적의 배후에, 그들의 이른바 무슨 숨은 동기를 찾아내는 것이 자기들의 권리인 동시에 의무인줄 알았다. 그리고 그들은 지금까지 우러러보고 찬양하던 것에서 그 위광(威光)을 벗기어 가지고 그 유래와 진정한 의미를 보잘것없는 평범한 것으로 끌어 내리기에 성공하면 성공할수록 그 역사서술을 더욱 심원하다고 생각하였다.

이 실용적 역사 서술은 흔히 심리학의 연구를 수용하였다. 왜냐하면 심리학의 연구는 대체로 인간을 행동하게 하는 본래의 동기가 무엇인가 하는 것을 알려주는 것이라고 생각하였기 때문이다. 그러나 여기서 들추어내고 있는 심리학이라는 것은 인간성의 보편적인 것과 본질적인 것을 그 연구의 대상으로 삼고 있는 것이 아니라, 주로 개별적인 충동이나 욕정 기타 등과 같은 특수적이고 우연적인 것을 연구대상으로 삼고 있는 보잘것없는 인간지(人間知)에 불과한 것이다.

그뿐만 아니라 위대한 행적의 근저에 놓여 있는 동기에 관한 이 심리학적 실용적 방법에 있어서도 역사가는, 한편으로는 조국이라든지 정의라든지 종교적 진리라든지 기타 등의 실체적 관심과, 다른 한편으로는 허영심이라든지 지배욕이라든지 소유욕이라든지 기타 등의 주관적 형식적인 관심과의 양 자 중 어느 것을 택하여야 하는데 그들은 후자를 진정한 동인(動因)으로 보았다.

왜냐하면 그렇지 않고서는 내적인 것(행동자의 심정)과 외적인 것(행동의 내용)과의 대립을 전제하는 것이 아무 소용없이 되겠기 때문이다. 그러나 진정한 의미에 있어서는 내적인 것이나 외적인 것이나 모두 동일한 내용이다. 그러므로 우리는 그러한 학교 선생님들의 내외 분별을 반대하고, 만일 역사적 영웅들이 단순히 주관적이고 형식적인 관심만 가지고 있었다면, 그들은 그들이 한 일을 하지 않았을 것이라고 단언하지 않을 수 없다. 그리고 내적인 것과 외적인 것과의 통일에서 보면, 위인들은 그들이 할 일을 하고자 하였고, 하고자 한 일을 하였다는 것을 승인하지 않을 수 없다.

139

동일한 한 내용을 관계 중에 있게 하는 공허한 추상물은 하나가 다른 하나로 이행하는 과정 중에서 지양된다. 내용이라는 것은 이 양 자의 동일성에 불과한 것(제136절) 그리고 양 자는 가상으로 드러난 것 즉 본질의 가상이다. 내적인 것은 역(力)의 표현에 의하여 실재로 드러난다. 그런데 드러난다는 것은 공허한 추상을 통한 매개다. 매개는 그 자체에 있어서 '직접태'로 사라져 들어가는 바, 이 직접태에 있어서는 내적인 것과 외적인 것이 그대로 동일적인 것, 그리고 그 구별은 오직 간접적으로만 드러나는 것으로서 규정된다. 이 동일성이 현실이다.

다. 현　실

140

　현실이라는 것은 본질과 현상 또는 내적인 것과 외적인 것과의 직접적인 통일이다. 현실의 표현은 현실적인 것 그 자체다. 따라서 현실은 그 표현에 있어서도 의연히 본질적인 것으로 남아 있는 것이다. 그리고 현실은 그것이 직접적·표현적인 실재 중에 있는 한에서만 비로소 본질적인 것이다.

　우리는 지금까지 존재와 실재를 직접적인 것의 형식으로 보아 왔다. 존재라는 것은 대체로 말하면 반성되지 않은 직접태요 타자로의 이행이다. 실재라는 것은 존재와 반성과의 직접적 통일이요, 따라서 근거에서 나와서 근거로 돌아가는 '현상'이다. 그런데 현상적인 것은 이 통일이 간접적으로 드러난 것 즉 자기 동일적으로 된 관계다. 그러므로 그것은 이행에서 벗어나온 것이다. 그리고 그 표현이 즉 그 현세력이다. 따라서 현실적인 것은 제 자신 중에서 반성되는 것이다. 그러므로 현실적인 것의 외적 존재는 오직 현실적인 것, 제 자신의 표현이요 타자의 표현이 아니다.

　【補遺】속학자(俗學者)들은 현실과 사상 내지 이념을 흔히 대립시킨다. 따라서 사람들은 한 사상의 정당성이나 진리성에 대하여 애당초 이의를 부르짖을 수 없다는 말을 잘 듣는다. 그러나 전혀 이의 없는 사상이란 것은 현실에는 없다. 다시 말하면 현실에서는 그러한 사상을 찾아낼 수 없다. 그렇게 말하는 사람들은 사실은 사상의 본성이 무엇인지도 모르고, 또 현실을 옳

게 파악하지도 못하였다는 깃을 자백하고 있는 셈이나. 즉 그러한 말을 하는 사람은 한편으로는 사상을 주관적인 표상이나 의도나 계획과 혼동하고 있는 동시에 다른 한편으로는 현실을 외적 감성적 실재로 알고 있다. 그러나 일상 생활에 있어서는 범주와 그 명칭이 여하한 경우에나, 가령 예를 들면 한 조세제도의 계획 또는 이념이 완전히 좋고, 또 합목적적이라거나 또는 그와 반대로 이러한 조세제도의 계획 또는 이념이 일반적으로 현실에는 없고, 또 일정한 사정 하에서는 실현되지 않는다고 이렇게까지 엄격하게 사용되고 있는 것은 아니다.

그런데도 불구하고 추상적 오성은 이 양 규정을 포착하여 가지고 그 구별을 고정불변한 대립으로까지 보며, 따라서 이 현실적인 세계에서는 이념을 우리의 머리에서 일소하여야 된다고 주장하거니와, 우리는 이런 주장을 상식이나 학문의 이름으로 단연 버려야 한다.

이념은 단순히 우리의 머릿속에 숨어 있는 것, 우리가 임의로 실현시키고 싶으면 실현되고 실현시키고 싶지 않으면 실현되지 않는 그렇게 무력한 것이 아니다. 도리어 절대로 실현하면서 있는 동시에 또한 현실적인 것이요, 현실은 단순히 비이성적이고 무사상적인 것, 또는 사고에 좌절하여 의기저상(意氣沮喪)한 실제가(實際家)가 상상하는 것이 아니다.

현실은 단순한 현상과 달라서 첫째 내적인 것과 외적인 것과의 통일이기 때문에 타자로서 이성과 대립하는 것이 아니다. 오히려 현실은 어디까지든지 이성적인 것이다. 따라서 비이성적인 것은 바로 그렇기 때문에 현실적인 것으로도 볼 수 없는 것이다.

그러므로 교양 있는 사람은 가령 예를 들면 훌륭하고 이성적인 것을 실현할 줄 모르는 시인이나 정치가를 현실적인 시인 또는 현실적인 정치가라고 승인하기를 주저하는 것이다. ― 여기서 말한 일반적 현실관이나 이 현실을 손으로 붙잡을 수 있는 직접적인 지각과 동일시하는 현실관에서, 또 아리스토텔레스 철학과 플라톤 철학과의 차이에 관해서, 널리 만연되고 있는 편견의 근거를 발견할 수 있다. 이 편견에 의하면 플라톤과 아리스토텔레스와의 차이는 전자가 이념을, 아니 이념만을 참다운 것으로 본 데에 대하여 후자는 이념을 버리고 현실적인 것을 취하였고, 따라서 경험론의 창시자, 선구자가 되었다고 한다. 물론 아리스토텔레스 철학의 원리는 현실이다. 그러나 아리스토텔레스의 원리인 현실은 직접적으로 존재하는 보통일반의 현실이 아니라 현실로서의 이념이었다는 것을 알아야 한다.

그러므로 플라톤에 대한 아리스토텔레스의 논박은 좀 더 정확하게 말하면, 플라톤적 이념을 단순한 가능태로 보고 그와 반대로 플라톤이나 아리스토텔레스가 똑같이 유일하게 참다운 것으로 볼 수 있는 이념을 본질적인 현실태, 즉 완전히 밖으로 드러난 내적인 것, 따라서 내적인 것과 외적인 것과의 통일, 다시 말하면 아리스토텔레스가 분명히 강조하고 있는 말의 의미에 있어서의 현실로 보고 있는 점에 있는 것이다.

141

현실은 이러한 구체적인 것이기 때문에 이상 말한 모든 규정과 그 구별을 가지고 있는 것이며, 그러므로 또 이 모든 규정의 전개이기도 하는 것이다. 따라서 현실 속에서는 동시에 이 모든 규정이 가상, 다시 말하면 반성된 것으로만 규정되어 있는 것이다(제141절). (1) 현실태라는 것은 '동일성' 일반으로 보면 첫째 '가능태(可能態)'다. ─ 즉 현실태라는 것은 현실적인 것의 구체적 통일체에 대하여, 추상적이고 비본질적인 본질태(本質態)로 나타난 자기 내 반성이다. 다시 말하면 가능태는 현실태에 대하여 본질적인 것이다. 그러나 그와 동시에 현실태도 또한 가능태에 불과한 것이다.

칸트는 가능태라는 규정을 현실태 및 필연성과 아울러 양태(樣態)로 보고, '이러한 여러 규정이 객관으로서의 개념에 상관하는 게 아니라 다만 인식 능력에 대한 관계의 표현에 불과한 것'이라고 말하였다. 가능태라는 것은 종래에 내적인 것이라고 하던 자기 내 반성의 공허한 추상인 것이 사실이다. 그러나 이제 여기에서 내적인 것이라고 하는 것은 지양된 것, 간접적으로 드러난 것 즉 외적이면서 내적인 것으로 규정된 것에 불과한 것이다.

따라서 그것은 물론 단순한 양태, 불충분한 추상에 불과한 것, 좀 더 구체적으로 말하면 오직 주관적 사유에 속한 것이기는 하지만 역시 간접적으로 드러난 것이다. 그러나 현실태와 필연성은 사실에 있어서는 다만 타자에 대한 양태에 불과한 것이 아니라, 도리어 그와 정반대로 단순히 간접적으로 드러난 것에 불과한 것이 아니라 그 자체에 있어서 완전히 구체적인 것이다.

결국 가능태라는 것은 구체적 현실적인 것에 대하여, 자기동일성이라는 단순한 형식에 불과한 것이기 때문에, 가능태에 있어서의 규칙은 오직 그 무엇이 제 자신에 있어서 제 자신과 모순되지 않는다는데, 따라서 그러한 한에서만 모든 것이 가능하다는 데에 있는 것이다. 왜냐하면 이 동일성의 형식은 추상을 통하여 모든 것의 내용에도 있을 수 있기 때문이다.

그러나 모든 것은 또한 불가능하기도 한 것이다. 왜냐하면 구체적으로 존재하는 모든 내용 중에서는 그 내용의 규정성이 일정한 대립으로서 따라서 모순으로서 파악되기 때문이다. 그러므로 이러한 가능성이나 불가능성을 운운하는 것같이 공허한 논의는 없는 것이다. 그런지라, 더구나 철학상에서는 그 무엇이 불가능하다든가 또는 그 밖의 그 무엇도 가능하다든가, 또 흔히 사람들이 말하듯이 그 무엇을 생각할 수 있다든가 하는 말을 사용하여서는 안 되는 것이다. 역사가도 역시 그것만으로는 이미 구체적인 것이 아니라고 언명된 가능이니 불가능이니 하는 범주를 사용하지 말기를 직접적으로 명시하고 있다. 그런데도 불구하고 공허한 오성은 여러 가지 가능성, 또는 진정한 여러 가지 가능성 등의 공허한 것을 발명하여 가지고 투철한 명찰력이나 가진 듯이 자랑하고 있다.

【補遺】얼른 보면 가능태는 현실태보다 더 내용이 풍부하고, 또 그 범위가 더 광범한 것같이 보이며, 그와 반대로 현실태는 가능태보다 내용이 빈약하고 또 그 범위가 좁은 규정같이 보인다. 따라서 사람들은 말하기를 모든 것은 가능하나 그렇다고 가능한 모든 것이 현실적인 것이 아니라고 한다. 그러나 내용에 있어서는 다시 말하면 사상에 있어서는 현실태가 더 광범한 것이다.

왜냐하면 현실태는 구체적인 사상으로서 추상적 계기인 가능태를 자체 중에 내포하는 것이기 때문이다. 이것은 우리의 상식에서도 분명히 알 수 있다. 왜냐하면 우리의 상식에 있어서는 가능적인 것과 현실적인 것과를 구별할 때, 가능적인 것은 오직 가능한 것에 불과한 것이라고 보고 있기 때문이다. ― 사람들은 대체로 가능성이라는 것을 운운할 때 이것이 생각될 수 있는 점에 있다고 흔히 말한다. 그러나 이렇게 말할 때 사람들은 생각이라는 것이 일정한 내용을 오직 추상적 동일성의 형식으로 파악하는 것인 줄로만 알고 있다. 따라서 모든 내용이 이 형식 중에 들어올 수 있다면, 그리고 모든 내용을 이 형식 중에 가져 오는 것이 이 내용을 이 내용이 본래 들어있는 모든 관계 중에서 분리하는 것을 의미하는 것이라면, 아무리 황당무계(荒唐無稽)하고 또 아무리 불합리한 것이라도 가능하다고 볼 수 있을 것이다.

오늘밤에 달이 땅으로 떨어질 가능성도 있다. 왜냐하면 달은 땅과 떨어져 있는 물체요, 따라서 마치 공중에 던져진 돌이 땅에 떨어지듯이 달도 땅에 떨어질 수 있는 것이기 때문이다. ― 또 터키 황제도 로마법황이 될 가능성이 있다. 왜냐하면 터키 황제도 인간이요 그렇기 때문에 기독교로 개종할 수도 있고, 카톨릭 승정이 될 수도 있고 기타 그렇고 그럴 수 있기 때문이다. 가능성을 이상과 같이 말하는 가운데는 무엇보다도 이미 상세히 다룬바와 같은 근거율이 있다.

따라서 그럼직한 근거만 있으면 무엇이든지 가능하다는 것이다. 무식한 사람일 수록, 다시 말하면 고찰할 대상의 일정한 관계에 대한 지식이 적으면 적을수록, 따라서 그 사람은 예를 들면 마치 정치계의 소위 정치연설가처럼 무턱대고 공허한 가능성만 휘두르는 경향이 농후하여지는 것이다. 그뿐만 아니라 실천적 관계에 있어서도 일정한 의무를 회피하기 위하여, 가능성의 범주로 몸을 피하는 악의나 태만이 적지 아니 있다. 그리고 이전에 근거율의 사용에 관련해서 지적한 것도 이 점에서 보면 역시 그와 마찬가지다. 그러나 이성적이고 실천적인 인간은 가능을 오직 가능에 불과한 것으로만 보기 때문에, 결코 가능을 가지고 뽐내지 않고 도리어 현실적인 것을 고집한다.

그러나 그렇다고 물론 현실적인 것을 다만 직접적으로 존재하는 것같이 알아서는 안 된다. 그뿐만 아니라 일상생활상에도 추상적 가능성의 진정한 멸시를 표현하는 경구가 전혀 없는 게 아니다. 가령 예를 들면 '지붕 위에 앉은 새 열 마리보다 손아귀에 든 새 한 마리가 낫다'는 말이 있다. 과연 그렇다면 한 걸음 더 나아가서 모든 것을 가능하다고 볼 수 있는 동일한 권리를 가지고 모든 것을 불가능하다고 볼 수 있는 것이다. 왜냐하면 구체적인 모든 내용에는 서로 다를 뿐만 아니라 또한 정대립하는 규정이 들었기 때문이다, 예를 들면 '나다'하는 것같이 불가능한 것은 없다. 왜냐하면 '나'라는 것은 단순한 대자 관계인 동시에 전혀 대타(對他)관계기 때문이다. 자연계나 정신계의 기타 모든 내용도 이와 마찬가지다. 예를 들면 우리는 물질도 있을 수 없다고 말할 수 있다. 왜냐하면 물질이란 것은 견인력과 반발력과의 통일이기 때문이다.

생명 · 법 · 자유 그리고 결국 참다운, 다시 말하면 3위1체로서의 신 자체까지 그와 마찬가지다. 왜냐하면 추상적 · 오성적인 계몽사상은 제 자신의 원리에 의하여, 그러한 신의 개념을 사고에 뻔히 모순되는 것이라 하여 배척하고 있기 때문이다. 이렇게 공허한 형식 중에서 방황하는 것이 본래 공허한 오성이다. 그리고 이 점에서 철학의 임무는 오로지 오성형식의 공허성과 무내용성을 지적하는 데에 있다고도 볼 수 있다. 이것이 가능하고 불가능하기는 내용에, 다시 말하면 필연성을 가지고 전개하는 현실의 모든 계기의 통체(統體) 여하에 달려 있는 것이다.

142

(나) 현실적인 것은 그렇지만 자기 내 반성으로서의 가능태와는 달라서 외적이고 구체적인 것, 즉 비본질적이고 직접적인 것이다. 바꾸어 말하면 현실적인 것은 첫째(제140절 참조) 내적인 것과 외적인 것과의 직접적 통일에 불과한 것으로 그것은 비본질적 외적인 동시에(제103절에서 본 바와 같이) 내적인 것에 불과한 것 즉 자기 내 반성이라는 추상체다. 그러므로 현실적인 것 그 자체는 가능한 것에 불과한 것으로 규정되는 것이다. 따라서 단순한 가능태의 가치성에서 보면, 현실적인 것은 '우연적인 것'이요 그와 반대로 가능태는 단순한 '우연' 그 자체다.

143

가능성과 우연성이라는 것은 현실성의 계기 즉 현실적인 것의 외면성을 형성하고 있는 단순한 형식으로 드러난 내적인 것과 외적인 것이다. 이것들은 그 자체에 있어서 규정된 현실적인 것, 즉 내용 중에서 그것들의 본질적 규정근거인 자기 내 반성을 가지고 있는 것이다. 그러므로 우연적인 것과 가능적인 것과의 유한성은 좀 더 정확하게 말하면 형식 규정이 내용과 구별되어 존재하는 점에 있는 것이다. 따라서 그 무엇이 우연적이고 가능적이냐 아니냐는 그 내용 여하에 달려 있는 것이다.

【補遺】가능태는 현실태의 내용에 불과한 것이다. 바로 그러므로 또 가능

태는 외적인 현실태 즉 우연성에 불과한 것이나. 우연석인 것은 본래 제 존재의 근거를 제 자신 중에 가지고 있는 것이 아니라 타자 중에 가지고 있는 것이다. 이것이 첫째 그 중에서 현실이 의식면에 나타나며, 또 자주 현실 그 자체와 혼동되는 우연성의 형태다. 그렇지만 우연적인 것은 타자내 반성이라는 일면적 형식에서 본 현실적인 것, 다시 말하면 단순한 가능적인 것이라는 의미로 온 현실적인 것에 불과한 것이다.

그러므로 우리는 우연적인 것을 있기도 하고 또 있지 않기도 하며, 이렇게 있을 수 있기도 하고 또 저렇게 있을 수 있기도 하는 것이라고 보거니와, 이 우연적인 것이 이와 같이 있기도 하고 또 있지 않기도 하며, 이렇게 있기도 하고 저렇게 있기도 하는 '이유는 우연적인 것, 그 자체 중에 있는 게 아니라 타자 중에 있는 것이다.

따라서 한편으로는 이러한 우연성을 극복하는 것이 대체로 말하면 인식의 과제인 동시에, 또한 다른 한편으로는 실천영역에 있어서도 의지의 우연성, 즉 '방종'을 고집하지 말아야 하는 것이다. 그런데 근래에 이르러 사람들은 흔히 우연성을 과대평가하는 나머지 자연이나 정신계의 우연성을 존중하는 경향이 많다. 그러나 사실로 말하면 자연이나 정신계에는 우연성이 없는 것이다.

첫째 자연에 관해서 일언하여 보자. 자연은 주로 그 내용이 풍부한 점과 그 형태가 천태만상인 점에서 흔히 경이의 적이 된다. 그런데 자연의 풍부한 이 내용은 그 속에 전개되어 존재하고 있는 이념을 무시하면 하등 심원한 이성적 관심을 유인하는 것이 아니다. 그리고 우리는 무기체나 유기체의 천태만상 중에서 오직 만연히 일어나는 우연성밖에 보지 못할 것이다. 그것은 그렇다 하고라도 외적 사정에 의하여 제약을 받고 있는 모든 식물 내지 동물의 여러 가지 잡종이나 또는 구름의 천변만화 기타 등을 방종상태의 정신에서 나오는 여러 가지 우상 이상으로 여길 필요는 없는 것이다.

그리고 이러한 현상에 대한 경이라는 것은 극히 추상적인 태도에 불과한 것이고, 여기서 다시 한 걸음 나아가서 자연의 내적조화와 합법칙성에 대한 세밀한 통찰로 전진하여야 하는 것이다. ─ 그 다음은 우연성을 의지와 관련시켜서 적당히 평가하는 것이 특히 중요하다. 의지자유라고 말하면 사람들은 흔히 임의 즉 우연성의 형태로 있는 의지로 알고 있다. 물론 자기를 이렇게 또는 저렇게 규정하는 능력으로 보아, 임의는 과연 개념상 자유의지의 본질적인 ─ 계기가 되기는 하는 것이다. 그러나 임의는 결코 자유 그 자체가 아니라 다만 결국 형식적 자유에 불과한 것이다.

임의라는 것을 자체 중에 지양하여 내포하고 있는 참다운 자유라는 것은 여러 내용이 즉자 및 대자적으로 확고한 것을 의식하고, 이 내용이 동시에 어디까지나 제 것이라는 것을 알고 있는 것이다. 그러나 임의의 계단에 머물러 있는 의지는, 가령 그것이 내용상 진정한 것을 취하고 있는 경우라도, 언제든지 마음에 들기만 하면 제멋대로 다른 것을 취할 수 있다는 망상이 따라 다니는 것이다. 그뿐만 아니라 좀 더 깊이 생각하면 임의라는 것은 거기서 형식과 내용이 서로 대립하고 있는 한에서 모순인 것이 분명하다. 임의의 내용은 밖에서 주어지는 내용이다. 다시 말하면 임의의 내용은 의지 자체 중에 있는 내용이 아니라 외적 사정에 기인하고 있는 내용이다. 그러므로 이러한 내용에 관해서는 자유가 다만 선택의 형식에 불과하게 된다. 그리고 이 형식적 자유는 결국 주관적 심사(心思)의 자유 밖에 못되는 것이다. 왜냐하면 의지에 의하여 발견된 내용이 뿌리박고 있는 사정의 외재성이 의지를 그렇게가 아니라 바로 이렇게 결정하는 근거가 되기 때문이다.

상술한 바와 같이 우연은 현실성의 일면적 계기에 불과한 것, 따라서 현실 자체와 동일시할 수 없는 것이기는 하지만, 그러나 이념일반의 한 계단으로서 역시 대상적 세계에 그 권리를 보유하고 있는 것이다. 이것은 첫째 자연에서 볼 수 있는 사실이다. 자연의 표면에는 말하자면 우연이 횡행활보하고 있다. 그러나 그 우연 속에는 날리 있지 못하고 오직 이렇게만 있는 불기(不期)의 사실이 있는 것을 승인하지 않으면 안 된다. 그와 마찬가지로 정신계에도 아마 앞에서 의지에 관해서 말한 바와 같이 이러한 우연이 있다.

그러나 의지는 이 우연을 비록 지양된 계기이기는 하지만 임의의 형태로 내포하고 있는 것이다. 또 정신이나 정신작용에 관해서도 사람들은 이성적 인식의 성심 노력을 가지고 우연성의 성격을 가지고 있는 모든 현상을 필연적인 것이라고 지적하거나, 또는 흔히 사용하는 말과 같이 선천적으로 구성하고 싶은 그러한 충동에 빠지지 않도록 경계하여야 한다.

가령 예를 들면 말이라는 것은 마치 사유의 현신(現身)과 같은 것이지만, 이 말 속에서는 우연이 단연 결정적인 역할을 하고 있는 것이다. 법이나 예술 기타 등의 여러 형태에서도 그와 마찬가지다.

학문 특히 철학의 임무가 우연의 가상 속에 숨어 있는 필연성을 인식하는 데에 있다는 말은 전혀 옳다. 그러나 그렇다고 우연을 다만 우리의 주관적 표상에 속하는 것, 따라서 진리에 도달하기 위하여 절대로 제거하여야 할 것으로만 알아서는 안 된다. 일면적으로 이러한 경향을 받는 학문적 노력은 공허한 유희나 완고한 현학(衒學)이라는 정당한 비난을 면치 못하는 것이다.

144

현실태의 그러한 외재성에는 좀 더 정확하게 말하면 이러한 의미를 내포하고 있는 것이다. 즉 직접적 현실태인 우연성은 본질상 비록 간접적으로 드러나 있는 것이기는 하지만 자기동일적인 것이다.

그러나 이것도 결국은 역시 지양되어서 일정하게 존재하는 외재성이다. 그러므로 우연적인 것은 전제된 것, 따라서 그 직접적인 정유에서 보면 가능태인 동시에 지양되는, 다시 말하면 타자의 가능성이 되는 규정을 가진 것 즉 조건이다.

【補遺】우연적인 것은 직접적 현실태인 동시에 타자의 가능태다. 그러나, 그것은 우리가 맨 처음에 본 단순한 추상적 가능태에 불과한 것이 아니라 존재하는 가능태다. 따라서 이것이 '조건'이다. 우리는 한 사물의 조건을 운운하거니와 이 조건에는 두 가지 뜻이 있다. 즉 하나는 정유·실재, 대체로 말하면 직접적인 것이라는 뜻이요, 또 하나는 이 직접적인 것의 규정이 지양되어 타자의 실현에 도움이 된다는 뜻이다. 직접적 현실태는 그러므로 대체로 말하면 마땅히 있어야 할대로 있는 것이 아니라 좌절된 유한적 현실태로서 그 본분을 상실한 것이다. 그러나 그 반면에 현실태는 또 그 본질성을 가지고 있다. 현실태의 이 면은 현실태의 내면 즉 첫째 단순한 가능태에 불과한 것이지만 역시 지양되어야 할 것으로 마련된 것이다. 그것은 지양된 가능태로서 첫째 직접적 현실태의 전제하에 한 새로운 현실태를 출현시키는 것이다. 이것이 조건이라는 개념이 내포하고 있는 변화다.

우리가 한 사물의 조건을 관찰하면, 조건이라는 것이 전혀 타의가 없는 그 무엇같이 보인다. 그러나 사실에 있어서는 이러한 직접적 현실은 그와 전혀 다른 타자가 될 씨를 내포하고 있는 것이다. 이 타자는 처음에는 오직 가능적인 것에 불과한 것이다. 그러나 아 가능적인 것은 그 뒤 그 형태를 지양하여 현실로 바꾸어지는 것이다. 이리하여 출현한 이 새로운 현실이 낡아빠진 직접적 현실에 고유한 내용이다. 따라서 전혀 다른 형태의 사물이 되는 바, 그렇다고 이 사물은 다른 사물이 되는 것은 아니다. 왜냐하면 최초의 현실이 다만 그 본질에 따라서 매개적으로 드러나는 데에 불과하기 때문이다. 자기를 희생하고 몰락하여 소멸하는 조건은 다른 현실태 중에서 다시 자기에게 돌아오는 것이다. ― 현실과정은 일반적으로 이상과 같은 형태로 진행하는 것이다. 현실은 단순한 직접적 존재에 불과한 것이 아니라, 제 자신의 고유한 직접성을 지양하면서 자기를 자기와 매개시키는 본질적 존재다.

145

(3) 이상과 같이 전개된 현실의 외재성(外在性)은 가능성과 직접적 현실성이라는 두 규정의 한 고리, 다시 말하면 이 두 규정을 서로 얽어놓는 매개이기 때문에 현실적 가능성 일반이다. 그러나 그뿐만 아니라 이 외재성은 그러한 '고리'이기 때문에 또 통체성이요, 따라서 내용 즉 구체적으로 규정된 사실이다. 그리고 그와 동시에 이 외재성은 그 통일성 중에 포함되어 있는 여러 규정의 구별에서 보면 형식 그 자체의 구체적 통체 즉 내적인 것이 외적인 것이 되고, 또 외적인 것이 내적인 것이 되는 직접적 자기 전환이다. 이와 같이 형식의 자기 운동이 활동 즉 자기를 현실성에까지 지양하는 현실적 근저인 활동, 다시 말하면 우연적 현실 즉 자기를 반성하여 자기를 다른 현실, 사실의 현실에까지 지양하는 여러 조건의 활동이다. 모든 조건이 구비하게 되면 사실은 현실적이 되지 않을 수 없는 것이다. 그리고 보면 사실은 그 자체가 여러 조건의 하나다. 왜냐하면 사실은 첫째 내적인 것으로서 먼저 나타나는 것이기 때문이다. 이리하여 전개된 현실성은 내적인 것과 외적인 것과의 교대의 귀일(歸一), 즉 한 운동에 귀일하는 그 대립운동의 교대로 볼 수 있기 때문에 '필연성'이다.

필연성을 가능성과 현실성과의 통일이라고 규정하는 것은 물론 옳지 않은 것이 아니다. 그러나 이 규정은 피상적이요 또 그렇기 때문에 이해하기 곤란하다. 필연성의 개념은 이해하기 퍽 곤란한 것이다. 왜냐하면 필연성은 개념 그 자체이기 때문이다. 그러나 필연성은 개념 그 자체이긴 하나, 그 여러 계기가 아직 현실성을 가지고 있는 것이다. 그러므로 필연성은 동시에 오직 형식으로서, 다시 말하면 자기 분열하여 타자로 이행하는 형식으로서 파악되어야 한다.

【補遺】 사람들은 그 무엇에 대해서 말할 때 필연적이라고 하거니와, 그러

면 우리는 첫째 왜 그것이 필연적이냐고 묻는다. 이리하여 필연적이라는 것은 간접적으로 드러나는 것, 즉 매개적인 것으로서 나타나는 것이다. 그러나 그렇다고 다만 매개의 입장에만 선다면 필연성이 무엇을 의미하는 것인지 이해하지 못하는 것이다. 단순히 매개되어 있는 것은 제 자신에 의하여 매개되어 있는 것이 아니라 타자에 의하여 매개되어 있는 것, 따라서 또 우연적인 것이다. 그러나 필연성에 있어서는 있는 것이 제 자신에 의하여 매개되어야 할 것은 물론이요, 그와 동시에 이 매개를 지양하여 자체 중에 포함하여야 한다. 따라서 우리가 필연적이라고 말하는 것은 그것이 존재하되, 타자에 의한 피매개성(被媒介性)을 벗어나서 제 자신과 관계하는 것을 의미한다. — 사람들은 필연성을 흔히 맹목적인 것이라고 말한다. 그리고 필연성의 진행과정에는 목적이라고 볼만한 것이 전혀 없다고 말한다. 옳은 말이다. 필연성의 진행과정은 상호 대립하여 하등의 관련도 없는 것같이 보이는 분산된 상태의 실재에서 출발한다.

이 상태가 직접적 현실이다. 그런데 이 직접적 현실은 붕괴하여 그 부정에서 다시 새로운 현실이 나온다. 여기서 우리는 한 내용을 보거니와, 이 내용은 형식상 두 가지가 있으니, 하나는 여기서 문제되는 사실의 내용이요 다른 하나는 적극적인 것같이 보이며, 또 첫째 그렇게 통용하는 분산된 상태의 내용이다. 그런데 분산된 상태의 내용은 그 자체가 무내용한 것, 따라서 그 부정이 전화하여 사실의 내용이 된다. 직접적 상태는 조건으로서 붕괴한다. 그러나 그와 동시에 또 사실의 내용으로서 보존된다. 그래서 사람들은, 이러한 상태와 여러 조건에서 전혀 다른 그 무엇이 나온다고 말하며, 또 그렇기 때문에 이러한 과정의 필연성을 맹목적이라고 부른다. 그러나 합목적적 활동을 보면 우리는 거기서 목적이 이미 먼저 의식된 한 내용을 가지고 있는 것을 본다. 따라서 이 활동은 맹목적이 아니라 명목적(明目的)이다. 사람들은 이 세계가 섭리에 의하여 지배되고 있다고 말하거니와, 이 말 가운데에는 미리 구체적으로 규정된 목적일반이 실현되면서 있다는 것, 따라서 결과로서 나타나는 모든 사실은 미리 의식되고 의욕된 이 목적에 부합한다는 의미가 들어있는 것이다. 그러므로 우리는, 세계를 필연성에 의하여 규정되는 것으로 보이는 것과 신적 섭리로 믿는 것이 대립하여 서로 배제하는 것으로 알아서는 안 된다. 따라서 신적 섭리의 사상적 근저는 우리에게 '개념'으로 나타나는 것이다. 개념은 필연성의 진리다. 그리고 개념은 필연성을 지양된 것으로서 자체 중에 내포한다. 그러므로 거꾸로 말하면 필연성 그 자체가 곧 개념이다. 필연성은 그것이 개념적으로 이해되지 않는 한에서만 맹목적이다. 따라서 역사철학이 사실의 필연성의 인식을 그 과제로 삼는다고 해서, 이것을 맹목적인 숙명론이라고 비난하는 것보다 더 불합리한 비난은 없다.

이리하여 역사철학에는 변신론(辯神論)적 의미가 있다. 그러나 이 변신론은 필연성을 배제함으로써 신적 섭리에 영광을 돌렸다고 생각하나, 사실에 있어서는 필연성을 추상하여 맹목적이고 비이성적인 임의에 타락시키고 있는 것이다. 그 반면에 순수무구한 종교의식은 영원불변의 신의(神意)를 말하는 바, 이 말 가운데에는 분명히 필연성을 신적 본질에 속하는 것으로 승인하는 의미가 있는 것이다. 인간은 신과 달라서 임의와 기분에 의하여 행동한다. 따라서 인간의 행동에서는 그들이 생각하고 의욕한 것과는 전혀 다른 결과가 나온다. 그러나 신은 그가 의욕하는 것을 알며 신의 영원한 의지는 내적 또는 외적 우연에 의하여 규정되지 않으며 따라서 신의(神意)는 또 필연적으로 실현된다. 필연성의 입장은 대체로 우리의 심정과 태도에 관하여서 극히 중요한 것이다. 우리가 생기(生起)하는 모든 사실을 필연적으로 볼 때, 이 모든 사실은 얼른 보아 전혀 부자유한 관계같이 보인다.

고대인은 주지하는 바와 같이 필연성을 '운명'으로 보았다. 그런데 근대인의 입장에서는 필연성을 위안으로 본다. 이 입장의 본질은 일반적으로 말하면 우리의 목적, 우리의 이해를 포기하되 그저 포기하는 게 아니라 그로 인하여 다른 소득을 얻기 위한 목적으로 그러 하는 점에 있는 것이다. 그와 반대로 운명의 앞에는 위안이 없다. 그러나 운명에 관한 고대인의 심정을 좀 더 깊이 고찰하면, 우리는 거기서 부자유관(不自由觀)이 아니라 도리어 자유관을 볼 것이다. 본래 부자유라는 것은 지금 존재하며 생기하는 것을 마땅히 존재하여야 하고, 마땅히 생기하여야 할 것과의 모순에서 보듯이, 대립을 고집하는 데에 그 근거가 있는 것이다.

그런데 고대인은 이러저러한 것이 존재하는 이상, 그것은 존재하되 마땅히 존재하여야 할대로 존재하는 것이라고 생각하였던 것이다. 따라서 거기에는 여하한 대립도 없고 여하한 부자유, 여하한 고통, 여하한 번민도 없다. 물론 운명에 대한 이러한 태도에는 앞에서도 말한바와 같이 위안이 없다. 그러나 이러한 심정은 위안을 요구하지도 않는 것이다. 왜냐하면 여기서는 주관성이 아직 그 무한한 의미에까지 도달하지 못하였기 때문이다. 이러한 관점은 고대인의 심정과 근대인의 기독교적 심정과의 비교에 있어서 결정적인 구별로서 눈에 띄게 되는 것이다.

만일 주관성이란 것을 단순히 특수한 경향이나 관심과 같은 우연적이고 임의적인 내용을 가진 유한적 · 직접적인 주관성, 즉 일반적으로 사물과 구별되는 사람으로만 안다면, 고대인이 운명에 순종한 데에 대하여 놀라움을 금치 못할 것이요, 또 그들의 심정을 다만 이기적으로 자기의 주관적 목적을 추구하고, 또 일단 그 목적의 달성을 단념하지 않을 수 없는 경우가 되면, 그 대신에 다른 형태의 소득을 바람으로써 위안을 삼는 근대인의 심정보다도 높이 평가하지 않을 수 없을 것이다. 그러나 주관성이란 것은 다만 사물에 대립하는 단순한 유한적 주관성에 불과한 것이 아니라, 그 진상을 말하면 사물에 내재하여 따라서 무한적 주관성으로서 사물 자체의 진상이다. 이렇게 보면 위안의 입장이라는 것은 전혀 다르고 드높은 의미가 있는 것이다. 기독교적 종교를 위안의 종교, 더구나 절대 위안의 종교로 보게 되는 것도 이상과 같은 의미에서인 것이다.

기독교는 누구나 다 아는 바와 같이 신이 모든 인간을 주제하기를 원한다는 교설(敎說)을 가지고 있으며, 따라서 주관성이 무한한 가치를 가지고 있다는 것을 표명하고 있는 것이다. 그뿐만 아니라 기독교가 많은 위안을 주는 이유는, 자세히 말하면 여기서는 신이 절대적 주관성으로 나타나는 반면에 우리의 주관성은 특수성을 내포하며, 따라서 우리의 특수성도 전혀 추상적으로 부정되고 말 것이 아니라 도리어 그와 동시에 보존되어야 할 것을 승인하고 있는 점에 있는 것이다. 물론 고대인도 신을 말하자면 인격적인 것으로 보지 않은 것이 아니다. 그러나 제우스신이나 아폴로신이나 기타 등의 인격성이라는 것은 현실적인 인격성을 의미하는 것이 아니라 표상된 인격성에 불과한 것이다. 다시 말하면 이러한 모든 신들은 인격화된 것에 불과한 것이다. 그러므로 인격화된 것이기 때문에 이러한 모든 신들은 자기가 자기를 아는 것이 아니라 다만 알려지기만 하는 것이다.

그뿐 아니라 우리는 고대 신들의 이러한 결함과 무력(無力)을 고대인의 종교의식 중에서도 발견한다. 왜냐하면 고대인들은 인간뿐만 아니라 신들까지도 운명에 복종하는 것으로 보았기 때문이다. 이리하여 사람들은 운명을 미발견의 필연성, 따라서 어디까지나 비인격적이고 무아적(無我的)이고 맹목적인 것으로 알았던 것이다. 그러나 기독교적 신은 단순히 알려지기만 하는 것이 아니라 어디까지나 자기를 아는 신이요, 단순히 표상된 인격성이 아니라 절대 현실적인 인격성이다. 그것은 그렇다 하고 여기서 언급한 점을 상론(詳論)하게 되면 종교철학에 들어가지 않을 수 없게 된다. 그러므로 여기서는 이 점의 상론을 피하거니와, 다만 한 가지 말하여 둘 것은 인간이 지기의 운명을 '인간은 누구나 제 행복의 개척자'라는 고대 격언의 정신으로 파악하는 것이 중요하다는 것이다.

이 격언 가운데에는 인간은 본래 제 자신을 향유할 뿐이라는 의미가 있는 것이다. 이와 반대되는 견해는 인간이 자기의 책임을 타인이나 또는 불리한 경우 기타 등에 전가하는 입장이다. 이것은 또한 부자유의 입장인 동시에 불만의 원천이다. 이와 반대로 자기의 운명을 자기 자신의 전개에 불과한 것으로 알며, 따라서 자기의 책임을 자기가 지는 인간은 자유 안으로서 행동하며, 자기가 면접하는 모든 사실에 대하여 당연히 일어날 것이 일어난다는 신념을 가지는 것이다. 자기와 자기의 운명에 불만을 가지고 사는 인간은, 타인이 자기에게 부정한 일을 하였다고 잘못 믿는 나머지 여러 가지 죄과를 범하게 된다.

물론 우리에게 일어나는 여러 가지 사실 중에는 우연이 전혀 없는 게 아니다. 그러나 이 우연은 인간의 자연성에 그 뿌리가 박혀 있는 것이다. 그렇다 하더라도 인간에게는 또 자유의식을 가지고 있기 때문에 보기 싫은 일이 일어나는 것을 보더라도, 그로써 자기 정신의 조화나 심정의 평화를 깨뜨리지 않는 것이다. 이리하여 인간의 만족과 불만족, 따라서 운명 그 자체는 필연성을 어떻게 보느냐에 따라서 규정되는 것이다.

146

조건과 사실과 활동의 세 계기 중,

(가) 조건은 ① 전제다. 그리고 조건은 전제에 불과한 것이기 때문에 오직 사실에 대해서만 전제되는 것이다. 그러나 조건은 전제로서 독립적으로 존재하는 것, 즉 사실은 불고(不顧)하고 존재하는 우연적인 외적 상태다. 그러나 이 전제는 우연적인 것이면서도 동시에 통체성을 가진 사실과 관계하는 것이기 때문에 여러 조건의 완전한 원환(圓環)이다. ② 조건은 수동적이며 사실에 대한 재료가 되고 따라서 사실의 내용 중으로 들어간다. 이리하여 조건은 사실의 내용에 즉응하고 또 내용의 전규정을 이미 그 자체 중에 내포하는 것이다.

(나) 사실도 역시 ① 한 전제로 드러난 것이다. 따라서 사실은 전제로서 드러난 것이기 때문에 내적이고 가능적인 것에 불과한 것이나, 또 미래와의 관계에서 보면 그 자체가 독립적 내용이다. ② 사실은 조건의 적용을 통하여 외적 실재성 즉 조건에 서로 대응하는 그 내용 규정의 실재화를 보유한다. 따라서 사실 이 조건에 의하여 비로소 사실이 되며 이 조건에서 출현하는 것이다.

(다) 활동도 ① 역시(한 인간, 한 인격 등과 같이) 독립적으로 실재하는 것이기는 하나, 그러나 그와 동시에 가능성은 오직 조건과 사실에 있는 것이다. ② 활동은 조건을 사실로, 또 사실을 실재의 한 측면인 조건으로 옮겨 놓는 운동이다. 그러나 다시 말하면 오히려 활동은 오직 사실을 사실이 함축적으로 들어있는 조건 중에서 끌어 내세우며, 조건이 가지고 있는 실재성을 지양하고 사실에 실재성을 부여하는 것이다.

이상 3계기는 서로 독립적 실재성의 형태를 가지고 있는 만큼 이 과정은 외적 필연성을 가지고 있는 것이다. - 이 필연성이 제 '사실'로 가지고 있는 것은 한 한정된 내용이다. 왜냐하면 사실은 단순한 규정성에 있어서의 이 전체이기 때문이다. 그러나 이 전체는 모든 형식 중에서 제게 외적으로 존재하는 것이기 때문에, 따라서 이 전체는 제 자신 중에 있고 또 모든 내용 중에서 제게 외적으로 존재하는 바, 사실에 있어서의 이 외재성이 사실 내용의 제한이다.

147

그러므로 필연성은 그 자체가 자기와의 동일이기는 하나 그러나 내용을 가진 본질이다. 그런데 이 본질의 내부에서는 그 자체의 구별이 독립적 실재성이라는 형식을 가지고 나타난다. 그리고 그와 동시에 이 동일성은 절대적 형식이기 때문에, 매개태(媒介態)를 직접태로 또 직접태를 매개태로 지양하는 활동이다.

필연적인 것은 타자에게 매개되기 때문에 필연적인 것이다. 그런데 이 타자는 매개하는 기저(사실과 활동)와 직접적 현실 즉 우연적인 동시에 조건이 되는 것과도 구별된다. 이와 같이 필연적인 것은 바로 타자에 의하여 매개된 것이기 때문에, 그 자체가 직접 구체적인 것이 아니라 다만 매개된 필연적인 것에 불과한 것이다. 그러나 이 매개도 역시 직접적으로 보면 제 자신의 지양이다. 따라서 기저와 우연적 조건은 직접태로 옮아가며, 그럼으로써 앞에 말한 매개된 필연성은 현실에까지 지양되고 사실은 제 자신에 귀착한다. 이와 같이 제 자신에 환귀(還歸)함으로써 필연적인 것이 절대 무조건적 현실태가 되는 것이다. ― 필연적인 것은 여러 가지 사정 중의 한 '고리'에 매개되어서 필연적인 것이 된다.

다시 말하면 필연적인 것이 필연적인 까닭은 여러 가지 사정이 필연적인 까닭이다. 그리고 또 필연적인 것이 필연적인 까닭은, 그것이 단순히 매개되었다는 의미에서가 아니라 필연적인 여러 가지 사정 중의 한 고리에 있기 때문이다. ― 그리고 보면 필연적인 것은 필연적인 것이기 때문에 필연적이다.

148

1. 실체관계

필연적인 것은 그. 자체에 있어서 절대적 관계 즉 이상에서 본 바와 같이 관계가 스스로 절대적 동일성에까지 올라가는 발전과정이다.

필연적인 것은 그 직접적 형식에서 보면 실체성과 속성과의 관계이다. 이 관계의 제 자신과의 절대 동일성이 실체 그 자체다. 그런데 실체 그 자체는 필연성을 가진 것이기 때문에, 내면성이라는 제 자신의 형식을 부정하고 현실로서 드러나는 것이다. 그러나 그와 동시에 실체 그 자체는 또 모든 외면성의 부정이다. 따라서 직접적으로 현실적인 것은 속성적인 것에 불과한 것이다. 그런데 이 속성적인 것은 이러한 단순한 가능성에 의하여 다른 현실로 이행한다. 그러나 이 이행은 실체적 동일성의 형성 활동에 불과한 것이다(제146절, 제147절).

149

따라서 실체라는 것은 모든 속성의 통일체다. 그러므로 실체는 모든 속성 중에서 그 속성의 절대적 부정 즉 절대 권력인 동시에 모든 내용의 충실로서 표현된다. 그러나 이 내용은 이 표현 자체에 불과한 것이다. 왜냐하면 그 자체에 있어서 내용으로 반성된 규정성은 그 자체가 실체의 권력으로 이행하는 형식의 오직 한 계기에 불과한 것이기 때문이다. 이리하여 실체성은 절대적인 형식 활동, 즉 필연성의 권력이요. 따라서 모든 내용은 오직 이 과정 중에 속하는 계기에 불과한 것이다. 그러므로 형식과 내용은 절대적으로 상호 전환한다.

【補遺】 우리는 철학사 상에서 실체가 스피노자철학의 원리인 것을 발견한다. 칭찬도 많이 받고 비난도 많이 받은 이 철학의 의의와 가치에 관하여서는 스피노자의 출현 이래 많은 오해가 있고, 또 이러니저러니 말이 많다. 그 중에도 특히 스피노자가 신을 실체로서, 그리고 오직 실체로서만 파악하였다는 이유로, 흔히 그의 철학에 대하여 무신론이니 또는 범신론이니 하는 비난을 가하고 있다.

이러한 비난의 정체가 무엇인가 하는 것은 첫째, 실체라는 것이 논리적 이념의 체계 내에서 차지하고 있는 그 지위에서 분명하여 진다. 실체라는 것은 이념발전 과정상의 한 중요한 계단이다. 그러나 실체는 이념 그 자체 즉 절대이념이 아니라 아직 필연성이라는 제한된 형식에 있어서의 이념이다. 그런데 신은 물론 필연성에 틀림없고 또 절대적인 사실이라고도 말할 수 있다.

그러나 그와 동시에 신은 또한 절대적인 인격이기도 하는 것이다. 그런데 스피노자는 아직 이 점 즉 신을 절대적인 인격으로 보기까지에 이르지 못하였다. 그러므로 스피노자철학이 기독교적 의식의 내용이 되는 참다운 신의 개념에 미급(未及)한 것을 승인하지 않을 수 없다.

　스피노자는 본래 유태인이었다. 그리고 모든 유한적인 것을 잠시적인 것, 그는 생멸무상(生滅無常)한 것으로 보는 것은 대체로 말하면 동양적인 세계관인데. 이것이 스피노자철학에서 관념적으로 표현되어 있다. 하기야 실체적 통일이라는 이 동양적 세계관은 물론 그 이상 더 참다운 모든 발전의 토대가 되는 것이지만, 그렇다고 거기에만 머물러 있을 수는 없는 것이다. 그뿐만 아니라, 거기에는 또 개체성이라는 서양적 원리가 없다. 이 원리는 스피노자철학과 동시대에 라이프니츠의 단자론(單予論) 중에서 처음으로 철학적 형태로 나타났다. ― 여기서 우리는 스피노자철학을 무신론이라고 하는 비난을 살펴보자. 이 철학은 신을 부정하지 않았을 뿐만 아니라 도리어 오직 신만이 참다운 존재라는 것을 승인하고 있는 이상, 스피노자철학을 무신론이라고 하는 비난은 아무런 근거도 없는 것을 알 수 있다. 또 스피노자는 신을 유일한 참다운 것이라고 말하기는 하였다. 그러므로 이 스피노자적 신을 참다운 신이 아니라고, 따라서 신이 아니라고 주장할 수는 없는 것이다. 만일 그러한 주장을 할 수 있다면, 따라서 이념의 하급 계단에서 철학한 기타 모든 철학자도, 또 그뿐만 아니라 신을 오직 '주(主)'로만 아는 유태인이나 회교도는 물론, 신을 인식할 수 없는 최고의 피안적 존재로만 보는 모든 여러 기독교도까지도 무신론이 라는 비난을 면치 못할 것이다. 그러므로 스피노자철학에 대한 무신론이라는 비난은, 좀 더 자세히 따지면, 결국 이 철학 중에는 분화(分化)의 원리, 다시 말하면 유한성의 원리가 가진바 정당한 권리가 무시되었다는 점, 따라서 이 철학은 적극적 존재라는 의미에서 본래 여하한 세계의 존재도 승인하지 않고 있기 때문에, 이 철학은 무신론이라기보다 도리어 반대로 무세계론이리고 불러야 한다는 점에 귀착한다. 그렇다면 여기서 또 범신론이라는 비난의 정체가 무엇인지도 알 수 있다. 만일 사람들이 자주 그러하듯이 범신론이란 것을 유한적인 사물은 유한적인 사물이고, 그 사물의 복합은 신이라고 하는 교설로 안다면, 스피노자철학을 범신론이라고 비난할 수 없을 것이다.

왜냐하면 스피노자철학에 의하면 유한적인 모든 사물 또는 세계일반에는 절대로 진리가 없다고 하기 때문이다. 그러나 그럼에도 불구하고 스피노자철학은 바로 그 무세계론 때문에 갈 데 없는 범신론이다. 이리하여 판명된 내용상의 결함은 그와 동시에 또 형식상의 결함으로 나타난다. 왜냐하면 스피노자는 실체를 자기 체계의 꼭대기에 세워놓고 또 이 실체를 사유와 연장과의 통일이라고 정의하면서, 그가 여하히 하여서 이 사유와 연장과의 구별에 도달하였고, 또 여하히 하여서 이 구별을 실체적 통일로 환원시키기에 도달하였는지 분명치 않기 때문이다. 그리하여 내용은 그 뒤 소위 수학적 방법에 의하여 다루어졌고, 따라서 첫째 여러 가지 정의와 공리를 세운 다음에 명제가 그 뒤에 나오고, 이 명제의 증명은 단지 앞에 말한 증명되지 않은 전제에 오성적으로 환원시킨 데에 불과하였다. 스피노자철학은 그 내용이나 결과를 전적으로 배척하는 사람들에게서까지도, 그 방법이 어디까지나 엄격하고 철저하였기 때문에 도리어 흔히 칭찬을 받았지만, 사실에 있어서는 이러한 형식의 무조건적 승인은 내용의 무조건적 승인과 마찬가지로 하등의 근거도 없는 것이다. 스피노자철학의 내용의 결함은 형식이 내용에 내재하는 것을 모르고, 그렇기 때문에 형식을 오직 외적이고 주관적인 것으로 삼아 내용에 부가시키고 있는 점에 있는 것이다. 스피노자는 실체를 그 이전의 변증법적인 매개가 없이 직접적으로 파악하였다. 그러하였기 때문에 실체는 보편적 부정적인 위력, 즉 말하자면 특정한 모든 내용을 통틀어 자체 중에 흡수하여 버리고, 하등 적극적인 내용을 산출하지 못하는 암흑하고 공막한 심연과 같은 것이 되고 말았다.

150

실체라는 것은 절대 위력이기 때문에 제 자신을 오직 내적인 가능성으로서 제 자신에게 관계시키는 것, 따라서 제 자신을 속성으로 규정하는 위력이며, 이 위력은 이 위력에 의하여 매개적으로 정립되는 외재성과 구별된다. 이러한 계기에서 보면 실체라는 것은 필연성의 첫째 형식에 있어서 실체였던 것과 마찬가지로 본래의 의미에서는 관계 즉 인과관계다.

151

2. 인과관계

실체는 원인이다. 왜냐하면 실체는 제 자신이 속성으로 이행하는 것을 어기고 제 자신을 반성하며, 그리하여 시원적인 사실이 되는 까닭이다. 그리고 동시에 실체는 자기반성 또는 그 단순한 가능성을 지양하여 제 자신을 제 자신의 부정으로 정립하며, 이리하여 한 결과 즉 한 현실을 일으키는 바, 이 현실은 매개에 의하여 드러난 것이기는 하지만, 그러나 그와 동시에 일어나는 과정에 의하여 필연적인 것이다.

원인은 시원(始源)적인 사실이므로 절대 독립성의 규정과 또 결과에 대항하여 자기를 보존하는 것이라는 규정을 가지는 것이다. 그러나 원인은 필연성에서 ─ 이 필연성의 동일성은 앞에 말한 시원성 그 자체에서 나오는 것이다. ─ 오직 결과로만 이행한다. 그러므로 여기서 다시 내용에 대하여 언급하여도 좋다면, 결과에는 원인에 없는 내용이란 하나도 없다고 할 수 있다.

그리고 앞에서 말한 동일성이 절대적 내용 ─ 그 자체다. 그러나, 그것은 동시에 원인의 시원성이 결과로 지양되어 그 속에서 스스로 매개적 현재태가 되는 형식규정이다. 그러나 따라서 현실적인 것은 결과에 불과한 것이기 때문에 원인은 아주 없어져 버리는 것이 아니다. 왜냐하면, 이 매개적 현재 태도 역시 직접으로 지양되는 것, 아니 원인의 자기 반성, 즉 원인의 시원성 이기 때문이다. 따라서 원인은 결과에 있어서 비로소 현실적인 것 즉 원인이 되는 것이다. 그러므로 원인은 구체적 진상에서 보면 자기 원인이다. 야고비 는 일면적인 매개 관념을 고집한 나머지(스피노자에 관한 서간 제2판 제41면), 자기 원인(자기 결과라 하여도 마찬가지다) 즉 원인의 절대적 진상을 다만 형식주의로 생각하였다. 그는 또 신이 근거로 규정될 것이 아니라, 본질에 있어서 원인 으로 규정되어야 한다고 말하였다. 따라서 그의 의도한 바가 달성되지 않은 까닭은, 원인이라는 것이 도대체 무엇인지를 좀 더 따져 보면 가히 알 수 있 는 것이다. 유한적인 원인이나 그 관념에도 그 내용을 보면 이러한 동일성이 있다. 원인인 비(雨)와 결과인 습(濕)은 마찬가지로 실재하는 물(水)이다. 따라 서 형식상으로 보면 결과[濕] 중에는 원인[雨]이 없다. 그러나 그렇다면 결과 의 규정도 있을 수 없는 것이다. 왜냐하면 결과라는 것은 원인이 없으면 있 을 수 없고, 다만 남는 것은 원인이나 결과에 하등 상관없는 단순한 습(濕)에 불과한 것이기 때문이다. 인과관계의 일반적인 의미에서는 원인은 그 내용 이 유한적(유한적인 실체에서 보는 바와 같이)이니만큼 유한적이고, 따라서 원인과 결과를 서로 다른 두 개의 독립적 실재라고 한다.

그러나 그것은 원인과 결과를 인과관계 중에서 추상하여 보기 때문이다. 유한계에 있어서는 서로 관계하고 있는 이 두 형식 규정의 구별밖에 모르기 때문에 교대로 원인이 또 매개된 것 즉 결과로 규정되고, 또 이 결과는 다시 다른 원인을 갖게 된다. 이리하여 여기서도 결과로부터 원인으로 거슬러 올 라가는 무한적 진행이 일어난다. 또 원인에서 결과로 밟아 내려가는 진행도 마찬가지다. 왜냐하면 결과는 결국 원인과 동일한 것이기 때문에, 스스로 원 인, 더구나 동시에 다른 원인으로 규정되며, 그리고 이렇게 규정된 원인은 다시 다른 결과를 가지며, 이와 같이 한없이 진행하기 때문이다.

【補遺】 오성은 실체성에는 반대하나 그 반면에 인과성 즉 원인과 결과와의 관계에는 신뢰한다. 그러므로 한 내용을 필연성에서 파악하여야 할 때, 오성적 반성은 주로 이 내용을 지배하고 있는 인과관계를 문제 삼는다. 하기야 물론 이 관계는 확실히 필연성에 속하고 있는 것이다. 그러나 이 관계는 필연성의 과정에 있어서의 한 측면에 불과한 것이다.

왜냐하면 필연성이라는 것은 인과성 중에 포함되어 있는 매개를 지양하고 단순한 대립 관계로 나타나기도 하는 것이기 때문이다. 사람들은 흔히 인과성으로서의 인과성을 고집하기를 좋아하거니와, 그들은 인과성을 그 진상에서가 아니라 다만 유한적인 인과성으로밖에 모른다. 그리고 이 관계의 유한성은 원인과 결과를 그 구별성에서 고착시키는 점에 있는 것이다. 그러나 이 양 자는 다만 구별성만 가지고 있는 것이 아니라 또한 동일성을 가지고 있는 것이다. 이것은 우리의 상식에서도 알 수 있다. 왜냐하면 원인은 결과가 있어야만 있고, 결과는 원인이 있어야만 있다는 것을 우리의 상식은 말하고 있기 때문이다. 그러므로 원인과 결과는 둘이 다 동일한 내용이다. 따라서 이 양 자의 구별은 첫째 간접적으로 드러난 것 즉 매개태의 구별에 불과한 것이다. 그러나 이 형식적 구별은 지양된다.

그래서 원인은 타자의 원인일 뿐만 아니라 또 제 자신의 원인이요, 결과는 타자의 결과일 뿐만 아니라 또한 제 자신의 결과이기도 한 것이다. 이 점에서 보면 사물의 유한성이라는 것은 원인과 결과가 그 개념상에서는 동일하지만, 이 두 형식이 분열하여 원인은 물론 결과도 되고, 결과는 물론 원인도 된다하더라도 전자의 경우에는 원인이 원인으로 있지 않으며, 후자의 경우에는 결과가 결과로 있지 않는 점에 있는 것이다. 그렇다면 여기서 다시 원인의 무한계열인 동시에 결과의 무한계열이기도 하는 형태의 무한과정이 나타난다.

152

결과는 원인과는 다른 것이다. 왜냐하면 결과라는 것은 원인에 의하여 매개된 것이기 때문이다. 그러나 이 매개태도 역시 자기 내 반성이요 직접태다. 그리고 결과가 원인과 다르다는 것을 고집하는 한에서는 원인의 작용 또는 정립은 동시에 결과 앞에 서는 것이다. 이리하여 원인으로서의 실체와는 다른 실체가 있어서 결과는 이 실체에서 일어난다.

그런데, 이 실체는 직접적으로는 제 자신을 제 자신과 관계시키는 부정성 즉 능동적인 것이 아니라 수동적인 것이다. 그러나 이 실체도 실체인 이상에는 역시 능동적이요, 또 그 선행적 직접성과 이 직접성에서 드러난 결과와를 지양하고 이에 반항한다. 다시 말하면 이 실체는 제1의 실체의 능동성을 지양한다.

그러나 제2의 실체도 역시 그 직접성을 지양한다. 다시 말하면 제 자신에 의하여 매개된 결과를 지양한다. 이리하여 제1실체는 제2실체의 능동성을 지양하고 이에 반항한다. 따라서 인과관계는 상호작용의 관계로 이행한다.

이리하여 상호 작용에 있어서는 물론 인과성의 진정한 규정이 아직 완전히 드러나지 않는다 하더라도, 원인과 결과와의 무한한 진행과정이 진정한 진행과정으로 지양된다. 왜냐하면 원인에서 결과로의, 그리고 결과에서 원인으로의 직선적 진출이 이 상호 작용 중에서 제 자신으로 휘어 들어가고 돌아 들어가기 때문이다.

이와 같이 직선적인 무한진행이 도환(圖環)적인 관계로 휘어 들어간다는 것은 언제든지 그렇지만 여기서도 역시 무사려(無思慮)한 반복에 있어서는 동일한 것, 즉 한 원인과 다른 원인이 있어서 이것이 서로 관계한다는 것을 한 번 반성해 보기만 하면 알 수 있는 것이다. 그런데 이 관계의 전개 즉 상호작용은 그 자체가 여러 원인의 구별의 교대가 아니라 여러 계기의 구별의 교대를 의미하는 것이다. 따라서 이 여러 계기에 있어서는 동일성 즉 원인은 결과에 있어서의 원인이요, 결과는 원인에 있어서의 결과라는 이러한 불가분성에 의하여 그 각 계기와 동시에 또한 다른 계기가 드러난다.

153

3. 교호(交互) 작용

교호(交互) 작용 중에서 구별이라고 고집되는 모든 규정은 (1) 즉자적으로 동일한 것, 즉 양 방이 같이 원인·시원적·능동적·수동적인 것 기타 등이다. 그와 마찬가지로 타 방(他方)의 전제와 타 방에 대한 작용, 직접적 시원성과 교대에 의한 간접적 후발성 등은 결국 동일한 것이다. 최초의 원인이라고 하는 원인은 그 직접성으로 인하여 수동적이요 드러난 것이요 결과다. 그러므로 원인을 둘로 구별하는 것은 무의미한 것이다. 그것은 즉자적으로 '하나'에 불과한 것이다. 그리하여 이 '하나'가 실체로서의 결과도 되고, 또 결과를 내는 작용 중에서 비로소 독립적인 원인이 되기도 하는 것이다.

154

(2) 그러나 이 통일은 대자적으로도 있다. 왜냐하면 이 전 교대는 원인의 자기정립이요 오직 원인의 이 자기 정립만이 원인의 존재이기 때문이다. 이와 같이 구별성은 즉자적으로 또는 우리의 반성에서만 없을 뿐 아니라(앞의 절), 교호작용 그 자체가 매개적으로 드러난 모든 규정을 다시 지양하여 대립 여러 규정으로 돌려놓고, 이리하여 즉자적인 여러 계기를 현실적으로도 없애는 것이다. 결과는 시원성 중에서 드러난다. 다시 말하면 시원성이 지양되고 이리하여 원인의 작용은 반작용이 된다. 기타 등.

【補遺】교호작용이라는 것은 완전히 전개된 인과 관계다. 그리고 이 교호작용은 오성적 반성이 사물을 인과성의 시점에서 관찰할 때, 전술한 바와 같

은 인과성의 무한적 진행에 불만을 품고 도피하기 좋아하는 보금자리도 되는 것이다. 따라서 예를 들면 역사적 고찰에 있어서는 첫째 한 민족의 민족성과 도덕 풍습이 그 민족의 제도와 법률의 원인인가, 또는 그렇지 않으면 그와 반대로 전자가 후자의 결과인가 하는 문제를 다루다가, 결국 한편으로는 민족성과 도덕 풍습, 그리고 다른 한편으로는 제도와 법률을 교호작용이라는 시점에서 파악한다. 따라서 원인은 원인인 동시에 결과요 결과는 결과인 동시에 원인이라고 한다.

다만 역사적 고찰에서만 이런 일이 있는 게 아니라 자연, 예를 들면 살아 있는 유기물의 고찰에서도 이런 일이 있다. 그리하여 살아있는 유기물의 각 기관과 각 기능은 교호작용의 관계 중에 있다고 본다.

교호작용이라는 것은 물론 원인과 결과와의 관계의 궁극적 진상이요 말하자면 개념의 입구다. 그러나 바로 그러므로 문제가 개념적 인식에 있는 한에서 우리는 이 관계의 적용으로 만족할 수 없다. 그런지라 만일 일정한 내용을 단순히 교호작용의 시점에서만 보고 마는 사람이 있다면, 그는 사실에 있어서 전혀 개념을 모르는 사람이다. 이런 사람들은 다만 죽은 사실만을 다룰 뿐이요, 인과관계의 적용에 제(際)하여 긴요한 매개적 증명의 요구를 만족시키지 못한다.

교호작용 관계의 적용에 있어서의 결함은 이것을 좀 더 따져 보면, 이 관계가 개념의 대용물로 통용하지 못하고 도리어 개념 그 자체로 행세하는 점에 있다. 왜냐하면 교호작용하는 관계의 양 항이라는 것은 그 자체를 직접적 소여(所與)로 볼 것이 아니라, 이상 제항에서 본 바와 같이 보다 더 높은 제3자 즉 개념의 계기로 알아야 하는 것이기 때문이다.

스파르타 국민의 도덕 풍습을 스파르타의 제도의 결과로 보거나, 또는 그와 반대로 후자를 전자의 결과로 보거나 그것은 모두 정당하다. 그러나 우리는 이러한 고찰로써는 최후적 만족을 얻을 수 없다. 왜냐하면 이렇게 보아서는 스파르타 국민의 제도나 도덕 풍습을 개념적으로 인식할 수 없기 때문이다. 이 나라의 제도나 도덕 풍습은 또 스파르타 국민의 생활과 역사를 표시하는 기타 모든 측면은 오직 이 개념의 지반에 서야만 비로소 인식되는 것이다.

155

(3) 따라서 이러한 제 자신과의 순전한 교대의 정체는 드러난 필연성이다. 필연성 그 차체는 '끈'이다. 그리고 이 필연성으로서의 끈은 아직 내적이고 드러나지 않은 동일성이다. 왜냐하면 여기서 동일성이라고 하는 것은 현실적인 것으로서 통용하는 것의 동일성이기 때문이다. 따라서 현실적인 것의 독립성이 바로 필연성이다. 그러므로 실체가 인과성과 교호작용을 통하여 진행하는 그 과정은 현실적인 것의 독립성이, 사실은 제 자신에 대한 무한한 부정적 관계인 것을 드러내는 과정에 불과한 것이다. 그리하여 여기서 부정적이라고 함은 본래 여러 가지 구별과 매개가 그 상호 독립적 현실성에도 불구하고 한 근원성으로 전화함을 의미함이요, 제 자신에 대한 무한적 관계라 함은, 이러한 여러 가지 구별과 매개의 독립성이 바로 제 자신의 동일성에 불과하다는 것을 의미하는 것이다.

156

그리하여 필연성의 진리는 자유요 실체의 진리는 개념이다. 따라서 자유나 실체는 독립적인 것이다. 그러나 여기서 말하는 독립성이라는 것은 제 자신을 제 자신과 구별하여 독립적인 것으로 떼밀어 내놓고, 이것과 관계하나 이 관계는 제 자신과의 관계에 불과하며, 이리하여 어디까지 가도 제 자신을 잃지 않는 영구한 제 자신과의 교호작용을 의미하는 것이다.

【補遺】 사람들은 필연성을 흔히 냉혹 무정한 것같이 보거니와, 필연성을 필연성으로만, 다시 말하면 그 직접적 형태로만 보면 그것은 그렇다. 가령 여기에 한 상태 또는 한 내용이 있다 하자. 이 상태 또는 내용은 그것만을 따로 떼어 놓고 보면 독립적으로 존재한다. 그런데 필연성에서 보면 그 상태 또는 내용에는 다른 상태 또는 내용이 덤벼든다. 따라서 전자의 상태 또는 내용이 밀려 나간다.

이리 보면 직접적 즉 추상적인 필연성은 확실히 냉혹 무자비한 것이다. 전자의 내용이나 후자의 내용은 필연성에서 보면 서로 얽혀서 나타나고, 또 따라서 그 독립성을 상실하는 것이므로 결국 동일한 것이다. 그런데 이 양자의 동일성이 여기서는 아직 밖으로 드러나지 않은 내적인 것, 따라서 필연성에 굴복하면서 존재한다.

따라서 이러한 입장에 있어서는 자유라는 것도 추상적 자유에 불과하다. 왜냐하면 추상적 자유라는 것은 우리가 직접적으로 존재하는 상태 또는 직접적으로 가지고 있는 내용을 포기함으로써만 누릴 수 있는 것이기 때문이다. 그러나 좀 더 따져 보면 기술한 바와 같이 필연성의 과정이란 것은 첫째 현재의 확고한 외재성을 극복하고 그 내재성을 나타내는 과정이다. 따라서 이 과정에 서로 얽혀드는 것들은 사실상 서로 남남스럽게 몰교섭(沒交涉)한 게 아니라 한 전체의 여러 계기에 불과한 것을 알 수 있다. 그리하여 여기서는 이 모든 계기가 각기 다른 계기와 관계하고 있으나, 사실에 있어서는 제 자신과 관계하고 있는 것이며 또 제 자신과 악수하고 있는 것이다.

여기서 필연은 자유로 화(化)하는 바 이 자유는 단순한 추상적 부정의 자유가 아니라 도리어 구체적이고 적극적인 자유다. 이로써 자유와 필연을 상호 대립시켜서 자유는 필연을, 그리고 필연은 자유를 배제하는 것같이 보는 것이 곡해인 것을 승인하지 않을 수 없는 것이다. 물론 필연 그. 자체는 자유가 아니다. 그러나 자유는 필연을 전제하며 필연을 지양하여 자체 중에 내포한다.

　도덕적인 인간은 자기의 행위 내용이 즉자적으로나 대자적으로나 필연적인 것을 의식하며, 이렇게 의식한다고 절대로 그의 자유가 손상을 받는 게 아니다. 도리어 그의 자유가 이러한 의식으로 인하여 현실적이고 내용적인 자유가 되는 것이다. 따라서 이 자유는 무내용하고 단순한 가능적 자유인 수의(隨意)와 구별된다. 범죄자는 자기의 범죄로 인하여 받는 제재를 자기의 자유에 대한 제한으로 본다. 그러나 이 제재는 사실에 있어서는 그가 복종하는 외적 권력이 아니라 오히려 자기 자신의 행위의 표현이다. 그리고 이 사실을 이해할 때에 비로소 그는 자유인으로서 행세하게 되는 것이다. 대체로 말하면 오직 절대이념에 의하여 자기를 규정할 줄 아는 데에 인간의 최고 독립성이 있는 것이다. 스피노자는 이러한 의식과 태도를 신에 대한 지적애(智的愛)라고 불렀다.

157

　개념은 존재와 본질과의 진상이다. 왜냐하면 자기 내 반성의 조광(照光)은 동시에 독립적 직접성이요, 여러 가지 현실성의 이 존재는 직접으로 자기 내 반성이기 때문이다.

　개념은 존재와 본질과의 진상이므로 존재와 본질은 개념에서 자기의 근저로 돌아가는 것이다. 그러므로 거꾸로 말하면, 개념은 그 자체의 근저인 존재에서 발전하는 것이다. 따라서 전자의 진행은 존재가 제 자신 중으로 심화하여 가서 제 자신의 내부를 폭로하는 진행으로 볼 수 있고, 둘째 진행은 불완전한 것에서 완전한 것이 나오는 진행으로 볼 수 있다. 그런데 철학은 이러한 발전을 오직 후자의 진행에서만 보아 왔다. 그래서 사람들은 이 점을 들어 철학을 비난했던 것이다.

　여기서 불완전한 것과 완전한 것과에 관한 여러 가지 피상적인 사상 내용을 따져 보면, 그것은 직접직인 자기 통일로서의 존재와 자유스런 자기 매개로서의 개념과의 차이에 귀착한다. 그러나 존재가 개념의 한 계기인 것이 분명하여진 이상, 따라서 개념이 존재의 진상이라는 것을 알 수 있다. 따라서 개념은 존재의 자기 내 반성과 매개와의 지양이기 때문에 그것은 직접적인 것의 전제다.

그러나 이 전제는 자기 복귀와 동일한 것인바, 이 동일성이 자유와 개념의 내용이 되는 것이다. 그러므로 계기를 불완전한 것이라고 부를 수 있다면, 이념 즉 완전한 것은 두말할 것 없이 불완전한 것에서 발전하는 것이다. 왜냐하면 이념은 본질에 있어서 이러한 제 자신의 전제의 지양이기 때문이다. 그러나 그와 동시에 이미 인과성 일반에서나 특히 교호작용에서 본 바와 같이, 이념은 또한 제 자신을 정립하는 것이기 때문에만 전제가 되는 것이다.

개념을 존재와 본질과의 관계에서 규정한다면 개념은 단순한 직접태인 존재에 복귀한 본질이다. 따라서 이 본질의 반조(反照)는 이 존재로의 복귀에 의하여 현실성을 갖는 바, 이 본질의 현실성이 동시에 자유스런 자기 내 반조다. 이리하여 개념은 단순한 제 자신과의 관계 또는 제 자신과의 통일의 직접태인 존재를 갖는다. 존재는 그와 같이 심히 빈약한 규정이다. 따라서 존재는 개념 중에서 지적할 수 있는 것 중의 가장 미소(微小)한 것이다.

필연에서 자유로 또는 현실에서 개념으로 이행하기는 가장 어려운 것이다. 왜냐하면 독립적 현실태는 그 이행이나 또는 그 이외의 다른 독립적 현실태와의 동일성에도 불구하고, 제 자신의 전실체성(全實體性)을 보유하는 것 같이 생각되어지는 것이기 때문이다. 따라서 개념이라는 것은 그것이 바로 이러한 동일성이기 때문에 가장 이해하기 곤란한 것이다. 그러나 현실적인 실체 그 자체 즉 그 독립적 존재 중에 제 자신 이외의 아무것도 용납하지 않는 원인은, 그 자체가 벌써 필연성 즉 매개적 정립태로 이행할 운명에 굴복하고 있는 것이다.

그리고 이 굴복은 가장 이해하기 곤란한 것이다. 그러나 필연성의 사유는 오히려 이러한 곤란을 해소한다. 왜냐하면 사유라는 것은 타자에게서 제 자신이 제 자신과 융합하는 것이기 때문이다. 여기서 자유가 성립한다. 그러나 이 자유는 추상에 의한 도피가 아니라, 현실적인 것이 필연성의 위력에 의하여 얽매여 있는 다른 현실적인 것 중에서, 이를 타자로가 아니라 도리어 제 자신의 존재와 정립으로 가짐을 의미하는 것이다. 이 자유를 자각적 생존자로 보면 '자아'요, 그 통체성에까지 발전한 것으로 보면 '자유정신'이요, 감수로 보면 '사랑'이요 향유로 보면 '천복(天福)'이다. 스피노자의 위대한 실체관은 유한한 독립적 존재로부터의 즉자적인 해방이다. 그러나 개념자체는 필연성을 자각적으로 굴복시키는 것이요 또한 현실적인 자유다.

【補遺】 그와 같이 개념이 존재와 본질과의 진리라면, 왜 개념으로부터 출발하지 않느냐하고 질문할 사람이 있을 것이다. 이러한 질문에 대답삼아 말하거니와, 대체 사유적 인식에 있어서는 진리를 단서로 삼을 수가 없다. 왜냐하면 진리를 단서로 삼으면 거기서는 진리에 대한 논증만이 나올 뿐이요, 진리라는 것은 그 자체가 사유의 산물이기 때문이다. 만일 개념을 논리학의 벽두에 내세우고 이것을 존재와 본질과의 통일이라고 정의한다면, 이 논리학이 내용상 아무리 완전히 진정(眞正)하다 하더라도, 존재가 무엇이고 본질이 무엇이며, 또 이 양 자가 어찌하여 개념 중에서 통일되느냐하는 문제가 일어난다.

그러므로 명목상으로는 개념을 단서로 삼을 수 있으나 사실상으로는 개념을 단서로 삼을 수 없는 것이다. 진정한 단서는 내가 여기서 취한 바와 같이 존재다. 그러나 존재의 규정이나 내지 본질의 규정은 직접표 상에서 취할 수 있지만, 그 반면에 존재와 본질은 그 자체가 변증법적으로 발전하고, 또 자기 스스로 개념의 통일로 지양되어 들어가는 것을 알아야 한다.

제3편 개 념 론

158

개념이라는 것은 자각적으로 존재하는 실체적 위력이기 때문에 자유요, 또 모든 계기는 그 속에서 한 전체를 형성하면서 개념과 불가분적으로 통일하고 있는 통체성이다. 따라서 개념은 자기동일성이면서 즉자적으로나 대자적으로 규정되어 있는 것이다.

【補遺】 개념의 입장은 대체로 말하면 절대관념론의 입장이다. 그리고 철학은 철학 이외의 모든 의식이 존재하는 것으로, 따라서 그 직접적 독립성에서 보는 모든 것을 단순한 관념적 계기로 보는 한 개념적 인식이다. 오성 논리학에서는 개념을 흔히 단순한 사유형식으로 좀 더 따져 말하면 일종의 일반표상으로 본다, 따라서 개념 그 자체는 죽은 것, 공허한 것, 추상적인 것이라고 감각 내지 심정의 입장에서 자주 말하는 주장은 이러한 초보적인 개념관에서 나오는 것이다.

그러나 사실에 있어서는 그와 정반대로 개념은 모든 생명의 원리요, 따라서 동시에 어디까지나 구체적인 것이다. 그렇기 때문에 개념은 종래의 전논리적 운동의 결과인 것이 분명하며, 그러므로 여기서 새삼스럽게 논증할 필요조차 없다. 따라서 개념을 순진한 형식적인 것으로만 보는 데에서 형식과 내용과의 대립이 벌어지거니와, 우리로 보면 비단 이 형식과 내용과의 대립뿐만 아니라, 반성적 사유가 고집하는 기타 모든 대립은 변증법적으로, 다시 말하면 제 자신에 의하여 극복되어 개념으로 지양한다.

그러므로 개념은 종래의 모든 사유규정을 지양하여 제 자체 중에 내포하는 것이다. 물론 개념도 한 형식으로 볼 수야 있다. 그러나 이 형식은 모든 내용을 자체 중에 가두어 두는 동시에, 모든 내용을 자체 밖으로 내놓는 무한한 창조적 형식이라고 말할 수 있는 것이다. 만일 구체적이라는 것을 오직 감성적 구체성, 아니 일반적으로 직접적인 가감각성(可感覺性)으로만 해석한다면, 물론 개념을 추상적인 것이라고 부를 수도 있으리라, 왜냐하면 개념 그 자체는 손으로 붙잡을 수도 없고, 도무지 들을 수나 볼 수가 없는 것이기 때문이다.

그러나 이미 앞에서 지적한 바와 같이 개념은 그것이 존재와 본질, 따라서 이 양 영역의 전내용을 관념적으로는 통일하여 내포하고 있는 한에서 어디까지나 구체적인 것이다. ─ 그러므로 기술한 바와 같은 논리적 이념의 여러 가지 발전계단을 절대자의 정의의 실 예로 볼 수 있거니와 절대자의 정의는 결국 개념의 정의에 귀착한다.

따라서 우리는 개념을 단순히 무내용한 우리의 주관적 사유형식으로만 보는 오성윤리와는 달리 그리고 보다 더 높은 의미로 이해하여야 한다. 그렇다면 여기서 첫째 이러한 의문이 나올 수 있을 것이다. 즉 만일 사변적 논리에서 개념이 사람들이 흔히 이해하는 바와는 전혀 다른 의미를 가지고 있는 것이라면, 왜 이것을 달리 부르지 아니 하고 개념이라고 부르며, 따라서 오해와 혼란을 일으키게 하느냐고.

이러한 질문에 대답하거니와, 형식논리의 개념과 사변적 개념과의 거리가 아무리 멀다하더라도 좀 더 따져 보면 결국 뜻이 결코 다른 게 아니다. 사람들은 한 내용 즉 예를 들면 일정한 법적규정에 의한 재산을 재산이라는 개념에서 도출하고, 또 거꾸로 이러한 내용을 개념에 환원시켜서 말한다. 그러나 개념을 단순히 무내용한 형식으로 알아서는 안 된다. 왜냐하면 한편 이러한 무내용한 형식에서는 아무것도 도출할 수 없는 동시에 또 다른 편으로는 일정한 내용을 이 내용이라는 규정성을 제거하고 남은 것에 불과한 개념이라는 공허한 형식에 환원시켜도, 결코 하등의 지식이 되지 않는 것이기 때문이다.

159

개념의 진행이라는 것은 타자로의 이행도 아니요 또 타자 내의 반조도 아니라 발전이다. 왜냐하면 개념 중에서 상이한 것들은 동시에 서로 직접동일하고, 또 전체 중에 있어서도 동일한 것, 즉 개념 전체 중에서 자유스런 존재라는 규정성이기 때문이다.

【補遺】 타자로의 이행은 존재의 영역에 있어서의 변증법적 과정이요, 타자 내의 반조는 본질의 영역에 있어서의 변증법적 과정이다. 그런데 개념의 운동은 이미 함축적으로 존재하여 있는 것이 개시적(開示的)으로 드러나는 발전이다.

자연 중에는 유기적 생명이 있는 바 이것은 개념의 계단에 조응한다. 그리하여 예를 들면 식물은 그 맹아(萌芽)에서 발전한다. 맹아는 이미 전식물을 내포한다. 그러나 관념적인 형식으로 내포하는 것이다. 따라서 우리는 식물의 발전을 마치 식물의 여러 가지 부분, 즉 뿌리나 줄기나 이파리나 기타 등이 이미 맹아 중에 아주 적으나마 현실적으로 존재하여 있는 것같이 그렇게 이해하여서는 안 된다.

이와 같이 식물의 전부분이 맹아 중에 현실적으로 존재한다고 하는 것이 소위 '생물개전설(生物開展說)'이다. 따라서 이 학설의 결함은 관념적으로 존재하는 것을 이미 현실적으로 실재한다고 보는 점에 있는 것이다.

그러나 이 학설에는 정당한 점이 있다. 그것은 개념이 그 과정을 통하여 제 자신을 잃지 않고 또 하등 새로운 내용을 가하여 가는 게 아니라 다만 형식 변화만 일으킨다는 점이다.

그 과정 중에서 제 자신의 발전으로 나타나는 개념의 이러한 본성은, 사람들이 선천관념을 운운할 때나 또는 플라톤이 그리한 바와 같이, 모든 학습을 상기(想起)로 보거나 할 때에도 짐작되는 것이다. 그러나 그렇다고 교육에 의하여 함양된 의식의 내용을 그것이 그 일정한 발전계단에서 이 의식 중에 이미 선재(先在)하였던 거와 같이 알아서는 안 된다.

개념의 운동은 말하자면 일종의 장난이다. 왜냐하면, 개념의 운동에서 드러나는 타자는 사실에 있어서 타자가 아니기 때문이다. 기독교의 교의에 있어서는 이 사실을 이렇게 말하고 있다. 즉 신은 자기에게 대립하는 타자인 이 세계를 창조하였을 뿐만 아니라, 그는 또한 영원한 아들 하나를 낳는 데에 신은 정신으로서 이 아들과 같이 계신다고 한다.

160

개념론은 (1) 주관적 또는 형식적 개념론, (2) 직접태로서 규정된 개념 또는 객관성의 이론, (3) 이념주관 즉 객관개념과 객관성과의 통일, 절대진리에 관한 이론으로 구분된다.

보통논리학은 겨우 나의 이론학의 제3편인 개념론의 첫 장에 해당하는 부분과 그 외에 기술한 소위 사유법칙만을 다룬다. 그리고 응용논리학 중에서는 결국 단순한 사유형식만으로는 불충분하기 때문에 심리학적 형이상학적 및 기타 경험적 재료에 관련한 약간의 지식을 추가한다. 그러나 그러함으로써 이 학문은 확고한 방향을 상실했다. ― 그뿐만 아니라 그래도 논리학의 본래이 범위에 속하는 이 형식들을 의식적이기는 하나, 그러나 오직 오성적인 사유의 규정으로만 보고 이성적인 사유의 규정으로 보지 않았다.

이상 논술한 논리적 여러 규정 즉 존재와 사유의 여러 규정은 물론 단순한 사상규정이 아니다. 따라서 이 여러 규정은 그 이행 즉 변증법적 계기와 그 자기 환귀(還歸) 즉 통체성으로의 환귀에서 개념으로 나타나는 것이다. 그러나 이 개념은 특정한 개념 즉 즉자적 개념 또는 같은 말이지만 우리에게 대한 개념이다.

왜냐하면 모든 규정이 거기로 이행하고 또 거기서 자기를 반조하며, 또 따라서 자기에게 상대적으로 존재하는 타자는 특수적인 것으로서 규정되어 있는 것도 아니요, 또 제3자가 개별자 또는 자체로서 규정되어 있는 것도 아니며, 또 이 규정은 보편성이 아니므로 그 대립 중에서 그 자유가 드러나는 규정의 동일성도 아니기 때문이다. ― 흔히 개념이라고 부르는 것은 오성규정 또는 일반표상에 불과한 것이다. 따라서 그것은 본래 유한적 규정이다.

사람들은 흔히 개념의 논리학을 다만 형식적 학문으로만 안다. 따라서 개념의 논리학은 개념 · 판단 · 추리 등의 형식만을 다루고 무엇이 진(眞)이고 위(僞)인지를 전혀 묻지 않는다. 따라서 진리 여부는 오로지 내용에만 의존하는 줄 안다. 만일 개념의 논리적 여러 형식이 참으로 여러 가지 표상이나 사상을 담는 중요치 않은 죽은 그릇에 불과한 것이라면, 이러한 형식에 대한 지식은 진리를 위하여 없어도 좋은 무용지물일 것이다.

그러나 사실은 그와 반대로 개념의 여러 형식은 현실의 산 넋이다. 그리고 현실 중에서도 오직 이러한 개념의 형식에 의하여, 또 이 형식을 통하여 이 형식 중에서 참다운 것만이 참다운 것이다. 그러나 이러한 형식 그 자체의 진리는 그 필연적 관련과 아울러, 지금까지 고찰과 연구의 권내에 전혀 들어오지 않았던 것이다.

가. 주 관

161

1. 개념

개념에는 그 자체의 특질 중에 제 자신과의 자유스런 동등성인 보편성의 계기와, 또 보편성이 의연히 제 자신을 잃지 않고 보유하는 규정성인 특수성의 계기와, 끝으로 보편성과 특수성이란 양 규정의 자기 내 반성인 즉 제 자신과의 부정적 통일이 즉자적 및 대자적으로 규정된, 그리고 동시에 자기동일적인 또는 보편적인 개별성과의 3계기가 있다.

개별적인 것은 현실적인 것과 마찬가지이다. 그리고 이 양 자에 다른 점이 있다면 그것은 오직 개별적인 것이 개념에서 나오는 것, 따라서 제 자신과의 부정적 동일성인 보편성으로 드러나는 것이다.

현실적인 것은 그것이 즉자적으로, 다시 말하면 직접적으로 본질과 실재와의 통일이기 때문에만 비로소 힘을 발휘할 수 있는 것이다. 그러나 개념의 개별성은 무조건하고 힘을 발휘하는 것이다. 따라서 개별성은 반조를 가진 원인과 같이 타자를 움직이게 하는 것은 물론 아니라, 그것은 오히려 제 자신을 움직이게 하는 것이다.

그러나 우리는 개별성을 개별적인 사물이나 개별적인 인간을 운운하는 때와 같은 직접적인 개별성으로만 이해하여서는 안 된다. 이 직접적인 개별성의 규정은 판단에서 비로소 나오는 것이다. 그러므로 개념의 계기는 그 자체가 모두 완전한 개념인 것이다. 그러나 개별성 즉 주체는 통체로서 드러난 개념이다.

【補遺】1. 사람들은 개념이란 말을 들으면 흔히 오직 추상적 · 보편성만을 연상한다. 그리고 그러므로 사람들은 개념이라는 것을 보편적인 표상이라고 정의하기를 좋아한다. 따라서 사람들은 색 · 식물 · 동물 기타 등을 개념이라고 말하고, 또 이러한 개념들은 여러 가지 색, 여러 가지 식물, 여러 가지 동물 기타 등이 서로 구별되는 그 특수적인 점을 제거하고, 공통적인 점을 보유함으로써 성립한다고 말한다.

이것은 오성이 개념을 파악하는 방식이다. 그리고 감정은 당당히 이러한 개념을 공허하고 무내용한 것, 즉 단순한 형식과 음영으로 본다. 그러나 개념의 보편성은 특수와 대립하여 성립하는 단순한 공통적인 것이 아니라, 도리어 제 자신을 특수화하는 것, 그리고 타자에게서도 틀림없이 분명하게 제 자신을 잃지 않고 존립하는 것이다. 그러므로 단순한 공통적인 것을 참다운 보편 즉 일반과 혼동하지 않는 것이 우리의 실천적 행동이나 인식에 대하여 지극히 중요한 것이다.

사유일반 그리고 특히 철학적 사유에 대하여서 가하여지는 감정의 입장에서 흔히 나오는 모든 비난이나 또는 이 사유를 지나치게 추진시키는 데에 위험성이 있다는 빈번한 주장은 그 근거를 따져 보면 모두 단순한 공통성과 참다운 보편성과를 혼동하는 데에서 나오는 것이다. 그러나 참다운 그리고 넓은 의미에 있어서의 보편이란 것은 사유의 산물인 하나의 사상이다. 그리고 이 사상이라는 것은 말하자면 그것에 인간의 의식에 나타나기까지에 몇 천년이란 긴 세월이 걸렸고, 또 기독교에 의해 비로소 그 완전한 승인을 얻은 것이다.

그처럼 교양이 많은 희랍인들로서도 신이나 인간의 참뜻은 몰랐던 것이다. 희랍인의 여러 신은 특수한 정신력에 불과하였으며, 아테네인들은 여러 민족의 신, 보편적인 신을 아직 몰랐다. 그렇기 때문에 또 희랍인들은 그들 자신과 야만인과의 사이에 절대적인 틈이 있는 줄 알았고, 따라서 아직 인간 그 자체의 무한한 가치나 그 무한한 권능을 인식하지 못하였던 것이다.

사람들은 근대 유럽에 노예제가 없어진 이유가 무엇이냐는 문제를 제기하고 또 이러저러한 특수 사정을 들어 이 현상을 설명한다. 그러나 기독교적 유럽에 노예가 한 명도 없는 참다운 이유는 기독교 그 자체의 원리 이외에서 구할 수 없는 것이다. 기독교는 절대자유의 종교다. 그리고 기독교도만이 인간으로서의 인간의 무한성과 보편성을 승인하고 있는 것이다.

노예는 인격성의 승인을 받지 못하였다. 그런데 인격성의 원리가 즉 보편성이다. 노예 소유자는 노예를 인격으로 보지 아니하고 자아가 없는 사물로 본다. 따라서 노예는 자아로 행세하지 못하고 그 소유자가 노예의 자아로 행세한다.

이상 말한 단순한 공통적인 것과 참다운 보편적인 것과의 구별은 루소의 유명한 '민약론(民約論)' 중에서 적정하게 표현돼 있다. 그는 말하되 국가의 법률은 보편적인 의지에서 나온 것이다. 그러나 그렇다고 그 의지가 모든 사람의 의지이어야 할 필요는 결코 없다고 하였다. 루소가 어디까지든지 이 구별을 염두에 두고 있었더라면, 그는 국가의 이론에 있어서 훨씬 더 중요한 업적을 남겼을 것이다. 보편적인 의지는 의지의 개념이고 법률은 이 개념에 입각한 특수한 의지 규정이다.

【補遺】2. 형식논리학에서는 그 외에 개념의 발생과 구성을 논하고 있거니와, 이에 관련하여 한 가지 더 지적할 것은 개념이 결코 구성되는 것도 아니며, 또 개념 일반을 발생하는 그 무엇으로 알아서도 안 된다는 점이다.

개념이라는 것은 물론 단순히 존재나 또는 직접적인 것만이 아니라 또한 매개적인 것이다. 그러나 이 매개는 개념 자체 내에서의 매개다. 따라서 개념은 제 자신에 의하여 제 자신과 매개된 것이다.

최초에 여러 가지 대상이 우리의 표상 내용이 되고 그 다음에 기술한 바와 같이 이 여러 가지 대상에 공통적인 것을 추상하고 총괄하는 오성적 조작에 의하여 개념을 구성하는 우리의 주관적 작용이 내종에 거기에 나타난다고 보는 것은 잘못된 생각이다.

그와 반대로 개념이 참다운 최초의 것이고 사물은 그 사물 속에 내재하며, 그 사물 속에서 나타나는 개념의 작용에 의하여 존립하는 것이다. 이 사실은 우리의 종교적 의식 중에서 다음과 같이 나타난다.

즉 종교의식은 신이 이 세계를 무에서 창조하였다. 다시 말하면 세계와 유한적인 사물이 신적 사상과 신적 의지에서 나왔다고 본다. 따라서 사상, 좀 더 정확히 말하면 개념은 제 자신을 실현하기 위하여, 제 자신이 가지고 있는 자료 외에 하등 아무 것도 필요를 느끼지 않는 무한한 형식, 즉 자유스런 창조적 활동인 것을 승인하여야 한다.

162

개념은 어디까지나 구체적인 것이다. 왜냐하면 제 자신과의 부정적 통일 그 자체가 개별성, 즉 즉자적 및 대자적으로 규정된 존재로서 제 자신에 대한 관계 즉 보편성이기 때문이다. 그러한 한에서 개념의 여러 계기는 분리되는 것이 아니다. 모든 반성규정은 여러 각기 대립 규정에서 분리하여 파악되기도 하고 통용하기도 한다. 그러나 개념에 본래 이 모든 규정의 동일성이 들어있기 때문에, 개념의 모든 규정은 직접 타자에서만 그리고 타자와 더불어서만 파악되는 것이다.

보편성·특수성 및 개별성은 추상적으로 생각하면 동일성·구별성 및 근거와 마찬가지 것이다. 그러나 보편적인 것은 그와 동시에 특수적인 것과 개별적인 것을 내포하고 있다는 의미에서 제 자신과 동일한 것이다. 그리고 특수적인 것은 구별된 것 즉 특정한 규정을 가진 것이다. 그러나 그것은 보편을 내포하고 있는 것, 그리고 개별적인 것으로서 존재하는 의미에서 그러한 것이다. 그와 마찬가지로 개별적인 것은 유(類)와 종(種)을 내포하는 것이며, 또 그 자체가 실체적인 것인 주체나 기체라는 의미를 가진 것이다.

이것은 이 계기가 구별되면서도 또한 얽히어 있다는 사실을 의미하는 것이다. 이 사실은 개념의 명징성(明澄性)을 말하는 것이다. 왜냐하면 개념에 있어서는 모든 구별이 분단되고 혼탁되어 있는 게 아니라, 도리어 아주 투명하여 서로 비추어 주고 있기 때문이다.

우리가 흔히 듣는 말에 의하면 개념은 추상적인 그 무엇이라고 한다. 이 말에는 정당한 점이 있다. 왜냐하면 그 한 이유는 개념이란 것이 경험적·구체적·감성적인 것을 지반으로 하고 있는 것이 아니라 사유일반을 지반으로 하고 있는 것인 까닭이요, 또 한 이유는 개념은 아직 이념이 아니기 때문이다. 그러한 한에서 보면 주관적 개념은 역시 형식적인 것이다. 그러나 그렇다고 해서 개념은 제 자신 이외의 어떠한 다른 내용을 가져야 한다든가, 또는 얻어야 한다든가, 하는 그러한 의미에서 형식적이라는 것은 결코 아니다.

개념이라는 것은 절대적인 형식 그 자체이기 때문에 그 구체적 진상에서 보면 일체의 규정성이다. 그러므로 개념은 추상적인 것이기는 하나, 그러나 또한 구체적인 것, 더구나 절대로 구체적인 것 즉 주체로서의 주체다. 그런데 절대로 구체적인 것은 정신이다. ─ 개념은 그것이 개념으로서 제 자신의 객관성과 구별되는 한에서 구체적으로 존재하는 것이다.

그러나 객관성은 개념과 구별되면서도 의연히 개념의 객관성이다. 그리고 개념 이외의 모든 주체적인 것은 그것이 아무리 내용이 풍부한 구체적인 것이라 하더라도, 개념과 같이 그처럼 절실하게 제 자신과 일치하는 것은 아니다. 따라서 그 자체에 있어서 그처럼 구체적인 것이 아니다. 사람들이 흔히 구체적인 것이라고 보고 있는 것은 거우 외면적으로 얽혀 있는 복잡다단한 것에 불과한 것이다. 개념 더구나 특정한 개념이라고 불리는 것, 가령 예를 들면 인간·가옥·동물 기타 등은 단순한 규정이요 또 추상적 표상이다. ─ 그런데 이 추상이라는 것은 개념 중에서 특수성과 개별성을 제거하고, 오직 보편성의 계기만을 취하는 것이기 때문에 특수성과 개별성에서 발전하지 못하고, 또 그렇기 때문에 바로 개념을 추상화시키는 것이다.

163

개념의 여러 계기는 개별성의 계기에 의하여 비로소 구별로 드러나는 것이다. 왜냐하면 개별성이라는 것은 개념의 부정적인 자기반성이요, 따라서 결국 개념의 규정성을 드러내는 최초의 부정, 즉 개념의 자발적인 분화이기 때문이다. 그러나 동시에 개념의 규정성은 특수성으로서, 즉 첫째 여러 가지 개념 계기의 규정성만이 서로 대립하여 가지고 있는 구별성과, 그 다음에 이 여러 가지 개념 계기가 이것이나 저것이나 모두 마찬가지라는 동일성으로서 드러난다. 이와 같이 드러나는 개념의 특수성이 판단이다.

보통일반의 명석하고 판명하고 충분한 종류의 개념이라는 것은 개념에 속하는 게 아니라 도리어 심리학에 속하는 것이다. 그 까닭은 명석하고 판명한 개념이란 것은 표상을 의미하는 것이기 때문이다. 따라서 개념은 추상적인 단순한 규정을 의미하나, 그러나 표상은 그 외에 주관적 인식의 한 징표인 그 어떠한 한 규정성 즉 현저한 특징을 가지고 있는 것이다. 그런데, 징표라는 범주처럼 논리학의 천박과 타락을 표시하는 범주는 또 없는 것이다.

완전한 개념이라는 것은 그러나 명석하고 판명한 개념이나 표상보다는 더욱 개념의 본질, 아니 이념에 가까운 것이다. 그러나 이 완전한 개념이라는 것은 좀 더 따져 보면 개념 또는 표상과 그 객체 즉 외적 사물과의 일치라는 형식적인 것을 표현함에 불과한 것이다. 이른바 종속개념이라든가 또는 동위개념이라는 것은 보편과 특수와의 피상적인 구별과 또 피상적인 반성에 의한 그 상호관계를 지반으로 하고 있는 것이다.

그리고 그뿐만 아니라 반대개념과 모순개념, 긍정개념과 부정개념 기타 등을 열거하는 것은 이미 각기 개소(個所)에 논술한 바와 같이 존재와 본질과의 영역에 처하는, 따라서 개념 규정 그 자체와는 하등 상관없는 사상의 여러 규정성을 막연히 주워섬기는 것에 불과한 것이다. 개념의 참다운 구별 즉 보편개념·특수개념·개별개념만이 개념의 종류가 되는 것이다. 그러나 그것도 이 개념들이 외면적인 반성에 의하여 서로 떨어져 있는 한에서만 그러한 것이지 본래는 구별되는 것이 아니다. ― 개념의 내적 구별과 그 규정은 판단에서 드러나는 것이다. 왜냐하면 판단이라는 것은 개념의 규정이기 때문이다.

164

2, 판단

판단이라는 것은 특수성에 있어서의 개념이다. 다시 말하면 판단이라는 것은 서로 독립하여 있으면서, 타자와 일치하지 아니하고 제 자신과 일치하는 개념 여러 계기의 구별적인 관계다.

사람들은 흔히 생각하되, 판단 중에는 첫째 독립적인 양 극단 즉 주어와 술어가 있는 바, 주어는 한 사물 또는 한 규정이고 술어도 역시 말하자면, 내 머리 속에 있는 주어 이외의 일반적 규정으로서, 이것들이 나에 의하여 결합되며 이래서 판단이 성립된다고 말한다.

그러나 계사(繫辭) 즉 '이다'는 주어에 관한 술어를 말하는 것이므로, 외면적 주관적 저 포섭 작용은 다시 지양되며, 따라서 판단이 대상 그 자체의 한 규정으로 생각되게 된다.

판단이란 말의 어원학적 의미를 캐어 보면 판단이란 말은 우리가 흔히 생각하는 바 보다는 퍽 심오한 뜻을 가지고 있다. 즉 독일이의 판단(urteil)이란 말은 첫째 개념의 통일을 표시하고, 그 다음에 개념의 자기분열을 원시적(ur) 분할(teil)로 표시하는 바 이것이 판단의 참뜻이다.

추성적 판단은 '개별은 보편이다'라는 명제다. 개별과 보편은 주어와 술어가 맨 처음으로 서로 상대하였을 때에 갖는 두 규정이다. 왜냐하면 여기서 개념의 여러 계기가 그 직접적 규정성 또는 최초의 추상성에서 이해되고 있기 때문이다(특수적인 것은 보편적인 것이다. 또는 개별적인 것은 특수적인 것이라는 등의 명제는 판단의 그 다음 규정에 속하는 것이다).

개별적인 것은 보편적인 것이다. 좀 더 규정지어 말하면 주어는 술어다(가령 예를 들면 신은 절대정신이다)라는 이러한 명제는 여하한 판단 중에도 있는 말인데, 보편논리상에서 이러한 단순한 사실까지도 언급되지 않고 있는 것을 볼 때, 사람들의 관찰력이 엄청나게 모자라는 것을 알 수 있다.

물론 개별성과 보편성, 주어와 술어는 구별되는 것이다. 그러나 그렇다고 모든 판단이 이 규정들을 동일적으로 진술하고 있는 보편적 사실은 조금도 우길 수 없는 것이다.

계사(繫辭) 즉 '이다'는 개념이 제 자신을 외화(外化)하면서, 그 외화가 개념 제 자신과 일치하는 개념의 본성에서 나오는 것이다. 개별성과 보편은 개념의 양 계기이기 때문에 서로 고립할 수 없는 그러한 양 규정이다.

종래의 모든 반성규정도 상호관계를 가지고 있는 것이다. 그러나 이 관계는 가짐(haben)의 관계에 불과하고 있음(Sein), 즉 이러저러하게 마련된 동일성이나 일반성의 관계는 아니다. 그러므로 판단은 첫째 개념의 특수성이다. 왜냐하면 판단이라는 것은 보편성의 성격을 잃지 않는 개념의 규정 또는 구별이기 때문이다.

【補遺】 사람들은 흔히 판단을 개념과 개념, 더구나 유(類)가 다른 개념과

개념과의 결합이라고 본다. 이 견해는 개념이 판단의 전제가 되고, 판단 중에 구별의 형태로 나타난다고 보는 점에서는 물론 옳다. 그러나 이 견해가 유(類)가 다른 개념을 운운하는 것은 옳지 아니하다.

왜냐하면 개념 그 자체는 그것이 아무리 구체적이라 하더라도 본질에 있어서는 역시 한 개념이요, 따라서 이 개념 중에 포함되어 있는 여러 계기는 전혀 유(類)가 다른 것이라고는 볼 수 없기 때문이다.

그와 마찬가지로 판단의 여러 측면의 결합을 운운하는 것도 옳지 않다. 왜냐하면 이 결합을 운운할 때에 결합되는 것은 이 결합을 떠나서도 제대로 홀로 존재하는 것이라고 생각되기 때문이다. 이 피상적인 견해는 판단에 대하여 판단이 주어에 술어가 부가됨으로써 성립한다고 말할 때 그 본색이 한층 더 명백하게 드러난다. 이 견해에 의하면 주어는 외부에 따로 존재하는 것, 그리고 술어는 우리의 머릿속에 있는 것이라고 한다.

그러나 이러한 견해는 계사인 '이다'와 모순 한다. 우리는 가령 '이 장미가 붉다'든가 또는 '이 그림이 아름답다'든가 하거니와, 그것은 우리가 외부로부터 비로소 장미에 대하여 붉다는 것을 부가하고, 그림에 대하여 아름답다는 것을 부가하는 것이 아니라, 도리어 붉다든가 아름답다든가 한 것은 장미나 그림 등 이러한 대상 자체의 독특한 규정이라는 것을 의미하는 것이다.

그뿐 아니라 형식논리학상에서 흔히 보는 판단에 관한 견해에는, 그렇기 때문에 판단일반을 다만 우연적으로 나타나는 그 뭣으로만 보고, 개념에서 판단으로의 진행을 증시(證示)하지 못하는 결함이 있다.

그러나 개념은 본래 오성이 생각하고 있는 바와 같이, 과정이 없이 제 자신 중에 저립(佇立)해 있는 것이 아니라, 오히려 무한한 형식이요 어디까지나 활동적인 것이며, 말하자면 모든 생명의 발동점(發動點)이요 따라서 제 자신을 제 자신과 구별하는 것이다.

이와 같이 개념이 제 자신에 고유한 활동을 통하여 그 여러 계기의 구별에서 드러난 개념의 분할이 판단이다. 따라서 판단의 의미는 개념의 특수화로 이해되어야 하는 것이다.

개념이라는 것은 물론 즉자적으로는 이미 특수적인 것이기는 하나, 그러나 개념으로서의 개념 중에는 본래 특수적인 것이 아직 뚜렷이 드러나 있는게 아니라 보편적인 것과 흠림 없이 통일되어 있는 것이다. 그리하여 가령 예를 들면, 전에도 말한 바와 같이 식물의 씨앗은 물론 뿌리라든가 가지라든가 잎사귀라든가 기타 등의 특수적인 것을 내포하고 있기는 있다.

그러나 이 특수적인 것은 겨우 즉자적으로 존재할 뿐이요, 식물의 판단이라고 볼 수 있는 씨앗의 전개에 이르러 비로소 뚜렷이 그 존재를 드러내는 것이다. 따라서 개념이나 판단이 오직 우리의 머릿속에서만 있는 것도 아니요, 또 오직 우리에 의하여 구성되는 것만도 아니라는 것을 우리는 이 식물의 실 예에서 알 수 있는 것이다.

개념은 사물 자체 중에 내재하는 것으로서 한 사물이 그 사물다운 것은 그 사물 중에 내재하는 개념에 의하여서요, 따라서 사물의 개념을 파악한다는 그 사물의 개념이 의식된다는 것을 의미하는 것이다.

그러므로 우리가 나가서 사물을 평가한다는 것은 이 사물에 대하여 이러저러한 술어를 부가하는 우리의 주관적 작용이 아니라, 그 사물의 개념에 의하여 명백히 드러난 규정성에서 고찰함을 의미하는 것이다.

165

사람들은 판단이라는 것을 흔히 주관적 의미에서 오직 자각적 사유에만 한하여 나타나는 조작이나 형식으로만 생각한다. 그러나 이 구별은 아직 논리적인 것 중에 있는 것이 아니다. 판단이라는 것은 아주 보편적인 것으로 알아야 한다. 따라서 모든 사물은 판단이다.

다시 말하면 모든 개별적인 것인 동시에 보편성 즉 그 사물의 내면적 본성을 가지고 있는 것이다. 둘러말하면 모든 사물은 보편적인 동시에 개별적인 것이다. 이리하여 모든 사물 중에는 보편성과 개별성이 구별되면서 또한 동시에 일치하고 있는 것이다.

마치 '나'라는 것이 한 주어에 대하여 한 술어를 부가하는 것같이, 판단을 오직 주관적인 것에 불과하다고 생각하는 것은, '장미는 붉다'든가 '황금은 금속이다'든가 하는 어느 편이냐 하면 오히려 객관적인 판단의 표현과 모순되는 것이다. 왜냐하면 이러한 판단의 표현에서 보면 '나'라는 것이 이러한 장미나 황금에 대하여 부가한 것은 아무것도 없기 때문이다.

판단이라는 것은 명제와는 본질이 다른 것이다. 왜냐하면, 명제 중에는 보편성의 관계 중에서 볼 수 없는 주체의 한 규정, 한 상태 또는 행동 기타 등이 들어 있기 때문이다. 가령 한 예를 들어 말하면 케사르는 모년 모월 모일에 로마에서 태어나서, 10년 동안 갈리아에서 전쟁하고 루비콘 강을 건너 갔다는 것은 명제이지 판단이 아니다.

또 가령 '나는 어젯밤에 잘 잤다'든가, 또는 '들어 총!'이라는 등의 명제를 판단의 형식으로 고칠 수 있다고 말한다면 그것은 전혀 터무니없는 짓이다. 그러나 가령 '차가 지나간다'는 명제가 있을 때 지나가는 것이 차인지 아닌지, 또 보이는 대상이 움직이고 있는지 그렇지 않으면 보고 있는 편이 움직이고 있는지 미심(未審)할 때에 한하여 이 명제는 판단, 더구나 주관적인 판단이 될 수 있는 것이다. 왜냐하면 여기서는 아직 적정하게 규정되지 않은 표상에 대한 적정한 규정을 발견하는 데에 관심이 쏠려 있기 때문이다.

166

판단의 입장은 유한성이다. 그리고 사물의 유한성은 판단의 입장에서 보면 사물이 판단이라는 점에, 다시 말하면 사물의 현실적 존재와 그 보편적 본질(그 육체와 정신)이 물론 결합하여 있기는 있으나(이것이 결합하여야 사물이 존재하는 것이지 그렇지 않으면 사물이 존재하지 못하는 것이다), 그러나 이 양 계기가 구별되고 또 흔히 분리되는 점에 있는 것이다.

167

'개별적인 것은 보편적인 것이다'라는 추상적 판단에서는, 주어가 스스로 자기에게 부정적으로 관계하는 것이기 때문에 직접적이고 구체적인 것이다. 그와 반대는 술어는 추상적이고 무규정적이며 보편적인 것이다.

그러나 이 주어와 술어는 '이다'에 의하여 관계하는 한, 술어도 그 보편성 중에 주어의 규정성을 내포하는 것이다. 따라서 이 규정성이 특수성이다. 그리고 이 특수성이 뚜렷이 드러난 주어와 술어와의 동일성이다. 따라서 주어와 술어와의 이 형식적 구별을 무시하고 보면 주어의 규정성은 내용이 된다.

주어는 술어 중에서 비로소 그 뚜렷한 규정성과 내용을 가지는 것이다. 그러므로 주어 그 자체만을 따로 떼어서 본다면, 그것은 단순한 표상 또는 공허한 명칭에 불과한 것이다. '신은 모든 것 중에서 가장 실재적인 것이다' 라든가, 또 '절대자는 제 자신과 동일한 것이다'라든가 하는 따위의 판단 중에 있는 신이나 절대자라는 것은 단순한 명칭에 불과한 것이다.

왜냐하면 주어의 정체는 술어 중에서 비로소 진술되는 것이기 때문이다. 주어가 이 술어 중에서 진술되는 이외에 구체적으로 또 무엇이 있든지간에, 그것은 이 판단에는 하등의 관계도 없는 것이다.

【補遺】주어는 그 무엇이라고 진술되는 것이고 술어는 진술이라고 사람들은 말하거니와 이것은 매우 어줍잖은 말이다. 사람들은 이런 말을 들어도 주어와 술어와의 구별이 무엇인지 전혀 일치 못하는 것이다.

주어라는 것은 그 사상 내용으로 보면 결국 개별적인 것이고 술어는 보편적인 것이다. 그러나 판단이 좀 더 발전하면 주어는 단순히 직접적 개별적인 것에 불과한 것이 아니며, 술어는 단순히 추상적 · 보편적인 것에 불과한 것이 아니다. 따라서 주어와 술어는 또 이러한 의미 즉 전자는 특수와 보편, 후자는 특수와 개별이라는 의미를 가지고 있는 것이다. 판단의 양 항(兩項)이 가진바 의미의 이러한 변화는 주어와 술어라는 두 명칭 하에서 일어나는 것이다.

168

주어와 술어와의 규정을 좀 더 따져 보면, 주어는 제 자신에 대한 부정적 관계로서 술어가 거기서 제 자신의 존립을 갖고 관념적으로 존재하는 밑바닥에 고정하여 있는 것이다(즉 술어는 주어 속에 내속(內屬)한다). 그리고 주어는 본래 직접적으로 구체적인 것이기 때문에, 술어의 일정한 내용은 주어의 수다한 규정성 중의 오직 하나에 불과한 것이다. 따라서 주어는 술어보다 내용이 풍부하고 범위가 넓은 것이다.

그러나 술어는 보편적인 것으로서, 주어가 있든지 없든지 상관없이 독립적으로 존재하는 것이다. 술어는 주어로 초월하여 이것을 제 자체 중에 포섭하며 따라서 주어보다 범위가 넓은 것이다. 술어의 일정한 내용(앞의 절)만이 주어와 술어와의 동일성을 형성하는 것이다.

169

주어 · 술어, 그리고 일정한 내용 또는 동일성 등은 판단 중에서 관계하면서도, 또한 우선 구별되고 분리되어서 나타나는 것이다. 그러나 즉자적으로는, 다시 말하면 관념상으로 보면 이것들은 결국 동일한 것이다.

왜냐하면 주어의 구체적 통체성이라는 것은 그 어떠한 무규정적인 잡다성이 아니라 개별성, 즉 동일성에서 관계하고 있는 특수적인 것과 보편적인 것이기 때문이다. 그리고 바로 이 통일이 즉 술어이기 때문이다. ― 그뿐만 아니라, 계사(繫辭) 내에서도 주어와 술어와의 동일성이 물론 드러나기는 한다. 그러나 이 동일성은 결국 추상적인 '이다'에 불과한 것이다.

이 동일성에 의하면 주어는 술어의 규정 중에서도 드러나고, 따라서 술어는 주어의 규정 중에서도 드러나며 따라서 계사가 충실하여진다. 이리하여 판단은 내용 있는 계사를 통하여서 그 규정을 추론에까지 끌고 나가는 것이다. 결국 판단에 있어서 판단을 계속 규정한다는 것은 최초에 추상적이고 감성적인 보편성을 통체성에까지 즉 유(類)와 종(種)에까지, 그리고 전개된 개념의 보편에까지 규정하여 가는 것을 의미하는 것이다.

판단의 진행 규정을 인식함으로써 흔히 판단의 종별이라고도 말하는 의의나 관련이 비로소 알려지는 것이다. 판단의 종류라고 하여 흔히 열거하는 것을 보면, 전혀 우연적일 뿐만 아니라 이 판단의 여러 가지 구별을 운운하는 것을 보면 아주 · 피상적이고 또 혼탁스럽고 난잡하다.

가령 예를 들연, 긍정 판단 · 정언(定言) 판단 등이 구별되어 있기는 있으나, 그러나 한편으로 보면 대체로 암중 모색이요 또 한편으로 보면 무원칙적이다. 본래 판단의 여러 가치 구별이라는 것은 서로 필연적으로 꼬리를 물고 나오는 것, 그리고 개념을 계속적으로 규정지어 나가는 것으로 보아야 한다. 왜냐하면 판단이라는 것은 그 자체가 규정된 개념이기 때문이다.

이미 밟아 온 존재와 본질이라는 양 영역과의 관계에서 보면 판단으로서의 여러 가지 규정된 개념은 이 양 영역이 재생산이기도 하다. 그러나 그것은 다만 단순한 개념의 관계 중에서 자각적으로 드러나 있는 점이 다르다.

【補遺】판단의 여러 가지 종류는 단순히 경험적 잡다성을 의미하는 것이 아니라, 사유에 의하여 규정된 통체성을 의미하는 것으로 보아야 하거니와, 이 요구를 처음으로 제기한 점이 칸트의 위대한 공적 중의 하나다. 칸트가 그의 범주표의 도식에 의해 판단을 질(質)의 판단, 양의 판단, 관계의 판단과

양태의 판단으로 구분한 것은 이 범주 도식의 단순한 형식적 적용과 또 그 내용 때문에 충분히 만족할 수 없다 하더라도, 거기에는 판단의 여러 가지 종류를 규정하는 것이 논리적 이념의 보편적 형식이라고 하는 참다운 견해가 들어있다.

여기서 우리는 첫째 존재와 본질과 개념의 각 계단에 조응(照應)하는 세 가지 판단의 종류를 획득한다. 그리고 그 다음에 이 세 종류의 판단 중 둘째 종류는 분화의 계단인 본질의 성격에 조응하면서 또한 그 자체가 둘로 나누어진다.

판단의 이와 같은 도식론이 나오게 되는 그 내면적 근거는 개념의 존재와 본질과의 관념적 통일이기 때문에 그 자체 즉 개념이 그 마음에 스스로 참다운 판단으로 규정되어 나타나는 반면에, 판단에 있어서의 개념의 전개는 또 결국 이 존재와 본질의 계단을 개념적으로 변형, 재생산하게 되는 점에서 찾아야 한다. 따라서 판단의 여러 가지 종별은 동등한 가치를 가지고 서로 병존함이 아니라 오히려 계단을 작성하고 있는 것으로 봐야 하며, 따라서 여러 가지 판단의 구별은 술어의 논리적 의미 여하에서 나오는 것이다.

사람들이 '이 벽은 푸르다'든가, '이 난로는 뜨겁다'든가 기타 이러한 판단만을 내리기를 좋아하는 사람들에게는 별로 신통한 판단 능력이 없다고 서슴지 않고 말하며, 또 그와 반대로 판단을 내릴 때 일정한 예술 작품이 아름다운가 않은가, 또는 한 행동이 선한가 않은가, 기타 이러한 문제를 다루는 사람만을 참으로 판단할 줄 아는 사람이라고 말하거니와, 이러한 한에서 보면 벌써 사람들의 상식 중에서도 여러 가지 판단이 동등한 가치를 가지고 병존하는 게 아니라, 계단적 차별을 가지고 있는 것을 발견할 수 있다.

맨 처음에 열거한 종류의 판단에 있어서는 오직 추상적인 질(質)만 이 내용이 되며, 이 질(質)의 존재 여부는 직접적 지각으로 충분히 결정된다. 그러나 한 예술 작품에 대하여 그것이 아름답다든가 또는 한 행동에 대하여 그

것이 선하다든가 하는 이러한 경우에 있어서는, 당해 이 대상과 이 대상에게 마땅히 있어야 할 것 즉 개념이 대조되는 것이다.

170

〔질적 판단〕 직접적 판단은 일정한 질적 규정을 가진 정유의 판단이다. 여기서 주어는 자기의 술어인 보편성에서 정립되는 바, 이 술어가 직접적인 (따라서 감성적인) 질(質)이다. 이것이 (1) 긍정판단 즉 개별적인 것은 특수적인 것이라는 판단이다. 그러나 개별적인 것은 한 특수적인 것이 아니라, 좀 더 따져 말하면 이 개별적인 질(質)은 주어의 구체적 성질에 일치하는 것이 아니다. 이것이 (2) 부정판단이다.

장미는 붉다든가 또는 안 붉다든가 하는 이러한 질적 판단에 진리가 포함될 수 있다는 것은 가장 뿌리 깊은 논리적 선입견의 하나다. 물론 지각이나 유한적 표상이나 유한적 사유 등의 제한된 범위 내에서는 이 판단을 옳다고 볼 수도 있다. 왜냐하면 이러한 지각이나 유한적 표상이나 유한적 사유는 역시 유한적이고 참다운 것이 아닌 내용이 의존하고 있는 것이기 때문이다. 그러나 진리는 오직 형식 즉 자각적으로 드러난 개념과 이 개념에 대응하고 있는 실재에 있는 것이다. 그런데 질적 판단에는 이러한 진리가 없다.

【補遺】 일상생활상에는 옳다는 것과 참답다는 것을 흔히 같은 뜻으로 알며, 따라서 한 내용에 대하여 마땅히 옳다고 하여야 할 것을 참답다고 말한다. 그런데 옳다는 것은 대체로 우리의 표상과 그 내용과의 형식적 일치를 말하는 것이지, 그 내용이 대체 어떠한 성질을 가진 것인지를 말하는 게 아니다. 그러나 참답다는 것은 대상이 제 자신과, 다시 말하면 제 자신의 개념과 일치하는 데에서 성립하는 것이다. 그 누가 몸이 아프다든가 또는 그 누가 물건을 훔쳤다든가 하는 말은 물론 옳은 말이 될 수 있다. 그러나 이러한

말들의 내용은 참다운 것이 아니다. 왜냐하면 병든 신체는 생명의 개념과 일치하지 않고 도적 행위는 인간적 행위의 개념과 같지 않기 때문이다.

이 실 예에서 보는 바와 같이 직접적 · 개별적인 것에 대하여 한 추상적인 질(質)을 술어로 부가하는 직접적 판단은, 가령 그것이 아무리 옳다 하더라도 거기에는 아무런 진리도 있을 수 없다. 왜냐하면 이 판단 중의 주어와 술어는 실재와 개념으로서 서로 관계하고 있는 것이 아니기 때문이다. 그러므로 또 직접적 판단의 비진리성은 그 형식과 내용이 서로 일치하지 않는 점에 있는 것이다.

가령 우리가 '이 장미는 적색이다'고 말할 때에 계사 '이다' 중에서는 주어 · 술어가 서로 일치하고 있는 것이다. 그러나 장미는 구체적인 것이기 때문에 비단 적색뿐 아니라 또 향취도 있고 적색이라는 술어 중에 없는 기타 여러 가지 규정과 특정한 형식도 가지고 있는 것이다. 그리고 다른 한편으로 보면 이 술어는 추상적 · 보편적인 것이기 때문에 오직 이 주어에만 한하여 속하는 것이 아니다. 장미에서 보는 적색은 장미 이외의 다른 꽃이나 대상에서도 볼 수 있는 것이다. 그리하여 직접적 판단 중의 주어와 술어는 말하자면, 오직 한 점에서만 서로 접촉하고 기타의 점에서는 일치하지 않는다는 것이다.

그러나 개념의 판단에서는 사정이 이와 다르다. 가령 예를 들면 '이 행위는 선(善)이다'는 것은 개념의 판단이다. 따라서 개념의 판단에 있어서는 주어와 술어와의 사이에 직접적 판단에서 보는 바와 같은 그러한 남남스런 외면적인 관계가 일어나지 않는다는 것을 쉽사리 알 수 있다.

직접적 판단에서는 술어가 그 어떠한 추상적인 질(質)로서 주어에 속하기도 하고 또 속하지 않기도 하나, 그 반면에 개념의 판단에서는 술어가 주어의 넋으로서, 주어는 이 넋에 의해 어디까지나 이 넋의 육체로 규정되어 있는 것이다.

171

최초의 부정인 이 부정 중에서도 술어에 대한 주어의 관계는 의연히 남아 있어서, 술어는 이 관계에 의하여 상대적으로 보편적인 것이 되며, 다만 이 보편적인 것의 그 특수한 규정성이 부정된다(장미는 '안 붉다'라는 판단은 붉지는 않으나, 그러나 그래도 역시 한 색, 즉 붉은 색이 아닌 다른 색을 가지고 있는 것이다. 그러나 이 색이 있다면 그것은 또다시 한 긍정판단이 되고 만다). 그러나 개별은 보편이 아니다. (3) 따라서 판단은 그 자체가 둘로 갈린다. 이는 ① '개별은 개별이다'고 하는 공허한 동일 관계 — 동일 판단과 ② 주어와 술어와의 사이에 전혀 일치점이 없는 판단, 즉 소위 무한판단이 그것이다.

후자의 실 예를 들면 '정신은 코끼리가 아니다', '사자는 책상이 아니다' 기타 등의 판단이 이것이다. 그런데 이런 판단의 명제는 명제로서는 하등 그릇된 점이 없다고 하더라도 이러한 명제는 '사자는 사자다', '정신은 정신이다'는 등의 동일 판단과 마찬가지로 불합리한 것이다.

이러한 명제들은 물론 직접적인 소위 질적 판단의 진리이기는 하나, 그러나 본래 하등의 판단도 아니며, 따라서 진리에 어그러지는 추상까지도 고집할 수가 있는 주관적 사유에서만 나타날 수 있는 것에 불과한 것이다. — 객관적으로 보면 이러한 여러 명제는 직접적으로 존재하는 것, 또는 감성적인 사물의 본성을 표현하는 것이다. 즉 이 명제들은 공허한 동일성과 충실한 관계와의 분열을 표현하는 것이다. 그러나 이 충실한 관계는 관계하는 양 자의 질적 상이와 그 완전한 불합치를 의미하는 것이다.

【補遺】 형식논리학 중에서는 주어와 술어와의 사이에 전혀 아무런 관계도 일어나지 않는 부정적인 무한판단을 다만 무의미한 궤변같이 운운하기가 일쑤다. 그러나 사실에 있어서는 이러한 무한 판단은 단순히 주관적 사유의 한 우연적 형식으로 볼 것이 아니라, 도리어 이 판단에 선행하는 직접적 판

단(긍정판단과 단순한 부정판단)과의 바로 그 뒤에 나타나는 변증법적 성과로 보아야 하는 것이다. 따라서 이러한 직접적 판단의 유한성과 비진리성은 바로 이 변증법적 성과 중에서 뚜렷하게 드러나는 것이다.

범죄는 이 부정적인 무한 판단의 객관적 실 예로 볼 수 있는 것이다. 죄(罪), 좀 더 구체적으로 말하면 절도죄를 범한 자는, 예를 들면 시민간의 권리 다툼에서 보는 바와 같이, 특정한 물건에 대한 타인의 특수 권리만을 침해하였을 뿐 아니라 타인의 권리일반까지도 침해한 것이다. 따라서 그는 절취한 물건을 반환하고 마는 것이 아니라 그 외에 또 벌까지 받는 것이다.

그 까닭은 법 그 자체, 다시 말하면 법 일반을 침해하였기 때문이다. 그러나 시민간의 권리 다툼은 단순한 부정판단의 실 예에 불과한 것이다. 왜냐하면 시민간의 권리 다툼에서는 다만 이 특수 권리만이 부정될 뿐이요 따라서 법 일반을 승인하고 있기 때문이다.

'이 꽃은 붉지 않다'는 부정 판단도 그와 마찬가지다. 따라서 이 판단에서는 붉은 색이라는 특수한 색이 부정되지, 꽃이 가진바 색일반이 부정되는 것은 아니다. 왜냐하면 이 꽃은 청색일 수도 있고 황색일 수도 있고 기타 등의 색일 수도 있기 때문이다. 그렇다면 죽음도 또한 부정적인 무한 판단이어서 단순한 부정 판단인 질병과 다른 것이다. 질병에 있어서는 다만 이러저러한 특수한 생활기능만이 저지되거나 부정될 뿐이지만, 그러나 죽음에 있어서는 사람들이 흔히 말하는 바와 같이 육체와 정신이 분리한다. 다시 말하면 주어와 술어가 아주 따로 떨어진다.

172

(반성의 판단) 개별적인 것이(자기 반성되어) 개별적인 것으로서 판단 중에 나타나자 그것은 한 술어를 갖는다. 그와 동시에 주어는 제 자신을 제 자신과 관계시키는 것이기 때문에 이 술어에 대하여 타자로서 관계한다. ― 현실

적 존재에 있어서는 주어가 벌써 무매개적으로 일정한 질(質)을 가지고 있는 게 아니라, 타자 즉 외적 세계와의 관계와 연관 중에서 일정한 질(質)을 가지고 있는 것이다. 여기서 보편성은 이러한 상대성의 의미를 획득한다(예를 들면 유익·위험·중량·산미(酸味), 그리고 충동 기타 등이 이것이다).

【補遺】 반성의 판단은 그 술어가 벌써 직접적 추상적인 한 질(質)이 아니라, 주어가 이 술어에 의하여 자기를 타자로 삼아서 관계하고 나오는 그러한 종류의 것이기 때문에, 일반적으로 질적 판단과 구별된, 가령 일 예를 들어 말하면 '이 장미는 붉다'할 때 우리는 주어를 타자와의 관계를 떠나서 그 직접적인 개별성에서 보고 있는 것이다. 그러나 '이 식물은 약이 된다'는 판단에서는 우리는 주어 즉 이 식물을 그 술어 즉 그 약효를 통하여, 타자 즉 이 약효에 의하여 치료되는 질병과 관계시켜서 보고 있는 것이다.

'이 물체는 탄력성이 있다', '이 기구는 유용하다', '이 형벌은 가혹하다', 기타 이러한 종류의 모든 판단도 그와 마찬가지다. 이러한 판단의 술어는 모두 반성 규정이다. 물론 이 규정을 통하여서도 주어의 직접적 개별성은 벌써 드러날 수 있다. 그러나 그렇다고 아직 그 개념까지 드러나는 것은 아니다.

보통일반의 추론법은 특히 이러한 판단 형식을 전색(詮索)하기를 좋아한다. 대상이 구체적인 대상일 수록 더욱더 시점이 반성의 시점으로 되어 간다. 그러나 그렇다고 이로써 그 대상의 고유한 본성, 즉 개념이 완전히 드러나는 것은 아니다.

173

(1) (단칭(單稱)판단 중의) 주어 즉 개별적인 것은 개별적이면서 보편적인 것이다. (2) 이 관계 중에 있어서는 주어가 그 단일성 이상으로 확장한다. 이 확장은 외적인 확장 즉 주관적 반성이며, 첫째(직접적으로 부정적이기도 하고 긍정적

이기도 한 특징판단에 있어서의) 무규정적인 특수성이다. ㅡ 개별적인 것은 그 자체가 내부에서 분열하여, 한 부분은 제 자신을 제 자신과 관계 시키고 또 한 부분은 제 자신을 타자와 관계 시킨다. (3) 약간의 것은 보편적이다. 따라서 특수성은 보편성으로 확대한다. 다시 말하면 보편성을 주어의 개별성에 의해 규정한 것이 전부성(全部性·공통성), 즉 보통일반이 뜻하는 반성의 보편성이다.

【補遺】 단칭판단에서는 주어가 보편적인 것으로 규정된다. 그렇기 때문에 이 단칭판단에서는 주어가 그 단순한 개별자로서의 자기에게서 벗어나온다. 가령 '이 식물은 약이 된다'는 판단을 들어보자. 이 판단 중에는 오직 개별적인 이 식물만이 약이 된다는 것을 의미하는 게 아니라, 약이 되는 식물이 그 이외에도 또 약간 있다는 것을 의미하는 것이다.

여기서 특칭 판단('약간의 식물은 약이 된다', '약간의 인간은 발명력이 있다' 등)이 나온다. 직접적 개별적인 것은 이 특수성에 의하여 제 자신의 독립성을 잃고 다른 개별적인 것과 한데 뭉쳐 가지고 나타난다.

'약간의 인간은 발명력이 있다'는 판단 중의 인간은 벌써 단순한 어떤 개인적인 인간을 말하는 것이 아니라, 이 인간은 다른 인간과 더불어 같이 있고 따라서 인간군 중의 한 인간을 의미하는 것이다. 그러나 바로 그렇기 때문에 이 인간은 그 보편성에 속하며 또 따라서 확대된다. 특징판단은 긍정적일 수도 있고, 또 부정적일 수도 있다.

가령 약간의 물체만이 탄력성이 있다면 기타 모든 물체는 탄력성이 없는 것이다. ㅡ 따라서 여기서 또 반성 판단의 제3형태, 즉 예를 들면 '모든 인간은 죽는다' '모든 금속은 탄력성이 있다' 등의 전칭 판단이 나온다. 전부성(全部性)은 반성 작용이 흔히 빠지기 쉬운 보편성의 형태이다. 여기서는 개별적인 것이 근본이 되며, 이것을 종합하여 전부라고 규정하는 것이 우리의 주관적인 작용이다. 여기서는 보편적인 것이 다만 고립적으로 존재하는, 따라서 그 사이에 하등의 관련도 없는 모든 개별적인 것을 총괄하는 외면적인 다발로 나타난다. 그러나 참으로 말하면 보편은 개별의 근본·근저·실체다. 가령 예를 들면, 한 도시나 한 나라에 속하는 김씨나 박씨나 이씨나 기타 이 도시 또는 이 나라에 속하는 모든 주민을 보면, 그들은 모두 같은 인간이요 따라서 그들에게는 비단 그들의 공통성뿐만 아니라 그 일반성 그 유(類)가 있다. 그리고 이 모든 개인은 그들의 이 유(類)를 떠나서는 결코 존재하지 못하는 것이다.

그러나 사실에 있어서 모든 개인에게 속하며, 그들의 공통성이 되는 피상적이고, 또 오직 명목만에 불과한 보편성이란 것은 사정이 그와 전혀 다르다. 사람들은 인간이 동물과 달라서 인간끼리는 저마다 귀 모양은 다르나 이런 공통성이 있다는 것을 알고 있다. 그러나 가령 사람마다 귀 모양까지도 같다면, 이 사람 또는 저 사람의 특성, 그 성격, 그 재간 기타 등의 진가를 알 수 없을 것이 명백한 사실이다.

따라서 아무개는 사람은 아니지만 그래도 용기가 있다, 학식이 있다, 기타 등 하는 말은 하등 귀담아 들어 둘 가치 없는 말이 될 것이다. 그러나 한 개인의 특수성은 그가 무엇보다도 첫째 인간으로서의 인간인 한에서만, 따라서 인간으로서의 보편성을 가지고 있는 한에서만 있을 수 있는 것이다. 그리고 이 보편성은 기타 추상적인 제질(諸質)이나 단순한 여러 반성 규정 이외에, 또 이것과 따로 병존하는 것이 아닐 뿐만 아니라, 도리어 이 모든 특수를 관철하고 제 자신 중에 포용하는 것이다.

174

주어도 역시 보편적인 것으로 규정된다. 이 점에서 주어와 술어와의 동일성이 드러나고, 또 따라서 이 점에서 판단 규정 그 자체가 그리 대단한 의미가 있는 게 아닌 것도 알 수 있다. 주어의 부정적 자기 반성과 동일한 보편성인 내용의 이러한 통일이 판단 관계를 필연적인 관계가 되게 하는 것이다.

【補遺】 모든 것에 속하는 것은 유(類)에 속하며 따라서 필연적이라고 우리는 흔히 말하거니와, 그러한 한에서 보면 벌써 우리의 상식에서도 반성의 판단이 필연성의 판단으로 진행하는 것을 알 수 있다. 우리가 말하는 바 모든 식물, 모든 인간 기타 등은 그러므로 식물 · 인간 기타 등과 마찬가지인 것이다.

175

〔필연성의 판단〕 내용이 구별되면서도 동일한 것이라는 필연성의 판단에는 정언(定言) 판단 · 가언(假言) 판단 · 선언(選言) 판단의 세 종류가 있다.

(1) 정언판단은 그 술어 중에 한편으로는 주어의 실체 또는 본성 즉 구체적 보편인 유(類)가 있고, 이 보편은 또한 부정적인 규정성을 내포하고 있는 것이므로, 또 한편으로는 배타적인 본질적 규정성 즉 종(種)이 있는 판단이다.

(2) 가언판단은 필연성의 판단에 있어서는 주어와 술어의 양 방이 그 실체성에 응하여 각기 독립적 현실성의 형태를 취하고 오직 내면에서만 일치한다. 그러므로 일방의 현실성은 제 자신의 현실성인 동시에 제 자신의 현실성이 아니라 타 방의 존재다. 이러한 관계를 가진 판단이 가언판단이다.

(3) 선언판단은 개념의 이상과 같은 외화(外化)와 동시에 내면적 동일성이 표면에 드러나게 되면, 따라서 보편은 유(類) 즉 그 배타적 개별성 중의 자기 동일적인 것이 된다. 이러한 보편을 주어와 술어와의 양 방에, 한편으로는 보편으로서의 보편과 다른 한편으로는 이 보편을 서로 배제하는 특수화의 원환(圓環)으로 삼아서 가지고 있는(그리고 이러한 특수화의 '이것이냐 저것이냐' 또는

'이것도 저것도'가 유(類)이다) 그러한 판단이 선언판단이다. 이리하여 보편성이 처음에는 유(類)로서, 그리고 그 다음에는 이 유(類)에 속하는 종(種)의 범역 (範域)으로서 통체적으로 규정되고 드러난다.

【補遺】 정언판단('황금은 금속이다', '장미는 한 식물이다' 등)은 필연성의 직접 적 판단이요 본질영역에 있어서의 실체 관계에 대응하는 것이다. 모든 사물 은 그 고정불변한 근저가 되는 실체적 본성을 가지고 있는 정언비판이다. 우 리가 사물을 그 유(類)에 주안점을 두고 볼 때에, 그리고 이것을 필연성에 의 하여 규정시켜서 볼 때에, 비로소 판단은 참다운 판단이 되기 시작하는 것이 다. '황금은 비싼 것이다'는 판단과 '황금은 금속이다'는 판단을 동일한 계 단에 놓고 보는 것은 논리적 교양이 부족한 탓이다. 금이 비싸다는 것은 금 과 우리의 애착심·욕망 또는 금을 입수하기에 드는 비용 기타 등과의 외면 적 관계를 말하는 것이다. 따라서 가령 이 외면적 관계가 변화하고 소멸할지 라도 금의 금다움은 변하지 않는 것이다. 그러나 금속성은 금의 실체적 본 성이 되는 것이어서, 이것이 없으면 금이 금속성 중에 드는, 또 금속성의 것 이라고 불려지는 기타 모든 것과 더불어 존립할 수 없는 것이다. 가령 '아무 개는 사람이다'고 할 때에도 사정은 그와 꼭 마찬가지다. 우리는 이 판단 중 에서 이 아무개가 그 밖의 무엇이 될 수 있다 하더라도, 이 아무개가 사람이 라는 자기의 실체적 본성과 일치하고 있는 한에서만 가치와 의의를 갖는 것 을 말하고 있는 것이다. 그러나 좀 더 따져 보면 정언판단은 그 중에서 특수 성의 계기가 아직 그 권리를 발휘하지 못하고 있는 한에서 또 하나의 결점을 가지고 있다.

따라서 가령 일 예를 들면 금은 물론 금속임에 틀림없다. 그러나 은이나 동이나 철 기타 등도 역시 금속이다. 따라서 금속성 그 자체는 그 여러 가지 종류의 특수성에 대하여 무차별적으로 대한다. 이 점에 '만일 갑이 있다면

을이 있다'는 공식으로 표현되는 정언판단에서 가언판단으로의 진행이 있는 것이다. 우리는 이 진행에서 전에 실체성의 관계에서 인과성의 관계로의 진행과 동일한 진행을 본다. 가언판단 중에서는 내용의 규정성이 매개되어서, 다시 말하면 다른 내용에 의존해서 나타나는 바 이것이 바로 원인과 결과와의 관계이다. 그러므로 가언판단은 대체로 말하면 보편을 그 특수화의 성격에서 나타냄에 의미가 있는 것이다. 여기서 우리는 필연성의 판단의 제3형식 즉 선언판단을 획득한다. '갑은 을이 아니면 병, 병이 아니면 정이다.' '문학작품은 산문적이 아니면 서정적이고 서정적이 아니면 희곡적이다.', '색은 청·황·적 기타 등 중의 어느 하나다.' 선언판단 중에서는 주어와 술어의 양방이 동일적이다. 유(類)는 그 종(種)의 통체요 종의 통체는 유(類)다. 보편과 특수와의 이러한 통일이 개념이요 이것이 이제 판단의 내용이 되는 것이다.

〔개념의 판단〕 개념의 판단은 그 내용에 개념, 즉 단일한 형태로 있는 통체성, 즉 완전한 규정성을 가진 보편성을 가지고 있는 판단이다. 주어는 (1) 특수 존재가 그 보편성의 반성을 술어로 가지고 있는 개별적인 것이다. ― 이 술어는 특수 존재와 그 보편성이란 양 규정과의 일치 또는 불일치 즉 선(善)·진(眞)·정(正) 기타 등이다. 이러한 판단이 단언판단이다.

한 대상이나 행동이나 기타 등이 선 또는 악·진·미 기타 등인가 아닌가 하는 이러한 판단이라야 사람들은 일상생활에서도 이것을 판단이라고 부른다. 가령 예를 들면 '이 장미는 붉다', '이 그림은 붉다, 푸르다, 더럽다' 기타 등 이러한 등류의 긍정판단 또는 부정판단이나 내릴 줄 아는 사람에게는 그리 변변한 판단력이 있을 리가 없는 것이다.

단언판단은 그것이 사회에서 그것만이 통용되기를 요구할 때에는, 도리어 진정치 않은 것으로 통용되는데도 불구하고, 직접지의 원리와 신앙의 힘을 빌어 가지고 철학상에서까지 유일하고 본질적인 학설의 형태가 되어 왔다. 사람들은 이러한 원리를 주장하는 자칭 철학적 여러 저술 중에서 이성·지식·사유 기타 등에 관한 허다한 억설(臆說)을 읽을 수 있으리라. 이러한 억설은 도대체 외적 권위가 벌써 그리 흔히 통용되지 못하게 되었기 때문에, 똑같은 말을 한없이 되풀이함으로써 신망을 얻으려고 애쓰고 있는 것이다.

177

단언판단은 술어 중에서 표현되는 특수와 보편과의 관계를 그 최초의 직접적인 주어 중에 포함하는 것이 아니다. 이 판단은 그러므로 주관적인 특수성에 불과한 것이다. 따라서 이 판단에는 이에 반대되는 단정이 동등한 권리, 아니 도리어 부당한 권리를 가지고 대립한다. 바로 이것이 (2) 개연(蓋然) 판단이다. 그러나 (3) 그 주어 중에서 객관적 특수성이 드러나게 되면, 다시 말하면 주어의 특수성이 주어의 존재의 상태로 드러나게 되면, 따라서 주어의 내용이 되는 것(앞의 절)과 주어와의 관계를 표시하게 된다. 예를 들면 '이 집' 즉 직접적 개별성, 이러저러한 상태를 가진 유(類) — 즉, 특수성이 좋다 또는 나쁘다 하는 등이 그것이다. 이것이 확연(確然) 판단이다. 모든 사물은 특수한 상태를 가진 한 개별적 현실성 중에 나타난 한 유(그 사물의 사명이요 목적)이다. 따라서 사물의 유한성이라는 것은 사물의 특수성이 보편성과 일치할 수도 있고 또 일치하지 않을 수도 있다는 것을 의미하는 것이다.

178

이리하여 주어와 술어는 그. 자체가 각기 완전한 판단이다. 주어의 직접적 상태는 첫째 현실적인 것의 개별성과 그 보편성과의 사이를 매개하는 기저로서 즉 판단의 기저로 나타난다. 여기서 사실로 드러나는 것은 개념 그 자체인 주어와 술어와의 통일이다. 개념은 공허한 계사 '이다'의 충실이다.

그리고 그와 동시에 개념의 계기는 주어와 술어로서 구별되어 있는 것이기 때문에, 개념은 이 주어와 술어와의 통일, 다시 말하면 주어와 술어를 매개하는 관계 즉 '추리'로 나타난다.

179

3. 추리

추리는 개념과 판단과의 통일이다. 추리를 판단의 형식적 구별이 귀일하는 단일한 동일성으로 보면 그것은 개념이요, 그와 동시에 추리가 실질성에서 즉 그 여러 규정의 구별에서 나타나면 그것은 판단이다. 추리는 이성적인 것, 그리고 이성적인 것의 모든 것이다.

물론 사람들은 추리를 흔히 이성적인 것의 형식으로 보나, 그러나 다만 주관적인 형식으로만 보고, 이 형식과 그 외의 이성적 내용, 예를 들면 이성적인 원칙, 이성적인 행동, 이념 기타 등과의 사이에 그 어떠한 관련이 있는 것을 말하지 않는다. 사람들은 대체 이성의 규정성이 무엇인지 또 이성이 무엇인지 모르면서, 따라서 추리라는 것을 전혀 생각해 보지도 않고서 자주 이성을 운운하고 이성에 호소한다. 형식적 추리는 사실상 이성적인 실질과 아무런 관계도 없는 무이성적인 형식을 취하고 있는 이성적인 것이다. 그러나 이러한 이성적인 것은 사유를 이성적인 것이 되게 하는 규정성에 의하여서만 있을 수 있는 것이기 때문에 그것은 오직 추리라는 형식을 통하여서만 있을 수 있는 것이다.

그러나 추리는 본절에서 보는 바와 같이 밖으로 드러난(우선 형식적이기는 하나) 실재적인 개념이다. 그러므로 추리는 모든 참다운 것의 본질적인 근저다. 따라서 절대자가 무엇이냐 하면 그것은 여기서 추리를 의미하는 것이다. 또 이 규정을 명제의 형식으로 표현한다면 '모든 것은 추리다'고 할 수 있는 것이다. 모든 것은 개념이요 또 개념의 특수 존재는 개념 여러 계기의 구별이다. 따라서, 개념의 보편적 본성은 특수성을 통하여 외적 실재로 나타나며, 그러함으로써 또 부정적인 자기 반성으로서 개별성이 되는 것이다. 또 거꾸로 말하면 현실적인 것은 특수성을 통하여 보편성으로 확대하며, 제 자신을 제 자신과 일치시키는 개별적인 것이다. ― 현실적인 것은 '하나'인 것인 동시에 개념의 여러 계기가 분리된 것이다. 따라서 추리는 개념 여러 계기의 원환이요 현실적인 것은 이 원환에 의하여 '하나'인 것으로 나타나는 것이다.

【補遺】사람들은 흔히 추리를 개념이나 판단과 마찬가지로 우리의 주관적인 사유형식으로 보며, 따라서 추리를 판단의 논증이라고 부른다. 물론 판단은 추리로 이행하는 것이기는 하나, 그러나 판단은 다만 이렇게 이행하는 우리의 주관적 작용에 불과한 것이 아니라 판단 그 자체가 스스로 추리로 나타나는 것이며, 따라서 판단은 추리에서 개념과의 통일로 돌아가는 것이다. 좀 더 따져 말하면 확연판단이 추리로 이행하는 것이다.

우리는 확연판단 중에서 제 자신의 상태를 통하여 제 자신의 보편성 즉 제 자신의 개념과 관계하고 있는 개별적인 것을 보았다. 여기서는 특수가 개별과 보편과의 사이를 매개하는 중간항으로 나타나는 바 이것이 추리의 근본 형식이다. 형식적으로 보면 이 추리의 근본형식은 개별과 보편도 이 중심항의 위치를 취함에서 그 이상의 전개를 보며, 따라서 주관성으로부터 객관성으로 이행한다.

180

직접적 추리는 개념의 여러 규정이 오직 외면적 관계 중에서 추상적으로 상호 대립하는 그러한 추리다. 따라서 여기서 대립하고 있는 이 양 극단이 개별성과 보편성이다. 그러나 개념도 이 양 극단을 결부하는 중간 항이기 때문에 역시 추상적 특수성에 불과하게 된다. 따라서 이 양 극단은 서로 또 중간 항에 대해서도 남남스런 고립적 존재로 나타난다. 그렇기 때문에 이 추리는 개념이 없는 이성적인 것, 즉 형식적인 오성추리인 것이다. 이 추리에서는 주어가 제 자신의 규정성과는 별개의 규정성과 얽혀 있는 것이다. 다시 말하면 보편이 이 매개를 통하여 제게 외면적인 주어를 포섭한다. 그러나 이성적인 추리는 주어가 이 매개를 통하여 제 자신과 얽힌다. 이리하여서 주어가 비로소 주체가 된다. 다시 말하면 주어가 주체일 때에 비로소 이성적 추리가 된다. 이하의 고찰 중에는 오성추리가 그 보통일반의 의미대로, 다시 말하면 우리가 이러이러한 추리를 한다는 의미에 귀착하는 주관적 형식으로 표현된다. 사실 오성적 추리는 주관적 추리에 불과한 것이다.

그러나 이 추리는 그것이 오직 사물의 유한성만을 표현하되 특히 여기서 도달한 바와 같은 특정한 형식으로 표현하는 점에서 객관적 의미도 또 가지고 있는 것이다. 유한물에 있어서는 주체성이 물성(物性)으로서 그 여러 속성 즉 특수성과 분리될 뿐만 아니라, 보편성이 사물의 단순한 질(質) 내지 그 사물이 다른 사물과 가지고 있는 외면적 관계인 한에서나 또는 보편성에 사물의 유(類) 및 개념인 한에서나 여하한 한에서나 그 보편성과는 분리되는 것이다.

【補遺】사람들은 상술한 바와 같은 추리를 이성적인 것의 형식으로 보는 견해에 따라서, 이성 자체는 추리하는 능력이고 그와 반대로 오성은 개념을 구성하는 능력이라고도 정의한다. 이 견해의 근저에 든 정신을 서로 병존하는 제력(諸力)이나 모든 능력의 단순한 총계로 보는 피상적인 정신관이 있는 바, 가령 이것을 도외시한다 하더라도 오성과 개념, 이성과 추리와의 관련에 관하여서 개념이 단순히 오성규정만이 아닌 동시에, 이성도 덮어 놓고 이성적인 것만이 아니라는 것을 알아 두어야 한다. 즉 한편으로는 형식논리학의

추리론 중에서 흔히 다뤄지는 것은 사실에 있어서 이성적인, 아니 그것만이 오직 이성적인 형식으로 통용할 하등의 영광도 없는 것이며, 또 다른 한편으로는 개념으로서의 개념은 단순한 오성형식만이 아니라, 따라서 개념을 단순한 형식에까지 타락시키는 것이 도리어 바로 추상적 오성이다.

그러므로 사람들은 또 당연히 단순한 오성개념과 구별하기를 좋아한다. 그러나 오성개념과 이성 개념이라는 개념의 두 종류가 있다고 보아서는 안 된다. 그와 반대로 개념의 소극적 및 추상적인 형식을 고집하든지, 그렇지 않고 개념을 그 참다운 본성에서 적극적인 동시에 구체적인 것으로 보든지 그것은 오로지 우리의 소위(所爲)이다. 가령 예를 들면 자유를 필연과의 추상적 대립에서 보면 자유의 단순한 오성개념이 나온다. 그러나 진정한, 그리고 이성적인 자유의 개념은 필연을 지양시켜서 내포하는 것이다. 그와 마찬가지로 소위 이신론(理神論)에서 말하는 신의 개념은 신의 단순한 오성개념에 불과한 것이다. 그러나 신을 삼위일체로 보는 기독교는 신의 이성개념을 포함하고 있는 것이다.

181

〔질적(質的) 추리〕 최초의 추리는 앞의 절에서 논술한 바와 같이 특정 존재의 추리 즉 질적 추리다. 그런데 이 추리 중에는 (1) '개별 - 특수 - 보편' 형의 추리, 즉 개별적인 것인 한 주어가 한 질(質)에 의하여 한 보편적 규정성과 결부하는 추리가 있다.

주어 즉 소명사(小名辭)는 개별성이라는 규정보다도 좀 더 넓은 규정을 가지고 있으며, 타극단(他極端)인 결론의 술어 즉 대명사도 역시 다만 보편적인 것이라기보다는 좀 더 다른 규정을 가지고 있는 것이다. 그러나 여기서는 이 점에 논급(論及)하지 않고, 다만 주어와 술어가 추리를 형성하는 그 형식만을 논구(論究)하기로 한다.

【補遺】특정존재의 추리는 거기서 개별성·특수성·보편성이 전혀 추상적으로 상호대립하고 있기 때문에 단순한 오성추리에 불과한 것이다. 그렇기 때문에 또 이 추리는 개념의 최대 추상화인 것이다.

우리는 여기서 첫째 한 무매개적인 개별자가 주어로 되어 있는 것을 본다. 그리고 그 다음에 이 주어의 그 어떠한 한 특수면, 한 속성이 제거되고 그리함으로써 개별자가 보편자로 나타난다. 가령 일 예를 들면, 우리는 '이 장미는 붉다, 불겅이는 한 색이다, 그러므로 이 장미는 한 색을 가졌다'고 말하거니와, 이 추리 형식은 특히 보편논리학에서 흔히 다루는 형식이다. 지금까지 사람들은 추리를 모든 인식의 절대적 규칙으로 보아 왔고 또 학문상의 한 주장이 추리에 의하여 증명될 때에만 그 주장을 옳은 주장이라고 여겨왔다. 그런데 오늘날에는 추리의 여러 가지 형식이 논리학의 거의 한 부속물이 되어 있고, 또 이 추리에 관한 지식이 실제 생활상에서나 내지 학문상에서 별로 소용이 없는 공허한 학교지식으로만 통용하고 있다. 그러나 기회 있을 때마다 형식적 추리만을 꼬치꼬치 캐는 것이 아무리 무용하고 현학적인 짓이라 하더라도, 추리의 여러 가지 형식이 언제나 우리의 인식 활동에서 작용하고 있다는 것을 우선 알아야 한다.

가령 추운 겨울 아침에 깨어서 길거리에서 우마차의 바퀴가 덜커덩덜커덩 소리 내고 지나는 소리를 듣고 나서, 아 오늘은 되게 얼었구나하고 생각할 때 우리는 일종의 추리 작용을 하고 있는 것이다. 그리고 우리는 이 추리 작용을 날마다 여러 가지 복잡한 형태로 되풀이하고 있는 것이다. 따라서 우리는 적어도 사유하는 인간인 이상, 가령 예를 들면 소화라든지 혈액 조성이라든지, 호흡이라든지 기타 등의 여러 작용과 같은 우리의 유기적 생명의 기능을 알아둘 뿐만 아니라, 우리를 둘러싸고 있는 자연의 여러 작용과 여러 구조를 알아 두는 것도 물론 중요하지만, 우리의 일상적인 추리활동을 명백히 의식하여 누는 것도 그보다 적지 아니 중요한 것이다.

그러나 그렇다고 충분하게 소화하고 충분하게 호흡하며 기타 등을 하기 위하여서, 그보다 앞서 해부학이나 생리학의 연구가 그다지 필요하지 않은 것처럼 정확하게 추리하기 위하여서 미리 논리학을 연구할 필요도 없는 것이다. 처음으로 추리의 여러 가지 형식과 소위 격(格)을 그 주관적 의미에서, 거의 그 이상 더 하등 중요한 발전도 없을 만큼 정확하고 명세하게 고찰하고 기술한 이가 아리스토텔레스다. 물론 아리스토텔레스에게는 이 업적으로 보아 큰 영광을 돌려야 하지만, 그러나 그가 그의 철학적 연구에서 이용한 것은 결코 오성적 추리의 여러 형식도 아니었으며, 또 통틀어 말하면 유한적 사유의 여러 형식도 아니었다.

182

(ㄱ) 첫째 이 추리는 그 규정성에서 보면 전혀 우연적이다. 왜냐하면 추상적 특수성인 매어(媒語)는 주어의 그 어떠한 한 규정성에 불과한 것이며, 또 주어는 직접적인 것, 따라서 경험적·구체적인 것으로서 그러한 규정성을 더 많이 가지고 있고, 따라서 그만큼 많은 다른 보편성과 결부될 수 있으며, 또 개별적 특수성도 역시 여러 가지 규정성을 내포하고 있는 것이기 때문에, 결국 주어는 동일한 매어를 통하여 여러 가지 보편성과 관계를 가질 수 있는 까닭이다.

형식적 추리는 사람들이 그 부당성을 통찰하여서 그러한 형식적인 형식으로 사용될 것이 아니라는 것을 시인하고 있다느니 보다 오히려 유행되지 않고 있는 것이다. 본 절과 다음절에서 이러한 형식적 추리가 진리의 획득에 하등의 소용이 없다는 것을 설명하겠다. 본 절에서 들추어 낸 측면에서 보면, 사람들이 말하는 바와 같이 무엇이든지 이 형식적 추리로써 증명된다. 그러함에는 우리가 바라는 규정으로의 이행을 가능케 하는 매어만 획득하면 그만이다. 그러나 그렇다면 매어가 다르면 우리가 바라는 것과는 다른 아니, 심지어 반대되는 그 무엇까지도 증명될 것이다. 한 대상이 구체적이면 구체적일 수록 그 대상은 그 대상에 속하며, 따라서 매어로 사용될 수 있는 많은 측면을 가지고 있는 것이다.

그런데 이러한 여러 측면 중에서 어떤 측면이 기타 측면보다 더 본질적이냐 하는 것은, 그 자체가 또한 이 종류의 추리에 매여 있는 것이다. 그리고 이 종류의 추리는 개별적인 규정성을 고정하며, 또 이 규정성을 위하여 이 규정이 중요하고 필연적인 것으로서 통용할 수 있는 한 측면, 또는 한 시점(視點)을 용이하게 발견할 수 있는 것이다.

【補遺】 사람들이 일상적인 생활 관계 중에서 오성적 추리대로 생각하는 일이 그리 많지 않지만, 그런데도 불구하고 이 오성적 추리는 그 속에서 늘 중요한 역할을 연출하고 있는 것이다. 예를 들면, 시민간의 권리 다툼에 제하여 자기편의 권리를 유리하게 주장하는 변호사의 직무가 그것이다. 그러나 이러한 권리는 논리적 시점에서 보면 매어에 불과한 것이다. 그뿐만 아니라 여러 강국들이 한 영토에 대한 권리를 주장하는 외교적 담판에서도 그와 동일한 현상을 볼 수 있다. 여기서는 이 영토의 지리적 조건이라든지 또는 그 주민의 혈통과 언어라든지, 기타 이러한 근거를 매어로 삼아서 그 귀속권을 주장할 수 있을 것이다.

183

(나) 이 추리는 그뿐만 아니라 이 추리가 취하고 있는 그 관계의 형식으로 보아도 우연적이다. 추리의 개념에 의하면 진정한 추리는 여러 가지 구별이 그 구별의 통일인 매어에 의하여 관계되는 추리다. 그러나 매어에 있어서의 양 극단(소위 전제 즉 대전제와 소전제)의 관계는 오히려 미매개적 관계라고 할

수 있다. 추리에 있어서의 이 모순은 또다시 무한한 진행을 통하여 이 전제들이 제각기 역시 추리에 의하여 증명되기를 요구하는 것이다. 그러나 이 추리는 똑같이 미매개적인 두 전제를 가지고 있기 때문에, 더구나 늘 이중적으로 나타나는 요구는 한없이 되풀이한다.

184

여기서(경험적 중요성에 감하여) 지적된 이 형식에서 절대적 정당성이 있다고 보이는 추리의 결함은, 추리 규정의 진행에 따라서 스스로 지양되지 않으면 안 되는 것이다. 여기 즉 개념의 범위 내에서는 판단에서와 마찬가지로 대립 규정성이 단순히 즉자적으로 존재하는 게 아니라 매개적으로 드러나 있는 것이다. 그러므로 추리 규정을 진행시키는 데에 있어서도 오직 그때마다 추리 그 자체에 의하여 매개적으로 드러나는 것만 들추어내면 족한 것이다.

직접적 추리 〈개별─특수─보편〉에서는 개별적인 것이 보편적인 것과 매개되며 그 결론에서 보편적으로 나타난다. 따라서 개별적 추리는 그 자체가 보편적인 것이기 때문에 양 극단의 통일이요 매개자다. 여기서 추리의 제2식이 나온다. (2) 이 추리식은 '보편─개별─특수'식으로서 매개가 개별에서 성립하고, 따라서 약간 우연적인 제1격의 진리를 표시하는 것이다.

185

제2격은 보편을 특수와 결합시킨다. 그런데 제1격의 결론에서 개별에 의하여 규정된 보편이 제2격에서는 직접적 주어의 위치를 차지한다. 그리하여 보편은 이 결론에 의하여 특수로 따라서 양 극단의 매개자로 나타난다. 그리고 이제는 다른 것이 그 양 극단의 위치를 차지한다. 이리하여 추리의 제3격, 즉 (3) '특수─보편─개별'식이 나온다.

보통 논리학상에서는 이른바 여러 가지 추리식(아리스토텔레스는 이 여러 가지 추리식 중의 세 가지를 정당하게 알았다. 제4격이라는 것은 후세인의 무용한. 아니 보잘것없는 부가물에 불가한 것이다)의 그 필연성을 전혀 생각해 보지도 아니하고, 또 그 의의나 가치를 전혀 명시하지 아니하고 만연히 열거하여 다룬다. 따라서 후일에 이르러 이 여러 가지 추리식을 공허한 형식주의로 보게 된 것은 결코 의외의 일이 아니다. 그러나 이 여러 가지 추리식은 각 계기가 모두 개념의 규정으로서 그자체가 전제요 또한 매개적 근거가 되는 그러한 필연성에 입각한 퍽 근본적인 의의를 가지고 있는 것이다.

그런데 이러한 명제가 일반 명제 기타였거나 또는 부정 명제였거나간에 여러 가지 추리식 중에서 바른 추리를 끌어내기 위하여 그 외에 여하한 규정을 가지고 있는가 하는 것은 기계적 연구다. 따라서 이 연구는 그 개념적 이해가 없는 기계론과 그 내면적 무의미로 인하여 당연히 망각 속에 묻혀버리고 말았다. ― 사람들은 이러한 연구나 오성적 추리 일반을 중요시하기 위하여 아리스토텔레스를 인용할 수야 있을 것이다.

물론 아리스토텔레스는 이 여러 가지 추리식뿐 아니라 그 외에도 정신이나 자연의 무수한 형식을 기술하였고 그 규정성을 탐구하고 설명하였다. 그러나 그는 그의 형이상학적 여러 개념이나 내지 자연 및 정신의 여러 개념에 있어서, 오성적 추리의 형식을 토대로 하거나 기준으로 하거나 할 생각은 전혀 없었던 것이다. 따라서 이 개념이 오성법칙에 종속하는 것이라면, 그가 이러한 개념을 아마 하나도 만들지 않았을 것이요. 또 묵인도 않았을 것이라고 우리는 말할 수 있는 것이다. 아리스토텔레스가 자기류의 형식에서 본질적으로 제시한 기술적인 것이나 오성적인 것 중에서 지배하고 있는 것은 언제나 사변적 개념이었던 것이다. 그리고 그는 그가 최초에 그처럼 분명하게 설명한 오성적 추리를 한 걸음도 이 사변적 영역에 들여놓지 못하게 하였던 것이다.

【補遺】 여러 가지 추리식의 객관적 의의는 대체로 말하면 모든 이성적인

것이 3중적 추리로 나타나는 점에, 더구나 그렇기 때문에 이성적인 것의 각 부분이 양 극단의 위치를 취하기도 하고, 또 매어의 위치를 취하기도 하는 점에 있는 것이다. 이것은 예를 들면 철학적 학문의 3부문, 즉 논리적 이념·자연·정신에 있어서도 마찬가지다. 여기서는 첫째 자연이 중간자 즉 양 극론을 결합시키는 부분이다. 자연 즉 이 직접적 통체는 논리적 이념과 정신과의 양단간에서 전개된다.

그러나 정신은 그것이 자연에 의하여 매개되어야만 비로소 정신이 된다. 둘째 그 마음에는 우리가 개별적이고 활동적인 것으로 아는 정신에 역시 중간자가 되고 자연과 논리적 이념이 양 극단이 된다. 정신이란 것은 자연 중에서 논리적 이념을 인식하며, 이 논리적 이념을 자기의 본질에까지 높이는 것이다. 셋째 그와 마찬가지로 논리적 이념 그 자체가 중간자가 된다. 논리적 이념이라는 것은 정신과 자연의 절대적 실체요 모든 것을 관철하는 보편이다. 이상이 절대적 추리의 여러 부분이다.

186

그와 같이 각 계기는 매어와 주어 및 술어의 양 극단의 위치를 편력(遍歷)함으로써 그 상호간의 특정한 구별이 지양되며 따라서 추리는 첫째 그 각 계기의 무차별성이라는 이 형식에서 외면적인 오성적 동일성 즉 상동성(相同性)을 제 자신의 관계로 갖는 바, 이것이 양적 또는 수학적 추리다. 만일 두 가지 사물이 제3의 사물과 같으면 이 세 가지 사물은 서로 같다.

【補遺】상술한 양적 추리가 누구나 아는 바와 같이 수학 상에서는 공리(公理)로 나온다. 그런데 이 공리는 기타의 공리도 그렇지만, 직접적으로 명백한 것이기 때문에 사람들은 이 공리의 내용을 증명할 수 없다. 아니, 증명할 필요조차도 없다고 흔히 말한다. 그러나 사실로 말하면 이 수학적 공리

는 그것이 특정한 특수적 사상을 표시하는 한에 있어서, 보편적이고 자기 규정적인 사유에서 도출되며, 또 특수적인 사상의 증명으로 볼 수도 있는 논리적 이념에 불과한 것이다.

이 점은 수학·상에서 공리라고하는 양적 추리가 질적 추리로 또는 직접 추리의 첫째 성과로 나타나는 사실이 말한다. ― 그뿐만 아니라 양적 추리는 전혀 무형식적인 추리다. 왜냐하면 이 추리 중에서는 개념에 의하여 규정된 여러 부분의 구별이 지양되어 있기 때문이다. 여기서는 어떠한 명제가 전제가 되든지 그것은 외적 사정에 의존하며, 따라서 이 추리를 응용하려면 다른 곳에서 이미 확증된 것을 전제하여야 된다.

187

이로써 결국 형식상에 나타나는 점을 요약하여 말하면 (1) 어느 계기나 매어의, 따라서 전제의 규정과 위치를 취득하는 동시에 그 추상의 일면성이 즉자적으로 소멸하며, (2) 그리하여 오직 즉자적이기는 하나, 다시 말하면 오직 서로 전제하고 있는 매개의 원환으로서이기는 하나 여하간 매개가 완성된다.

제1격(格) 즉 '개별―특수―보편'식에 있어서는 '개별―특수'와 '특수―보편'의 양 전제가 아직 매개되어 있는 게 아니다. 왜냐하면 전자는 제3격에서, 그리고 후자는 제2격에서 매개되는 것이기 때문이다. 그러나 이 양 추리식이 각기 제 자신의 전제를 매개 시키려면, 그 외의 두 가지 추리식을 전제하여야 되는 것이다.

그러므로 개념의 매개적 통일은 벌써 단순히 추상적 특수성으로만 나타나는 것이 아니라 도리어 개별성과 보편성과의 발전적 통일로, 더구나 첫째 이 여러 규정의 반성적 통일로, 따라서 동시에 보편성으로도 규정되는 개별성으로 나타나야 되는 것이다. 이러한 매어에서 반성추리가 나온다.

188

〔반성의 추리〕 이리하여 매어는 (1) 주어의 추상적 특수적 규정으로서만 아니라, 하기야 이 주어는 오직 다른 주어들과 아울러 있을 때에 한하여서만 그러한 추상적 · 특수적 규정을 가지는 것이지만, 그와 동시에 모든 개별적 · 구체적 주어로서 통체성의 추리를 성립시키는 것이다. 그러나 특수적 규정 성인 매어를 총체성으로 삼아서 주어를 가지고 있는 대전제는 이 대전제를 전제로 하여야 되는 결론을 그 자체가 전제하고 있는 것이다.

그러므로 이 대전제는 (2) 완전히 개별적인 것 그 자체 즉 'ㄱ, ㄴ, ㄷ, ㄹ' 기타 등을 매어로 삼는 귀납법(歸納法)에 입각하고 있는 것이다. 그러나 직접 적 · 경험적 개별성은 보편성과 다르고 또 그러므로, 하등의 완전성도 산출 하지 못하는 것이기 때문에, 귀납법은 (3) 매어가 개별적인 것의 본질적 보편 성 그 유(類) 또는 본질적 규정성이라는 의미에서 개별적인 것 중에 존재하 는 유추(類推)에 입각하고 있는 것이다. ─ 제1격의 추리가 매개되려면 제2격 의 추리를 요구하고, 또 제2격의 추리가 매개되려면 제3격의 추리를 요구한 다. 그런데, 이 제3격의 추리도 역시 개별성과 보편성과의 외적 관계의 여러 형식이 반성적 추리의 여러 가지 형식을 통과하고 난 연후에는, 그 자체에 있 어서 규정된 보편성 또는 유(類)로서의 개별을 요구한다.

제182절 중에서 지적한 반성적 추리의 근본형식상 결함은 총체성의 추리 에 의하여 개선되기는 하나, 그러나 그러함으로 또다시 대전제가 결론으로 나와야 할 것을 직접적인 명제로 전제하고 있는 그러한 새로운 결함이 나온 다. ─ '모든 사람은 죽는다. 그러므로 카이우스도 죽는다.', '모든 금속은 전 도체다, 따라서 예를 들면 구리도 전도체다.'

직접적 개별자에게 '모든'이라는 표현을 붙이고, 따라서 본질상 경험적 명 제가 되어야 할 대전제를 표명할 수 있으려면, 먼저 개별자인 카이우스라든 가 구리에 관한 명제가 따로 정당하게 확증되어야 한다. ─ 모든 인간은 죽는다. 그러나 카이우스는 하고 이러쿵저러쿵하는 따위의 추리가 다만 현학적일 뿐 아니라 또한 무용한 형식론임을 누구나 알고 있는 것은 당연한 사실이다.

【補遺】 총체성의 추리는 여러 개의 개별을 매어로 삼고 있는 귀납법의 추리를 요구한다. 가령 '모든 금속은 전도체다'하면 이것은 모든 개별적인 금속물에 의한 시험에서 결과 되는 경험적 명제다. 따라서 우리는 여기서 아래와 같은 형태를 가진 귀납법의 추리를 얻는다.

$$특수 \ — \ 개별 \ — \ 보편$$
$$개별$$
$$개별$$
$$개별$$
$$개별$$

금(金)은 금속이다. 은은 금속이다. 구리나 납 기타 등은 금속이다. 이상이 대전제다. 그 다음에 '이 모든 물체는 전도체다'는 소전제가 서고, 따라서 여기에 '모든 금속은 전도체다'는 결론이 나온다. 이리하여 여기서는 여러 가지 개별성이 총체성이 되어서 매어의 역할을 한다. 그런데 여기서 또다시 다른 추리가 나온다. 이 추리는 불완전한 개별을 여러 매어로 삼는다. 이것은 일정한 영역에 있어서의 관찰과 경험의 완성을 전제한다. 그러나 여기서 문제되는 것은 결국 여러 개별성이기 때문에 이 추리는 또다시(개별·개별·개별……)로 한없이 진행한다.

귀납법에 있어서는 모든 개별이 모조리 드러나지 못한다. 가령 모든 금속, 모든 식물 기타 등을 운운할 때, 이 모든 금속, 모든 식물이라는 것은 겨우 우리가 지금까지 알고 있는 모든 금속, 모든 식물에 불과한 것이다. 그렇기 때문에 모든 귀납법은 불완전한 것이다. 우리는 과연 이러저러한 많은 것을 관찰하였다. 그러나 모든 사례나 모든 개체를 관찰한 것은 아니다. 이러한 결함에서 유추가 나온다. 유추 추리 중에서는 일정한 유(類)에 속하는 사물에 일정한 속성이 있다고 보기 때문에, 동일한 유(類)에 속하는 그 이외의 사물에도 동일한 속성이 있다고 본다. 따라서 가령 예를 들면 사람들은 지금까지 '모든 유성에서 동일한 운동법칙을 발견하였다. 따라서 새로 발견된 한 유성도 확실히 이 동일한 법칙에 의하여 운동할 것이다'고 말하면 이것이 유추의 추리다. 경험과학상에서는 이 유추를 중요시하며 이 유추에 의하여 대단히 중요한 성과를 거두었다.

그런데 경험상에서 발견된 이 규정 또는 저 규정이 대상의 내적 본성 또는 유(類) 속에 뿌리를 박고 있으며, 또 그 위에 서고 있다는 것을 알려주는 것이 이성의 본능이다. 유추는 피상적이고 무근거한 유추가 될 수도 있다.

가령 예를 들면 '카이우스라는 사람은 학자다, 티투스도 사람이다, 그러므로 티투스도 또한 물론 학자다'하면 이것은 두말할 것도 없이 퍽 잘못된 유추다. 왜냐 하면 그 외에도 여러 가지 까닭을 들 수 있지만 더구나 사람이 학자가 되는 그의 학식이 결코 사람의 유(類)에 속하는 것이 아니기 때문이다. 그런데 이러한 따위의 피상적인 유추가 매우 빈번히 나타난다. 그래서 가령 예를 들면 사람들은 흔히 말하기를, '지구는 한 천체다. 그리고 사람이 살고 있다. 달도 역시 한 천체다. 그러므로 달에도 물론 사람이 살고 있을 게다'고 한다. 이 유추도 앞에 말한 예와 마찬가지로 잘못된 유추다.

왜냐하면 지구상에 사람이 살고 있다는 사실은 단순히 지구가 천체 중의 하나라는 조건에 의해서만 결정되는 게 아니라 지구상에 사람이 살게 되기에는 그 외의 여러 가지 조건 즉 예를 들면 지구가 대기권으로 둘러싸여 보호되었다는 조건, 그리고 이 대기권과 관련해서 존재하는 물 기타 등의 조건이 필요하기 때문이요, 또 우리가 아는 바에는 달에 없는 것이 바로 이러한 조건들이기 때문이다.

근세에 이르러서 사람들이 소위 자연철학이라고 부르는 학문은 대부분이 무내용하고 외면적인, 그러나 또한 중요한 성과로 보아야 되는 유추의 부질 없는 유희(遊戱)에서 나온 것이다. 그래서 철학적 자연 고찰은 당연히 불신용 상태에 빠지고 말았다.

189

〔필연성의 추리〕 이 추리는 단순히 추상적인 규정에 의해서 보면, 반성의 추리가 개별성을 매어로 취함과 같이 보편을 매어로 취한다. 바꾸어 말하면 반성의 추리는 제2식에 따르나 필연성의 추리는 제3식에 따른다. 즉 필연성 의 추리에 있어서는 보편이 그 자체가 본질적으로 규정되어서 나타난다. 이 추리에는 (1) 정언(定言)적 추리가 있는데 여기서는 특수가 일정한 유(類), 혹 은 종(種)이라는 의미에서 매개하는 규정이 된다. (2) 가언(假言)적 추리가 있 는데 여기서는 개별이 매개하며, 또 매개되어 있는 직접적 존재의 의미에서 매개하는 규정이 된다. (3) 선언적 추리가 있는데 여기서는 매개하는 보편이 또한 그 특수화의 통체를 따라서, 개별적인 특수, 배타적인 개별성으로 나타 난다. 따라서 동일한 보편이 이 규정에서는 오직 구별의 여러 형식으로만 존 재한다.

190

추리는 그것이 포함하고 있는 여러 구별에 의하여 이해돼 왔다. 그 진행 과정의 일반적 성과는 이 여러 구별과 그리고 개념의 자기 소외와의 지양이 다. 더구나 (1) 여러 계기는 각자가 또한 여러 계기의 통체로, 따라서 전적 추 리로 나타나는 것이며, 따라서 여러 계기는 즉자적으로 동일한 것이다. 그리 고 (2) 이 계기의 여러 구별과 그 매개와 부정이 여러 계기의 대자태(對自態) 를 형성하며, 따라서 동일한 보편이 이 여러 가지 형식 중에 존재하고, 따라서 이 여러 가지 형식의 동일성으로도 나타난다. 추리과정은 여러 계기의 이러한 관념성 중에서, 이 추리가 밟아 온 여러 가지 규정성의 부정을 본질적으로 포함하며, 따라서 매개의 지양에 의한 매개 주어와 단순한 타자와가 아니라, 지양된 타자 즉 제 자신과의 연결이 되는 그러한 규정을 획득한다.

【補遺】 보통논리학 중에는 흔히 추리론을 제1부로, 다시 말하면 소위 원리론이란 부문에 포함시켜서 다룬다. 그리고 그 다음에는 소위 방법론이 나오는 바, 이 방법론 중에서는 이 원리론 중에서 다룬 사유의 여러 가지 형식을 현존하는 여러 가지 대상에 적용함으로써, 여하히 하여서 전학문적 인식이 나오는가 하는 것을 논증한다고 한다. 그러나 이 여러 가지 객관의 유래가 대체 어디이며, 또 그것이 객관성의 사상과 여하한 관계가 있는가 하는 점에 대해서 오성논리학은 아무런 말도 없다.

이 오성논리학에서는 사유를 단순히 주관적·형식적 활동으로만 보고, 따라서 이 사유와 대립하는 객관을 고정한 독립적 존재로 본다. 그러나 이러한 이원론은 옳은 것이 아니다. 그리고 주관성과 객관성의 규정을 덮어 놓고 그대로 사용하며, 따라서 그 유래를 묻지 않는다는 것은 무사려한 짓이다.

주관성이나 객관성이라는 것은 양 자가 모두 사상, 더구나 보편과 자기규정적인 사유에 입각하고 있는 것으로서 증명되어야 하는 특정한 사상이다. 여기서는 우선 이 사실을 주관성의 측에서 논하기로 한다. 주관성 또는 주관적 개념, 즉 판단과 추리를 자체 중에 내포하고 있는 개념은, 그것이 논리적 이념의 최초의 양 계단 즉 존재와 본질과의 변증법적 성과인 것을 우리는 알고 있다.

개념은 주관적이고 또 오직 주관적이라고 말하거니와, 개념이 물론 주관성 그 자체인 한에서 이 말은 전혀 옳다 할 수 있다. 그렇다면 개념뿐만 아니라 보통논리학의 소위 원리론의 내용이 되는 동일률·차이법·이유율(理由

律) 등, 사유 법칙의 직후에 나오는 규정인 판단이나 추리도 역시 개념과 마찬가지로 주관적인 것이다.

그러나 한 걸음 더 나아가서 생각하면 여기서 열거한 개념·판단·추리 등의 여러 규정을 가진 이 주관성은, 독립적으로 존재하는 외적 객관에 의하여 비로소 충족되는 한 빈 그릇과 같은 것으로 볼 게 아니다. 그와 반대로 주관성이란 것은 변증법적으로 제 자신의 한계를 파괴하고, 따라서 추리를 통하여 제 자신을 객관성에 개방하는 것이다.

191

개념의 실재화가 즉 객관이다. 좀 더 따져 말하면, 보편이 제 자신에 돌아가서 하나의 통체가 되고, 또 이 통체의 여러 구별이 역시 이러한 통체가 되며, 따라서 매개의 지양에 의하여 직접적인 통일로 규정된 개념의 실재화한 것이 객관이다. 특히 오성추리나 추리작용만을 의식의 소위(所爲)로 본다면, 주관·개념일반 내지 추리에서 객관으로 이행하는 것이 일견 기이하게 생각될지 모른다. 그러나 여기서 이 이행의 관념을 납득하도록 설명할 여가는 없다. 다만 여기서 문제 삼지 않을 수 없는 것은 이른바 객관이라고 하는 것에 관한 우리의 상식이 여기서 객관이라고 하는 규정에 얼마나 부합하느냐 않느냐 하는 점이다.

그런데 사람들은 흔히 객관을 단순히 추상적 존재, 또는 실재물 또는 현실적인 것 전체로 보지 아니하고, 그 자체에 있어서 완전한 독립적·구체적인 것으로 보는 바 이 완전성이 즉 개념의 통체다. 객관이 대상도 되고 타자에 대하여 외적인 것도 되거니와, 이 사실은 객관이 주관적인 것과 대립해서 나타나는 한에서 차후에 규정될 것이다. 여기서는 우선 개념이 그 매개태에서 이행하여, 아직 타자와 상관없이 미매개적으로 있는 상태가 객관이요, 따라서 개념도 역시 차후의 대립에서 비로소 주관적인 것으로 규정되는 것이다.

그런데 여기서 한 걸음 더 나아가 보면 객관은 본래 하나의, 아니 그뿐만이 아니라 그 자체에 있어서 하등의 규정도 없는, 전체 즉 객관적 세계일반 · 신 · 절대적 객관이다. 그러나 객관은 또한 제 자신의 구별을 가지고 객관적 세계인 무규정적 다양태(多樣態)로 자기분열한다. 따라서 개별화한 이 모든 계기도 또한 한 객관, 즉 그 자체에 있어서 구체적이고 완전하고 독립적인 특정 존재다.

객관성이 존재 · 실재 · 현실성과 동일시되듯이, 실재나 현실성으로의 이행도 역시 객관성으로의 이행과 동일시된다. 그러나 존재로의 이행이라는 것은 없다. 왜냐하면 존재라는 것은 시초의 전혀 추상적 · 직접적인 것이기 때문이다. 실재가 나오는 그 근거 ― 현실성에까지 지양된 반성의 관계란 것은 아직 불완전하게 나타난 개념에 불과한 것, 다시 말하면 개념의 추상적인 양면에 불과한 것이다. 즉 근거라는 것은 개념의 오직 본질적 통일에 불과한 것이요, 관계라는 것은 실재적인 그러나 오직 제 자신 중에서 반성된 것이라고 하는 양측면의 관계에 불과한 것이다. ― 그런데 개념이라는 것은 이상 양 자의 통일이요 객관이라는 것은 본질적일 뿐만 아니라 그 자체에 있어서 보편적인 통일, 즉 실재적인 여러 구별뿐만 아니라 이 모든 구별을 통체로 삼아서 제 자신 중에 보유하고 있는 통일이다.

그뿐만 아니라 이러한 모든 이행에 있어서는, 개념 또는 사유와 존재와의 불가분성을 다만 일반적으로 지적하고만 말 것이 아닌 것도 분명하다. 존재가 직접적인 대자 관계 이외의 아무것도 아니라는 것, 이 무내용한 규정이 개념 내에는 물론 사유 중에도 들어있다는 것, 이상 제점(諸點)은 여러 번 지적되었다.

이러한 이행과 의의는 가령 예를 들면 존재는 여러 실재성 중의 하나라는 명제에 의한 신의 존재의 존재론적 증명에서 보는 바와 같이, 다만 개념 중에 속하는 여러 규정을 그대로 드러내는 데에 있는 게 아니라, 첫째 존재라는 개념과는 인연이 먼 추상물이나 또는 객관성이라는 추상물까지와도 하등의 관계가 없는 오직 개념이라고 규정돼야 할 개념을 취하여, 이 개념적 규정태로서의 개념의 규정성에서 이 규정성이 개념에 속하며, 개념 중에서 나타나는 형식과는 다른 형식으로 이행하는가 않는가, 또 이행한다면 어떻게 이행하는가 하는 것을 살피는 데에 그 의의가 있는 것이다.

이러한 이행의 산물, 즉 객관이 그 속에서 여러 특유(特有)한 형식을 잃고 있는 개념과의 관계 중에 나타날 때에, 이 이행의 성과를 '즉자태(卽自態)'의 개념이라 말하고, 사람들이 원한다면 주관성과 객관성을 같은 것이라 해도 옳을 것이다. 그러나 주관성과 객관성이 서로 다르다는 것도 또한 옳다. 일방이 옳으면 타 방도 또 옳고, 따라서 일방이 옳지 않으면 또 타 방도 옳지 않다. 그러나 이러한 표현 방식은 진실한 사태를 표현하지 못하는 것이다. 앞에 말한 '즉자태'라는 것은 추상물이요, 개념 자체보다도 더 일면적인 것이다. 그런데 이 개념의 일면성은 대체로 말하면, 개념이 객관 즉 개념과 대립하는 일면성에까지 지양될 때에 지양되는 것이다. 따라서 앞에 말한 '즉자태'도 제 자체의 부정에 의하여 대자태로 규정되어야 하는 것이다. 언제나 그렇지만 사변적 동일성이라는 것은 개념과 객관이 즉자적으로 동일하다는 따위의 평범한 동일성이 아니다. 이 동일성에 관한 진부하고 또 악의에 가득한 오해를 종식시키기 위하여, 충분하다고 할 만큼 여러 번 주의를 되풀이해 온 셈이지만, 그러나 아무리 이 주의를 되풀이하고 또 되풀이하여도 충분하다고 할 수는 없다. 이 오해를 종식시키기는 아마 이 뒤에도 도저히 바랄 수 없을 것이다.

그것은 그렇다 하더라도 이 통일성을 그 즉자태라는 일면적인 형식을 잊어버리고, 전혀 일반적으로 생각하면 그것은 누구나 다 아는 바와 같이 신 존재의 존재론적 증명에서 전제되는 것, 더구나 가장 완전한 것으로서 전제되는 것이다. 이 증명에 대하여 가장 주목할 만한 사상을 발표한 이는 안셀무스인데, 안셀무스는 첫째 한 내용이 다만 우리의 사유에만 한하여 있는가 없는가 하는 것만을 문제 삼았다.

　그의 말을 간단히 인용하면 이렇다.

　'사고되지 않는 보다 더 큰 것은 확실히 지(知)의 범위 내에만 있을 수 없는 것이다. 왜냐하면 만일 그것이 지(知)의 범위 내에만 있다 하더라도 그것은 또한 사물에 있어서도 존재하며, 이 사물에 있어서의 존재가 보다 더 큰 것이기 때문이다. 따라서 만일 사유되지 않는 보다 더 큰 것이 다만 지(知)의 범위 안에만 존재한다면, 그것은 사고되지 않는 보다 더 큰 것이 사고되는 보다 더 큰 것이라는 것을 의미하게 된다. 그러나 이것은 확실히 있을 수 없는 일이다.'

　유한적인 사물이라는 것은 우리가 입각하고 있는 여러 규정에 의하면 그 사물의 객관성이 그 사물의 사상, 즉 그 보편적인 규정, 그 유(類) 및 목적과 일치하지 않는 것이다. 데카르트, 스피노자 같은 이들은 이 통일을 비교적 객관적으로 표명하였다. 그러나 그들은 직접적 확실성의 원리 또는 신앙의 원리를 어느 편이냐 하면, 오히려 신의 존재라는 규정이 신의 표상과 불가분적으로 우리의 의식 중에서 결합되어 있다는 그러한 안셀무스류의 주관적인 방식에서 취하였던 것이다.

　만일 이 신앙의 원리가 외적이고 유한적인 사물의 여러 현상까지도, 이것들이 직관 중에서 실재의 규정과 결합되어 있다는 이유로 사물의 의식과 사물의 존재와의 불가분성에서 이해한다면 그것은 물론 정당한 것이다. 그러나 우리의 의식 중에서 실재가 신의 표상과 결합하는 방식과 같은 방식으로 유한적인 사물의 표상과 결합한다고 생각한다면, 그것은 이에 더할 나위 없는 큰 무사려다. 왜냐하면 그것은 유한적인 사물이 변화적이고 소멸적이라는 것, 다시 말하면 실재가 이 유한적 사물과 잠시적으로 결합하여 있다는 것, 그리고 이 결합은 영원한 결합이 아니라 분리될 수 있는 결합이란 것을 모르고 있기 때문이다.

그렇기 때문에 안셀무스가 유한적 사물에 나타나는 그러한 결합을 무시하고 단순히 주관적인 방식으로 뿐만 아니라, 동시에 객관적인 방식으로도 존재하는 것만을 완전한 것이라고 말한 것은 정당한 것이다. 따라서 소위 존재론적 증명이나 또는 완전자에 관한 안셀무스적 규정에 반대하고 나오는 모든 고만(高慢)한 언사는 일고의 가치도 없는 것이다. 왜냐하면 이러한 안셀무스적 규정은 순수무잡(純粹無雜)한 모든 인간 상식에도 존재하며, 나아가서 직접적 신앙의 원리에서 보는 바와 같이 의식과 의사의 유무를 불구하고 모든 종류의 철학 중에도 들어 있는 것이기 때문이다.

그러나 안셀무스적 증명이 가진 결함은 그뿐 아니라 데카르트나 스피노자, 그리고 직접지(直接知)의 원리도 이러한 결함을 가지고 있거니와, 이 결함은 최완전자(最完全者) 또는 주관적으로 진지(眞知)라고 표명되는 존재와 표상과의 이 통일을 직접적 비매개적으로 전제하고 있는 점, 다시 말하면 다만 즉자적으로 이해하고 있는 점에 있는 것이다. 따라서 이 추상적 동일성에는 동시에 양 규정의 구별성이 대립한다.

즉 오래 전부터 안셀무스에게 반대하고 나온 바와 같이 사실상 유한적인 것의 표상과 실재는 무한자와 대립한다. 왜냐하면 전술한 바와 같이 유한자는 목적, 그 본질 및 개념과 동시에 일치하지 못하고 이것들과 상위(相違)하는 그러한 객관성, 다시 말하면 실재를 포함하지 않은 그러한 표상, 그러한 주관적인 것이기 때문이다.

이러한 이론(異論)이나 반대는 오직 유한자가 참다운 것이 아니라는 것, 이러한 규정은 그것만으로는 일면적이고 공허한 것이라는 것, 따라서 동일성은 이러한 규정들이 거기로 이행하여, 거기서 서로 화해하고 있는 그러한 지반이라는 것이 밝혀질 때에 한하여서만 일소되는 것이다.

나. 객 관

객관이라는 것은 그 자체 속에 지양되어 있는 구별에 대하여 몰교섭(沒交涉)한 직접적 존재다. 다시 말하면 객관이라는 것은 그 자체 내의 통체성인 동시에, 이 동일성은 여러 계기의 즉자적인 동일성에 불과한 것이기 때문에, 또한 그 직접적 통일에 대하여서도 무관심한 것이다. 즉 따라서 객관이라는 것은 여러 가지로 구별되는 바, 이 모든 구별은 그 자체가 통체성이다. 그러므로 객관이라는 것은 뭉쳐서 복잡한 것의 완전한 독립성과, 갈려서 구별되는 것의 완전한 비독립성과의 절대적 모순이다.

'절대는 객관이다'는 정의는 라이프니쯔의 단자(單子) 중에 가장 뚜렷이 들어있다. 이 단자는 즉자적이긴 하나 객관을 표상하며, 더구나 세계 표상의 통체성이라고 라이프니쯔는 말한다. 따라서 단자의 단일통일성 중에서는 모든 구별이 관념적 비독립적인 것에 불과하게 된다. 밖에서 단자 속으로 들어오는 것은 하나도 없다. 단자는 그 자체에 있어서 완전한 개념이요, 다만 개념에 고유한 발전의 다소에 의하여서 구별될 뿐이다. 따라서 이 단자라는 단일통일체는 절대다(絶對多)의 구별로 갈려서 독립적인 여러 단자가 된다. 그런데 모든 단자와 모든 단자의 내적발전의 예정 조화 중에 있어서는, 이 여러 실체가 다시 비독립성과 관념성으로 환원된다. 따라서 라이프니쯔 철학은 완전히 전개된 모순이다.

【補遺】1. 절대자(神)를 객관으로 보고 또 그렇게만 보는 것은 근세철학자, 그 중에도 피히테가 정당하게 지적한 바와 같이 대체로 말하면 미신이나 비굴한 공포의 입장이다. 물론 신은 객관, 더구나 절대적인 객관이어서 이에 비하면 우리의 특수한(주관적) 의사나 의욕에는 하등의 진리도 없고 또 하등의 가치도 없는 것이다.

그러나 신은 바로 절대적인 객관이기 때문에 암울한 적대력(敵對力)으로서 주관성과 대립하는 게 아니라, 도리어 이 주관성을 본질적인 계기로 삼아서 자체 중에 내포하고 있는 것이다.

이 사실은 기독교의 교의 중에서 뚜렷하게 알 수 있다. 왜냐하면 기독교의 교의 중에는 말하기를, 신은 모든 인간이 구원받기를 원하며 또 모든 인간이 복 받기를 원한다고 하기 때문이다. 그러므로 인간은 신과 하나가 됨으로써 구원을 받고 또 복을 받는다. 따라서 신은 단순한 객관만이 아니요. 바로 그렇기 때문에 예를 들면 로마인의 종교의식에서 보는 바와 같이 공포나 전율(戰慄)의 대상이 아니다.

그렇기 때문에 또 기독교에 있어서는 신을 사람으로 알며, 더구나 신이 자기와 일신동체요 또 우리와 똑같은 한 인간인 자기의 아들을 통하여 전인류에게 나타나며, 전인류를 구제하기 때문에 신을 사랑으로 알거니와, 따라서 신을 그렇게 보게 되면 주관성과 객관성과의 대립이 즉자적으로 해소되는 것을 알 수 있게 되며, 또 우리의 할 일은 우리들의 직접적인 주관성을 죽이고, 갱생하여 신을 우리의 참답고 본질적인 자기로 앎으로써 신의 구제에 참여하는 것이라는 것을 알게 될 것이다.

그래서 종교나 종교신앙이 주관성과 객관성과의 대립을 극복하는 데에 그 본질이 있듯이, 학문 특히 철학의 임무도 다른 것이 아니라 이 대립을 사유에 의해서 극복하는 데에 있는 것이다. 그러므로 인식에 있어서는 대체로 말하면 우리와 대립하고 있는 객관적 세계의 외재성을 벗겨 버리고, 사람들이 흔히 말하는 바와 같이 그 속에서 우리를 발견하는 것이, 다시 말하면 역시 흔히 객관적인 것이라고 부르기는 하나 우리가 가장 내면적인 자기에게 속하는 개념을 발견하는 것이 중요한 문제다.

상술한 바에 의하여 주관성과 객관성을 하나의 고정한 추상적 대립으로 보는 것이 얼마나 불합리한 것인가를 알아야 한다. 이 양 자는 어디까지나 변증법적인 것이다. 개념이란 것은 우선 주관적인 것에 불과한 것이기는 하나 거기서 한 걸음 더 나아가 하등의 외적 질료나 물소(物素)를 필요치 않고 특유한 활동에 의하여 객관화하는 것이며, 바로 그렇기 때문에 객관이라는 것은 고정불변한 무과정적인 것이 아니라, 동시에 이념에까지 전진하는 주관적인 것으로 나타나는 과정을 취하는 것이다.

주관성과 객관성의 여러 규정을 확실히 알지 아니하고, 이 여러 규정을 그 추상성에서 고집만 하려고 드는 사람에게서는, 이 규정이 붙잡히기도 전에 재빠르게 손가락 사이로 빠져 나갈 것이요, 그가 말하고자 한 바와는 정반대의 말이 그의 입에서 나오는 그러한 사실이 나타나는 것이다.

【補遺】2. 객관성은 기계론 · 화학론 · 목적론의 세 가지 형태를 내포하고 있다. 기계론적으로 규정된 객관은 직접적 외면적인 객관이다. 이 객관은 물론 여러 구별을 내포하고 있으나 그러나 이 여러 구별은 상호간에 하등의 상관도 없고, 따라서 이 여러 구별이 결합된다 해도 그것은 오직 외면적인 결합에 불과한 것이다. 그런데 화학론에 있어서는 객관이 본질을 달리하고 나타나며, 따라서 객관은 오직 그 상호관계에 의해서만 객관이 되며 그 상호간의 차이가 객관의 질(質)이 된다.

객관성의 셋째 형태, 즉 목적론적 관계는 기계론과 화학론과의 통일이다. 목적이라는 것도 역시 기계론적 객관과 마찬가지로 그 자체에 있어서 완결된 통체성이기는 하나, 그러나 화학론 중에서 나타난 차이의 원리에 의하여 내용이 풍부하여진 것, 따라서 이 차이를 대립적인 객관으로 삼아서 관계하는 것이다. 그러므로 목적의 실현은 이념으로의 이행이 되는 것이다.

193

1. 기계론

(1) 객관이라는 것은 그 자체의 직접태에서 보면 오직 즉자적인 개념이며, 즉자적인 개념은 주관적인 것이기 때문에, 최초에는 이 개념 밖에 있고 따라서 모든 규정성이 외적인 것으로 나타난다. 그러므로 객관이라는 것은 모든 구별된 것의 통일로써 보면, 한 합성체(合成體) 한 집성체요 따라서 타자에 대한 그 관계는 외면적 관계다. 이것이 형식적 기계론이다. ─ 이러한 외면적 관계와 비독립성 중에는 여러 객관이 서로 외적으로 저항하고 있기 때문에 역시 독립을 잃지 않는다.

밀고 밀리는 것은 기계적 관계이거니와, 그와 마찬가지로 우리가 말의 뜻을 모르는 감각이니 표상이니 사유니 하는 말들을 외면적으로 대하며, 또역시 외면적으로 그 말들을 늘어놓는 것도 기계적이요 암기식이라는 것을 우리는 알고 있다. 인간의 행동이 양식이나 양심의 충고 기타 등에 의하여 규정되고 따라서 그의 행동 중에 정신과 의지가 없고, 이리하여 그의 행동이 그의 정신이나 의지에 대하여 외면적인 때에는 그런 행동이나 신앙 기타 등도 역시 기계적이다.

【補遺】기계론은 객관성의 최초 형태이기 때문에 또한 오성이 대상적 세계를 고찰할 때에 나타나는, 따라서 오성이 흔히 고집하기 쉬운 범주이기도 하는 것이다. 그러나 이것은 자연에 관해서나 또는 정신계에 관해서나 충분히 맞지 않는 피상적이고 또 사상적으로 빈곤한 고찰 방식에 불과한 것이다. 자연계에서 기계론에 지배되는 것은 오직 아직 그 자체가 충분히 전개되지

못한 질료의 전혀 추상적인 관계 뿐이다. 그러나 소위 물리적 영역이라는 말의 좁은 의미에 있어서의 모든 현상, 즉 가령 예를 들면 빛의 현상, 열의 현상, 자기 현상, 전기 현상 기타 등의 현상은 벌써 기계적 방법, 즉 압박·충돌·부분의 변위 기타 등에 의하여서는 설명이 불가능한 것이다. 하물며 이 범주를 유기적 자연계에 응용하거나 옮겨 놓아 가지고 설명하기는 더구나 불가능한 것이다.

왜냐하면 여기서는 유기적 자연계의 특성, 즉 예를 들면 식물의 영양(營養)과 성장 또는 동물의 감각 등을 이해하는 것이 중요하기 때문이다. 그러므로 기계론의 범주와 전혀 다른 또 그보다 더 고차적인 범주가 필요한데도 불구하고, 여전히 기계론의 범주만을 죽자하고 고집(이것을 고집하는 것은 무식한 사람의 안목으로 보아도 분명한 모순이다)하고, 또 그럼으로써 진정한 자연인식의 길을 봉쇄하는 것은 근세 자연과학의 본질적인 아니 근본적인 결함이라고 보지 않을 수 없다.

그런데도 불구하고 정신계의 여러 형성물을 고찰하는 데에 있어서까지도 이 기계론적 방법이 빈번히 남용되고 있는 것을 본다. 가령 예를 들면 인간을 육체와 정신으로 성립하였다고 보는 것이 이것이다. 여기서는 육체와 정신의 양 자를 따로 고립하는 것같이 보며, 따라서 다만 외면적으로만 서로 결합하는 것처럼 보고 있다.

그뿐만 아니라 그와 마찬가지로 정신까지도 독립적으로 병존하는 여러 가지 심력(心力) 또는 정신 능력의 단순한 복합체라고 본다. ― 그리하여 기계론적 고찰 방식이 개념적 인식 일반의 지위를 점유하고, 따라서 기계론이 절대적 범주로 통용하려는 주장이 나오니까, 이것을 송두리째 단연 버려야 한다고 하는 한편, 또한 다른 편으로는 기계론에 대하여 일반논리상의 권리와 의미를 분명히 보장하며, 따라서 비단 기계론을 이 명칭이 본래 거기로부터 유래한 자연계에만 국한시킬 것이 아니라고도 한다.

물론 본래적인 기계학의 분야 이외, 즉 물리학이나 생리학에서도 착안점을 기계적 작용, 가령 예를 들면 중력이나 공간 기타 등의 작용에 돌린다고 해서 이것을 반대하거나 비난할 것은 아니다. 그러나 요는 이러한 여러 분야 중에서 기계론의 법칙이 결코 결정적인 법칙이 아니라, 말하자면 다만 보조적인 지위로 나타난다는 사실을 몰라서는 안 된다.

그렇다면 따라서 자연 중에서 고차적인, 즉 유기적인 기능이 정상적으로 착용할 때에 보조적인 기계론이 지배적인 것으로 나타나게 되면, 그 작용이 장애 또는 압박을 받는다는 것을 또한 알아야 한다.

그리하여 가령 예를 들면 위병 환자는 소량의 음식물을 먹어도 위염을 감각하나, 소화기관이 건전한 사람은 그와 똑같은 분량의 음식물을 먹어도 하등의 위염을 감각하지 않는다. 병적 증상이 있는 신체에 있어서의 무게에 대한 일반감각도 역시 그와 마찬가지다. ─ 정신계의 분야에 있어서도 기계론은 종속적인 지위이기는 하나 그래도 그 지위를 가지고 있는 것이다.

사람들은 기계적 기억이나 또는 여러 가지 기계적인 활동, 예를 들면 읽기 · 쓰기 · 노래 부르기 기타 등을 운운하거니와 이것은 옳은 말이다. 여기서 기억이라는 말이 나온 김에 좀 더 따져 말하면, 기억의 기계적 형태라는 것은 기억의 본질에까지 속하는 것이다.

근세의 교육학은 지성의 자유에 대한 그릇된 열망에서 아동교육상 유해한 한 환경이 있는 것을 모르고 있다. 그런데도 불구하고 어쭙잖은 심리학자들은 기억의 본성을 논증하기 위하여 기계론의 법칙을 덮어놓고 정신현상에 적용함으로써 그와 동일한 몰이해를 보여 주고 있다.

기억의 기계적 성격은 바로 여기서는 일정한 부호 · 음 기타 등을 그 외면적인 결합에서만 파악하고, 따라서 이러한 결합에서 재생산하며 그의 미와 내적 결합에 돈착(頓着)하지 않는 점에 있는 것이다. 기계적 기억과 관련된 이 사정을 인식하기 위하여서 기계학을 연구할 필요는 전혀 없는 것이며, 심리학의 이러한 연구에서는 하등의 수확도 나올 수 없는 것이다.

194

객관이라는 것은 그것이 오직 독립적으로 있는 한에서만(앞의 절) 폭력을 받는 비독립성을 가지고 있는 것이다. 따라서 객관이라는 것은 전개된 개념 자체이기 때문에 이러한 여러 규정의 하나는 그 다음 하나 속으로 지양되는 게 아니다. 도리어 객관이라는 것은 제 자신의 부정, 즉 제 자신의 비독립성에 의하여 제 자신을 제 자신과 연결시키고 그러함으로써 비로소 독립적인 것이 되는 것이다.

따라서 외재성과 구별되면서 그와 동시에 이 외재성의 독립성을 부정하는, 이러한 제 자신과의 부정적 통일이 중심성·주체성이며, 이 중심성 또는 주체성 중에서 객관이 외재적인 것과 관계하는 것이다. 그런데 이 외재적인 것도 역시 자체 중에 한 중심을 가지고 그 속에서 다른 중심과 관계하며, 그러함으로써 제 중심을 타자 내에 가지고 있는 것이다. (2) 이것이 이합적(離合的) 기계론(낙하·욕망·사교본능(社交本能) 기타 등)이다.

195

이와 같은 관계의 전개가 추리다. 이러한 것으로서의 추리는 내재적 부정성이 한 객관의 중심적·개별성(추상적 중심)으로서 일정한 매개자를 통하여 타 방(他方)의 극단인 비독립적 여러 객관과 관계함을 의미하는 것이다. 따라서 이 매개자는 여러 객관의 중심성과 비독립성을 자체 내에서 통합하는 상대적 중심이다. (3) 이것이 절대적 기계론이다.

196

상기의 추리(개별-특수-보편)는 3중의 추리다. 형식적 기계론의 보금자리인 비독립적 객관의 단순한 개별성은 바로 비독립성이기 때문에 또한 외적 보편성이다. 그러므로 이러한 객관은 절대적 중심과 상대적 중심과의 사이에서도 매개자가 된다('개별-특수-보편'의 추리식). 왜냐하면 두 중심이 갈리어서 양 극단이 되고, 따라서 상호관계하기는 바로 이 비독립성에 의하여서이기 때문이다. 그와 마찬가지로 실체적 보편인 절대 중심성(늘 동일한 중력)은 자체 중에 순수 부정성을 내포하는 것이기 때문에, 상대적 중심과 비독립적인 여러 객관과의 사이를 매개하는 것, 즉 '특수 － 보편 － 개별'의 추리식이다. 더구나 그것 즉 실체적 보편은 본질에 있어서 내재적 개별성으로 보면 분리하여 가는 것인 동시에, 보편성으로 보면 동일적 통합이요 정연한 자기 내존재이다.

태양계와 마찬가지로 가령 예를 들면 실제에 있어서 국가는 세 가지 추리의 체계다. (1) 개인은 그 특수성 즉 물리적. 정신적 요구(이 요구가 다시 한 걸음 더 나아가서 자각적으로 계발되면 시민사회가 나온다)에 의하여 보편적인 것 (사회 · 권리 · 법률 · 통치)과 연결한다. (2) 개인의 의지 · 활동은 사회 · 법률 기타 등에 대한 요구를 만족시키기도 하고, 또 사회 · 법률 기타 등의 요구를 충족 · 실현시키기도 하는 매개다. (3) 그러나 보편적인 것(국가 · 통치 · 법률)은 개인이 또 개인의 요구가, 그 만족된 실재성 · 매개성 · 존재성을 소유하고 획득하는 실체적 매개자이다. 이 모든 규정은 매개자가 이 규정들을 타 방의 극단과 연결시키기 때문에, 바로 그렇기 때문에 제각기 자기와 연결하고 자기를 산출(産出)하는 바 이 산출이 자기 보존이다. － 오직 이러한 연결의 본성을 통하여서만 즉 동일한 명사에 의한 추리의 이러한 3중성을 통하여서만 한 유기체의 전체가 참으로 이해되는 것이다.

197

이 모든 객관이 절대적 기계론 중에서 가지고 있는 실재의 직접태는, 독립성이 그 상호 관계를 통하여, 따라서 그 비독립성을 통하여 매개되어 있는 바로 그 때문에 즉자적으로 부정된다. 이리하여 객관은 그 자체의 실재성에서 그 자체의 타자와 대립·분리한 것으로 나타나게 되는 것이다.

198

2. 화학론

분리된 객관은 이 객관의 본성이 되고 또 이 객관을 실재케 하는 내재적 규정성을 가지고 있다. 그러나 이 객관은 개념의 통체성이 드러난 것이기 때문에 이러한 그 통체성과 그 실재성과의 모순이다. 그러하지만 객관은 이 모순을 지양하여 자기 자신의 특수 존재를 개념과 밀착시키려고 노력하는 것이다.

【補遺】 화학론이란 것은 객관성의 범주 중의 하나다. 그렇기 때문에 화학론은 기계론과 전혀 별개의 것이 아니라 도리어 기계론과 한데 총괄되는 것이다. 따라서 기계론과 화학론은 기계적 관계라는 공통 명칭하에 총괄되어서 흔히 목적성의 관계와 대립한다.

그러면 그 이유는 무엇인가? 그것은 기계론과 화학론과는 오직 즉자적으로만 실재하는 개념이 되려는 공통성이 있으나, 목적은 대자적으로 실재하는 개념으로 보아야 하는 것이기 때문이다. 그러나 좀 더 따져 보면 기계론과 화학론과의 사이에도 뚜렷한 구별이 있다.

즉 기계론의 형식에서 본 객관은 첫째 무차별적인 대자 관계이나 그와 반대로 화학론적 객관은 어디까지나 대타(對他) 관계로 나타난다. 그런데, 기계론에 있어서도 그것을 전개하면 대타 관계가 나온다. 그러나 기계적인 여러 객관의 상호 관계는 전혀 외적 관계에 불과한 것이다. 따라서 상호 관계하는 여러 객관은 독립성의 가상을 띠게 된다. 이리하여 가령 예를 들면 자연계에 있어서는 우리의 태양계를 구성하고 있는 여러 가지 천체가 서로 운동의 관계 중에 있고 또 그러함으로써 서로 관계를 맺고 있다. 그러나 운동은 공간과 시간과의 통일이기 때문에, 전혀 외면적이고 추상적인 관계에 불과한 것이며, 그렇기 때문에 마치 외면적으로 상호 관계하는 여러 가지 천체가 그렇듯이, 이러한 그 상호 관계를 떠나서도 운동이 존재하는 것 같이 보인다.

그러나 화학론에 있어서는 사정이 그와 다르다. 화학적으로 이합(離合)하는 객관의 정체는 분명히 그 차별에 있고, 따라서 서로 분리하려는 절대적 충동에 있는 것이다.

199

그러므로 화학적 과정은 그 과정의 뻗어 나간 양 극단 간에 즉자적으로 존재하는 중립적인 것을 생산물로 갖는다. 왜냐하면 개념 즉 구체적 보편은 여러 객관의 분립 즉 특수화를 통해 개별성 곧 생산물과 연결하며, 따라서 그러함으로써 오직 자기 자신과 연결하기 때문이다. 그와 동시에 이 과정에는 기타의 추리도 들어 있다. 왜냐하면 개별성이라는 것은 활동하는 것이기 때문에 또 매개하는 것이요, 생산물에서 특수 존재에 도달하는, 뻗어 나간 양 극단의 본질 즉 구체적 보편이기 때문이다.

제3편 개념론

200

화학론은 객관성과 여러 객관의 이합적 본성과의 반성적 관계를 가지고 있기 때문에, 또한 동시에 객관의 직접적 독립성을 전제하는 것이다. 그러므로 화학적 과정은 한 형식과 다른 형식의 사이를 이리 왔다 저리 갔다 하는 것이다. 따라서 이 형식들은 동시에 서로 외적으로 관계할 따름이다. ― 그리고 그 중립적인 생산물 중에는 양 극단이 서로 대항적으로 가지고 있는 특정한 규정이 지양돼 있는 것이다. 이 점은 물론 개념과 일치하는 점이기는 하나, 그러나 그 중립적인 것은 직접태에 퇴거한 것이기 때문에 그 중에는 분리 작용을 정신화하는 원리가 없다. 그러므로 중립적인 것은 분리되는 것이다. 그러나 중립자를 이합하는 양 극단으로 분리시키며, 무차별적인 객관 일반에 대하여 그 상호간의 이합성과 활기를 제공하는 판단(원시 분할)의 원리라든가, 따라서 팽창하면서 분열하는 과정은 그 최초의 과정 외부에서 일어나는 것이다.

【補遺】 그뿐만 아니라 화학적 과정은 또 유한적이고 조건적인 과정이다. 따라서 개념으로서의 개념은 겨우 이 과정의 내부에 머물러 있을 뿐이요, 아직 그 자각적인 현재태(顯在態)로 즉 실재에 도달한 것이 못 된다. 이 과정은 중립적인 생산물 중에서 없어지고 이 생산물을 움직이게 하는 자는 그 과정 밖에 서게 된다.

201

분리된 것은 중립적인 것으로 환원하고 무차별적인 것 즉 중립적인 것은 분리하거니와, 이 양 과정은 서로 독립해서 따로따로 나타나기 때문에 외재성을 가지고 있으며, 또 생산물에 이행하여 그 속에서 지양되는 점에서 유한성을 가지고 있는 것이다. 거꾸로 말하면 이 과정은 이 과정에 선행하는 분리된 여러 객관의 직접성을 무시하는 것이다. ─ 개념은 그것이 그 속에서 객관으로서 매몰되어 있는 외재성과 직접성이 이러한 부정을 통하여 자유를 획득하며, 따라서 이 외재성과 직접성에 대하여 독자적인 것 즉 목적으로 드러나는 것이다.

【補遺】 화학적 과정의 양 형식이 서로 대립한 채로 지양되는 바로 그 가운데에, 화학론으로부터 목적론으로의 이행이 포함되어 있는 것이다. 이 이행에서 어떠한 결과가 나오느냐 하면, 그것은 화학론과 기계론 중에서 겨우

즉자적으로 존재하던 개념의 해방이요, 따라서 여기서 대자적으로 존재하게 되는 개념이 즉자적이다.

202

3. 목적론

목적이라는 것은 직접적인 객관성이 부정을 통하여 자유로운 실재에 걸어나온 대자적으로 존재하는 개념이다. 목적이라는 것은 주관적으로 규정되어 있는 것이다. 왜냐하면 이 부정은 첫째 추상적이고 따라서 또 그러므로 목적은 객관성과 대립하는 개념이기 때문이다. 그러나 주관성이라는 이 규정은 개념의 통체성에 비하면 일면적이고, 따라서 더구나 목적 그 자체에 대하여 일면적인 것이다. 왜냐하면 목적 중에는 모든 규정성이 지양된 것으로서 나타나기 때문이다. 따라서 전제된 객관은 목적에 대한 일개의 관념적인 계기, 다시 말하면 무(無)로서의 실재성에 불과한 것이다.

목적이란 것은 목적 그 자체의 자기동일성과 이 목적 중에서 드러나는 부정 및 대립과의 모순이기 때문에, 그 자체가 지양 작용, 즉 대립을 부정하여 이것을 목적 자체와 일치시키는 활동이다. 이것이 목적의 실현이다. 그런데 이 목적 실현에 있어서는 목적이 제 자신의 관심과는 다른 것이 되고, 따라서 객관화함으로써 목적의 주관성과 객관성과의 구별을 지양하여, 오직 제 자신을 제 자신과 연결시키고 제 자신을 보유하는 것이다.

목적개념을 이성개념이라고 부르며 특수에 대하여 오직 포섭적으로만 관계하고, 이 특수를 자체 중에 포함하고 있지 않는 오성의 추상적 보편과 대립시키는 것은, 한편으로 보면 무용한 것이나 다른 한편으로 보면 정당하다.

그뿐만 아니라 목적인(目的因)으로서의 목적과 단순한 작용인(作用因) 즉 흔히 말하는 바 원인과를 구별함이 대단히 중요하다. 원인이라는 것은 아직 명백히 드러나지 않은 맹목적 필연에 속하는 것이다. 그러므로 원인이란 것은 여러 타자에게로 이행하여 그 속에서 뚜렷한 여러 근원성을 잃어버리고 나타난다. 왜냐하면 원인이 결과에 있어서 비로소 원인이 되고, 따라서 제 자신에 돌아간다는 것은 오직 즉자적으로만, 바꾸어 말하면 우리들이 보아서만 알 수 있는 것이기 때문이다.

그러나 목적이라는 것은 이와 달라서 그 자체 중에 규정성 또는 뒤에 타자(他者)로 나타날 것, 즉 결과를 포함하고 있는 것으로서 나타난다. 이리하여 목적은 그 목적 활동에 의하여 타자로 이행하는 게 아니라 도리어 제 자신을 보유하는 것이다. 다시 말하면 목적은 오직 제 자신을 실현하는 것이며, 따라서 목적은 단초(端初) 즉 본래 있던 그대로 종말에도 있는 것이다. ─ 목적은 개념이기 때문에 사변적인 이해를 요구하는 것이다. 왜냐하면 목적이라는 개념은 그 자체가 제 자신의 여러 규정에 고유한 통일성과 관념성 중에 판단(원시 분할) 또는 부정, 즉 주관적인 것과 객관적인 것과의 대립을 내포하기도 하며 또한 이 대립의 지양이기도 하기 때문이다.

목적이라는 것을 서슴지 않고 또는 단순히 표상 중에 존재하는 한 규정의 의식형태로만 생각하여서는 안 된다. 칸트는 내적 합목적성이라는 개념으로써 이념일반 특히 생명이라는 이념을 소생시켰다. 생명에 관한 아리스토텔레스의 규정에도 벌써 내적 합목적성이란 규정이 들어 있었다. 따라서 아리스토텔레스의 생명규정은 오직 유한적이고 외적인 합목적성 밖에 모르는 근대 목적론의 개념보다는 무한히 전진하였던 것이다.

요구나 충동은 목적의 가장 비근한 실 예다. 요구나 충동은 생명 있는 주관 자체의 내부에서 느껴지는 모순이요, 따라서 아직 단순한 주관성에 불과한 이런 부정을 부정하는 활동이다. 만족은 주관과 객관의 사이에 평화를 회복시키는 것이다. 왜냐하면 아직 현존하는 모순(요구) 중에서 저편에 서 있는 객관적인 것은 주관적인 것과 통합함으로써 제 자신의 일면성을 잃어버리기 때문이다. ─ 주관적이었거나 객관적이었거나 간에 하여간 유한적인 것의 고착성과 불가 극복성을 흔히 운운하는 사람은 충동에서 역정 나는 사실만 보게 된다. 충동이라는 것은 말하자면 주관적인 것이 객관적인 것과 마찬가지로 오직 일면적이고, 따라서 하등의 진리도 없다는 것을 보증하는 확실성이다. 그뿐만 아니라 충동이라는 것은 이러한 그 확실성을 관철함으로써 오직 주관적인 것에 불과하고, 또 어디까지나 주관적인 것인 주관적인 것과 역시 오직 객관적인 것에 불과하고, 또 어디까지나 객관적인 것인 객관적인 것과의 대립, 내지 이러한 그 유한성의 지양을 가능케 한다.

목적의 활동에 있어 또 한 가지 주의할 것은 일종의 목적활동인 추리 중에서, 목적과 추리가 실현의 수단을 매개로 연결하기 위하여 본질상 개념의 각 계기가 부정되어서 나오는 사실이다.

그런데 이 부정은 목적으로서의 목적 중에서 나오는 직접적인 주관성이나 객관성(수단 및 전제된 객관)과의 바로 앞에 말한 바와 같은 부정이다. 이 부정은 정신이 신격화하여 가는 과정에서, 제 자신의 주관성은 물론 세계의 우연적인 여러 사물에서까지 가(加)하는 부정과 똑같은 부정이다. 이 부정은 제 190절에서 말한 바와 같이 신 존재의 증명 중에서 오성추리가 이 신격화에 대하여 부여한 형식 중에서 무시되고 탈락된 계기인 것이다.

203

목적론적 관계는 직접적으로는 첫째 외면적인 합목적성이요, 따라서 전제된 것인 객관에 대립하는 개념이다. 그러므로 목적이라는 것은 유한적인 것이다. 좀 더 따져 말하면 목적이라는 것은 그 내용상으로 보아 유한적인 동시에, 그 실현의 질료(質料)로서 발견되는 객관 중에 외적 조건을 가지고 있는 점으로 보아도 유한적이다. 그러한 한에서 목적의 자기 규정은 오직 형식적인 것에 불과한 것이다.

또 직접성 중에는 특수성(형식규정으로서는 목적의 주관성)이 자기 내 반성된 것으로서 나타나고, 내용은 형식의 통체성·주관성 자체, 즉 개념과 구별된 것으로서 나타나는 그러한 성격이 있다. 이 구별성이 목적 그 자체 내부에 있어서의 유한성을 형성하고 있는 것이다. 이 점에 있어서 내용은 객관이 특수적인 것, 따라서 발견되는 것과 마찬가지로 한정된 것, 우연적인 것, 따라서 주어지는 것이다.

【補遺】 사람들은 목적을 말할 때에 흔히 외적 합목적성만을 안중에 두고 말한다. 이러한 고찰 방법에서는 사물을 제 자신 중에 여러 규정을 가지고 있는 것으로 보지 않고, 도리어 오직 그 사물의 외부에 있는 목적의 실현에 사용되고 소비되는 수단으로만 본다. 이는 본래 유용성의 처지인바 이 처지는 지금까지 학문상에서도 큰 역할을 했으나 최근에 와서는 당연한 불신임을 받게 됐고, 따라서 자연의 본성에 대한 진정한 견해로서 불충분한 것이라는 것이 알려지게 되었다. 물론 유한적인 사물 그 자체는 우리가 그것을 궁극적인 것이 아니라 그 이상의 무엇을 지시한다고 봄으로써 그 권리를 지니고 있다고 보아야 한다.

그러나 유한적인 사물의 이러한 부정성은 유한적인 사물 그 자체의 변증법이다. 따라서 이 변증법을 인식하려면 첫째 그 긍정적인 내용을 살펴보아야 한다. 그러한 한에서 목적론적 고찰 방법에는 가령 예를 들면, 자연 중에 계현(啓現)되는 신지(神智)를 제시하려 함과 같은 선의적 관심이 중요하거니와, 이 점에 관련하여 주의할 것은 사물이 수단으로서 봉사하는 목적을 그와 같이 탐구하면서 사물의 유한성에서 일보도 탈각하지 못하고 흔히 허무한 반성에 빠지는 사람들이 있다는 점이다.

그리하여 가령 예를 들면, 사람들은 포도 덩굴만을 인간에게 대한 유용성의 입장에서 볼 뿐 아니라, 콜크 나무까지도 포도주병을 막기 위해 그 외피로 만들어지는 마개와의 관계에서 본다. 이전에는 이러한 정신으로 쓰인 저서가 대부분이었다. 따라서 이러한 방법으로는 종교의 진정한 관심도 진흥(振興)시킬 수가 없었거니와, 학문적 관심도 환기(喚起)할 수 없었으리라는 것을 쉽게 짐작할 수 있다. 외적 합목적성은 바로 이념의 전 단계에 서 있는 것이다. 그러나 그처럼 이념의 입구에 놓여 있으면서, 이 외적 합목적성은 흔히 가장 보잘것없는 것이 되어 버렸다.

204

목적론적 관계는 주관적 목적이 한 매개자를 통하여 그에게 외적인 객관성과 연결하는 추리다. 그리고 이 매개자를 합목적적 활동으로 보면 주관적 목적과 외적 객관성과의 통일이요, 또 직접목적으로 정립되는 객관성으로 보면 수단이다.

【補遺】 목적에서 이념에 이르기까지의 발전은 첫째 주관적 목적, 둘째 실현자, 셋째 실현된 목적 등의 3계단을 밟는다. 최초에 우리는 주관적인 목적을 갖는 바, 이것은 대자적으로 존재하는 개념이기 때문에 그 자체가 개념 여러 계기의 통체성이다.

이 여러 계기 중의 첫째 계기는 제 자신과 동일적인 보편자 즉 모든 것이 그 가운데에 들어있으나, 그러나 아직 분리되지 않은 중화적인 최초의 물과 같은 것이다.

그 다음에 둘째 계기는 이 보편자의 특수화로서 보편자는 이 특수화에 의하여 특정한 내용을 획득한다. 그 다음에 이 특정한 내용이 보편자의 활동에 의하여 밖으로 드러나게 되면 보편자는 그로 의하여 제 자신에 돌아가서 제 자신과 연결한다. 그러므로 우리가 한 목적을 세울 때, 그와 동시에 우리는 우리가 그 무엇을 결심하고, 따라서 첫째 말하자면 떳떳하게 자기가 이러저러한 임무에 종사하고 있다고 말한다. 그러나 그렇다면 또 그와 마찬가지로 우리가 그 무엇을 결심한다는 것은 주관이 오직 독립적으로 존재하는 제 내면성에서 밖으로 걸어 나와서 제 자신을 제 자신과 대립하는 객관성에 관계시킨다는 것을 의미하는 것이다. 여기에서 단순한 주관적 목적으로부터 밖으로 돌아간 합목적적 활동으로서의 진행이 나온다.

205

(1) 주관적 목적이라는 것은 보편 개념이 특수성을 통하여 개별성과 연결하는 추리다. 따라서 이 추리에 있어서는 개별성이 자기 규정으로서 판단(원시 분할)한다. 다시 말하면 개별성이 아직 무규정적인 보편을 특수화하여 일정한 내용으로 삼는 동시에 주관성과 객관성과의 대립을 정립한다. 따라서 개별성은 즉자적 존재인 동시에 자기 내 복귀이다. 왜냐하면 개별성이라는 것은 객관에 대립하여 전제된 개념의 주관성을 자기 내에서 완결된 통체성과의 비교에서 불완전한 것으로 규정하며, 그렇게 함으로써 동시에 밖으로 전향시키는 것이기 때문이다.

206

(2) 밖으로 전향한 이 활동은 ─ 주관적 목적 중에서 내용뿐만 아니라 외적 객관성까지도 포함하고 있는 특수성과 동일한 개별성으로서 ─ 첫째 직접적으로 객관과 관계하며 따라서 객관을 수단으로 삼아서 이것을 구사한다. 개념이라는 것은 이러한 직접적인 위력이다. 왜냐하면 개념이라는 것은 객관이라는 존재가 어디까지나 오직 개념적인 것으로서 규정되어 있는 그러한 자기 동일적인 부정성이기 때문이다. ─ 활동성을 가진 개념의 이러한 내면적 위력이 즉 수단으로서의 객관과 직접적으로 통합하며 객관을 그 지배 하에 두는 완전한 매개자다.

유한적인 합목적성에 있어서는 매개자가 활동성과 수단의 역할을 띠는 객관과의 상호 외면적인 두 가지 계기로 갈린다. 관념이 대자적으로 존재하는 객관성인 개념 중에서 즉자적으로 무(無)로 나타나는 한에서 보면, 위력으로서의 개념의 이 객관에 대한 관계와 객관이 이 객관을 자기 지배하에 종속시키는 관계는 직접적이다. 그리고 이 관계가 추리의 제 1전제다. 이 관계 즉, 제 1전제는 그 자체가 매개자가 되는 바, 이 매개자는 동시에 자기 내의 추리이다. 왜냐하면 목적이 이 목적을 내포하며, 지배하는 이러한 관계는 그 활동성에 의하여 객관성과 연결하기 때문이다.

【補遺】목적의 실현은 목적을 실현시키는 간접적 형식이다. 그러나 직접적 실현도 또한 그와 마찬가지로 필요한 것이다. 목적 중에는 특수성이 포함돼 있고, 또 이 특수성 중에는 객관성이 들어 있기 때문에 목적은 객관에 대한 위력이요, 직접적으로 객관을 파악하고 있는 것이다. ─ 생물은 신체를 가지고 있는 바 정신은 이 신체를 점유하여 이 신체 중에서 직접적으로 자기를 객관화하고 있는 것이다. 인간의 정신은 그 육체성을 수단으로 삼는 데에 그 중요성이 있는 것이다. 인간은 그가 자기 정신의 도구가 됨으로써 비로소 자기의 신체를 말하자면 소유하여야 한다.

207

(3) 합목적적 활동은 그 수단과 더불어 아직도 밖으로 향하는 것이다. 왜냐하면 목적이라는 것은 또한 객관과 동일한 것이 아니기 때문이다. 그러므로 목적은 또한 첫째 객관과의 매개를 가져야 한다. 수단은 객관이기 때문에 이 제2의 전제 중에서 추리의 타극단(他極端), 전제된 것으로서의 객관성, 즉 질료와의 직접적인 관계 중에 존재하는 것이다. 그리하여 이 관계가 목적의 지배하에 있는 기계론과 화학론과의 지반이며, 이 기계론이나 화학론의 진리 즉 자유스런 목적이다. 객관적인 것이 그 속에서 서로 마멸(磨滅)되는

그러한 과정의 위력인 주관적 목적은, 이 과정 밖에서 제 자신을 보유하면서 또한 이 과정 안에서 제 자신을 보유하는 것이다. 이것이 즉 이성의 교지(狡智)라고 하는 것이다.

【補遺】이성은 교지(狡智)와 동시에 위력을 가진 것이다. 교지라는 것은 일반적으로 여러 객관을 그 자체의 본성에 의하여 상호 작용시키며, 또 서로 허덕이게 하면서 제 자신은 직접 그 와중에 끼어들지 아니하고, 오직 제 자신의 목적만을 성취하는 매개적 활동에 있는 것이다. 이러한 의미에서 사람들은 신적 섭리가 이 세계와 그 과정에 대하여 절대적인 교지로서 활동하고 있다고 말할 수 있다.

신은 인간에게 특유한 정열과 관심을 부여하며, 이것을 이용함으로써 인간이 관심하는 바와는 전혀 다른 자기의 의도를 실현한다.

208

이리하여 실현된 목적이 주관적인 것과 객관적인 것과의 전개된 통일이다. 그러나 이 통일은 본질상 주관적인 것과 객관적인 것이 제각기 그 일면성만은 중화되고 지양되지만, 객관적인 것은 자유스런 개념 즉 목적에 종속하고 적응하며, 또 그러함으로써 개념의 위력에 굴복하는 그러한 통일로 규정되는 것이다.

목적은 객관적인 것에 대립하면서 또한 객관적인 것 속에서 떠나지 못하는 것이다. 왜냐하면 목적은 일면적 주관적인 것, 즉 특수적인 것일 뿐만 아니라, 또한 구체적 보편 즉 즉자적으로 존재하는 양 자의 동일성이 기도하기 때문이다. 이 보편이 단적으로 제 자신 중에서 반성된 것이 내용인바, 바로 이 내용인 이 추리의 세 가지 명사 중의 어느 명사 중에나, 또는 이 모든 명사의 운동 중에 나오는 것이다.

209

그러나 유한적인 합목적성 중에는 성취된 목적도 매개자와 최초의 목적과 마찬가지로 자기 내에서 분열하는 것이다. 그러므로 일정한 질료에 의하여 외적으로 정립된 형식만이 눈에 띄는 바, 이 형식은 목적 내용이 제한되어 있기 때문에 말하자면 우연적인 규정이다. 따라서 달성된 목적은 또한 다른 목적을 또한 다른 목적을 위한 수단 또는 질료가 되며, 이리하여 한없이 진행하는 하나의 객관에 불과한 것이다.

그러나 목적의 실현에서 도대체 무엇이 결과가 되느냐 하면, 그것은 일면적인 주관성 또 이 주관성에 대립하여 존재하는 것같이 보이는 객관적 독립성과의 지양이다. 개념은 수단을 파악함으로써 즉자적으로 존재하는 객관의 본질로 나타난다. 객관의 독립성은 기계론적 과정과 화학적 과정 중에서도 벌써 즉자적으로는 소멸됐던 것이지만 목적의 지배하에 있는 그러한 여러 과정의 진행 중에서는 객관적 독립성의 가상, 즉 개념에 대한 부정적 계기가 지양되는 것이다.

그러나 성취된 목적이 다만 수단과 질료로써만 규정되는 이 사실 중에는 객관이 동시에 이미 즉자적으로 부정적인 것, 즉 오직 관념적인 것으로 나타나 있다. 여기에는 또 내용과 형식과의 대립도 없다. 목적은 형식 규정의 지양을 통하여 제 자신과 연결하며, 따라서 제 자신과 동일적인 것인 형식이 내용으로 나타난다.

그리하여 개념은 형식 활동으로서 오직 제 자신만을 내용으로 삼고 있다. 이러한 과정을 밟아서 대체로 목적의 개념이었던 것이 자각적으로 드러나고, 즉자적으로 존재하는 주관적인 것과 객관적인 것과의 통일이 대자적으로 존재하게 된다. 이것이 즉 이념이다.

【補遺】 목적의 유한성은 목적 실현에 있어서 목적 실현에 수단으로 이용된 질료가 오직 외적으로 그 목적 실현에 포섭되며, 따라서 이에 적응하고 있는 점에 있는 것이다. 그러나 사실로 말하면 객관은 그 자체가 개념이요, 따라서 개념이 목적으로서 객관 중에서 실현한다는 것은, 객관 제 자신에 고유한 내면의 표현에 불과한 것이다.

따라서 객관성이란 것은 말하자면 개념이 그 속에 숨어 있는 한 외피에 불과한 것이다. 우리는 유한계에서는 목적이 참으로 달성되는 사실을 체험할 수도 없고 또 목도(目睹)할 수도 없는 것이다. 그러나 무한한 목적의 성취는 목적이 아직 실현되지 않았다는 그러한 미망(迷妄)을 타파하는 것이다.

선(善)이나 절대선(絶對善)은 영원히 이 세계 내에 실현하고 있는 것이다. 그 결과로 선(善)이나 절대선은 이미 즉자적 및 대자적으로 실현된 것, 따라서 우리들이 이제 새삼스럽게 실현되기를 기대할 필요가 없는 것이다. 그런데 우리는 지금 이러한 기만 중에서 생활하고 있는 동시에 이 세계의 모든 이해휴척(利害休戚)도 오로지 이러한 기만적 활동에 달려 있는 형편이다.

이념도 그 과정에서 제 스스로 타자를 자기에게 대립시키는 것 같은 그러한 기만을 행하나 이념의 과업은 이러한 기만을 타파하는 데에 있는 것이다. 진리는 오직 이러한 오류 중에서만 나오는 것이며, 이 점에서 오류 내지 유한성과의 화해가 성립하는 것이다. 타재(他在)나 오류는 그것이 지양되자 그 자체가 진리의 필연적 계기가 되는 것이다. 그러므로 진리는 그 자체가 오직 오류의 독특한 결과가 되는 한에서만 존재하는 것이다.

다. 이 념

이념이라는 것은 즉자적으로나 대자적으로나 참다운 것 즉 개념과 객관과의 절대적 통일이다. 이념의 객관적 내용은 모든 규정을 구유(具有)한 개념 이외의 아무것도 아니며, 그 실재적 내용은 이 개념의 표현에 불과한 것이다. 그런데 개념은 외적 특수 존재의 형식으로 표현되며, 다시 이 특수 존재로서의 형태를 제 자신의 관념성 중에 흡수하여 이것을 제 위력 하에 두면서 이 속에서 자기를 보유하는 것이다.

'절대자는 이념이다'라고 하는 절대자의 정의는 그 자체가 곧 절대적이다. 절대자에 대한 종래의 모든 정의는 이 정의에 귀일하는 것이다. 이념은 진리다. 왜냐하면 진리라는 것은 외적 사물이 우리의 표상에 조응(照應)하는 데에서 성립하는 게 아니라, 객관성이 개념에 조응하는 데에서 성립하는 것이기 때문이다.

나의 표상이라는 것은 '나'라는 '이것'이 가진바 진정한 표상에 불과한 것이다. 그런데 이념에 있어서는 '이것'이나 표상이나 외적 사물이 문제가 아니다. ─ 그러나 현실적인 것도 그것이 참다운 것인 한에서는 모두 이념이요, 따라서 오직 이념을 통하여서만, 또 오직 이념의 힘에 의해서만 제자신의 진리를 획득하는 것이다.

개별적인 존재는 다 이념의 일면에 불과한 것이다. 그러므로 개별적인 존재는 그 이외의 여러 현실성을 요구하고 있는 것이다. 그런데 이 여러 현실성도 그와 같이 제각기 따로 존립하는 특수로서 나타나는 것이다. 이리하여 개념은 오로지 이러한 것들 중에서 그것들의 관계 중에서 실재화하는 것이다. 개별적인 것은 단독으로 여러 개념에 조응하는 게 아니다. 개별적인 특수 존재는 이러한 제한성을 갖고 있기 때문에 유한하고 또 생멸하는 것이다.

개념을 단순히 특정한 개념으로만 알아서는 안 되는 것과 마찬가지로, 이념도 그 무엇의 이념으로만 알아서는 안 된다. 절대는 원시 분할(판단)하여 특정한 이념의 체계로 특수화하는 보편 또는 유일한 이념이다. 따라서 이 특수적인 이념은 유일한 이념 즉 그 이념의 진리에 귀환하는 것에 불과한 것이다. 이러한 판단에서 이념은 첫째 유일한 보편적 실체라는 결론이 나온다. 그러나 이념의 전개된 참다운 현실성은 이념이 주체, 따라서 정신으로 존재하는 점에 있다.

이념이라는 것은 실재를 그 출발점이나 지지점으로 가지고 있지 않는 것이다. 그러한 한에서 이념은 흔히 단순한 형식적 논리적인 것으로 생각되기 쉬운 것이다. 이러한 견해는 실재적인 사물이나 그 외에 아직 이념에까지 도달하지 못한 여러 규정을 소위 실재성이나 참다운 현실성으로 알고 있는 사람들의 입장에서 나오는 것이다. ― 또 이념을 다만 추상적인 것같이만 생각하는 것도 역시 옳지 않은 것이다.

참답지 않은 모든 것들은 이념에서 사라져 버린다. 그러한 한에서 이념은 물론 추상적인 것같이 보일 것이다. 그러나 이념은 제 자신을 실재성으로 규정하는 자유스런 개념이기 때문에 그 자체에 있어서 본래 구체적인 것이다. 이념은 이념의 원리인 개념이 그 본래대로가 아니라 추상적 통일로, 다시 말하면 제 자체로의 부정적 복귀로, 그리고 주관성으로 이해될 때에 한하여서만 형식적·추상적인 것이다.

【補遺】진리란 것을 사람들은 첫째 내가 그 무엇이 어떻게 있는가를 아는

것같이 생각한다. 그러나 그렇게 이해하면 진리라는 것을 의식과의 관계, 다시 말하면 형식적 진리, 즉 단순한 정당성에 불과하게 된다. 그와 반대로 진리의 참뜻은 객관성이 개념과 일치하는 점에 있는 것이다.

가령 예를 들면, 참다운 국가나 참다운 예술품을 논하는 경우에 있어서는 이상 말한 바와 같은 참다운 의미에 있어서의 진리가 문제되고 있는 것이다. 이 국가나 예술품 등은 그것들이 마땅히 있어야 할대로 있을 때, 다시 말하면 그 실재성이 그 개념에 일치할 때에 참다운 국가나 참다운 예술품이 되는 것이다.

이리하여 참답지 못한 것은 달리 말하면 나쁜 것과 같은 것을 의미하는 것이다. 나쁜 인간은 참다운 인간 즉 인간이란 개념 또는 인간이란 규정에 어그러지게 행동하는 인간이다. 따라서 개념과 실재와의 일치를 떠나서는 전혀 아무것도 존재하지 못한다. 나쁜 것이나 참답지 않은 것도 그 실재성이 여하한 형식으로든지 그 개념에 대응하는 한에서만은 존재한다.

그러므로 절대로 나쁘든지 또는 개념에 배반되는 것은 자멸하는 것이다. 이 세상 만물은 오직 개념에 의해서만 존립하고 있는 것이다. 다시 종교적인 관념의 말로 말하면, 모든 사물은 그 속에 내재하는 신적 사상, 따라서 창조적 사성에 의하여서만 바로 그 사물이 되는 것이다. ― 이념을 운운할 때 우리는 이 이념을 요원한 피안적인 그 무엇으로 알아서는 안 된다. 오히려 이념은 어디까지나 현재적인 것이다. 따라서 이념은 아무리 혼탁 · 왜곡된 형태로나마 어느 의식에나 들어있는 것이다.

우리는 세계를 신에 의해 창조된 거대한 한 전체를 따라서, 더구나 이 세계 중에는 신이 자기를 계시하고 있다는 것을 알고 있다. 그뿐만 아니라 우리는 세계가 신의 섭리에 의하여 지배되고 있으며, 따라서 이 세계의 모든 부분이 이 신의 섭리에 의하여, 본래 거기서 유래한 통일 중으로 복귀하여 그 속에서 적당하게 자신을 향유한다고 본다. ― 철학상에서는 예나 지금이나 언제든지 이념의 사유적 인식이 문제다. 따라서 철학이라는 이름을 띠고 나오는 모든 것은 언제든지 오성의 오직 그 분열상태에서만 보는 것들의 절대적 통일에 입각하고 있는 것이다. ─ 이념이 진리라는 것은 지금 여기서 비로소 증명에 도달된 것이 아니라, 사유에 관한 지금까지의 모든 설명과 전개가 이 증명을 포함하고 있는 것이다.

이념은 이런 사유전개 과정의 성과다. 그러나 그렇다고 해서 이 과정의 성과인 이념을 마치 오직 이념 이외의 타자에 의해 매개된 것처럼 알아서는 아니 된다. 지금까지 보아 온 존재 · 본질 · 개념 · 객관성의 여러 계단은, 이러한 그 구별을 가지고 고정 불변하는 것이 아니라 도리어 변증법적으로 나타난다. 따라서 이러한 여러 계단의 진상은 오직 이념의 여러 계기가 되려는 점에 있다.

212

이념을 이성이라고 이해할 수 있거니와(이렇게 이해하는 것이 이성 본래의 철학적 의미다) 또 주관 즉 객관, 관념적인 것과 실재적인 것과의 통일, 유한적인 것과 무한적인 것과의 통일, 정신과 육체와의 통일, 제 자신의 현실성을 제 자체에 가지고 있는 가능성, 그 본성이 오직 실재하는 것으로서만 개념적으로 파악될 수 있는 것, 기타 등 이렇게 여러 가지로 이해할 수 있다. 왜냐하면 이념은 오성의 모든 관계를, 더구나 그 무한한 복귀와 동일성을 내포하고 있는 것이기 때문이다.

오성은 이념에 관한 모든 논의를 자기 모순이라고 지적하기가 쉬운 것이다. 이 자기 모순은 오성에게서도 역시 지적할 수 있는 바 이것은 이미 이념 중에서 성취되어 있는 것이다. 이것을 지적하는 것이 이성의 일이다. 그러나 이 일은 물론 오성의 일과 같이 쉬운 일이 아니다. 가령 예를 들면 주관적인 것은 오직 주관적이고 오히려 객관적인 것과 대립하는 것이며, 존재는 개념과는 전혀 다른 것이므로 개념에서 찾아낼 수 없으며, 그와 마찬가지로 유한적인 것은 오직 유한적이고, 무한적인 것의 정반대물이므로 무한적인 것과 동일한 것이 아니며, 따라서 기타 모든 규정이 그와 같다는 이유로 오성은 이념이 자기 모순이라는 것을 지적하거니와, 논리학은 도리어 그와 반대로, 예를 들면 오직 주관적이기만 하는 주관적인 것, 오직 유한적이기만 하는 유한적인 것, 오직 무한적이기만 하는 무한적인 것, 기타 등은 하등의 진리도 없고 자기 모순이며, 따라서 그 대립물로 전화하며 따라서 양 극단이 그 속에서 지양되어, 한 반조(返照) 또는 계기로 존재하는 전화와 통일이 이 양 극의 진리로 나타난다는 것을 지적한다.

오성은 이념에 손을 대게 되면 이중의 오해를 범한다. 첫째 오성은 이념의 양 극단이 구체적으로 통일하여 있는 한, 무어라고 표현하는지 간에 그 양 극단을 그것들이 구체적으로 통일하여 있는 대로의 의의와 규정에서 이해하지 아니하고, 도리어 이 통일에서 벗어난 추상물로서의 의의와 규정에서 이해한다. 오성은 가령 그 양 극의 관계가 이미 충분히 역연하게 드러나 있을 때에도 이 관계를 오해한다.

따라서 가령 예를 들면 오성은 개별적인 것, 즉 주어에 대하여 '개별적인 것은 개별적인 것이 아니라 보편적인 것이다'고 진술하는 판단 중의 계사(繫辭) 후의 본성까지도 모른다. 그 다음에 오성은 자기 동일적인 이념이 제 자신에 대한 부정적인 것, 즉 모순을 내포하고 있다는 오성 제 자신의 반성을 이념 그 자체에는 없는 한 외면적 반성이라고 주장한다. 그러나 사실에 있어 이 주장은 오성 자체의 독특한 지혜에서 나온 것이 아니다. 그와 반대로 이념은 그 자체가 영원히 자기 동일적인 것과 차별적인 것, 주관적인 것과 객관적인 것, 유한적인 것과 무한적인 것, 정신과 육체와를 분리하고 구별하며, 따라서 오직 그러한 한에서 영원한 창조, 영원한 생명, 영원한 정신인 변증법이다.

그리하여 이념은 그 자체가 추상적 오성으로 이행하면서 혹은 제 자신을 오성으로 전신(轉身)하면서 또한 영원히 이성인 것이다. 왜냐하면 이념은 오성의 유한적인 본성과 그 생산물의 독립성이라는 그릇된 가상에 관한 이 오성적 분별적 이해를 재이해하여 통일로 돌려놓는 변증법이기 때문이다.

이 이중 운동은 시간적도 아니요 또 여하한 형식으로나 분리되어 구별되는 것도 아니라(만일 그것이 이러한 것이라면 그것은 도로 추상적 오성에 불과하다), 도리어 타자에 있어서의 제 자신의 영원한 관조, 즉 여러 객관성에서 제 자신을 완성하는 개념이요, 내적 합목적성, 본질적 주체성인 객관이다.

이념을 관념적인 것과 실재적인 것과의 통일, 유한적인 것과 무한적인 것과의 통일, 동일성과 구별성과의 통일, 기타 등으로 이해하는 여러 가지 방식은, 일정한 개념의 그 어떠한 한 계단을 표시하는 것이기 때문에 다소간 형식적임을 면치 못하는 것이다.

오직 개념 그 자체만이 자유요 참다운 보편이다. 그러므로 이념에 있어서는 개념의 규정성이 또한 그대로 개념 그 자체요, 개념이 보편자로 나오며 여러 고유한 통체적 규정성을 갖고 있는 객관이다.

이념은 무한판단이며 이 판단의 각 측면은 모두 독립적 통체성이다. 따라서 각 측면은 자기를 완성하여 이념이 됨으로써 바로 다른 측면에 이행하는 것이다. 개념 자체나 객관성 이외의, 달리 규정된 모든 개념은 여하한 개념이나 제 자신의 양측면에서 완성된 이러한 통체성이 없는 것이다.

213

이념은 그 본질에 있어서 과정이다. 왜냐하면 이념의 동일성은 그것이 절대 부정적이고, 따라서 변증법적인 한에서만 이념의 절대적이고 자유로운 동일성이기 때문이다.

이념이란 것은 개별성인 동시에 보편성인 개념이 객관성의 관념 또 이 객관성의 대립물로 규정되며, 개념을 그 실체로 가진 이 외재성을 그 내재적인 변증법에 의하여 주관성으로 돌려놓는 그러한 과정이다.

① 이념은 과정이기 때문에 흔히 말하는 바와 같이 유한적인 것과 무한적인 것과의 통일이라든지, 또는 사유와 존재와의 통일이라든지 기타 등이라고 표현하는 것은 절대자의 표현으로서 돌린 것이다. 왜냐하면 통일이라는 것은 추상적이고 고정적인 동일성을 표현하는 말이기 때문이다. ② 이념은 주체성이기 때문에 앞에 말한 바와 같은 통일이라는 표현은 이 점에서도 역시 틀린 것이다. 왜냐하면 이러한 통일은 진정한 통일의 즉자태(卽自態)와 실체성을 표현하는 것이기 때문이다.

따라서 그러한 통일에서는 무한적인 것은 유한적인 것과, 주관적인 것은 객관적인 것과, 사유는 존재와 오직 중화된다는 것처럼 보일 뿐이다. 그러나 이념의 부정적 통일에서는 무한적인 것은 유한적인 것을, 사유는 존재를 주관성은 객관성을 포괄한다. 이념의 통일은 주관성·사유·무한성이요, 또 그렇기 때문에 실체로서의 이념과 본질적으로 구별되는 것이다. 그와 마찬가지로 객관성이나 존재나 유한적인 것을 포괄하는 주관성이나 사유나 무한적인 것도, 그것들이 제 자신을 분할하고(판단), 규정하여 타락한 일면적인 주관성이나 일면적인 사유나 일면적인 무한성과 구별되는 것이다.

【補遺】 과정으로서의 이념은 세 가지 계단을 밟아서 발전한다. 이념의 제1형태는 생명 즉 직접적 형태에 있어서의 이념이요, 그 다음의 제2형태는 간접적 형태 또는 분리 형태에 있어서의 이념이니, 이것은 이론적 이념과 실천적 이념이라는 이중의 형태로 나타나는 인식으로서의 이념이다. 그런데 인식의 과정은 결국에 가서 구별에 의하여 풍부하여진 통일을 회복하는 바, 여기서 절대이념이라는 이념의 제3형태가 나온다.

절대이념이라는 것은 논리적 과정의 마지막 계단인 동시에, 오직 제 자신에 의해서만 존재하는 진정한 최초의 존재로 나타나는 것이다.

214

1. 생(生)

생(生)은 직접적인 이념이다. 개념은 영혼으로서 육체 중에서 실재화한다. 그런데 정신은 첫째 육체라는 외재성에서 직접적으로 제 자신과 관계하는 보편성이요, 그 다음에 영혼은 육체가 제 자신이 가지고 있는 개념 규정 이외의 여하한 다른 구별도 표현하지 못하도록 육체를 특수화하는 것이요, 마지막으로 영혼은 무한한 부정성인 개별성이다.

이러한 여러 과정은 독립적인 존재라는 가상에서 주관성으로 돌아간 육체의 개별적인 객관성의 변증법이다. 따라서 이 과정에 있어서는 모든 부분이 서로 일시적인 수단도 되고 또 일시적인 목적도 되며, 생(生)은 최초에는 특수화이던 것이 그 결과에 있어서는 부정적이고 대자적인 통일로 나타나며, 변증법적인 육체성에서 오직 제 자신과 연결한다. ─ 이리하여 생(生)은 본질적으로 산 것이요, 더구나 그 직접성에서 보면 개별적인 특정한 산 것이다. 여기서는 이념이 직접적인 것이기 때문에 유한성은 정신과 육체로 분리되는 규정을 갖는다. 여기에서 생존자의 가사성(可死性)이 나온다. 그러나 생존자가 죽었을 때에는 이념의 이상 두 측면이 서로 다른 딴 부분이 된다.

【補遺】육체의 여러 부분은 오직 여러 부분의 통일에 의해서만, 따라서 그 통일과의 관계에서만 부분이 되는 것이다. 그리하여 가령 예를 들면 육체에서 따로 떨어진 손은 이름만은 손이지만, 그러나 사실상은 아리스토텔레스가 이미 지적한 바와 같이 손이 아니다. ─ 오성의 입장에서는 생(生)을 일종의 신비로 보고, 또 전혀 개념적으로 이해할 수 있는 것처럼 보기를 좋아한다.

그러나 오성은 생(生)을 그와 같이 봄으로써 오직 여러 유한성과 무가치성만을 고백하고 있는 것이다. 그러나 사실에 있어서는 생(生)은 그처럼 개념적으로 이해 할 수 없는 것이 아니라, 도리어 우리는 생(生)에서 개념 그 자체를 보며, 좀 더 따져 말하면 개념으로서 실재하는 직접적인 이념을 본다. 그것은 그렇다 하고 또 여기서 생(生)의 결함을 말하지 않을 수 없다.

그러면 생(生)의 결함은 어디 있는가? 그것은 개념과 실재가 서로 아직 참으로 일치하지 않는 점에 있다. 정신은 말하자면 육체 중에 충일(充溢)하는 것이요, 그리하여야만 비로소 육체가 감수성을 갖는다. 그러나 그렇다고 아직 자유스런 자각적 존재가 되는 것은 아니다. 그 다음에 생(生)의 과정은 생이 생을 속박(束縛)하고 있는 직접성을 극복하는 데에 있는 바, 이 과정은 그 자체가 또다시 세 가지 계단을 밟아 결국 판단의 형태에 있어서의 이념, 다시 말하면 인식으로서의 이념으로 나타난다.

215

생자(生者)는 추리요. 이 추리의 여러 계기는 그 자체가 또 체계 및 추리다 (제196 · 199 · 205절). 그러나 이 추리는 활동하는 추리, 즉 활동 과정이요 따라서 생자의 주체적 통일이 취하는 오직 한 과정에 불과하다. 그리하여 생자는 결국 세 가지 과정을 밟아 제 자신을 제 자신과 연결하는 과정이다.

216

(1) 첫째 과정은 제 자신을 분리하여 제 육체를 여러 객관으로, 무기적 자연으로 전화시키는 그러한 생자 자체 내부의 과정이다. 그런데 이 육체는 상대적 · 외면적인 것이기 때문에, 그 자체에 있어서 여러 계기의 구별과 대립을 빚어내어 서로 희생시키고, 하나가 다른 하나를 동화시키며 제 자신을 재생산함으로써 제 자신을 유지한다.

【補遺】 생자의 과정은 본래 그 자체 내부에서 감수성과 자극성과 재생산이라는 세 가지 형태를 가지고 있는 것이다. 생자는 감수성을 가지고 직접으로 제 자신과 관계하는 것, 즉 그 육체 중에 언제나 현재(現在)하는 정신을 가진 것이다. 그러나 육체의 각 부분은 정신에 대하여 하등의 진리도 없는 것이다. 그 다음에 생자는 자극성을 가지고 제 자체 중에서 분열하여서 나타나며, 끝으로 재생산에 있어서는 제 자신의 각 부분과 각 기관의 내적 구별에서 늘 제 자신을 회복하는 것이다. 생자는 이와 같이 부단히 제 자신을 제 자신 중에서 갱신하여 가는 과정이다.

217

(2) 자유인 개념의 판단(분열)은 그러나 부단히 독립적 통체인 객관적인 것을 제 자신 중에서 방출하며, 생자의 제 자신에 대한 부정적 관계는 직접적 개별성으로서 제게 대립하는 한 무기적 자연을 전제한다. 그런데 생자의 이러한 부정적 계기는 역시 생자 자체의 개념계기이기 때문에, 이 부정적 계기는 동시에 구체적 보편인 이 생자에게 있어서는 결핍으로 나타나는 것이다. 객관을 그 자체에 있어서 무가치한 것으로서 지양하는 변증법은 제 자신을 아는 생자의 활동이다. 그런데 생자는 이러한 대무기적(對無機的) 자연의 과정 중에서 제 자신을 유지하고 발전시키고 또 객관화한다.

【補遺】 생자는 무기적 자연과 대립하여 이 무기적 자연에 대한 위력처럼 행동하며 이것을 제 자신에게 동화시키는 것이다. 이 과정의 결과는 화학적 과정에 있어서와 같이, 상호 대립하는 양측면의 독립성이 지양되어 있는 한 중립적 산물이 아니라, 생자가 이 생자의 위력에 반항할 능력이 없는 생자 이외의 타자를 포괄하고 나타난다. 무기적 자연이 이와 같이 생자에게 복종하는 그 이유는 생(生)이냐 무기적 자연에 공통한 것이 생에 있어서는 대자

적이지만 무기적 자연에 있어서는 즉자적이기 때문이다. 이리하여 생자는 생자 아닌 타자에게서 오직 제 자신과만 일치하는 것이다. 그러나 만일 육체에서 정신이 비산(飛散)하면 객관성이 그 위력을 발휘하기 시작하는 것이다. 그리하여 객관성의 위력은 말하자면 언제든지 유기적인 관계에 뛰어들어서, 제 자신의 과정을 개시하려고 대기하고 있으며, 따라서 생(生)은 이에 대하여 부단히 투쟁하고 있는 것이다.

218

(3) 첫째 과정에서 주체와 개념으로 행세하던 산 개체는 둘째 과정을 통하여 자기의 외적 객관성을 제 자신에 동화하며, 따라서 제 자신 중에 실재적 규정성을 정립함으로써, 이제는 즉자적인 유(類) 즉 실체적 보편성이 된다. 유(類)의 특수화는 한 주체와 그 유(類) 중의 다른 한 주체와의 관계요, 분할(판단)은 유(類)와 서로 대립 규제하는 이러한 여러 개체와의 관계 즉 양성(兩性)의 분합(分合)이다.

219

유(類)의 과정에서 유(類)의 자각 존재가 나온다. 생(生)은 본래 아직 미매개적인 이념이므로, 유(類)의 과정에서 나오는 산물은 두 가지로 나누어지는 바, 한 가지는 최초에 직접적으로 전제됐던 산 개체 전부가 매개된 것, 즉 생산된 것으로 출생하고 다른 한 가지는 그 최초의 직접성 때문에, 보편성에 대해 부정적으로 행세하는 산 개체가 위력으로서의 이 보편성 중에서 사거(死去)한다.

【補遺】 생(生)자는 죽는다. 왜냐하면 생(生)자는 한편으로는 보편 즉 유(類)가 되려고 하며, 다른 한편으로는 직접적으로 오직 개체로서만 실재하려

고 하는 모순이기 때문이다. 사(死)에서는 유(類)가 직접적인 개체에 대한 위력으로 나타난다. ― 동물에게 있어서는 유(類)의 과정이 그 생명성의 최고점이다. 그러나 동물은 그 유(類) 중에서 자각적으로 존재하기에 도달하지 못하고 도리어 유(類)의 위력에 굴복하는 것이다. 직접적인 생자(生者)는 유화(類化) 과정에서 제 자신을 제 자신과 매개하며, 따라서 제 자신의 직접성을 초탈하기는 하나, 그러나 언제든지 또다시 이 직접성으로 돌아와서 가라앉고 만다. 따라서 생(生)은 결국 오직 무한 진행이라는 악무한성(惡無限性)을 편력한다. 그러나 개념상으로 보면 生과정의 결과는 이념이 아직 생(生)으로서 속박되어 있는 직접성의 지양과 극복이다.

220

그러나 생이라는 이념은 따라서 오직 그 어떠한 한(특수한) 직접적인 '이것'에서만 해방되는 게 아니라, 이러한 최초의 직접성 일반에서도 해방되는 것이다. 이리하여 생(生)이란 이념은 제 자신에, 다시 말하면 제 자신의 진리에 도달하며, 따라서 자유스런 유(類)로서 제 자신을 위하여 실재로 걸어 나간다. 정신은 다만 직접적이고 개체적인 생명의 죽음에서만 탄생한다.

221

2. 인식일반

이념은 보편성을 여러 실재의 지반으로 가지거나 또는 객관성 그 자체가 개념으로서 존재하거나, 이념이 제 자신을 대상으로 가지거나 하는 때에 한하여서만 자유로 자각적으로 실재하는 것이다. 보편성으로 규정된 이념의 주관성은 이념 자체 내부에서의 순수한 구별이요. 이러한 동일적 보편성 중에서의 직관이다. 그러나 이념은 규정된 구별로 보면 통체(統體)로서의 제 자체를 제 자체로부터 추방하여, 더구나 제 자체를 외적 우주로 전제하는 일보 전진한 판단(원시 분할)이다. 그것은 즉자적으로는 동일한 판단이지만, 아직 동일한 판단으로 드러나지 않은 두 가지 판단이다.

222

즉자적으로 또는 생명으로서 동일한 이상 두 가지 이념의 관계는, 그렇기 때문에 이 마당에 있어서의 유한성의 규정이 되는 상대적인 것이다. 이 관계는 반성적 관계다. 왜냐하면 이념 그 자체 내부에 있어서의 구별은 최초의 판단(분할), 즉 아직 정립되지 않은 정립이기 때문이요, 따라서 객관적 이념이 주관적 이념에 대하여 주어진 직접적 세계로 있거나, 그렇잖으면 이념이 생명으로서 개별적인 실재의 현상 중에 있거나 하기 때문이다. 이 판단(분할)이 이념 자체 내부에서의 구별(앞의 절)인 이상, 이념은 대자적으로 제 자신인 동시에 또한 이념의 타자이기도 하다. 그래서 이념은 제 자신과 즉자적으로 존재하는 이 객관적 세계와의 동일성의 확실성이다. ─ 이성은 동일성을 정립하여 그 확실성을 진리에까지 올려 놓을 수 있는 절대적 신념을 가지고, 또 이성에 대하여 즉자적으로 무의미한 대립을 또한 사실적으로도 무의미한 것으로 정립하는 충동을 가지고 이 세계에 나타난다.

223

이러한 과정이 일반적으로 인식이다. 주관성이라는 일면성과 객관성이라는 일면성과의 대립이 인식이라는 하나의 활동 중에서 지양된다. 그러나 이 지양은 우선 오직 즉자적으로 나타난다. 그러므로 이 과정 자체는 직접적으로 이 마당의 유한과 얽히며, 따라서 형태를 바꾸어 가지고 나타난 충동의 운동으로서 두 갈래로 분열한다. ─ 그리하여 한 갈래는 존재하는 세계를 자체 중에 즉 주관적인 표상과 사유 중에 흡수하여 가지고 이념의 주관성이라는 일면성을 지양하고, 따라서 이념 자체의 추상적 확실성의 내용을 이처럼 참답게 보이는 객관성으로서 채우며, 또 한 갈래는 그와 반대로 여기서 오직 한 가상 여러 우연성의 한 집합체, 또는 본래 무의미한 여러 형체로 보이는 객관적 세계의 일면성을 지양하여, 이것을 여기서 참으로 존재하는 객관적인 것처럼 통용하고 있는 주관적인 것의 내용으로써 규정하고 살린다. 전자는 진리에 대한 지식의 충동 즉 인식 그 자체 곧 이론적 활동이요, 후자는 진리를 실현하려는 선(善)의 충동 · 의지, 즉 이념의 실천적 활동이다.

224

〔인식〕 판단 즉 대립을 전제하는 인식작용의 일반적 유한성(이 대립에 비하면 인식작용 그 자체는 함축된 모순이다)은, 이것을 인식의 고유한 이념에 의하여 좀 더 자세히 규정하면, 그 여러 계기가 상호 구별성의 형식을 취하며, 가령 그 여러 계기가 완전하다 하더라도 개념의 관계에서가 아니라 반성의 관계에서 서로 대립한다. 그러므로 일정한 소재의 동화는 역시 상호 구별성을 가지고 나타나는 동시에, 소재에 대하여 어디까지나 외면적인 개념 여러 규정 중에 소재를 흡수하는 형식으로 나타난다. 이것이 오성으로서 작용하는 이성이요, 따라서 이러한 인식작용이 도달하는 진리는 역시 오직 유한적인 진리에 불과한 것이다. 왜냐하면 이러한 인식에 대하여서는 개념의 무한적 진리라는 것은, 오직 즉자적으로 존재하는 목표, 고정한 피안이기 때문이다. 그러나 인식은 그 외면적인 작용에 있어서도 개념의 지도하에 있는 것이며, 개념의 여러 규정을 그 진행의 내적 도선(導線)으로 삼고 있는 것이다.

【補遺】 인식은 소여(所與)의 세계를 전제하고 따라서 인식 주관이 백지 상태로 나타나는 점에 그 유한성이 있는 것이다. 사람들은 이러한 견해를 흔히 아리스토텔레스에게 돌리고 있으나, 그 실은 그들도 이처럼 인식을 외면적으로만 보는 점에서 아리스토텔레스보다 조금도 손색이 없다. 이러한 인

식은 제 자신이 즉자적이기는 하나, 아직 대자적이 아닌 개념의 활동인 것을 자각하지 못하고 있는 것이다. 따라서 개념의 활동은 인식 그 자체에 대하여 수동적인 것으로 나타나지만 사실에 있어서는 능동적인 것이다.

225

유한적인 인식은 구별되어 있는 것을 제게 대립하는 주어진 존재로, 즉 복잡한 외적 자연이나 의식을 나의 사실로 전제한다. 그렇기 때문에 유한적인 인식은. (1) 형식적 동일성이나 추상적 보편을 자체의 활동 형식으로 가지고 있는 것이다. 그러므로 이 인식의 활동은 주어진 구체적인 것을 분해하여, 그 구별을 개별화하고 이에 추상적 보편성의 형식을 부여하는 데에 집중한다. 바꾸어 말하면 이 인식 활동은 근본인 구체적인 것을 도외시하고, 비본질적으로 보이는 특수성을 사상(捨象)함으로써 유(類) 또는 역(力)·법칙 등 국제적 보편을 폐기(廢棄)한다. 이것이 분석적 방법이다.

【補遺】사람들은 분석적 방법과 종합적 방법을 말할 때, 그 중의 어느 방법을 취하든지 그것은 오직 우리의 임의라고 흔히 말한다. 그러나 사실은 그런 게 아니라 그와 반대로 이 방법이라는 것은 인식되는 대상 그 자체의 형식이다. 따라서 상술한 유한적인 식의 개념에서 귀결되는 이 두 가지 방법 중의 어느 방법을 사용할까 하는 것은 이 인식 대상 그 자체에 달려 있는 것이다. 인식이란 것은 첫째 분석적이다. 인식의 입장에서 보면 객관은 개별화의 형태를 취하고 있다. 그리고 분석적 인식의 활동은 그 앞에 놓여 있는 여러 개별을 한 보편으로 환원시키는 데에 집중한다. 여기서 사유작용이란 것은 다만 추상화 또는 형식적 동일성이란 의미밖에 없다. 이것이 비록 크나 기타 경험론자들이 입각하고 있는 입장이다.

많은 사람들은 말하기를 인식작용이라는 것은 본래 일정한 구체적 대상을 그 추상적인 여러 요소로 분석하여 놓고, 그다음에 이것을 그 고립 상태에서 관찰하는 이외에 별수가 없는 것이라고 한다. 그러나 그것은 뻔한 본말 전도다. 따라서 사물을 있는 그대로 받아들이려고 하는 인식은 여기서 자기 모순에 빠진다. 그리하여 가령 예를 들면 화학자는 고기 한 토막을 시험대에 놓고, 이것을 여러 가지로 나눠 가지고 그다음에 그는 공기가 질소와 수소와 기타 등으로 성립한 것을 발견했다고 말한다. 그러나 이러한 추상적인 여러 요소는 벌써 결코 공기가 아니다. 그와 마찬가지로 경험적 심리학자는 한 행위를 그 심리학자에게 보이는 여러 가지 측면으로 분석하고 그다음에 분리된 채로 고집한다. 분석적 취급을 받는 여러 대상은 여기서는 말하자면 껍질을 한 꺼풀 벗겨 가면 나중에 아무것도 남지 않는 둥근 파와 같을 것이다.

226

(2) 이 보편성은 또 규정된 보편성이기도 하는 것이다. 여기서는 인식 활동이 유한적 인식에서는 무한성으로 나타나지 아니하고, 오성적으로 규정된 개념으로 나타나는 그러한 개념의 여러 계기에서 진행한다. 대상을 이러한 형식으로 다루는 것이 종합적 방법이다.

【補遺】 종합적 방법은 분석적 방법과는 정반대의 방향으로 운동한다. 즉 분석적 방법은 개별적인 것에서 출발하여 보편적인 것으로 진행하나, 종합적 방법은 그와 반대로 보편적인 것, 즉 정의에서 출발하여 특수화(구분)의 과정을 밟아서 개별적인 것(定理)으로 진행한다. 이리하여 종합적 방법은 대상에 있어서의 개념 여러 계기의 전개로 나타난다.

227

(가) 첫째 대상이 인식작용에 의하여 특정한 개념 일반의 형식 중에 들어

와서 그 유(類)와 보편적 규정이 명백하여진 것이 정의다. 그런데 정의의 재료나 증명은 분석적 방법에서 나오는 것이다. 그러나 그 규정성은 징표 즉 대상에 대해 외적인, 다시 말하면 주관적인 인식의 보조 재료에 불과하다.

【補遺】 정의(定義)는 개념의 세 가지 계기 즉 정의에 제일 가까운 유(類)인 보편과 이 유(類)의 규정성인 특수와 정의될 대상 그 자체인 개별을 포함한다. ─ 정의에 있어서는 첫째 이 정의가 대체 그 출처가 어디인가 하는 문제가 나오는 바, 일반적으로 정의는 분석적인 도정(道程)에서 나온다고 해답하여야 한다. 그러나 이 문제에 대하여 이와 같이 해답하고 나면, 연달아서 또 이리하여 성립한 정의가 정당하냐 않느냐 하는 논란이 일어날 계제에 도달한다. 왜냐하면 여기서는 사람들이 여하한 지각에서 출발하였는가, 또 여하한 시점을 안중에 두고 있는가 하는 것이 문제이기 때문이다.

정의될 대상의 내용이 풍부하면 풍부할 수록, 다시 말하면 그 대상이 고찰에 대하여 여러 가지 측면을 제시하면 할 수록, 이에 따라서 이 고찰에서 나오는 정의도 또 더욱더 여러 가지로 달라지는 게 보통이다. 그리하여 가령 예를 들면, 생명이나 국가나 기타 등은 무수한 정의를 가지고 있는 것이다. 그러나 기하학은 그 다루는 대상 즉 공간이 그처럼 추상적인 것이기 때문에 정의하기가 퍽 편리한 점이 있다. ─ 또 정의될 대상의 내용을 보면 거기에는 하등의 필연성도 없다. 사람들은 공간이 있다, 동물이 있다, 식물이 있다 기타 등이 있다는 것을 승인하지만, 이러한 대상의 필연성을 지적하는 것은 기하학이나 식물학이나 기타 등이 다룰 사실이 아니다. 이러한 사정이 있기 때문에 종합적 방법이나 분석적 방법은 철학에 부적당한 것이다. 왜냐하면 철학은 무엇보다도 그 대상의 필연성을 변해(辯解)하여야 되는 것이기 때문이다. 그런데도 불구하고 사람들은 철학상에서 또 종합적 방법을 사용하려고 많이 시험해 보았다. 그리하여 가령 예를 들면 스피노자는 정의에서 출발하여 '실체는 자기 원인'이라고 말한다. 이 정의 중에는 가장 사변적인 것이 들어 있기는 하나, 그러나 그것은 주관적인 독단의 형식으로 들어 있다. 그 다음에 쉘링 역시 그와 마찬가지다.

228

(나) 개념의 제2계기 즉 특수화로서의 보편의 규정성을 지적하는 것은 그 어떠한 외부적 고려에서 나온 구분이다.

【補遺】구분에 있어서는 그 구분이 완전하여야 되며, 따라서 그 구분에는 정의가 전반적으로 표시하는 전 범위를 포괄하는 구분 근거 또는 원리가 있어야 된다. 또 좀 더 따져 말하면 구분은 그 구분의 원리를 구분되는 대상 자체의 본성에서 취해 와야 되고, 따라서 구분은 자연적으로 되어야 하며, 단순히 인위적 · 임의적으로 돼서는 안 된다.

그러므로 가령 예를 들면 동물학에 있어서는 포유동물을 구분할 때, 첫째 치아와 전각(前脚)을 구분 근거로 삼는 바, 이 구분은 포란동물이 그 체중의 이러한 부분에 의하여 서로 구별되고, 따라서 그 여러 가지 포공동물의 종속에 공통하는 유형이 결국 이 점에 귀착하는 만큼 정당한 구분이다. ─ 대체로 참다운 구분은 개념에 의해 규정된 것으로 보아야 하는데, 이 개념에 의한 구분은 그러한 한에서 우선 3분법을 취한다. 그러나 그 다음에 특수성이 이중적으로 나타나기 때문에 이 구분은 따라서 또 4분적으로도 진행한다. 그러나 정신계에 있어서는 3분법이 지배하는 바 이 점을 밝힌 것이 칸트의 큰 공적의 하나이다.

229

(다) 정의 중에서는 단순한 규정성이 한 관계로 파악되거니와, 구체적 개

별성에 있어서는 대상은 구별된 여러 규정의 종합적 관계 즉 정의다. 그런데, 그 여러 규정은 서로 다른 것이기 때문에 이 여러 규정의 동일성은 매개된 동일성이다. 그리고 매개항이 되는 질료(質料)의 산출이 구성이요, 인식에 대하여 앞에 말한 관계의 필연성을 산출하는 매개 그 자체가 증명이다.

종합적 방법과 분석적 방법과의 구별에 관한 보편 일반의 설명에 의하면, 이 두 방법 중의 어느 방법을 취하든지 그것은 전혀 그 사람의 임의라고 한다. 종합적 방법에 의하여 결과로 나타나는 구체적인 것이 전제될 때에는 구체적인 것에서 추상적인 여러 규정이 분석되어 나오는 바, 이러한 여러 규정들이 증명에 대한 전제나 재료가 되는 것이다. 곡선의 대수학적 정의는 기하학적 진행의 정리가 된다. 그리하여 가령 예를 들면 직각삼각형의 정의라고 통용되는 피타고라스의 정리도 기하학 중에서 이 정리를 위하여 이미 증명된 여러 정리에서 분석되어 나온 것이다. 종합적 방법이나 분석적 방법이나 모두 외적 전제에서 출발한 것이기 때문에 양 자 중의 어떤 것을 택하든지 임의인 것이다. 개념의 성질로 보면 분석이 먼저다. 왜냐하면 분석이 일정한 경험적 구체적인 소재를 먼저 추상적 보편의 형식에 올려놓고 난 다음에, 비로소 이 추상적 보편에 정의로서 종합적 방법의 선두에 서게 되는 까닭이다.

이러한 방법들이 제각기 그 고유한 분야에서는 그와 같이 본질적이고 또 그처럼 빛나는 공적을 나타냈다 하더라도, 철학적 인식의 방법으로 사용될 수 없는 것은 자명한 사실이다. 왜냐하면 이 방법들은 전제를 가지고 있으며, 또 거기서는 인식이 오성으로 따라서 형식적 동일성에서의 진행으로 통용하고 있기 때문이다. 기하학적 방법을 주로, 그리고 더구나 사변적 방법의 대신으로 사용한 스피노자에게서는 방법상의 형식주의가 얼른 눈에 뜨인다.

이 방법을 극단한 형식주의에까지 발전시킨 볼프 철학도 그 내용상으로 보면 오성이 형이상학이다. ─ 철학이나 과학상에서 이러한 방법적 형식주의가 남용되던 대신에 근래에 와서는 소위 구성이라는 것이 남용되고 있다. 수학은 개념을 구성한다는 사상이 칸트에 의하여 유포되고 있거니와, 이것은 수학이 개념을 다루는 게 아니라 도리어 감성적 직관의 추상적 여러 규정을 다루는 학문이라는 것을 의미함에 불과한 것이다.

그리하여 개념을 도외시하고 지각에서 취하여 온 감성적 여러 규정을 들추어내거나 또는 철학적 대상이나 과학적 대상을 가정적 도식에 의해 도표적으로 분류하거나, 그뿐만 아니라 또 임의대로 분류하거나 하는 그 따위 형식주의가 개념의 구성이라고 불러지고 있는 것이다. 물론 이러한 형식주의의 이면에는 몽롱하나마 이념 즉 주관과 객관성과의 통일, 또는 이념은 구체적인 것이라는 사상이 있기는 있다. 그러나 이 따위 소위 구성이라는 유희는 바로 개념 그 자체인 개념과 객관성과의 통일을 표현하기에는 너무 거리가 먼 것이며, 직관에 있어서의 감성적 구체자(具體者)는 이성이나 이념에 있어서의 구체자가 결코 될 수 없는 것이다. 그뿐만 아니라 기하학은 감성적이기는 하나, 그러나 추상적인공간의 직관을 다루는 것이기 때문에 단순한 오성규정을 공간에 아무런 거리낌도 없이 고정시킬 수 있는 것이다. 따라서 오직 기하학만이 유한적 인식의 종합적 방법을 완전히 사용하고 있는 것이다.

그러나 기하학은 그 진행과정에 있어서 결국 진퇴양난과 불합리성에 조우하는 바 이것은 퍽 주목할 사실이다. 그래서 기하학은 거기서 다시 그 규정을 계속하려면 오성의 원리를 돌파하고 나가야 한다. 그리하여 다른 분야에서도 그렇지만 기하학의 분야에서는 합리적인 것은 오성적인 것의 단서와 흔적이 되는 그러한 용어상의 전도가 자주 나타난다. 기타 과학은 이 과학들이 시간이나 공간과 같은 단순한 것을 ㅡ 다루는 것이 아니기 때문에, 반드시 그리고 또 자주 있는 일이지만, 만일 그 오성적 진행의 극한에 도달하기만 하면 쉽사리 그 곤란을 이겨낸다.

즉 과학들은 그 오성적 진의 귀결을 타파하고, 필요하기만 하면 자주 종전과는 정반대의 것을 외부에서 즉 표상·의사·지각 기타 어디서든지 취해

온다. 유한적 인식은 여러 방법의 본성이나 이 방법과 내용과의 관계, 나를 모르기 때문에 따라서 제가 정의나 구분이나 기타 등을 밟아 진행하면서도, 개념 여러 규정의 필연성에 끌려가고 있는 것을 모르고 또 어디가 제 한계인 지도 모르며, 그뿐만 아니라 가령 제가 이 한계를 넘어갔을 때에도, 아직 오성적 여러 규정을 어수선하게 사용하고 있기는 하나, 그러나 사실은 벌써 이 것이 통용되지 않는 그러한 분야 중에 제가 들어있는 것을 모른다.

230

유한적인 인식이 증명에서 보여 주는 필연성이란 것은, 첫째 다만 주관적 인 식견에 대한 일정한 외적 필연성에 불과한 것이다. 그러나 유한적인 인식 은 여러 전제나 출발점을, 또 여러 내용이 이미 발견되어 주어져 있는 것을 전혀 모른다. 필연성으로서의 필연성은 즉자적으로 자기를 자기에게 관계시 키는 개념이다. 주관적 이념은 그리하여 즉자 또 대자로 규정된 것, 주어진 것이 아닌 것, 따라서 주관에 내재하는 이러한 것에 도달하여 의지라는 이 념으로 이행한다.

【補遺】 인식이 증명에 의하여 도달한 필연성은 인식의 출발점이 되었던 것과는 정반대의 것이다. 인식은 그 출발점에서 주어진, 그리고 우연적인 한 내용을 가졌던 것이다. 그런데 인식은 이제 그 운동의 결말에 가서 이 내용 이 한 필연적인 것을, 그리고 이 필연성이 주관적 활동에 의하여 매개된 것 임을 알았다. 그와 동시에 전혀 추상적인 것 즉 백지상태이었던 주관성이 이 제는 그와 반대로 일정한 규정을 가지고 나타난다. 그러나 여기에는 인식의 이념에서 의지의 이념으로의 이행이 있다. 이 이행을 좀 더 구체적으로 따져 말하면, 그것은 보편자의 진상이 주관성으로 자기 운동하고 활동하며, 따라 서 여러 규정을 정립하는 개념으로 나타나는 데에 있는 것이다.

231

〔의욕〕 주관적 이념이 즉자 또는 대자로 규정된, 따라서 제 자신과 동일한 단순한 내용이 선(善)이다. 제 자신을 실현하려고 하는 이념의 충동은 진리의 이념과 정반대의 관계를 가지고, 소여(所與)의 세계를 도리어 여러 목적에 의하여 규정하려고 하는 것이다. — 이 의지는 한편으로는 전제된 객관이 무의의(無意義)하다는 것을 확신하나, 그러나 다른 한편으로는 유한적인 것이기 때문에, 오직 주관적인 이념에 불과한 선(善)이라는 목적과 객관의 독립성과를 동시에 전제한다.

그러므로 의지 활동의 유한성은 객관적 세계의 자기 모순하는 여러 규정 중으로 선(善)의 목적이 실현되기도 하고 또 안 되기도 하며, 또 선(善)의 목적이 본질적인 것인 동시에 비본질적인 것을 현실적인 것인 동시에 가능적인 것으로 나타나기도 하는 그러한 모순이다. 이 모순은 선(善)이 실현하는 무한진행으로 나타나는 바, 이 무한진행 중에서는 선(善)이 오직 당위로만 고정된다. 그러나 형식상으로 보면 이 모순은 의지활동이 목적이라는 주관성과 동시에 객관성, 또 이 양 자가 그것을 통하여 유한적으로 있는 양 자의 대립, 그리고 목적이라는 특정한 이 주관성의 일면성뿐만 아니라 주관성 일반까지를 지양할 때에 소멸한(여기서 주관성 일반까지라고 말하였거니와 그 까닭은 목적이라는 주관성 이외에 또 다른 주관성이 있는 바, 이것도 말하자면 역시 대립에서 나오는 한 새로운 산물이어서, 먼저 말한 주관성과 결과에 있어서 하등 다른 점이 없기 때문이다) 이 자기 복귀는 선(善)인 동시에 양 자의 자체적 동일성인, 내용의 상기 즉 객관 그 자체가 실체적이고 참다운 것이라는 이론적 태도의 전제의 상기다.

【補遺】 지성은 세계를 있는 그대로 보는 것만을 문제 삼으나, 의지는 그

와 반대로 첫째 세계를 마땅히 있어야 할대로 만들려고 한다. 의지는 직접적인 것, 주어진 것을 고정불변한 것으로 보지 아니하고 다만 하나의 가상으로 본래 무의의(無意義)한 것으로만 본다. 여기서 사람들이 도덕성의 입장에서 우왕좌왕하게 되는 모순이 나온다. 이것이 대체로 말하면 칸트 내지 피히테의 철학적 입장에 입각한 실천적 관계의 모순이다. 선(善)은 실현되어야 하고 사람은 선(善)을 실현하기 위해 노력하여야 하고, 의지는 스스로 활동하는 선(善) 이외의 아무것도 아니라고 그들은 말한다.

그러나 이 세계가 만일 있어야 할대로 있다고 가정한다면 의지가 활동할 여지가 없어질 것이 아닌가. 그렇기 때문에 의지는 또한 여러 목적이 실현되지 않기를 스스로 요구한다. 이로써 의지의 유한성이 옳게 드러난 것이다. 그러나 의지는 이 유한성 중에 저립(佇立)할 수 없다. 따라서 의지는 이 유한성과 또 이 유한성 중에 포함된 모순을 지양하여 가는 과정이다. 그리하여 의지는 그 결과에서 인식의 전제로 되어 거기서 이론적 이념과 실천적 이념과의 통일 중으로 들어가는 바 여기서 의지의 모순은 해소된다.

의지는 목적을 '제것'으로 알고 지성은 세계를 현실적인 개념으로 파악한다. 이것이 이성적 인식의 진정한 입장이다. 세계의 참다운 본질은 무의미하게 났다가 없어지는 것이 아니다. 이런 것들은 다만 세계의 표면에 부동하는 현상에 불과한 것이다. 세계의 참다운 본질은 즉자적 및 대자적으로 존재하는 개념이다. 따라서 세계 그 자체는 이념이다. 우리가 만일 세계의 궁극 목적이 영원히 실현되는 동시에 실현되어 있다는 것을 알기만 한다면 이 세상의 모든 헛된 노력은 없어질 것이다. 이것이 대체로 대인(大人)의 태도다.

그런데 청년은 그와 반대로 이 세계는 전혀 나쁘니까 이것을 전혀 달리 만들지 않으면 안 된다고 생각한다. 종교의식은 이러한 청년적 태도와 반대로 세계가 신적 섭리에 의해 지배되고 있다. 따라서 세계는 마땅히 있어야 할대로 있다고 본다. 그러나 존재와 당위와의 이 일치는 고정 불변하는 무

과정적 일치가 아니다. 왜냐하면 선(善)이나 세계의 발전 목적이라는 것은 그
것이 부단히 실현되고 있는 한에서만 있는 것이기 때문이다. 그렇지만 정신
계와 자연계와의 사이에는 후자는 오직 부단히 제 자신에게로 귀환만 하나,
전자에게는 또 전진도 있는 점에서 양 자의 차이가 있다.

233

따라서 선(善)의 진리는 이론적 이념과 실천적 이념과의 통일로 나타난다.
그리하여 여기서는 선(善)이 즉자적 및 대자적으로 조성되고, 객관적 세계는
즉자적 및 대자적으로 이념인 동시에 영원히 목적으로 정립되고 의지 활동
에 의하여 스스로 그 현실성을 산출한다. ― 이와 같이 인식의 구별성과 유
한성에서 제 자체에 귀환한, 따라서 개념의 활동을 통하여 제 자체와 동일하
게 된 생(生)이 즉 사변적 이념 또는 절대이념이다.

234

3. 절대이념

주관적 개념과 객관적 이념과의 통일로 본 이념이 이념의 개념이다. 이 개
념에 있어서는 이념 그 자체가 대상이다. 다시 말하면 이념은 모든 규정을
종괄(綜括)하고 있는 객관이다. 그리하여 이 통일이 절대적 진리, 전제적 진
리, 제 자신을 사유하는 이념, 그리고 특히 논리학 중에 사유하는 이념, 논리
적 이념으로 나오는 진리다.

절대 이념은 첫째 이론적 이념과 실천적 이념과의 통일인 동시에 생명의
이념과 인식의 이념과의 통일이다. 우리는 인식 중에서 이념이 분화의 형태
를 가지고 있는 것을, 그리고 인식의 과정은 이 분화의 극복과 통일의 회복
과정인 것을, 따라서 이 통일 그 자체는 그 직접성에서 보면 첫째 생(生)의 이
념인 것을 알았다. 생(生)의 결함은 생(生)이 오직 즉자적으로 존재하는 이념

인 점에 있다. 그런데 인식은 일면적인 형식에서 역시 오직 대자적으로 존재하는 이념이다. 이리하여 양 자의 통일과 진리가 즉자적 및 대자적으로 존재하는, 따라서 절대적인 이념이다. ─ 지금까지 우리는 이념이 그 여러 가지 발전 계단을 밟아서 우리의 대상이 되어 온 것을 보았거니와, 이제는 그러나 이념이 제 자신의 대상이 되었다. 이것이 아리스토텔레스가 벌써 이념의 최고 형식이라고 부른 '사유의 사유'다.

235

절대이념 중에는 이행도 없거니와 전제도 없고, 따라서 유동적이나 투시적도 아닌 하등의 규정성도 없기 때문에, 절대이념은 자각적으로 여러 내용을 제 자신으로 직관하는 개념의 순수형식이다. 절대이념은 그것이 제 자신을 제 자신과 관념적으로 구별하여 구별된 제 자신의 하나를 제 자신과 동일시하는 한에서 자기가 자기의 내용이 된다. 그러나 이 동일성 중에는 형식의 통체성이 여러 가지 내용 규정의 체계로 포함되어 있는 것이다. 이 내용이 논리적인 것의 체계다. 여기서 이념에 대하여 형식으로서 남는 것이 있다면, 그것은 이 내용의 방법 즉 이 내용 여러 계기의 재산 목록에 관한 일정한 한 지식 이외의 아무것도 아닐 것이다.

【補遺】절대이념을 운운할 때 사람들은 여기에서 비로소 진정한 것이 나온다. 여기서 모든 것이 나와야 된다고 말할 수 있으리라. 물론 사람들은 절대이념에 대하여 공연한 여러 말들을 늘어놓을 수 있으리라. 그러나 절대이념의 진정한 내용은, 우리가 지금까지 고찰하여 온 전 발전의 체계 이외에 다른 것이 결코 아니다. 그러므로 여기에서 또 절대이념은 보편이라고도 말할 수 있다. 그러나 이 보편은 단순히 다른 특수한 내용과 대립하는 추상적 형식이 아니라, 모든 규정 모든 내용이 거기에 귀착하는 절대적 형식이다.

이 점에서 절대이념은 마치 종교 교의가 말하는 아들이 사실은 제 자신의 전 생애라는 뜻을 가지고 있는 바와 같은 원환(圓環)에 비교된다. 아들도 종교적 내용을 이해하게 되면 이 종교적 내용도 역시 전 인생이나 전 세계와 마찬가지로 이 아들의 외부에 있는 것에 지나지 않게 된다. ─ 인간적 생(生) 일반과 또 인간적 생(生) 전반의 내용이 되는 모든 사건도 역시 그와 마찬가지다. 모든 노동은 오직 목표에 향하며, 따라서 그 목표가 달성되면 사람들은 이 결과가 자기들이 바라던 바로 그것과 조금도 틀리지 않는 것을 보고 놀란다. 왜냐하면 그들의 관심은 목표보다도 목표가 달성되기까지의 전 운동 과정에 쏠려 있는 까닭이다.

인간이 그 일생을 살다가 종말에 도달하면 그 종말이 그에게 퍽 한정된 것같이 보일 것이다. 그러나 그 인간은 일생 중에서 완결되어 있는 것이다. ─ 그와 마찬가지로 절대이념의 내용도 우리가 지금까지 보아 온 데에서 완전히 전개돼 있는 것이다. 이것은 발전 전체가 내용이 되고 관심이 된다는 것을 의미하는 견해다. 그뿐만 아니라 이 견해는 즉 모든 것이 개별적으로는 제한된 듯이 보이나 그것이 전체에 속하며, 따라서 이념의 계기가 될 때에는 제 가치를 갖는다는 철학적 견해가 되는 것이다. 그리하여 우리는 내용을 얻었거니와, 또 우리가 가진 무엇이 있다면 그것은 내용이 이념의 산 발전이라는 것, 그리고 이 간단한 회고는 여러 형식 중에 포함되어 있는 지식이다. 지금까지 보아온 각 계단은 모두 절대자의 한 형상이다. 그러나 그것은 우선 제한된 형식에 있어서의 절대자의 형상이다. 그렇기 때문에 이 형상들은 전체를 향하여 전진을 계속하는 것이며, 그 전개가 즉 우리가 방법이라고 부르는 것 그 자체다.

236

(가) 사변적 방법의 여러 계기 중에는, 첫째 단서 즉 존재 또는 직접적인

것이 있다. 이는 단서라는 단순한 이유로 독립적이다. 그러나 사변적 이념의 견지에서 보면 그것은 개념의 절대부정성 또는 운동으로서 자기 분열하여 개념, 제 자신에 대한 부정적인 것으로 나타난다. 따라서 단서 그 자체에 있어 추상적 긍정으로 나타나는 존재는 도리어 부정, 정립된 존재, 매개된 존재 일반, 전제된 존재다.

그러나 제 자신의 타자 중에서 어디까지나 제 자신과 동일적으로 존재하고 따라서 제 자신의 확실성인 개념의 부정으로 보면, 단서로서의 존재는 아직 개념으로 정립되지 않은 개념 또는 즉자적인 개념이다. — 그러므로 이 존재는 아직 무규정적인, 다시 말하면 다만 즉자적인, 즉직접적으로 규정된 개념이기 때문에 역시 보편이다.

단서는 직접적인 존재의 의미로는 직관과 지각에서 유래하는 것, 즉 유한적 인식이 취하는 분석적 방법의 단서이지만, 보편성의 의미로는 유한적 인식이 취하는 종합적 방법의 단서다. 그러나 논리적인 것은 직접적으로 보편적인 것이기도 하는 동시에 존재하는 것이기도 하며, 또 개념에 의하여 전제된 것이기도 하는 동시에 직접적으로 개념 그 자체이기도 한 까닭에, 논리적인 것의 단서도 종합적 단서도 되는 동시에 분석적 단서도 된다.

【補遺】철학적 방법은 분석적인 동시에 종합적이다. 그러나 그것은 철학적 방법이 분석과 종합을 단순히 병용한다거나, 또는 유한적 인식의 이 양 방법을 단순히 교대로 사용한다는 의미에서가 아니라, 오히려 철학적 방법이 이 양 방법을 지양하여 자체 내에 포함하며, 따라서 이 양 자 중 그 어느 하나의 운동 중에서나 철학적 방법이 동시에 분석적·종합적과의 태도를 취한다는 의미에서, 철학적 방법은 분석적인 동시에 종합적인 것이다. 철학적 사유는 그것이 여러 대상, 즉 이념을 오직 주고받기만 하며 따라서 이념의 운동과 발전을 오직 방관만 하는 한에서는 분석적 태도를 취하고 있는 것이

다. 그러한 한에서 보면 철학적 사유는 전혀 수동적이다. 그런데 철학적 사유는 또 종합적이요 따라서 개념 자체의 활동으로도 나타난다. 그러나 거기에는 언제나 기회만 있으면 머리를 쳐들고 일어나려고 하는 개인적인 기상과 독자적인 사념을 막아내려고 하는 흥분이 있다.

237

(나) 거기서 좀 더 나가면 이념의 뚜렷한 분열이 생긴다. 왜냐하면 직접적 보편은 즉자적인 개념으로서 그 직접성과 보편성을 계기로서의 지위에까지 떨어뜨리는 변증법이기 때문이다. 여기서 단서의 부정, 다시 말하면 최초의 것이 그 규정성에서 나타난다. 이리하여 직접적 보편은 반성의 계기인 구별된 자의 관계가 된다.

이 진행은 내재적 변증법에 의하여 오직 직접적 개념 중에 숨어있는 것만을 밖으로 드러내는 것이기 때문에 분석적이기도 하는 동시에, 또 이 개념 중에서는 이 구별이 아직 뚜렷이 드러나 있지 않기 때문에 종합적이기도 하는 것이다.

【補遺】 이념적 진행과정에 있어서는 단초의 정체가 즉 단초가 존재하는 것, 직접적인 것이 아니라 반성되고 매개된 것이라는 것이 분명하여진다. 자연을 단초적인 것으로 보고 정신을 이 자연에 의하여 매개된 것이라고 보는 것은 오직 직접적인 의식뿐이다. 그러나 사실은 자연이 정신에 의하여 드러난 것, 따라서 정신은 자연이 제 자신의 전제로 삼고 있는 것이다.

238

이념 진행의 추상적 형식은 존재에 있어서는 한 타자 및 다른 타자로의 이행이요, 본질에 있어서는 대립물에 있어서의 반조(返照)요, 개념에 있어서는 개체와 보편성과의 구별이다. 그런데 이 보편성 그 자체는 제 자신과 구별된 것 중에서, 존재를 지속하고 또 그것과의 동일성으로서 존재한다.

239

제2계단에 있어서는 첫째, 즉자적으로 존재하던 개념이 반조로 나오면, 따라서 즉자적으로 보면 벌써 이념이다. ― 이 단계의 발전은 마치 제1계단의 발전이 이 제2계단으로의 이행이었듯이 이 제1계단으로의 복귀다. 구별은 오직 이러한 이중적 운동에 의하여서만 제 자신의 권리를 획득하는 것이다. 왜냐하면 이 두 구별은 각기 그 자체가 통체성에서 완성하는 것이며, 따라서 타자와의 통일을 실현하는 것이기 때문이다. 양 자의 일면성은 이 양 자 그 자체에서 지양되어야만 비로소 그 통일이 일면적임을 면한다.

240

(마) 제2의 계단에서는 구별의 관계가 그 최초의 상태, 즉 자기 모순으로 발전하면서 한없이 진행하는 바, 이 진행은 구별이 개념 중에서 있던 그대로 나타날 때에 종말을 고한다. 종말은 단초(端初)의 부정이다. 그리고 종말은 단초와 동일성을 가진 것이기 때문에 제 자신의 부정이다. 따라서 여기서 단초와 종말과의 통일이 성립하거니와, 이 통일 중에서는 단초가 관념적인 계기즉 지양된 것, 다시 말하면 폐기된 동시에 보존된 것으로 존재한다.

이리하여 개념은 제 자신의 즉자태를 벗어나서 자기 구별과 이 구별의 지양을 통하여 제 자신을 제 자신과 결합시키는 바, 이것이 실재화한 개념, 즉 자기의 규정을 자기의 대자태 중에서 매개적으로 정립하여 포함하고 있는 개념이요 결국 이념이다. 그런데 이념은 종말이 직접적인 것이고 이념은 결과인 듯한 감을 주는 그러한 가면의 일소에 불과한 동시에 절대단초(방법상)다. 이것의 이념은 유일한 통체라는 인식이다.

241

그리하여 방법이라는 것은 외적인 형식이 아니라 내용의 혼이요, 개념이다. 그리고 이것과 방법과는 오직 개념의 계기 그 자체, 그 규정성에 있어서도 역시 바로 개념의 통체성으로 나타나는 한에서만 구별되는 것이다. 이 규정성 즉 내용은 형식과 더불어 이념으로 귀일하는 것이기 때문에 이념은 본래 하나인 이념의 체계적 통체성으로 나타난다. 그리하여 이념의 특수한 여러 계기는 개념의 변증법에 의하여 이념이라는 단일한 즉자태를 산출하는 것인 동시에 또한 그 자체가 이념이다. ― 이리하여 논리학은 논리적 이념을 순수이념(제 이념의 이념)으로 파악함으로써 종결한다.

대자적인 이념은 이 이념 그 자체의 자기 통일로 보면 직관이요 이 직관으로서의 이념이 자연이다. 그러나 직관으로서의 이념은 외적 반성을 통하여 직접성 또는 부정이라는 일면적인 규정을 가지고 나타나는 것이다. 그러나 이념은 단순히 생명에 이행하고 마는 것도 아니며, 또 유한적 인식으로서 자체 중에 생명을 반영하는 것만도 아니라, 한 걸음 더 나아가서 제 절대 진리의 문을 열어 특수성 또는 최초의 규정 및 타재(他在) 등의 계기, 즉 한마디로 말하면 이념의 영상인 직접이념을 자연이라 하여 자체 중에서 자유 석방하는 절대자유다.

【補遺】 우리는 여기서 우리의 시초였던 이념의 개념에 돌아왔다. 그러나 이 시초로의 귀환은 동시에 전진이다. 왜냐하면 우리가 시작하였을 때의 존재는 추상적 존재였던 것이, 여기서는 이념이라는 존재로 나타났기 때문이다. 그런데 바로 이 존재로서의 이념이 자연이다.

옮긴이 **전 원 배**

(1903~1984)
전북 군산 출생
교토대학 철학과 졸
연세대 · 전북대 · 중앙대 교수
고대 대학원 강사, 원광대 대학원장
한국철학회장 등 역임
원광대 명예교수 역임
철학박사

저 서
《철학개론》《철학의 제 문제》《논리학》
역 서
《니콜라이 하르트만의 미학》《칸트의 순수이성비판》

논 리 학

초 판 발행	|	1978년 9월 30일
3 판 발행	|	2006년 10월 30일
혁신판 발행	|	2018년 7월 20일
혁신판 2쇄	|	2021년 9월 30일
옮 긴 이	|	전 원 배
펴 낸 이	|	최 석 로
펴 낸 곳	|	서 문 당
주 소	|	경기도 고양시 일산서구 덕산로 99번길 85 (가좌동 630)
전 화	|	031-923-8258
팩 스	|	031-923-8259
창업일자	|	1968. 12. 24
등록일자	|	2001. 1. 10
등록번호	|	제 406-313-2001-000005호
ISBN	|	978-89-7243-686-7